LICENSE

法考一本通（2018年版）
刑事诉讼法

编著 卫跃宁

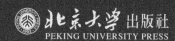

编写说明

实行统一的国家法律职业资格考试，不仅是我国司法改革的一项重大举措，也是我国法学教育改革的突破口。从司考转变为法考后，使得更多适合条件的考生热衷于此，法律职业资格考试也逐渐形成了市场，辅导用书层出不穷。然而在众多的法考辅导用书当中，如何作出选择，便成了备考考生一个头痛的问题。

法考该用何种辅导书？我们认为，要用"看一本就能通"的书。为了达成此目的，我们努力使本书具备了如下特色：

特色一　名师编著、套书完整

本书由来胜全方位法律人培训力邀各科法考名师亲自执笔，集结了老师们多年的法考辅导经验和智慧。本书共分八小册，涵盖了最新考纲的重要考点。

特色二　内容精练、针对性强

本书强调内容的精练和实战性。针对重要的考点，我们结合历年考试的规律，对其进行精讲，并针对实际考查情况和精讲内容，提供例题以提高实战能力。

特色三　体例安排科学合理

根据考纲的要求及体系，我们选出了各科的重要考点并对其从以下三个方面为考生提供帮助。

一、精讲。对当前考点进行精当、有效的讲解，以帮助读者掌握当前考点的精要，具备解决问题的基本能力。

二、例题。针对当前考点，并结合精讲内容，使考生得到及时、有效的练习，提高应试能力，并在修正自己错误的过程中得到提高。

三、提示与预测。主要是针对一些应当特别注意的问题的提示，以及对 2018 年法考动向的预测。

业精于勤，荒于嬉；行成于思，毁于随。当您拥有了本书，您便得到了一片肥沃的黑土，若能加以勤耕，今日播下的种子，定能在那金秋结出胜利的果实！

编者
2018 年 5 月

前　言

一、2018 年是国家司法考试改为国家统一法律职业资格考试的第一年！

与之前的司法考试相比，国家统一法律职业资格考试分为客观题考试和主观题考试两部分；应试人员客观题考试成绩合格的方可参加主观题考试，客观题考试合格成绩在连续的 2 个考试年度内有效。这是一个非常重大的变化。

这个变化说明，对刑事诉讼法的复习，要注意客观题考试的复习和主观题考试的复习两部分。客观题考试的复习还是要掌握以前的基本概念、基本知识与基本理论，形式仍然是单选、多选、不定项选几种题型；而主观题考试则侧重于基本概念、基本知识与基本理论的运用，包括案例分析与材料分析的题目。

对于刑事诉讼法的国家统一法律职业资格考试复习，重点要掌握党的十九大报告中关于"依法治国"的重要精神，还要掌握全国人大对《刑事诉讼法》的重大修改与中共中央通过的《关于全面推进依法治国若干重大问题的决定》，以及相关的司法解释等内容。修改后的《刑事诉讼法》于 2013 年施行后，2014 年 10 月 20 日至 23 日，中国共产党第十八届中央委员会第四次全体会议又审议通过了《中共中央关于全面推进依法治国若干重大问题的决定》，该决定提出了全面深化司法体制改革的六项任务。其中，"推进以审判为中心的诉讼制度改革"，"全面贯彻证据裁判规则，严格依法收集、固定、保存、审查、运用证据，完善证人、鉴定人出庭制度，保证庭审在查明事实、认定证据、保护诉权、公正裁判中发挥决定性作用"等内容与刑事诉讼息息相关，考生应当结合修改后的《刑事诉讼法》认真加以领会。修改后的《刑事诉讼法》条文共 290 条，增加了 65 条。这次修改几乎涉及刑事诉讼程序的方方面面，规定了"尊重与保障人权""反对强迫自证其罪""非法证据排除规则"等原则，对辩护制度、证据制度、强制措施、侦查程序、审查起诉、一审程序、二审程序、死刑复核程序、审判监督程序、执行程序等进行了修改完善。此外，还增加规定了技术侦查措施和未成年人刑事案件诉讼程序，公诉案件和解程序，犯罪嫌疑人死亡、逃亡案件中非法所得没收程序以及强制医疗四种特别程序。

考生应当注意，本书的讲解完全按照新修正的《刑事诉讼法》作了更正，并且增加了最高人民法院、最高人民检察院、公安部、国家安全部、司法部、全国人大常委会法制工作委员会《关于实施刑事诉讼法若干问题的规定》（以下简称六部门《规定》）、最高人民法院《关于适用〈中华人民共和国刑事诉讼法〉的解释》（以下简称《刑诉法解释》）、最高人民检察院《人民检察院刑事诉讼规则（试行）》（以下简称《刑事诉讼规则（试行）》）、公安部《公安机关办理刑事案件程序规定》（以下简称《刑事程序规定》），以及全国人民代表大会常务委员会关于《中华人民共和国刑事诉讼法》第 79 条第 3 款、第 254 条第 5 款、第 257 条第 2 款、第 271 条第 2 款的解释，最高人民法院《关于办理死刑复核案件听取辩护律师意见的办法》《关于刑事裁判涉财产部分执行的若干规定》《关于减刑、假释案件审理程序的规定》，最高人民检察院《人民检察院办理减刑、假释案件规定》，最高人民法院、最高人民检察院、公安部《关于办理网络犯罪案件适用刑事诉讼程序若干问题的意见》、最高人民法院、最高人民检察院、公安部、国家安全部、司法部《关于依法保障律师执业权利的规定》、最高人民检察院《人民检察院办理羁押必要性审查案件规定(试行)》、最高人民法院、最高人民检察院、公安部、国家安全部、司法部《关于推进以审判为中心的刑事诉讼制度改革的意见》、最高人民法院、最高人民检察院、公安部《关于办理刑事案件收集提取和审查判断电子数据若干问题的规定》、最高人民法院、最高人民检察院、公安部、国家安全部、司法部《关于办理刑事案件严格排除非法证据若干问题的规定》等新的司法解释。希望考生在复习时,要结合这些司法解释与《刑事诉讼法》进行比较学习,以便更好地掌握刑事诉讼法的考试要点,可以说,《刑事诉讼法》修改的部分和新的司法解释应当是考试的重点。由于《刑事诉讼法》及司法解释进行了大幅度修改,考生在做2012年以前的真题时,一定要注意根据新法修正其答案与解析,学习时,一定要按照新法思考新的答案。

还需要注意的是,国家监察体制改革的全面铺开,全国各地检察院的反贪局、反渎局等转隶为当地的监察委员会。考生对于检察院的职务犯罪追究的相关程序规定,可以不用再作为重点掌握。

二、国家统一法律职业资格考试刑事诉讼法的考试特点

对近些年(包括2017年)的司法考试中刑事诉讼法试题进行分析,可以发现以下五个特点,这些特点对于复习国家统一法律职业资格考试有重要参考价值:

1. 刑事诉讼法涉及的知识点同其他科目比起来变化不大,既不偏也不难,在司法考试大纲中都有体现。

2. 刑事诉讼法对基本法律条文的直接考查仍是试题的重点,这类题目是最容易得分的。从刑事诉讼法自身的特点和历年的考题来看,题目所考查的知识点一半以上都是对法律条文内容的直接考查,理论问题较少见。

3. 刑事诉讼法更侧重于应用性、操作性方面的考查,部分知识点考得非常细。往年对一些具体的司法解释的考查的分值较高,题目考得很细。但是,今年重点应当放在刑事诉讼法修改内容和新增法律条文以及相关司法解释的修改内容上。

4. 与刑法、民法、行政法等实体法相比,刑事诉讼法的分值虽然较高,但却不难,易得高分。许多考生反馈,卷二比较有把握的是刑事诉讼法,因为刑事诉讼法的答案很容易确定,刑法、行政法则相对较难。

5. 刑事诉讼法的知识点重复率较高,有些试题甚至原封不动地重复出现;这部分题目只要注意到新的规定就可以直接得分。

三、如何备考2018年国家统一法律职业资格考试中的刑事诉讼法

针对上述考试特点,可以看出刑事诉讼法的范围、重点是可以掌握的,刑事诉讼法的考试题目并非不可预测。分析研究刑事诉讼法考题的命题规律和答题技巧,有助于我们在今后的复习中少走弯路、提高复习效率。对于备考2018年国家统一法律职业资格考试的考生来说,复习刑事诉讼法要注意以下几点:

1. 从应考的角度看,刑事诉讼法试题的分值较高,并且相对较容易,所以,考生应当充分予以重视,尽可能地获得全部的考分。刑事诉讼法是程序法,它规定的是进行刑事诉讼活动的方式、方法。考试的重点是如何操作它,即如何运用刑事诉讼法解决实际问题,并且大部分题

目是对《刑事诉讼法》法律条文和有关司法解释的直接考查,这种类型的题目对法律条文的考查没有任何的拐弯和进一步引申,只要掌握条文就能选对答案,不需要考生根据基础理论知识对法律条文进行运用。如果考生凭借自己的勤奋,能够在理解的基础上掌握法律条文(并非死记硬背,因为所有选择题的答案均在选项中),即使理论水平有限,也能够得到大部分的分数。尤其对那些非法学专业的考生,这一点更为重要,因为抓住了这些基本东西就能使自己理论功底差的缺陷得以弥补。所以,一定要全面了解《刑事诉讼法》及相关司法解释。

2. 从刑事诉讼法试题涉及的知识点变化不大的角度看,考生应当注意对常考点的掌握。值得注意的是,国家统一法律职业资格考试大纲设定的知识点永远都是考试的重点。在法律作出较大的修改之前,是不会出现更多重点的。许多考生总试图发现新的、更多的重点,钻研许多偏题、怪题,并且准备了一些理论问题,结果一参加考试,发现所考的内容仍与往年接近,自己煞费苦心准备的知识点基本都未考到。国家统一法律职业资格考试的最大难度在于,在较短的时间内掌握数千个不同部门的法律条文。从刑事诉讼法的自身特点和历年的考题来看,题目所考查的知识点几乎全部是对法律条文(包括《刑事诉讼法》和有关司法解释)内容的直接考查,理论问题很少涉及,所以,要注意对常考点和传统意义上的重点的掌握。

3. 刑事诉讼法考题中难度大一点的题目,主要表现在对法律条文的考查比以前更具体、更细微。所以,提醒考生在复习时要处理好重点与全面的关系,不能只看重点,其他不管;也不能只顾全面,而忽略重点。近几年有些题目虽然考查的知识点仍是很基础的东西,但由于涉及的法律条文比较具体,有些考生平时根本就没注意,所以,答题时无从下手。从历年的考题可以看出,最高人民法院的司法解释比最高人民检察院的司法解释考得要多一些。对于最高人民检察院的司法解释重点应放在检察院与公安机关、检察院与法院的关系方面的法律条文上。非法学专业的考生对此往往较难把握,需要注意。刑事诉讼法涉及理论性的题目主要是要掌握证据的基本概念、基本理论,尤其要注意掌握通说。

4. 针对重复知识点和重复试题增多这一特点,要求考生要重视对往年真题的研究。除了刑事诉讼法以外,刑法、民法等试题中都有重复试题。认真复习历年的真题除了能够引导我们正确把握复习方向和范围外,有时候还能够直接帮助我们得分。同时,适当地、科学地选择一些质量比较好的辅导书和练习题,除了能够帮助我们巩固复习过的知识外,也有益于我们解析考题。要正确把握好教材、法律条文与练习题(真题)之间的关系。教材是对法律、法规的阐释,通常是按照大纲,针对国家统一法律职业资格考试编写的,易于理解。相比之下,法律、法规的系统性、逻辑性不如教材。但是,法律、法规的内容比教材少而且集中,是其优点。练习题(真题)则有助于理解、巩固所学知识,并有助于提高应试能力。要注意国家统一法律职业资格考试复习的误区:有的考生说,看法律条文就够了;有的考生说,看教材就够了。笔者认为要因人而异:对于原来是法学科班毕业、理论基础好的考生,不需要将过多的时间花在教材上,可以主攻法律条文;对于非法学专业或者基础不好的考生,则一定要将教材看几遍。在认真领会、理解教材的基础上再去看法律条文,或者将二者结合起来看,效果会好得多。注意:教材与法律条文的学习不是让你去死记硬背的,因为,不论单选、多选还是不定项选的考题,答案就在选项中。

5. 要注意对国家统一法律职业资格考试大纲中新增内容及最新司法解释内容的掌握。每年的大纲多少会有些变化,全国人大常委会或者最高人民法院、最高人民检察院等会出台一些涉及刑事诉讼法的决定、规定、司法解释等,这些地方往往会出题,但却不难,带有时事法律的味道,关键看考生是不是了解。就2018年而言,最重要的是认真了解并掌握《刑事诉讼法》和相关司法解释的修改部分,这是重中之重,希望考生予以关注。

6. 关于练习题、模拟题以及历年考题(2012年以后)的作用。要注意,如果没有搞清楚基本理论,单做题是不行的。每章教材看完后,要做一下分章练习,尤其是基础不好的考生更应如此。在做题过程中,要思考:为什么这样出题?为什么有的地方没出题?是否可以出?要怎么出?如果学到你自己都可以出题的程度,那就应当能考过。注意:单看教材、法律条文,却不做题,会出现眼高手低的问题。所有你见过的题目,包括案例题,一定要亲自动手做一遍,做完后再对答案,就会发现自己差在什么地方了。分章练习做完后,要做综合练习、模拟题以及前几年的考题。如果全部考题做下来,效果很好,会使自己的自信心大增;效果不好,有利于发现不足而加以弥补。现在有关考试的复习资料质量参差不齐,所以,一定要自己找一下答案,特别是不能确定的。切记:单看教材和单做模拟题都不可取,要将两者结合起来。

卫跃宁

2018年2月

目 录

第一章　刑事诉讼法概述 …………………………………………………… (1)
第二章　刑事诉讼法的基本原则 …………………………………………… (11)
第三章　刑事诉讼中的专门机关和诉讼参与人 …………………………… (19)
第四章　管辖 ………………………………………………………………… (31)
第五章　回避 ………………………………………………………………… (40)
第六章　辩护与代理 ………………………………………………………… (46)
第七章　刑事证据 …………………………………………………………… (68)
第八章　强制措施 …………………………………………………………… (114)
第九章　附带民事诉讼 ……………………………………………………… (150)
第十章　期间、送达 ………………………………………………………… (161)
第十一章　立案 ……………………………………………………………… (164)
第十二章　侦查 ……………………………………………………………… (171)
第十三章　起诉 ……………………………………………………………… (200)
第十四章　刑事审判概述 …………………………………………………… (217)
第十五章　第一审程序 ……………………………………………………… (232)
第十六章　第二审程序 ……………………………………………………… (278)
第十七章　复核核准程序 …………………………………………………… (301)
第十八章　审判监督程序 …………………………………………………… (313)
第十九章　执行 ……………………………………………………………… (325)
第二十章　未成年人刑事案件诉讼程序 …………………………………… (350)
第二十一章　当事人和解的公诉案件诉讼程序 …………………………… (364)
第二十二章　犯罪嫌疑人、被告人逃匿、死亡案件违法所得的没收程序 ………… (369)
第二十三章　依法不负刑事责任的精神病人的强制医疗程序 …………… (377)
第二十四章　涉外刑事诉讼程序与司法协助制度 ………………………… (384)

第一章 刑事诉讼法概述

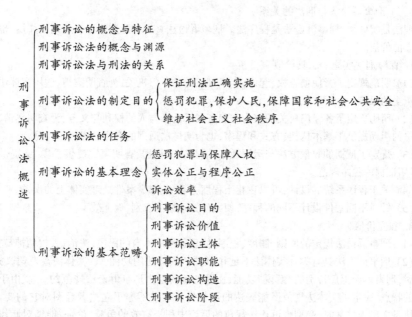

一、精讲

考点 1 刑事诉讼法的概念、特征、渊源

(一) 刑事诉讼的概念与特征

刑事诉讼是指人民法院、人民检察院和公安机关(含国家安全机关等,下同)在当事人及其他诉讼参与人的参加下,依照法律规定的程序,解决被追诉者刑事责任问题的活动。

刑事诉讼有以下特征:

(1) 刑事诉讼是公、检、法机关主持进行的活动;

(2) 刑事诉讼是实现国家刑罚权、解决被追诉者刑事责任问题的活动;

(3) 刑事诉讼是依法律规定的程序进行的活动;

(4) 刑事诉讼是在当事人及其他诉讼参与人的参加下进行的一种活动。

(二) 刑事诉讼法的概念与渊源

刑事诉讼法是指国家制定的调整刑事诉讼活动的法律规范的总称。狭义的刑事诉讼法单指《刑事诉讼法》,广义的刑事诉讼法指一切有关刑事诉讼的法律规范。

刑事诉讼法的渊源是指刑事诉讼法律规范的存在形式,有以下几种:

(1) 宪法;

(2) 刑事诉讼法典;

(3) 有关刑事诉讼的法律,指全国人大及其常委会制定的法律中有关刑事诉讼的规定;

(4) 有关刑事诉讼的法律解释;
(5) 有关行政法规、规定(包括地方性法规);
(6) 我国签署、加入的有关国际公约、条约。
(三) 刑事诉讼法与刑法的关系
刑法是实体法,刑事诉讼法是程序法。刑事诉讼法具有保障刑法正确适用的作用,也有自己独立的价值。
1. 保障刑法实施的工具价值
(1) 明确规定了行使侦查权、起诉权、审判权的各专门机关,为查明案情、适用实体法提供了组织上的保障。
(2) 明确规定了各专门机关的权力与职责及诉讼参与人的权利与义务,为查明案情、适用实体法的活动提供了基本构架、方式和程序,也为实体法适用的有序性提供了保障。
(3) 规定了证据的收集方法与运用规则,既为获取证据、查明事实提供手段,又提供了收集、运用证据的程序规范。
(4) 关于程序系统的设计,可以在相当程度上避免、减少案件处理实体上的误差。
(5) 针对不同案件设计不同的程序,使案件处理繁简有别,保证效率。
2. 独立价值
(1) 刑事诉讼法规定的原则、制度、程序,体现着程序本身的民主、法治、人权精神与文明。
(2) 刑事诉讼法具有弥补实体法不足并"创制"实体法的功能:① 实体法规范语义抽象、模糊时,刑事诉讼担负特别的"解说"功能,而这种活动是由刑事诉讼法规范的。② 由于语言自身的特点,决定了实体法规范所能表达的可能量一般并不等于立法者意图对它的要求量。当法律条文出现歧义时,受刑事诉讼法规范的诉讼中积极有效的争辩、论证,能够对此作出调节和修正。同时,在出现对同一法律规范的语义有不同理解时,实体法规范就会出现不确定状态,而刑事诉讼法可以通过特有的程序机制,如评议、表决等使实体法规范实现其确定性。③ 当实体法规范之间出现不协调时,刑事诉讼法可以提供程序机制解决。④ 刑事诉讼法具有创制实体法的功能。
(3) 刑事诉讼法具有阻却或影响实体法实现的功能,比如,没有起诉,就不能适用实体法;适用不同的程序,其结果可能不同。
(四) 刑事诉讼法与法治国家
刑事诉讼法在实现法治国家方面的作用,主要体现在与宪法的关系中。一方面,刑事诉讼的程序条款在宪法当中具有重要地位,宪法关于程序性条款的规定是法治国家的基本标志;另一方面,刑事诉讼法在维护宪法制度方面发挥着重要作用。

考点 2 刑事诉讼法的制定目的与任务

(一)《刑事诉讼法》的制定目的
《刑事诉讼法》第1条规定,刑事诉讼法的制定目的可以作以下理解:
(1) 保证刑法的正确实施;
(2) 惩罚犯罪,保护人民,保障国家安全和社会公共安全;
(3) 维护社会主义社会秩序。
《刑事诉讼法》的制定根据是《宪法》。

(二)《刑事诉讼法》的任务

《刑事诉讼法》第 2 条规定,我国刑事诉讼法的任务,可以作以下理解:

(1) 保证准确、及时地查明犯罪事实,正确应用法律,惩罚犯罪分子,保障无罪的人不受刑事追究(首要任务或曰直接任务);

(2) 教育公民自觉遵守法律,积极同犯罪行为作斗争(重要任务);

(3) 维护社会主义法制,尊重和保障人权,保护公民的人身权利、财产权利、民主权利和其他权利,保障社会主义建设事业的顺利进行(根本任务)。

特别关注:

尊重和保障人权是新增"任务",可出选择题。

考点 3 刑事诉讼的基本理念

(一) 惩罚犯罪与保障人权

惩罚犯罪是指通过刑事诉讼活动,对构成犯罪的被告人公正适用刑法,以抑制犯罪,以及通过刑事程序本身抑制犯罪。

保障人权是指在通过刑事诉讼惩罚犯罪过程中,保障公民合法权益不受非法侵犯。包括:① 无罪的人不受追究;② 有罪的人受公正处罚;③ 诉讼权利得到充分保障和行使。

惩罚犯罪与保障人权既统一又对立,同等重要。

(二) 程序公正与实体公正

司法公正包括实体公正和程序公正。实体公正是结果的公正,程序公正是过程的公正。程序公正的含义主要有三点:① 诉讼参与人能有效参与;② 诉讼程序能得到遵守;③ 程序违法能得到救济。

程序公正要求:① 严格遵守刑事诉讼法规定;② 保障诉讼参与,尤其是被追诉人的诉讼权利;③ 严禁刑讯逼供和以其他非法方法取证;④ 司法机关依法独立行使职权;⑤ 保证诉讼程序公开、透明;⑥ 在法定期限内办案、结案。

(三) 诉讼效率

诉讼效率是指诉讼中所投入的司法资源(包括人、财、设备等)与案件处理数量的比例。在刑事诉讼中,应当公正优先,兼顾效率。

考点 4 刑事诉讼的基本范畴

(一) 刑事诉讼的目的

刑事诉讼的目的是指国家制定刑事诉讼法和进行刑事诉讼所期望达到的结果。

刑事诉讼的根本目的与法的一般目的是一致的,即维护社会秩序。刑事诉讼的直接目的在于惩罚犯罪与保障人权。刑事诉讼的根本目的的实现,有赖直接目的的实现。直接目的的两个方面应当并重。

美国、日本、德国及我国台湾地区的刑事诉讼目的理论分类有如下学说:

1. 犯罪控制模式与正当程序模式

犯罪控制模式的价值理念是:刑事诉讼以惩罚犯罪的"效率"为目标与评价标准。正当程序模式主张刑事诉讼目的不单是发现实体真实,更重要的是以公平和合乎正义的程序来保护被告人的人权。

2. 家庭模式

犯罪控制模式与正当程序模式之分受到学者批评，认为是基于"国家与个人间为敌对关系"，并以"整个刑事程序自始至终为一项战争"为出发点。两种对立模式实为"战争模式"或"争斗模式"。所以，有学者提出家庭模式，以家庭中父母与子女的关系为喻，强调国家与个人间的和谐关系，并以此为出发点，提出解决问题的途径。

3. 实体真实主义与正当程序主义

实体真实主义在于追求案件实体真实的目的观，实体优越于程序，将程序法视为发现实体真实、实现刑法目的的手段；在人权保障与实体真实的关系上，实体真实处于优势。对违反程序侵犯公民权利，只由有关部门个别处理，不影响其后的诉讼行为。实体真实主义分为积极实体真实主义与消极实体真实主义。传统的实体真实主义仅指前者，认为凡是出现犯罪，就应当毫无遗漏地发现、处罚。消极实体真实主义是将发现真实与保障无辜相联系的目的观，认为刑事诉讼目的在于发现实体真实，本身应包含力求避免处罚无罪者的意思，而不单纯无遗漏地处罚任何一个犯罪者。

正当程序的目的观认为，刑事诉讼的目的重在维护正当程序。正当程序主义的认识论基础是：刑事诉讼对案件事实的认识能力十分有限，刑事诉讼中的真实只是作为认识的真实。因此，当在诉讼中根据能够利用的资料作出合理的事实认定时，只能是相对地视为真实。在此意义上，刑事诉讼是将真实设定为诉讼程序之外的客观实在，并谋求通过诉讼程序内的活动来接近它。刑事诉讼所追求的，是在所给定的程序范围内，竭尽人之所能，将以此认定的事实视作真实。

（二）刑事诉讼价值

刑事诉讼价值是指刑事诉讼立法及其实施能够满足国家、社会及其一般成员的特定需要而具有的效用和意义。刑事诉讼价值包括秩序、公正、效益诸项内容。

秩序价值包括：① 通过惩治犯罪，恢复被破坏的秩序和预防秩序被破坏；② 惩治犯罪的活动是有序的，受程序约束。

公正在刑事诉讼价值中居于核心地位，包括实体公正和程序公正。

刑事诉讼的效益价值既包括效率，也包括在保证社会生产方面所产生的效益，即刑事诉讼对推动社会经济发展方面的效益。

（三）刑事诉讼主体

刑事诉讼主体是指所有参与刑事诉讼活动，在诉讼中享有一定权利、承担一定义务的国家专门机关和诉讼参与人。我国刑事诉讼主体有三大类：

（1）国家专门机关；

（2）直接影响诉讼进程且与诉讼结果有直接利害关系的当事人；

（3）其他诉讼参与人。

其中，专门机关和当事人承担着控诉、辩护、审判三种基本诉讼职能，彼此制约，推动诉讼的进行，是主要的诉讼主体；其他诉讼参与人协助专门机关和当事人进行诉讼活动，是一般诉讼主体。

（四）刑事诉讼职能

刑事诉讼职能是指根据法律规定，国家专门机关和诉讼参与人在诉讼中所承担的职责，具有的作用和功能。传统理论认为,刑事诉讼有控诉、辩护、审判三种基本职能。现代混合式的诉讼模式强调三种职能相互独立又相互制衡。控诉是辩护的对象,是审判的前提和根据,审判必须限定在控诉的事实与被告人的范围内;辩护必然针对控诉进行,对控诉起制衡作用;审判是控诉的法律后果,在审判中必须保障辩护权。

(五)刑事诉讼构造

刑事诉讼构造是指刑事诉讼法所确立的进行刑事诉讼的基本方式以及专门机关、诉讼参与人在刑事诉讼中形成的法律关系的基本格局,集中体现在控诉、辩护、裁判三方在刑事诉讼中的地位及其相互间的法律关系。

一般认为,现代西方国家刑事诉讼构造分为大陆法系国家的职权主义和英美法系的当事人主义。第二次世界大战后,日本形成了以当事人主义为主,职权主义为补充的混合式诉讼构造。职权主义,是指法庭审判以法官为中心,法官在审判程序中居于主导和控制地位,限制控辩双方积极性的审判模式。职权主义审判模式的主要特点是法官处于中心地位和在事实认定与证据调查中处于主动地位。当事人主义,是指法官(陪审团)居于中立且被动的裁判者地位,法庭审判的进行由控方的举证和辩方的反驳共同推进和控制的审判模式。

(六)刑事诉讼阶段

刑事诉讼阶段的特点是每一个诉讼阶段都是一个完整的独立程序,有其自身的直接任务和形式,有下列五方面的划分:① 直接任务;② 参与诉讼的机关和个人的构成;③ 诉讼行为的方式;④ 诉讼法律关系;⑤ 诉讼的总结性文书。根据这些标准,我国刑事诉讼可以分为立案、侦查、起诉、审判、执行等阶段。

二、例题

1. 关于我国刑事诉讼构造,下列哪一选项是正确的?(2017年真题,单选)

A. 自诉案件审理程序适用当事人主义诉讼构造

B. 被告人认罪案件审理程序中不存在控辩对抗

C. 侦查程序已形成控辩审三方构造

D. 审查起诉程序中只存在控辩关系

[释疑] 当事人主义诉讼模式是指法官(陪审团)居于中立且被动的裁判者地位,法庭审判的进行由控方的举证和辩方的反驳共同推进和控制的审判模式。我国不论公诉案件还是自诉案件的审理,均由法官主动控制,所以,A项错误。即使在被告人认罪案件的审理程序中仍然存在控辩对抗,因为辩护方仍然可以提出罪轻、减轻、免除处罚的意见,B项错误。在我国,侦查程序中尽管允许辩护律师介入,但与法院没有任何关系,所以,并未形成控辩审三方构造,C项错误。在我国,公诉案件的审查起诉程序中只存在控辩关系,D项正确。(答案:D)

2. 刑事诉讼法的独立价值之一是具有影响刑事实体法实现的功能。下列哪些选项体现了这一功能?(2016年真题,多选)

A. 被告人与被害人达成刑事和解被法院量刑时从轻处理

B. 因排除犯罪嫌疑人的口供,检察院作出证据不足不起诉的决定

C. 侦查机关对于已超过追诉期限的案件不予立案

D. 只有被告人一方上诉的案件,二审法院判决时不得对被告人判处重于原判的刑罚

[释疑]　刑事诉讼法的独立价值主要体现为以下几点:(1)刑诉法规定的原则、制度、程序,体现着程序本身的民主、法治、人权精神与文明;(2)刑诉法具有弥补实体法不足并"创制"实体法的功能;(3)刑诉法具有阻却或影响实体法实现的功能,比如,没有起诉,就不能适用实体法;不同的程序,实体法结果可能不同。

公诉案件和解程序是刑诉法的特别程序,适用该程序的结果会突破刑法的"罪刑法定"原则。所以,A项"被告人与被害人达成刑事和解而被法院量刑时从轻处理",体现了刑事诉讼法具有影响刑事实体法实现的功能。

非法证据的排除并非因为该证据没有证明力,但是,排除了非法证据会使得案件达不到证明标准而不能适用刑法,所以B项"因排除犯罪嫌疑人的口供,检察院作出证据不足不起诉的决定"也体现了刑事诉讼法具有影响刑事实体法实现的功能。

追诉期限是刑法的规定,对于已超过追诉期限的案件不予追究是实现刑法的规定,所以C项"侦查机关对于已超过追诉期限的案件不予立案"不具有影响刑事实体法实现的功能。

上诉不加刑原则使得即使一审判决确实低于刑法的规定,二审也不得改判加重。所以,D项"只有被告人一方上诉的案件,二审法院判决时不得对被告人判处重于原判的刑罚"也体现了刑事诉讼法具有影响刑事实体法实现的功能。(答案:ABD)

3. 关于保障诉讼参与人的诉讼权利原则,下列哪些选项是正确的?(2016年真题,多选)
A. 是对《宪法》和《刑事诉讼法》尊重和保障人权的具体化
B. 保障诉讼参与人的诉讼权利,核心在于保护犯罪嫌疑人、被告人的辩护权
C. 要求诉讼参与人在享有诉讼权利的同时,还应承担法律规定的诉讼义务
D. 保障受犯罪侵害的人的起诉权和上诉权,是这一原则的重要内容

[释疑]　我国《宪法》第33条第3款规定:"国家尊重和保障人权。"根据《宪法》的规定,《刑事诉讼法》第2条把"尊重和保障人权"列为刑事诉讼法的一项重要任务。刑事诉讼领域内的保障人权,可以从三个层面去理解:第一个层面是保障犯罪嫌疑人、被告人和罪犯的权利,防止无罪的人受到刑事法律追究,防止有罪的人受到不公正的处罚;第二个层面是保障所有诉讼参与人、特别是被害人的权利;第三个层面是通过对犯罪的惩罚,保护广大人民群众的权利不受犯罪侵害。其中第一层面保障被追诉人的权利是保障人权的重心所在。所以,保障诉讼参与人的诉讼权利原则是对宪法和刑事诉讼法尊重和保障人权的具体化,A项正确;保障诉讼参与人的诉讼权利要求保护包括犯罪嫌疑人、被告人在内的所有诉讼参与人的权利,所以B项"保障诉讼参与人的诉讼权利,核心在于保护犯罪嫌疑人、被告人的辩护权"错误;有权利就有义务,所以,C项"要求诉讼参与人在享有诉讼权利的同时,还应承担法律规定的诉讼义务"正确;我国刑事诉讼法规定了公诉案件中的被害人对一审判决不服时,只有请求抗诉权而没有上诉权,所以D项"保障受犯罪侵害的人的起诉权和上诉权,是这一原则的重要内容"错误。(答案:AC)

4. 关于刑事诉讼价值的理解,下列哪一选项是错误的?(2015年真题,单选)
A. 公正在刑事诉讼价值中居于核心地位
B. 通过刑事程序规范国家刑事司法权的行使,是秩序价值的重要内容
C. 效益价值属于刑事诉讼法的工具价值,而不属于刑事诉讼法的独立价值
D. 适用强制措施遵循比例原则是公正价值的应有之义

[释疑]　刑事诉讼价值是指刑事诉讼立法及其实施能够满足国家、社会及其一般成员的

特定需要而对其所具有的效用和意义。

刑事诉讼价值可分为刑事诉讼法的工具价值和刑事诉讼法的自身价值(独立价值)两个方面。

刑事诉讼价值有公正、效益、秩序说,公正、人权、效率说等。刑事诉讼的价值目标是"公正优先,兼顾效率"。公正在刑事诉讼价值中居于核心地位,包括实体公正与程序公正。通过刑事程序规范国家刑事司法权的行使,是秩序价值的重要内容;比例性原则,即适用何种强制措施,要与行为人的人身危险性程度和犯罪的轻重程度相适应,适用强制措施遵循比例原则是公正价值的应有之义。

刑事诉讼效益价值不仅包括效率,还包括刑事诉讼对推动社会经济发展方面的效益,这是刑事诉讼法的独立价值。所以,选项"效益价值属于刑事诉讼法的工具价值,而不属刑事诉讼法的独立价值"错误。(答案:C)

5. 社会主义法治公平正义的实现,应当高度重视程序的约束作用,避免法治活动的任意性和随意化。据此,下列哪一说法是正确的?(2014年真题,单选)
  A. 程序公正是实体公正的保障,只要程序公正就能实现实体公正
  B. 刑事程序的公开与透明有助于发挥程序的约束作用
  C. 为实现程序的约束作用,违反法定程序收集的证据均应予以排除
  D. 对复杂程度不同的案件进行程序上的繁简分流会限制程序的约束作用

[释疑] 诉讼公正,包括实体公正和程序公正两个方面。实体公正,即结果公正,指案件实体的处理结果所体现的公正。程序公正,指诉讼程序方面体现的公正,是刑事诉讼法独立价值的体现。实体公正和程序公正各自都有独立的内涵和标准,不能互相替代,二者应当并重。A项前半句的表述正确,后半句过分夸大了程序公正的作用,程序公正虽然是实体公正的保障,但是不能完全替代实体公正,有的时候程序虽然公正,但实体并不一定公正。故A项错误。程序公正严禁刑讯逼供和以其他非法手段取证,违反法定程序,以非法方法获取的证据,原则上应当排除。但是,基于惩罚犯罪的客观需要,违反法定程序收集的证据并不是一律排除,存在一些例外。《刑事诉讼法》第54条第1款规定:"采用刑讯逼供等非法方法收集的犯罪嫌疑人、被告人供述和采用暴力、威胁等非法方法收集的证人证言、被害人陈述,应当予以排除。收集物证、书证不符合法定程序,可能严重影响司法公正的,应当予以补正或者作出合理解释;不能补正或者作出合理解释的,对该证据应当予以排除。"故C项错误。对复杂程度不同的案件进行程序上的繁简分流,体现了对诉讼效率的追求,而对诉讼效率的追求是以公正为前提的,不能以牺牲公正为代价,因此,这种繁简分流是建立在程序公正和实体公正的基础上的,不会限制程序的约束作用。故D项错误。(答案:B)

6. 关于刑事诉讼构造,下列哪一选项是正确的?(2014年真题,单选)
  A. 刑事诉讼价值观决定了刑事诉讼构造
  B. 混合式诉讼构造是当事人主义吸收职权主义的因素形成的
  C. 职权主义诉讼构造适用于实体真实的诉讼目的
  D. 当事人主义诉讼构造与控制犯罪是矛盾的

[释疑] 一般认为,现代西方国家刑事诉讼构造类型大致分为两类,即大陆法系国家采职权主义,英美法系国家采当事人主义。第二次世界大战后,日本在职权主义背景下大量吸收当事人主义因素,从而形成了以当事人主义为主、以职权主义为补充的混合式诉讼构造。当事

人主义诉讼将开始和推动诉讼的主动权委于当事人,控诉、辩护双方当事人在诉讼中居于主导地位,适用于程序上保障人权的诉讼目的;而职权主义诉讼将诉讼的主动权委于国家专门机关,适用于实体真实的诉讼目的。故 C 项正确。刑事诉讼构造确实受到刑事诉讼价值观的深刻影响,但是,"刑事诉讼价值观决定了刑事诉讼构造"的说法过于绝对。故 A 项错误。混合式诉讼构造是职权主义吸收当事人主义的因素形成的。故 B 项错误。虽然当事人主义诉讼构造适用于保障人权的诉讼目的,控制犯罪的功能在一定程度上会受到抑制,但这并不意味着两者是矛盾的,当事人主义诉讼构造也有控制犯罪的功能,只不过与保障人权相比,控制犯罪处于次要地位,而且近些年来,当事人主义也在吸收职权主义的合理因素以加强对犯罪的控制。故 D 项错误。(答案:C)

7. 关于"宪法是静态的刑事诉讼法、刑事诉讼法是动态的宪法",下列哪些选项是正确的?(2014 年真题,多选)

A. 有关刑事诉讼的程序性条款,构成各国宪法中关于人权保障条款的核心

B.《刑事诉讼法》关于强制措施的适用权限、条件、程序与辩护等规定,都直接体现了宪法关于公民人身、住宅、财产不受非法逮捕、搜查、扣押以及被告人有权获得辩护等规定的精神

C. 刑事诉讼法规范和限制了国家权力,保障了公民享有宪法规定的基本人权和自由

D. 宪法关于人权保障的条款,都要通过刑事诉讼法保证刑法的实施来实现

[释疑] 《宪法》是我国《刑事诉讼法》的渊源。《刑事诉讼法》是根据《宪法》制定的。《宪法》规定了许多与刑事诉讼直接相关的原则和制度,这些规定是刑事诉讼法的重要渊源。保障人权是刑事诉讼法的任务之一,是指通过刑事诉讼惩罚犯罪的过程中,保障公民合法权益不受非法侵犯。具体包括:① 无罪的人不受追究;② 有罪的人受到公正处罚;③ 诉讼权利得到充分保障和行使。我国《宪法》庄严规定:国家尊重和保障人权。我国《刑事诉讼法》不仅规定了尊重和保障人权,保障无罪的人不受刑事追究,还规定了一系列保障人权的原则、制度和程序。故 ABC 项正确。刑事诉讼法具有保障刑法正确适用的工具价值,也有自己独立的价值。《刑事诉讼法》所规定的诉讼原则、结构、制度、程序,体现着程序本身的民主、法治、人权精神。因此,宪法关于人权保障的条款,通过《刑事诉讼法》规定的程序本身也能够实现。故 D 项错误。(答案:ABC)

8. 在刑事司法实践中坚持不偏不倚、不枉不纵、秉公执法原则,反映了我国刑事诉讼"惩罚犯罪与保障人权并重"的理论观点。如果有观点认为"司法机关注重发现案件真相的立足点是防止无辜者被错误定罪",该观点属于下列哪一种学说? (2013 年真题,单选)

A. 正当程序主义   B. 形式真实发现主义
C. 积极实体真实主义   D. 消极实体真实主义

[释疑] 积极实体真实主义认为,只要有犯罪就应积极发现、认定、处罚,不使一个犯罪人逃脱,刑事诉讼以发现真实为要。消极实体真实主义是将发现真实与保障无辜相联系的目的观,认为刑事诉讼目的在于发现实体真实,本身应包含力求避免处罚无罪者的意思,而不单纯是无遗漏地处罚任何一个犯罪者。正当程序的目的观认为,刑事诉讼目的重在维护正当程序,认为刑事诉讼对案件的认识能力十分有限,刑事诉讼中的真实只是作为认识的真实。因此,D 项当选。(答案:D)

9. 在刑事诉讼中,法官消极中立,通过当事人举证、辩论发现事实真相,并由当事人推动诉讼进程。这种诉讼构造属于下列哪一种类型?(2013 年真题,单选)

A. 职权主义　　　　B. 当事人主义　　　　C. 纠问主义　　　　D. 混合主义

[释疑]　职权主义,是指法庭审判以法官为中心,法官在审判程序中居于主导和控制地位,限制控辩双方积极性的审判模式。职权主义审判模式的主要特点是法官处于中心地位和在事实认定与证据调查中具有积极性。当事人主义,是指法官(陪审团)居于中立且被动的裁判者地位,法庭审判的进行由控方的举证和辩方的反驳共同推进和控制的审判模式。纠问主义是中世纪欧洲出现的一种纠问式审判模式,刑讯逼供合法,被告人没有人权,只是被纠问的对象。混合主义的特征是:① 保留了法官主动依职权进行调查证据的权力,注重发挥法官在调查案件事实方面的能动性,表现了对职权主义模式优势的客观态度;② 大力借鉴对抗制的因素,在诉讼中注重发挥控辩双方的积极性,注重控辩双方平等对抗。因此,B 项当选。(答案:B)

10. 关于《刑事诉讼法》"尊重和保障人权,保护公民的人身权利、财产权利、民主权利和其他权利"的规定,下列哪一选项是正确的?(2012年真题,单选)

A. 体现了以人为本、保障和维护公民基本权利和自由的理念

B. 体现了犯罪嫌疑人、被告人权利至上的理念

C. 体现了实体公正与程序公正并重的理念

D. 体现了公正优先、兼顾效率的理念

[释疑]　《刑事诉讼法》第 2 条把"尊重和保障人权"列为刑事诉讼法的一项重要任务。对这项任务可以从三个层面去理解:第一个层面是保障犯罪嫌疑人、被告人和罪犯的权利,防止无罪的人受到刑事追究,防止有罪的人受到不公正的处罚;第二个层面是保障所有诉讼参与人,特别是被害人的权利;第三个层面是通过对犯罪的惩罚保护广大人民群众的权利不受犯罪侵害。因此,这一规定体现了以人为本、保障和维护公民基本权利和自由的理念。(答案:A)

11. 甲发现自家优质甜瓜常被人在夜里偷走,怀疑是乙所为。某夜,甲带上荧光恐怖面具,在乙偷瓜时突然怪叫,乙受到惊吓精神失常。甲后悔不已,主动承担乙的治疗费用。公安机关以涉嫌过失致人重伤将甲拘留,乙父母向公安机关表示已谅解甲,希望不追究甲的责任。在公安机关主持下,乙父母与甲签订和解协议,公安机关将案件移送检察院并提出从宽处理建议。下列社会主义法治理念和刑事诉讼理念的概括,哪一选项与本案处理一致?(2012年真题,单选)

A. 既要充分发挥司法功能,又要构建多元化的矛盾纠纷化解机制

B. 既要坚持法律面前人人平等,又要考虑对特殊群体区别对待

C. 既要追求公平正义,又要兼顾诉讼效率

D. 既要高度重视程序的约束作用,又不应忽略实体公正

[释疑]　当事人和解的公诉案件程序是 2012 年修改后《刑事诉讼法》增加的特别程序之一。根据《刑事诉讼法》第五编第二章的规定,该项特别程序是指公安机关、人民检察院、人民法院在法定范围的公诉案件中,犯罪嫌疑人、被告人真诚悔罪,通过向被害人赔偿损失、赔礼道歉等方式获得被害人谅解、双方当事人自愿达成协议的,可以对犯罪嫌疑人、被告人作出不同方式的从宽处理的程序。这个程序有助于促进社会秩序的和谐安定,既充分发挥了司法功能,又构建了多元化的矛盾纠纷化解机制。因此,A 项当选。(答案:A)

12. 关于刑事诉讼的秩序价值的表述,下列哪些选项是正确的?(2012年真题,多选)

A. 通过惩罚犯罪维护社会秩序

B. 追究犯罪的活动必须是有序的
C. 刑事司法权的行使,必须受到刑事程序的规范
D. 效率越高,越有利于秩序的实现

[释疑] 刑事诉讼的秩序价值一方面体现在行使刑事司法权必须受到刑事程序的规范,另一方面体现在追究犯罪的活动必须是有序的,还体现在通过惩罚犯罪维护社会秩序。效率的高低,同秩序的实现关系不大。故 A、B、C 项正确。(答案:ABC)

13. 二审法院发现一审法院的审理违反《刑事诉讼法》关于公开审判、回避等规定的,应当裁定撤销原判、发回原审法院重新审判。关于该规定,下列哪些说法是正确的?(2012 年真题,多选)
   A. 体现了分工负责、互相配合、互相制约的原则
   B. 体现了严格遵守法定程序原则的要求
   C. 表明违反法定程序严重的,应当承担相应法律后果
   D. 表明程序公正具有独立的价值

[释疑] 《刑事诉讼法》第 227 条规定:"第二审人民法院发现第一审人民法院的审理有下列违反法律规定的诉讼程序的情形之一的,应当裁定撤销原判,发回原审人民法院重新审判:(一)违反本法有关公开审判的规定的;(二)违反回避制度的;(三)剥夺或者限制了当事人的法定诉讼权利,可能影响公正审判的;(四)审判组织的组成不合法的;(五)其他违反法律规定的诉讼程序,可能影响公正审判的。"这一规定的第 1、2、3 项,并不以"可能影响公正审判"为条件,表明程序公正具有独立的价值,也表明违反法定程序严重的,应当承担相应的法律后果,是严格遵守法定程序原则的具体体现。故 B、C、D 项正确。(答案:BCD)

14. 李某系富家子弟,王某系下岗职工子女,二人共同伤害(轻伤)被害人张某。在侦查过程中,公安机关鉴于二人犯罪情节较轻且认罪态度较好,决定取保候审,对李某采取了保证金的保证方式,由于王某经济困难,对其采取了保证人的保证方式。公安机关的做法,体现了社会主义法治理念的下列哪一要求?(2011 年真题,单选)
   A. 实体公正   B. 追求效率   C. 执法为民   D. 公平正义

[释疑] 社会主义法治理念是中国特色社会主义理论在法治建设上的体现,包括依法治国、执法为民、公平正义、服务大局、党的领导。这五个方面相辅相成,体现了党的领导、人民当家做主和依法治国的有机统一。同样的犯罪,不管有钱没钱都可以取保候审,体现了公平正义。取保候审是程序公正的体现。因此,D 项当选。(答案:D)

15. 下列哪些人是承担控诉职能的诉讼参与人?(2007 年真题,多选)
   A. 公诉人   B. 自诉人   C. 被害人   D. 控方证人

[释疑] 公诉人不是诉讼参与人;证人作证应当实事求是,而非承担控诉或辩护职能。该题要掌握刑事诉讼控诉、辩护、审判三项职能,还要分清哪些是诉讼参与人,诉讼参与人中哪些人有控诉职能等。因此,B、C 项当选。(答案:BC)

三、提示与预测

本章涉及刑事诉讼法的基本概念、理念、范畴,有一定的理论性。本章内容理解即可。

第二章　刑事诉讼法的基本原则

刑事诉讼法的基本原则
- 侦查权、检察权、审判权由专门机关依法行使
- 严格遵守法律程序
- 人民法院、人民检察院依法独立行使职权
- 分工负责,互相配合,互相制约
- 人民检察院依法对刑事诉讼实行法律监督
- 各民族公民有权使用本民族的语言文字进行诉讼
- 犯罪嫌疑人、被告人有权获得辩护
- 未经人民法院依法判决,对任何人都不得确定有罪
- 保障诉讼参与人依法享有诉讼权利
- 具有法定情形,不予追究刑事责任
- 追究外国人的刑事责任,适用我国的《刑事诉讼法》

一、精讲

考点 1　基本原则概述

（一）刑事诉讼法基本原则的概念

刑事诉讼法的基本原则是由《刑事诉讼法》规定的,贯穿于刑事诉讼的全过程或主要诉讼阶段,公、检、法机关和诉讼参与人进行刑事诉讼活动所必须遵循的基本准则。

（二）刑事诉讼法基本原则的特点

（1）体现刑事诉讼活动的基本规律；

（2）必须由法律明确规定；

（3）一般贯穿于刑事诉讼全过程或主要诉讼阶段,具有普遍指导意义；

（4）具有法律约束力。

考点 2　侦查权、检察权、审判权由专门机关依法行使

《刑事诉讼法》第 3 条规定:"对刑事案件的侦查、拘留、执行逮捕、预审,由公安机关负责。检察、批准逮捕、检察机关直接受理的案件的侦查、提起公诉,由人民检察院负责。审判由人民法院负责。除法律特别规定的以外,其他任何机关、团体和个人都无权行使这些权力。人民法院、人民检察院和公安机关进行刑事诉讼,必须严格遵守本法和其他法律的有关规定。"

特别关注:

（1）侦查权、检察权、审判权具有专属性和排他性,只能由公、检、法三机关分别行使。

（2）法律特别规定只针对侦查权,即除了公安机关以外,安全机关、军队保卫部门和监狱等在法律规定的范围内享有侦查权。

（3）行使侦查权、检察权、审判权,必须严格遵守《刑事诉讼法》(程序法)、《刑法》(实体法)等相关法律的规定。严重违反刑事诉讼程序的,应受制裁。

考点 3　严格遵守法律程序

《刑事诉讼法》第3条第2款规定："人民法院、人民检察院和公安机关进行刑事诉讼，必须严格遵守本法和其他法律的有关规定。"

特别关注：

（1）人民法院、人民检察院和公安机关进行刑事诉讼，必须严格遵守《刑事诉讼法》和其他法律的有关规定。

（2）违反法律程序严重的，应当依法承担相应的法律后果。比如，违反程序发回重审、非法证据排除等。

程序法定原则包含两层含义：一为立法方面的要求，即刑事诉讼程序应由法律事先明确规定；二是司法方面的要求，即刑事诉讼活动应当依国家法律规定的刑事程序进行。在大陆法系国家，程序法定原则与罪刑法定原则共同构成法定原则的内容；在英美法系国家，程序法定原则具体表现为正当程序原则。

考点 4　人民法院、人民检察院依法独立行使职权

《刑事诉讼法》第5条规定："人民法院依照法律规定独立行使审判权，人民检察院依照法律规定独立行使检察权，不受行政机关、社会团体和个人的干涉。"

特别关注：

（1）人民法院和人民检察院要接受中国共产党的领导和人民代表大会的监督，在此前提下依法独立行使审判权、检察权。

（2）检察院上下级之间是领导和被领导的关系，其独立行使检察权体现于检察系统的独立。

（3）法院上下级之间则是监督与被监督的关系，其独立行使审判权在法院系统独立的前提下，主要体现于审级独立。

（4）我国的人民法院、人民检察院依法独立行使职权原则，不同于西方国家的司法独立。

考点 5　分工负责，互相配合，互相制约

《刑事诉讼法》第7条规定："人民法院、人民检察院和公安机关进行刑事诉讼，应当分工负责，互相配合，互相制约，以保证准确有效地执行法律。"

分工负责要求各专门机关在刑事诉讼中，应当在法定范围内行使职权，既不能互相替代，也不能互相推诿。

互相配合要求公、检、法机关在分工负责的基础上相互支持与协作，共同完成惩罚犯罪、保障无罪的人不受刑事追究的任务。违法"联合办案"或"法官提前介入"是违反该原则的。

互相制约要求公、检、法机关在刑事诉讼中应当各把关口，互相约束，防止发生错误，及时纠正错误，正确执行法律。

分工负责，互相配合，互相制约是相互联系、缺一不可的。分工负责是前提，配合与制约是正确执行法律的保障。

考点 6 人民检察院依法对刑事诉讼实行法律监督

根据《刑事诉讼法》第 8 条的规定:"人民检察院依法对刑事诉讼实行法律监督。"

人民检察院对刑事诉讼的法律监督体现在立案、侦查、审判和执行等各个程序中,要结合具体程序加以掌握。

本原则与"互相制约"的区别是,检察院的法律监督是单向的,而互相制约则是双向或者多向的。

考点 7 各民族公民有权使用本民族语言文字进行诉讼

《刑事诉讼法》第 9 条规定:"各民族公民都有用本民族语言文字进行诉讼的权利。人民法院、人民检察院和公安机关对于不通晓当地通用的语言文字的诉讼参与人,应当为他们翻译。在少数民族聚居或者多民族杂居的地区,应当用当地通用的语言进行审讯,用当地通用的文字发布判决书、布告和其他文件。"

对该原则的理解:

(1) 各民族公民,无论当事人,还是辩护人、证人、鉴定人,都有权使用本民族的语言进行陈述、辩论,有权使用本民族文字书写有关诉讼文书。

(2) 公、检、法机关在少数民族聚居或多民族杂居的地区,要用当地通用的语言进行侦查、起诉和审判,用当地通用的文字发布判决书、公告、布告和其他文件。

(3) 如果诉讼参与人不通晓当地的语言文字,公、检、法机关有义务为其指派或聘请翻译人员进行翻译。

考点 8 犯罪嫌疑人、被告人有权获得辩护

《刑事诉讼法》第 11 条规定:"人民法院审判案件,除本法另有规定的以外,一律公开进行。被告人有权获得辩护,人民法院有义务保证被告人获得辩护。"

结合辩护与代理一章掌握该原则。

考点 9 未经人民法院依法判决,对任何人都不得确定有罪

《刑事诉讼法》第 12 条规定:"未经人民法院依法判决,对任何人都不得确定有罪。"

该原则的基本含义为:

(1) 在刑事诉讼中,确定被告人有罪的权力由人民法院统一行使,其他任何机关、团体和个人都无权行使;

(2) 人民法院确定任何人有罪,必须依法进行。

该原则在《刑事诉讼法》中的体现:

(1) 受到刑事追诉的人在侦查和审查起诉阶段,一律被称为"犯罪嫌疑人",从检察机关提起公诉之后,则被称为"被告人";

(2) 明确由控诉方承担举证责任,公诉人在法庭调查中有义务提出证据,对被告人有罪承担证明责任;

(3) 确立了疑罪从无的原则。

未经人民法院依法判决不得确定有罪原则,吸收了无罪推定原则的基本精神和要求,但不同于西方国家的无罪推定。

考点 10 保障诉讼参与人的诉讼权利

《刑事诉讼法》第14条规定:"人民法院、人民检察院和公安机关应当保障犯罪嫌疑人、被告人和其他诉讼参与人依法享有的辩护权和其他诉讼权利。诉讼参与人对于审判人员、检察人员和侦查人员侵犯公民诉讼权利和人身侮辱的行为,有权提出控告。"

该原则的含义:

(1)诉讼权利是诉讼参与人所享有的法定权利,法律予以保护,公安、司法机关不得以任何方式加以剥夺。诉讼参与人的诉讼权利受到侵害的时候,有权使用法律手段维护自己的诉讼权利。

(2)公安、司法机关有义务保障诉讼参与人充分行使诉讼权利。

(3)应当保障诉讼参与人的诉讼权利,并不意味着诉讼参与人可以放弃其应承担的诉讼义务。公安、司法机关有义务保障诉讼参与人的诉讼权利,也有权力要求诉讼参与人履行相应的诉讼义务。

特别关注:

对未成年人诉讼权利的保障规定移至特别程序。

考点 11 具有法定情形不予追究刑事责任

根据《刑事诉讼法》第15条的规定:"有下列情形之一的,不追究刑事责任,已经追究的,应当撤销案件,或者不起诉,或者终止审理,或者宣告无罪:(一)情节显著轻微、危害不大,不认为是犯罪的;(二)犯罪已过追诉时效期限的;(三)经特赦令免除刑罚的;(四)依照刑法告诉才处理的犯罪,没有告诉或者撤回告诉的;(五)犯罪嫌疑人、被告人死亡的;(六)其他法律规定免予追究刑事责任的。"

对以上六种情形,公安、司法机关应在不同诉讼阶段作出不同的处理:

(1)在立案阶段,有上述情形之一的,应当作出不立案的决定。

(2)在侦查阶段,侦查机关发现有上述情形之一的,应当作出撤销案件的决定。

(3)在审查起诉阶段,人民检察院对于公安机关移送审查起诉的案件,发现犯罪嫌疑人没有犯罪事实,或者符合《刑事诉讼法》第15条规定的情形之一的,经检察长或者检察委员会决定,应当作出不起诉的决定。

对于犯罪事实并非犯罪嫌疑人所为,需要重新侦查的,应当在作出不起诉决定后书面说明理由,将案卷材料退回公安机关,并建议公安机关重新侦查。

公诉部门对本院侦查部门移送审查起诉的案件,发现犯罪嫌疑人没有犯罪事实,或者符合《刑事诉讼法》第15条规定的情形之一的,应当退回本院侦查部门,建议作出撤销案件的处理。

(4)在审判阶段,对于上述第一种情形,人民法院应当判决宣告无罪;对于其余五种情形,根据《刑事法解释》第181条第1款第6项的规定,人民法院对提起公诉的案件审查后,对于符合《刑事诉讼法》第15条第2项至第6项规定情形的,应当裁定终止审理或者退回人民检察院。但是,根据已经查明的案件事实和认定的证据材料,能够确认已经死亡的被告人无罪的,人民法院应当判决宣告被告人无罪。在共同犯罪案件的二审中,如果上诉人死亡,对其应终止审理或宣告无罪,对其他同案被告人仍应作出判决或裁定。公安司法机关一经宣布不予追究刑事责任,刑事诉讼即告结束。

在自诉案件的审查中,对于犯罪已过追诉时效期限、被告人死亡或者被告人下落不明的,应当说服自诉人撤回起诉;自诉人不撤回起诉的,裁定不予受理。

要注意"情节显著轻微"与"犯罪情节轻微"的区别,"情节显著轻微"不构成犯罪,"犯罪情节轻微"则构成犯罪。

告诉才处理的案件中,只有侵占案是绝对的自诉案件。

考点 12　追究外国人刑事责任适用我国《刑事诉讼法》

《刑事诉讼法》第16条规定了这一原则:"对于外国人犯罪应当追究刑事责任的,适用本法的规定。对于享有外交特权和豁免权的外国人犯罪应当追究刑事责任的,通过外交途径解决。"

国际法中规定有关享有外交特权和豁免权的外国人的内容。

二、例题

1. 某市发生一起社会影响较大的绑架杀人案。在侦查阶段,因案情重大复杂,市检察院提前介入侦查工作。检察官在开展勘验、检查等侦查措施时在场,并就如何进一步收集、固定和完善证据以及适用法律向公安机关提出了意见,对已发现的侦查活动中的违法行为提出了纠正意见。关于检察院提前介入侦查,下列哪些选项是正确的?(2017年真题,多选)

A. 侵犯了公安机关的侦查权,违反了侦查权、检察权、审判权由专门机关依法行使的原则
B. 体现了分工负责,互相配合,互相制约的原则
C. 体现了检察院依法对刑事诉讼实行法律监督的原则
D. 有助于严格遵守法律程序原则的实现

[释疑]　《刑事诉讼规则(试行)》第567条规定:"人民检察院根据需要可以派员参加公安机关对于重大案件的讨论和其他侦查活动,发现违法行为,情节较轻的可以口头纠正,情节较重的应当报请检察长批准后,向公安机关发出纠正违法通知书。"公安机关的侦查活动是为检察院提起公诉做准备的,广义上也属于控方,检察院提前介入侦查,有助于公安机关更好地完成侦查活动。故B、C、D项正确。(答案:BCD)

2. 关于程序法定,下列哪些说法是正确的?(2015年真题,多选)

A. 程序法定要求法律预先规定刑事诉讼程序
B. 程序法定是大陆法系国家法定原则的重要内容之一
C. 英美国家实行判例制度而不实行程序法定
D. 以法律为准绳意味着我国实行程序法定

[释疑]　由于刑事诉讼涉及公民人身自由和财产权等重要权利,基于人类对在暴政、专制社会下失去自由、尊严与权利保障的痛苦经历的反思,所以,要求刑事诉讼法必须由国家立法机构制定,这称为刑事程序法定原则。作为现代刑事诉讼中具有全局性指导意义的重要原则,它包括两层含义:一是立法方面的要求,即刑事诉讼程序应当由法律事先明确规定;二是司

法方面的要求,即刑事诉讼活动应当依据国家法律规定的刑事程序来进行。"没有程序(法)即无实体(法)"。这一法律格言,在刑事领域体现得最为彻底。所以,"程序法定要求法律预先规定刑事诉讼程序"正确。

在大陆法系国家,程序法定原则与罪刑法定原则共同构成法定原则的内容。法定原则既包括实体上的罪刑法定原则,也包括程序上的程序法定原则。根据法国教科书对于程序法定原则的界定,"只有法律才能确定负责审判犯罪人的机关以及它们的权限,确定这些法院应当遵守什么样的程序才能对犯罪人宣告无罪或者作出有罪判决。所有这一切,都要由立法者细致具体地作出规定"。所以,"程序法定是大陆法系国家法定原则的重要内容之一"正确。

在英美法系国家,不实行严格意义上的程序法定,但却有与刑事程序法定原则精神相通的"正当程序"的理念,其基本含义为:"除非事先经过依据调整司法程序的既定规则进行的审判,任何人不得被剥夺生命、自由、财产或者法律赋予的其他权利"。美国宪法修正案第14条规定了正当法律程序条款:"所有在合众国出生或归化合众国受其管辖的人,都是合众国的和他们居住地的公民。任何一州,都不得制定或实施限制合众国公民的特权或豁免权的任何法律;不经正当法律程序,不得剥夺任何人的生命、自由或财产;在州管辖范围内,不得拒绝给予任何人以同等的法律保护。"尽管在英美法系国家判例是刑事诉讼程序的法律渊源,但不论是判例还是议会制定的成文法,都不得与"正当程序"的理念相违背。所以,"英美国家实行判例制度而不实行程序法定"错误。

我国宪法和刑事诉讼法规定刑事诉讼必须"以法律为准绳";《刑事诉讼法》第3条第2款规定,人民法院、人民检察院、公安机关进行刑事诉讼,必须严格遵守《刑事诉讼法》和其他法律的有关规定。可以说,在我国法律确立了刑事程序法定原则。所以,"以法律为准绳意味着我国实行程序法定"正确。

但是,我国在具体贯彻该原则方面尚存在许多问题:首先,我国司法实践中许多涉及公民基本人权的刑事诉讼行为于法无据。譬如,在侦查实践中存在的疲劳讯问、没有沉默权等。其次,"司法立法"的状况构成对程序法定原则的严重背离。程序法定原则要求有关刑事程序的法律由立法机关制定,而我国的现实情况是最高人民法院、最高人民检察院、公安部都有关于实施刑事诉讼法的规定,这些规定在实践中往往取代立法机关制定的刑事诉讼法,其中有些规定与刑事诉讼法明显抵触,刑事程序法定原则遭到破坏,致使刑事诉讼法规定的程序得不到遵守。最后,许多涉及公民基本人权的程序规范本应由立法机关制定,却出自行政机关。由于行政机关既是实际的实施者,又是立法者,导致实践中权力的滥用和专权,公民基本人权难以得到有效保障。综上,A、B、D项正确。(答案:ABD)

3. 社会主义法治要通过法治的一系列原则加以体现。具有法定情形不予追究刑事责任是《刑事诉讼法》确立的一项基本原则,下列哪一案件的处理体现了这一原则?(2014年真题,单选)

    A. 甲涉嫌盗窃,立案后发现涉案金额400余元,公安机关决定撤销案件
    B. 乙涉嫌抢夺,检察院审查起诉后认为犯罪情节轻微,不需要判处刑罚,决定不起诉
    C. 丙涉嫌诈骗,法院审理后认为其主观上不具有非法占有他人财物的目的,作出无罪判决
    D. 丁涉嫌抢劫,检察院审查起诉后认为证据不足,决定不起诉

[释疑] 《刑事诉讼法》第15条规定:"有下列情形之一的,不追究刑事责任,已经追究的,应当撤销案件,或者不起诉,或者终止审理,或者宣告无罪:(一)情节显著轻微、危害不大,

不认为是犯罪的;(二)犯罪已过追诉时效期限的;(三)经特赦令免除刑罚的;(四)依照刑法告诉才处理的犯罪,没有告诉或者撤回告诉的;(五)犯罪嫌疑人、被告人死亡的;(六)其他法律规定免予追究刑事责任的。"A 项正确,属于"情节显著轻微、危害不大,不认为是犯罪"的情形,符合这种情形的行为是违法的但不构成犯罪,本质上具备犯罪的主客观要件,但是基于刑事政策的考量,刑法不认为这种行为是犯罪。B 项属于酌定不起诉的情形,已经构成犯罪,依法应予追究刑事责任,但是由于犯罪情节轻微,根据起诉便宜主义,检察院可以作出不起诉决定,故 C 项不当选。C 项由于缺乏犯罪主观要件,不构成犯罪,也不构成违法,故 C 项不当选。D 项属于证据不足不起诉的情形,依法应予追究刑事责任,但是客观上由于证据不足而无法追究,故 D 项不当选。(答案:A)

4. 关于刑事诉讼基本原则,下列哪些说法是正确的?(2014 年真题,多选)
   A. 体现刑事诉讼基本规律,有着深厚的法律理论基础和丰富的思想内涵
   B. 既可由法律条文明确表述,也可体现于刑事诉讼法的指导思想、目的、任务、具体制度和程序之中
   C. 既包括一般性原则,也包括独有原则
   D. 与规定具体制度、程序的规范不同,基本原则不具有法律约束力,只具有倡导性、指引性

[释疑] 刑事诉讼的基本原则,是指反映刑事诉讼理念和目的的要求,贯穿于刑事诉讼的全过程或者主要诉讼阶段,对刑事诉讼过程具有普遍或者重大指导意义和规范作用,为国家专门机关和诉讼参与人参与刑事诉讼必须遵循的基本行为准则。基本原则体现刑事诉讼活动的基本规律,有着深厚的法律理论基础和丰富的思想内涵。故 A 项正确。刑事诉讼基本原则可以由法律明文规定,也可以体现于刑事诉讼法的指导思想、目的、任务、具体制度和程序之中。刑事诉讼法规定的基本原则包括两大类:一般性原则和独有原则。故 B、C 项正确。基本原则具有法律约束力。基本原则虽然较为抽象和概括,但各项具体的诉讼制度和程序都必须与之相符合。故 D 项错误。(答案:ABC)

5. 社会主义法治的公平正义,要通过法治的一系列基本原则加以体现。"未经法院依法判决,对任何人都不得确定有罪"是《刑事诉讼法》确立的一项基本原则。关于这一原则,下列哪些说法是正确的?(2013 年真题,多选)
   A. 明确了定罪权的专属性,法院以外任何机关、团体和个人都无权行使这一权力
   B. 确定被告人有罪需要严格依照法定程序进行
   C. 表明我国刑事诉讼法已经全面认同和确立无罪推定原则
   D. 按照该规定,可以得出疑罪从无的结论

[释疑] "未经人民法院依法判决,对任何人都不得确定有罪"原则的基本含义为:① 在刑事诉讼中,确定被告人有罪的权力由人民法院统一行使,其他任何机关、团体和个人都无权行使;② 人民法院确定任何人有罪,必须依法进行;③ 确立了疑罪从无的原则;④ 该原则吸收了无罪推定原则的基本精神和要求,但不同于西方国家的无罪推定。(答案:ABD)

6. 被告人刘某在案件审理期间死亡,法院作出终止审理的裁定。其亲属坚称刘某清白,要求法院作出无罪判决。对于本案的处理,下列哪些选项是正确的?(2013 年真题,多选)
   A. 应当裁定终止审理
   B. 根据已查明的案件事实和认定的证据,能够确认无罪的,应当判决宣告刘某无罪
   C. 根据刘某亲属要求,应当撤销终止审理的裁定,改判无罪

D. 根据刘某亲属要求,应当以审判监督程序重新审理该案

[释疑] 《刑诉法解释》第241条第1款第9项规定:"被告人死亡的,应当裁定终止审理;根据已查明的案件事实和认定的证据,能够确认无罪的,应当判决宣告被告人无罪。"依此规定,A、B项正确。(答案:AB)

7. 关于依法不追究刑事责任的情形,下列哪些选项是正确的?(2008年真题,多选)

A. 犯罪嫌疑人甲和被害人乙在审查起诉阶段就赔偿达成协议,被害人乙要求不追究甲的刑事责任

B. 甲侵占案,被害人乙没有起诉

C. 高某犯罪情节轻微,对社会危害不大

D. 犯罪嫌疑人白某在被抓获前自杀身亡

[释疑] 《刑事诉讼法》第15条规定:"有下列情形之一的,不追究刑事责任,已经追究的,应当撤销案件,或者不起诉,或者终止审理,或者宣告无罪:(一)情节显著轻微、危害不大,不认为是犯罪的;(二)犯罪已过追诉时效期限的;(三)经特赦令免除刑罚的;(四)依照刑法告诉才处理的犯罪,没有告诉或者撤回告诉的;(五)犯罪嫌疑人、被告人死亡的;(六)其他法律规定免予追究刑事责任的。"故B、D项正确。(答案:BD)

8. 检察院以涉嫌诈骗罪对某甲提起公诉。经法庭审理,法院认定,某甲的行为属于刑法规定的"将代为保管的他人财物非法占为己有并拒不退还"的侵占行为。对于本案,检察院拒不撤回起诉时,法院的哪种处理方法是正确的?(2008年真题,单选)

A. 裁定驳回起诉 B. 裁定终止审理
C. 径行作出无罪判决 D. 以侵占罪作出有罪判决

[释疑] 《刑诉法解释》第241条第1款第2项规定:"起诉指控的事实清楚,证据确实、充分,指控的罪名与审理认定的罪名不一致的,应当按照审理认定的罪名作出有罪判决。"本题似乎应当选D项。但是,侵占罪属于刑法规定的告诉才处理的犯罪,而本案中没有告诉,因此D项是错误的。《刑事诉讼法》第15条规定:"有下列情形之一的,不追究刑事责任,已经追究的,应当撤销案件,或者不起诉,或者终止审理,或者宣告无罪:(一)情节显著轻微、危害不大,不认为是犯罪的;(二)犯罪已过追诉时效期限的;(三)经特赦令免除刑罚的;(四)依照刑法告诉才处理的犯罪,没有告诉或者撤回告诉的;(五)犯罪嫌疑人、被告人死亡的;(六)其他法律规定免予追究刑事责任的。"因此,应当裁定终止审理,B项正确。(答案:B)

9. 下列哪些选项属于法院应当终止审理的情形?(2006年真题,多选)

A. 张某涉嫌销售赃物一案,经审理认为情节显著轻微危害不大的

B. 赵某涉嫌抢劫一案,赵某在第一审开庭审理前发病猝死的

C. 李某以遭受遗弃为由提起自诉,法院审查后不予立案的

D. 王某以遭受虐待为由提起自诉,后又撤回自诉的

[释疑] 《刑事诉讼法》第15条规定:"有下列情形之一的,不追究刑事责任,已经追究的,应当撤销案件,或者不起诉,或者终止审理,或者宣告无罪:(一)情节显著轻微、危害不大,不认为是犯罪的;(二)犯罪已过追诉时效期限的;(三)经特赦令免除刑罚的;(四)依照刑法告诉才处理的犯罪,没有告诉或者撤回告诉的;(五)犯罪嫌疑人、被告人死亡的;(六)其他法律规定免予追究刑事责任的。"据此,张某涉嫌销售赃物一案,经审理认为情节显著轻微危害不大的,应宣告无罪,故A项不选,D项应选。《刑诉法解释》第181条第1款第6项规定,对

于符合《刑事诉讼法》第15条第2项至第6项规定情形的,应当裁定终止审理或者退回人民检察院,故B项应选。《刑诉法解释》第263条第2款规定:"具有下列情形之一的,应当说服自诉人撤回起诉;自诉人不撤回起诉的,裁定不予受理:(一)不属于本解释第一条规定的案件的;(二)缺乏罪证的;(三)犯罪已过追诉时效期限的;(四)被告人死亡的;(五)被告人下落不明的;(六)除因证据不足而撤诉的以外,自诉人撤诉后,就同一事实又告诉的;(七)经人民法院调解结案后,自诉人反悔,就同一事实再行告诉的。"故C项不选。(答案:BD)

三、提示与预测

本章涉及刑事诉讼法的基本原则,其中考得最多的是法定情形不追究刑事责任原则,尤其是法定不起诉增加了一种情形,考生应多加注意。

第三章　刑事诉讼中的专门机关和诉讼参与人

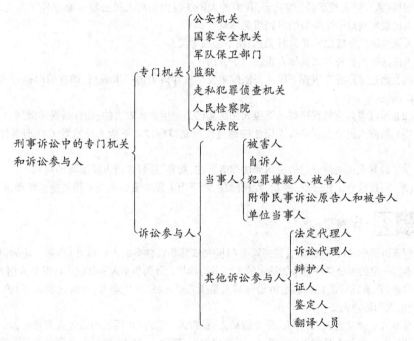

一、精讲

考点 1　刑事诉讼中的专门机关

(一)公安机关

公安机关是国家的治安保卫机关,是各级人民政府的职能部门。公安机关在刑事诉讼中是最主要的侦查机关,其性质属于行政机关。

在刑事诉讼中,公安机关的主要职权有:① 立案权;② 侦查权;③ 执行权;等等。

在刑事诉讼中,除了公安机关和检察院以外,其他行使侦查权的机关和部门有:① 国家安全机关;② 军队保卫部门;③ 监狱;④ 走私犯罪侦查机关。

(二) 人民检察院

人民检察院是国家的法律监督机关,代表国家行使检察权(法律监督权)。

人民检察院上下级之间是领导关系。

各级检察院设立检察委员会。检察委员会实行民主集中制,在检察长的主持下,讨论决定重大案件和其他重大问题。如果检察长在重大问题上不同意多数人的决定,可以报请本级人民代表大会常务委员会决定。

人民检察院的职权有:① 侦查权;② 批捕权、决定逮捕权;③ 公诉权;④ 诉讼监督权。

特别关注:

不同的案件由不同的侦查机关和部门侦查,可出案例题或选择题。

(三) 人民法院

人民法院是国家的审判机关,代表国家独立行使审判权。

根据《人民法院组织法》的规定,我国的人民法院由最高人民法院和地方各级人民法院、专门人民法院构成一个完整的审判机关体系。

人民法院上下级之间是监督关系,而不是领导关系。

人民法院的监督关系具体表现在以下方面:

(1) 通过二审程序审查下级人民法院未发生法律效力的一审裁判,如有错误则按法定程序予以纠正。

(2) 通过审判监督程序纠正下级人民法院已经发生法律效力的、确有错误的裁判。

(3) 最高人民法院和高级人民法院通过死刑复核程序对下级人民法院的死刑案件实行监督。

(4) 最高人民法院通过依法解释法律等方法,指导、监督各级人民法院的审判工作。

(5) 通过检查工作、总结经验,发现问题,对下级人民法院的审判工作实施监督和指导。

考点 2 诉讼参与人

刑事诉讼中的诉讼参与人,是指除专门机关依其职权办案的人员以外,享有一定的诉讼权利并承担一定的诉讼义务而参加诉讼的人。诉讼参与人分为当事人和其他诉讼参与人两大类。

根据《刑事诉讼法》的规定,诉讼参与人是指当事人、法定代理人、诉讼代理人、辩护人、证人、鉴定人和翻译人员。

当事人是指被害人、自诉人、犯罪嫌疑人、被告人、附带民事诉讼的原告人和被告人。

其他诉讼参与人是指法定代理人、诉讼代理人、辩护人、证人、鉴定人和翻译人员。

特别关注:

当事人与案件的结果有直接的利害关系,对刑事诉讼进程发挥着较大影响作用。

考点 3 当事人

(一) 当事人

当事人共有的诉讼权利主要有:

（1）以本民族语言文字进行诉讼。
（2）申请回避。
（3）对于驳回申请回避的决定,有权申请复议一次。
（4）对侦查、检察、审判人员侵犯其诉讼权利或人身侮辱的行为,有权提出控告。
（5）有权参加法庭调查、质证和辩论、发表意见。
（6）申请通知新的证人到庭,调取新的物证,申请重新鉴定或者勘验。
（7）对生效裁判提出申诉等。
（二）被害人
刑事诉讼中的被害人通常指公诉案件中的被害人。证据种类中"被害人陈述"的"被害人"是广义的,还包括自诉案件的被害人与附带民诉的原告人。
1. 被害人的诉讼权利
根据《刑事诉讼法》的规定,被害人除了享有一些为其他当事人所共有的诉讼权利外,还享有一些特有的诉讼权利:
（1）有权自案件移送审查起诉之日起,委托诉讼代理人。
（2）对于侵犯其人身、财产权利的犯罪事实或者犯罪嫌疑人,有权报案或者控告,要求有关机关立案。
（3）对公安机关不立案的,有权获知原因,并可申请复议;对公安机关应当立案侦查的案件而不立案侦查的,有权向人民检察院提出,由后者要求公安机关说明理由,并予以纠正。
（4）对人民检察院所作的不起诉决定,有权向上一级人民检察院申诉,要求提起公诉,也可以不经申诉,直接向人民法院起诉。
（5）被害人有证据证明对被告人侵犯自己人身、财产权利的行为应当依法追究刑事责任,而公安机关或者人民检察院不予追究被告人刑事责任的案件,被害人有权向人民法院提起自诉。
（6）对地方各级人民法院第一审的判决不服的,有权请求人民检察院抗诉。
（7）不服地方各级人民法院的生效裁判的,有权提出申诉。
2. 被害人的诉讼义务
（1）如实向公安司法机关陈述案件事实。
（2）接受公安司法机关传唤,按时出席法庭。
（3）遵守法庭秩序,在法庭上接受询问和回答问题。
（三）自诉人
自诉人是指在自诉案件中以个人名义直接向人民法院提起刑事诉讼,请求追究被告人刑事责任的人。自诉人承担控诉职能。
1. 自诉人的主要诉讼权利
（1）向人民法院直接提出自诉。
（2）随时委托诉讼代理人。
（3）同被告人自行和解或撤回自诉。
（4）接受调解(特定案件)。
（5）参加法庭调查和法庭辩论。
（6）申请回避。

（7）法院受理案件后，对于因客观原因无法取证的，申请法院调查取证。

（8）提出上诉。

（9）提起附带民事诉讼。

（10）对生效判决、裁定提出申诉，请求重新审判等。

2. 自诉人的主要诉讼义务

（1）自诉人负有举证责任。

（2）捏造事实、伪造证据要承担诬告陷害的法律责任。

（3）自诉人应当亲自参加诉讼。《刑事诉讼法》规定，自诉人经两次依法传唤，无正当理由拒不到庭的，或者未经法庭许可中途退庭的，按撤诉处理。

（四）犯罪嫌疑人、被告人

犯罪嫌疑人和被告人是对涉嫌犯罪而受到刑事追诉的人的两种称谓。公诉案件中，受刑事追诉的人在检察机关向人民法院提起公诉以前，称为"犯罪嫌疑人"；在检察机关正式向人民法院提起公诉以后，则称为"被告人"。

1. 犯罪嫌疑人和被告人的诉讼地位

（1）犯罪嫌疑人、被告人是拥有一系列诉讼权利的诉讼主体，居于当事人地位。

（2）犯罪嫌疑人、被告人与案件结果有着直接的利害关系，他们居于被追诉者的地位。

（3）犯罪嫌疑人、被告人本身还可以成为重要的证据来源。

犯罪嫌疑人、被告人的诉讼权利按其性质和作用的不同，可分为防御性权利和救济性权利两种。防御性权利，是指犯罪嫌疑人、被告人为对抗追诉方的指控、抵消其控诉效果所享有的诉讼权利。救济性权利，是指犯罪嫌疑人、被告人对国家专门机关所作的对其不利的行为、决定或裁判，要求另一专门机关予以审查并作出改变或撤销的诉讼权利。

2. 犯罪嫌疑人、被告人所享有的主要防御性权利

（1）有权使用本民族语言文字进行诉讼。

（2）有权自行或在辩护人协助下获得辩护；有权在法定条件下获得公、检、法机关为其指定的辩护人的法律帮助；有权拒绝辩护人继续为其辩护，也有权另行委托辩护人辩护。

（3）有权拒绝回答侦查人员提出的与本案无关的问题。

（4）从侦查机关第一次讯问或者采取强制措施之日起，有权聘请辩护律师提供法律咨询、代理申诉和控告，代为申请取保候审等。

（5）有权在开庭前10日收到起诉书副本。

（6）有权参加法庭调查，就指控事实发表陈述，对证人、鉴定人发问，辨认、鉴别物证，听取未到庭的证人的证言笔录、鉴定人的鉴定意见、勘验检查笔录和其他证据文书，并就上述书面证据发表意见；有权申请通知新的证人到庭，调取新的物证，申请重新鉴定或者勘验。

（7）有权参加法庭辩论，对证据和案件情况发表意见并且可以互相辩论。

（8）有权向法庭作最后陈述。

（9）自诉案件的被告人有权对自诉人提出反诉。

3. 犯罪嫌疑人、被告人所享有的主要救济性权利

（1）有权申请回避，对驳回申请回避的决定，有权申请复议。

（2）对侵犯其诉讼权利和人身侮辱的行为，有权提出控告。

（3）申请变更、解除强制措施；犯罪嫌疑人、被告人被羁押的，有权申请取保候审；对人民

法院、人民检察院和公安机关采取强制措施法定期限届满的,有权要求解除。

(4) 对人民检察院依照《刑事诉讼法》的规定作出的酌定不起诉决定,有权向人民检察院申诉。

(5) 对地方各级人民法院的第一审判决、裁定,有权用书状或者口头向上一级人民法院上诉。

(6) 对各级人民法院已经发生法律效力的判决、裁定,有权向人民法院、人民检察院提出申诉。

(7) 犯罪嫌疑人、被告人被羁押的,有权申请取保候审。

4. 犯罪嫌疑人、被告人享有的程序保障

(1) 在未经人民法院依法判决的情况下,不得被确定有罪。

(2) 获得人民法院的公开、独立、公正的审判。

(3) 在刑事诉讼过程中,不被强迫自己证实自己有罪,不受审判人员、检察人员、侦查人员以刑讯逼供、威胁、引诱、欺骗及其他非法方法进行的讯问,以及排除非法证据。

(4) 不受侦查人员实施的非法逮捕、拘留、取保候审、监视居住等强制措施,不受侦查人员的非法搜查、扣押等侦查行为。

(5) 在提出上诉时不得被加重刑罚。

5. 犯罪嫌疑人、被告人的主要义务

(1) 在符合法定条件的情况下承受逮捕、拘留、监视居住、拘传等强制措施。

(2) 接受侦查人员的讯问、搜查、扣押等侦查行为。

(3) 对侦查人员的讯问,应当如实回答。

(4) 承受检察机关的起诉,依法按时出庭并接受法庭审判。

(5) 遵守法庭纪律,听从审判人员指挥。

(6) 对于生效的裁定和判决,有义务执行或者协助执行。

(五) 附带民事诉讼当事人

附带民事诉讼当事人包括附带民事诉讼的原告人和附带民事诉讼的被告人。

附带民事诉讼当事人的共同诉讼权利主要有:

(1) 申请回避。

(2) 参加附带民事诉讼部分的事实调查和辩论。

(3) 委托诉讼代理人。

(4) 对附带民事诉讼部分的裁判提出上诉等。

附带民事诉讼的原告人,有权提出赔偿请求和撤销请求,有权要求调解和达成和解;可以依照《民事诉讼法》的规定,申请人民法院采取保全措施。有权申请先予执行。

附带民事诉讼的被告人,有权反诉,对生效裁判中附带民事诉讼部分不服的,有权申诉。

附带民事诉讼的当事人,都应当如实陈述案情,接受调查和审判,执行附带民事的裁判。

附带民事诉讼的原告人有义务对赔偿请求提供证据。

附带民事诉讼当事人要结合附带民事诉讼一章加以掌握。

(六) 单位当事人

1. 单位犯罪嫌疑人、被告人

单位犯罪嫌疑人、被告人的诉讼权利和诉讼义务,与自然人犯罪嫌疑人、被告人大致相同。

《刑诉法解释》作出了以下特殊规定：

（1）被告单位的诉讼代表人，应当是法定代表人或者主要负责人；法定代表人或者主要负责人被指控为单位犯罪直接负责的主管人员或者因客观原因无法出庭的，应当由被告单位委托其他负责人或者职工作为诉讼代表人。但是，有关人员被指控为单位犯罪的其他直接责任人员或者知道案件情况、负有作证义务的除外。

（2）开庭审理单位犯罪案件，应当通知被告单位的诉讼代表人出庭；没有诉讼代表人参与诉讼的，应当要求人民检察院确定。

（3）诉讼代表人有出庭的义务。被告单位的诉讼代表人不出庭的，应当按照下列情形分别处理：① 诉讼代表人系被告单位的法定代表人或者主要负责人，无正当理由拒不出庭的，可以拘传其到庭；因客观原因无法出庭，或者下落不明的，应当要求人民检察院另行确定诉讼代表人。② 诉讼代表人系被告单位的其他人员的，应当要求人民检察院另行确定诉讼代表人出庭。

（4）被告单位的诉讼代表人享有刑事诉讼法规定的有关被告人的诉讼权利。开庭时，诉讼代表人席位置于审判台前左侧，与辩护人席并列。

（5）被告单位的委托辩护人，参照适用有关规定。

（6）专门机关有权对单位财产采取特殊的强制措施。被告单位的违法所得及其孳息，尚未被依法追缴或者查封、扣押、冻结的，人民法院应当决定追缴或者查封、扣押、冻结；为保证判决的执行，人民法院可以先行查封、扣押、冻结被告单位的财产，或者由被告单位提出担保。

2. 单位被害人

被害人一般是自然人，但单位也可以成为被害人。单位被害人参加刑事诉讼时，应当由其法定代表人作为代表参加诉讼。法定代表人也可以委托诉讼代理人参加诉讼。单位被害人在刑事诉讼中的诉讼权利和诉讼义务，与自然人作为被害人时大体相同。

考点 4 其他诉讼参与人

1. 法定代理人

法定代理人是指依照法律的规定，对被代理人负有保护责任的人。

《刑事诉讼法》第106条第3项规定："法定代理人"是指被代理人的父母、养父母、监护人和负有保护责任的机关、团体的代表。

法定代理人的任务是保护被代理人的合法权益，因而应当是有完全行为能力的自然人。在法定代理人为多人时，只能由其中一人参加诉讼。法定代理人的诉讼权利与被代理人相同，承担相应的义务，但不能代替陈述，也不能代替承担与人身自由相关联的义务。

2. 诉讼代理人

诉讼代理人是指根据被代理人的委托而参加诉讼的人。《刑事诉讼法》第106条第5项规定：诉讼代理人是指公诉案件的被害人及其法定代理人或者近亲属、自诉案件的自诉人及其法定代理人委托代为参加诉讼的人和附带民事诉讼的当事人及其法定代理人委托代为参加诉讼的人。

3. 辩护人

辩护人，是指在诉讼中接受犯罪嫌疑人和被告人及其法定代理人的委托，或经公、检、法机关的指定,为犯罪嫌疑人和被告人的合法权益进行辩护的诉讼参与人。

诉讼代理人、辩护人的范围、职责、权利和义务等有关内容应结合"辩护与代理"一章掌握。

特别关注:

新法已将犯罪嫌疑人委托辩护人的时间提前到侦查阶段。

4. 证人

证人是指除当事人以外,了解案件情况并向公安司法机关作证的诉讼参与人。

证人的条件是了解案情或与案件有关的情况,并能辨别是非和正确表达。生理上、精神上有缺陷或者年幼,不能辨别是非、不能正确表达的人不得作为证人。证人必须是自然人。

证人的特点:

(1) 证人必须是了解案件情况的人。

(2) 证人必须是在诉讼之外了解案件情况的人。

(3) 证人必须是当事人以外的人。

5. 鉴定人

(1) 鉴定人,是指接受公安司法机关的指派或者聘请,以其专门知识和技能,对案件中的专门性问题进行鉴别判断并提出书面意见的诉讼参与人。

(2) 鉴定人应当符合以下条件:① 应当具有专门知识或者技能;② 鉴定人应当受到公安司法机关的指派或者聘请;③ 鉴定人应当与案件或者案件当事人无利害关系,否则应当回避。

(3) 鉴定人的特点:① 鉴定人必须是与案件或案件当事人无利害关系的人;② 鉴定人通过参加刑事诉讼了解案件的真实情况;③ 鉴定人通过聘请或指定产生,且在诉讼中可以更换;④ 鉴定人必须具备鉴定某项专门性问题的知识或技能。

特别关注:

全国人民代表大会常务委员会《关于司法鉴定管理问题的决定》对鉴定人和鉴定机构的新规定。

考点 5 翻译人员

翻译人员,是指接受公安司法机关的指派或聘请,在诉讼中进行语言文字(包括聋哑手势和盲文等)翻译的诉讼参与人。

翻译人员应当受到公安司法机关的指派或者聘请,也应当与案件或者案件当事人无利害关系,否则应当回避。

特别关注:

要注意诉讼参与人的权利义务,尤其是当事人,可在案例题或选择题中体现,对新法中关于辩护人、诉讼代理人的一些权利变化也要给予注意。

二、例题

1. 某案件经中级法院一审判决后引起社会的广泛关注。为回应社会关注和保证办案质量,在案件由高级法院作出二审判决前,基于我国法院和检察院的组织体系与上下级关系,最高法院和最高检察院可采取下列哪些措施?(2017年真题,多选)

A. 最高法院可听取高级法院对该案的汇报并就如何审理提出意见

B. 最高法院可召开审判业务会议对该案的实体和程序问题进行讨论

C. 最高检察院可听取省检察院的汇报并对案件事实、证据进行审查

D. 最高检察院可决定检察机关在二审程序中如何发表意见

[释疑] 在我国,法院上下级是监督关系,检察院上下级是领导关系,所以,A、B项错误,C、D项正确。(答案:CD)

2. 在袁某涉嫌故意杀害范某的案件中,下列哪些人员属于诉讼参与人?(2017年真题,多选)

A. 侦查阶段为袁某提供少数民族语言翻译的翻译人员

B. 公安机关负责死因鉴定的法医

C. 就证据收集合法性出庭说明情况的侦查人员

D. 法庭调查阶段就范某死因鉴定意见出庭发表意见的有专门知识的人

[释疑] 翻译人员和鉴定人属于诉讼参与人,而就证据收集合法性出庭说明情况的侦查人员属于代表公安机关的警察,如同审判人员、检察人员不属于诉讼参与人一样,也不属于诉讼参与人;法庭调查阶段就范某死因鉴定意见出庭发表意见的有专门知识的人,尽管适用鉴定人的有关规定,但其本身并非鉴定人,故不属于诉讼参与人。所以,A、B项正确。(答案:AB)

3. 犯罪嫌疑人、被告人在刑事诉讼中享有的诉讼权利可分为防御性权利和救济性权利。下列哪些选项属于犯罪嫌疑人、被告人享有的救济性权利?(2017年真题,多选)

A. 侦查机关讯问时,犯罪嫌疑人有申辩自己无罪的权利

B. 对办案人员人身侮辱的行为,犯罪嫌疑人有提出控告的权利

C. 对办案机关应退还取保候审保证金而不退还的,犯罪嫌疑人有申诉的权利

D. 被告人认为一审判决量刑畸重,有提出上诉的权利

[释疑] 犯罪嫌疑人、被告人的诉讼权利按其性质和作用的不同,可分为防御性权利和救济性权利两种。防御性权利,是指犯罪嫌疑人、被告人为对抗追诉方的指控、抵消其控诉效果所享有的诉讼权利;救济性权利,是指犯罪嫌疑人、被告人对国家专门机关所作的对其不利的行为、决定或裁判,要求另一专门机关予以审查并作出改变或撤销的诉讼权利。本题中A项是防御性权利,B、C、D项是救济性权利。(答案:BCD)

4. 关于公检法机关的组织体系及其在刑事诉讼中的职权,下列哪些选项是正确的?(2015年真题,多选)

A. 公安机关统一领导、分级管理,对超出自己管辖的地区发布通缉令,应报有权的上级公安机关发布

B. 基于检察一体化,检察院独立行使职权是指检察系统整体独立行使职权

C. 检察院上下级之间是领导关系,上级检察院认为下级检察院二审抗诉不当的,可以直接向同级法院撤回抗诉

D. 法院上下级之间是监督指导关系,上级法院如认为下级法院审理更适宜,可以将自己管辖的案件交由下级法院审理

[释疑] 《刑事诉讼法》第153条第2款规定:"各级公安机关在自己管辖的地区以内,可以直接发布通缉令;超出自己管辖的地区,应当报请有权决定的上级机关发布。"所以,A项正确。由于检察院上下级之间是领导关系,"人民检察院依法独立行使检察权"是指检察系统独立于行政机关、审判机关、公安机关等等。所以,B项正确。《刑事诉讼法》第221条规定:"地

方各级人民检察院对同级人民法院第一审判决、裁定的抗诉,应当通过原审人民法院提出抗诉书,并且将抗诉书抄送上一级人民检察院。原审人民法院应当将抗诉书连同案卷、证据移送上一级人民法院,并且将抗诉书副本送交当事人。上级人民检察院如果认为抗诉不当,可以向同级人民法院撤回抗诉,并且通知下级人民检察院。"所以,C项正确。《刑事诉讼法》第23条规定:"上级人民法院在必要的时候,可以审判下级人民法院管辖的第一审刑事案件;下级人民法院认为案情重大、复杂需要由上级人民法院审判的第一审刑事案件,可以请求移送上一级人民法院审判。"所以,D项错误。(答案:ABC)

5. 关于刑事诉讼当事人中的被害人的诉讼权利,下列哪些选项是正确的?(2015年真题,多选)

A. 撤回起诉、申请回避
B. 委托诉讼代理人、提起自诉
C. 申请复议、提起上诉
D. 申请抗诉、提出申诉

[释疑] 作为刑事诉讼当事人中的被害人,仅指公诉案件中的被害人,没有起诉权也就没有撤诉权,但有申请回避权。如果公诉转自诉时,已变为自诉人,则有起诉也有撤诉权。所以A项错误。作为刑事诉讼当事人中的被害人有委托诉讼代理人的权利,如果在自诉案件中或转为自诉案件时,被害人就是自诉人,当然有权提起自诉。所以,B项正确。《刑事诉讼法》第218条规定:"被害人及其法定代理人不服地方各级人民法院第一审的判决的,自收到判决书后五日以内,有权请求人民检察院提出抗诉。人民检察院自收到被害人及其法定代理人的请求后五日以内,应当作出是否抗诉的决定并且答复请求人。"所以,C项错误,D项正确。(答案:BD)

6. 关于被害人在刑事诉讼中的权利,下列哪一选项是正确的?(2014年真题,单选)

A. 自公诉案件立案之日起有权委托诉讼代理人
B. 对因作证而支出的交通、住宿、就餐等费用,有权获得补助
C. 对法院作出的强制医疗决定不服的,可向作出决定的法院申请复议一次
D. 对检察院作出的附条件不起诉决定不服的,可向上一级检察院申诉

[释疑] 《刑事诉讼法》第44条第1款规定:"公诉案件的被害人及其法定代理人或者近亲属,附带民事诉讼的当事人及其法定代理人,自案件移送审查起诉之日起,有权委托诉讼代理人。自诉案件的自诉人及其法定代理人,附带民事诉讼的当事人及其法定代理人,有权随时委托诉讼代理人。"故A项错误。《刑事诉讼法》第63条规定:"证人因履行作证义务而支出的交通、住宿、就餐等费用,应当给予补助。证人作证的补助列入司法机关业务经费,由同级政府财政予以保障。有工作单位的证人作证,所在单位不得克扣或者变相克扣其工资、奖金及其他福利待遇。"在我国,被害人不属于证人,无权申请补助。故B项错误。《刑事诉讼法》第287条:"人民法院经审理,对于被申请人或者被告人符合强制医疗条件的,应当在一个月以内作出强制医疗的决定。被决定强制医疗的人、被害人及其法定代理人、近亲属对强制医疗决定不服的,可以向上一级人民法院申请复议。"被害人应当向上一级法院申请复议,故C项错误。《刑事诉讼法》第271条第2款规定:"对附条件不起诉的决定,公安机关要求复议、提请复核或者被害人申诉的,适用本法第一百七十五条、第一百七十六条的规定。"《刑事诉讼法》第176条规定:"对于有被害人的案件,决定不起诉的,人民检察院应当将不起诉决定书送达被害人。被害人如果不服,可以自收到决定书后七日以内向上一级人民检察院申诉,请求提起公诉。人民检察院应当将复查决定告知被害人。对人民检察院维持不起诉决定的,被害人可以向人民

法院起诉。被害人也可以不经申诉,直接向人民法院起诉。人民法院受理案件后,人民检察院应当将有关案件材料移送人民法院。"故 D 项正确。(答案:D)

7. 关于法定代理人对法院一审判决、裁定的上诉权,下列哪一说法是错误的?(2011 年真题,单选)

　　A. 自诉人高某的法定代理人有独立上诉权
　　B. 被告人李某的法定代理人有独立上诉权
　　C. 被害人方某的法定代理人有独立上诉权
　　D. 附带民事诉讼当事人吴某的法定代理人对附带民事部分有独立上诉权

[释疑]　由于刑事诉讼中的被害人本身就没有上诉权,故 C 项当选。(答案:C)

8. 关于司法鉴定,下列哪些选项是正确的?(2010 年真题,多选)

　　A. 某鉴定机构的 3 名鉴定人共同对某杀人案进行法医类鉴定,这 3 名鉴定人依照诉讼法律规定实行回避
　　B. 某鉴定机构的鉴定人钱某对某盗窃案进行了声像资料鉴定,该司法鉴定应由钱某负责
　　C. 当事人对鉴定人胡某的鉴定意见有异议,经法院通知,胡某应当出庭作证
　　D. 鉴定人刘某、廖某、徐某共同对被告人的精神状况进行了鉴定,刘某和廖某意见一致,但徐某有不同意见,应当按照刘某和廖某的意见作出结论

[释疑]　根据《刑事诉讼法》第 31 条的规定,鉴定人属于回避人员的范围,故 A 项正确。全国人民代表大会常务委员会《关于司法鉴定管理问题的决定》第 10 条规定:"司法鉴定实行鉴定人负责制度。鉴定人应当独立进行鉴定,对鉴定意见负责并在鉴定书上签名或者盖章。多人参加的鉴定,对鉴定意见有不同意见的,应当注明。"该决定第 11 条规定:"在诉讼中,当事人对鉴定意见有异议的,经人民法院依法通知,鉴定人应当出庭作证。"故 B、C 项正确,D 项错误。故 A、B、C 项当选。(答案:ABC)

9. 高某系一抢劫案的被害人。关于高某的诉讼权利,下列哪些选项是正确的?(2009 年真题,多选)

　　A. 有权要求不公开自己的姓名和报案行为
　　B. 如公安机关不立案,有权要求告知不立案的原因
　　C. 作为证据使用的鉴定意见,经申请可以补充或者重新鉴定
　　D. 如检察院作出不起诉决定,也可以直接向法院提起自诉

[释疑]　《刑事诉讼法》第 109 条规定:"报案、控告、举报可以用书面或者口头提出。接受口头报案、控告、举报的工作人员,应当写成笔录,经宣读无误后,由报案人、控告人、举报人签名或者盖章。接受控告、举报的工作人员,应当向控告人、举报人说明诬告应负的法律责任。但是,只要不是捏造事实,伪造证据,即使控告、举报的事实有出入,甚至是错告的,也要和诬告严格加以区别。公安机关、人民检察院或者人民法院应当保障报案人、控告人、举报人及其近亲属的安全。报案人、控告人、举报人如果不愿公开自己的姓名和报案、控告、举报的行为,应当为他保守秘密。"故 A 项正确。第 110 条规定:"人民法院、人民检察院或者公安机关对于报案、控告、举报和自首的材料,应当按照管辖范围,迅速进行审查,认为有犯罪事实需要追究刑事责任的时候,应当立案;认为没有犯罪事实,或者犯罪事实显著轻微,不需要追究刑事责任的时候,不予立案,并且将不立案的原因通知控告人。控告人如果不服,可以申请复议。"故 B 项正确。第 146 条规定:"侦查机关应当将用作证据的鉴定意见告知犯罪嫌疑人、被害人。如果

犯罪嫌疑人、被害人提出申请,可以补充鉴定或者重新鉴定。"故 C 项正确。第 176 条规定:"对于有被害人的案件,决定不起诉的,人民检察院应当将不起诉决定书送达被害人。被害人如果不服,可以自收到决定书后七日以内向上一级人民检察院申诉,请求提起公诉。人民检察院应当将复查决定告知被害人。对人民检察院维持不起诉决定的,被害人可以向人民法院起诉。被害人也可以不经申诉,直接向人民法院起诉。人民法院受理案件后,人民检察院应当将有关案件材料移送人民法院。"故 D 项正确。(答案:ABCD)

10. 关于刑事诉讼法定代理人与诉讼代理人的区别,下列哪些选项是正确的?(2009 年真题,多选)

   A. 法定代理人基于法律规定或法定程序产生,诉讼代理人基于被代理人委托产生
   B. 法定代理人的权利源于法律授权,诉讼代理人的权利源于委托协议授权
   C. 法定代理人可以违背被代理人的意志进行诉讼活动,诉讼代理人的代理活动不得违背被代理人的意志
   D. 法定代理人可以代替被代理人陈述案情,诉讼代理人不能代替被代理人陈述案情

   [释疑] 根据《刑事诉讼法》第 106 条的规定,"法定代理人"是指被代理人的父母、养父母、监护人和负有保护责任的机关、团体的代表;"诉讼代理人"是指公诉案件的被害人及其法定代理人或者近亲属、自诉案件的自诉人及其法定代理人委托代为参加诉讼的人和附带民事诉讼的当事人及其法定代理人委托代为参加诉讼的人。故 A、B、C 项正确。《刑事诉讼法》第 186 条第 1 款还规定,公诉人在法庭上宣读起诉书后,被告人、被害人可以就起诉书指控的犯罪进行陈述。第 270 条第 4 款规定,审判未成年人刑事案件,未成年被告人最后陈述后,其法定代理人可以进行补充陈述。故 D 项错误。(答案:ABC)

11. 关于证人与鉴定人的共同特征,下列哪些选项是正确的?(2009 年真题,多选)

   A. 是当事人以外的人   B. 与案件或案件当事人没有利害关系
   C. 具有不可替代性   D. 有义务出席法庭接受控辩双方询问

   [释疑] 根据《刑事诉讼法》的规定和刑事诉讼法原理,与案件或案件当事人有利害关系的可以作证人,故 B 项错误;鉴定人是可以更换的,故 C 项错误;证人、鉴定人都是当事人以外的人,都有义务出席法庭接受控辩双方的询问,故 A、D 项正确。(答案:AD)

12. 童馨因涉嫌非法为境外组织提供国家秘密文件而被立案侦查。下列说法正确的有:(单选)

   A. 在审查起诉或者审判阶段要对童馨采取监视居住措施,由人民检察院或者人民法院决定,由公安机关执行
   B. 对童馨的逮捕由公安机关执行
   C. 在侦查阶段要对童馨采取监视居住措施,由公安机关决定并执行
   D. 在侦查阶段要对犯罪嫌疑人童馨采取逮捕措施,需经人民检察院批准

   [释疑] 非法为境外组织提供国家秘密文件罪由安全机关管辖,故对童馨的强制措施应由国家安全机关执行,而批准逮捕权当属人民检察院。(答案:D)

13. 某女工在下班途中遭到强奸,在刑事诉讼中,她不具有下列哪些诉讼权利?(单选)

   A. 如果公安机关应当立案而不立案,某女工有权向人民检察院提出意见,请求人民检察院责令公安机关向检察机关说明不立案的理由
   B. 对人民检察院作出的不起诉决定不服,有权向上一级人民检察院申诉

C. 如果不服第一审人民法院的未生效判决,有权提出上诉

D. 不服地方各级人民法院的生效裁判,有权提出申诉

[释疑] 被害人虽然是当事人,但是,对于第一审人民法院的未生效判决,只有请求人民检察院抗诉的权利,而没有提出上诉的权利。(答案:C)

14. 大地有限责任公司涉嫌走私,公司法定代表人、董事长甲某,财务部经理乙某同时受到追诉。副董事长丙某没有涉嫌犯罪。本案中,下列说法错误的有:(多选)

A. 本案中大地公司是单位被告人,应由甲某代表被告单位大地公司参加刑事诉讼

B. 本案可以由丙某作为被告单位的诉讼代表人出庭

C. 检察院在起诉书中把甲某列为被告单位的诉讼代表人,人民法院应当要求检察院另行确定被告单位的诉讼代表人出庭

D. 人民法院通知被告单位的诉讼代表人出庭而该代表人拒不出庭的,人民法院在必要的时候,可以对其采取拘留措施

[释疑] 《刑诉法解释》第 279 条规定:"被告单位的诉讼代表人,应当是法定代表人或者主要负责人;法定代表人或者主要负责人被指控为单位犯罪直接负责的主管人员或者因客观原因无法出庭的,应当由被告单位委托其他负责人或者职工作为诉讼代表人。但是,有关人员被指控为单位犯罪的其他直接责任人员或者知道案件情况、负有作证义务的除外。"故 A 项错误,B 项正确。《刑诉法解释》第 280 条规定:"开庭审理单位犯罪案件,应当通知被告单位的诉讼代表人出庭;没有诉讼代表人参与诉讼的,应当要求人民检察院确定。被告单位的诉讼代表人不出庭的,应当按照下列情形分别处理:(一)诉讼代表人系被告单位的法定代表人或者主要负责人,无正当理由拒不出庭的,可以拘传其到庭;因客观原因无法出庭,或者下落不明的,应当要求人民检察院另行确定诉讼代表人;(二)诉讼代表人系被告单位的其他人员的,应当要求人民检察院另行确定诉讼代表人出庭。"故 C 项正确,D 项错误。(答案:AD)

15. 18 岁的林某将 16 岁的金某打成重伤。在法院开庭时,金某的母亲请求法庭判决被告人赔偿金某医疗费等人民币 6800 元。请问,金某的母亲处于哪种诉讼地位?(多选)

A. 诉讼代理人　　　B. 法定代理人　　　C. 诉讼参与人　　　D. 辩护人

[释疑] 由于被害人金某只有 16 岁,属于未成年人,金某的母亲是其法定代理人,而法定代理人又是诉讼参与人的一种,故 B、C 项当选。(答案:BC)

16. 乙县公安局法医鉴定室的法医程龙某日上班途中,目睹了江某故意伤害案的经过。下列哪些说法正确?(多选)

A. 程龙应当作证人,不能作鉴定人　　　B. 程龙既可以作鉴定人,又可以作证人

C. 程龙既不能作鉴定人,又不能作证人　　　D. 程龙是本案的诉讼参与人

[释疑] 由于证人具有不可替代性,故 B、C 项错误。(答案:AD)

17. 某甲目击了一起抢劫案的全过程。事后,侦查人员找到某甲取证。对此,下列说法错误的是:(单选)

A. 某甲有义务作证

B. 某甲有权要求对自己的姓名在整个刑事诉讼过程中保密

C. 某甲有权要求公安司法机关保障自己的人身安全

D. 某甲有权要求公安司法机关保障自己近亲属的安全

[释疑] 如果某甲在法庭审判中作证,就无权要求对自己的姓名保密,故 B 项错误。

（答案：B）

三、提示与预测

本章涉及刑事诉讼中的专门机关和诉讼参与人。要注意各专门机关的不同职能、诉讼参与人的权利义务等有关法律规定。新法中关于当事人及其他诉讼参与人权利的变化是今年的重要考点。尤其是当事人，可在案例题或选择题中体现，对新法中关于辩护人、诉讼代理人的一些权利变化也要给予注意。

第四章 管 辖

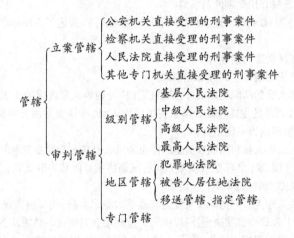

一、精讲

我国《刑事诉讼法》中的管辖，是指公安机关、人民检察院和人民法院等依照法律规定，立案受理刑事案件以及人民法院系统内审判第一审刑事案件的分工制度。

我国刑事诉讼法中的管辖，分为立案管辖和审判管辖两大类。

考点 1 立案管辖

立案管辖，又称职能管辖或部门管辖，是指人民法院、人民检察院和公安机关各自直接受理刑事案件的职权范围，也就是各专门机关之间在直接受理刑事案件范围上的权限划分。

（一）公安机关直接受理的刑事案件

《刑事诉讼法》第18条第1款规定："刑事案件的侦查由公安机关进行，法律另有规定的除外。"

特别关注：

"法律另有规定"，一是指虽然实体法上列为刑事案件，但在程序法上规定不需要侦查，人民法院可以直接受理的刑事案件。自诉案件就属于这种情况。二是指法律规定应由其他机关或部门立案侦查的刑事案件。这类案件有：① 人民检察院依法管辖的自侦案件；② 国家安全机关依法立案侦查的危害国家安全的案件；③ 军队保卫部门依法立案侦查的军队内部发生的案件；④ 监狱依法立案侦查的罪犯在监狱内犯罪的案件。

公安机关立案侦查的案件，由犯罪地的公安机关立案侦查，如果由犯罪嫌疑人居住地的公安机关管辖更为适宜的，可以由犯罪嫌疑人居住地的公安机关管辖。跨地区系列盗窃、抢劫机动车案件，由最初受理的公安机关立案侦查；必要时，可由主要犯罪地公安机关立案侦查，或者由上级公安机关指定立案侦查。

（二）人民检察院直接受理的刑事案件

《刑事诉讼法》第18条第2款和《刑事诉讼规则（试行）》规定了人民检察院直接受理的案件。

人民检察院直接受理的案件如下：

（1）贪污贿赂犯罪案件。共有12个罪名。

（2）国家工作人员的渎职犯罪案件，是指《刑法》分则第九章规定的渎职犯罪案件。修订后的《刑法》已将渎职罪的主体修改为国家机关工作人员。涉税案件由公安机关侦查，但徇私舞弊不征、少征税款案由检察院侦查。

（3）国家机关工作人员利用职权实施的侵犯公民人身权利和民主权利的犯罪案件。这类案件包括：① 非法拘禁案；② 非法搜查案；③ 刑讯逼供案；④ 暴力取证案；⑤ 虐待被监管人案；⑥ 报复陷害案；⑦ 破坏选举案。

（4）国家机关工作人员利用职权实施的其他重大犯罪案件，需要由人民检察院直接受理的时候，经省级以上人民检察院决定，可以由人民检察院立案侦查。必须具备以下条件：① 是国家机关工作人员利用职权实施的；② 是上述三类犯罪案件以外的重大的犯罪案件；③ 需要由人民检察院直接受理；④ 经过省级以上人民检察院决定。

对于第（4）类案件，《刑事诉讼规则（试行）》规定，基层人民检察院或者分、州、市人民检察院需要直接立案侦查的，应当层报省级人民检察院决定。分、州、市人民检察院对于基层人民检察院层报省级人民检察院的案件，应当进行审查，提出是否需要立案侦查的意见，报请省级人民检察院决定。

报请省级人民检察院决定立案侦查的案件，应当制作提请批准直接受理书，写明案件情况以及需要由人民检察院立案侦查的理由，并附有关材料。

省级人民检察院应当在收到提请批准直接受理书后的10日以内作出是否立案侦查的决定。省级人民检察院可以决定由下级人民检察院直接立案侦查，也可以决定直接立案侦查。

特别关注：

公安机关、人民检察院和人民法院管辖权竞合的处理

（1）公安机关侦查刑事案件涉及人民检察院管辖的贪污贿赂案件时，应当将贪污贿赂案件移送人民检察院；人民检察院侦查贪污贿赂案件涉及公安机关管辖的刑事案件时，应当将属于公安机关管辖的刑事案件移送公安机关。在上述情况中，如果涉嫌主罪属于公安机关管辖，由公安机关为主侦查，人民检察院予以配合；如果涉嫌主罪属于人民检察院管辖，由人民检察

院为主侦查,公安机关予以配合。

(2) 具有下列情形之一的,人民法院、人民检察院、公安机关可以在其职责范围内并案处理:① 一人犯数罪的;② 共同犯罪的;③ 共同犯罪的犯罪嫌疑人、被告人还实施其他犯罪的;④ 多个犯罪嫌疑人、被告人实施的犯罪存在关联,并案处理有利于查明案件事实的。

(三) 人民法院直接受理的刑事案件

《刑事诉讼法》第18条第3款规定:"自诉案件,由人民法院直接受理。"

《刑事诉讼法》第204条规定:"自诉案件包括下列案件:(一) 告诉才处理的案件;(二) 被害人有证据证明的轻微刑事案件;(三) 被害人有证据证明对被告人侵犯自己人身、财产权利的行为应当依法追究刑事责任,而公安机关或者人民检察院不予追究被告人刑事责任的案件。"

(1) 告诉才处理的案件包括侮辱、诽谤案,暴力干涉婚姻自由案,虐待案,侵占案。

(2) 被害人有证据证明的轻微刑事案件包括:① 故意伤害案(轻伤);② 重婚案;③ 遗弃案;④ 侵犯通信自由案;⑤ 非法侵入住宅案;⑥ 生产、销售伪劣商品案件(严重危害社会秩序和国家利益的除外);⑦ 侵犯知识产权案件(严重危害社会秩序和国家利益的除外);⑧ 属于《刑法》分则第四章、第五章规定的,对被告人可以判处3年有期徒刑以下刑罚的其他轻微刑事案件。

这些案件,被害人直接向人民法院起诉的,人民法院应当依法受理。对其中证据不足、可以由公安机关受理的,或者认为对被告人可能判处3年有期徒刑以上刑罚的,应当告知被害人向公安机关报案,或者移送公安机关立案侦查。

(3) 被害人有证据证明对被告人侵犯自己人身、财产权利的行为应当依法追究刑事责任,且有证据证明曾经提出控告,而公安机关或者人民检察院不予追究被告人刑事责任的案件。这类案件有下列限制性条件:① 被害人能提供证据证明被告人的行为构成犯罪;② 对被告人的行为应当依法追究刑事责任;③ 被告人的行为侵犯的是被害人的人身权利或财产权利;④ 有证据证明曾经提出控告,而公安机关或者人民检察院不予追究被告人的刑事责任。

特别关注:

(1) 伪证罪,拒不执行判决、裁定罪由公安机关立案侦查,而不是由人民法院直接立案审理。

(2) 公安机关或者人民检察院在侦查中如果发现犯罪嫌疑人还涉嫌属于法院直接受理的案件时,应当分别情况处理;对于属于告诉才处理的,可以告知被害人向法院直接自诉。

(3) 法院在审理自诉案件中,如果发现被告人还实施了其他应当公诉的案件,应当另案移送有管辖权的公安机关或者人民检察院处理。

考点 2 审判管辖

审判管辖,是指人民法院审判第一审刑事案件的职权范围。人民检察院提起公诉的案件,应当与各级人民法院管辖审理的案件范围相适应。审判管辖分为级别管辖、地区管辖、移送管辖、指定管辖和专门管辖等。

(一) 级别管辖

级别管辖,是指各级人民法院审判第一审刑事案件的职权范围。

《刑事诉讼法》第19条规定:"基层人民法院管辖第一审普通刑事案件,但是依照本法由上级人民法院管辖的除外。"《刑事诉讼法》第 20 条规定:"中级人民法院管辖下列第一审刑事案件:(一)危害国家安全、恐怖活动案件;(二)可能判处无期徒刑、死刑的案件。"

特别关注:

按照新法规定,"外国人犯罪的刑事案件"已不是最低应归中级人民法院管辖的案件。

《刑事诉讼法》第 21 条规定:"高级人民法院管辖的第一审刑事案件,是全省(自治区、直辖市)性的重大刑事案件。"

《刑事诉讼法》第 22 条规定:"最高人民法院管辖的第一审刑事案件,是全国性的重大刑事案件。"

《刑事诉讼法》第 23 条规定:"上级人民法院在必要的时候,可以审判下级人民法院管辖的第一审刑事案件;下级人民法院认为案情重大、复杂需要由上级人民法院审判的第一审刑事案件,可以请求移送上一级人民法院审判。"

特别关注:

(1) 人民检察院认为可能判处无期徒刑、死刑,向中级人民法院提起公诉的案件,中级人民法院受理后,认为不需要判处无期徒刑、死刑的,应当依法审判,不再交基层人民法院审判。

(2) 一人犯数罪、共同犯罪和其他需要并案审理的案件,其中一人或者一罪属于上级人民法院管辖的,全案由上级人民法院管辖。

(二) 地区管辖

地区管辖,是指同级人民法院之间,在审判第一审刑事案件上的权限划分。

《刑事诉讼法》第 24 条规定:"刑事案件由犯罪地的人民法院管辖。如果由被告人居住地的人民法院审判更为适宜的,可以由被告人居住地的人民法院管辖。"

《刑事诉讼法》第 25 条规定:"几个同级人民法院都有权管辖的案件,由最初受理的人民法院审判。在必要的时候,可以移送主要犯罪地的人民法院审判。"

特别关注:

(1) 犯罪地包括犯罪行为发生地和犯罪结果发生地。针对或者利用计算机网络实施的犯罪,犯罪地包括犯罪行为发生地的网站服务器所在地,网络接入地,网站建立者、管理者所在地,被侵害的计算机信息系统及其管理者所在地,被告人、被害人使用的计算机信息系统所在地,以及被害人财产遭受损失地。

(2) 被告人的户籍地为其居住地。经常居住地与户籍地不一致的,经常居住地为其居住地。经常居住地为被告人被追诉前已连续居住 1 年以上的地方,但住院就医的除外。被告单位登记的住所地为其居住地。主要营业地或者主要办事机构所在地与登记的住所地不一致的,主要营业地或者主要办事机构所在地为其居住地。

(3) 在中华人民共和国领域外的中国船舶内的犯罪,由该船舶最初停泊的中国口岸所在地的人民法院管辖。

(4) 在中华人民共和国领域外的中国航空器内的犯罪,由该航空器在中国最初降落地的人民法院管辖。

(5) 在国际列车上的犯罪,根据我国与相关国家签订的协定确定管辖;没有协定的,由该列车最初停靠的中国车站所在地或者目的地的铁路运输法院管辖。

(6) 中国公民在中国驻外使、领馆内的犯罪,由其主管单位所在地或者原户籍地的人民法院管辖。

（7）中国公民在中华人民共和国领域外的犯罪，由其入境地或者离境前居住地的人民法院管辖；被害人是中国公民的，也可由被害人离境前居住地的人民法院管辖。

（8）外国人在中华人民共和国领域外对中华人民共和国国家或者公民犯罪，根据《中华人民共和国刑法》应当受处罚的，由该外国人入境地、入境后居住地或者被害中国公民离境前居住地的人民法院管辖。

（9）对中华人民共和国缔结或者参加的国际条约所规定的罪行，中华人民共和国在所承担条约义务的范围内，行使刑事管辖权的，由被告人被抓获地的人民法院管辖。

（10）正在服刑的罪犯在判决宣告前还有其他罪没有判决的，由原审地人民法院管辖；由罪犯服刑地或者犯罪地的人民法院审判更为适宜的，可以由罪犯服刑地或者犯罪地的人民法院管辖。

罪犯在服刑期间又犯罪的，由服刑地的人民法院管辖。

罪犯在脱逃期间犯罪的，由服刑地的人民法院管辖。但是，在犯罪地抓获罪犯并发现其在脱逃期间的犯罪的，由犯罪地的人民法院管辖。

（三）专门管辖

专门管辖，是指专门人民法院之间，以及专门人民法院与普通人民法院之间对第一审刑事案件在受理范围上的分工。

《刑事诉讼法》第27条规定："专门人民法院案件的管辖另行规定。"《刑诉法解释》第22条规定："军队和地方互涉刑事案件，按照有关规定确定管辖。"

特别关注：

管辖一直是司法考试的重点，考生应当熟知《刑事诉讼法》和司法解释中的相关规定。选择题或案例题均可能出现。

（四）移送管辖

移送管辖是指本来受理案件的法院，由于某些特殊原因，将案件移送其他法院管辖。比如，《刑事诉讼法》第23条规定："上级人民法院在必要的时候，可以审判下级人民法院管辖的第一审刑事案件；下级人民法院认为案情重大、复杂需要由上级人民法院审判的第一审刑事案件，可以请求移送上一级人民法院审判。"再比如，地区管辖中也会出现移送管辖。

特别关注：

（1）上级人民法院决定审判下级人民法院管辖的第一审刑事案件的，应当向下级人民法院下达改变管辖决定书，并书面通知同级人民检察院。

（2）基层人民法院对可能判处无期徒刑、死刑的第一审刑事案件，应当移送中级人民法院审判。基层人民法院对下列第一审刑事案件，可以请求移送中级人民法院审判：①重大、复杂案件；②新类型的疑难案件；③在法律适用上具有普遍指导意义的案件。需要将案件移送中级人民法院审判的，应当在报请院长决定后，至迟于案件审理期限届满15日前书面请求移送。中级人民法院应当在接到申请后10日内作出决定。不同意移送的，应当下达不同意移送决定书，由请求移送的人民法院依法审判；同意移送的，应当下达同意移送决定书，并书面通知同级人民检察院。

（3）有管辖权的人民法院因案件涉及本院院长需要回避等原因，不宜行使管辖权的，可以请求移送上一级人民法院管辖。上一级人民法院可以管辖，也可以指定与提出请求的人民法院同级的其他人民法院管辖。

(五) 指定管辖

指定管辖是指管辖不明或有管辖权的法院不宜行使管辖权时,由上级法院以指定方式确定案件的管辖权。

《刑事诉讼法》第26条规定:"上级人民法院可以指定下级人民法院审判管辖不明的案件,也可以指定下级人民法院将案件移送其他人民法院审判。"

特别关注:

(1) 两个以上同级人民法院都有管辖权的案件,由最初受理的人民法院审判。必要时,可以移送被告人主要犯罪地的人民法院审判。

管辖权发生争议的,应当在审理期限内协商解决;协商不成的,由争议的人民法院分别层报共同的上级人民法院指定管辖。

(2) 上级人民法院在必要时,可以指定下级人民法院将其管辖的案件移送其他下级人民法院审判。

(3) 上级人民法院指定管辖,应当将指定管辖决定书分别送达被指定管辖的人民法院和其他有关的人民法院。

(4) 原受理案件的人民法院在收到上级人民法院改变管辖决定书、同意移送决定书或者指定其他人民法院管辖决定书后,对公诉案件,应当书面通知同级人民检察院,并将案卷材料退回,同时书面通知当事人;对自诉案件,应当将案卷材料移送被指定管辖的人民法院,并书面通知当事人。

(5) 第二审人民法院发回重新审判的案件,人民检察院撤回起诉后,又向原第一审人民法院的下级人民法院重新提起公诉的,下级人民法院应当将有关情况层报原第二审人民法院。原第二审人民法院根据具体情况,可以决定将案件移送原第一审人民法院或者其他人民法院审判。

二、例题

1. 齐某在A市B区利用网络捏造和散布虚假事实,宣称刘某系当地黑社会组织"大哥",A市中级法院院长王某为其"保护伞"。刘某以齐某诽谤为由,向B区法院提起自诉。关于本案处理,下列哪一选项是正确的?(2017年真题,单选)

A. B区法院可以该案涉及王某为由裁定不予受理

B. B区法院受理该案后应请求上级法院指定管辖

C. B区法院受理该案后,王某应自行回避

D. 齐某可申请A市中级法院及其下辖的所有基层法院法官整体回避

[释疑] 刑事诉讼中,指定管辖是指管辖不明或有管辖权的法院不宜行使管辖权时,由上级法院以指定方式确定案件的管辖权。本案中,由于案件与B区法院的上级法院院长有利害关系,故B区法院受理该案后应请求上级法院指定管辖。最高人民法院《刑诉法解释》也规定,有管辖权的人民法院因案件涉及本院院长需要回避等原因,不宜行使管辖权的,可以请求移送上一级人民法院管辖。上一级人民法院可以管辖,也可以指定与提出请求的人民法院同级的其他人民法院管辖。所以,本题选B项。(答案:B)

2. 某县破获一抢劫团伙,涉嫌多次入户抢劫,该县法院审理后认为,该团伙中只有主犯赵某可能被判处无期徒刑。关于该案的移送管辖,下列哪些选项是正确的?(2014年真题,

多选)
　　A. 应当将赵某移送中级法院审理,其余被告人继续在县法院审理
　　B. 团伙中的未成年被告人应当一并移送中级法院审理
　　C. 中级法院审查后认为赵某不可能被判处无期徒刑,可不同意移送
　　D. 中级法院同意移送的,应当书面通知其同级检察院
　　[释疑] 《刑诉法解释》第 13 条规定:"一人犯数罪、共同犯罪和其他需要并案审理的案件,其中一人或者一罪属于上级人民法院管辖的,全案由上级人民法院管辖。"《刑诉法解释》第 15 条规定:"基层人民法院对可能判处无期徒刑、死刑的第一审刑事案件,应当移送中级人民法院审判。基层人民法院对下列第一审刑事案件,可以请求移送中级人民法院审判:(一) 重大、复杂案件;(二) 新类型的疑难案件;(三) 在法律适用上具有普遍指导意义的案件。需要将案件移送中级人民法院审判的,应当在报请院长决定后,至迟于案件审理期限届满十五日前书面请求移送。中级人民法院应当在接到申请后十日内作出决定。不同意移送的,应当下达不同意移送决定书,由请求移送的人民法院依法审判;同意移送的,应当下达同意移送决定书,并书面通知同级人民检察院。"故 A 项错误,CD 项正确。《人民检察院办理未成年人刑事案件的规定》(2013 年) 第 51 条规定:"人民检察院审查未成年人与成年人共同犯罪案件,一般应当将未成年人与成年人分案起诉。但是具有下列情形之一的,可以不分案起诉:(一) 未成年人系犯罪集团的组织者或者其他共同犯罪中的主犯的;(二) 案件重大、疑难、复杂,分案起诉可能妨碍案件审理的;(三) 涉及刑事附带民事诉讼,分案起诉妨碍附带民事诉讼部分审理的;(四) 具有其他不宜分案起诉情形的。对分案起诉至同一人民法院的未成年人与成年人共同犯罪案件,由未成年人刑事检察机构一并办理更为适宜的,经检察长决定,可以由未成年人刑事检察机构一并办理。分案起诉的未成年人与成年人共同犯罪案件,由不同机构分别办理的,应当相互了解案件情况,提出量刑建议时,注意全案的量刑平衡。"该条确立了分案起诉原则,B 项情况应当分案起诉,也就是说,团伙中的未成年被告人应当另案起诉由县法院审理,不受成年被告人案件移送管辖的影响。故 B 项错误。(答案:CD)
　　3. 周某采用向计算机植入木马程序的方法窃取齐某的网络游戏账号、密码等信息,将窃取到的相关数据存放在其租用的服务器中,并利用这些数据将齐某游戏账户内的金币、点券等虚拟商品放在第三方网络交易平台上进行售卖,获利 5 000 元。下列哪些地区的法院对本案具有管辖权? (2013 年真题,多选)
　　A. 周某计算机所在地　　　　　　　　B. 齐某计算机所在地
　　C. 周某租用的服务器所在地　　　　　D. 经营该网络游戏的公司所在地
　　[释疑] 《刑诉法解释》第 2 条规定:"犯罪地包括犯罪行为发生地和犯罪结果发生地。针对或者利用计算机网络实施的犯罪,犯罪地包括犯罪行为发生地的网站服务器所在地,网络接入地,网站建立者、管理者所在地,被侵害的计算机信息系统及其管理者所在地,被告人、被害人使用的计算机信息系统所在地,以及被害人财产遭受损失地。"(答案:ABCD)
　　4. 下列哪一案件应由公安机关直接受理立案侦查? (2009 年真题,单选)
　　A. 林业局副局长王某违法发放林木采伐许可证案
　　B. 吴某破坏乡长选举案
　　C. 负有解救被拐卖儿童职责的李某利用职务阻碍解救案
　　D. 某地从事实验、保藏传染病菌种的钟某,违反国务院卫生行政部门的有关规定,造成传

染病菌种扩散构成犯罪的案件

[释疑] A项属于渎职犯罪,应由检察院侦查。B项主体不明,如果吴某属国家机关工作人员利用职务破坏选举,则由检察院立案侦查;反之则由公安机关立案侦查,故B项亦不选。负有解救被拐卖儿童职责的李某利用职务阻碍解救案属于渎职犯罪,故C项不选。《刑法》第331条规定:"从事实验、保藏、携带、运输传染病菌种、毒种的人员,违反国务院卫生行政部门的有关规定,造成传染病菌种、毒种扩散,后果严重的,处三年以下有期徒刑或者拘役;后果特别严重的,处三年以上七年以下有期徒刑。"《刑法》第409条规定:"从事传染病防治的政府卫生行政部门的工作人员严重不负责任,导致传染病传播或者流行,情节严重的,处三年以下有期徒刑或者拘役。""从事实验、保藏传染病菌种的钟某"不属于"从事传染病防治的政府卫生行政部门的工作人员",故非渎职犯罪,故选D项。(答案:D)

5. 国家机关工作人员高某与某军事部门有业务往来。一日,高某到该部门洽谈工作,趁有关人员临时离开将一部照相机窃走。该照相机中有涉及军事机密的照片。关于本案,负责立案侦查的是下列哪一机关?(2009年真题,单选)

　　A. 公安机关　　　　　　　　　B. 检察机关
　　C. 国家安全机关　　　　　　　D. 军队保卫部门

[释疑] 《刑事诉讼法》第18条第1款规定:"刑事案件的侦查由公安机关进行,法律另有规定的除外。"本案涉及"军事秘密",故A项不选。《刑事诉讼法》第290条第1款规定:"军队保卫部门对军队内部发生的刑事案件行使侦查权。"因此,军队保卫部门有侦查权。司法实践中现役军人(含军内在编职工,下同)和非军人共同犯罪的,分别由军事法院和地方人民法院或者其他专门法院管辖;涉及国家军事秘密的,全案由军事法院管辖。根据立法精神和管辖的基本原理,应选D项。(答案:D)

6. 关于"告诉才处理"的案件与自诉案件,下列哪一选项是正确的?(2008年真题,单选)

　　A. 自诉案件是告诉才处理的案件
　　B. 告诉才处理的案件是自诉案件
　　C. 告诉才处理的案件与自诉案件,只是说法不同,含义相同
　　D. 告诉才处理的案件与自诉案件二者之间没有关系

[释疑] 《刑诉法解释》第1条规定:"人民法院直接受理的自诉案件包括:(一)告诉才处理的案件……"故选B项。(答案:B)

7. 张某,甲市人,中国乙市远洋运输公司"黎明号"货轮船员。"黎明号"航行在公海时,张某因与另一船员李某发生口角将其打成重伤。货轮返回中国首泊丙市港口时,张某趁机潜逃,后在丁市被抓获。该案应当由下列哪一法院行使管辖权?(2008年真题,单选)

　　A. 甲市法院　　B. 乙市法院　　C. 丙市法院　　D. 丁市法院

[释疑] 《刑诉法解释》第4条规定:"在中华人民共和国领域外的中国船舶内的犯罪,由该船舶最初停泊的中国口岸所在地的人民法院管辖。"故选C项。(答案:C)

8. 甲非法拘禁乙于某市A区,后又用汽车经该市B区、C区,将乙转移到D区继续拘禁。对于甲所涉非法拘禁案,下列哪些法院依法享有管辖权?(2006年真题,多选)

　　A. A区法院　　B. B区法院　　C. C区法院　　D. D区法院

[释疑] 《刑事诉讼法》第24条规定:"刑事案件由犯罪地的人民法院管辖。如果由被告人居住地的人民法院审判更为适宜的,可以由被告人居住地的人民法院管辖。"《刑诉法解释》

第 2 条第 1 款规定:"犯罪地包括犯罪行为发生地和犯罪结果发生地。"本题中,A 区、B 区、C 区和 D 区都是犯罪地,上述各区法院均有管辖权,故选 A、B、C、D 项。(答案:ABCD)

9. 根据《刑事诉讼法》的规定,刑事自诉案件共有三类,其中一类即为被害人有证据证明的轻微刑事案件。下列属于这类自诉案件的有:(多选)
   A. 故意伤害案(轻伤)
   B. 妨害通信自由案
   C. 拒不执行判决、裁定案
   D. 国家机关工作人员非法剥夺公民宗教信仰自由案

[释疑] 被害人有证据证明的轻微的刑事案件包括:① 故意伤害案(轻伤);② 重婚案;③ 遗弃案;④ 妨害通信自由案;⑤ 非法侵入他人住宅案;⑥ 生产、销售伪劣商品案件(严重危害社会秩序和国家利益的除外);⑦ 侵犯知识产权案件(严重危害社会秩序和国家利益的除外);⑧ 属于《刑法》分则第四章、第五章规定的,对被告人可以判处 3 年有期徒刑以下刑罚的其他轻微刑事案件。国家机关工作人员非法剥夺公民宗教信仰自由案属于第⑧类,故选 A、B、D 项。(答案:ABD)

10. 下列关于审判管辖的说法错误的有:(多选)
    A. 陈某犯有故意杀人罪、重婚罪。对陈某的故意杀人罪由中级人民法院管辖,重婚罪由基层人民法院管辖
    B. 某省副省长受贿 880 万元,必要时,最高人民法院可以指定北京市高级人民法院管辖
    C. 自诉案件只能由基层人民法院管辖
    D. 甲省乙市中级人民法院与丙省丁市中级人民法院对江某走私案的管辖发生争议,在审理期限内协商不成,应当逐级报请最高法院指定管辖

[释疑] 一人犯数罪、共同犯罪和其他需要并案审理的案件,只要其中一人或者一罪属于上级人民法院管辖的,全案由上级人民法院管辖。故 A 项错误。被害人有证据证明侵犯自己人身权、财产权而公安机关、检察院不追究的自诉案件(如果可能判处无期徒刑以上刑罚)就可由中级人民法院管辖。故选 A、C 项。(答案:AC)

11. 某市 A 区法院受理一起盗窃案件,因该案被告人与该法院院长具有亲属关系,市中级人民法院遂指定将该案移交 B 区法院审判。对于该案的全部案卷材料,A 区法院应按下列哪一选项处理?(单选)
    A. 应当退回 A 区检察院
    B. 应当直接移交 B 区法院
    C. 可以直接移交 B 区法院
    D. 应当通过中级人民法院移交 B 区法院

[释疑] 《刑诉法解释》第 19 条规定:"上级人民法院指定管辖,应当将指定管辖决定书分别送达被指定管辖的人民法院和其他有关的人民法院。"《刑诉法解释》第 20 条规定:"原受理案件的人民法院在收到上级人民法院改变管辖决定书、同意移送决定书或者指定其他人民法院管辖决定书后,对公诉案件,应当书面通知同级人民检察院,并将案卷材料退回,同时书面通知当事人;对自诉案件,应当将案卷材料移送被指定管辖的人民法院,并书面通知当事人。"根据上述规定,B、C、D 项不能选,故选 A 项。(答案:A)

三、提示与预测

管辖一直是司法考试的重点,考生应当熟知《刑事诉讼法》及司法解释中的相关规定。选择题或案例题均可能出现。本章涉及《刑事诉讼法》中的立案管辖和审判管辖两大部分,立案管辖重点掌握法院、检察院管辖的案件;审判管辖要把握好级别、地区、专门和指定管辖等有关规定。要特别注意新《刑事诉讼法》中关于中级人民法院管辖案件的变化。

第五章 回 避

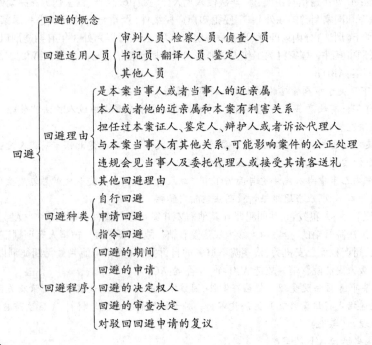

一、精讲

考点 1 回避的概念和适用人员

(一)回避的概念

刑事诉讼中的回避,是指侦查、检察、审判等人员与案件或案件当事人具有某种利害关系或其他特殊关系,可能影响案件的公正处理,从而不得参加办理该案的一项诉讼制度。

(二)回避的适用人员

《刑事诉讼法》规定适用回避的人员范围包括审判人员、检察人员、侦查人员以及参与侦查、起诉、审判活动的书记员、鉴定人和翻译人员。审判人员,包括人民法院院长、副院长、审判委员会委员、庭长、副庭长、审判员、助理审判员和人民陪审员。

考点 2　回避的理由与种类

（一）回避的理由

《刑事诉讼法》第 28 条规定："审判人员、检察人员、侦查人员有下列情形之一的,应当自行回避,当事人及其法定代理人也有权要求他们回避:(一) 是本案的当事人或者是当事人的近亲属的;(二) 本人或者他的近亲属和本案有利害关系的;(三) 担任过本案的证人、鉴定人、辩护人、诉讼代理人的;(四) 与本案当事人有其他关系,可能影响公正处理案件的。"根据《刑诉法解释》第 23 条的规定:担任过本案的翻译人员的,与本案的辩护人、诉讼代理人有近亲属关系的,与本案当事人有其他利害关系,可能影响公正审判的等也属回避理由。《刑事诉讼法》第 29 条规定:"审判人员、检察人员、侦查人员不得接受当事人及其委托的人的请客送礼,不得违反规定会见当事人及其委托的人。审判人员、检察人员、侦查人员违反前款规定的,应当依法追究法律责任。当事人及其法定代理人有权要求他们回避。"但申请人应当提供证明材料。《刑事诉讼法》第 228 条规定:"原审人民法院对于发回重新审判的案件,应当另行组成合议庭,依照第一审程序进行审判……"《刑事诉讼法》第 245 条规定:"人民法院按照审判监督程序重新审判的案件,由原审人民法院审理的,应当另行组成合议庭进行……"

特别关注:

《刑事诉讼法》中的近亲属不同于民事诉讼法,是指夫、妻、父、母、子、女、同胞兄弟姊妹。审判人员违反规定,具有下列情形之一的,当事人及其法定代理人有权申请其回避:(1) 违反规定会见本案当事人、辩护人、诉讼代理人的;(2) 为本案当事人推荐、介绍辩护人、诉讼代理人,或者为律师、其他人员介绍办理本案的;(3) 索取、接受本案当事人及其委托人的财物或者其他利益的;(4) 接受本案当事人及其委托人的宴请,或者参加由其支付费用的活动的;(5) 向本案当事人及其委托人借用款物的;(6) 有其他不正当行为,可能影响公正审判的。

参与过本案侦查、审查起诉工作的侦查、检察人员,调至人民法院工作的,不得担任本案的审判人员。在一个审判程序中参与过本案审判工作的合议庭组成人员或者独任审判员,不得再参与本案其他程序的审判。但是,发回重新审判的案件,在第一审人民法院作出裁判后又进入第二审程序或者死刑复核程序的,原第二审程序或者死刑复核程序中的合议庭组成人员不受本款规定的限制。当事人及其法定代理人依照《刑事诉讼法》第 29 条和《刑诉法解释》第 24 条规定申请回避,应当提供证明材料。

（二）回避的种类

回避分为自行回避、申请回避和指令回避三种。

考点 3　回避的程序

（一）回避的期间

回避的期间是指回避适用的诉讼阶段范围。我国刑事诉讼中的回避适用于侦查、起诉和审判等各个阶段。

（二）回避的申请、审查、决定与对驳回回避申请的复议

公安、司法人员在立案及以后的诉讼程序中,发现有依法应予回避的情形的,应当自行提

出回避。没有自行回避的,当事人及其法定代理人有权申请他们回避。《刑事诉讼法》第30条规定:"审判人员、检察人员、侦查人员的回避,应当分别由院长、检察长、公安机关负责人决定;院长的回避,由本院审判委员会决定;检察长和公安机关负责人的回避,由同级人民检察院检察委员会决定。对侦查人员的回避作出决定前,侦查人员不能停止对案件的侦查。对驳回申请回避的决定,当事人及其法定代理人可以申请复议一次。"《刑事诉讼法》第31条规定:"本章关于回避的规定适用于书记员、翻译人员和鉴定人。辩护人、诉讼代理人可以依照本章的规定要求回避、申请复议。"

特别关注:

(一)《刑诉法解释》的相关规定

(1) 人民法院应当依法告知当事人及其法定代理人有权申请回避,并告知其合议庭组成人员、独任审判员、书记员等人员的名单。

(2) 审判人员自行申请回避,或者当事人及其法定代理人申请审判人员回避的,可以口头或者书面提出,并说明理由,由院长决定。院长自行申请回避,或者当事人及其法定代理人申请院长回避的,由审判委员会讨论决定。审判委员会讨论时,由副院长主持,院长不得参加。

(3) 应当回避的审判人员没有自行回避,当事人及其法定代理人也没有申请其回避的,院长或者审判委员会应当决定其回避。

(4) 对当事人及其法定代理人提出的回避申请,人民法院可以口头或者书面作出决定,并将决定告知申请人。当事人及其法定代理人申请回避被驳回的,可以在接到决定时申请复议一次。不属于《刑事诉讼法》第28条、第29条规定情形的回避申请,由法庭当庭驳回,并不得申请复议。

(5) 当事人及其法定代理人申请出庭的检察人员回避的,人民法院应当决定休庭,并通知人民检察院。

(6) 书记员、翻译人员和鉴定人适用审判人员回避的有关规定,其回避问题由院长决定。

(二)《刑事诉讼规则(试行)》的相关规定

(1) 人民检察院作出驳回申请回避的决定后,应当告知当事人及其法定代理人如不服本决定,有权在收到驳回申请回避的决定书后5日以内向原决定机关申请复议一次。

(2) 当事人及其法定代理人对驳回申请回避的决定不服申请复议的,决定机关应当在3日以内作出复议决定并书面通知申请人。

(3) 人民检察院直接受理案件的侦查人员或者进行补充侦查的人员在回避决定作出以前或者复议期间,不得停止对案件的侦查。

(4) 参加过本案侦查的侦查人员,不得承办本案的审查逮捕、起诉和诉讼监督工作。

(5) 因符合《刑事诉讼法》第28条或者第29条规定的情形之一而回避的检察人员,在回避决定作出以前所取得的证据和进行的诉讼行为是否有效,由检察委员会或者检察长根据案件具体情况决定。

(6) 本规则关于回避的规定,适用于书记员、司法警察和人民检察院聘请或者指派的翻译人员、鉴定人。书记员、司法警察和人民检察院聘请或者指派的翻译人员、鉴定人的回避由检察长决定。

二、例题

1. 未成年人小付涉嫌故意伤害袁某,袁某向法院提起自诉。小付的父亲委托律师黄某担任辩护人,袁某委托其在法学院上学的儿子担任诉讼代理人。本案中,下列哪些人有权要求审判人员回避?(2015年真题,多选)

   A. 黄某　　　　　B. 袁某　　　　　C. 袁某的儿子　　　　　D. 小付的父亲

   [释疑]《刑事诉讼法》第28条规定:"审判人员、检察人员、侦查人员有下列情形之一的,应当自行回避,当事人及其法定代理人也有权要求他们回避:(一)是本案的当事人或者是当事人的近亲属的;(二)本人或者他的近亲属和本案有利害关系的;(三)担任过本案的证人、鉴定人、辩护人、诉讼代理人的;(四)与本案当事人有其他关系,可能影响公正处理案件的。第31条规定:"本章关于回避的规定适用于书记员、翻译人员和鉴定人。辩护人、诉讼代理人可以依照本章的规定要求回避、申请复议。"黄某是辩护人、袁某是自诉人、袁某的儿子是诉讼代理人、小付的父亲是法定代理人,所以,"黄某""袁某""袁某的儿子""小付的父亲"都有权要求审判人员回避。(答案:ABCD)

2. 林某盗版销售著名作家黄某的小说涉嫌侵犯著作权罪,经一审和二审后,二审法院裁定撤销原判,发回原审法院重新审判。关于该案的回避,下列哪些选项是正确的?(2014年真题,多选)

   A. 一审法院审判委员会委员甲系林某辩护人妻子的弟弟,黄某的代理律师可申请其回避
   B. 一审书记员乙系林某的表弟而未回避,二审法院可以此为由裁定发回原审法院重审
   C. 一审合议庭审判长丙系黄某的忠实读者,应当回避
   D. 丁系二审合议庭成员,如果林某对一审法院重新审判作出的裁判不服再次上诉至二审法院,丁应当自行回避

   [释疑]《刑诉法解释》第23条规定:"审判人员具有下列情形之一的,应当自行回避,当事人及其法定代理人有权申请其回避:(一)是本案的当事人或者是当事人的近亲属的;(二)本人或者其近亲属与本案有利害关系的;(三)担任过本案的证人、鉴定人、辩护人、诉讼代理人、翻译人员的;(四)与本案的辩护人、诉讼代理人有近亲属关系的;(五)与本案当事人有其他利害关系,可能影响公正审判的。"《刑事诉讼法》第31条第2款规定:"辩护人、诉讼代理人可以依照本章的规定要求回避、申请复议。"从法理上看,审判委员会委员甲系林某辩护人妻子的弟弟,甲与本案辩护人存在亲属关系,可能影响案件的公正审判,为实现案件的程序正义,甲应当回避,诉讼代理人有权申请其回避。B项符合《刑诉法解释》第23条第5项的规定,正确。C项,审判长丙系黄某的忠实读者,不能认定为"与本案当事人有其他利害关系",不符合回避的法定理由。《刑诉法解释》第25条第2款规定:"在一个审判程序中参与过本案审判工作的合议庭组成人员或者独任审判员,不得再参与本案其他程序的审判。但是,发回重新审判的案件,在第一审人民法院作出裁判后又进入第二审程序或者死刑复核程序的,原第二审程序或者死刑复核程序中的合议庭组成人员不受本款规定的限制。"故D项错误。(答案:AB)

3. 法院审理过程中,被告人赵某在最后陈述时,以审判长数次打断其发言为理由申请更换审判长。对于这一申请,下列哪一说法是正确的?(2013年真题,单选)

   A. 赵某的申请理由不符合法律规定,法院院长应当驳回申请
   B. 赵某在法庭调查前没有申请回避,法院院长应当驳回申请

C. 如法院作出驳回申请的决定,赵某可以在决定作出后 5 日内向上级法院提出上诉

D. 如法院作出驳回申请的决定,赵某可以向上级法院申请复议一次

[释疑] 《刑事诉讼法》第 28 条规定:"审判人员、检察人员、侦查人员有下列情形之一的,应当自行回避,当事人及其法定代理人也有权要求他们回避:(一) 是本案的当事人或者是当事人的近亲属的;(二) 本人或者他的近亲属和本案有利害关系的;(三) 担任过本案的证人、鉴定人、辩护人、诉讼代理人的;(四) 与本案当事人有其他关系,可能影响公正处理案件的。"第 29 条规定:"审判人员、检察人员、侦查人员不得接受当事人及其委托的人的请客送礼,不得违反规定会见当事人及其委托的人。审判人员、检察人员、侦查人员违反前款规定的,应当依法追究法律责任。当事人及其法定代理人有权要求他们回避。"《刑诉法解释》第 30 条规定:"对当事人及其法定代理人提出的回避申请,人民法院可以口头或者书面作出决定,并将决定告知申请人。当事人及其法定代理人申请回避被驳回的,可以在接到决定时申请复议一次。不属于刑事诉讼法第二十八条、第二十九条规定情形的回避申请,由法庭当庭驳回,并不得申请复议。"(答案:A)

4. 在庭审过程中,被告人赵某指出,公诉人的书记员李某曾在侦查阶段担任鉴定人,并据此要求李某回避。对于赵某的回避申请,下列哪一选项是正确的?(2007 年真题,单选)

A. 法庭应以不属于法定回避情形为由当庭驳回

B. 法庭应以符合法庭回避情形为由当庭作出回避决定

C. 李某应否回避需提交法院院长决定

D. 李某应否回避需提交检察院检察长决定

[释疑] 《刑事诉讼法》第 28 条规定:"审判人员、检察人员、侦查人员有下列情形之一的,应当自行回避,当事人及其法定代理人也有权要求他们回避:(一) 是本案的当事人或者是当事人的近亲属的;(二) 本人或者他的近亲属和本案有利害关系的;(三) 担任过本案的证人、鉴定人、辩护人、诉讼代理人的;(四) 与本案当事人有其他关系,可能影响公正处理案件的。"本题符合法定的回避情形,A 项错误。《刑诉法解释》第 31 条规定:"当事人及其法定代理人申请出庭的检察人员回避的,人民法院应当决定休庭,并通知人民检察院。"因此 D 项正确。(答案:D)

5. 某县人民法院在审理一起伤害案件时,被害人申请参与案件审理的法院审判委员会委员甲某、刑一庭庭长乙某、人民陪审员丙某以及辩方申请通知的鉴定人丁某回避。下列选项中,属于应当回避的人员有:(多选)

A. 审判委员会委员甲某 B. 刑一庭庭长乙某

C. 人民陪审员丙某 D. 鉴定人丁某

[释疑] 参加审判的审判委员会委员、刑一庭庭长、人民陪审员和鉴定人都属于回避人员的范围,故选 A、B、C、D 项。(答案:ABCD)

6. 某案在开庭审理过程中,17 岁的被告人甲的父亲乙提出申请,要求担任本案庭审记录工作的书记员丙回避,理由是听人说被害人的父亲丁在开庭前曾请丙出去吃过饭。关于本案中的回避,下列说法错误的是:(多选)

A. 乙提出回避申请,应当经过甲同意

B. 乙提出回避申请时,应当提供相应的证明材料

C. 是否批准本案中的回避申请,由审判长决定

D. 是否批准本案中的回避申请,由法院院长决定

[释疑] 《刑事诉讼法》规定,公安、司法人员在立案及以后的诉讼程序中,发现有依法应予回避的情形的,应当自行提出回避。没有自行回避的,当事人及其法定代理人有权申请他们回避。所以,当事人及其法定代理人都有申请回避权。故A项错误。根据《刑事诉讼法》第31条第1款的规定,书记员、翻译人员和鉴定人的回避程序同审判人员、检察人员、侦查人员。故C项错误。(答案:AC)

7. 16岁的白某因伤害本县公安局局长林某的儿子而被该县公安局立案侦查。有关本案的回避问题,下列选项正确的有哪些?(多选)

A. 白某的父亲有权申请林某回避

B. 林某的回避由该县人民检察院检察长决定

C. 在回避决定作出之前,林某应暂停参加对本案的侦查工作

D. 如果白某的父亲对驳回回避申请的决定不服,可以在5日内向该县人民检察院检察委员会申请复议一次

[释疑] 白某的父亲是其法定代理人,故选A项;《刑事诉讼规则(试行)》第27条规定:"人民检察院作出驳回申请回避的决定后,应当告知当事人及其法定代理人如不服本决定,有权在收到驳回申请回避的决定书后五日以内向原决定机关申请复议一次。"故选D项。(答案:AD)

8. 杜某是某公安机关的法医,在一起刑事案件的法庭审理过程中,人民法院聘请杜某担任该案鉴定人。本案的被告人提出杜某与本案有利害关系,申请回避。下列有权对杜某是否回避作出决定的是:(单选)

A. 杜某所在公安机关的负责人   B. 该人民法院院长

C. 本案的合议庭   D. 本案合议庭的审判长

[释疑] 根据《刑事诉讼法》第31条第1款的规定,书记员、翻译人员和鉴定人的回避程序同审判人员、检察人员、侦查人员。故选B项。(答案:B)

9. 下列有关回避决定的表述中哪些是正确的?(多选)

A. 公安机关侦查人员的回避由公安机关的负责人决定,在回避作出决定前被申请回避的人员应暂停参加对本案的侦查工作

B. 公安机关负责人和检察长的回避,由同级人民检察院检察委员会决定

C. 对书记员、翻译人员和鉴定人的回避,由审判长决定,对合议庭成员的回避,由院长或审判委员会决定

D. 对公诉人员提出申请回避的,人民法院应当通知指派该公诉人员出庭的人民检察院,由该院检察长或检察委员会决定

[释疑] 《刑事诉讼法》第30条第1款规定,检察长和公安机关负责人的回避,由同级人民检察院检察委员会决定。故选B项。检察人员的回避,由检察长或检察委员会决定。故选D项。(答案:BD)

10. 某县人民检察院检察官郝某在审查该县公安机关移送的毛某猥亵案过程中,违反规定会见被害人委托的诉讼代理人并接受其宴请。郝某在补充侦查中取得重要证据。原来在该县公安机关参与了本案侦查的彭某,在案件移送前调入该县检察院,在本案中参与了审查起诉工作。关于本案的回避问题,下列哪些选项错误?(多选)

A. 毛某有权申请郝某回避
B. 郝某没有自行回避,当事人也没有申请其回避的,检察长或者检察委员会应当依职权决定其回避
C. 彭某不属于当事人申请回避的法定情形,因此无须回避
D. 郝某在回避决定作出前取得的证据无效

[释疑] 《刑事诉讼规则(试行)》第 30 条规定:"参加过本案侦查的侦查人员,不得承办本案的审查逮捕、起诉和诉讼监督工作。"故 C 项错误。《刑事诉讼规则(试行)》第 31 条规定:"因符合刑事诉讼法第二十八条或者第二十九条规定的情形之一而回避的检察人员,在回避决定作出以前所取得的证据和进行的诉讼行为是否有效,由检察委员会或者检察长根据案件具体情况决定。"故 D 项错误。(答案:CD)

三、提示与预测

本章是重点章,涉及刑事诉讼中回避的理由、种类、适用范围和程序。要特别注意新法关于辩护人、诉讼代理人申请回避的新规定。

第六章 辩护与代理

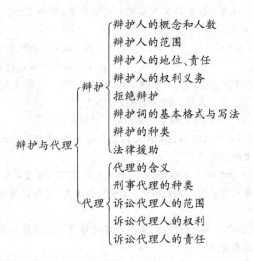

一、精讲

考点 1 辩护人

(一)辩护人的概念和人数

辩护人,是指受犯罪嫌疑人、被告人的委托或公检法机关通知法律援助机构指派或犯罪嫌疑人、被告人申请法律援助机构指派,帮助犯罪嫌疑人、被告人行使辩护权,以维护其合法权益

的人或律师。根据《刑事诉讼法》第32条的规定，犯罪嫌疑人、被告人除自己行使辩护权以外，还可以委托1—2人作为辩护人。

特别关注：

六部门《规定》：一名辩护人不得为两名以上的同案犯罪嫌疑人、被告人辩护，不得为两名以上的未同案处理但实施的犯罪存在关联的犯罪嫌疑人、被告人辩护。

（二）辩护人的范围

1.《刑事诉讼法》规定

根据《刑事诉讼法》第32条的规定，下列的人可以被委托为辩护人：(1) 律师；(2) 人民团体或者犯罪嫌疑人、被告人所在单位推荐的人；(3) 犯罪嫌疑人、被告人的监护人、亲友。正在被执行刑罚或者依法被剥夺、限制人身自由的人，不得担任辩护人。

2. 六部门《规定》的相关规定

人民法院、人民检察院、公安机关、国家安全机关、监狱的现职人员，人民陪审员，外国人或者无国籍人，以及与本案有利害关系的人，不得担任辩护人。但是，上述人员系犯罪嫌疑人、被告人的监护人或者近亲属，犯罪嫌疑人、被告人委托其担任辩护人的，可以准许。无行为能力或者限制行为能力的人，不得担任辩护人。

3.《刑诉法解释》的相关规定

（1）被告人除自己行使辩护权以外，还可以委托辩护人辩护。下列人员不得担任辩护人：① 正在被执行刑罚或者处于缓刑、假释考验期间的人；② 依法被剥夺、限制人身自由的人；③ 无行为能力或者限制行为能力的人；④ 人民法院、人民检察院、公安机关、国家安全机关、监狱的现职人员；⑤ 人民陪审员；⑥ 与本案审理结果有利害关系的人；⑦ 外国人或者无国籍人。第④项至第⑦项规定的人员，如果是被告人的监护人、近亲属，由被告人委托担任辩护人的，可以准许。

（2）审判人员和人民法院其他工作人员从人民法院离任后两年内，不得以律师身份担任辩护人。审判人员和人民法院其他工作人员从人民法院离任后，不得担任原任职法院所审理案件的辩护人，但作为被告人的监护人、近亲属进行辩护的除外。审判人员和人民法院其他工作人员的配偶、子女或者父母不得担任其任职法院所审理案件的辩护人，但作为被告人的监护人、近亲属进行辩护的除外。

（3）律师，人民团体、被告人所在单位推荐的人，或者被告人的监护人、亲友被委托为辩护人的，人民法院应当核实其身份证明和授权委托书。

4.《刑事诉讼规则（试行）》的规定

（1）在侦查期间，犯罪嫌疑人只能委托律师作为辩护人。在审查起诉期间，犯罪嫌疑人可以委托律师作为辩护人，也可以委托人民团体或者所在单位推荐的人以及监护人、亲友作为辩护人。但下列人员不得被委托担任辩护人：① 人民法院、人民检察院、公安机关、国家安全机关、监狱的现职人员；② 人民陪审员；③ 外国人或者无国籍人；④ 与本案有利害关系的人；⑤ 依法被剥夺、限制人身自由的人；⑥ 处于缓刑、假释考验期间或者刑罚尚未执行完毕的人；⑦ 无行为能力或者限制行为能力的人。一名辩护人不得为两名以上的同案犯罪嫌疑人辩护，不得为两名以上的未同案处理但实施的犯罪相互关联的犯罪嫌疑人辩护。

（2）审判人员、检察人员从人民法院、人民检察院离任后两年以内，不得以律师身份担任辩护人。检察人员从人民检察院离任后，不得担任原任职检察院办理案件的辩护人。但作为犯罪嫌疑人的监护人、近亲属进行辩护的除外。检察人员的配偶、子女不得担任该检察人员所任职检察院办理案件的辩护人。

（3）一名犯罪嫌疑人可以委托一至二人作为辩护人。律师担任诉讼代理人的，不得同时接受同一案件两名以上被害人的委托，参与刑事诉讼活动。

特别关注：

（1）《律师法》第11条的规定："公务员不得兼任执业律师。律师担任各级人民代表大会常务委员会组成人员的，任职期间不得从事诉讼代理或者辩护业务。"该法第41条规定："曾经担任法官、检察官的律师，从人民法院、人民检察院离任后二年内，不得担任诉讼代理人或者辩护人。"

（2）正在执行的刑罚包括主刑和附加刑；依法被剥夺、限制人身自由的人包括被公安司法机关采取了刑事诉讼强制措施或者依据其他法律、法规被限制或者剥夺人身自由的人。

（3）在我国进行的刑事诉讼中，外国人、无国籍人依法只能委托中国律师为其辩护。

（三）辩护人的地位与责任

辩护人在刑事诉讼中具有独立的诉讼地位，依法独立履行职务，只维护犯罪嫌疑人、被告人的合法权益，没有控诉的义务。根据《刑事诉讼法》第35条的规定：辩护人的责任是根据事实和法律，提出犯罪嫌疑人、被告人无罪、罪轻或者减轻、免除其刑事责任的材料和意见，维护犯罪嫌疑人、被告人的诉讼权利和其他合法权益。

（四）辩护人的权利、义务

1. 辩护人的主要权利，包括：

（1）接受委托担任辩护人的权利。

（2）辩护人、诉讼代理人有权要求回避、申请复议。

（3）提供法律帮助，代理申诉、控告，申请变更强制措施，提出意见权。《刑事诉讼法》第36条规定："辩护律师在侦查期间可以为犯罪嫌疑人提供法律帮助；代理申诉、控告；申请变更强制措施；向侦查机关了解犯罪嫌疑人涉嫌的罪名和案件有关情况，提出意见。"

特别关注：

根据六部门《规定》第6条的规定：辩护律师在侦查期间可以向侦查机关了解犯罪嫌疑人涉嫌的罪名及当时已查明的该罪的主要事实，犯罪嫌疑人被采取、变更、解除强制措施的情况，侦查机关延长侦查羁押期限等情况。

（4）会见、通信权。《刑事诉讼法》第37条第1、2款规定："辩护律师可以同在押的犯罪嫌疑人、被告人会见和通信。其他辩护人经人民法院、人民检察院许可，也可以同在押的犯罪嫌疑人、被告人会见和通信。辩护律师持律师执业证书、律师事务所证明和委托书或者法律援助公函要求会见在押的犯罪嫌疑人、被告人的，看守所应当及时安排会见，至迟不得超过四十八小时。"

特别关注：

根据六部门《规定》第7条的规定：辩护律师要求会见在押的犯罪嫌疑人、被告人的，看守所应当及时安排会见，保证辩护律师在48小时以内见到在押的犯罪嫌疑人、被告人。

（5）会见时不被监听权。《刑事诉讼法》第37条第4款规定："辩护律师会见在押的犯罪嫌疑人、被告人，可以了解有关案件情况，提供法律咨询等；自案件移送审查起诉之日起，可以向犯罪嫌疑人、被告人核实有关证据。辩护律师会见犯罪嫌疑人、被告人时不被监听。"《刑事诉讼法》第 37 条第 3 款规定:"危害国家安全犯罪、恐怖活动犯罪、特别重大贿赂犯罪案件,在侦查期间辩护律师会见在押的犯罪嫌疑人,应当经侦查机关许可。上述案件,侦查机关应当事先通知看守所。"

(6) 根据《刑事诉讼法》第 37 条第 5 款规定:辩护律师同被监视居住的犯罪嫌疑人、被告人会见、通信,适用《刑事诉讼法》第 37 条第 1 款、第 3 款、第 4 款的规定。

(7) 查阅、摘抄、复制案卷材料权。《刑事诉讼法》第 38 条规定:"辩护律师自人民检察院对案件审查起诉之日起,可以查阅、摘抄、复制本案的案卷材料。其他辩护人经人民法院、人民检察院许可,也可以查阅、摘抄、复制上述材料。"

(8) 申请人民检察院、人民法院调取有关证据权。《刑事诉讼法》第 39 条规定:"辩护人认为在侦查、审查起诉期间公安机关、人民检察院收集的证明犯罪嫌疑人、被告人无罪或者罪轻的证据材料未提交的,有权申请人民检察院、人民法院调取。"

(9) 调查取证权。这是辩护律师专有的权利,其他辩护人没有这项权利。《刑事诉讼法》第 41 条规定:"辩护律师经证人或者其他有关单位和个人同意,可以向他们收集与本案有关的材料,也可以申请人民检察院、人民法院收集、调取证据,或者申请人民法院通知证人出庭作证。辩护律师经人民检察院或者人民法院许可,并且经被害人或者其近亲属、被害人提供的证人同意,可以向他们收集与本案有关的材料。"

特别关注:

根据六部门《规定》第 8 条的规定:对于辩护律师申请人民检察院、人民法院收集、调取证据,人民检察院、人民法院认为需要调查取证的,应当由人民检察院、人民法院收集、调取证据,不得向律师签发准许调查决定书,让律师收集、调取证据。

(10) 审查起诉阶段提出辩护意见权。

(11) 参加法庭调查和法庭辩论权。

(12) 经被告人同意,提出上诉的权利。

(13) 对超过法定期限的强制措施,辩护人有权要求解除。

(14) 代理申诉、控告权。

(15) 依法独立进行辩护权和人身权利不受侵犯。

(16) 保密权。《刑事诉讼法》第 46 条规定:"辩护律师对在执业活动中知悉的委托人的有关情况和信息,有权予以保密。但是,辩护律师在执业活动中知悉委托人或者其他人,准备或者正在实施危害国家安全、公共安全以及严重危害他人人身安全的犯罪,应当及时告知司法机关。"

(17) 诉讼权利受到侵犯时的申诉、控告权。《刑事诉讼法》第 47 条规定:"辩护人、诉讼代理人认为公安机关、人民检察院、人民法院及其工作人员阻碍其依法行使诉讼权利的,有权向同级或者上一级人民检察院申诉或者控告。人民检察院对申诉或者控告应当及时进行审查,情况属实的,通知有关机关予以纠正。"人民检察院受理辩护人、诉讼代理人的申诉或者控告后,应当在 10 日以内将处理情况书面答复提出申诉或者控告的辩护人、诉讼代理人。

特别关注:

辩护人、诉讼代理人认为公安机关、人民检察院、人民法院及其工作人员具有下列阻碍其依法行使诉讼权利的行为之一的,可以向同级或者上一级人民检察院申诉或者控告,控告检察部门应当接受并依法办理,相关办案部门应当予以配合;① 对辩护人、诉讼代理人提出的回避要求不予受理或者对不予回避决定不服的复议申请不予受理的;② 未依法告知犯罪嫌疑人、被告人有权委托辩护人的;③ 未转达在押的或者被监视居住的犯罪嫌疑人、被告人委托辩护人的要求的;④ 应当通知而不通知法律援助机构为符合条件的犯罪嫌疑人、被告人或者被申请强制医疗的人指派律师提供辩护或者法律援助的;⑤ 在规定时间内不受理、不答复辩护人提出的变更强制措施申请或者解除强制措施要求的;⑥ 未依法告知辩护律师犯罪嫌疑人涉嫌的罪名和案件有关情况的;⑦ 违法限制辩护律师同在押、被监视居住的犯罪嫌疑人、被告人会见和通信的;⑧ 违法不允许辩护律师查阅、摘抄、复制本案的案卷材料的;⑨ 违法限制辩护律师收集、核实有关证据材料的;⑩ 没有正当理由不同意辩护律师提出的收集、调取证据或者通知证人出庭作证的申请,或者不答复、不说明理由的;⑪ 未依法提交证明犯罪嫌疑人、被告人无罪或者罪轻的证据材料的;⑫ 未依法听取辩护人、诉讼代理人的意见的;⑬ 未依法将开庭的时间、地点及时通知辩护人、诉讼代理人的;⑭ 未依法向辩护人、诉讼代理人及时送达本案的法律文书或者及时告知案件移送情况的;⑮ 阻碍辩护人、诉讼代理人在法庭审理过程中依法行使诉讼权利的;⑯ 其他阻碍辩护人、诉讼代理人依法行使诉讼权利的。辩护人、诉讼代理人认为看守所及其工作人员有阻碍其依法行使诉讼权利的行为,向人民检察院申诉或者控告的,监所检察部门应当接收并依法办理;控告检察部门收到申诉或者控告的,应当及时移送监所检察部门办理。辩护人、诉讼代理人认为其依法行使诉讼权利受到阻碍,向人民检察院申诉或者控告的,人民检察院应当在受理后10日以内进行审查,情况属实的,经检察长决定,通知有关机关或者本院有关部门、下级人民检察院予以纠正,并将处理情况书面答复提出申诉或者控告的辩护人、诉讼代理人。

(18) 拒绝辩护权。《律师法》第32条第2款规定:律师接受委托后,无正当理由的,不得拒绝辩护或者代理。但是,委托事项违法、委托人利用律师提供的服务从事违法活动或者委托人故意隐瞒与案件有关的重要事实的,律师有权拒绝辩护或者代理。

特别关注:
辩护律师与其他辩护人的诉讼权利不完全相同,辩护人在不同的诉讼阶段诉讼权利也不相同,应注意区别。

2.《刑事诉讼规则(试行)》关于辩护的相关规定

(1) 对于特别重大贿赂犯罪案件,犯罪嫌疑人被羁押或者监视居住的,人民检察院侦查部门应当在将犯罪嫌疑人送交看守所或者送交公安机关执行时书面通知看守所或者公安机关,在侦查期间辩护律师会见犯罪嫌疑人的,应当经人民检察院许可。有下列情形之一的,属于特别重大贿赂犯罪:① 涉嫌贿赂犯罪数额在50万元以上,犯罪情节恶劣的;② 有重大社会影响的;③ 涉及国家重大利益的。

(2) 对于特别重大贿赂犯罪案件,辩护律师在侦查期间提出会见在押或者被监视居住的犯罪嫌疑人的,人民检察院侦查部门应当提出是否许可的意见,在3日以内报检察长决定并答复辩护律师。人民检察院办理特别重大贿赂犯罪案件,在有碍侦查的情形消失后,应当通知看守所或者执行监视居住的公安机关和辩护律师,辩护律师可以不经许可会见犯罪嫌疑人。对于特别重大贿赂犯罪案件,人民检察院在侦查终结前应当许可辩护律师会见犯罪嫌疑人。

(3) 自案件移送审查起诉之日起,人民检察院应当允许辩护律师查阅、摘抄、复制本案的案卷材料。案卷材料包括案件的诉讼文书和证据材料。

（4）自案件移送审查起诉之日起，律师以外的辩护人向人民检察院申请查阅、摘抄、复制本案的案卷材料或者申请同在押、被监视居住的犯罪嫌疑人会见和通信的，人民检察院公诉部门应当对申请人是否具备辩护人资格进行审查并提出是否许可的意见，在3日以内报检察长决定并书面通知申请人。人民检察院许可律师以外的辩护人同在押或者被监视居住的犯罪嫌疑人通信的，可以要求看守所或者公安机关将书信送交人民检察院进行检查。对于律师以外的辩护人申请查阅、摘抄、复制案卷材料或者申请同在押、被监视居住的犯罪嫌疑人会见和通信，具有下列情形之一的，人民检察院可以不予许可：① 同案犯罪嫌疑人在逃的；② 案件事实不清，证据不足，或者遗漏罪行、遗漏同案犯罪嫌疑人需要补充侦查的；③ 涉及国家秘密或者商业秘密的；④ 有事实表明存在串供、毁灭、伪造证据或者危害证人人身安全可能的。

（5）辩护律师或者经过许可的其他辩护人到人民检察院查阅、摘抄、复制本案的案卷材料，由案件管理部门及时安排，由公诉部门提供案卷材料。因公诉部门工作等原因无法及时安排的，应当向辩护人说明，并安排辩护人自即日起3个工作日以内阅卷，公诉部门应当予以配合。查阅、摘抄、复制案卷材料，应当在人民检察院设置的专门场所进行。必要时，人民检察院可以派员在场协助。辩护人复制案卷材料可以采取复印、拍照等方式，人民检察院只收取必需的工本费用。对于承办法律援助案件的辩护律师复制必要的案卷材料的费用，人民检察院应当根据具体情况予以减收或者免收。

（6）案件移送审查逮捕或者审查起诉后，辩护人认为在侦查期间公安机关收集的证明犯罪嫌疑人无罪或者罪轻的证据材料未提交，申请人民检察院向公安机关调取的，人民检察院案件管理部门应当及时将申请材料送侦查监督部门或者公诉部门办理。经审查，认为辩护人申请调取的证据已收集并且与案件事实有联系的，应当予以调取；认为辩护人申请调取的证据未收集或者与案件事实没有联系的，应当决定不予调取并向辩护人说明理由。公安机关移送相关证据材料的，人民检察院应当在3日以内告知辩护人。人民检察院办理直接立案侦查的案件，按照本条规定办理。

（7）在人民检察院侦查、审查逮捕、审查起诉过程中，辩护人收集到有关犯罪嫌疑人不在犯罪现场、未达到刑事责任年龄、属于依法不负刑事责任的精神病人的证据，告知人民检察院的，人民检察院相关办案部门应当及时进行审查。

（8）案件移送审查起诉后，辩护律师依据《刑事诉讼法》第41条第1款的规定申请人民检察院收集、调取证据的，人民检察院案件管理部门应当及时将申请材料移送公诉部门办理。人民检察院认为需要收集、调取证据的，应当决定收集、调取并制作笔录附卷；决定不予收集、调取的，应当书面说明理由。人民检察院根据辩护律师的申请收集、调取证据时，辩护律师可以在场。

（9）辩护律师向被害人或者其近亲属、被害人提供的证人收集与本案有关的材料，向人民检察院提出申请的，参照《刑事诉讼规则（试行）》第52条第1款的规定办理，人民检察院应当在7日以内作出是否许可的决定，通知辩护律师。人民检察院没有许可的，应当书面说明理由。

（10）在人民检察院侦查、审查逮捕、审查起诉过程中，辩护人提出要求听取其意见的，案件管理部门应当及时联系侦查部门、侦查监督部门或者公诉部门对听取意见作出安排。辩护人提出书面意见的，案件管理部门应当及时移送侦查部门、侦查监督部门或者公诉部门。

3. 《刑诉法解释》关于辩护的相关规定

(1) 辩护律师可以查阅、摘抄、复制案卷材料。其他辩护人经人民法院许可,也可以查阅、摘抄、复制案卷材料。合议庭、审判委员会的讨论记录以及其他依法不公开的材料不得查阅、摘抄、复制。辩护人查阅、摘抄、复制案卷材料的,人民法院应当提供方便,并保证必要的时间。复制案卷材料可以采用复印、拍照、扫描等方式。

(2) 辩护律师可以同在押的或者被监视居住的被告人会见和通信。其他辩护人经人民法院许可,也可以同在押的或者被监视居住的被告人会见和通信。

(3) 辩护人认为在侦查、审查起诉期间,公安机关、人民检察院收集的证明被告人无罪或者罪轻的证据材料未随案移送,申请人民法院调取的,应当以书面形式提出,并提供相关线索或者材料。人民法院接受申请后,应当向人民检察院调取。人民检察院移送相关证据材料后,人民法院应当及时通知辩护人。

(4) 辩护律师申请向被害人及其近亲属、被害人提供的证人收集与本案有关的材料,人民法院认为确有必要的,应当签发准许调查书。

(5) 辩护律师向证人或者有关单位、个人收集、调取与本案有关的证据材料,因证人或者有关单位、个人不同意,申请人民法院收集、调取,或者申请通知证人出庭作证,人民法院认为确有必要的,应当同意。

(6) 辩护律师直接申请人民法院向证人或者有关单位、个人收集、调取证据材料,人民法院认为确有收集、调取必要,且不宜或者不能由辩护律师收集、调取的,应当同意。人民法院收集、调取证据材料时,辩护律师可以在场。人民法院向有关单位收集、调取的书面证据材料,必须由提供人签名,并加盖单位印章;向个人收集、调取的书面证据材料,必须由提供人签名。人民法院对有关单位、个人提供的证据材料,应当出具收据,写明证据材料的名称、收到的时间、件数、页数以及是否为原件等,由书记员或者审判人员签名。收集、调取证据材料后,应当及时通知辩护律师查阅、摘抄、复制,并告知人民检察院。

(7) 《刑诉法解释》第50条至第52条规定的申请,应当以书面形式提出,并说明理由,写明需要收集、调取证据材料的内容或者需要调查问题的提纲。对辩护律师的申请,人民法院应当在5日内作出是否准许、同意的决定,并通知申请人;决定不准许、不同意的,应当说明理由。

4. 辩护人的义务

(1) 《刑事诉讼法》第35条规定:"辩护人的责任是根据事实和法律,提出犯罪嫌疑人、被告人无罪、罪轻或者减轻、免除其刑事责任的材料和意见,维护犯罪嫌疑人、被告人的诉讼权利和其他合法权益。"

(2) 《刑事诉讼法》第40条规定:"辩护人收集的有关犯罪嫌疑人不在犯罪现场、未达到刑事责任年龄、属于依法不负刑事责任的精神病人的证据,应当及时告知公安机关、人民检察院。"

特别关注:

(1) 辩护律师告知人民检察院其委托人或者其他人员准备实施、正在实施危害国家安全、公共安全以及严重危及他人人身安全犯罪的,人民检察院应当接受并立即移送有关机关依法处理。人民检察院应当为反映有关情况的辩护律师保密。(2) 辩护律师向人民法院告知其委托人或者其他人准备实施、正在实施危害国家安全、公共安全以及严重危害他人人身安全犯罪的,人民法院应当记录在案,立即转告主管机关依法处理,并为反映有关情况的辩护律师保密。

(3)《刑事诉讼法》第42条规定:"辩护人或者其他任何人,不得帮助犯罪嫌疑人、被告人隐匿、毁灭、伪造证据或者串供,不得威胁、引诱证人作伪证以及进行其他干扰司法机关诉讼活动的行为。违反前款规定的,应当追究法律责任。辩护人涉嫌犯罪的,应当由办理辩护人所承办案件的侦查机关以外的侦查机关办理。辩护人是律师的,应当及时通知其所在的律师事务所或者所属的律师协会。"

特别关注:

(1)根据六部门《规定》第9条的规定:公安机关、人民检察院发现辩护人涉嫌犯罪,或者接受报案、控告、举报、有关机关的移送,依照侦查管辖分工进行审查后认为符合立案条件的,应当按照规定报请办理辩护人所承办案件的侦查机关的上一级侦查机关指定其他侦查机关立案侦查,或者由上一级侦查机关立案侦查,不得指定办理辩护人所承办案件的侦查机关的下级侦查机关立案侦查。

(2)《刑事诉讼规则(试行)》第60条规定:人民检察院发现辩护人有帮助犯罪嫌疑人、被告人隐匿、毁灭、伪造证据或者串供,或者威胁、引诱证人作伪证以及其他干扰司法机关诉讼活动的行为,可能涉嫌犯罪的,经检察长批准,应当按照下列规定办理:①涉嫌犯罪属于公安机关管辖的,应当将辩护人涉嫌犯罪的线索或者证据材料移送同级公安机关按照有关规定处理;②涉嫌犯罪属于人民检察院管辖的,应当报请上一级人民检察院立案侦查或者由上一级人民检察院指定其他人民检察院立案侦查。上一级人民检察院不得指定办理辩护人所承办案件的人民检察院的下级人民检察院立案侦查。辩护人是律师的,被指定管辖的人民检察院应当在立案侦查的同时,书面通知其所在的律师事务所或者所属的律师协会。

(3)《律师法》第38条规定:律师应当保守在执业活动中知悉的国家秘密、商业秘密,不得泄露当事人的隐私。律师对在执业活动中知悉的委托人和其他人不愿泄露的情况和信息,应当予以保密。但是,委托人或者其他人准备或者正在实施的危害国家安全、公共安全以及严重危害他人人身安全的犯罪事实和信息除外。

(4)新法删除了辩护人"引诱证人改变证言"的规定。

(五)拒绝辩护

(1)被告人拒绝法律援助机构指派的律师为其辩护,坚持自己行使辩护权的,人民法院应当准许。属于应当提供法律援助的情形,被告人拒绝指派的律师为其辩护的,人民法院应当查明原因。理由正当的,应当准许,但被告人须另行委托辩护人;被告人未另行委托辩护人的,人民法院应当在3日内书面通知法律援助机构另行指派律师为其提供辩护。

(2)被告人当庭拒绝辩护人辩护,要求另行委托辩护人或者指派律师的,合议庭应当准许。被告人拒绝辩护人辩护后,没有辩护人的,应当宣布休庭;仍有辩护人的,庭审可以继续进行。有多名被告人的案件,部分被告人拒绝辩护人辩护后,没有辩护人的,根据案件情况,可以对该被告人另案处理,对其他被告人的庭审继续进行。重新开庭后,被告人再次当庭拒绝辩护人辩护的,可以准许,但被告人不得再次另行委托辩护人或者要求另行指派律师,由其自行辩护。被告人属于应当提供法律援助的情形,重新开庭后再次当庭拒绝辩护人辩护的,不予准许。

(3)法庭审理过程中,辩护人拒绝为被告人辩护的,应当准许;是否继续庭审,参照适用前条的规定。

(4) 另行委托辩护人或者指派律师的,自案件宣布休庭之日起至第 15 日止,由辩护人准备辩护,但被告人及其辩护人自愿缩短时间的除外。

(5) 根据《律师法》第 32 条第 2 款的规定,律师接受委托后,发现委托事项违法、委托人利用律师提供的服务从事违法活动或者委托人故意隐瞒与案件有关的重要事实的,律师有权拒绝辩护或者代理。

考点 2 辩护的种类

刑事诉讼中辩护的种类分为自行辩护、委托辩护和指定辩护三种。

(一)《刑事诉讼法》的相关规定

《刑事诉讼法》第 33 条规定:"犯罪嫌疑人自被侦查机关第一次讯问或者采取强制措施之日起,有权委托辩护人;在侦查期间,只能委托律师作为辩护人。被告人有权随时委托辩护人。侦查机关在第一次讯问犯罪嫌疑人或者对犯罪嫌疑人采取强制措施的时候,应当告知犯罪嫌疑人有权委托辩护人。人民检察院自收到移送审查起诉的案件材料之日起三日以内,应当告知犯罪嫌疑人有权委托辩护人。人民法院自受理案件之日起三日以内,应当告知被告人有权委托辩护人……辩护人接受犯罪嫌疑人、被告人委托后,应当及时告知办理案件的机关。"

《刑事诉讼法》第 34 条规定:"犯罪嫌疑人、被告人因经济困难或者其他原因没有委托辩护人的,本人及其近亲属可以向法律援助机构提出申请。对符合法律援助条件的,法律援助机构应当指派律师为其提供辩护。犯罪嫌疑人、被告人是盲、聋、哑人,或者是尚未完全丧失辨认或者控制自己行为能力的精神病人,没有委托辩护人的,人民法院、人民检察院和公安机关应当通知法律援助机构指派律师为其提供辩护。犯罪嫌疑人、被告人可能被判处无期徒刑、死刑,没有委托辩护人的,人民法院、人民检察院和公安机关应当通知法律援助机构指派律师为其提供辩护。"

特别关注:

对于人民法院、人民检察院、公安机关根据《刑事诉讼法》第 34 条、第 267 条、第 286 条规定,通知法律援助机构指派律师提供辩护或者法律帮助的,法律援助机构应当在接到通知后 3 日以内指派律师,并将律师的姓名、单位、联系方式书面通知人民法院、人民检察院、公安机关。

(二)《刑事诉讼规则(试行)》的相关规定

(1) 人民检察院侦查部门在第一次开始讯问犯罪嫌疑人或者对其采取强制措施的时候,应当告知犯罪嫌疑人有权委托辩护人,并告知其如果经济困难或者其他原因没有聘请辩护人的,可以申请法律援助。对属于《刑事诉讼法》第 34 条规定情形的,应当告知犯罪嫌疑人有权获得法律援助。人民检察院自收到移送审查起诉的案件材料之日起 3 日以内,公诉部门应当告知犯罪嫌疑人有权委托辩护人,并告知其如果经济困难或者其他原因没有聘请辩护人的,可以申请法律援助。对属于《刑事诉讼法》第 34 条规定情形的,应当告知犯罪嫌疑人有权获得法律援助。告知可以采取口头或者书面方式。口头告知的,应当记入笔录,由被告知人签名;书面告知的,应当将送达回执入卷。

(2) 人民检察院办理直接受理立案侦查案件、审查逮捕案件和审查起诉案件,在押或者被指定居所监视居住的犯罪嫌疑人提出委托辩护人要求的,侦查部门、侦查监督部门和公诉部门应当及时向其监护人、近亲属或者其指定的人员转达其要求,并记录在案。

(3) 人民检察院办理直接受理立案侦查案件和审查起诉案件,发现犯罪嫌疑人是盲、聋、哑人或者是尚未完全丧失辨认或者控制自己行为能力的精神病人,或者可能被判处无期徒刑、死刑,没有委托辩护人的,应当及时书面通知法律援助机构指派律师为其提供辩护。

(4)人民检察院收到在押或者被指定居所监视居住的犯罪嫌疑人提出的法律援助申请,应当在3日以内将其申请材料转交法律援助机构,并通知犯罪嫌疑人的监护人、近亲属或者其委托的其他人员协助提供有关证件、证明等相关材料。

(5)犯罪嫌疑人拒绝法律援助机构指派的律师作为辩护人的,人民检察院应当查明拒绝的原因,有正当理由的,予以准许,但犯罪嫌疑人需另行委托辩护人;犯罪嫌疑人未另行委托辩护人的,应当书面通知法律援助机构另行指派律师为其提供辩护。

(6)辩护人接受委托后告知人民检察院或者法律援助机构指派律师后通知人民检察院的,人民检察院案件管理部门应当及时登记辩护人的相关信息,并将有关情况和材料及时通知、移交相关办案部门。人民检察院案件管理部门对办理业务的辩护人,应当查验其律师执业证书、律师事务所证明和授权委托书或者法律援助公函。对其他辩护人、诉讼代理人,应当查验其身份证明和授权委托书。

(三)《刑诉法解释》的相关规定

(1)被告人没有委托辩护人的,人民法院自受理案件之日起3日内,应当告知其有权委托辩护人;被告人因经济困难或者其他原因没有委托辩护人的,应当告知其可以申请法律援助;被告人属于应当提供法律援助情形的,应当告知其将依法通知法律援助机构指派律师为其提供辩护。告知可以采取口头或者书面方式。

(2)审判期间,在押的被告人要求委托辩护人的,人民法院应当在3日内向其监护人、近亲属或者其指定的人员转达要求。被告人应当提供有关人员的联系方式。有关人员无法通知的,应当告知被告人。

(3)人民法院收到在押被告人提出的法律援助申请,应当在24小时内转交所在地的法律援助机构。

(4)对下列没有委托辩护人的被告人,人民法院应当通知法律援助机构指派律师为其提供辩护:① 盲、聋、哑人;② 尚未完全丧失辨认或者控制自己行为能力的精神病人;③ 可能被判处无期徒刑、死刑的人。高级人民法院复核死刑案件,被告人没有委托辩护人的,应当通知法律援助机构指派律师为其提供辩护。

(5)具有下列情形之一,被告人没有委托辩护人的,人民法院可以通知法律援助机构指派律师为其提供辩护:① 在共同犯罪案件中,其他被告人已经委托辩护人的;② 有重大社会影响的案件;③ 人民检察院抗诉的案件;④ 被告人的行为可能不构成犯罪;⑤ 有必要指派律师提供辩护的其他情形。

(6)人民法院通知法律援助机构指派律师提供辩护的,应当将法律援助通知书、起诉书副本或者判决书送达法律援助机构;决定开庭审理的,除适用简易程序审理的以外,应当在开庭15日前将上述材料送达法律援助机构。法律援助通知书应当写明案由、被告人姓名、提供法律援助的理由、审判人员的姓名和联系方式;已确定开庭审理的,应当写明开庭的时间、地点。

(7)审判期间,辩护人接受被告人委托的,应当在接受委托之日起3日内,将委托手续提交人民法院。法律援助机构决定为被告人指派律师提供辩护的,承办律师应当在接受指派之日起3日内,将法律援助手续提交人民法院。

特别关注：

刑事法律援助制度

最高人民法院、最高人民检察院、公安部和司法部2013年2月4日联合发布了修改后的《关于刑事诉讼法律援助工作的规定》，该规定的主要内容有：

(1) 犯罪嫌疑人、被告人因经济困难没有委托辩护人的，本人及其近亲属可以向办理案件的公安机关、人民检察院、人民法院所在地同级司法行政机关所属法律援助机构申请法律援助。具有下列情形之一，犯罪嫌疑人、被告人没有委托辩护人的，可以依照前款规定申请法律援助：① 有证据证明犯罪嫌疑人、被告人属于一级或者二级智力残疾的；② 共同犯罪案件中，其他犯罪嫌疑人、被告人已委托辩护人的；③ 人民检察院抗诉的；④ 案件具有重大社会影响的。

(2) 公诉案件中的被害人及其法定代理人或者近亲属，自诉案件中的自诉人及其法定代理人，因经济困难没有委托诉讼代理人的，可以向办理案件的人民检察院、人民法院所在地同级司法行政机关所属法律援助机构申请法律援助。公民经济困难的标准，按案件受理地所在的省、自治区、直辖市人民政府的规定执行。

(3) 公安机关、人民检察院在第一次讯问犯罪嫌疑人或者采取强制措施的时候，应当告知犯罪嫌疑人有权委托辩护人，并告知其如果符合前述第1条规定，本人及其近亲属可以向法律援助机构申请法律援助。人民检察院自收到移送审查起诉的案件材料之日起3日内，应当告知犯罪嫌疑人有权委托辩护人，并告知其如果符合前述第1条规定，本人及其近亲属可以向法律援助机构申请法律援助；应当告知被害人及其法定代理人或者近亲属有权委托诉讼代理人，并告知其如果经济困难，可以向法律援助机构申请法律援助。人民法院自受理案件之日起3日内，应当告知被告人有权委托辩护人，并告知其如果符合前述第1条规定，本人及其近亲属可以向法律援助机构申请法律援助；应当告知自诉人及其法定代理人有权委托诉讼代理人，并告知其如果经济困难，可以向法律援助机构申请法律援助。人民法院决定再审的案件，应当自决定再审之日起3日内履行相关告知职责。犯罪嫌疑人、被告人具有后述第5条规定情形的，公安机关、人民检察院、人民法院应当告知其如果不委托辩护人，将依法通知法律援助机构指派律师为其提供辩护。告知可以采取口头或者书面方式，告知的内容应当易于被告知人理解。口头告知的，应当制作笔录，由被告知人签名；书面告知的，应当将送达回执入卷。对于被告知人当场表达申请法律援助意愿的，应当记录在案。

(4) 被羁押的犯罪嫌疑人、被告人提出法律援助申请的，公安机关、人民检察院、人民法院应当在收到申请24小时内将其申请转交或者告知法律援助机构，并于3日内通知申请人的法定代理人、近亲属或者其委托的其他人员协助向法律援助机构提供有关证件、证明等相关材料。犯罪嫌疑人、被告人的法定代理人或者近亲属无法通知的，应当在转交申请时一并告知法律援助机构。法律援助机构收到申请后应当及时进行审查并于7日内作出决定。对符合法律援助条件的，应当决定给予法律援助，并制作给予法律援助决定书；对不符合法律援助条件的，应当决定不予法律援助，制作不予法律援助决定书。给予法律援助决定书和不予法律援助决定书应当及时发送申请人，并函告公安机关、人民检察院、人民法院。对于犯罪嫌疑人、被告人申请法律援助的案件，法律援助机构可以向公安机关、人民检察院、人民法院了解案件办理过程中掌握的犯罪嫌疑人、被告人是否具有前述第1条规定情形等情况。

(5) 犯罪嫌疑人、被告人具有下列情形之一没有委托辩护人的,公安机关、人民检察院、人民法院应当自发现该情形之日起3日内,通知所在地同级司法行政机关所属法律援助机构指派律师为其提供辩护:① 未成年人;② 盲、聋、哑人;③ 尚未完全丧失辨认或者控制自己行为能力的精神病人;④ 可能被判处无期徒刑、死刑的人。公安机关、人民检察院、人民法院通知辩护的,应当将通知辩护公函和采取强制措施决定书、起诉意见书、起诉书、判决书副本或者复印件送交法律援助机构。通知辩护公函应当载明犯罪嫌疑人或者被告人的姓名、涉嫌的罪名、羁押场所或者住所、通知辩护的理由、办案机关联系人姓名和联系方式等。

(6) 人民法院自受理强制医疗申请或者发现被告人符合强制医疗条件之日起3日内,对于被申请人或者被告人没有委托诉讼代理人的,应当向法律援助机构送交通知代理公函,通知其指派律师担任被申请人或被告人的诉讼代理人,为其提供法律帮助。人民检察院申请强制医疗的,人民法院应当将强制医疗申请书副本一并送交法律援助机构。通知代理公函应当载明被申请人或者被告人的姓名、法定代理人的姓名和联系方式、办案机关联系人姓名和联系方式。

(7) 法律援助机构应当自作出给予法律援助决定或者自收到通知辩护公函、通知代理公函之日起3日内,确定承办律师并函告公安机关、人民检察院、人民法院。法律援助机构出具的法律援助公函应当载明承办律师的姓名、所属单位及联系方式。

(8) 对于可能被判处无期徒刑、死刑的案件,法律援助机构应当指派具有一定年限刑事辩护执业经历的律师担任辩护人。对于未成年人案件,应当指派熟悉未成年人身心特点的律师担任辩护人。

(9) 承办律师接受法律援助机构指派后,应当按照有关规定及时办理委托手续。承办律师应当在首次会见犯罪嫌疑人、被告人时,询问是否同意为其辩护,并制作笔录。犯罪嫌疑人、被告人不同意的,律师应当书面告知公安机关、人民检察院、人民法院和法律援助机构。

(10) 对于依申请提供法律援助的案件,犯罪嫌疑人、被告人坚持自己辩护,拒绝法律援助机构指派的律师为其辩护的,法律援助机构应当准许,并作出终止法律援助的决定;对于有正当理由要求更换律师的,法律援助机构应当另行指派律师为其提供辩护。对于应当通知辩护的案件,犯罪嫌疑人、被告人拒绝法律援助机构指派的律师为其辩护的,公安机关、人民检察院、人民法院应当查明拒绝的原因,有正当理由的,应当准许,同时告知犯罪嫌疑人、被告人需另行委托辩护人。犯罪嫌疑人、被告人未另行委托辩护人的,公安机关、人民检察院、人民法院应当及时通知法律援助机构另行指派律师为其提供辩护。

(11) 人民检察院审查批准逮捕时,认为犯罪嫌疑人具有应当通知辩护的情形,公安机关未通知法律援助机构指派律师的,应当通知公安机关予以纠正,公安机关应当将纠正情况通知人民检察院。

(12) 在案件侦查终结前,承办律师提出要求的,侦查机关应当听取其意见,并记录在案。承办律师提出书面意见的,应当附卷。

(13) 人民法院决定变更开庭时间的,应当在开庭3日前通知承办律师。承办律师有正当理由不能按时出庭的,可以申请人民法院延期开庭。人民法院同意延期开庭的,应当及时通知承办律师。人民法院决定不开庭审理的案件,承办律师应当在接到人民法院不开庭通知之日起10日内向人民法院提交书面辩护意见。人民检察院、人民法院应当对承办律师复制案卷材料的费用予以免除或者减收。

(14) 公安机关在撤销案件或者移送审查起诉后，人民检察院在作出提起公诉、不起诉或者撤销案件决定后，人民法院在终止审理或者作出判决后，以及公安机关、人民检察院、人民法院将案件移送其他机关办理后，应当在5日内将相关法律文书副本或者复印件送达承办律师，或者书面告知承办律师。公安机关的起诉意见书，人民检察院的起诉书、不起诉决定书，人民法院的判决书、裁定书等法律文书，应当载明作出指派的法律援助机构名称、承办律师姓名以及所属单位等情况。

(15) 具有下列情形之一的，法律援助机构应当作出终止法律援助决定，制作终止法律援助决定书发送受援人，并自作出决定之日起3日内通告公安机关、人民检察院、人民法院：① 受援人的经济收入状况发生变化，不再符合法律援助条件的；② 案件终止办理或者已被撤销的；③ 受援人自行委托辩护人或者代理人的；④ 受援人要求终止法律援助的，但应当通知辩护的情形除外；⑤ 法律、法规规定应当终止的其他情形。公安机关、人民检察院、人民法院在案件办理过程中发现有前款规定情形的，应当及时函告法律援助机构。

(16) 申请人对法律援助机构不予援助的决定有异议的，可以向主管该法律援助机构的司法行政机关提出。司法行政机关应当在收到异议之日起5个工作日内进行审查，经审查认为申请人符合法律援助条件的，应当以书面形式责令法律援助机构及时对该申请人提供法律援助，同时通知申请人；认为申请人不符合法律援助条件的，应当维持法律援助机构不予援助的决定，并书面告知申请人。受援人对法律援助机构终止法律援助的决定有异议的，按照前款规定办理。

(17) 犯罪嫌疑人、被告人及其近亲属、法定代理人，强制医疗案件中的被申请人、被告人的法定代理人认为公安机关、人民检察院、人民法院应当告知其可以向法律援助机构申请法律援助而没有告知，或者应当通知法律援助机构指派律师为其提供辩护或者诉讼代理而没有通知的，有权向同级或者上一级人民检察院申诉或者控告。人民检察院应当对申诉或者控告及时进行审查，情况属实的，通知有关机关予以纠正。

(18) 律师应当遵守有关法律法规和法律援助业务规程，做好会见、阅卷、调查取证、解答咨询、参加庭审等工作，依法为受援人提供法律服务。律师事务所应当对律师办理法律援助案件进行业务指导，督促律师在办案过程中尽职尽责，恪守职业道德和执业纪律。

(19) 法律援助机构依法对律师事务所、律师开展法律援助活动进行指导监督，确保办案质量。司法行政机关和律师协会根据律师事务所、律师履行法律援助义务情况实施奖励和惩戒。公安机关、人民检察院、人民法院在案件办理过程中发现律师有违法或者违反职业道德和执业纪律行为，损害受援人利益的，应当及时向法律援助机构通报有关情况。

考点 3　刑事代理

(一)《刑事诉讼法》的相关规定

《刑事诉讼法》第44条规定："公诉案件的被害人及其法定代理人或者近亲属，附带民事诉讼的当事人及其法定代理人，自案件移送审查起诉之日起，有权委托诉讼代理人。自诉案件的自诉人及其法定代理人，附带民事诉讼的当事人及其法定代理人，有权随时委托诉讼代理人。人民检察院自收到移送审查起诉的案件材料之日起三日以内,应当告知被害人及其法定代理人或者其近亲属、附带民事诉讼的当事人及其法定代理人有权委托诉讼代理人。人民法院自受理自诉案件之日起三日以内,应当告知自诉人及其法定代理人、附带民事诉讼的当事人及其法定代理人有权委托诉讼代理人。"《刑事诉讼法》第281条第2款规定:"人民法院受理没收违法所得的申请后,应当发出公告。公告期间为六个月。犯罪嫌疑人、被告人的近亲属和其他利害关系人有权申请参加诉讼,也可以委托诉讼代理人参加诉讼。"《刑事诉讼法》第286条规定:"人民法院受理强制医疗的申请后,应当组成合议庭进行审理。人民法院审理强制医疗案件,应当通知被申请人或者被告人的法定代理人到场。被申请人或者被告人没有委托诉讼代理人的,人民法院应当通知法律援助机构指派律师为其提供法律帮助。"刑事代理还包括申诉代理。

特别关注:
委托诉讼代理人的范围,与辩护人的范围相同。不能充当辩护人的人,也不能被委托为诉讼代理人。诉讼代理人应当向人民法院提交由被代理人签名或者盖章的委托书;如果被代理人是附带民事诉讼当事人的,诉讼代理人应当向人民法院提交由被代理人签名或者盖章的授权委托书。

(二)《刑事诉讼规则(试行)》的相关规定

(1)人民检察院自收到移送审查起诉的案件材料之日起3日以内,应当告知被害人及其法定代理人或者其近亲属、附带民事诉讼的当事人及其法定代理人有权委托诉讼代理人。告知可以采取口头或者书面方式。口头告知的,应当制作笔录,由被告知人签名;书面告知的,应当将送达回执入卷;无法告知的,应当记录在案。被害人有法定代理人的,应当告知其法定代理人;没有法定代理人的,应当告知其近亲属。法定代理人或者近亲属为2人以上的,可以只告知其中1人,告知时应当按照《刑事诉讼法》第106条第3、6项列举的顺序择先进行。当事人及其法定代理人、近亲属委托诉讼代理人的,参照《刑事诉讼法》第32条和本规则第38条、第39条、第44条的规定执行。

(2)经人民检察院许可,诉讼代理人查阅、摘抄、复制本案的案卷材料的,参照《刑事诉讼规则(试行)》第47条至第49条的规定办理。律师担任诉讼代理人,需要申请人民检察院收集、调取证据的,参照《刑事诉讼规则(试行)》第52条的规定办理。

(三)《刑诉法解释》的相关规定

(1)人民法院自受理自诉案件之日起3日内,应当告知自诉人及其法定代理人、附带民事诉讼当事人及其法定代理人,有权委托诉讼代理人,并告知如果经济困难的,可以申请法律援助。

(2)当事人委托诉讼代理人的,参照适用《刑事诉讼法》第32条和本解释的有关规定。

(3)诉讼代理人有权根据事实和法律,维护被害人、自诉人或者附带民事诉讼当事人的诉讼权利和其他合法权益。

(4)经人民法院许可,诉讼代理人可以查阅、摘抄、复制本案的案卷材料。律师担任诉讼代理人,需要收集、调取与本案有关的证据材料的,参照适用《刑诉法解释》第51条至第53条的规定。

(5)诉讼代理人接受当事人委托或者法律援助机构指派后,应当在3日内将委托手续或者法律援助手续提交人民法院。

(6) 辩护人、诉讼代理人复制案卷材料的,人民法院只收取工本费;法律援助律师复制必要的案卷材料的,应当免收或者减收费用。

二、例题

1. 成年人钱甲教唆未成年人小沈实施诈骗犯罪,钱甲委托其在邻市检察院担任检察官助理的哥哥钱乙担任辩护人,小沈由法律援助律师武某担任辩护人。关于本案处理,下列哪一选项是正确的?(2017年真题,单选)

A. 钱甲被拘留后,钱乙可为其申请取保候审
B. 本案移送审查起诉时,公安机关应将案件移送情况告知钱乙
C. 检察院讯问小沈时,武某可在场
D. 如检察院对钱甲和小沈分案起诉,法院可并案审理

[释疑] 《公安机关办理刑事案件程序规定》第279条规定,对侦查终结的案件,应当制作起诉意见书,经县级以上公安机关负责人批准后,连同全部案卷材料、证据,以及辩护律师提出的意见,一并移送同级人民检察院审查决定;同时将案件移送情况告知犯罪嫌疑人及其辩护律师。本案中,钱乙是以近亲属的身份做辩护人,而非辩护律师,故而B项错误;《刑事诉讼法》第95条规定,犯罪嫌疑人、被告人及其法定代理人、近亲属或者辩护人有权申请变更强制措施。人民法院、人民检察院和公安机关收到申请后,应当在3日以内作出决定;不同意变更强制措施的,应当告知申请人,并说明不同意的理由。钱乙是近亲属,故A项正确;刑诉法规定,只有讯问未成年犯罪嫌疑人、被告人时,法定代理人有权在场,而没有规定辩护律师有权在场。故C项错误;《刑诉法解释》第464条规定:对分案起诉至同一人民法院的未成年人与成年人共同犯罪案件,可以由同一个审判组织审理;不宜由同一个审判组织审理的,可以分别由少年法庭、刑事审判庭审理。未成年人与成年人共同犯罪案件,由不同人民法院或者不同审判组织分别审理的,有关人民法院或者审判组织应当互相了解共同犯罪被告人的审判情况,注意全案的量刑平衡。由于D项"如检察院对钱甲和小沈分案起诉,法院可并案审理"并未明确是"分案起诉至同一人民法院",故D项错误。(答案:A)

2. 《关于推进以审判为中心的刑事诉讼制度改革的意见》第13条要求完善法庭辩论规则,确保控辩意见发表在法庭。法庭应当充分听取控辩双方意见,依法保障被告人及其辩护人的辩论辩护权。关于这一规定的理解,下列哪些选项是正确的?(2017年真题,多选)

A. 符合我国刑事审判模式逐步弱化职权主义色彩的发展方向
B. 确保控辩意见发表在法庭,核心在于保障被告人和辩护人能充分发表意见
C. 体现了刑事审判的公开性
D. 被告人认罪的案件的法庭辩论,主要围绕量刑进行

[释疑] "法庭应当充分听取控辩双方意见"具有当事人主义的特色,故A项正确;"法庭应当充分听取控辩双方意见,依法保障被告人及其辩护人的辩论辩护权",故B项正确;不论案件是否公开审判,都应当保障辩护权,故C项错误;对于被告人认罪的案件的法庭辩论,主要围绕量刑进行,D项错误。(答案:ABD)

3. 法官齐某从A县法院辞职后,在其妻洪某开办的律师事务所从业。关于齐某与洪某的辩护人资格,下列哪一选项是正确的?(2016年真题,单选)

A. 齐某不得担任 A 县法院审理案件的辩护人
B. 齐某和洪某不得分别担任同案犯罪嫌疑人的辩护人
C. 齐某和洪某不得同时担任同一犯罪嫌疑人的辩护人
D. 洪某可以律师身份担任 A 县法院审理案件的辩护人

[释疑] 《刑诉法解释》第 36 条规定:审判人员和人民法院其他工作人员从人民法院离任后两年内,不得以律师身份担任辩护人。审判人员和人民法院其他工作人员从人民法院离任后,不得担任原任职法院所审理案件的辩护人,但作为被告人的监护人、近亲属进行辩护的除外。据此,齐某可以以被告人的监护人、近亲属的身份在原任职法院担任辩护人。故 A 错误。《刑诉法解释》第 38 条规定:一名被告人可以委托 1 至 2 人作为辩护人。一名辩护人不得为两名以上的同案被告人,或者未同案处理但犯罪事实存在关联的被告人辩护。所以,B 项"齐某和洪某不得分别担任同案犯罪嫌疑人的辩护人"错误。C 项也错误。《刑诉法解释》第 36 条第 3 款规定:审判人员和人民法院其他工作人员的配偶、子女或者父母不得担任其任职法院所审理案件的辩护人,但作为被告人的监护人、近亲属进行辩护的除外。由于齐某已辞职,故其已不能在原任职法院审理案件。所以,D 项正确。(答案:D)

4. 郭某涉嫌参加恐怖组织罪被逮捕,随后委托律师姜某担任辩护人。关于姜某履行辩护职责,下列哪一选项是正确的?(2016年真题,单选)
A. 姜某到看守所会见郭某时,可带 1—2 名律师助理协助会见
B. 看守所可对姜某与郭某的往来信件进行必要的检查,但不得截留、复制
C. 姜某申请法院收集、调取证据而法院不同意的,法院应书面说明不同意的理由
D. 法庭审理中姜某作无罪辩护的,也可当庭对郭某从轻量刑的问题发表辩护意见

[释疑] 《刑事诉讼法》第 32 条第 1 款规定:犯罪嫌疑人、被告人除自己行使辩护权以外,还可以委托 1 至 2 人作为辩护人;《刑事诉讼法》第 33 条第 1 款规定:犯罪嫌疑人自被侦查机关第一次讯问或者采取强制措施之日起,有权委托辩护人;在侦查期间,只能委托律师作为辩护人;《刑事诉讼法》第 37 条第 2 款规定:辩护律师持律师执业证书、律师事务所证明和委托书或者法律援助公函要求会见在押的犯罪嫌疑人、被告人的,看守所应当及时安排会见,至迟不得超过 48 小时。本案中姜某是接受郭某委托的辩护律师,有权会见郭某。但是,法律和司法解释并未规定辩护律师会见时,可带 1—2 名律师助理协助会见。所以,A 项错误。《刑事诉讼法》第 37 条第 1 款规定:辩护律师可以同在押的犯罪嫌疑人、被告人会见和通信。但是,法律和司法解释并未规定看守所可以对辩护律师与犯罪嫌疑人的往来信件进行检查。所以,B 项错误。《刑事诉讼法》第 39 条规定:辩护人认为在侦查、审查起诉期间公安机关、人民检察院收集的证明犯罪嫌疑人、被告人无罪或者罪轻的证据材料未提交的,有权申请人民检察院、人民法院调取;《刑事诉讼法》第 41 条第 1 款规定:辩护律师经证人或者其他有关单位和个人同意,可以向他们收集与本案有关的材料,也可以申请人民检察院、人民法院收集、调取证据,或者申请人民法院通知证人出庭作证。《刑诉法解释》第 53 条第 2 款规定:对辩护律师的申请,人民法院应当在 5 日内作出是否准许、同意的决定,并通知申请人;决定不准许、不同意的,应当说明理由。法律和司法解释并未明确规定"辩护律师申请法院收集、调取证据而法院不同意的,法院应书面说明不同意的理由",所以,C 项错误。《刑事诉讼法》第 35 条规定:辩护人的责任是根据事实和法律,提出犯罪嫌疑人、被告人无罪、罪轻或者减轻、免除其刑事责任的

材料和意见,维护犯罪嫌疑人、被告人的诉讼权利和其他合法权益。根据该规定,辩护律师有权做无罪辩护,也有权在无罪辩护意见可能不被接受时,提出"即使被告人有罪,也有量刑应当从轻的理由",所以,D项正确。(答案:D)

5. 根据《刑事诉讼法》的规定,辩护律师收集到的下列哪一证据应及时告知公安机关、检察院?(2016年真题,单选)

   A. 强奸案中被害人系精神病人的证据
   B. 故意伤害案中犯罪嫌疑人系正当防卫的证据
   C. 投放危险物质案中犯罪嫌疑人案发时在外地出差的证据
   D. 制造毒品案中犯罪嫌疑人犯罪时刚满16周岁的证据

[释疑] 《刑事诉讼法》第40条规定:辩护人收集的有关犯罪嫌疑人不在犯罪现场、未达到刑事责任年龄、属于依法不负刑事责任的精神病人的证据,应当及时告知公安机关、人民检察院。所以,A项错误,因为法律规定的是"犯罪嫌疑人"而非"被害人";B项"故意伤害案中犯罪嫌疑人系正当防卫的证据"不属于法律规定的三类证据之一,故不需要告知;D项"制造毒品案中犯罪嫌疑人犯罪时刚满16周岁"是"已达刑事责任年龄"的证据;只有C项"投放危险物质案中犯罪嫌疑人案发时在外地出差的证据"符合法律规定。(答案:C)

6. 关于有效辩护原则,下列哪些理解是正确的?(2015年真题,多选)

   A. 有效辩护原则的确立有助于实现控辩平等对抗
   B. 有效辩护是一项主要适用于审判阶段的原则,但侦查、审查起诉阶段对辩护人权利的保障是审判阶段实现有效辩护的前提
   C. 根据有效辩护原则的要求,法庭审理过程中一般不应限制被告人及其辩护人发言的时间
   D. 指派没有刑事辩护经验的律师为可能被判处无期徒刑、死刑的被告人提供法律援助,有违有效辩护原则

[释疑] 有效辩护原则强调,辩护不仅仅应当是形式意义上的,更应该是实质意义上的,有效辩护原则的确立有助于实现控辩平等对抗,故A项正确。有效辩护原则适用于整个刑事诉讼程序,并非只适用于审判阶段。所以,B项错误。有效辩护原则同时也是公检法等国家机关的义务,它们有义务保障有效辩护原则的实现,确保其有效履行辩护职责。所以C项正确。有效辩护原则要求国家设立法律援助制度并确保犯罪嫌疑人、被告人能够获得符合最低标准并具有实质意义的律师帮助,所以,D项正确。(答案:ACD)

7. 在法庭审判中,被告人翻供,否认犯罪,并当庭拒绝律师为其进行有罪辩护。合议庭对此问题的处理,下列哪一选项是正确的?(2013年真题,单选)

   A. 被告人有权拒绝辩护人辩护,合议庭应当准许
   B. 辩护律师独立辩护,不受当事人意思表示的约束,合议庭不应当准许拒绝辩护
   C. 属于应当提供法律援助的情形的,合议庭不应当准许拒绝辩护
   D. 有多名被告人的案件,部分被告人拒绝辩护人辩护的,合议庭不应当准许

[释疑] 《刑诉法解释》第254条规定:"被告人当庭拒绝辩护人辩护,要求另行委托辩护人或者指派律师的,合议庭应当准许。被告人拒绝辩护人辩护后,没有辩护人的,应当宣布休庭;仍有辩护人的,庭审可以继续进行。有多名被告人的案件,部分被告人拒绝辩护人辩护后,没有辩护人的,根据案件情况,可以对该被告人另案处理,对其他被告人的庭审继续进行。重

新开庭后,被告人再次当庭拒绝辩护人辩护的,可以准许,但被告人不得再次另行委托辩护人或者要求另行指派律师,由其自行辩护。被告人属于应当提供法律援助的情形,重新开庭后再次当庭拒绝辩护人辩护的,不予准许。"故 A 项正确。(答案:A)

8. 关于诉讼代理人参加刑事诉讼,下列哪一说法是正确的?(2012年真题,单选)
  A. 诉讼代理人的权限依据法律规定而设定
  B. 除非法律有明文规定,诉讼代理人也享有被代理人享有的诉讼权利
  C. 诉讼代理人应当承担被代理人依法负有的义务
  D. 诉讼代理人的职责是帮助被代理人行使诉讼权利

[释疑] 刑事诉讼中的代理,是指代理人接受公诉案件的被害人及其法定代理人或者近亲属、自诉案件的自诉人及其法定代理人、附带民事诉讼的当事人及其法定代理人的委托,以被代理人名义参加诉讼,由被代理人承担代理行为的法律后果的一项诉讼活动。有了诉讼代理人参加诉讼,就能更好地维护被代理人的合法权益。故 D 项正确。(答案:D)

9. 关于辩护律师在刑事诉讼中享有的权利和承担的义务,下列哪一说法是正确的?(2012年真题,单选)
  A. 在侦查期间可以向犯罪嫌疑人核实证据
  B. 会见在押的犯罪嫌疑人、被告人,可以了解案件有关情况
  C. 收集到的有利于犯罪嫌疑人的证据,均应及时告知公安机关、检察院
  D. 在执业活动中知悉犯罪嫌疑人、被告人曾经实施犯罪的,应及时告知司法机关

[释疑] 《刑事诉讼法》第36条规定:"辩护律师在侦查期间可以为犯罪嫌疑人提供法律帮助;代理申诉、控告;申请变更强制措施;向侦查机关了解犯罪嫌疑人涉嫌的罪名和案件有关情况,提出意见。"《刑事诉讼法》第37条第4款规定:"辩护律师会见在押的犯罪嫌疑人、被告人,可以了解案件有关情况,提供法律咨询等;自案件移送审查起诉之日起,可以向犯罪嫌疑人、被告人核实有关证据。辩护律师会见犯罪嫌疑人、被告人时不被监听。"故 B 项正确。(答案:B)

10. 在张某故意毁坏李某汽车案中,张某聘请赵律师为辩护人,李某聘请孙律师为诉讼代理人。关于该案辩护人和诉讼代理人,下列哪一选项是正确的?(2010年真题,单选)
  A. 赵律师、孙律师均自案件移送审查起诉之日起方可接受委托担任辩护人、诉讼代理人
  B. 赵律师、孙律师均有权申请该案的审判人员和公诉人员回避
  C. 赵律师可在审判中向张某发问,孙律师无权向张某发问
  D. 赵律师应以张某的意见作为辩护意见,孙律师应以李某的意见为代理意见

[释疑] 《刑事诉讼法》第33条第1款规定:"犯罪嫌疑人自被侦查机关第一次讯问或者采取强制措施之日起,有权委托辩护人;在侦查期间,只能委托律师作为辩护人。被告人有权随时委托辩护人。"第44条规定:"公诉案件的被害人及其法定代理人或者近亲属、附带民事诉讼的当事人及其法定代理人,自案件移送审查起诉之日起,有权委托诉讼代理人。自诉案件的自诉人及其法定代理人、附带民事诉讼的当事人及其法定代理人,有权随时委托诉讼代理人。人民检察院自收到移送审查起诉的案件材料之日起三日以内,应当告知被害人及其法定代理人或者其近亲属、附带民事诉讼的当事人及其法定代理人有权委托诉讼代理人。人民法院自受理自诉案件之日起三日以内,应当告知自诉人及其法定代理人、附带民事诉讼的当事人

及其法定代理人有权委托诉讼代理人。"故 A 项错误。《刑事诉讼法》第 31 条第 2 款规定:"辩护人、诉讼代理人可以依照本章的规定要求回避、申请复议。"故 B 项正确。C、D 项于法无据。(原答案:A;现答案:B)

11. 郭某涉嫌招摇撞骗罪。在检察机关审查起诉时,郭某希望委托辩护人。下列哪一人员可以被委托担任郭某的辩护人?(2009 年真题,单选)

A. 郭某的爷爷,美籍华人

B. 郭某的儿子,16 岁

C. 郭某的朋友甲,曾为郭某招摇撞骗伪造国家机关证件

D. 郭某的朋友乙,司法行政部门负责人

[释疑] 《刑诉法解释》第 35 条规定:"人民法院审判案件,应当充分保障被告人依法享有的辩护权利。被告人除自己行使辩护权以外,还可以委托辩护人辩护。下列人员不得担任辩护人:(一) 正在被执行刑罚或者处于缓刑、假释考验期间的人;(二) 依法被剥夺、限制人身自由的人;(三) 无行为能力或者限制行为能力的人;(四) 人民法院、人民检察院、公安机关、国家安全机关、监狱的现职人员;(五) 人民陪审员;(六) 与本案审理结果有利害关系的人;(七) 外国人或者无国籍人。前款第(四)项至第(七)项规定的人员,如果是被告人的监护人、近亲属,由被告人委托担任辩护人的,可以准许。"A 项不是近亲属;B 项属于限制行为能力人;C 项属于被追究刑事责任者,看不出是否执行完毕;只有 D 项不受任何限制。(答案:D)

12. 关于辩护,下列哪一选项是正确的?(2008 年真题,单选)

A. 被告人王某在犯罪时 17 周岁,在审判时已满 18 周岁,法院应当为其指定辩护人

B. 被告人李某可能被判处死刑,在审判时法院为其指定辩护人。在法庭审理过程中,李某当庭拒绝指定的辩护人为其辩护,法院另行为其指定辩护人。在重新开庭审理后,李某再次拒绝法庭为其指定的辩护人,合议庭不予准许

C. 法院为外籍被告人汤姆(25 周岁)指定了辩护人,在法庭审理过程中,汤姆拒绝法院为其指定的辩护人,提出自行委托辩护人,法庭准许后,汤姆自行委托了辩护人。再次开庭审理后,汤姆再次拒绝辩护人为其辩护,要求另行委托辩护人,合议庭不予准许

D. 被告人当庭拒绝辩护人为其辩护的,法庭应当允许,宣布延期审理。延期审理的期限为 10 日,准备辩护时间计入审限

[释疑] 《刑诉法解释》第 42 条规定:"对下列没有委托辩护人的被告人,人民法院应当通知法律援助机构指派律师为其提供辩护:(一) 盲、聋、哑人;(二) 尚未完全丧失辨认或者控制自己行为能力的精神病人;(三) 可能被判处无期徒刑、死刑的人。高级人民法院复核死刑案件,被告人没有委托辩护人的,应当通知法律援助机构指派律师为其提供辩护。"《刑事诉讼法》第 274 条规定:"审判的时候被告人不满十八周岁的案件,不公开审理。但是,经未成年被告人及其法定代理人同意,未成年被告人所在学校和未成年人保护组织可以派代表到场。"故 A 项错误。《刑诉法解释》第 45 条规定:"被告人拒绝法律援助机构指派的律师为其辩护,坚持自己行使辩护权的,人民法院应当准许。属于应当提供法律援助的情形,被告人拒绝指派的律师为其辩护的,人民法院应当查明原因。理由正当的,应当准许,但被告人须另行委托辩护人;被告人未另行委托辩护人的,人民法院应当在三日内书面通知法律援助机构另行指派律师为其提供辩护。"《刑诉法解释》第 43 条规定:"具有下列情形之一,被告人没有委托辩护人的,

人民法院可以通知法律援助机构指派律师为其提供辩护:(一) 共同犯罪案件中,其他被告人已经委托辩护人;(二) 有重大社会影响的案件;(三) 人民检察院抗诉的案件;(四) 被告人的行为可能不构成犯罪;(五) 有必要指派律师提供辩护的其他情形。"《刑诉法解释》第 254 条规定:"被告人当庭拒绝辩护人辩护,要求另行委托辩护人或者指派律师的,合议庭应当准许。被告人拒绝辩护人辩护后,没有辩护人的,应当宣布休庭;仍有辩护人的,庭审可以继续进行。有多名被告人的案件,部分被告人拒绝辩护人辩护后,没有辩护人的,根据案件情况,可以对该被告人另案处理,对其他被告人的庭审继续进行。重新开庭后,被告人再次当庭拒绝辩护人辩护的,可以准许,但被告人不得再次另行委托辩护人或者要求另行指派律师,由其自行辩护。被告人属于应当提供法律援助的情形,重新开庭后再次当庭拒绝辩护人辩护的,不予准许。"《刑诉法解释》第 256 条规定:"依照前两条规定另行委托辩护人或者指派律师的,自案件宣布休庭之日起至第十五日止,由辩护人准备辩护,但被告人及其辩护人自愿缩短时间的除外。"故 B 项正确,C、D 项错误。(答案:B)

13. 甲、乙涉嫌共同盗窃国家一级文物并致文物损毁,某中级法院受理案件后,甲委托其弟弟为辩护人,乙因经济困难没有委托辩护人。下列哪一选项是正确的?(单选)

  A. 法院应当为乙指定辩护
  B. 法院可以为乙指定辩护
  C. 法院应当指定乙的近亲属作为其辩护人
  D. 法院可以指定乙的近亲属作为其辩护人

[释疑] 乙可能被判无期徒刑,属于应当指定辩护,故选 A 项。(答案:A)

14. 在刑事诉讼中,下列哪些诉讼参与人可以由他人代理和实施诉讼行为?(多选)

  A. 附带民事诉讼当事人的近亲属
  B. 被害人
  C. 自诉人
  D. 证人

[释疑] 《刑事诉讼法》规定,公诉案件的被害人及其法定代理人或者近亲属、自诉案件的自诉人及其法定代理人以及附带民事诉讼的当事人及其法定代理人有权委托诉讼代理人。故选 B、C 项。(答案:BC)

15. 根据《刑事诉讼法》的规定,下列何人有权委托诉讼代理人?(单选)

  A. 涉嫌强奸罪被告人的父亲
  B. 抢劫案被害人的胞妹
  C. 伤害案中附带民事被告人的胞弟
  D. 虐待案自诉人的胞妹

[释疑] 《刑事诉讼法》第 44 条规定:"公诉案件的被害人及其法定代理人或者近亲属,附带民事诉讼的当事人及其法定代理人,自案件移送审查起诉之日起,有权委托诉讼代理人。自诉案件的自诉人及其法定代理人,附带民事诉讼的当事人及其法定代理人,有权随时委托诉讼代理人。人民检察院自收到移送审查起诉的案件材料之日起三日以内,应当告知被害人及其法定代理人或者其近亲属、附带民事诉讼的当事人及其法定代理人有权委托诉讼代理人。人民法院自受理自诉案件之日起三日以内,应当告知自诉人及其法定代理人、附带民事诉讼的当事人及其法定代理人有权委托诉讼代理人。"故 B 项正确。(答案:B)

16. 关于律师担任刑事案件被告人的辩护人,下列哪些选项是正确的?(多选)

  A. 辩护人不是被告人的代言人
  B. 辩护人应当维护被告人的合法权益
  C. 辩护人须按照被告人的要求作无罪辩护
  D. 辩护人有权独立发表辩护意见

[释疑]《刑事诉讼法》第35条规定:"辩护人的责任是根据事实和法律,提出犯罪嫌疑人、被告人无罪、罪轻或者减轻、免除其刑事责任的材料和意见,维护犯罪嫌疑人、被告人的诉讼权利和其他合法权益。"故ABD项正确。(答案:ABD)

17. 甲因积怨将乙打成重伤,致乙丧失劳动能力。本案中,哪些人有权为乙委托诉讼代理人?(多选)

　　A. 乙的母亲　　　　　　　　　　B. 乙的祖父
　　C. 乙本人　　　　　　　　　　　D. 乙的好友丙

[释疑]《刑事诉讼法》第44条第1款规定:"公诉案件的被害人及其法定代理人或者近亲属,附带民事诉讼的当事人及其法定代理人,自案件移送审查起诉之日起,有权委托诉讼代理人。自诉案件的自诉人及其法定代理人,附带民事诉讼的当事人及其法定代理人,有权随时委托诉讼代理人。"《刑事诉讼法》第106条规定:"本法下列用语的含意是:……(六)'近亲属'是指夫、妻、父、母、子、女、同胞兄弟姊妹。"因此,乙的母亲是乙的近亲属,有权为乙委托诉讼代理人;乙的祖父不是乙的近亲属,无权为乙委托诉讼代理人,故A、C项正确。(答案:AC)

18. 辩护律师乙在办理甲涉嫌抢夺一案中,了解到甲实施抢夺时携带凶器,但办案机关并未掌握这一事实。对于该事实,乙应如何处理?(单选)

　　A. 应当告知公安机关　　　　　　B. 应当告知检察机关
　　C. 应当告知人民法院　　　　　　D. 应当为被告人保守秘密

[释疑]《刑事诉讼法》第35条规定:"辩护人的责任是根据事实和法律,提出犯罪嫌疑人、被告人无罪、罪轻或者减轻、免除其刑事责任的材料和意见,维护犯罪嫌疑人、被告人的诉讼权利和其他合法权益。"《刑事诉讼法》第46条规定:"辩护律师对在执业活动中知悉的委托人的有关情况和信息,有权予以保密。但是,辩护律师在执业活动中知悉委托人或者其他人,准备或者正在实施危害国家安全、公共安全以及严重危害他人人身安全的犯罪的,应当及时告知司法机关。"根据上述规定,辩护人只有为犯罪嫌疑人、被告人辩护的义务,没有控诉犯罪嫌疑人、被告人的义务。故D项正确。(答案:D)

19. 犯罪嫌疑人甲委托其弟乙作为自己的辩护人。在审查起诉阶段,乙享有哪些诉讼权利?(多选)

　　A. 甲被超期羁押时,有权要求解除强制措施
　　B. 申请检察人员回避
　　C. 向检察机关陈述辩护意见
　　D. 经被害人同意,向其收集与本案有关的材料

[释疑]《刑事诉讼法》第97条规定:"人民法院、人民检察院或者公安机关对被采取强制措施法定期限届满的犯罪嫌疑人、被告人,应当予以释放、解除取保候审、监视居住或者依法变更强制措施。犯罪嫌疑人、被告人及其法定代理人、近亲属或者辩护人对于人民法院、人民检察院或者公安机关采取强制措施法定期限届满的,有权要求解除强制措施。"据此,A项正确。《刑事诉讼法》第28条规定:"审判人员、检察人员、侦查人员有下列情形之一的,应当自行回避,当事人及其法定代理人也有权要求他们回避……"《刑事诉讼法》第31条第2款规定:"辩护人、诉讼代理人可以依照本章的规定要求回避、申请复议。"据此,当事人及其法定代理人、辩护人、诉讼代理人都有申请回避权,故B项正确。《刑事诉讼法》第170条规定:"人民

检察院审查案件,应当讯问犯罪嫌疑人,听取辩护人、被害人及其诉讼代理人的意见,并记录在案。辩护人、被害人及其诉讼代理人提出书面意见的,应当附卷。"据此,C 项正确。《刑事诉讼法》第 41 条第 2 款规定:"辩护律师经人民检察院或者人民法院许可,并且经被害人或者其近亲属、被害人提供的证人同意,可以向他们收集与本案有关的材料。"据此,只有辩护律师才有调查取证权,并且,即便是辩护律师向被害人取证也必须先经专门机关同意,再经被害人同意方可。仅有被害人同意是不行的。故 D 项错误。(答案:ABC)

20. 下列关于刑事诉讼中辩护人与诉讼代理人区别的表述,不正确的有:(多选)

A. 介入诉讼的时间不同

B. 可以担任辩护人和诉讼代理人的人员范围不同

C. 是否出席法庭不同

D. 承担的刑事诉讼职能不同

[释疑] 辩护人承担辩护职能,诉讼代理人承担控诉或附带民诉职能。故 D 当选。《刑事诉讼法》规定,辩护人在侦查阶段(第一次讯问或采取强制措施之日起)就可介入;诉讼代理人则在公诉案件中从审查起诉之日起介入,自诉案件随时介入,故 A 项当选。《刑事诉讼法》规定可以担任辩护人和诉讼代理人的人员范围完全相同,出席法庭的时间亦完全相同。故 B、C 项不当选。(答案:BC)

21. 秦某故意伤害一案,可以为其辩护的人有:(多选)

A. 秦某的在公安局任科长的哥哥

B. 秦某的在本市人大常委会任职的朋友

C. 秦某的监护人方某,与本案审理结果有利害关系

D. 秦某的叔叔,外籍华人

[释疑] 《刑诉法解释》第 35 条规定:"……下列人员不得担任辩护人:(一) 正在被执行刑罚或者处于缓刑、假释考验期间的人;(二) 依法被剥夺、限制人身自由的人;(三) 无行为能力或者限制行为能力的人;(四) 人民法院、人民检察院、公安机关、国家安全机关、监狱的现职人员;(五) 人民陪审员;(六) 与本案审理结果有利害关系的人;(七) 外国人或者无国籍人。前款第(四)项至第(七)项规定的人员,如果是被告人的监护人、近亲属,由被告人委托担任辩护人的,可以准许。"秦某的叔叔,外籍华人不属于近亲属,故 A、B、C 当选;不选 D 项。(答案:ABC)

22. 下列人员中不能担任辩护人的有:(多选)

A. 在缓刑考验期间的某甲

B. 因涉嫌盗窃而在取保候审期间的某乙

C. 已取得美国国籍的某丙接受其同胞兄弟的委托作为其辩护人

D. 曾担任法官的某丁从人民法院退休 2 年后以律师身份在原任职法院担任辩护人

[释疑] 已取得美国国籍的某丙是其同胞兄弟的近亲属,故其可担任其同胞兄弟的辩护人。故 C 项正确,A、B、D 项错误。(答案:ABD)

三、提示与预测

本章涉及刑事诉讼中辩护和代理。辩护人的范围、委托辩护、指定辩护、拒绝辩护、刑事代

理都是重要的知识点,本章是重点章。要注意新法关于委托辩护人的时间、辩护人的权利义务、法律援助的新规定。

第七章 刑事证据

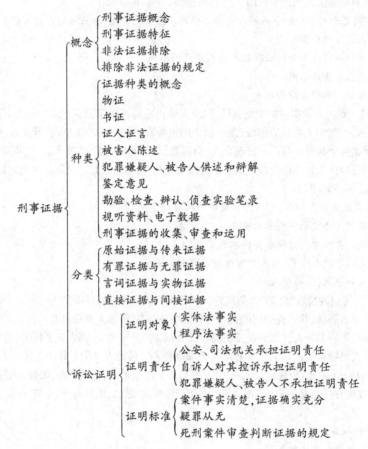

一、精讲

考点 1 刑事证据的概念与特征

（一）刑事证据的概念

刑事诉讼证据是指以法律规定的形式表现出来的能够证明案件真实情况的一切材料。根据《刑事诉讼法》第48条的规定,可以用于证明案件事实的材料,都是证据。证据包括：① 物证；② 书证；③ 证人证言；④ 被害人陈述；⑤ 犯罪嫌疑人、被告人供述和辩解；⑥ 鉴定意见；⑦ 勘验、检查、辨认、侦查实验等笔录；⑧ 视听资料、电子数据。以上证据必须经过查证属实,才能作为定案的根据。《刑诉法解释》第61条规定:"认定案件事实,必须以证据为根据。"《刑事诉讼法》第52条第2款规定:"行政机关在行政执法和查办案件过程中收集的物证、书证、视听资料、电子数据等证据材料,在刑事诉讼中可以作为证据使用。"

特别关注:

(1)行政机关在行政执法和查办案件过程中收集的物证、书证、视听资料、电子数据等证据材料,在刑事诉讼中可以作为证据使用;经法庭查证属实,且收集程序符合有关法律、行政法规规定的,可以作为定案的根据。根据法律、行政法规规定行使国家行政管理职权的组织,在行政执法和查办案件过程中收集的证据材料,视为行政机关收集的证据材料。

(2)行政机关在行政执法和查办案件过程中收集的物证、书证、视听资料、电子数据证据材料,应当以该机关的名义移送,经人民检察院审查符合法定要求的,可以作为证据使用。行政机关在行政执法和查办案件过程中收集的鉴定意见、勘验、检查笔录,经人民检察院审查符合法定要求的,可以作为证据使用。人民检察院办理直接受理立案侦查的案件,对于有关机关在行政执法和查办案件过程中收集的涉案人员供述或者相关人员的证言、陈述,应当重新收集;确有证据证实涉案人员或者相关人员因路途遥远、死亡、失踪或者丧失作证能力,无法重新收集,但供述、证言或者陈述的来源、收集程序合法,并有其他证据相印证,经人民检察院审查符合法定要求的,可以作为证据使用。根据法律、法规赋予的职责查处行政违法、违纪案件的组织属于本条规定的行政机关。

(二)刑事证据的基本特征

证据具有客观性、关联性和合法性三个特征。证据的客观性是指诉讼证据是客观存在的事实,是不以人的意志为转移的。证据的关联性,又称为相关性,是指作为证据的事实与案件事实之间存在某种客观的联系,从而使其对案件事实具有证明作用。正是由于证据的关联性,才使证据具有证明力。证据的合法性,又称证据的法律性,是指证据必须具有法定的形式,由法定的人员依照法定的程序收集、审查和运用。证据的合法性又被称为证据资格、证据能力或可采性。

特别关注:

证据的合法性特征表明:(1)证据必须是依法收集的;(2)证据必须具备合法的形式,具有合法的来源;(3)证据必须经法定程序出示,一切证据必须经过查证属实,才能作为定案的根据。

1.《刑事诉讼法》关于非法证据排除的规定

(1)《刑事诉讼法》第50条中规定,"不得强迫任何人证实自己有罪"。

(2)采用刑讯逼供等非法方法收集的犯罪嫌疑人、被告人供述和采用暴力、威胁等非法方法收集的证人证言、被害人陈述,应当予以排除。收集物证、书证不符合法定程序,可能严重影响司法公正的,应当予以补正或者作出合理解释;不能补正或者作出合理解释的,对该证据应当予以排除。在侦查、审查起诉、审判时发现有应当排除的证据的,应当依法予以排除,不得作为起诉意见、起诉决定和判决的依据。

(3)人民检察院接到报案、控告、举报或者发现侦查人员以非法方法收集证据的,应当进行调查核实。对于确有以非法方法收集证据情形的,应当提出纠正意见;构成犯罪的,依法追究刑事责任。

(4)法庭审理过程中,审判人员认为可能存在《刑事诉讼法》第54条规定的以非法方法收集证据情形的,应当对证据收集的合法性进行法庭调查。当事人及其辩护人、诉讼代理人有权申请人民法院对以非法方法收集的证据依法予以排除。申请排除以非法方法收集的证据的,应当提供相关线索或者材料。

(5) 在对证据收集的合法性进行法庭调查的过程中,人民检察院应当对证据收集的合法性加以证明。现有证据材料不能证明证据收集的合法性的,人民检察院可以提请人民法院通知有关侦查人员或者其他人员出庭说明情况;人民法院可以通知有关侦查人员或者其他人员出庭说明情况。有关侦查人员或者其他人员也可以要求出庭说明情况。经人民法院通知,有关人员应当出庭。

(6) 对于经过法庭审理,确认或者不能排除存在《刑事诉讼法》第54条规定的采用非法方法收集证据情形的,对有关证据应当予以排除。

特别关注:

六部门《规定》第11条规定:法庭经对当事人及其辩护人、诉讼代理人提供的相关线索或者材料进行审查后,认为可能存在《刑事诉讼法》第54条规定的以非法方法收集证据情形的,应当对证据收集的合法性进行法庭调查。法庭调查的顺序由法庭根据案件审理情况确定。

2. 最高人民法院、最高人民检察院、公安部、国家安全部、司法部《关于办理刑事案件严格排除非法证据若干问题的规定》(法发〔2017〕15号)

(1) 一般规定

① 严禁刑讯逼供和以威胁、引诱、欺骗以及其他非法方法收集证据,不得强迫任何人证实自己有罪。对一切案件的判处都要重证据,重调查研究,不轻信口供。

② 采取殴打、违法使用戒具等暴力方法或者变相肉刑的恶劣手段,使犯罪嫌疑人、被告人遭受难以忍受的痛苦而违背意愿作出的供述,应当予以排除。

③ 采用以暴力或者严重损害本人及其近亲属合法权益等进行威胁的方法,使犯罪嫌疑人、被告人遭受难以忍受的痛苦而违背意愿作出的供述,应当予以排除。

④ 采用非法拘禁等非法限制人身自由的方法收集的犯罪嫌疑人、被告人供述,应当予以排除。

⑤ 采用刑讯逼供方法使犯罪嫌疑人、被告人作出供述,之后犯罪嫌疑人、被告人受该刑讯逼供行为影响而作出的与该供述相同的重复性供述,应当一并排除,但下列情形除外:A. 侦查期间,根据告诉、举报或者自己发现等,侦查机关确认或者不能排除以非法方法收集证据而更换侦查人员,其他侦查人员再次讯问时告知诉讼权利和认罪的法律后果,犯罪嫌疑人自愿供述的;B. 审查逮捕、审查起诉和审判期间,检察人员、审判人员讯问时告知诉讼权利和认罪的法律后果,犯罪嫌疑人、被告人自愿供述的。

⑥ 采用暴力、威胁以及非法限制人身自由等非法方法收集的证人证言、被害人陈述,应当予以排除。

⑦ 收集物证、书证不符合法定程序,可能严重影响司法公正的,应当予以补正或者作出合理解释;不能补正或者作出合理解释的,对有关证据应当予以排除。

(2) 侦查

① 侦查机关应当依照法定程序开展侦查,收集、调取能够证实犯罪嫌疑人有罪或者无罪、罪轻或者罪重的证据材料。

② 拘留、逮捕犯罪嫌疑人后,应当按照法律规定送看守所羁押。犯罪嫌疑人被送交看守

所羁押后，讯问应当在看守所讯问室进行。因客观原因侦查机关在看守所讯问室以外的场所进行讯问的，应当作出合理解释。

③ 侦查人员在讯问犯罪嫌疑人的时候，可以对讯问过程进行录音录像；对于可能判处无期徒刑、死刑的案件或者其他重大犯罪案件，应当对讯问过程进行录音录像。

侦查人员应当告知犯罪嫌疑人对讯问过程录音录像，并在讯问笔录中写明。

④ 对讯问过程录音录像，应当不间断进行，保持完整性，不得选择性地录制，不得剪接、删改。

⑤ 侦查人员讯问犯罪嫌疑人，应当依法制作讯问笔录。讯问笔录应当交犯罪嫌疑人核对，对于没有阅读能力的，应当向他宣读。对讯问笔录中有遗漏或者差错等情形，犯罪嫌疑人可以提出补充或者改正。

⑥ 看守所应当对提讯进行登记，写明提讯单位、人员、事由、起止时间以及犯罪嫌疑人姓名等情况。

看守所收押犯罪嫌疑人，应当进行身体检查。检查时，人民检察院驻看守所检察人员可以在场。检查发现犯罪嫌疑人有伤或者身体异常的，看守所应当拍照或者录像，分别由送押人员、犯罪嫌疑人说明原因，并在体检记录中写明，由送押人员、收押人员和犯罪嫌疑人签字确认。

⑦ 犯罪嫌疑人及其辩护人在侦查期间可以向人民检察院申请排除非法证据。对犯罪嫌疑人及其辩护人提供相关线索或者材料的，人民检察院应当调查核实。调查结论应当书面告知犯罪嫌疑人及其辩护人。对确有以非法方法收集证据情形的，人民检察院应当向侦查机关提出纠正意见。

侦查机关对审查认定的非法证据，应当予以排除，不得作为提请批准逮捕、移送审查起诉的根据。

对重大案件，人民检察院驻看守所检察人员应当在侦查终结前询问犯罪嫌疑人，核查是否存在刑讯逼供、非法取证情形，并同步录音录像。经核查，确有刑讯逼供、非法取证情形的，侦查机关应当及时排除非法证据，不得作为提请批准逮捕、移送审查起诉的根据。

⑧ 对侦查终结的案件，侦查机关应当全面审查证明证据收集合法性的证据材料，依法排除非法证据。排除非法证据后，证据不足的，不得移送审查起诉。

侦查机关发现办案人员非法取证的，应当依法作出处理，并可另行指派侦查人员重新调查取证。

（3）审查逮捕、审查起诉

① 审查逮捕、审查起诉期间讯问犯罪嫌疑人，应当告知其有权申请排除非法证据，并告知诉讼权利和认罪的法律后果。

② 审查逮捕、审查起诉期间，犯罪嫌疑人及其辩护人申请排除非法证据，并提供相关线索或者材料的，人民检察院应当调查核实。调查结论应当书面告知犯罪嫌疑人及其辩护人。

人民检察院在审查起诉期间发现侦查人员以刑讯逼供等非法方法收集证据的，应当依法排除相关证据并提出纠正意见，必要时人民检察院可以自行调查取证。

人民检察院对审查认定的非法证据，应当予以排除，不得作为批准或者决定逮捕、提起公诉的根据。被排除的非法证据应当随案移送，并写明为依法排除的非法证据。

③ 人民检察院依法排除非法证据后，证据不足，不符合逮捕、起诉条件的，不得批准或者

决定逮捕、提起公诉。

对于人民检察院排除有关证据导致对涉嫌的重要犯罪事实未予认定,从而作出不批准逮捕、不起诉决定,或者对涉嫌的部分重要犯罪事实决定不起诉的,公安机关、国家安全机关可要求复议、提请复核。

(4) 辩护

① 犯罪嫌疑人、被告人申请提供法律援助的,应当按照有关规定指派法律援助律师。

法律援助值班律师可以为犯罪嫌疑人、被告人提供法律帮助,对刑讯逼供、非法取证情形代理申诉、控告。

② 犯罪嫌疑人、被告人及其辩护人申请排除非法证据,应当提供涉嫌非法取证的人员、时间、地点、方式、内容等相关线索或者材料。

③ 辩护律师自人民检察院对案件审查起诉之日起,可以查阅、摘抄、复制讯问笔录、提讯登记、采取强制措施或者侦查措施的法律文书等证据材料。其他辩护人经人民法院、人民检察院许可,也可以查阅、摘抄、复制上述证据材料。

④ 犯罪嫌疑人、被告人及其辩护人向人民法院、人民检察院申请调取公安机关、国家安全机关、人民检察院收集但未提交的讯问录音录像、体检记录等证据材料,人民法院、人民检察院经审查认为犯罪嫌疑人、被告人及其辩护人申请调取的证据材料与证明证据收集的合法性有联系的,应当予以调取;认为与证明证据收集的合法性没有联系的,应当决定不予调取并向犯罪嫌疑人、被告人及其辩护人说明理由。

(5) 审判

① 人民法院向被告人及其辩护人送达起诉书副本时,应当告知其有权申请排除非法证据。

被告人及其辩护人申请排除非法证据,应当在开庭审理前提出,但在庭审期间发现相关线索或者材料等情形除外。人民法院应当在开庭审理前将申请书和相关线索或者材料的复制件送交人民检察院。

② 被告人及其辩护人在开庭审理前申请排除非法证据,未提供相关线索或者材料,不符合法律规定的申请条件的,人民法院对申请不予受理。

③ 被告人及其辩护人在开庭审理前申请排除非法证据,按照法律规定提供相关线索或者材料的,人民法院应当召开庭前会议。人民检察院应当通过出示有关证据材料等方式,有针对性地对证据收集的合法性作出说明。人民法院可以核实情况,听取意见。

人民检察院可以决定撤回有关证据,撤回的证据,没有新的理由,不得在庭审中出示。

被告人及其辩护人可以撤回排除非法证据的申请。撤回申请后,没有新的线索或者材料,不得再次对有关证据提出排除申请。

④ 公诉人、被告人及其辩护人在庭前会议中对证据收集是否合法未达成一致意见,人民法院对证据收集的合法性有疑问的,应当在庭审中进行调查;人民法院对证据收集的合法性没有疑问,且没有新的线索或者材料表明可能存在非法取证的,可以决定不再进行调查。

⑤ 被告人及其辩护人申请人民法院通知侦查人员或者其他人员出庭,人民法院认为现有证据材料不能证明证据收集的合法性,确有必要通知上述人员出庭作证或者说明情况的,可以通知上述人员出庭。

⑥ 公诉人宣读起诉书后,法庭应当宣布开庭审理前对证据收集合法性的审查及处理

情况。

⑦ 被告人及其辩护人在开庭审理前未申请排除非法证据，在法庭审理过程中提出申请的，应当说明理由。

对前述情形，法庭经审查，对证据收集的合法性有疑问的，应当进行调查；没有疑问的，应当驳回申请。

法庭驳回排除非法证据申请后，被告人及其辩护人没有新的线索或者材料，以相同理由再次提出申请的，法庭不再审查。

⑧ 庭审期间，法庭决定对证据收集的合法性进行调查的，应当先行当庭调查。但为防止庭审过分迟延，也可以在法庭调查结束前进行调查。

⑨ 公诉人对证据收集的合法性加以证明，可以出示讯问笔录、提讯登记、体检记录、采取强制措施或者侦查措施的法律文书、侦查终结前对讯问合法性的核查材料等证据材料，有针对性地播放讯问录音录像，提请法庭通知侦查人员或者其他人员出庭说明情况。

被告人及其辩护人可以出示相关线索或者材料，并申请法庭播放特定时段的讯问录音录像。

侦查人员或者其他人员出庭，应当向法庭说明证据收集过程，并就相关情况接受发问。对发问方式不当或者内容与证据收集的合法性无关的，法庭应当制止。

公诉人、被告人及其辩护人可以对证据收集的合法性进行质证、辩论。

⑩ 法庭对控辩双方提供的证据有疑问的，可以宣布休庭，对证据进行调查核实。必要时，可以通知公诉人、辩护人到场。

⑪ 法庭对证据收集的合法性进行调查后，应当当庭作出是否排除有关证据的决定。必要时，可以宣布休庭，由合议庭评议或者提交审判委员会讨论，再次开庭时宣布决定。

在法庭作出是否排除有关证据的决定前，不得对有关证据宣读、质证。

⑫ 经法庭审理，确认存在本规定所规定的以非法方法收集证据情形的，对有关证据应当予以排除。法庭根据相关线索或者材料对证据收集的合法性有疑问，而人民检察院未提供证据或者提供的证据不能证明证据收集的合法性，不能排除存在本规定所规定的以非法方法收集证据情形的，对有关证据应当予以排除。

对依法予以排除的证据，不得宣读、质证，不得作为判决的根据。

⑬ 人民法院排除非法证据后，案件事实清楚，证据确实、充分，依据法律认定被告人有罪的，应当作出有罪判决；证据不足，不能认定被告人有罪的，应当作出证据不足、指控的犯罪不能成立的无罪判决；案件部分事实清楚，证据确实、充分的，依法认定该部分事实。

⑭ 人民法院对证据收集合法性的审查、调查结论，应当在裁判文书中写明，并说明理由。

⑮ 人民法院对证人证言、被害人陈述等证据收集合法性的审查、调查，参照上述规定。

⑯ 人民检察院、被告人及其法定代理人提出抗诉、上诉，对第一审人民法院有关证据收集合法性的审查、调查结论提出异议的，第二审人民法院应当审查。

被告人及其辩护人在第一审程序中未申请排除非法证据，在第二审程序中提出申请的，应当说明理由。第二审人民法院应当审查。

人民检察院在第一审程序中未出示证据证明证据收集的合法性，第一审人民法院依法排除有关证据的，人民检察院在第二审程序中不得出示之前未出示的证据，但在第一审程序后发现的除外。

⑰ 第二审人民法院对证据收集合法性的调查,参照上述第一审程序的规定。

⑱ 第一审人民法院对被告人及其辩护人排除非法证据的申请未予审查,并以有关证据作为定案根据,可能影响公正审判的,第二审人民法院可以裁定撤销原判,发回原审人民法院重新审判。

第一审人民法院对依法应当排除的非法证据未予排除的,第二审人民法院可以依法排除非法证据。排除非法证据后,原判决认定事实和适用法律正确、量刑适当的,应当裁定驳回上诉或者抗诉,维持原判;原判决认定事实没有错误,但适用法律有错误,或者量刑不当的,应当改判;原判决事实不清楚或者证据不足的,可以裁定撤销原判,发回原审人民法院重新审判。

⑲ 审判监督程序、死刑复核程序中对证据收集合法性的审查、调查,参照上述规定。

⑳ 本规定自2017年6月27日起施行。

3.《刑事诉讼规则(试行)》关于非法证据排除的规定

(1) 对采用刑讯逼供等非法方法收集的犯罪嫌疑人供述和采用暴力、威胁等非法方法收集的证人证言、被害人陈述,应当依法排除,不得作为报请逮捕、批准或者决定逮捕、移送审查起诉以及提起公诉的依据。刑讯逼供是指使用肉刑或者变相使用肉刑,使犯罪嫌疑人在肉体或者精神上遭受剧烈疼痛或者痛苦以逼取供述的行为。其他非法方法是指违法程度和对犯罪嫌疑人的强迫程度与刑讯逼供或者暴力、威胁相当而迫使其违背意愿供述的方法。

(2) 收集物证、书证不符合法定程序,可能严重影响司法公正的,人民检察院应当及时要求侦查机关补正或者作出书面解释;不能补正或者无法作出合理解释的,对该证据应当予以排除。对侦查机关的补正或者解释,人民检察院应当予以审查。经侦查机关补正或者作出合理解释的,可以作为批准或者决定逮捕、提起公诉的依据。可能严重影响司法公正是指收集物证、书证不符合法定程序的行为明显违法或者情节严重,可能对司法机关办理案件的公正性造成严重损害;补正是指对取证程序上的非实质性瑕疵进行补救;合理解释是指对取证程序的瑕疵作出符合常理及逻辑的解释。

(3) 人民检察院经审查发现存在《刑事诉讼法》第54条规定的非法取证行为,依法对该证据予以排除后,其他证据不能证明犯罪嫌疑人实施犯罪行为的,应当不批准或者决定逮捕,已经移送审查起诉的,可以将案件退回侦查机关补充侦查或者作出不起诉决定。

(4) 在侦查、审查和审判阶段,人民检察院发现侦查人员以非法方法收集证据的,应当报经检察长批准,及时进行调查核实。当事人及其辩护人、诉讼代理人报案、控告、举报侦查人员采用刑讯逼供等非法方法收集证据并提供涉嫌非法取证的人员、时间、地点、方式和内容等材料或者线索的,人民检察院应当受理并进行审查,对于根据现有材料无法证明证据收集合法性的,应当报经检察长批准,及时进行调查核实。上一级人民检察院接到对侦查人员采用刑讯逼供等非法方法收集证据的报案、控告、举报的,可以直接进行调查核实,也可以交由下级人民检察院调查核实。交由下级人民检察院调查核实的,下级人民检察院应当及时将调查结果报告上一级人民检察院。人民检察院决定调查核实的,应当及时通知办案机关。

(5) 对于非法证据的调查核实,在侦查阶段由侦查监督部门负责;在审查起诉、审判阶段由公诉部门负责。必要时,渎职侵权检察部门可以派员参加。

(6) 人民检察院可以采取以下方式对非法取证行为进行调查核实:① 讯问犯罪嫌疑人;② 询问办案人员;③ 询问在场人员及证人;④ 听取辩护律师意见;⑤ 调取讯问笔录、讯问录音、录像;⑥ 调取、查询犯罪嫌疑人出入看守所的身体检查记录及相关材料;⑦ 进行伤情、病情检查或者鉴定;⑧其他调查核实方式。

(7) 人民检察院调查完毕后,应当制作调查报告,根据查明的情况提出处理意见,报请检察长决定后依法处理。办案人员在审查逮捕、审查起诉中经调查核实依法排除非法证据的,应当在调查报告中予以说明。被排除的非法证据应当随案移送。对于确有以非法方法收集证据情形,尚未构成犯罪的,应当依法向被调查人所在机关提出纠正意见。对于需要补正或者作出合理解释的,应当提出明确要求。经审查,认为非法取证行为构成犯罪需要追究刑事责任的,应当依法移送立案侦查。

(8) 人民检察院认为存在以非法方法收集证据情形的,可以书面要求侦查机关对证据收集的合法性进行说明。说明应当加盖单位公章,并由侦查人员签名。

(9) 对于公安机关立案侦查的案件,存在下列情形之一的,人民检察院在审查逮捕、审查起诉和审判阶段,可以调取公安机关讯问犯罪嫌疑人的录音、录像,对证据收集的合法性以及犯罪嫌疑人、被告人供述的真实性进行审查:① 认为讯问活动可能存在刑讯逼供等非法取证行为的;② 犯罪嫌疑人、被告人或者辩护人提出犯罪嫌疑人、被告人供述系非法取得,并提供相关线索或者材料的;③ 犯罪嫌疑人、被告人对讯问活动合法性提出异议或者翻供,并提供相关线索或者材料的;④ 案情重大、疑难、复杂的。人民检察院直接受理立案侦查的案件,侦查部门移送审查逮捕、审查起诉时,应当将讯问录音、录像连同案卷材料一并移送审查。

(10) 对于提起公诉的案件,被告人及其辩护人提出审前供述系非法取得,并提供相关线索或者材料的,人民检察院可以将讯问录音、录像连同案卷材料一并移送人民法院。

(11) 在法庭审理过程中,被告人或者辩护人对讯问活动合法性提出异议,公诉人可以要求被告人及其辩护人提供相关线索或者材料。必要时,公诉人可以提请法庭当庭播放相关时段的讯问录音、录像,对有关异议或者事实进行质证。需要播放的讯问录音、录像中涉及国家秘密、商业秘密、个人隐私或者含有其他不宜公开的内容的,公诉人应当建议在法庭组成人员、公诉人、侦查人员、被告人及其辩护人范围内播放。因涉及国家秘密、商业秘密、个人隐私或者其他犯罪线索等内容,人民检察院对讯问录音、录像的相关内容作技术处理的,公诉人应当向法庭作出说明。

(12) 人民检察院在开庭审理前收到人民法院或者被告人及其辩护人、被害人、证人等送交的反映证据系非法取得的书面材料的,应当进行审查。对于审查逮捕、审查起诉期间已经提出并经查证不存在非法取证行为的,应当通知人民法院、有关当事人和辩护人,并按照查证的情况做好庭审准备。对于新的材料或者线索,可以要求侦查机关对证据收集的合法性进行说明或者提供相关证明材料,必要时可以自行调查核实。

(13) 在法庭审理过程中,被告人及其辩护人提出被告人庭前供述系非法取得,审判人员认为需要进行法庭调查的,公诉人可以根据讯问笔录、羁押记录、出入看守所的健康检查记录、看守管教人员的谈话记录以及侦查机关对讯问过程合法性的说明等,对庭前讯问被告人的合法性进行证明,可以要求法庭播放讯问录音、录像,必要时可以申请法庭通知侦查人员或者其他人员出庭说明情况。审判人员认为可能存在《刑事诉讼法》第54条规定的采用非法方法收集其他证据的情形,需要进行法庭调查的,公诉人可以参照前款规定对证据收集的合法性进行证明。公诉人不能当庭证明证据收集的合法性,需要调查核实的,可以建议法庭休庭或者延期审理。在法庭审理期间,人民检察院可以要求侦查机关对证据收集的合法性进行说明或者提供相关证明材料,必要时可以自行调查核实。

（14）公诉人对证据收集的合法性进行证明后，法庭仍有疑问的，可以建议法庭休庭，由人民法院对相关证据进行调查核实。人民法院调查核实证据，通知人民检察院派员到场的，人民检察院可以派员到场。

（15）在法庭审理过程中，对证据合法性以外的其他程序事实存在争议的，公诉人应当出示、宣读有关诉讼文书、侦查或者审查起诉活动笔录。

（16）对于搜查、查封、扣押、冻结、勘验、检查、辨认、侦查实验等侦查活动中形成的笔录存在争议，需要负责侦查的人员以及搜查、查封、扣押、冻结、勘验、检查、辨认、侦查实验等活动的见证人出庭陈述有关情况的，公诉人可以建议合议庭通知其出庭。

4.《刑诉法解释》关于非法证据排除的规定

（1）使用肉刑或者变相肉刑，或者采用其他使被告人在肉体上或者精神上遭受剧烈疼痛或者痛苦的方法，迫使被告人违背意愿供述的，应当认定为《刑事诉讼法》第54条规定的"刑讯逼供等非法方法"。认定《刑事诉讼法》第54条规定的"可能严重影响司法公正"，应当综合考虑收集物证、书证违反法定程序以及所造成后果的严重程度等情况。

（2）当事人及其辩护人、诉讼代理人申请人民法院排除以非法方法收集的证据的，应当提供涉嫌非法取证的人员、时间、地点、方式、内容等相关线索或者材料。

（3）人民法院向被告人及其辩护人送达起诉书副本时，应当告知其申请排除非法证据的，应当在开庭审理前提出，但在庭审期间才发现相关线索或者材料的除外。

（4）开庭审理前，当事人及其辩护人、诉讼代理人申请人民法院排除非法证据的，人民法院应当在开庭前及时将申请书或者申请笔录及相关线索、材料的复制件送交人民检察院。

（5）开庭审理前，当事人及其辩护人、诉讼代理人申请排除非法证据，人民法院经审查，对证据收集的合法性有疑问的，应当依照《刑事诉讼法》第182条第2款的规定召开庭前会议，就非法证据排除等问题了解情况，听取意见。人民检察院可以通过出示有关证据材料等方式，对证据收集的合法性加以说明。

（6）法庭审理过程中，当事人及其辩护人、诉讼代理人申请排除非法证据的，法庭应当进行审查。经审查，对证据收集的合法性有疑问的，应当进行调查；没有疑问的，应当当庭说明情况和理由，继续法庭审理。当事人及其辩护人、诉讼代理人以相同理由再次申请排除非法证据的，法庭不再进行审查。对证据收集合法性的调查，根据具体情况，可以在当事人及其辩护人、诉讼代理人提出排除非法证据的申请后进行，也可以在法庭调查结束前一并进行。法庭审理过程中，当事人及其辩护人、诉讼代理人申请排除非法证据，人民法院经审查，不符合《刑诉法解释》第97条规定的，应当在法庭调查结束前一并进行审查，并决定是否进行证据收集合法性的调查。

（7）法庭决定对证据收集的合法性进行调查的，可以由公诉人通过出示、宣读讯问笔录或者其他证据，有针对性地播放讯问过程的录音录像，提请法庭通知有关侦查人员或者其他人员出庭说明情况等方式，证明证据收集的合法性。公诉人提交的取证过程合法的说明材料，应当经有关侦查人员签名，并加盖公章。未经有关侦查人员签名的，不得作为证据使用。上述说明材料不能单独作为证明取证过程合法的根据。

（8）经审理，确认或者不能排除存在《刑事诉讼法》第54条规定的采用非法方法收集证据情形的，对有关证据应当排除。人民法院对证据收集的合法性进行调查后，应当将调查结论告知公诉人、当事人和辩护人、诉讼代理人。

（9）具有下列情形之一的，第二审人民法院应当对证据收集的合法性进行审查，并根据《刑事诉讼法》和《刑诉法解释》的有关规定作出处理：① 第一审人民法院对当事人及其辩护人、诉讼代理人排除非法证据的申请没有审查，且以该证据作为定案根据的；② 人民检察院或者被告人、自诉人及其法定代理人不服第一审人民法院作出的有关证据收集合法性的调查结论，提出抗诉、上诉的；③ 当事人及其辩护人、诉讼代理人在第一审结束后才发现相关线索或者材料，申请人民法院排除非法证据的。最高人民法院2013年10月9日发布的《关于建立健全防范刑事冤假错案工作机制的意见》中第8条规定："采用刑讯逼供或者冻、饿、晒、烤、疲劳审讯等非法方法收集的被告人供述，应当排除。除情况紧急必须现场讯问以外，在规定的办案场所外讯问取得的供述，未依法对讯问进行全程录音录像取得的供述，以及不能排除以非法方法取得的供述，应当排除。"

特别关注：
刑事证据制度的基本原则
刑事证据制度的基本原则包括证据裁判原则、自由心证原则和直接言词原则。直接言词原则见第十四章"刑事审判概述"。

（一）证据裁判原则
证据裁判原则，又称证据裁判主义、证据为本原则，是指对案件事实的认定，必须有相应的证据予以证明。没有证据或者证据不充分，不能认定案件事实。证据裁判原则包括以下含义：1. 认定案件事实必须依靠证据；2. 认定案件事实的证据必须具有证据能力；3. 用于定案的证据必须在法庭上查证属实，除非法律另有规定。

（二）自由心证原则
自由心证原则是指证据的取舍、证据的证明力大小以及对案件事实的认定规则等，法律不预先加以明确规定，而由裁判主体按照自己的良心、理性形成内心确信，以此作为对案件事实认定的一项证据原则。在刑事诉讼中，作为最终定案根据的证据一般要经历证据的发现、收集以及对证据的质证、认证等过程，自由心证原则并非适用于所有这些和证据有关的过程，而只适用于最终裁判阶段。自由心证包含两方面内容：一是自由判断，二是内心确信。所谓"自由判断"，是指除法律另有规定以外，证据及其证明力由法官自由判断，法律不作预先规定。但是，"自由"是相对自由，要受整个法律体系中的一系列法律制度和规定的制约，法官应当在使用各种证据规则并慎重考虑庭审证据调查与辩论的全部过程的基础上，依据自由心证对案件事实作出判断。所谓"内心确信"，是指法官通过对证据的判断所形成的内心信念，并且应当达到深信不疑的程度，由此判定事实。"内心确信"禁止法官根据似是而非、尚有疑虑的主观感受判定事实。

考点 2　刑事证据的种类

证据的种类，是指表现证据事实内容的各种外部形式，具有法律约束力。

（一）物证
物证，指以其物质属性、外部特征、存在状况等来证明案件真实情况的一切物品和痕迹。

（二）书证
书证，指以其记载的内容和反映的思想来证明案件真实情况的书面材料或其他物质材料。如果一个证据同时具备两种证明方式，既是书证又是物证，理论上称为物证书证同体。例如，在犯罪现场收集到一封书信,内容与被害人死亡原因有关,如果用该书信的内容证明被害人的死亡原因,则属于书证;同时,又需要判明该书信是否为被害人所写,需要作笔迹鉴定,从痕迹的角度看,该书信又是物证。

特别关注:

《刑诉法解释》关于物证、书证的审查与认定的规定:

(1)对物证、书证应当着重审查以下内容:① 物证、书证是否为原物、原件,是否经过辨认、鉴定;物证的照片、录像、复制品或者书证的副本、复制件是否与原物、原件相符,是否由二人以上制作,有无制作人关于制作过程以及原物、原件存放于何处的文字说明和签名。② 物证、书证的收集程序、方式是否符合法律、有关规定;经勘验、检查、搜查提取、扣押的物证、书证,是否附有相关笔录、清单,笔录、清单是否经侦查人员、物品持有人、见证人签名,没有物品持有人签名的,是否注明原因;物品的名称、特征、数量、质量等是否注明清楚。③ 物证、书证在收集、保管、鉴定过程中是否受损或者改变。④ 物证、书证与案件事实有无关联;对现场遗留与犯罪有关的具备鉴定条件的血迹、体液、毛发、指纹等生物样本、痕迹、物品,是否已作DNA鉴定、指纹鉴定等,并与被告人或者被害人的相应生物检材、生物特征、物品等比对。⑤ 与案件事实有关联的物证、书证是否全面收集。

(2)据以定案的物证应当是原物。原物不便搬运,不易保存,依法应当由有关部门保管、处理,或者依法应当返还的,可以拍摄、制作足以反映原物外形和特征的照片、录像、复制品。物证的照片、录像、复制品,不能反映原物的外形和特征的,不得作为定案的根据。物证的照片、录像、复制品,经与原物核对无误、经鉴定为真实或者以其他方式确认为真实的,可以作为定案的根据。

(3)据以定案的书证应当是原件。取得原件确有困难的,可以使用副本、复制件。书证有更改或者更改迹象不能作出合理解释,或者书证的副本、复制件不能反映原件及其内容的,不得作为定案的根据。书证的副本、复制件,经与原件核对无误、经鉴定为真实或者以其他方式确认为真实的,可以作为定案的根据。

(4)对与案件事实可能有关联的血迹、体液、毛发、人体组织、指纹、足迹、字迹等生物样本、痕迹和物品,应当提取而没有提取,应当检验而没有检验,导致案件事实存疑的,人民法院应当向人民检察院说明情况,由人民检察院依法补充收集、调取证据或者作出合理说明。

(5)在勘验、检查、搜查过程中提取、扣押的物证、书证,未附笔录或者清单,不能证明物证、书证来源的,不得作为定案的根据。物证、书证的收集程序、方式有下列瑕疵,经补正或者作出合理解释的,可以采用:① 勘验、检查、搜查、提取笔录或者扣押清单上没有侦查人员、物品持有人、见证人签名,或者对物品的名称、特征、数量、质量等注明不详的;② 物证的照片、录像、复制品,书证的副本、复制件未注明与原件核对无异,无复制时间,或者无被收集、调取人签名、盖章的;③ 物证的照片、录像、复制品,书证的副本、复制件没有制作人关于制作过程和原物、原件存放地点的说明,或者说明中无签名的;④ 有其他瑕疵的。对物证、书证的来源、收集程序有疑问,不能作出合理解释的,该物证、书证不得作为定案的根据。

(三)证人证言

证人证言,是指证人就其所了解的案件情况向公安司法机关所作的陈述。证人证言一般以证人证言笔录加以固定;经办案人员同意由证人亲笔书写的书面证词,也是证人证言。

1. 《刑事诉讼法》的相关规定

（1）《刑事诉讼法》第59条规定："证人证言必须在法庭上经过公诉人、被害人和被告人、辩护人双方质证并且查实以后，才能作为定案的根据。法庭查明证人有意作伪证或者隐匿罪证的时候，应当依法处理。"

（2）《刑事诉讼法》第60条规定："凡是知道案件情况的人，都有作证的义务。生理上、精神上有缺陷或者年幼，不能辨别是非、不能正确表达的人，不能作证人。"

（3）《刑事诉讼法》第62条规定："对于危害国家安全犯罪、恐怖活动犯罪、黑社会性质的组织犯罪、毒品犯罪等案件，证人、鉴定人、被害人因在诉讼中作证，本人或者其近亲属的人身安全面临危险的，人民法院、人民检察院和公安机关应当采取以下一项或者多项保护措施：① 不公开真实姓名、住址和工作单位等个人信息；② 采取不暴露外貌、真实声音等出庭作证措施；③ 禁止特定的人员接触证人、鉴定人、被害人及其近亲属；④ 对人身和住宅采取专门性保护措施；⑤ 其他必要的保护措施。证人、鉴定人、被害人认为因在诉讼中作证，本人或者其近亲属的人身安全面临危险的，可以向人民法院、人民检察院、公安机关请求予以保护。人民法院、人民检察院、公安机关依法采取保护措施，有关单位和个人应当配合。"

（4）《刑事诉讼法》第63条规定："证人因履行作证义务而支出的交通、住宿、就餐等费用，应当给予补助。证人作证的补助列入司法机关业务经费，由同级政府财政予以保障。有工作单位的证人作证，所在单位不得克扣或者变相克扣其工资、奖金及其他福利待遇。"

（5）六部门《规定》第12条规定：人民法院、人民检察院和公安机关依法决定不公开证人、鉴定人、被害人的真实姓名、住址和工作单位等个人信息的，可以在判决书、裁定书、起诉书、询问笔录等法律文书、证据材料中使用化名等代替证人、鉴定人、被害人的个人信息。但是，应当书面说明使用化名的情况并标明密级，单独成卷。辩护律师经法庭许可，查阅对证人、鉴定人、被害人使用化名情况的，应当签署保密承诺书。

特别关注：

《刑事诉讼规则（试行）》规定：对于危害国家安全犯罪、恐怖活动犯罪、黑社会性质的组织犯罪、毒品犯罪等案件，人民检察院在办理案件过程中，证人、鉴定人、被害人因在诉讼中作证，本人或者其近亲属人身安全面临危险，向人民检察院请求保护的，人民检察院应当受理并及时进行审查，对于确实存在人身安全危险的，应当立即采取必要的保护措施。人民检察院发现存在上述情形的，可以主动采取保护措施。人民检察院可以采取以下一项或者多项保护措施：① 不公开真实姓名、住址和工作单位等个人信息；② 建议法庭采取不暴露外貌、真实声音等出庭作证措施；③ 禁止特定的人员接触证人、鉴定人、被害人及其近亲属；④ 对人身和住宅采取专门性保护措施；⑤ 其他必要的保护措施。人民检察院依法决定不公开证人、鉴定人、被害人的真实姓名、住址和工作单位等个人信息的，可以在起诉书、询问笔录等法律文书、证据材料中使用化名代替证人、鉴定人、被害人的个人信息。但是应当另行书面说明使用化名的情况并标明密级。人民检察院依法采取保护措施，可以要求有关单位和个人予以配合。对证人及其近亲属进行威胁、侮辱、殴打或者打击报复，构成犯罪或者应当给予治安管理处罚的，人民检察院应当移送公安机关处理；情节轻微的，予以批评教育、训诫。证人在人民检察院侦查、审查起诉阶段因履行作证义务而支出的交通、住宿、就餐等费用，人民检察院应当给予补助。还需要注意：

（1）单位不能作证人，因为单位本身没有感觉和知觉，不能感知案件情况，也无法承担作伪证的责任。

(2) 证人作证的两个基本规则：一是证人的不可替代性规则；二是证人作证优先规则，即证人的身份与本案当事人以外的其他诉讼参与人的身份发生矛盾时，应当优先作为证人。

(3) 证人与见证人不同。见证人的证明行为并不针对案件事实。《刑诉法解释》第67条规定："下列人员不得担任刑事诉讼活动的见证人：（一）生理上、精神上有缺陷或者年幼，不具有相应辨别能力或者不能正确表达的人；（二）与案件有利害关系，可能影响案件公正处理的人；（三）行使勘验、检查、搜查、扣押等刑事诉讼职权的公安、司法机关的工作人员或者其聘用的人员。由于客观原因无法由符合条件的人员担任见证人的，应当在笔录材料中注明情况，并对相关活动进行录像。"

2.《刑诉法解释》关于证人证言的审查与认定的相关规定

(1) 对证人证言应当着重审查以下内容：① 证言的内容是否为证人直接感知；② 证人作证时的年龄，认知、记忆和表达能力，生理和精神状态是否影响作证；③ 证人与案件当事人、案件处理结果有无利害关系；④ 询问证人是否个别进行；⑤ 询问笔录的制作、修改是否符合法律、有关规定，是否注明询问的起止时间和地点，首次询问时是否告知证人有关作证的权利义务和法律责任，证人对询问笔录是否核对确认；⑥ 询问未成年证人时，是否通知其法定代理人或者有关人员到场，其法定代理人或者有关人员是否到场；⑦ 证人证言有无以暴力、威胁等非法方法收集的情形；⑧ 证言之间以及与其他证据之间能否相互印证，有无矛盾。

(2) 处于明显醉酒、中毒或者麻醉等状态，不能正常感知或者正确表达的证人所提供的证言，不得作为证据使用。证人的猜测性、评论性、推断性的证言，不得作为证据使用，但根据一般生活经验判断符合事实的除外。

(3) 证人证言具有下列情形之一的，不得作为定案的根据：① 询问证人没有个别进行的；② 书面证言没有经证人核对确认的；③ 询问聋、哑人，应当提供通晓聋、哑手势的人员而未提供；④ 询问不通晓当地通用语言、文字的证人，应当提供翻译人员而未提供的。

(4) 证人证言的收集程序、方式有下列瑕疵，经补正或者作出合理解释的，可以采用；不能补正或者作出合理解释的，不得作为定案的根据：① 询问笔录没有填写询问人、记录人、法定代理人姓名以及询问的起止时间、地点的；② 询问地点不符合规定的；③ 询问笔录没有记录告知证人有关作证的权利义务和法律责任的；④ 询问笔录反映出在同一时段，同一询问人员询问不同证人的。

(5) 证人当庭作出的证言，经控辩双方质证、法庭查看属实的，应当作为定案的根据。证人当庭作出的证言与其庭前证言矛盾，证人能够作出合理解释，并有相关证据印证的，应当采信其庭审证言；不能作出合理解释，而其庭前证言有相关证据印证的，可以采信其庭前证言。经人民法院通知，证人没有正当理由拒绝出庭或者出庭后拒绝作证，法庭对其证言的真实性无法确认的，该证人证言不得作为定案的根据。

（四）被害人陈述

被害人陈述，是指刑事被害人就其受害情况和其他与案件有关的情况向公安司法机关所作的陈述。自诉人和附带民事诉讼的原告人如果是被害人，他们的陈述也是被害人陈述。对被害人陈述的审查与认定，参照前述关于证人证言的审查与认定的有关规定。

（五）犯罪嫌疑人、被告人供述和辩解

犯罪嫌疑人、被告人供述和辩解，是指犯罪嫌疑人、被告人就有关案件的情况向侦查、检察和审判人员所作的陈述，通常也称为"口供"。内容主要包括承认自己有罪的供述和说明自己无罪、罪轻的辩解。犯罪嫌疑人、被告人供述和辩解应当是口头陈述,以笔录的形式加以固定。经犯罪嫌疑人、被告人的请求或办案人员的要求,也可以由犯罪嫌疑人、被告人亲笔书写供词。严禁刑讯逼供或以欺骗、引诱等方法套取口供。

1.《刑事诉讼法》的相关规定

《刑事诉讼法》第53条第1款规定:对一切案件的判处都要重证据,重调查研究,不轻信口供。只有被告人供述,没有其他证据的,不能认定被告人有罪和处以刑罚;没有被告人供述,证据确实、充分的,可以认定被告人有罪和处以刑罚。注意:共犯相互之间就共同犯罪的情况相互举发与个人的罪责相关,属于犯罪嫌疑人、被告人供述和辩解;而单个犯罪嫌疑人、被告人对他人犯罪事实的检举,或同案犯罪嫌疑人、被告人对非共同犯罪事实的检举,属于证人证言。

2.《刑诉法解释》关于被告人供述和辩解的审查与认定的规定

(1)对被告人供述和辩解应当着重审查以下内容:① 讯问的时间、地点,讯问人的身份、人数以及讯问方式等是否符合法律、有关规定;② 讯问笔录的制作、修改是否符合法律、有关规定,是否注明讯问的具体起止时间和地点,首次讯问时是否告知被告人相关权利和法律规定,被告人是否核对确认;③ 讯问未成年被告人时,是否通知其法定代理人或者有关人员到场,其法定代理人或者有关人员是否到场;④ 被告人的供述有无以刑讯逼供等非法方法收集的情形;⑤ 被告人的供述是否前后一致,有无反复以及出现反复的原因;被告人的所有供述和辩解是否均已随案移送;⑥ 被告人的辩解内容是否符合案情和常理,有无矛盾;⑦ 被告人的供述和辩解与同案被告人的供述和辩解以及其他证据能否相互印证,有无矛盾。必要时,可以调取讯问过程的录音录像、被告人进出看守所的健康检查记录、笔录,并结合录音录像、记录、笔录对上述内容进行审查。

(2)被告人供述具有下列情形之一的,不得作为定案的根据:① 讯问笔录没有经被告人核对确认的;② 讯问聋、哑人,应当提供通晓聋、哑手势的人员而未提供的;③ 讯问不通晓当地通用语言、文字的被告人,应当提供翻译人员而未提供的。

(3)讯问笔录有下列瑕疵,经补正或者作出合理解释的,可以采用;不能补正或者作出合理解释的,不得作为定案的根据:① 讯问笔录填写的讯问时间、讯问人、记录人、法定代理人等有误或者存在矛盾的;② 讯问人没有签名的;③ 首次讯问笔录没有记录告知被讯问人相关权利和法律规定的。

(4)审查被告人供述和辩解,应当结合控辩双方提供的所有证据以及被告人的全部供述和辩解进行。被告人庭审中翻供,但不能合理说明翻供原因或者其辩解与全案证据矛盾,而其庭前供述与其他证据相互印证的,可以采信其庭前供述。被告人庭前供述和辩解存在反复,但庭审中供认,且与其他证据相互印证的,可以采信其庭审供述;被告人庭前供述和辩解存在反复,庭审中不供认,且无其他证据与庭前供述印证的,不得采信其庭前供述。

(六)鉴定意见

1.《刑事诉讼法》的相关规定

鉴定意见,是指受公安司法机关指派或聘请的鉴定人,对案件中的专门性问题进行鉴定后所作出的书面意见。鉴定人有法定的回避理由,应当回避。鉴定意见与医疗单位的诊断证明在产生的程序上有原则的区别。用作证据的鉴定意见应当告知当事人,当事人有权提出重新鉴定和补充鉴定的要求。鉴定意见必须当庭宣读,鉴定人应当出庭,对鉴定过程和内容、结论作出说明,接受质证。

2.《刑诉法解释》关于鉴定意见的审查与认定的规定

(1) 对鉴定意见应当着重审查以下内容：① 鉴定机构和鉴定人是否具有法定资质；② 鉴定人是否存在应当回避的情形；③ 检材的来源、取得、保管、送检是否符合法律、有关规定，与相关提取笔录、扣押物品清单等记载的内容是否相符，检材是否充足、可靠；④ 鉴定意见的形式要件是否完备，是否注明提起鉴定的事由、鉴定委托人、鉴定机构、鉴定要求、鉴定过程、鉴定方法、鉴定日期等相关内容，是否由鉴定机构加盖司法鉴定专用章并由鉴定人签名、盖章；⑤ 鉴定程序是否符合法律、有关规定；⑥ 鉴定的过程和方法是否符合相关专业的规范要求；⑦ 鉴定意见是否明确；⑧ 鉴定意见与案件待证事实有无关联；⑨ 鉴定意见与勘验、检查笔录及相关照片等其他证据是否矛盾；⑩ 鉴定意见是否依法及时告知相关人员，当事人对鉴定意见有无异议。

(2) 鉴定意见具有下列情形之一的，不得作为定案的根据：① 鉴定机构不具备法定资质，或者鉴定事项超出该鉴定机构业务范围、技术条件的；② 鉴定人不具备法定资质，不具有相关专业技术或者职称，或者违反回避规定的；③ 送检材料、样本来源不明，或者因污染不具备鉴定条件的；④ 鉴定对象与送检材料、样本不一致的；⑤ 鉴定程序违反规定的；⑥ 鉴定过程和方法不符合相关专业的规范要求的；⑦ 鉴定文书缺少签名、盖章的；⑧ 鉴定意见与案件待证事实没有关联的；⑨ 违反有关规定的其他情形。

(3) 经人民法院通知，鉴定人拒不出庭作证的，鉴定意见不得作为定案的根据。鉴定人由于不能抗拒的原因或者有其他正当理由无法出庭的，人民法院可以根据情况决定延期审理或者重新鉴定。对没有正当理由拒不出庭作证的鉴定人，人民法院应当通报司法行政机关或者有关部门。

(4) 对案件中的专门性问题需要鉴定，但没有法定司法鉴定机构，或者法律、司法解释规定可以进行检验的，可以指派、聘请有专门知识的人进行检验，检验报告可以作为定罪量刑的参考。对检验报告的审查与认定，参照适用对鉴定意见的有关规定。经人民法院通知，检验人拒不出庭作证的，检验报告不得作为定罪量刑的参考。

(七) 勘验、检查、辨认、侦查实验笔录

1. 勘验、检查、辨认、侦查实验笔录的概念

(1) 勘验笔录，是指办案人员对于与犯罪有关的场所、物品、痕迹、尸体等勘查、检验中所作的记载，包括文字记录、绘图、照相、录像、模型等材料。勘验笔录可以分为现场勘验笔录、物证检验笔录、尸体检验笔录、侦查实验笔录等。

(2) 检查笔录，是指办案人员为确定被害人、犯罪嫌疑人、被告人的某些特征、伤害情况或生理状态，而对他们的人身进行检验和观察后所作的客观记载。检查笔录以文字记载为主，也可以采取拍照等其他有利于准确、客观记录的方法。

(3) 辨认笔录，是指办案人员为确定犯罪嫌疑人、被告人或者与犯罪相关的物品，要求相关人员进行辨认后所作的客观记载。

(4) 侦查实验笔录，是指侦查机关在侦查过程中，采用模拟和重演的方法，验证在某种条件下案件事实能否发生和怎样发生，以及发生何种结果时所作的客观记载。

特别关注：

勘验、检查、辨认、侦查实验笔录由办案人员制作，鉴定意见则由办案机关指派或聘请的鉴定人制作；勘验、检查、辨认、侦查实验笔录是对所见情况的客观记载，鉴定意见的主要内容是

科学的分析判断意见;勘验、检查、辨认、侦查实验笔录大多是解决一般性问题,鉴定意见则是解决案件中的专门性问题。

2.《刑诉法解释》关于勘验、检查、辨认、侦查实验等笔录的审查与认定的规定

（1）对勘验、检查笔录应当着重审查以下内容：① 勘验、检查是否依法进行,笔录的制作是否符合法律、有关规定,勘验、检查人员和见证人是否签名或者盖章；② 勘验、检查笔录是否记录了提起勘验、检查的事由,勘验、检查的时间、地点,在场人员、现场方位、周围环境等,现场的物品、人身、尸体等的位置、特征等情况,以及勘验、检查、搜查的过程；文字记录与实物或者绘图、照片、录像是否相符；现场、物品、痕迹等是否伪造、有无破坏；人身特征、伤害情况、生理状态有无伪装或者变化等；③ 补充进行勘验、检查的,是否说明了再次勘验、检查的缘由,前后勘验、检查的情况是否矛盾。

（2）勘验、检查笔录存在明显不符合法律、有关规定的情形,不能作出合理解释或者说明的,不得作为定案的根据。

（3）对辨认笔录应当着重审查辨认的过程、方法,以及辨认笔录的制作是否符合有关规定。辨认笔录具有下列情形之一的,不得作为定案的根据：① 辨认不是在侦查人员主持下进行的；② 辨认前使辨认人见到辨认对象的；③ 辨认活动没有个别进行的；④ 辨认对象没有混杂在具有类似特征的其他对象中,或者供辨认的对象数量不符合规定的；⑤ 辨认中给辨认人明显暗示或者明显有指认嫌疑的；⑥ 违反有关规定、不能确定辨认笔录真实性的其他情形。

（4）对侦查实验笔录应当着重审查实验的过程、方法,以及笔录的制作是否符合有关规定。侦查实验的条件与事件发生时的条件有明显差异,或者存在影响实验结论科学性的其他情形的,侦查实验笔录不得作为定案的根据。

（八）视听资料、电子数据

1. 视听资料、电子数据的概念

视听资料,是指以录音、录像、电子计算机或其他高科技设备所存储的信息证明案件真实情况的资料。电子数据,是指基于计算机应用、通信、网络和现代管理技术等电子化技术手段形成包括文字、图形符号、数字、字母等的客观资料。

特别关注：

讯问、询问、勘验、检查时所作的录音、录像通常为固定证据的方法,不是视听资料,在审查证据是否非法取得时除外。

2. 2016 年最高人民法院、最高人民检察院、公安部《关于办理刑事案件收集提取和审查判断电子数据若干问题的规定》（法发〔2016〕22 号）

（1）一般规定

① 电子数据是案件发生过程中形成的,以数字化形式存储、处理、传输的,能够证明案件事实的数据。

电子数据包括但不限于下列信息、电子文件：a. 网页、博客、微博客、朋友圈、贴吧、网盘等网络平台发布的信息；b. 手机短信、电子邮件、即时通信、通讯群组等网络应用服务的通信信息；c. 用户注册信息、身份认证信息、电子交易记录、通信记录、登录日志等信息；d. 文档、图片、音视频、数字证书、计算机程序等电子文件。

以数字化形式记载的证人证言、被害人陈述以及犯罪嫌疑人、被告人供述和辩解等证据,不属于电子数据。确有必要的,对相关证据的收集、提取、移送、审查,可以参照适用本规定。

②侦查机关应当遵守法定程序,遵循有关技术标准,全面、客观、及时地收集、提取电子数据;人民检察院、人民法院应当围绕真实性、合法性、关联性审查判断电子数据。

③人民法院、人民检察院和公安机关有权依法向有关单位和个人收集、调取电子数据。有关单位和个人应当如实提供。

④电子数据涉及国家秘密、商业秘密、个人隐私的,应当保密。

⑤对作为证据使用的电子数据,应当采取以下一种或者几种方法保护电子数据的完整性:a. 扣押、封存电子数据原始存储介质;b. 计算电子数据完整性校验值;c. 制作、封存电子数据备份;d. 冻结电子数据;e. 对收集、提取电子数据的相关活动进行录像;f. 其他保护电子数据完整性的方法。

⑥初查过程中收集、提取的电子数据,以及通过网络在线提取的电子数据,可以作为证据使用。

(2)电子数据的收集与提取

①收集、提取电子数据,应当由2名以上侦查人员进行。取证方法应当符合相关技术标准。

②收集、提取电子数据,能够扣押电子数据原始存储介质的,应当扣押、封存原始存储介质,并制作笔录,记录原始存储介质的封存状态。

封存电子数据原始存储介质,应当保证在不解除封存状态的情况下,无法增加、删除、修改电子数据。封存前后应当拍摄被封存原始存储介质的照片,清晰反映封口或者张贴封条处的状况。

封存手机等具有无线通信功能的存储介质,应当采取信号屏蔽、信号阻断或者切断电源等措施。

③具有下列情形之一,无法扣押原始存储介质的,可以提取电子数据,但应当在笔录中注明不能扣押原始存储介质的原因、原始存储介质的存放地点或者电子数据的来源等情况,并计算电子数据的完整性校验值:a. 原始存储介质不便封存的;b. 提取计算机内存数据、网络传输数据等不是存储在存储介质上的电子数据的;c. 原始存储介质位于境外的;d. 其他无法扣押原始存储介质的情形。

对于原始存储介质位于境外或者远程计算机信息系统上的电子数据,可以通过网络在线提取。

为进一步查明有关情况,必要时,可以对远程计算机信息系统进行网络远程勘验。进行网络远程勘验,需要采取技术侦查措施的,应当依法经过严格的批准手续。

④由于客观原因无法或者不宜依据第8条、第9条的规定收集、提取电子数据的,可以采取打印、拍照或者录像等方式固定相关证据,并在笔录中说明原因。

⑤具有下列情形之一的,经县级以上公安机关负责人或者检察长批准,可以对电子数据进行冻结:a. 数据量大,无法或者不便提取的;b. 提取时间长,可能造成电子数据被篡改或者灭失的;c. 通过网络应用可以更为直观地展示电子数据的;d. 其他需要冻结的情形。

⑥冻结电子数据,应当制作协助冻结通知书,注明冻结电子数据的网络应用账号等信息,送交电子数据持有人、网络服务提供者或者有关部门协助办理。解除冻结的,应当在3日内制作协助解除冻结通知书,送交电子数据持有人、网络服务提供者或者有关部门协助办理。

冻结电子数据,应当采取以下一种或者几种方法:a. 计算电子数据的完整性校验值;b.

锁定网络应用账号;c. 其他防止增加、删除、修改电子数据的措施。

⑦ 调取电子数据,应当制作调取证据通知书,注明需要调取电子数据的相关信息,通知电子数据持有人、网络服务提供者或者有关部门执行。

⑧ 收集、提取电子数据,应当制作笔录,记录案由、对象、内容、收集、提取电子数据的时间、地点、方法、过程,并附电子数据清单,注明类别、文件格式、完整性校验值等,由侦查人员、电子数据持有人(提供人)签名或者盖章;电子数据持有人(提供人)无法签名或者拒绝签名的,应当在笔录中注明,由见证人签名或者盖章。有条件的,应当对相关活动进行录像。

⑨ 收集、提取电子数据,应当根据刑事诉讼法的规定,由符合条件的人员担任见证人。由于客观原因无法由符合条件的人员担任见证人的,应当在笔录中注明情况,并对相关活动进行录像。

针对同一现场多个计算机信息系统收集、提取电子数据的,可以由一名见证人见证。

⑩ 对扣押的原始存储介质或者提取的电子数据,可以通过恢复、破解、统计、关联、比对等方式进行检查。必要时,可以进行侦查实验。

电子数据检查,应当对电子数据存储介质拆封过程进行录像,并将电子数据存储介质通过写保护设备接入到检查设备进行检查;有条件的,应当制作电子数据备份,对备份进行检查;无法使用写保护设备且无法制作备份的,应当注明原因,并对相关活动进行录像。

电子数据检查应当制作笔录,注明检查方法、过程和结果,由有关人员签名或者盖章。进行侦查实验的,应当制作侦查实验笔录,注明侦查实验的条件、经过和结果,由参加实验的人员签名或者盖章。

⑪ 对电子数据涉及的专门性问题难以确定的,由司法鉴定机构出具鉴定意见,或者由公安部指定的机构出具报告。对于人民检察院直接受理的案件,也可以由最高人民检察院指定的机构出具报告。

具体办法由公安部、最高人民检察院分别制定。

(3) 电子数据的移送与展示

① 收集、提取的原始存储介质或者电子数据,应当以封存状态随案移送,并制作电子数据的备份一并移送。

对网页、文档、图片等可以直接展示的电子数据,可以不随案移送打印件;人民法院、人民检察院因设备等条件限制无法直接展示电子数据的,侦查机关应当随案移送打印件,或者附展示工具和展示方法说明。

对冻结的电子数据,应当移送被冻结电子数据的清单,注明类别、文件格式、冻结主体、证据要点、相关网络应用账号,并附查看工具和方法的说明。

② 对侵入、非法控制计算机信息系统的程序、工具以及计算机病毒等无法直接展示的电子数据,应当附电子数据属性、功能等情况的说明。

对数据统计量、数据同一性等问题,侦查机关应当出具说明。

③ 公安机关报请人民检察院审查批准逮捕犯罪嫌疑人,或者对侦查终结的案件移送人民检察院审查起诉的,应当将电子数据等证据一并移送人民检察院。人民检察院在审查批准逮捕和审查起诉过程中发现应当移送的电子数据没有移送或者移送的电子数据不符合相关要求的,应当通知公安机关补充移送或者进行补正。

对于提起公诉的案件,人民法院发现应当移送的电子数据没有移送或者移送的电子数据不符合相关要求的,应当通知人民检察院。

公安机关、人民检察院应当自收到通知后3日内移送电子数据或者补充有关材料。

④控辩双方向法庭提交的电子数据需要展示的,可以根据电子数据的具体类型,借助多媒体设备出示、播放或者演示。必要时,可以聘请具有专门知识的人进行操作,并就相关技术问题作出说明。

(4) 电子数据的审查与判断

① 对电子数据是否真实,应当着重审查以下内容:

a. 是否移送原始存储介质;在原始存储介质无法封存、不便移动时,有无说明原因,并注明收集、提取过程及原始存储介质的存放地点或者电子数据的来源等情况;

b. 电子数据是否具有数字签名、数字证书等特殊标识;

c. 电子数据的收集、提取过程是否可以重现;

d. 电子数据如有增加、删除、修改等情形的,是否附有说明;

e. 电子数据的完整性是否可以保证。

② 对电子数据是否完整,应当根据保护电子数据完整性的相应方法进行验证:

a. 审查原始存储介质的扣押、封存状态;

b. 审查电子数据的收集、提取过程,查看录像;

c. 比对电子数据完整性校验值;

d. 与备份的电子数据进行比较;

e. 审查冻结后的访问操作日志;

f. 其他方法。

③ 对收集、提取电子数据是否合法,应当着重审查以下内容:

a. 收集、提取电子数据是否由2名以上侦查人员进行,取证方法是否符合相关技术标准;

b. 收集、提取电子数据,是否附有笔录、清单,并经侦查人员、电子数据持有人(提供人)、见证人签名或者盖章;没有持有人(提供人)签名或者盖章的,是否注明原因;对电子数据的类别、文件格式等是否注明清楚;

c. 是否依照有关规定由符合条件的人员担任见证人,是否对相关活动进行录像;

d. 电子数据检查是否将电子数据存储介质通过写保护设备接入到检查设备;有条件的,是否制作电子数据备份,并对备份进行检查;无法制作备份且无法使用写保护设备的,是否附有录像。

④ 认定犯罪嫌疑人、被告人的网络身份与现实身份的同一性,可以通过核查相关IP地址、网络活动记录、上网终端归属、相关证人证言以及犯罪嫌疑人、被告人供述和辩解等进行综合判断。

认定犯罪嫌疑人、被告人与存储介质的关联性,可以通过核查相关证人证言以及犯罪嫌疑人、被告人供述和辩解等进行综合判断。

⑤ 公诉人、当事人或者辩护人、诉讼代理人对电子数据鉴定意见有异议,可以申请人民法院通知鉴定人出庭作证。人民法院认为鉴定人有必要出庭的,鉴定人应当出庭作证。

经人民法院通知,鉴定人拒不出庭作证的,鉴定意见不得作为定案的根据。对没有正当理由拒不出庭作证的鉴定人,人民法院应当通报司法行政机关或者有关部门。

公诉人、当事人或者辩护人、诉讼代理人可以申请法庭通知有专门知识的人出庭,就鉴定意见提出意见。

对电子数据涉及的专门性问题的报告,参照适用前三款规定。

⑥ 电子数据的收集、提取程序有下列瑕疵,经补正或者作出合理解释的,可以采用;不能补正或者作出合理解释的,不得作为定案的根据:

a. 未以封存状态移送的;

b. 笔录或者清单上没有侦查人员、电子数据持有人(提供人)、见证人签名或者盖章的;

c. 对电子数据的名称、类别、格式等注明不清的;

d. 有其他瑕疵的。

⑦ 电子数据具有下列情形之一的,不得作为定案的根据:

a. 电子数据系篡改、伪造或者无法确定真伪的;

b. 电子数据有增加、删除、修改等情形,影响电子数据真实性的;

c. 其他无法保证电子数据真实性的情形。

(5) 附则

① 本规定中下列用语的含义:

a. 存储介质,是指具备数据信息存储功能的电子设备、硬盘、光盘、优盘、记忆棒、存储卡、存储芯片等载体。

b. 完整性校验值,是指为防止电子数据被篡改或者破坏,使用散列算法等特定算法对电子数据进行计算,得出的用于校验数据完整性的数据值。

c. 网络远程勘验,是指通过网络对远程计算机信息系统实施勘验,发现、提取与犯罪有关的电子数据,记录计算机信息系统状态,判断案件性质,分析犯罪过程,确定侦查方向和范围,为侦查破案、刑事诉讼提供线索和证据的侦查活动。

d. 数字签名,是指利用特定算法对电子数据进行计算,得出的用于验证电子数据来源和完整性的数据值。

e. 数字证书,是指包含数字签名并对电子数据来源、完整性进行认证的电子文件。

f. 访问操作日志,是指为审查电子数据是否被增加、删除或者修改,由计算机信息系统自动生成的对电子数据访问、操作情况的详细记录。

② 本规定自 2016 年 10 月 1 日起施行。之前发布的规范性文件与本规定不一致的,以本规定为准。

3.《刑诉法解释》关于视听资料、电子数据的审查与认定的规定

(1) 对视听资料应当着重审查以下内容:① 是否附有提取过程的说明,来源是否合法;② 是否为原件,有无复制及复制份数;是复制件的,是否附有无法调取原件的原因、复制件制作过程和原件存放地点的说明,制作人、原视听资料持有人是否签名或者盖章;③ 制作过程中是否存在威胁、引诱当事人等违反法律、有关规定的情形;④ 是否写明制作人、持有人的身份,制作的时间、地点、条件和方法;⑤ 内容和制作过程是否真实,有无剪辑、增加、删改等情形;⑥ 内容与案件事实有无关联。对视听资料有疑问的,应当进行鉴定。

(2) 对电子邮件、电子数据交换、网上聊天记录、博客、微博客、手机短信、电子签名、域名等电子数据,应当着重审查以下内容:① 是否随原始存储介质移送;在原始存储介质无法封存、不便移动或者依法应当由有关部门保管、处理、返还时,提取、复制电子数据是否由 2 人以上进行,是否足以保证电子数据的完整性,有无提取、复制过程及原始存储介质存放地点的文

字说明和签名;② 收集程序、方式是否符合法律及有关技术规范;经勘验、检查、搜查等侦查活动收集的电子数据,是否附有笔录、清单,并经侦查人员、电子数据持有人、见证人签名;没有持有人签名的,是否注明原因;远程调取境外或者异地的电子数据的,是否注明相关情况;对电子数据的规格、类别、文件格式等注明是否清楚;③ 电子数据内容是否真实,有无删除、修改、增加等情形;④ 电子数据与案件事实有无关联;⑤ 与案件事实有关联的电子数据是否全面收集。对电子数据有疑问的,应当进行鉴定或者检验。

(3) 视听资料、电子数据具有下列情形之一的,不得作为定案的根据:① 经审查无法确定真伪的;② 制作、取得的时间、地点、方式等有疑问,不能提供必要证明或者作出合理解释的。

(九) 刑事证据的收集、审查和运用

1. 收集刑事证据的要求

收集刑事证据的要求有以下几方面:① 合法性;② 及时性;③ 深入实际,采用专门手段和依靠群众相结合;④ 客观全面;⑤ 深入细致;⑥ 应用科学技术手段;⑦ 收集的证据必须妥善保全。

特别关注:

《刑事诉讼法》第50条规定:审判人员、检察人员、侦查人员必须依照法定程序,收集能够证实犯罪嫌疑人、被告人有罪或者无罪、犯罪情节轻重的各种证据。严禁刑讯逼供和以威胁、引诱、欺骗以及其他非法方法收集证据,不得强迫任何人证实自己有罪。必须保证一切与案件有关或者了解案情的公民,有客观地充分地提供证据的条件,除特殊情况外,可以吸收他们协助调查。《刑事诉讼法》第52条第3、4款规定:对涉及国家秘密、商业秘密、个人隐私的证据,应当保密。凡是伪造证据、隐匿证据或者毁灭证据的,无论属于何方,必须受法律追究。

2. 《刑诉法解释》的相关规定

(1) 审判人员应当依照法定程序收集、审查、核实、认定证据。

(2) 证据未经当庭出示、辨认、质证等法庭调查程序查证属实,不得作为定案的根据,但法律和本解释另有规定的除外。

(3) 人民法院依照《刑事诉讼法》第191条的规定调查核实证据,必要时,可以通知检察人员、辩护人、自诉人及其法定代理人到场。上述人员未到场的,应当记录在案。人民法院调查核实证据时,发现对定罪量刑有重大影响的新的证据材料的,应当告知检察人员、辩护人、自诉人及其法定代理人。必要时,也可以直接提取,并及时通知检察人员、辩护人、自诉人及其法定代理人查阅、摘抄、复制。

(4) 公开审理案件时,公诉人、诉讼参与人提出涉及国家秘密、商业秘密或者个人隐私的证据的,法庭应当制止。有关证据确与本案有关的,可以根据具体情况,决定将案件转为不公开审理,或者对相关证据的法庭调查不公开进行。

3. 审查刑事证据的步骤

审查刑事证据的步骤包括:① 单独审查;② 比对审查;③ 综合审查。

4. 审查证据还应当注意:

(1) 审查证据的来源是否可靠。

(2) 审查证据的具体内容是否真实,证据和案件事实有无必然的内在联系。

(3) 审查各个证据之间的关系。

(4) 审查证据是否充分。

《刑事诉讼规则(试行)》第 62 条规定:证据的审查认定,应当结合案件的具体情况,从证据与待证事实的关联程度、各证据之间的联系、是否依照法定程序收集等方面进行综合审查判断。

5. 刑事证据的运用

(1)重证据重调查研究,不轻信口供原则。只有被告人的供述,没有其他证据的,不能认定被告人有罪和处以刑罚;没有被告人供述,证据确实充分的,可以认定被告人有罪和处以刑罚。

(2)严禁刑讯逼供原则。

(3)一切证据必须经过查证属实,才能作为认定案件事实的根据。

(4)有罪认定必须做到犯罪事实情节清楚,证据确实充分。

(5)必须忠实于事实真相原则。

(6)对定罪证据不足所形成的"疑案",应当按无罪处理。

6.《刑诉法解释》关于证据的综合审查与运用的规定

(1)对证据的真实性,应当综合全案证据进行审查。对证据的证明力,应当根据具体情况,从证据与待证事实的关联程度、证据之间的联系等方面进行审查判断。证据之间具有内在联系,共同指向同一待证事实,不存在无法排除的矛盾和无法解释的疑问的,才能作为定案的根据。

(2)没有直接证据,但间接证据同时符合下列条件的,可以认定被告人有罪:① 证据已经查证属实;② 证据之间相互印证,不存在无法排除的矛盾和无法解释的疑问;③ 全案证据已经形成完整的证明体系;④ 根据证据认定案件事实足以排除合理怀疑,结论具有唯一性;⑤ 运用证据进行的推理符合逻辑和经验。

(3)根据被告人的供述、指认提取到了隐蔽性很强的物证、书证,且被告人的供述与其他证明犯罪事实发生的证据相互印证,并排除串供、逼供、诱供等可能性的,可以认定被告人有罪。

(4)采取技术侦查措施收集的证据材料,经当庭出示、辨认、质证等法庭调查程序查证属实的,可以作为定案的根据。使用前款规定的证据可能危及有关人员的人身安全,或者可能产生其他严重后果的,法庭应当采取不暴露有关人员身份、技术方法等保护措施,必要时,审判人员可以在庭外核实。

(5)对侦查机关出具的被告人到案经过、抓获经过等材料,应当审查是否有出具该说明材料的办案人、办案机关的签名、盖章。对到案经过、抓获经过或者确定被告人有重大嫌疑的根据有疑问的,应当要求侦查机关补充说明。

(6)下列证据应当慎重使用,有其他证据印证的,可以采信:① 生理上、精神上有缺陷,对案件事实的认知和表达存在一定困难,但尚未丧失正确认知、表达能力的被害人、证人和被告人所作的陈述、证言和供述;② 与被告人有亲属关系或者其他密切关系的证人所作的有利被告人的证言,或者与被告人有利害冲突的证人所作的不利被告人的证言。

(7)证明被告人自首、坦白、立功的证据材料,没有加盖接受被告人投案、坦白、检举揭发等的单位的印章,或者接受人员没有签名的,不得作为定案的根据。对被告人及其辩护人提出有自首、坦白、立功的事实和理由,有关机关未予认定,或者有关机关提出被告人有自首、坦白、立功表现,但证据材料不全的,人民法院应当要求有关机关提供证明材料,或者要求相关人员作证,并结合其他证据作出认定。

(8) 证明被告人构成累犯、毒品再犯的证据材料,应当包括前罪的裁判文书、释放证明等材料;材料不全的,应当要求有关机关提供。

(9) 审查被告人实施被指控的犯罪时或者审判时是否达到相应法定责任年龄,应当根据户籍证明、出生证明文件、学籍卡、人口普查登记、无利害关系人的证言等证据综合判断。证明被告人已满14周岁、16周岁、18周岁或者不满75周岁的证据不足的,应当认定被告人不满14周岁、不满16周岁、不满18周岁或者已满75周岁。

考点 3 刑事证据的分类

刑事证据的分类,是指根据证据本身的各种特征,从不同角度在学理上对证据所作的不同归类。

(一) 原始证据与传来证据

凡是来自原始出处,即直接来源于案件事实的证据材料,叫做原始证据,也称第一手材料;凡不是直接来源于案件事实,而是从间接的非第一来源获得的证据材料,称为传来证据。

特别关注:

原始证据材料的证明价值大于传来证据材料的证明价值。在传来证据材料中,中间环节少的材料的证明价值大于中间环节多的材料的证明价值。不能忽视传来证据的作用。

(二) 有罪证据与无罪证据

凡是可以肯定犯罪嫌疑人、被告人实施犯罪行为以及可以证明犯罪行为轻重情节的证据,是有罪证据。凡是可以证明犯罪事实不存在,或否定犯罪嫌疑人、被告人实施犯罪行为的证据,是无罪证据。在立案或侦查阶段,如果犯罪嫌疑人尚不明确,则说明有犯罪事实发生的证据就是有罪证据。

(三) 言词证据与实物证据

凡是通过人的陈述,即以言词作为表现形式的证据,是言词证据,包括证人证言、被害人陈述、犯罪嫌疑人、被告人的供述和辩解,鉴定意见。凡是以物品的性质或外部形态、存在状况以及其内容表现证据价值的证据,都是实物证据。证据种类中的物证、书证、视听资料以及勘验、检查、辨认、侦查实验笔录均属此列。

(四) 直接证据与间接证据

这是根据证据与案件主要事实的证明关系的不同所作的划分。刑事案件的主要事实就是犯罪嫌疑人、被告人是否实施了犯罪行为。凡是可以单独直接证明案件主要事实的证据,属于直接证据。直接证据不必经过推理过程就可以直观地说明被指控的犯罪行为是否发生和是否是正在被追诉的人实施的。例如,证人甲目睹乙持刀杀死丙的证言,或者乙供述自己持刀杀人的口供,都属于直接证据。凡是必须与其他证据相结合才能证明案件主要事实的证据,属于间接证据。例如,被害人的尸体,只能证明发生杀人或者重伤致死的案件,但不能指明何人是凶犯,所以是间接证据。

特别关注:

孤证不能定案。完全依靠间接证据认定有罪时必须遵守以下规则:

(1) 必须严格遵守运用证据的一般规则。即:一切证据必须具有客观性、关联性、合法性。

(2) 间接证据必须形成完整的证明体系。

(3) 间接证据与案件事实之间以及间接证据相互之间必须协调一致,没有矛盾。如果存在矛盾,应当继续收集新的证据,使矛盾得到合理排除。

(4) 间接证据的证明体系必须足以排除其他可能性,得出的结论必须是唯一的。

考点 4 刑事证据规则

(一) 刑事证据规则的概念

刑事证据规则是指在刑事诉讼中收集、审查、判断证据应当遵循的规则。

(二) 关联性规则

关联性规则,即只有那些在正常推理过程中被视为能够证明某一争议事实的证据才允许在审判中提交。关联性规则是关于证据可采性的基础性规则,其设立目的有二:其一,为防止当事人将无关联的证据提交陪审团考虑,导致陪审团错误地认定案件事实;其二,为了限定调查证据的范围。由于英美法实行当事人主义,证据的提出是当事人的责任,提出何种证据完全由当事人决定,如不加以限制,会使案件证据的调查没有终结,审判旷日持久,影响诉讼的顺利进行。在英美证据法中,与可采性密切相关的关联性规则主要有品格证据规则和类似事实证据规则。

(三) 非法证据排除规则

非法证据排除规则,是指违反法定程序,以非法方法获取的证据,不具有证据能力,不能为法庭所采纳。按照美国学者施乐辛格的解释,非法证据排除规则是指法律实施官员(警察)以非法手段取得的证据在刑事诉讼中将被排除或者导致证据不可采的证据规则。

(四) 自白任意规则

自白是指被追诉人向特定机关或人自愿作出的承认自己犯有所指控的罪行并披露实施犯罪的具体情况的供述,即自白是被追诉人所作的对己不利的、对犯罪的主要构成要件的承认。自白任意规则是指在刑事诉讼中,只有基于被追诉人自由意志而作出的自白(即承认有罪的供述),才具有可采性,违背当事人意愿或者违反法定程序而强制作出的供述不具有可采行,必须予以排除。自白应受到两方面的限制。第一,自白证据能力方面的限制,自白应当是自愿作出的,且自白人应当在作出自白之时对自白的后果有清醒的认识,也就是自白应具有任意性。第二,自白证明力方面的限制,欲对被告人定罪,不能仅仅依靠自白之有罪陈述,尚需其他证据加以补强,即自白不得作为对被告人定罪的唯一依据。这两方面的限制构成了完整的自白规则。从这两方面的限制,我们可以得到自白规则的两个分支:自白任意性规则和口供补强规则。由此可见,口供补强规则是自白规则的一个分支。

(五) 传闻证据规则

《美国联邦证据规则》第801条(c)项给传闻证据下的定义是:"'传闻'是指除陈述者在审理或听证作证时所作陈述外的陈述,行为人提供它旨在用作证据来证明所主张事实的真实性。"传闻证据包括两种形式:①指亲身感受了案件事实的证人在庭审期日以外所作的书面证人证言以及警检人员所作的(证人)询问笔录;②指他人在审判期日以证人亲身感知的事实向法庭所作的转述。

传闻证据应当具备以下特征:

(1) 传闻证据的表现形式多样化。传闻证据可以是口头的、书面的以及非语言行为,即动作。传闻证据应当是一种意思表示,这种意思表示可以是口头作出的,也可以是以书面形式作出,还可以是通过非语言行为表现出来。

（2）至少涉及两个陈述主体和两个陈述环节。作为传闻证据,其涉及的陈述主体至少是两个人,一个是亲身感知案件事实的人甲,另一个是在庭审期日以证人身份出庭作证(或提交书面证据)的陈述主体乙;至少涉及两个陈述环节,一个是陈述主体甲在审判或讯问程序以外对乙所作的陈述,另一个是乙以证人身份在审判或讯问程序中向法庭所做的陈述(或以书面证据代为陈述)。但是,应当指出的是,前后两个陈述的表现形式并不完全相同。在审判或讯问程序中作为证人证言的陈述的一般表现形式是口头陈述;而陈述主体甲向乙所作的陈述,则包括一切能够表达意思的方式,如口头陈述、书面形式、有意识的非语言行为(如点头、手势等)。

（3）提出该项陈述的目的是为了证明该陈述所述的内容是真实的。如果该证人在庭审期日提出的陈述是为了证明其他目的,如证明甲"曾经说过这样的话",或者为了证明证人前后证言是否一致,那么,此种转述就不属于传闻。例如,证人A作证说"B曾对他说:'10月6日我去上海出差'"。如果该证言是为了证明"B在10月6日确实去上海出差",那么,该证据属于传闻证据;如果该证言是为了证明"B曾经说过这句话",则不属于传闻证据。所以,判断一项陈述是否属于传闻应考虑以下两个方面:① 陈述的来源,即出庭作证的证人是否是亲身感知所陈述事实的人;② 证明对象,即提出该项陈述证据的目的是否为了证明其所述内容的真实性。根据传闻证据规则(Hearsay Rule),传闻证据一般不具有可采性,不得提交法庭进行调查质证;已经在法庭出示的,不得提交陪审团作为评议的依据。即法律排除传闻证据作为认定犯罪事实的依据。

之所以要排除传闻证据,有以下几个原因:

（1）传闻证据本身因为不是本人亲自在法庭上所作的陈述,因此存在转述不准确或伪造的可能。

（2）传闻证据是未经宣誓就提出来的,没有经过交叉询问程序,其真实性难以通过公正的诉讼程序加以证实。如果允许采纳传闻证据,则有悖于程序正义的要求。

（3）传闻证据不是在裁判者面前所作的陈述。证据调查应当在法庭上进行,以保证裁判官能够察言观色,辨明其真伪。

（4）基于保障被告人的宪法性权利——与对方证人的对质权的需要。传闻证据规则的例外,《美国联邦证据规则》第803条和第804条规定了两类例外:一类是陈述者可否作证无关紧要;另一类是陈述者不能到庭作证。

（六）意见证据排除规则

意见证据,是指某种源于证人所亲身感知的事实而作的意见、推理或结论。麦克威对意见证据的解释为:证人基于直接呈现于其感官上之事实,推论系争事实存在与否,法律上称之为意见,证人本于上述推论所作的陈述,称之为意见证据。意见证据规则是英美法的一项重要证据规则,在英美法系国家,证人一般只能对自己所耳闻目睹的事实作证,而不能就这些事实提出意见、推理或结论,也就是说,普通证人不得在陈述自己亲身经历的事实之外,陈述其意见、推理或结论,这就是意见证据规则。根据《关于办理死刑案件审查判断证据若干问题的规定》第12条第3款规定:证人的猜测性、评论性、推断性的证言,不能作为证据使用,但根据一般生活经验判断符合事实的除外。这一规定就是对证人意见证据的排除。

（七）补强证据规则

补强证据规则,是指为了防止误认事实或产生其他的危险性,而在运用某些证明力显然薄弱的证据认定案情时,必须有其他证据补强其证明力,才能被法庭采信为定案依据。

(八)最佳证据规则

最佳证据规则是一项适用于书证的规则,含义是在证明一项文书内容的过程中,如果其内容对案件审理重要,除非是因可证明的提出人重大过失之外的其他原因,否则必须使用原始的文书。即在以文书的内容证明案件的事实时,除非存在法定的特定例外情形,必须提供原始文书,否则法官不予采纳。美国证据法学者华尔兹教授认为:最佳证据规则称为"原始文书规则"或许更为妥当,它仅是一项规定原始文字材料有优先权作为证据的简单原则。

考点 5 刑事诉讼证明

(一)刑事诉讼证明

刑事诉讼中的证明,狭义是指侦查、检察、审判人员依照法定程序收集证据,审查判断证据,运用证据来确定有无犯罪,是谁实施了犯罪,犯罪人的罪责轻重以及其他有关事实的诉讼活动;广义是指除了上述人员以外,还包括当事人和其他诉讼参与人依法提供证据,运用证据证明自己诉讼主张的活动。

(二)刑事诉讼证明对象

证明对象是指诉讼中必须用证据加以证明的案件事实。《刑诉法解释》第64条规定:应当运用证据证明的案件事实包括:①被告人、被害人的身份;②被指控的犯罪是否存在;③被指控的犯罪是否为被告人所实施;④被告人有无刑事责任能力,有无罪过,实施犯罪的动机、目的;⑤实施犯罪的时间、地点、手段、后果以及案件起因等;⑥被告人在共同犯罪中的地位、作用;⑦被告人有无从重、从轻、减轻、免除处罚情节;⑧有关附带民事诉讼、涉案财物处理的事实;⑨有关管辖、回避、延期审理等的程序事实;⑩与定罪量刑有关的其他事实。

认定被告人有罪和对被告人从重处罚,应当适用证据确实、充分的证明标准。《刑事诉讼规则(试行)》第437条规定:在法庭审理中,下列事实不必提出证据进行证明:①为一般人共同知晓的常识性事实;②人民法院生效裁判所确认的并且未依审判监督程序重新审理的事实;③法律、法规的内容以及适用等属于审判人员履行职务所应当知晓的事实;④在法庭审理中不存在异议的程序事实;⑤法律规定的推定事实;⑥自然规律或者定律。

特别关注:

概括起来,刑事诉讼证明对象包括实体法方面的事实和程序法方面的事实两大类。

(1)实体法方面的事实主要有:①有关犯罪构成要件方面的事实;②作为从重或者从轻、减轻、免除刑事处罚的事实;③犯罪嫌疑人、被告人的个人情况和犯罪后的表现。

(2)程序法方面的事实主要有:①关于回避的事实;②影响采取某种强制措施的事实;③关于耽误期限是否有不能抗拒的原因的事实;④违反法定程序的事实。

证据本身不是刑事诉讼证明的对象。

(三)刑事诉讼证明责任

证明责任,也称举证责任,是指司法机关或者某些当事人对应予认定或者阐明的案件事实或者自己所主张的事实,应当收集或者提供证据予以证明的责任;否则,将承担其认定或主张事实有不能成立危险的后果。《刑事诉讼法》第49条规定:"公诉案件中被告人有罪的举证责任由人民检察院承担,自诉案件中被告人有罪的举证责任由自诉人承担。"(1)公诉案件中,证明犯罪嫌疑人、被告人有罪的责任,由人民检察院和公安机关等承担。(2)自诉案件的自诉人应当对其控诉承担证明责任。(3) 犯罪嫌疑人、被告人一般情况下不承担证明自己无罪的责任,但犯罪嫌疑人、被告人对侦查人员的提问应当如实陈述。(4) 在例外情况下,犯罪嫌疑人、被告人应当承担证明责任,被称作举证责任倒置。主要是指我国《刑法》第 395 条第 1 款规定的巨额财产来源不明罪。

特别关注:

《刑事诉讼规则(试行)》第 61 条规定:人民检察院在立案侦查、审查逮捕、审查起诉等办案活动中认定案件事实,应当以证据为根据。公诉案件中被告人有罪的举证责任由人民检察院承担。人民检察院在提起公诉指控犯罪时,应当提出确实、充分的证据,并运用证据加以证明。人民检察院提起公诉,应当遵循客观公正原则,对被告人有罪、罪重、罪轻的证据都应当向人民法院提出。

(四) 刑事诉讼证明标准

刑事诉讼中的证明标准,又叫证明要求,是指法律要求公安、司法人员运用证据证明案件事实所要达到的程度。我国刑事诉讼的证明标准是案件事实清楚,证据确实、充分。对于达不到证明标准的疑罪应当从无处理。《刑事诉讼法》第 53 条第 2 款规定:"证据确实、充分,应当符合以下条件:(一) 定罪量刑的事实都有证据证明;(二) 据以定案的证据均经法定程序查证属实;(三) 综合全案证据,对所认定事实已排除合理怀疑。"

特别关注:

(1)《刑诉法解释》第 64 条第 2 款规定:认定被告人有罪和对被告人从重处罚,应当适用证据确实、充分的证明标准。

(2)《刑事诉讼规则(试行)》第 63 条规定:人民检察院侦查终结或者提起公诉的案件,证据应当确实、充分。证据确实、充分,应当符合以下条件:① 定罪量刑的事实都有证据证明;② 据以定案的证据均经法定程序查证属实;③ 综合全案证据,对所认定事实已排除合理怀疑。

(3)《刑诉法解释》第 105 条规定:没有直接证据,但间接证据同时符合下列条件的,可以认定被告人有罪;① 证据已经查证属实;② 证据之间相互印证,不存在无法排除的矛盾和无法解释的疑问;③ 全案证据已经形成完整的证明体系;④ 根据证据认定案件事实足以排除合理怀疑,结论具有唯一性;⑤ 运用证据进行的推理符合逻辑和经验。

特别关注:

最高人民法院《关于进一步加强合议庭职责的若干规定》第 10 条规定:"合议庭组成人员存在违法审判行为的,应当按照《人民法院审判人员违法审判责任追究办法(试行)》等规定追究相应责任。合议庭审理案件有下列情形之一的,合议庭成员不承担责任:(一) 因对法律理解和认识上的偏差而导致案件被改判或者发回重审的;(二) 因对案件事实和证据认识上的偏差而导致案件被改判或者发回重审的;(三) 因新的证据而导致案件被改判或者发回重审的;(四) 因法律修订或者政策调整而导致案件被改判或者发回重审的;(五) 因裁判所依据的其他法律文书被撤销或变更而导致案件被改判或者发回重审的;(六) 其他依法履行审判职责不应当承担责任的情形。"

二、例题

1. 关于我国刑事诉讼的证明主体,下列哪些选项是正确的?(2017 年真题,多选)

A. 故意毁坏财物案中的附带民事诉讼原告人是证明主体

B. 侵占案中提起反诉的被告人是证明主体
C. 妨害公务案中就执行职务时目击的犯罪情况出庭作证的警察是证明主体
D. 证明主体都是刑事诉讼主体

[释疑]　刑事诉讼中的证明,狭义是指侦查、检察、审判人员依照法定程序收集证据、审查判断证据、运用证据来确定有无犯罪、是谁实施了犯罪、犯罪人的罪责轻重以及其他有关事实的诉讼活动;广义是指除了上述人员以外,还包括当事人和其他诉讼参与人依法提供证据、运用证据证明自己诉讼主张的活动。C项中的警察是证人身份,不属于证明主体。刑事诉讼主体是指所有参与刑事诉讼活动,在诉讼中享有一定权利、承担一定义务的国家专门机关和诉讼参与人。我国刑事诉讼主体有三大类:(1)国家专门机关;(2)直接影响诉讼进程且与诉讼结果有直接利害关系的当事人;(3)其他诉讼参与人。其中,专门机关和当事人承担着控诉、辩护、审判三种基本诉讼职能,彼此制约,推动诉讼的进行,是主要的诉讼主体。其他诉讼参与人协助专门机关和当事人进行诉讼活动,是一般诉讼主体。所以,A、B、D项正确。(答案:ABD)

2. 下列哪一证据规则属于调整证据证明力的规则?(2017年真题,单选)
A. 传闻证据规则　　　　　　　　B. 非法证据排除规则
C. 关联性规则　　　　　　　　　D. 意见证据规则

[释疑]　证据的关联性,又称为相关性,是指作为证据的事实与案件事实之间存在某种客观的联系,从而使其对案件事实具有证明作用。正是由于证据的关联性,才使证据具有证明力。关联性规则,即只有那些在正常推理过程中被视为能够证明某一争议事实的证据才允许在审判中提交。关联性规则是关于证据可采性的基础性规则。所以,C项正确,其他选项都是证据能力规则。(答案:C)

3. 甲、乙二人系药材公司仓库保管员,涉嫌5次共同盗窃其保管的名贵药材,涉案金额40余万元。一审开庭审理时,药材公司法定代表人丙参加旁听。经审理,法院认定了其中4起盗窃事实,另1起因证据不足予以认定,甲和乙以职务侵占罪分别被判处有期徒刑3年和1年。关于本案证据,下列选项正确的是:(2017年真题,不定选)
A. 侦查机关制作的失窃药材清单是书证
B. 为查实销赃情况而从通信公司调取的通话记录清单是书证
C. 甲将部分销赃所得10万元存入某银行的存折是物证
D. 因部分失窃药材不宜保存而在法庭上出示的药材照片是物证

[释疑]　书证是以其记载的内容或表达的思想与案件相联系的,为查实销赃情况而从通信公司调取的通话记录清单记载了通话的电话号码、通话次数、通话时间,所以是书证;侦查机关制作的失窃药材清单是案发后的损失统计,是一种登记笔录而非书证;甲将部分销赃所得10万元存入某银行的存折也是书证;因部分失窃药材不宜保存而在法庭上出示的药材照片是固定物证的一种方法,属于勘验笔录的范畴。(答案:B)

4. 某小学发生一起猥亵儿童案件,三年级女生甲向校长许某报称被老师杨某猥亵。许某报案后,侦查人员通过询问许某了解了甲向其陈述的被杨某猥亵的经过。侦查人员还通过询问甲了解到,另外两名女生乙和丙也可能被杨某猥亵,乙曾和甲谈到被杨某猥亵的经过,甲曾目睹杨某在课间猥亵丙。讯问杨某时,杨某否认实施猥亵行为,并表示他曾举报许某贪污,许某报案是对他的打击报复。关于本案证据,下列选项正确的是:(2017年真题,不定选)

A. 甲向公安机关反映的情况，既是被害人陈述，也是证人证言
B. 关于甲被猥亵的经过，许某的证言可作为甲陈述的补强证据
C. 关于乙被猥亵的经过，甲的证言属于传闻证据，不得作为定案的依据
D. 甲、乙、丙因年幼，其陈述或证言必须有其他证据印证才能采信

[释疑] 甲是猥亵案被害人，甲就自己被害事实向侦查人员所做陈述是被害人陈述；甲向侦查人员陈述：乙曾和甲谈到被某猥亵的经过，甲曾目睹杨某在课间猥亵丙。这类陈述是证人证言，故 A 项正确。许某向侦查人员讲述甲向其陈述的被杨某猥亵的经过，与甲向侦查人员的陈述是同一个来源，并非独立的证据。所以，关于甲被猥亵的经过，许某的证言可作为甲陈述的补强证据错误；关于乙被猥亵的经过，甲的证言属于传闻证据，但是，我国法律并未规定传闻证据不得作为定案的依据。故 C 项错误。甲、乙、丙因年幼，其陈述或证言必须有其他证据印证才能采信错误，我国法律规定年幼的人必须是不能辨别是非或者不能正确表达才不能作证人。故 D 项错误。（答案：A）

5. 公安机关发现一具被焚烧过的尸体，因地处偏僻且天气恶劣，无法找到见证人，于是对勘验过程进行了全程录像，并在笔录中注明原因。法庭审理时，辩护人以勘验时没有见证人在场为由，申请排除勘验现场收集的物证。关于本案证据，下列哪一选项是正确的？（2016 年真题，单选）

A. 因违反取证程序的一般规定，应当排除
B. 应予以补正或者作出合理解释，否则予以排除
C. 不仅物证应当排除，对物证的鉴定意见等衍生证据也应排除
D. 有勘验过程全程录像并在笔录中已注明理由，不予排除

[释疑] 《刑诉法解释》第 73 条第 2 款规定："物证、书证的收集程序、方式有下列瑕疵，经补正或者作出合理解释的，可以采用：（一）勘验、检查、搜查、提取笔录或者扣押清单上没有侦查人员、物品持有人、见证人签名，或者对物品的名称、特征、数量、质量等注明不详的；……对物证、书证的来源、收集程序有疑问，不能作出合理解释的，该物证、书证不得作为定案的根据。"《刑诉法解释》第 67 条第 2 款规定："由于客观原因无法由符合条件的人员担任见证人的，应当在笔录材料中注明情况，并对相关活动进行录像。"根据上述规定，本题中 A 项于法无据，错误；B 项错误，因为《刑诉法解释》明确规定，"由于客观原因无法由符合条件的人员担任见证人的，应当在笔录材料中注明情况，并对相关活动进行录像"即可。C 项更无法律依据；只有 D 项正确。（答案：D）

6. 关于《刑事诉讼法》规定的证明责任分担，下列哪一选项是正确的？（2016 年真题，单选）
A. 公诉案件中检察院负有证明被告人有罪的责任，证明被告人无罪的责任由被告方承担
B. 自诉案件的证明责任分配依据"谁主张，谁举证"的法则确定
C. 巨额财产来源不明案中，被告人承担说服责任
D. 非法持有枪支案中，被告人负有提出证据的责任

[释疑] 《刑事诉讼法》第 49 条规定：公诉案件中被告人有罪的举证责任由人民检察院承担，自诉案件中被告人有罪的举证责任由自诉人承担。所以，A 项"公诉案件中检察院负有证明被告人有罪的责任，证明被告人无罪的责任由被告方承担"错误；B 项也错误。被告人有提出自己无罪证据的权利，而不是责任；只有民事诉讼中才存在"谁主张，谁举证"的规则；巨额财产来源不明案中，也必须由检察院承担证明被告人的财产超过其收入，且差额巨大的责

任,这时,法律只要求被告人说明差额部分的合法来源,而不是什么"说服责任",所以,C项错误;在非法持有枪支案中,仍应当由控方证明被告人持有了枪支,而彼时被告人需提出证据证明其是合法持有枪支。所以,D项正确。(答案:D)

7. 甲驾车将昏迷的乙送往医院,并垫付了医疗费用。随后赶来的乙的家属报警称甲驾车撞倒乙。急救中,乙曾短暂清醒并告诉医生自己系被车辆撞倒。医生将此话告知警察,并称从甲送乙入院时的神态看,甲应该就是肇事者。关于本案证据,下列哪些选项是正确的?(2016年真题,多选)

  A. 甲垫付医疗费的行为与交通肇事不具有关联性
  B. 乙告知医生"自己系被车辆撞倒"属于直接证据
  C. 医生基于之前乙的陈述,告知警察乙系被车辆撞倒,属于传来证据
  D. 医生认为甲是肇事者的证词属于符合一般生活经验的推断性证言,可作为定案依据

[释疑] 关联性也称为相关性,是指证据必须与案件事实有客观联系,对证明刑事案件事实具有某种实际意义,反之,与本案无关的事实或材料,都不能成为刑事证据。甲垫付医疗费的行为并不能证明其交通肇事,所以,A项正确。凡是可以单独直接证明案件主要事实的证据,属于直接证据。刑事案件的主要事实就是犯罪嫌疑人、被告人是否实施了犯罪行为。乙告知医生"自己系被车辆撞倒",但不能说明是谁撞到。所以,B项错误。凡不是直接来源于案件事实,而是从间接的非第一来源获得的证据材料,称为传来证据。医生告知警察乙系被车辆撞倒,不是自己看见的,而是听乙说的,所以C项正确。甲驾车将昏迷的乙送往医院急救,医生说从甲送乙入院时的神态看,甲应该就是肇事者。这个判断不符合普通人一般的生活经验,所以,D项错误。(答案:AC)

8. 辩护律师在庭审中对控方证据提出异议,主张这些证据不得作为定案依据。对下列哪些证据的异议,法院应当予以支持?(2016年真题,多选)

  A. 因证人拒不到庭而无法当庭询问的证人证言
  B. 被告人提供了有关刑讯逼供的线索及材料,但公诉人不能证明讯问合法的被告人庭前供述
  C. 工商行政管理部门关于查处被告人非法交易行为时的询问笔录
  D. 侦查人员在办案场所以外的地点询问被害人所获得的被害人陈述

[释疑] 因我国刑事诉讼法并不要证人均须出庭作证,并且证人应当出庭而未出庭的,其庭前证言仍可采纳,所以,A项法院应当予以支持错误。我国刑事诉讼法规定刑讯逼供等非法方法取得的供述应当排除。本案中被告人提供了有关刑讯逼供的线索及材料,但公诉人不能证明取得庭前被告人供述讯问程序合法,所以,B项法院应当予以支持正确。根据《刑事诉讼法》及相关司法解释规定,行政机关在行政执法和查办案件过程中收集的物证、书证、视听资料、电子数据等实物证据,在刑事诉讼中可以作为证据使用,而证言、陈述类证据则需要重新走程序。所以,C项正确。《刑事诉讼法》及司法解释规定询问被害人适用询问证人的程序,而询问证人可以在其住处、单位等地方。所以D项错误。(答案:BC)

9. 下列哪些选项属于刑事诉讼中的证明对象?(2016年真题,多选)

  A. 行贿案中,被告人知晓其谋取的系不正当利益的事实
  B. 盗窃案中,被告人的亲友代为退赃的事实
  C. 强奸案中,用于鉴定的体液检材是否被污染的事实

D. 侵占案中，自诉人申请期间恢复而提出的其突遭车祸的事实，且被告人和法官均无异议

[释疑]《刑诉法解释》第64条规定："应当运用证据证明的案件事实包括：（一）被告人、被害人的身份；（二）被指控的犯罪是否存在；（三）被指控的犯罪是否为被告人所实施；（四）被告人有无刑事责任能力，有无罪过，实施犯罪的动机、目的；（五）实施犯罪的时间、地点、手段、后果以及案件起因等；（六）被告人在共同犯罪中的地位、作用；（七）被告人有无从重、从轻、减轻、免除处罚情节；（八）有关附带民事诉讼、涉案财物处理的事实；（九）有关管辖、回避、延期审理等的程序事实；（十）与定罪量刑有关的其他事实。"本题中，行贿案中，被告人知晓其谋取的系不正当利益的事实能够说明被指控的犯罪是否存在，所以，A项正确；盗窃案中，被告人的亲友代为退赃的事实，属于与定罪量刑有关的其他事实，所以，B项正确；证据本身不是证明对象而是查证是否属实的问题，本题中体液检材是否被污染不是刑事诉讼中的证明对象，所以，C项错误。《刑事诉讼规则（试行）》第437条规定："在法庭审理中，下列事实不必提出证据进行证明：（一）为一般人共同知晓的常识性事实；（二）人民法院生效裁判所确认的并且未依审判监督程序重新审理的事实；（三）法律、法规的内容以及适用等属于审判人员履行职务所应当知晓的事实；（四）在法庭审理中不存在异议的程序事实；（五）法律规定的推定事实；（六）自然规律或者定律。"本题中，"侵占案中，自诉人申请期间恢复而提出的其突遭车祸的事实，且被告人和法官均无异议"属于"（四）在法庭审理中不存在异议的程序事实"所以，D项属于刑事诉讼中的证明对象错误。（答案：AB）

10. 关于证人证言与鉴定意见，下列哪一选项是正确的？（2015年真题，单选）

A. 证人证言只能由自然人提供，鉴定意见可由单位出具

B. 生理上、精神上有缺陷的人有时可以提供证人证言，但不能出具鉴定意见

C. 如控辩双方对证人证言和鉴定意见有异议的，相应证人和鉴定人均应出庭

D. 证人应出庭而不出庭的，其庭前证言仍可能作为证据；鉴定人应出庭而不出庭的，鉴定意见不得作为定案根据

[释疑] A项是正确的，因为单位没有感知能力。但是，B项是错误的，因为，鉴定意见是鉴定人做出的，要由鉴定人签名才有效。单位盖章只是为了表明该鉴定人属于哪一个鉴定机构，单位本身不能提供鉴定意见。生理上、精神上有缺陷的人只要能辨别是非、能正确表达，就可以作证人，同样如果生理上、精神上有缺陷的人具有某种专门的知识或技能，取得鉴定人资质的，也可以出具鉴定意见。《刑事诉讼法》第187条规定："公诉人、当事人或者辩护人、诉讼代理人对证人证言有异议，且该证人证言对案件定罪量刑有重大影响，人民法院认为证人有必要出庭作证的，证人应当出庭作证。人民警察就其执行职务时目击的犯罪情况作为证人出庭作证，适用前款规定。公诉人、当事人或者辩护人、诉讼代理人对鉴定意见有异议，人民法院认为鉴定人有必要出庭的，鉴定人应当出庭作证。经人民法院通知，鉴定人拒不出庭作证的，鉴定意见不得作为定案的根据。"所以，C项错误；D项正确。（答案：D）

11. 甲涉嫌盗窃室友乙存放在储物柜中的笔记本电脑一台并转卖他人，但甲辩称该电脑系其本人所有，只是暂存于乙处。下列哪一选项既属于原始证据，又属于直接证据？（2015年真题，单选）

A. 侦查人员在乙储物柜的把手上提取的甲的一枚指纹

B. 侦查人员在室友丙手机中直接提取的视频，内容为丙偶然拍下的甲打开储物柜取走电

脑的过程

C. 室友丁的证言,内容是曾看到甲将一台相同的笔记本电脑交给乙保管

D. 甲转卖电脑时出具的现金收条凡是直接来源于案件事实,未经复制、转述的证据是原始证据,也就是通常所说的第一手材料。

[释疑] 直接证据与间接证据是根据证据与案件主要事实的证明关系的不同,对证据进行的划分。刑事案件的主要事实是指犯罪事实是否存在,以及该行为是否系犯罪嫌疑人、被告人所实施。所谓直接证据,是指能够单独直接证明案件主要事实的证据。间接证据,是指不能单独直接证明案件主要事实,而需要与其他证据相结合才能证明案件主要事实的证据。A项"指纹"是原始证据,但不能单独证明案件主要事实,所以,不是直接证据。B项"视频"是直接证据,但不是原始证据,因为该"视频"经过了"复制"。C项"证言"是原始证据,同时,又是直接证据。D项"收条"是原始证据,但不是直接证据。(答案:C)

12. 下列哪一选项属于传闻证据?(2015年真题,单选)

A. 甲作为专家辅助人在法庭上就一起伤害案的鉴定意见提出的意见

B. 乙了解案件情况但因重病无法出庭,法官自行前往调查核实的证人证言

C. 丙作为技术人员"就证明讯问过程合法性的同步录音录像是否经过剪辑"在法庭上所作的说明

D. 丁曾路过发生杀人案的院子,其开庭审理时所作的"当时看到一个人从那里走出来,好像喝了许多酒"的证言

[释疑] 传闻证据规则即传闻证据排除法则,是英美证据法最重要的证据规则之一。传闻证据规则是指,如果一个证据被定义为传闻证据,并且没有法定的例外情况可以适用,则该证据不得被法庭采纳。传闻证据规则的核心概念是"传闻",即传闻证据,是英美证据法上特有的证据概念。所谓"传闻",在广义上是指,用以证明其所说内容真实的法庭之外的陈述,包括口头陈述、书面陈述以及有意或无意地带有某种意思表示的非语言行为。关于传闻证据的界定,可以概括出以下几点:① 传闻证据必须是一项陈述。但陈述是一个十分广泛的概念,包括意思表达的所有方式。其广义的表现方式包括口头陈述、书面陈述,以及非语言行为。至于陈述的主体,是广义的证人。在英美法系国家,证人的概念是广义的。证人通常指经过宣誓之后在法庭审理过程中对案件的有关事实作证的人,包括大陆法系意义上的证人,还包括被害人、鉴定人、进行侦查的警察。② 传闻证据是在法庭外作出的。庭外陈述人的主张是不能被接受的,因为该主张不是在能获得某些实质的检验或调查的情况下作出的,而这些检验或调查能够通过暴露其潜在错误来源而彰显其真实价值。③ 传闻证据是一项主张,并旨在证明这一主张的真实性。传闻证据规则并非一律排除陈述者在庭外的所有陈述,而是不得用于证明其陈述内容是真实的。如果为了其他证明目的,传闻证据是可以采纳的。所以,A项"意见"是意见提供者在法庭上亲自提出的,不是传闻证据。B项"证言"并非该证人亲自在法庭上提供,故为传闻证据。C项"说明"也非传闻证据。D项"好像喝了许多酒"的证言,也非传闻证据。(答案:B)

13. 案例题(2015年真题,案例)

案情:某日凌晨,A市某小区地下停车场发现一具男尸,经辨认,死者为刘瑞,达永房地产公司法定代表人。停车场录像显示一男子持刀杀死了被害人,但画面极为模糊,小区某保安向侦查人员证实其巡逻时看见形似刘四的人拿刀捅了被害人后逃走(开庭时该保安已辞职无法

联系)。

侦查人员在现场提取了一只白手套、一把三棱刮刀(由于疏忽,提取时未附笔录)。侦查人员对现场提取的血迹进行了ABO血型鉴定,认定其中的血迹与犯罪嫌疑人刘四的血型一致。

刘四到案后几次讯问均不认罪,后来交代了杀人的事实并承认系被他人雇用所为,公安机关据此抓获了另外两名犯罪嫌疑人康雍房地产公司开发商张文、张武兄弟。

侦查终结后,检察机关提起公诉,认定此案系因开发某地块利益之争,张文、张武雇用社会人员刘四杀害了被害人。

法庭上张氏兄弟、刘四同时翻供,称侦查中受到严重刑讯,不得不按办案人员意思供认,但均未向法庭提供非法取证的证据或线索,未申请排除非法证据。

公诉人指控定罪的证据有:① 小区录像;② 小区保安的证言;③ 现场提取的手套、刮刀;④ ABO血型鉴定;⑤ 侦查预审中三被告人的有罪供述及其相互证明。三被告对以上证据均提出异议,主张自己无罪。

答题要求:
1. 无本人分析、照抄材料原文不得分;
2. 结论、观点正确,逻辑清晰,说理充分,文字通畅;
3. 请按问题顺序作答,总字数不得少于800字。

问题:
1. 请根据《刑事诉讼法》及相关司法解释的规定,对以上证据分别进行简要分析,并作出是否有罪的结论。

[释疑] 本案现有证据不能作出有罪的结论。

(1) 小区录像只能证明一男子持刀杀死了被害人,由于画面极为模糊,不能证明该男子是被告人刘四。

(2) 小区保安的证言只是向侦查人员证实其巡逻时看见形似刘四的人拿刀捅了被害人后逃走(开庭时该保安已辞职无法联系)。该证言属于猜测性、评论性、推断性的证言,根据《刑诉法解释》第75条第2款规定:"证人的猜测性、评论性、推断性的证言,不得作为证据使用,但根据一般生活经验判断符合事实的除外",况且,该证人开庭已无法联系,所以,该证言不得作为证据使用。

(3) 现场提取的手套、刮刀,侦查人员在现场提取了一只白手套、一把三棱刮刀(由于疏忽,提取时未附笔录)。根据《刑诉法解释》第73条第1款规定:"在勘验、检查、搜查过程中提取、扣押的物证、书证,未附笔录或者清单,不能证明物证、书证来源的,不得作为定案的根据。"该物证也不得作为定案的根据。

(4) ABO血型鉴定:其中的血迹与犯罪嫌疑人刘四的血型一致。血型一致并非DNA鉴定,可以作出同一认定,只能说明不排除该血迹是刘四的,也可能是别人的。

(5) 侦查预审中三被告人的有罪供述及其相互证明。由于法庭上张氏兄弟、刘四同时翻供,称侦查中受到严重刑讯,不得不按办案人员意思供认。《刑诉法解释》第83条规定:"审查被告人供述和辩解,应当结合控辩双方提供的所有证据以及被告人的全部供述和辩解进行。被告人庭审中翻供,但不能合理说明翻供原因或者其辩解与全案证据矛盾,而其庭前供述与其他证据相互印证的,可以采信其庭前供述。被告人庭前供述和辩解存在反复,但庭审中供认,且与其他证据相互印证的,可以采信其庭审供述;被告人庭前供述和辩解存在反复,庭审中不供认,且无其他证据与庭前供述印证的,不得采信其庭前供述。"根据上述规定,本案中被告人庭审中不供认,且无其他证据与庭前供述相印证,故不得采信其庭前供述。尽管本案被告人均未向法庭提供非法取证的证据或线索,未申请排除非法证据,但法院可以依职权对非法证据进行调查。因为《刑事诉讼法》第56条第1款规定:"法庭审理过程中,审判人员认为可能存在本法第五十四条规定的以非法方法收集证据情形的,应当对证据收集的合法性进行法庭调查。"《刑事诉讼法》第53条规定:"对一切案件的判处都要重证据,重调查研究,不轻信口供。只有被告人供述,没有其他证据的,不能认定被告人有罪和处以刑罚;没有被告人供述,证据确实、充分的,可以认定被告人有罪和处以刑罚。证据确实、充分,应当符合以下条件:(一)定罪量刑的事实都有证据证明;(二)据以定案的证据均经法定程序查证属实;(三)综合全案证据,对所认定事实已排除合理怀疑。"

《刑诉法解释》第105条规定:"没有直接证据,但间接证据同时符合下列条件的,可以认定被告人有罪:(一)证据已经查证属实;(二)证据之间相互印证,不存在无法排除的矛盾和无法解释的疑问;(三)全案证据已经形成完整的证明体系;(四)根据证据认定案件事实足以排除合理怀疑,结论具有唯一性;(五)运用证据进行的推理符合逻辑和经验。"本案证据达不到确实、充分的条件,对所认定事实不能排除合理怀疑。所以,本案现有证据不能作出有罪的结论。

2. 请结合本案,谈谈对《中共中央关于全面推进依法治国若干重大问题的决定》中关于"推进以审判为中心的诉讼制度改革,确保侦查、审查起诉的案件事实证据经得起法律的检验"这一部署的认识。

[释疑] 以审判为中心就是以庭审作为整个诉讼的中心环节,侦查、起诉等审前程序都是开启审判程序的准备阶段,侦查、起诉活动都是围绕审判中事实认定、法律适用的标准和要求而展开,法官直接听取控辩双方的意见,依据证据裁判规则作出裁判,做到事实证据调查在法庭,定罪量刑辩论在法庭,判决结果形成在法庭。简而言之,以审判为中心就是要求庭审实质化,提高审判质量。以审判为中心要求作为刑事诉讼开端程序的立案、侦查,收集证据要从源头上保证案件审判质量,防止冤假错案的发生。侦查人员收集证据一定要依法定的程序进行,这样才能为公正审判提供合法证据。同时,侦查中还应当保护犯罪嫌疑人的辩护权等合法权益。本案的侦查中,侦查人员询问证人不仔细,对证人的保护不力,开庭时证人已无法联系,丧失了证人出庭接受询问的条件;侦查人员对现场提取白手套、三棱刮刀也违反取证程序,提取时居然未附笔录。侦查人员对现场提取的血迹只做不能认定同一的ABO血型鉴定,未做DNA鉴定也违反了法定程序。对犯罪嫌疑人的供述过程也未按规定进行全程录音录像,也未按规定为犯罪嫌疑人提供法律援助。因此,本案中的侦查活动未能按审判为中心的要求进行,其证据不被法庭采纳就不足为奇了。审查起诉是把守案件审判质量的重要闸门,审判中心要求公诉部门要严格依法审查起诉、提起公诉、出庭支持公诉的,对于不符合起诉条件的案件不能起诉到法院。本案中,公诉部门对没有证据能力的证人证言、不能作为定案根据的手套、刮刀,未做DNA鉴定的血迹未依法进行认真审查就移送人民法院;对侦查活动中可能存在的非法取证行为也未进行有效监督;对犯罪嫌疑人的辩护权也未依法进行保护;关键证人下落不明等等,都不符合法定程序,达不到以审判为中心的要求。审判中心除了要求侦查、起诉要围绕着审判展开,还要求审判中:

（1）要贯彻直接言词原则。直接言词原则是直接审理原则和言词审理原则的合称。直接原则的要求有二：① 法官（包括陪审法官）必须始终在法庭上亲自接触证据材料、直接感受证据材料。② 法官应当尽可能接触原始证据材料，而不是第二手或者更远离原始的材料。因为在诉讼中，法官对于案件事实的认定是以证据为根据的，唯有要求法官对于证据调查具有亲历性，要求证据尽可能具有原始性，才能使法官更准确地判断证据和案件事实。言词审理原则，又称口头（审理）原则，"要求以言词陈述或问答形式而显现于审判庭之诉讼材料，法院始得采为裁判之基础"。直接审理原则和言词审理原则的综合作用，就是通过公正审判程序保障实现实体审判公正，特别是通过庭审查明案件事实真相。本案中，并未有通知证人、鉴定人、勘验检查笔录制作人等出庭的打算，就会使得直接言词原则难以贯彻。

（2）要保障犯罪嫌疑人、被告人的辩护权。对于犯罪嫌疑人、被告人而言，在面临着被定罪处刑的关键性审判阶段，其辩护权应当得到充分和有效的保障。而对犯罪嫌疑人、被告人来说，最有效的辩护就是律师辩护。本案中从头到尾始终未见辩护律师与辩护律师的意见，显然与审判中心的要求相去甚远。

（3）事实认定符合客观真相。推进以审判为中心的改革主要是为了公正司法，严防冤假错案发生，提高司法公信力。这就必须努力做到庭审所作出的"事实认定符合客观真相"。案件事实客观真相或者称案件本源事实是指客观存在的案件发生时的事实情况。它不以办案人员的意志为转移，办案人员不能否认、改变案件的客观真相，而只能对其加以发现、查明和认定。但是案件本原事实是过去发生的，办案人员只能以证据作为唯一手段来认定案件事实、还原案件事实真相。依据证据准确认定案件事实，这就是证据裁判原则之要义。需要明确的是，在刑事司法中事实认定符合客观真相这一要求实际上仅指对被告人有罪事实的认定而言，即在证明标准上达到了事实清楚、证据确实充分的程度才能认定被告人有罪。至于无罪的事实认定，能达到符合客观真相固然理想，但是一部分案件的事实认定，属于事实不清、证据不足的情形，无法达到符合客观真相，只能按照疑罪从无原则作无罪处理，以免冤枉无辜。本案中，由于证据不足以证明被告人构成犯罪，只能作出证据不足的无罪判决。

14．关于鉴定人与鉴定意见，下列哪一选项是正确的？（2014 年真题，单选）
A．经法院通知，鉴定人无正当理由拒不出庭的，可由院长签发强制令强制其出庭
B．鉴定人有正当理由无法出庭的，法院可中止审理，另行聘请鉴定人重新鉴定
C．经辩护人申请而出庭的具有专门知识的人，可向鉴定人发问
D．对鉴定意见的审查和认定，受到意见证据规则的规制

［释疑］《刑事诉讼法》第 187 条第 3 款规定："公诉人、当事人或者辩护人、诉讼代理人对鉴定意见有异议，人民法院认为鉴定人有必要出庭的，鉴定人应当出庭作证。经人民法院通知，鉴定人拒不出庭作证的，鉴定意见不得作为定案的根据。"法院不能强制鉴定人出庭，故 A 项错误。六部门《规定》第 29 条规定："刑事诉讼法第一百八十七条第三款规定：'公诉人、当事人或者辩护人、诉讼代理人对鉴定意见有异议，人民法院认为鉴定人有必要出庭的，鉴定人应当出庭作证。经人民法院通知，鉴定人拒不出庭作证的，鉴定意见不得作为定案的根据。'根据上述规定，依法应当出庭的鉴定人经人民法院通知未出庭作证的，鉴定意见不得作为定案的根据。鉴定人由于不能抗拒的原因或者有其他正当理由无法出庭的，人民法院可以根据案件审理情况决定延期审理。"故 B 项错误。《刑事诉讼法》第 192 条规定："法庭审理过程中，当事人和辩护人、诉讼代理人有权申请通知新的证人到庭，调取新的物证，申请重新鉴定

或者勘验。公诉人、当事人和辩护人、诉讼代理人可以申请法庭通知有专门知识的人出庭,就鉴定人作出的鉴定意见提出意见。法庭对于上述申请,应当作出是否同意的决定。第二款规定的有专门知识的人出庭,适用鉴定人的有关规定。"有专门知识的人出庭是就鉴定意见提出意见,故 C 项正确。意见证据规则,是指证人只能陈述自己亲身感受和经历的事实,而不得陈述对该事实的意见或结论。英美国家将证人分为"专家证人"与"普通证人",允许专家证人基于专业知识提供意见证据,而普通证人只能陈述他们所知道的第一手资料,并且只能就事实提供证言。在我国,证人的猜测性、评论性、推断性的证言,不得作为证据使用,但根据一般生活经验判断符合事实的除外。鉴定意见属于言词证据,本身就是鉴定人对案件的专门问题作出的判断和发表的意见,不受意见证据规则的规制。故 D 项错误。(答案:C)

15. 关于证据的关联性,下列哪一选项是正确的?(2014 年真题,单选)
   A. 关联性仅指证据事实与案件事实之间具有因果关系
   B. 具有关联性的证据即具有可采性
   C. 证据与待证事实的关联度决定证据证明力的大小
   D. 类似行为一般具有关联性

   [释疑] 关联性也称为相关性,是指证据必须与案件事实有客观联系,对证明刑事案件事实具有某种实际意义,反之,与本案无关的事实或材料,都不能成为刑事证据。证据与案件事实相关联的形式是多种多样、十分复杂的。其中最常见的是因果关系,即证据事实是犯罪的原因或结果的事实;其次是与犯罪相关的空间、时间、条件、方法、手段的事实。故 A 项错误。关联性是证据被采纳的首要条件。没有关联性的证据不具有可采性,但具有关联性的证据未必都具有可采性,仍有可能出于利益考虑,或者由于某种特殊规则,而不具有可采性。故 B 项错误。证据的关联性是证据证明力的原因。所谓证明力,是指证据所具有的对案件事实的证明作用,也就是证据对证明案件事实的价值。证据对案件事实有无证明力以及证明力的大小,取决于证据本身与案件事实有无联系以及联系的紧密、强弱程度。一般来说,如果证据与案件事实之间的联系紧密,则该证据的证明力较强,在诉讼中所起的作用也较大。故 C 项正确。一般而言,英美证据法认为下列几种证据不具有关联性,不得作为认定案件事实的根据:① 品格证据。② 类似行为。一般规则是,被告人在其他场合的某一行为与他在当前场合的类似行为通常没有关联性。③ 特定的诉讼行为。④ 特定的事实行为。⑤ 被害人过去的行为。但是,上述行为不具有关联性也不是绝对的,而是存在一些例外的情况。故 D 项错误。(答案:C)

16. 下列哪一选项所列举的证据属于补强证据?(2014 年真题,单选)
   A. 证明讯问过程合法的同步录像材料
   B. 证明获取被告人口供过程合法,经侦查人员签名并加盖公章的书面说明材料
   C. 根据被告人供述提取到的隐蔽性极强、并能与被告人供述和其他证据相印证的物证
   D. 对与被告人有利害冲突的证人所作的不利被告人的证言的真实性进行佐证的书证

   [释疑] 补强证据,是指用以增强另一个证据证明力的证据,一开始收集到的对证实案情有重要意义的证据,称为"主证据",而用以印证该证据真实性的其他证据,就称之为"补强证据"。补强证据必须满足以下条件:① 补强证据必须具有证据能力。② 补强证据本身必须具有担保补强对象真实的能力。补强证据的作用仅仅在于担保特定补强对象的真实性,而非对整个待证事实或案件事实具有补强作用。③ 补强证据必须具有独立的来源。故 D 项正确。

同步录像材料是用于证明讯问过程是否合法的,不能证明案件事实,不具备证据能力。故 A 项错误。经侦查人员签名并加盖公章的书面说明材料是用来说明获取被告人口供过程合法的,并不能担保被告人口供是真实的,不具备证据能力。故 B 项错误。根据被告人供述提取到的物证来源于被告人供述,不具备独立来源。故 C 项错误。(答案:D)

17. 某地法院审理齐某组织、领导、参加黑社会性质组织罪,关于对作证人员的保护,下列哪些选项是正确的?(2014 年真题,多选)

   A. 可指派专人对被害人甲的人身和住宅进行保护
   B. 证人乙可申请不公开真实姓名、住址等个人信息
   C. 法院通知侦查人员丙出庭说明讯问的合法性,为防止黑社会组织报复,对其采取不向被告人暴露外貌、真实声音的措施
   D. 为保护警方卧底丁的人身安全,丁可不出庭作证,由审判人员在庭外核实丁的证言

[释疑] 《刑事诉讼法》第 62 条规定:"对于危害国家安全犯罪、恐怖活动犯罪、黑社会性质的组织犯罪、毒品犯罪等案件,证人、鉴定人、被害人因在诉讼中作证,本人或者其近亲属的人身安全面临危险的,人民法院、人民检察院和公安机关应当采取以下一项或者多项保护措施:(一) 不公开真实姓名、住址和工作单位等个人信息;(二) 采取不暴露外貌、真实声音等出庭作证措施;(三) 禁止特定的人员接触证人、鉴定人、被害人及其近亲属;(四) 对人身和住宅采取专门性保护措施;(五) 其他必要的保护措施。证人、鉴定人、被害人认为因在诉讼中作证,本人或者其近亲属的人身安全面临危险的,可以向人民法院、人民检察院、公安机关请求予以保护。人民法院、人民检察院、公安机关依法采取保护措施,有关单位和个人应当配合。"故 A、B 项正确。侦查人员丙出庭是为了说明讯问的合法性,不是陈述案件事实,丙不具备证人资格,不能适用证人保护的规定。故 C 项错误。《刑事诉讼法》第 152 条规定:"依照本节规定采取侦查措施收集的材料在刑事诉讼中可以作为证据使用。如果使用该证据可能危及有关人员的人身安全,或者可能产生其他严重后果的,应当采取不暴露有关人员身份、技术方法等保护措施,必要的时候,可以由审判人员在庭外对证据进行核实。"故 D 项正确。(答案:ABD)

18. 在法庭审理过程中,被告人屠某、沈某和证人朱某提出在侦查期间遭到非法取证,要求确认其审前供述或证言不具备证据能力。下列哪些情形下应当根据法律规定排除上述证据?(2013 年真题,多选)

   A. 将屠某"大"字型吊铐在窗户的铁栏杆上,双脚离地
   B. 对沈某进行引诱,说"讲了就可以回去"
   C. 对沈某进行威胁,说"不讲就把你老婆一起抓进来"
   D. 对朱某进行威胁,说"不配合我们的工作就把你关进来"

[释疑] 《刑事诉讼法》第 54 条规定:"采用刑讯逼供等非法方法收集的犯罪嫌疑人、被告人供述和采用暴力、威胁等非法方法收集的证人证言、被害人陈述,应当予以排除。收集物证、书证不符合法定程序,可能严重影响司法公正的,应当予以补正或者作出合理解释;不能补正或者作出合理解释的,对该证据应当予以排除。在侦查、审查起诉、审判时发现有应当排除的证据的,应当依法予以排除,不得作为起诉意见、起诉决定和判决的依据。"因此,A、D 项当选。(答案:AD)

19. 下列哪些情形下,合议庭成员不承担责任?(2013 年真题,多选)

   A. 发现了新的无罪证据,合议庭作出的判决被改判的

B. 合议庭认为审前供述虽非自愿,但能够与其他证据相印证,因此予以采纳,该供述后来被上级法院排除后而改判的

C. 辩护方提出被告人不在犯罪现场的线索和证据材料,合议庭不予调查,作出有罪判决而被改判无罪的

D. 合议庭对某一事实的认定以生效的民事判决为依据,后来该民事判决被撤销,导致刑事判决发回重审的

[释疑] 最高人民法院《关于进一步加强合议庭职责的若干规定》第10条规定:"合议庭组成人员存在违法审判行为的,应当按照《人民法院审判人员违法审判责任追究办法(试行)》等规定追究相应责任。合议庭审理案件有下列情形之一的,合议庭成员不承担责任:(一)因对法律理解和认识上的偏差而导致案件被改判或者发回重审的;(二)因对案件事实和证据认识上的偏差而导致案件被改判或者发回重审的;(三)因新的证据而导致案件被改判或者重审的;(四)因法律修订或者政策调整而导致案件被改判或者发回重审的;(五)因裁判所依据的其他法律文书被撤销或变更而导致案件被改判或者发回重审的;(六)其他依法履行审判职责不应当承担责任的情形。"因此,A、B、D项当选。(答案:ABD)

20. 关于证人证言的收集程序和方式存在瑕疵,经补正或者作出合理解释后,可以作为证据使用的情形,下列哪一选项是正确的?(2012年真题,单选)

A. 询问证人时没有个别进行的

B. 询问笔录反映出在同一时间内,同一询问人员询问不同证人的

C. 询问聋哑人时应当提供翻译而未提供的

D. 没有经证人核对确认并签名(盖章)、捺指印的

[释疑] 《刑诉法解释》第76条规定:"证人证言具有下列情形之一的,不得作为定案的根据:(一)询问证人没有个别进行的;(二)书面证言没有经证人核对确认的;(三)询问聋、哑人,应当提供通晓聋、哑手势的人员而未提供的;(四)询问不通晓当地通用语言、文字的证人,应当提供翻译人员而未提供的。"《刑诉法解释》第77条规定:"证人证言的收集程序、方式有下列瑕疵,经补正或者作出合理解释的,可以采用;不能补正或者作出合理解释的,不得作为定案的根据:(一)询问笔录没有填写询问人、记录人、法定代理人姓名以及询问的起止时间、地点的;(二)询问地点不符合规定的;(三)询问笔录没有记录告知证人有关作证的权利义务和法律责任的;(四)询问笔录反映出在同一时段,同一询问人员询问不同证人的。"故B项正确。(答案:B)

21. 关于补强证据,下列哪一说法是正确的?(2012年真题,单选)

A. 应当具有证据能力 B. 可以和被补强证据来源相同

C. 对整个待证事实有证明作用 D. 应当是物证或者书证

[释疑] 补强证据规则,是指为了防止错误认定案件事实或发生其他危险性,而在运用某些证明力显然薄弱的证据认定案情时,法律规定必须有其他证据补强其证明力。补强证据规则主要适用于言词证据。由于被追诉者的口供与其他言词证据在诉讼特征上有很大不同,又可以将补强证据规则分为口供的补强与其他证据的补强两类。证据必具有证据能力,补强证据也不例外。因此,A项正确。(答案:A)

22. 关于辨认程序不符合有关规定,经补正或者作出合理解释后,辨认笔录可以作为证据使用的情形,下列哪一选项是正确的?(2012年真题,单选)

A. 辨认前使辨认人见到辨认对象的
B. 供辨认的对象数量不符合规定的
C. 案卷中只有辨认笔录,没有被辨认对象的照片、录像等资料,无法获悉辨认的真实情况的
D. 辨认活动没有个别进行的

[释疑] 《刑诉法解释》第 90 条规定:"对辨认笔录应当着重审查辨认的过程、方法,以及辨认笔录的制作是否符合有关规定。辨认笔录具有下列情形之一的,不得作为定案的根据:(一)辨认不是在侦查人员主持下进行的;(二)辨认前使辨认人见到辨认对象的;(三)辨认活动没有个别进行的;(四)辨认对象没有混杂在具有类似特征的其他对象中,或者供辨认的对象数量不符合规定的;(五)辨认中给辨认人明显暗示或者明显有指认嫌疑的;(六)违反有关规定、不能确定辨认笔录真实性的其他情形。"最高人民法院、最高人民检察院、公安部、国家安全部、司法部《关于办理死刑案件审查判断证据若干问题的规定》第 30 条规定:"……有下列情形之一的,通过有关办案人员的补正或者作出合理解释的,辨认结果可以作为证据使用:(一)主持辨认的侦查人员少于二人的;(二)没有向辨认人详细询问辨认对象的具体特征的;(三)对辨认经过和结果没有制作专门的规范的辨认笔录,或者辨认笔录没有侦查人员、辨认人、见证人的签名或者盖章的;(四)辨认记录过于简单,只有结果没有过程的;(五)案卷中只有辨认笔录,没有被辨认对象的照片、录像等资料,无法获悉辨认的真实情况的。"因此,C 项正确。(答案:C)

23. 下列哪一选项表明我国基本确立了自白任意性规则?(2012 年真题,单选)
A. 侦查人员在讯问犯罪嫌疑人的时候,可以对讯问过程进行录音或者录像
B. 不得强迫任何人证实自己有罪
C. 逮捕后应当立即将被逮捕人送交看守所羁押
D. 不得以连续拘传的方式变相拘禁犯罪嫌疑人、被告人

[释疑] 自白是指被追诉人向特定机关或个人自愿作出的承认自己犯有所指控的罪行并披露实施犯罪的具体情况的供述,即自白是被追诉人所作的对己不利的、对犯罪的主要构成要件的承认。自白任意规则是指在刑事诉讼中,只有基于被追诉人自由意志而作出的自白(即承认有罪的供述),才具有可采性,违背当事人意愿或者违反法定程序而强制作出的供述不具有可采性,必须予以排除。故 B 项当选。(答案:B)

24. 关于非法证据的排除,下列哪些说法是正确的?(2012 年真题,多选)
A. 非法证据排除的程序,可以根据当事人等申请而启动,也可以由法庭依职权启动
B. 申请排除以非法方法收集的证据,应当提供相关线索或者材料
C. 检察院应当对证据收集的合法性加以证明
D. 只有确认存在《刑事诉讼法》第 54 条规定的以非法方法收集证据情形时,才可以对有关证据应当予以排除

[释疑] 《刑事诉讼法》第 56 条规定:"法庭审理过程中,审判人员认为可能存在本法第五十四条规定的以非法方法收集证据情形的,应当对证据收集的合法性进行法庭调查。当事人及其辩护人、诉讼代理人有权申请人民法院对以非法方法收集的证据依法予以排除。申请排除以非法方法收集的证据的,应当提供相关线索或者材料。"《刑事诉讼法》第 57 条规定:"在对证据收集的合法性进行法庭调查的过程中,人民检察院应当对证据收集的合法性加以证明。现有证据材料不能证明证据收集的合法性的,人民检察院可以提请人民法院通知有关

侦查人员或者其他人员出庭说明情况;人民法院可以通知有关侦查人员或者其他人员出庭说明情况。有关侦查人员或者其他人员也可以要求出庭说明情况。经人民法院通知,有关人员应当出庭。"《刑事诉讼法》第58条规定:"对于经过法庭审理,确认或者不能排除存在本法第五十四条规定的以非法方法收集证据情形的,对有关证据应当予以排除。"根据以上规定,A、B、C项正确。(答案:ABC)

25. 张某伪造、变造国家机关公文、证件、印章案的下列哪一证据既属于言词证据,又属于间接证据?(2011年真题,单选)

A. 用于伪造、变造国家机关公文、证件、印章的设备、工具

B. 伪造、变造的国家机关公文、证件、印章

C. 张某关于实施伪造、变造行为的供述

D. 判别国家机关公文、证件、印章真伪的鉴定意见

[释疑] 判别国家机关公文、证件、印章真伪的鉴定意见既属于言词证据,又属于间接证据。(答案:D)

26. 下列哪一选项既属于原始证据,又属于间接证据?(单选)

A. 被告人丁某承认伤害被害人的供述

B. 证人王某陈述看到被告人丁某在案发现场擦拭手上血迹的证言

C. 证人李某陈述被害人向他讲过被告人丁某伤害她的经过

D. 被告人丁某精神病鉴定意见的抄本

[释疑] A、C项为直接证据,D项为传来证据。单个直接证据即能说明案件主要事实,即直接说明某人是否犯罪;单个间接证据只能说明案件的部分或片断事实,不能直接说明某人是否犯罪,而需要与其他证据形成证据链。证人王某的陈述是其亲眼所见,属于原始证据,但陈述内容只是片断事实,故选B项。(答案:B)

27. 甲乙两家曾因宅基地纠纷诉至法院,尽管有法院生效裁判,但甲乙两家关于宅基地的争议未得到根本解决。一日,甲、乙因各自车辆谁先过桥引发争执继而扭打,甲拿起车上的柴刀砍中乙颈部,乙当场死亡。对此,下列哪一选项是不需要用证据证明的免证事实?(单选)

A. 甲的身份状况

B. 甲用柴刀砍乙颈部的时间、地点、手段、后果

C. 甲用柴刀砍乙颈部时精神失常

D. 法院就甲乙两家宅基地纠纷所作出的裁判事项

[释疑] 《刑事诉讼规则(试行)》第437条规定:"在法庭审理中,下列事实不必提出证据进行证明:(一)为一般人共同知晓的常识性事实;(二)人民法院生效裁判所确认的并且未依审判监督程序重新审理的事实;(三)法律、法规的内容以及适用等属于审判人员履行职务所应当知晓的事实;(四)在法庭审理中不存在异议的程序事实;(五)法律规定的推定事实;(六)自然规律或者定律。"故选D项。(答案:D)

28. 关于刑事诉讼中的证明责任,下列哪些选项是正确的?(多选)

A. 总是与一定的积极诉讼主张相联系,否认一方不负证明责任

B. 总是与一定的不利诉讼后果相联系,受到不利裁判的不一定承担证明责任

C. 是提出证据责任与说服责任的统一,提出证据并非完全履行了证明责任

D. 是专属于控诉方独自承担的责任,具有一定的责任排他性

[释疑] 《刑事诉讼法》第49条规定了"公诉案件中被告人有罪的举证责任由人民检察院承担,自诉案件中被告人有罪的举证责任由自诉人承担"的刑事证据原理。刑事诉讼中的证明责任总是与一定的积极诉讼主张相联系,否认一方不负证明责任;总是与一定的不利诉讼后果相联系,受到不利裁判的不一定承担证明责任,是提出证据责任与说服责任的统一,提出证据并非完全履行了证明责任。故A、B、C项正确。由于法律特别规定的情况下,在刑事证明中会出现举证责任倒置,故说证明责任是由控诉方独自承担的责任太绝对,故D项错误。(答案:ABC)

29. 关于吴某涉嫌故意泄露国家秘密罪,下列哪些选项属于需要运用证据加以证明的事实?(多选)
  A. 吴某是否为国家机关工作人员
  B. 是否存在为吴某所实施的被指控事实
  C. 被指控事实是否情节严重
  D. 是否具有法定或酌定从重、从轻、减轻及免除处罚的情节

[释疑] 《刑诉法解释》第64条规定:"应当运用证据证明的案件事实包括:(一)被告人、被害人的身份;(二)被指控的犯罪是否存在;(三)被指控的犯罪是否为被告人所实施;(四)被告人有无刑事责任能力,有无罪过,实施犯罪的动机、目的;(五)实施犯罪的时间、地点、手段、后果以及案件起因等;(六)被告人在共同犯罪中的地位、作用;(七)被告人有无从重、从轻、减轻、免除处罚情节;(八)有关附带民事诉讼、涉案财物处理的事实;(九)有关管辖、回避、延期审理等的程序事实;(十)与定罪量刑有关的其他事实。认定被告人有罪和对被告人从重处罚,应当适用证据确实、充分的证明标准。"故A、B、C、D项正确。(答案:ABCD)

30. 某银行被盗,侦查机关将沈某确定为犯罪嫌疑人。在进行警犬辨认时,一"功勋警犬"在发案银行四处闻了闻后,猛地扑向沈某。随后,侦查人员又对沈某进行心理测试,测试结论显示,只要犯罪嫌疑人说没偷,测谎仪就显示其撒谎。关于可否作为认定案件事实的根据,下列哪一选项是正确的?(单选)
  A. 警犬辨认和心理测试结论均可以
  B. 警犬辨认可以,心理测试结论不可以
  C. 警犬辨认不可以,心理测试结论可以
  D. 警犬辨认和心理测试结论均不可以

[释疑] 警犬辨认和心理测试结论都不属于法定的证据种类,所以都不能作为定案根据。(答案:D)

31. 公安机关在一盗窃案现场收集到犯罪嫌疑人张某书写的一张字条,收缴了被盗电视剧录像带、DVD光盘、书籍等,被盗超市提供了被盗物品清单。下列哪一选项是正确的?(单选)
  A. 该字条是书证
  B. 电视剧录像带和DVD光盘是物证
  C. 收缴的被盗书籍是书证
  D. 被盗物品清单属于证人证言

[释疑] 电视剧录像带、DVD光盘并非以其内容与案件相关联,而是以其作为物品的价值与案件相关联,故属物证。(答案:B)

32. 下列案件能够作出有罪认定的是哪一选项?(单选)
  A. 甲供认自己强奸了乙,乙否认,该案没有其他证据
  B. 甲指认乙强奸了自己,乙坚决否认,该案没有其他证据
  C. 某单位资金30万元去向不明,会计说局长用了,局长说会计用了,该案没有其他证据

D. 甲、乙二人没有通谋，各自埋伏，几乎同时向丙开枪，后查明丙身中一弹，甲、乙对各自的犯罪行为供认不讳，但收集到的证据无法查明这一枪到底是谁打中的

[释疑]　A、B、C项属于孤证不能定案；D项证明甲、乙均向丙开枪，故可作出有罪认定。(答案：D)

33. 下列哪些选项属于实物证据？（多选）
　　A. 杀人案中现场勘验笔录
　　B. 贪污案中证明贪污数额的账册
　　C. 强奸案中证明被害人精神状态的鉴定意见
　　D. 伤害案中证明伤害发生过程情况的监控录像

[释疑]　物证、书证、勘验检查笔录、视听资料属于实物证据；证人证言、被害人陈述、口供、鉴定意见属于言词证据。故选A、B、D项。(答案：ABD)

34. 刘某涉嫌强奸罪、杀人罪，在公安机关收集到的下列证据中，哪些属于间接证据？（多选）
　　A. 在现场提取的刘某的毛发
　　B. 从被害人身上提取遗留物，经鉴定系刘某所留
　　C. 王某证明案发前看到刘某进入被害人住宅的证言
　　D. 带血的菜刀

[释疑]　因A、B、C、D项都不能单独说明刘某犯罪，故均非直接证据。(答案：ABCD)

35. 石某杀人后弃尸河中。在法庭审理中，对下列哪些事实不必提出证据证明？（多选）
　　A. 被弃尸的河流从案发村镇穿过的事实
　　B. 刑法关于杀人罪的法律规定
　　C. 检察机关和石某都没有异议的案件基本事实
　　D. 石某的精神状态

[释疑]　《刑事诉讼规则(试行)》第437条规定："在法庭审理中，下列事实不必提出证据进行证明：(一) 为一般人共同知晓的常识性事实；(二) 人民法院生效裁判所确认的并且未依审判监督程序重新审理的事实；(三) 法律、法规的内容以及适用等属于审判人员履行职务所应当知晓的事实；(四) 在法庭审理中不存在异议的程序事实；(五) 法律规定的推定事实；(六) 自然规律或者定律。"故选A、B项。(答案：AB)

36. 在杨某被控故意杀人案的审理中，公诉人出示了死者女儿高某(小学生,9岁)的证言。高某证称，杨某系其表哥，案发当晚，她看到杨某举刀杀害其父。下列哪一选项是正确的？（单选）
　　A. 因高某年幼，其证言不能作为证据出示
　　B. 因高某对所证事实具有辨别能力，其证言可以作为证据出示
　　C. 高某必须到庭作证，否则其证言不能作为证据出示
　　D. 高某与案件有利害关系，其证言不可以作为定案的根据

[释疑]　《刑事诉讼法》第60条规定："凡是知道案件情况的人，都有作证的义务。生理上、精神上有缺陷或者年幼，不能辨别是非、不能正确表达的人，不能作证人。"因此B项正确。《刑诉法解释》第206条规定："证人具有下列情形之一，无法出庭作证的，人民法院可以准许其不出庭：(一) 在庭审期间身患严重疾病或者行动极为不便的；(二) 居所远离开庭地点且交

通极为不便的;(三)身处国外短期无法回国的;(四)有其他客观原因,确实无法出庭的。具有前款规定情形的,可以通过视频等方式作证。"因此 C 项错误。(答案:B)

37. 姚某在盗窃时被钟某等人当场抓获,扭送公安局。公安机关讯问姚某时,姚某指认参与抓获的钟某曾强奸过妇女刘某。公安机关对钟某强奸案的侦查中,受害妇女刘某证实曾遭强奸,所描述的作案人体貌特征与钟某相似,但因事隔一年,经辨认却又不能肯定是钟某。讯问钟某时,钟某不承认。后因侦查人员逼供,钟某被迫承认,但所供述的内容与刘某所述作案过程在细节上多有不符。本案虽无其他证据,但检察院仍决定对钟某提起公诉。问本案有哪些证据材料?(单选)

　　A. 只有被告人口供和被害人陈述　　　B. 只有证人证言
　　C. 具有 AB 所列证据材料　　　　　　D. 并无任何证据材料

　　[释疑]　证据材料与定案根据不同。在查证属实之前,一般称为证据材料。尽管口供和被害人陈述以及犯罪嫌疑人揭发的与自己无关的犯罪事实(证人证言)不真实,但仍属于证据材料。故选 C 项。(答案:C)

38. 下列关于证据的说法,错误的有哪些?(多选)

　　A. 证据之所以具有证明力,是因为证据的客观性或者真实性
　　B. 说明某人有暴力倾向的材料对证明其实施了故意伤害行为的犯罪事实具有关联性
　　C. 在我国,以饥饿、不让睡觉的手段逼取的犯罪嫌疑人供述可以作为定案的根据
　　D. 我国非法取得的言词证据予以排除的理由是这些证据不具有客观性

　　[释疑]　证据之所以具有证明力,是因为证据的关联性;说明某人有暴力倾向的材料对证明其实施了故意伤害行为的犯罪事实不具关联性;刑讯、威胁、引诱、欺骗取得的犯罪嫌疑人供述不能作为定案的根据;我国非法取得的言词证据予以排除的理由是这些证据不具有合法性。故选 A、B、C、D 项。(答案:ABCD)

39. 杨某涉嫌故意杀人罪,法庭审理期间杨声称侦查人员曾对其实施刑讯逼供,杨妻也提出其证言出自侦查人员的威胁、引诱、欺骗。如果上述情况属实,则下列证据材料哪些不能作为定案的根据?(多选)

　　A. 杨某的有罪供述
　　B. 根据杨某的有罪供述找到的杀人凶器
　　C. 杨妻的证言
　　D. 根据杨妻的证言找到的杨某转移被害人尸体时使用的布口袋

　　[释疑]　A、C 项是刑讯、威胁、引诱、欺骗所得,故不能作为定案的根据;B、D 项是"毒树之果",我国法律和司法解释并未规定排除"毒树之果"。(答案:AC)

40. 某公司被盗手提电脑一台,侦查人员怀疑是包某所为,包某一开始不承认,但后来经过刑讯承认了盗窃事实,并供述已将电脑卖给蔡某,同时还说他之所以拿公司的电脑是因为公司拖欠了 6 个月的工资。侦查人员找到蔡某后,蔡某说电脑又倒卖给了董某。董某起初不承认,侦查人员威胁他:"如果不承认就按共同盗窃论罪!"董某害怕,承认了购买电脑一事,并交出了电脑。此案中下列哪些证据可以作为定案的根据?(多选)

　　A. 包某承认盗窃事实的供述　　　　　B. 包某有关公司拖欠他工资的辩解
　　C. 董某的证言　　　　　　　　　　　D. 手提电脑

　　[释疑]　我国司法解释只规定排除非法取得的供述,未规定排除非法取得的辩解,而 D

项是"毒树之果",故选 B、D 项。(答案:BD)

41. 侦查人员在杀人案件现场收集到一封信和一张字条,信的内容与案件无关,但根据通信对方的姓名和地址查出了犯罪分子。字条的内容也与案件无关,但根据笔迹鉴定找到了字条的书写人,从而发现了犯罪分子。对于本案中的信件和字条属于何种证据种类,下列表述中不正确的有:(多选)

  A. 信件是物证,字条是物证   B. 信件是物证,字条是书证
  C. 信件是书证,字条是物证   D. 信件是书证,字条是书证

[释疑] 物证是以物质属性同案件相关联的,书证是以其记载的内容或表达的思想与案件相关联的。故信件是书证,字条是物证,A、B、D 项错误。(答案:ABD)

42. 下列证据中不属于书证的有:(多选)

  A. 以死者身上的信用卡上的血指印证明犯罪嫌疑人到过现场
  B. 伤害案件中的被害人受伤后医院就其受伤情况开出的诊断书
  C. 某省人民政府指定的某精神病医院受人民法院的委托对被告人精神病状况作出的诊断结论
  D. 某盗窃案中,价格事务所受人民检察院委托对赃物所作的价格评估书

[释疑] 伤害案件中的被害人受伤后医院就其受伤情况开出的诊断书具有书证的特点;C、D 项均为鉴定意见;A 项是物证。(答案:ACD)

43. 下列哪些证据不属于书证?(多选)

  A. 某强奸案,在犯罪嫌疑人住处收集的笔记本,其中记载着其作案经过及对被害人的描述
  B. 某贪污案,为查明账册涂改人而进行鉴定的笔迹
  C. 某故意伤害案,证人书写的书面证词
  D. 某走私淫秽物品案,犯罪嫌疑人非法携带的淫秽书刊

[释疑] A、D 项是书证,B 项是物证,C 项是证人证言。(答案:BC)

44. 下列陈述不属于犯罪嫌疑人、被告人供述和辩解的有哪些?(多选)

  A. 甲向其单位领导所作的关于其受贿的陈述
  B. 乙在侦查过程中亲笔书写的"悔过书",陈述了其抢劫的事实
  C. 丙在公安机关讯问时对同案犯丁在他们共同犯罪盗窃以外单独实施的强奸事实的陈述
  D. 在讯问犯罪嫌疑人戊时对其陈述的犯罪过程的录音

[释疑] 犯罪嫌疑人、被告人供述和辩解是犯罪嫌疑人、被告人在刑事诉讼过程中向公、检、法机关所作的有关案件事实的陈述。故 A 项不是,B 项是犯罪嫌疑人供述,C 项是证人证言,D 项是对犯罪嫌疑人供述记录,仍属犯罪嫌疑人供述。(答案:AC)

45. 勘验笔录具有哪些作用?(多选)

  A. 固定证据   B. 确定证据所表现的各种有关特征
  C. 确定侦查方向   D. 鉴别其他证据

[释疑] 勘验笔录既具有固定证据、确定证据所表现的各种有关特征的作用,也具有确定侦查方向和鉴别其他证据的作用。故选 A、B、C、D 项。(答案:ABCD)

46. 某县发生一起杀人案件,侦查人员赶到犯罪现场后,对现场进行了勘验、拍照,对尸体

进行了尸表检验和尸体解剖,对整个过程制作了笔录,并由法医对死亡原因和死亡时间作出书面的结论性意见。对这一过程中涉及的证据,下列说法错误的有哪些?(多选)

A. 对现场勘验、尸表检验、尸体解剖所作的笔录属于勘验、检查、辨认、侦查实验笔录
B. 所拍的照片既可以是勘验、检查、辨认、侦查实验笔录的组成部分,也可以是对物证的固定、保全方法,具有物证的作用
C. 法医对死亡原因和死亡时间的意见属于检查笔录的一部分
D. 本例中所涉及的证据都是实物证据

[释疑] 法医对死亡原因和死亡时间的意见属于鉴定意见,而鉴定意见属于言词证据。故选 C、D 项。(答案:CD)

47. 某市公安机关根据商场电子监视系统拍摄的图像资料破获一盗窃团伙,收缴赃款 8 万余元,并缴获金、银首饰及 CD 机、电视剧录像带等赃物。下列说法错误的是:(多选)

A. 现金、CD 机、首饰属于物证
B. 电子监视系统拍摄的图像资料属于视听资料
C. 电视剧录像带属于视听资料
D. 监视系统拍摄的图像资料属于勘验笔录,电视剧录像带属于视听资料

[释疑] 电视剧录像带属于物证,故选 C、D 项。(答案:CD)

48. 某县公安机关依法收集到犯罪嫌疑人张强通过电话进行敲诈的录音磁带一盘。该磁带中有如下话语:"我是张强,准备 5 万块钱,限期 3 天。不许报警,否则会有人杀你全家!"该录音带属于:(多选)

A. 犯罪嫌疑人、被告人供述和辩解　　　B. 视听资料
C. 直接证据　　　　　　　　　　　　　D. 间接证据

[释疑] 视听资料,是指以录音、录像、电子计算机或其他高科技设备所存储的信息证明案件真实情况的资料,故该磁带是视听资料。一个证据如果能单独说明某人是否犯罪就是直接证据,否则就是间接证据。本案的磁带不是犯罪嫌疑人、被告人供述和辩解,而是视听资料;不是间接证据,而是直接证据。故选 B、C 项。(答案:BC)

49. 下列证据中,既属于直接证据又属于原始证据的有哪些?(多选)

A. 犯罪嫌疑人在侦查阶段向侦查人员所作的有关犯罪过程的供述
B. 侦查人员在现场提取的犯罪嫌疑人的指纹
C. 被害人关于刘某抢劫其钱财的陈述
D. 沾有血迹的杀人凶器

[释疑] A、C 项既属于直接证据又属于原始证据;而 B、D 项则既属于间接证据又属于原始证据。(答案:AC)

50. 某商业银行的摄像镜头摄下了达某和踞某持枪抢劫该银行的全过程,该录像带属于:(多选)

A. 原始证据　　　B. 直接证据　　　C. 实物证据　　　D. 有罪证据

[释疑] 该录像带既是原始证据也是直接证据,既是实物证据也是有罪证据。(答案:ABCD)

51. 下列不属于直接证据的有:(多选)

A. 韩某杀人案,证明被告人到过案发现场的证人证言

B. 马某盗窃案,被害人陈某关于犯罪给自己造成物质损害的陈述
C. 高某放火案,表明大火系因电器短路引起的录像
D. 吴某投毒案,证明被告人指纹与现场提取的指纹同一的鉴定意见

[释疑]　C项单独就能说明高某没有犯罪,故为直接证据;A、B、D项都不能单独说明某人是否犯罪,故为间接证据。(答案:ABD)

52. 欧阳林16岁,高中生,在2004年国庆节期间,他潜入某单位办公室,窃得一台手提电脑。下列不属于刑事诉讼的证明对象的是:(单选)
A. 欧阳林盗窃的事实
B. 欧阳林的年龄
C. 2004年国庆节期间放长假的事实
D. 欧阳林犯罪后的表现

[释疑]　《刑诉法解释》第64条规定:"应当运用证据证明的案件事实包括:(一) 被告人、被害人的身份;(二) 被指控的犯罪是否存在;(三) 被指控的犯罪是否为被告人所实施;(四) 被告人有无刑事责任能力,有无罪过,实施犯罪的动机、目的;(五) 实施犯罪的时间、地点、手段、后果以及案件起因等;(六) 被告人在共同犯罪中的地位、作用;(七) 被告人有无从重、从轻、减轻、免除处罚情节;(八) 有关附带民事诉讼、涉案财物处理的事实;(九) 有关管辖、回避、延期审理等的程序事实;(十) 与定罪量刑有关的其他事实。认定被告人有罪和对被告人从重处罚,应当适用证据确实、充分的证明标准。"故 A、B、D 项属于刑事诉讼的证明对象,C项不属于证明对象。(答案:C)

53. 黄某以带邻居的小孩去划船为名,当船行至湖中央时,故意将刚满1周岁的女婴抛入湖中,使其溺水而死。本案在法庭审理时,控方应主要证明哪些事实?(多选)
A. 黄某作案时已满18周岁
B. 黄某的行为系故意
C. 该女婴不会游泳
D. 该女婴已因溺水而死亡

[释疑]　C项不属于证明对象,A、B、D项属于证明对象。(答案:ABD)

54. 关于我国刑事诉讼中证明责任的分担,下列说法错误的是:(多选)
A. 犯罪嫌疑人应当如实回答侦查人员的提问,承担证明自己无罪的责任
B. 自诉人对其控诉承担提供证据予以证明的责任
C. 律师进行无罪辩护时必须承担提供证据证明其主张成立的责任
D. 在巨额财产来源不明案中,检察机关应当证明国家工作人员的财产明显超过合法收入且差额巨大这一事实的存在

[释疑]　本题考查刑事诉讼中的证明责任与举证责任。按照我国《刑事诉讼法》第49条"公诉案件中被告人有罪的举证责任由人民检察院承担,自诉案件中被告人有罪的举证责任由自诉人承担"的规定和刑事诉讼证明责任的理论,在我国的刑事诉讼中,对于公诉案件,人民检察院应承担证明被告人有罪的证明责任;在自诉案件中,自诉人对其控诉承担提供证据予以证明的责任;犯罪嫌疑人、被告人及其辩护律师有举证权利而没有举证责任,他们举证不能并不因此承担不利后果;犯罪嫌疑人应当如实回答侦查人员的提问并不等于其承担证明自己无罪的责任,即便其未如实回答,也不得据此定罪;在巨额财产来源不明罪中,检察机关应当证明国家工作人员的财产明显超过合法收入且差额巨大这一事实,后由犯罪嫌疑人、被告人承担巨大差额的合法来源的举证责任,这是犯罪嫌疑人、被告人不负举证责任的例外,理论上称"举证责任倒置"。所以本题的答案应选 A、C项。(答案:AC)

三、提示与预测

本章涉及刑事证据的概念、特征,非法证据的排除,证据的种类、分类和证明等内容,近几年的考试中多有涉及,考生要重点掌握。本章是重点章,要注意新法关于证据概念、非法证据排除、证明责任、证明标准、对证人的保护等新规定。

第八章 强制措施

```
                ┌ 强制措施的概念
                │ 扭送
                │ 拘传 ┌ 拘传的概念
                │      └ 拘传的程序
                │        ┌ 取保候审的概念
                │        │ 适用条件
                │ 取保候审┤ 取保候审的保证方式 ┌ 保证人保证
                │        │                    └ 保证金保证
                │        │ 被取保候审人的义务
                │        │ 取保候审的程序
                │        └ 取保候审的期限
                │        ┌ 监视居住的概念、适用条件
   强制措施 ────┤ 监视居住┤ 被监视居住人的义务
                │        └ 监视居住的程序
                │        ┌ 拘留的概念
                │        │ 适用对象 ┌ 现行犯
                │        │          └ 重大嫌疑分子
                │ 拘留   ┤ 拘留的程序
                │        │           ┌ 公安机关最长14日或37日
                │        │ 拘留的期限┤ 检察机关最长14日
                │        │           └ 刑事拘留与行政拘留、司法拘留的区别
                │        ┌ 逮捕的概念
                │        │           ┌ 有证据证明有犯罪事实
                │        │ 适用条件 ┤ 可能判处徒刑以上刑罚
                │        │           └ 有逮捕必要
                │ 逮捕   ┤ 逮捕的权限 ┌ 批准权、决定权属于检察院和法院
                │        │            └ 执行权属于公安、安全机关
                │        │ 逮捕的程序 ┌ 审查、决定程序
                │        │            └ 执行程序
                │        └ 逮捕的变更、撤销或解除
```

一、精讲

考点 1 强制措施的概念

刑事诉讼中的强制措施,是指公安机关、人民检察院和人民法院为了保证刑事诉讼的顺利进行,依法对刑事案件的犯罪嫌疑人、被告人的人身自由进行限制或者剥夺的各种强制性方法。

考点 2 公民的扭送

《刑事诉讼法》第 82 条规定:"对于有下列情形的人,任何公民都可以立即扭送公安机关、人民检察院或者人民法院处理:(一)正在实行犯罪或者在犯罪后即时被发觉的;(二)通缉在案的;(三)越狱逃跑的;(四)正在被追捕的。"

特别关注:
公安机关、人民检察院和人民法院对于公民扭送来的人都应当接受,并立即进行审查,对不属于自己管辖的,应当移送有管辖权的机关;该采取紧急措施的,应先采取紧急措施。扭送不是强制措施。

考点 3 拘传

拘传是指人民法院、人民检察院和公安机关,对未被逮捕、拘留的犯罪嫌疑人、被告人依法强制其到指定地点接受讯问的一种强制方法。

特别关注:
传唤不是强制措施,适用于所有当事人,不得使用戒具;拘传则仅适用于犯罪嫌疑人、被告人,可使用戒具。在刑事诉讼中,可以不经传唤而径行拘传犯罪嫌疑人、被告人。

(一)《刑事诉讼法》的相关规定

《刑事诉讼法》第 117 条规定:"对不需要逮捕、拘留的犯罪嫌疑人,可以传唤到犯罪嫌疑人所在的市、县内的指定地点或者到他的住处进行讯问,但是应当出示人民检察院或者公安机关的证明文件。对在现场发现的犯罪嫌疑人,经出示工作证件,可以口头传唤,但应当在讯问笔录中注明。传唤、拘传持续的时间不得超过十二小时;案情特别重大、复杂,需要采取拘留、逮捕措施的,传唤、拘传持续的时间不得超过二十四小时。不得以连续传唤、拘传的形式变相拘禁犯罪嫌疑人。传唤、拘传犯罪嫌疑人,应当保证犯罪嫌疑人的饮食和必要的休息时间。"

(二)《刑事诉讼规则(试行)》的相关规定

拘传持续的时间从犯罪嫌疑人到案时开始计算。犯罪嫌疑人到案后,应当责令其在拘传证上填写到案时间,并在拘传证上签名、捺指印或者盖章,然后立即讯问。讯问结束后,应当责令犯罪嫌疑人在拘传证上填写讯问结束时间。犯罪嫌疑人拒绝填写的,检察人员应当在拘传证上注明。一次拘传持续的时间不得超过 12 小时;案情特别重大、复杂,需要采取拘留、逮捕措施的,拘传持续的时间不得超过 24 小时。两次拘传间隔的时间一般不得少于 12 小时,不得以连续拘传的方式变相拘禁犯罪嫌疑人。人民检察院拘传犯罪嫌疑人,应当在犯罪嫌疑人所在的市、县内的地点进行。犯罪嫌疑人的工作单位与居住地不在同一市、县的,拘传应当在犯罪嫌疑人的工作单位所在的市、县进行；特殊情况下，也可以在犯罪嫌疑人居住地所在的市、县内进行。需要对被拘传的犯罪嫌疑人变更强制措施的，应当经检察长或者检察委员会决定，在拘传期限内办理变更手续。在拘传期间内决定不采取其他强制措施的，拘传期限届满，应当结束拘传。

(三)《刑诉法解释》的相关规定

开庭审理单位犯罪案件，应当通知被告单位的诉讼代表人出庭。诉讼代表人系被告单位的法定代表人或者主要负责人，无正当理由拒不出庭的，可以拘传其到庭。强制证人出庭的，应当由院长签发强制证人出庭令。

特别关注：

(1) 拘传应由县(区)以上公安机关负责人、人民检察院检察长、人民法院院长批准，签发《拘传证》(法院称为《拘传票》)。执行拘传的公安、司法人员不得少于 2 人。

(2) 拘传时，应当向被拘传人出示拘传证(拘传票)。对于抗拒拘传的，可以使用戒具，强制其到案。

考点 4 取保候审

取保候审，是指人民法院、人民检察院和公安机关对未被逮捕的犯罪嫌疑人、被告人，为防止其逃避侦查、起诉和审判，责令其提出保证人或交纳保证金，并出具保证书，保证随传随到的一种强制方法。《刑事诉讼法》第 95 条规定："犯罪嫌疑人、被告人及其法定代理人、近亲属或者辩护人有权申请变更强制措施。人民法院、人民检察院和公安机关收到申请后，应当在三日以内作出决定；不同意变更强制措施的，应当告知申请人，并说明不同意的理由。"

(一) 取保候审适用的情形

《刑事诉讼法》第 65 条规定："人民法院、人民检察院和公安机关对有下列情形之一的犯罪嫌疑人、被告人，可以取保候审：(一) 可能判处管制、拘役或者独立适用附加刑的；(二) 可能判处有期徒刑以上刑罚，采取取保候审不致发生社会危险性的；(三) 患有严重疾病、生活不能自理，怀孕或者正在哺乳自己婴儿的妇女，采取取保候审不致发生社会危险性的；(四) 羁押期限届满，案件尚未办结，需要采取取保候审的。"

《刑事诉讼规则(试行)》规定：① 人民检察院决定对犯罪嫌疑人取保候审的，应当制作取保候审决定书，载明取保候审的期间、担保方式、被取保候审人应当履行的义务和应当遵守的规定。② 人民检察院应当向取保候审的犯罪嫌疑人宣读取保候审决定书，由犯罪嫌疑人签名、捺指印或者盖章，并责令犯罪嫌疑人遵守《刑事诉讼法》第 69 条的规定，告知其违反规定应负的法律责任；以保证金方式担保的，应当同时告知犯罪嫌疑人一次性将保证金存入公安机关指定银行的专门账户。③ 人民检察对于严重危害社会治安的犯罪嫌疑人，以及其他犯罪性质恶劣、情节严重的犯罪嫌疑人不得取保候审。

(二) 取保候审的方式

《刑事诉讼法》第 66 条规定："人民法院、人民检察院和公安机关决定对犯罪嫌疑人、被告人取保候审，应当责令犯罪嫌疑人、被告人提出保证人或者交纳保证金。"《刑事诉讼规则(试行)》《刑诉法解释》都规定，对符合取保候审条件，具有下列情形之一的犯罪嫌疑人，可以责令其提供 1 至 2 名保证人：① 无力交纳保证金的；② 未成年人或者已满 75 周岁的；③ 其他不宜收取保证金的。

（三）保证人的条件

《刑事诉讼法》第67条规定了保证人的条件：① 与本案无牵连；② 有能力履行保证义务；③ 享有政治权利，人身自由未受到限制；④ 有固定的住处和收入。决定机关应审查保证人是否符合法定条件。符合条件的，应当告知其必须履行的义务，并由其出具保证书。保证人应当在取保候审保证书上签名或者盖章。

（四）保证人的义务

《刑事诉讼法》第68条规定："保证人应当履行以下义务：（一）监督被保证人遵守本法第六十九条的规定；（二）发现被保证人可能发生或者已经发生违反本法第六十九条规定的行为的，应当及时向执行机关报告。被保证人有违反本法第六十九条规定的行为，保证人未履行保证义务的，对保证人处以罚款，构成犯罪的，依法追究刑事责任。"

特别关注：

六部门《规定》第14条规定：对取保候审保证人是否履行了保证义务，由公安机关认定，对保证人的罚款决定，也由公安机关作出。《刑事诉讼规则（试行）》《刑诉法解释》规定，采取保证人保证方式的，如果保证人不愿继续履行保证义务或者丧失履行保证义务能力的，人民检察院、人民法院应当在收到保证人的申请或者公安机关的书面通知后3日内，责令被告人重新提出保证人或者交纳保证金，或者变更强制措施，并通知公安机关。《刑事诉讼规则（试行）》规定：人民检察院发现保证人没有履行《刑事诉讼法》第68条规定的义务，应当通知公安机关，要求公安机关对保证人作出罚款决定。构成犯罪的，依法追究保证人的刑事责任。《刑诉法解释》规定：根据案件事实和法律规定，认为已经构成犯罪的被告人在取保候审期间逃匿的，如果系保证人协助被告人逃匿，或者保证人明知被告人藏匿地点但拒绝向司法机关提供，对保证人应当依法追究刑事责任。

（五）被取保候审人的义务

《刑事诉讼法》第69条规定：被取保候审的犯罪嫌疑人、被告人应当遵守以下规定：① 未经执行机关批准不得离开所居住的市、县；② 住址、工作单位和联系方式发生变动的，在24小时以内向执行机关报告；③ 在传讯的时候及时到案；④ 不得以任何形式干扰证人作证；⑤ 不得毁灭、伪造证据或者串供。

人民法院、人民检察院和公安机关可以根据案件情况，责令被取保候审的犯罪嫌疑人、被告人遵守以下一项或者多项规定：① 不得进入特定的场所；② 不得与特定的人员会见或者通信；③ 不得从事特定的活动；④ 将护照等出入境证件、驾驶证件交执行机关保存。被取保候审的犯罪嫌疑人、被告人违反前两款规定，已交纳保证金的，没收部分或者全部保证金，并且区别情形，责令犯罪嫌疑人、被告人具结悔过、重新交纳保证金、提出保证人，或者监视居住、予以逮捕。对违反取保候审规定，需要予以逮捕的，可以对犯罪嫌疑人、被告人先行拘留。六部门《规定》第13条规定：被取保候审、监视居住的犯罪嫌疑人、被告人无正当理由不得离开所居住的市、县或执行监视居住的处所，有正当理由需要离开所居住的市、县或者执行监视居住的处所，应当经执行机关批准。如果取保候审、监视居住是由人民检察院、人民法院决定的，执行机关在批准犯罪嫌疑人、被告人离开所居住的市、县或者执行监视居住的处所前，应当征得决定机关的同意。

（六）《刑事诉讼规则（试行）》的相关规定

（1）公安机关在执行取保候审期间向人民检察院征询是否同意批准犯罪嫌疑人离开所居

住的市、县时，人民检察院应当根据案件的具体情况及时作出决定，并通知公安机关。

（2）人民检察院发现犯罪嫌疑人违反《刑事诉讼法》第 69 条的规定，已交纳保证金的，应当书面通知公安机关没收部分或者全部保证金，并且根据案件的具体情况，责令犯罪嫌疑人具结悔过、重新交纳保证金、提出保证人或者决定监视居住、予以逮捕。公安机关发现犯罪嫌疑人违反《刑事诉讼法》第 69 条的规定，提出没收保证金或者变更强制措施意见的，人民检察院应当在收到意见后 5 日以内作出决定，并通知公安机关。重新交纳保证金的程序适用《刑事诉讼规则（试行）》第 90 条、第 91 条的规定；提出保证人的程序适用《刑事诉讼规则（试行）》第 88 条、第 89 条的规定。对犯罪嫌疑人继续取保候审的，取保候审的时间应当累计计算。对犯罪嫌疑人决定监视居住的，应当办理监视居住手续，监视居住的期限应当重新计算并告知犯罪嫌疑人。

（3）人民法院发现使用保证金保证的被取保候审人违反《刑事诉讼法》第 69 条第 1 款、第 2 款规定的，应当提出没收部分或者全部保证金的书面意见，连同有关材料一并送交负责执行的公安机关处理。人民法院收到公安机关已经没收保证金的书面通知或者变更强制措施的建议后，应当区别情形，在 5 日内责令被告人具结悔过、重新交纳保证金或者提出保证人，或者变更强制措施，并通知公安机关。人民法院决定对被依法没收保证金的被告人继续取保候审的，取保候审的期限连续计算。

（4）犯罪嫌疑人有下列违反取保候审规定的行为，人民检察院应当对犯罪嫌疑人予以逮捕：① 故意实施新的犯罪的；② 企图自杀、逃跑，逃避侦查、审查起诉的；③ 实施毁灭、伪造证据，串供或者干扰证人作证，足以影响侦查、审查起诉工作正常进行的；④ 对被害人、证人、举报人、控告人及其他人员实施打击报复的。犯罪嫌疑人有下列违反取保候审规定的行为，人民检察院可以对犯罪嫌疑人予以逮捕：① 未经批准，擅自离开所居住的市、县，造成严重后果，或者两次未经批准，擅自离开所居住的市、县的；② 经传讯不到案，造成严重后果，或者经两次传讯不到案的；③ 住址、工作单位和联系方式发生变动，未在 24 小时以内向公安机关报告，造成严重后果的；④ 违反规定进入特定场所、与特定人员会见或者通信、从事特定活动，严重妨碍诉讼程序正常进行。需要对上述犯罪嫌疑人予以逮捕的，可以先行拘留；已交纳保证金的，同时书面通知公安机关没收保证金。

（5）被取保候审的被告人具有下列情形之一的，人民法院应当决定逮捕：① 故意实施新的犯罪的；② 企图自杀、逃跑的；③ 毁灭、伪造证据，干扰证人作证或者串供的；④ 对被害人、举报人、控告人实施打击报复的；⑤ 经传唤，无正当理由不到案，影响审判活动正常进行的；⑥ 擅自改变联系方式或者居住地，导致无法传唤，影响审判活动正常进行的；⑦ 未经批准，擅自离开所居住的市、县，影响审判活动正常进行，或者两次未经批准，擅自离开所居住的市、县的；⑧ 违反规定进入特定场所、与特定人员会见或者通信、从事特定活动，影响审判活动正常进行，或者两次违反有关规定的；⑨ 依法应当决定逮捕的其他情形。

（七）保证金数额的确定与缴纳

（1）《刑事诉讼法》第 70 条规定："取保候审的决定机关应当综合考虑保证诉讼活动正常进行的需要，被取保候审人的社会危险性，案件的性质、情节，可能判处刑罚的轻重，被取保候审人的经济状况等情况，确定保证金的数额。提供保证金的人应当将保证金存入执行机关指定银行的专门账户。"

（2）《刑事诉讼规则（试行）》规定：采取保证金担保方式的，人民检察院可以根据犯罪嫌疑人的社会危险性，案件的性质、情节、危害后果，可能判处刑罚的轻重，犯罪嫌疑人的经济状况等，责令犯罪嫌疑人交纳 1000 元以上的保证金，对于未成年犯罪嫌疑人可以责令交纳 500 元以上的保证金。

(3) 公安机关决定对犯罪嫌疑人取保候审，案件移送人民检察院审查起诉后，对于需要继续取保候审的，人民检察院应当依法重新作出取保候审决定，并对犯罪嫌疑人办理取保候审手续。取保候审的期限应当重新计算并告知犯罪嫌疑人。对继续采取保证金方式取保候审的，被取保候审人没有违反《刑事诉讼法》第 69 条规定的，不变更保证金数额，不再重新收取保证金。

(4) 取保候审根据案件的不同，由公安机关或者国家安全机关执行。没收保证金的决定、退还保证金的决定、对保证人的罚款决定等，都应当由执行机关作出。

(八) 保证金的退还

《刑事诉讼法》第 71 条规定："犯罪嫌疑人、被告人在取保候审期间未违反本法第六十九条规定的，取保候审结束的时候，凭解除取保候审的通知或者有关法律文书到银行领取退还的保证金。"《刑诉法解释》第 124 条规定：对被取保候审的被告人的判决、裁定生效后，应当解除取保候审、退还保证金的，如果保证金属于其个人财产，人民法院可以书面通知公安机关将保证金移交人民法院，用以退赔被害人、履行附带民事赔偿义务或者执行财产刑，剩余部分应当退还被告人。

(九) 取保候审的程序

公安、司法机关对犯罪嫌疑人、被告人决定取保候审的，应当向其本人宣布，并由其本人在取保候审决定书上签名。人民检察院、人民法院向犯罪嫌疑人、被告人宣布取保候审决定后，应当将取保候审决定书等相关材料送交当地同级公安机关执行；被告人不在本地居住的，送交其居住地公安机关执行。以保证人方式担保的，应当将取保候审保证书同时送达公安机关。适用保证金保证的，应当在核实保证金已经存入公安机关指定银行的专门账户后，将银行出具的收款凭证一并送交公安机关。《刑事诉讼规则(试行)》规定，采取保证金担保方式的，被取保候审人拒绝交纳保证金或者交纳保证金不足决定数额时，人民检察院应当作出变更取保候审措施、变更保证方式或者变更保证金数额的决定，并将变更情况通知公安机关。

(十) 取保候审的期限

人民法院、人民检察院和公安机关对犯罪嫌疑人、被告人取保候审最长不得超过 12 个月。

(十一) 取保候审的解除与撤销

《刑事诉讼规则(试行)》规定：① 取保候审期限届满或者发现不应当追究犯罪嫌疑人的刑事责任的，应当及时解除或者撤销取保候审。② 解除或者撤销取保候审，应当由办案人员提出意见，部门负责人审核，检察长决定。③ 解除或者撤销取保候审的决定，应当及时通知执行机关，并将解除或者撤销取保候审的决定书送达犯罪嫌疑人；有保证人的，应当通知保证人解除保证义务。④ 犯罪嫌疑人在取保候审期间没有违反《刑事诉讼法》第 69 条的规定，或者发现不应当追究犯罪嫌疑人刑事责任的，变更、解除或者撤销取保候审时，应当告知犯罪嫌疑人可以凭变更、解除或者撤销取保候审的通知或者有关法律文书到银行领取退还的保证金。⑤ 犯罪嫌疑人及其法定代理人、近亲属或者辩护人认为取保候审期限届满，向人民检察院提出解除取保候审要求的，人民检察院应当在 3 日以内审查决定。经审查认为法定期限届满的，经检察长批准后，解除取保候审；经审查未超过法定期限的，书面答复申请人。

考点 5 监视居住

监视居住,是指人民法院、人民检察院和公安机关对符合逮捕条件的犯罪嫌疑人、被告人,具有法定情形,或者对符合取保候审条件,但犯罪嫌疑人、被告人不能提出保证人,也不交纳保证金的,责令其在一定的期限内不得离开指定的区域,并对其行动实行监视的一种强制措施。

（一）监视居住的情形

《刑事诉讼法》第72条规定:"人民法院、人民检察院和公安机关对符合逮捕条件,有下列情形之一的犯罪嫌疑人、被告人,可以监视居住:（一）患有严重疾病、生活不能自理的;（二）怀孕或者正在哺乳自己婴儿的妇女;（三）系生活不能自理的人的唯一扶养人;（四）因为案件的特殊情况或者办理案件的需要,采取监视居住措施更为适宜的;（五）羁押期限届满,案件尚未办结,需要采取监视居住措施的。对符合取保候审条件,但犯罪嫌疑人、被告人不能提出保证人,也不交纳保证金的,可以监视居住。监视居住由公安机关执行。"《刑事诉讼规则（试行）》规定的"系生活不能自理的人的唯一扶养人"中的"扶养"包括父母、祖父母、外祖父母对子女、孙子女、外孙子女的抚养和子女、孙子女、外孙子女对父母、祖父母、外祖父母的赡养以及配偶、兄弟姐妹之间的相互扶养。

（二）监视居住的执行

《刑事诉讼法》第73条规定:"监视居住应当在犯罪嫌疑人、被告人的住处执行;无固定住处的,可以在指定的居所执行。对于涉嫌危害国家安全犯罪、恐怖活动犯罪、特别重大贿赂犯罪,在住处执行可能有碍侦查的,经上一级人民检察院或者公安机关批准,也可以在指定的居所执行。但是,不得在羁押场所、专门的办案场所执行。指定居所监视居住的,除无法通知的以外,应当在执行监视居住后二十四小时以内,通知被监视居住人的家属。被监视居住的犯罪嫌疑人、被告人委托辩护人,适用本法第三十三条的规定。人民检察院对指定居所监视居住的决定和执行是否合法实行监督。"《刑事诉讼法》第76条规定:"执行机关对被监视居住的犯罪嫌疑人、被告人,可以采取电子监控、不定期检查等监视方法对其遵守监视居住规定的情况进行监督;在侦查期间,可以对被监视居住的犯罪嫌疑人的通信进行监控。"六部门《规定》第15条规定:指定居所监视居住的,不得要求被监视居住人支付费用。

（三）《刑事诉讼规则（试行）》的相关规定

（1）固定住处是指犯罪嫌疑人在办案机关所在地的市、县内工作、生活的合法居所。

（2）有下列情形之一的,属于有碍侦查:① 可能毁灭、伪造证据,干扰证人作证或者串供的;② 可能自杀或者逃跑的;③ 可能导致同案犯逃避侦查的;④ 在住处执行监视居住可能导致犯罪嫌疑人面临人身危险的;⑤ 犯罪嫌疑人的家属或者其所在单位的人员与犯罪有牵连的;⑥ 可能对举报人、控告人、证人及其他人员等实施打击报复的。

（3）指定的居所应当符合下列条件:① 具备正常的生活、休息条件;② 便于监视、管理;③ 能够保证办案安全。采取指定居所监视居住的,不得在看守所、拘留所、监狱等羁押、监管场所以及留置室、讯问室等专门的办案场所、办公区域执行。

（4）人民检察院应当向监视居住的犯罪嫌疑人宣读监视居住决定书,由犯罪嫌疑人签名、捺指印或者盖章,并责令犯罪嫌疑人遵守《刑事诉讼法》第75条的规定,告知其违反规定应负的法律责任。

（5）对犯罪嫌疑人决定在指定的居所执行监视居住,除无法通知的以外,人民检察院应当在执行监视居住后 24 小时以内,将指定居所监视居住的原因通知被监视居住人的家属。无法通知的,应当向检察长报告,并将原因写明附卷。无法通知的情形消除后,应当立即通知其家属。无法通知包括以下情形:① 被监视居住人无家属的;② 与其家属无法取得联系的;③ 受自然灾害等不可抗力阻碍的。

(6) 人民检察院核实犯罪嫌疑人住处或者为其指定居所后,应当制作监视居住执行通知书,将有关法律文书和案由、犯罪嫌疑人基本情况材料,送交监视居住地的公安机关执行,必要时人民检察院可以协助公安机关执行。

(7) 公安机关在执行监视居住期间向人民检察院征询是否同意批准犯罪嫌疑人离开执行监视居住的处所、会见他人或者通信时,人民检察院应当根据案件的具体情况决定是否同意。

(8) 人民检察院可以根据案件的具体情况,商请公安机关对被监视居住的犯罪嫌疑人采取电子监控、不定期检查等监视方法,对其遵守监视居住规定的情况进行监督。人民检察院办理直接受理立案侦查的案件对犯罪嫌疑人采取监视居住的,在侦查期间可以商请公安机关对其通信进行监控。

(四)《刑诉法解释》的相关规定

人民法院向被告人宣布监视居住决定后,应当将监视居住决定书等相关材料送交被告人住处或者指定居所所在地的同级公安机关执行。对被告人指定居所监视居住后,人民法院应当在 24 小时内,将监视居住的原因和处所通知其家属;确实无法通知的,应当记录在案。人民检察院、公安机关已经对犯罪嫌疑人取保候审、监视居住,案件起诉至人民法院后,需要继续取保候审、监视居住或者变更强制措施的,人民法院应当在 7 日内作出决定,并通知人民检察院、公安机关。决定继续取保候审、监视居住的,应当重新办理手续,期限重新计算;继续使用保证金保证的,不再收取保证金。人民法院不得对被告人重复采取取保候审、监视居住措施。

(五) 指定居所监视居住期限的刑期折抵

《刑事诉讼法》第 74 条规定:"指定居所监视居住的期限应当折抵刑期。被判处管制的,监视居住一日折抵刑期一日;被判处拘役、有期徒刑的,监视居住二日折抵刑期一日。"

(六) 被监视居住的犯罪嫌疑人、被告人应当遵守的规定

《刑事诉讼法》第 75 条规定:"被监视居住的犯罪嫌疑人、被告人应当遵守以下规定:(一) 未经执行机关批准不得离开执行监视居住的处所;(二) 未经执行机关批准不得会见他人或者通信;(三) 在传讯的时候及时到案;(四) 不得以任何形式干扰证人作证;(五) 不得毁灭、伪造证据或者串供;(六) 将护照等出入境证件、身份证件、驾驶证件交执行机关保存。被监视居住的犯罪嫌疑人、被告人违反前款规定,情节严重的,可以予以逮捕;需要予以逮捕的,可以对犯罪嫌疑人、被告人先行拘留。"

《刑事诉讼规则(试行)》第 121 条规定:"犯罪嫌疑人有下列违反监视居住规定的行为,人民检察院应当对犯罪嫌疑人予以逮捕:(一) 故意实施新的犯罪行为的;(二) 企图自杀、逃跑、逃避侦查、审查起诉的;(三) 实施毁灭、伪造证据或者串供、干扰证人作证行为,足以影响侦查、审查起诉工作正常进行的;(四) 对被害人、证人、举报人、控告人及其他人员实施打击报复的。犯罪嫌疑人有下列违反监视居住规定的行为,人民检察院可以对犯罪嫌疑人予以逮捕:(一) 未经批准,擅自离开执行监视居住的处所,造成严重后果,或者两次未经批准,擅自离开执行监视居住的处所的;(二) 未经批准,擅自会见他人或者通信,造成严重后果,或者两次未

经批准，擅自会见他人或者通信的；（三）经传讯不到案，造成严重后果，或者经两次传讯不到案的。需要对上述犯罪嫌疑人予以逮捕的，可以先行拘留。"

《刑诉法解释》第130条规定："被监视居住的被告人具有下列情形之一的，人民法院应当决定逮捕：（一）具有前条第一项至第五项规定情形之一的；（二）未经批准，擅自离开执行监视居住的处所，影响审判活动正常进行，或者两次未经批准，擅自离开执行监视居住的处所的；（三）未经批准，擅自会见他人或者通信，影响审判活动正常进行，或者两次未经批准，擅自会见他人或者通信的；（四）对因患有严重疾病、生活不能自理，或者因怀孕、正在哺乳自己婴儿而未予逮捕的被告人，疾病痊愈或者哺乳期已满的；（五）依法应当决定逮捕的其他情形。"

（七）监视居住的期限

监视居住最长不得超过6个月。公安机关、人民检察院已经对犯罪嫌疑人监视居住的，案件移送到人民检察院、人民法院后，人民检察院、人民法院对于符合监视居住条件的，应当依法对犯罪嫌疑人、被告人重新办理监视居住手续，监视居住的期限重新计算。

（八）对监视居住的监督

人民检察院应当依法对指定居所监视居住的决定是否合法实行监督。对于下级人民检察院报请指定居所监视居住的案件，由上一级人民检察院侦查监督部门依法对决定是否合法进行监督。对于公安机关决定指定居所监视居住的案件，由作出批准决定公安机关的同级人民检察院侦查监督部门依法对决定是否合法进行监督。对于人民法院因被告人无固定住处而指定居所监视居住的，由同级人民检察院公诉部门依法对决定是否合法进行监督。被指定居所监视居住人及其法定代理人、近亲属或者辩护人认为侦查机关、人民法院的指定居所监视居住决定存在违法情形，提出控告或者举报的，人民检察院应当受理，并报送或者移送《刑事诉讼规则（试行）》第118条规定的承担监督职责的部门办理。人民检察可以要求侦查机关、人民法院提供指定居所监视居住决定书和相关案件材料。经审查，发现存在下列违法情形的，应当及时通知有关机关纠正：①不符合指定居所监视居住的适用条件的；②未按法定程序履行批准手续的；③在决定过程中有其他违反刑事诉讼法规定的行为的。

人民检察院监所检察部门依法对指定居所监视居住的执行活动是否合法实行监督。发现下列违法情形的，应当及时提出纠正意见：①在执行指定居所监视居住后24小时以内没有通知被监视居住人的家属的；②在羁押场所、专门的办案场所执行监视居住的；③为被监视居住人通风报信、私自传递信件、物品的；④对被监视居住人刑讯逼供、体罚、虐待或者变相体罚、虐待的；⑤有其他侵犯被监视居住人合法权利或者其他违法行为的。被监视居住人及其法定代理人、近亲属或者辩护人对于公安机关、本院侦查部门或者侦查人员存在上述违法情形提出控告的，人民检察院控告检察部门应当受理并及时移送监所检察部门处理。

（九）监视居住的解除与变更

根据《刑事诉讼法》第97条的规定，人民法院、人民检察院或者公安机关对被采取监视居住法定期限届满的犯罪嫌疑人、被告人，应当予以解除或者依法变更强制措施。犯罪嫌疑人、被告人及其法定代理人、近亲属或者辩护人对于人民法院、人民检察院或者公安机关采取监视居住法定期限届满的，有权要求解除。监视居住期限届满或者发现不应当追究犯罪嫌疑人刑事责任的，应当解除或者撤销监视居住。解除或者撤销监视居住，应当由办案人员提出意见，部门负责人审核，检察长决定。解除或者撤销监视居住的决定应当通知执行机关，并将解除或者撤销监视居住的决定书送达犯罪嫌疑人。犯罪嫌疑人及其法定代理人、近亲属或者辩护人认为监视居住法定期限届满,向人民检察院提出解除监视居住要求的,人民检察院应当在3日以内审查决定。经审查认为法定期限届满的,经检察长批准后,解除监视居住;经审查未超过法定期限的,书面答复申请人。

考点 6 拘留

（一）拘留的概念和适用条件

刑事拘留是指公安机关在侦查过程中,遇有紧急情况时,对现行犯或者重大嫌疑分子所采取的临时剥夺其人身自由的强制方法。

特别关注：

刑事拘留必须同时具备两个条件：① 拘留的对象是现行犯或者是重大嫌疑分子。② 具有法定的紧急情形之一。《刑事诉讼法》第80条规定:"公安机关对于现行犯或者重大嫌疑分子,如果有下列情形之一的,可以先行拘留:（一）正在预备犯罪、实行犯罪或者在犯罪后即时被发觉的;（二）被害人或者在场亲眼看见的人指认他犯罪的;（三）在身边或者住处发现有犯罪证据的;（四）犯罪后企图自杀、逃跑或者在逃的;（五）有毁灭、伪造证据或者串供可能的;（六）不讲真实姓名、住址,身份不明的;（七）有流窜作案、多次作案、结伙作案重大嫌疑的。"

（二）拘留的程序和期限

（1）公安机关执行拘留时,执行拘留的人员不得少于两人,应持有经县级以上公安机关负责人签发的《拘留证》,向被拘留的人出示,并责令被拘留人在《拘留证》上签名（盖章）或者按指印。拒绝签名和按指印的,执行拘留的人员应当予以注明。被拘留人如果抗拒拘留,公安人员有权使用强制方法,包括使用戒具。

（2）《刑事诉讼法》第83条第2款规定:"拘留后,应当立即将被拘留人送看守所羁押,至迟不得超过二十四小时。除无法通知或者涉嫌危害国家安全犯罪、恐怖活动犯罪通知可能有碍侦查的情形以外,应当在拘留后二十四小时以内,通知被拘留人的家属。有碍侦查的情形消失以后,应当立即通知被拘留人的家属。"

（3）无法通知包括以下情形：① 被拘留人无家属的。② 与其家属无法取得联系的。③ 受自然灾害等不可抗力阻碍的。

（4）《刑事诉讼法》第84条规定:"公安机关对被拘留的人,应当在拘留后的二十四小时以内进行讯问。在发现不应当拘留的时候,必须立即释放,发给释放证明。"

（5）异地执行拘留时,应当通知被拘留人所在地的公安机关,被拘留人所在地的公安机关应当予以配合。

（6）《刑事诉讼法》第89条规定:公安机关对被拘留的人,认为需要逮捕的,应当在拘留后的3日以内,提请人民检察院审查批准。在特殊情况下,提请审查批准的时间可以延长1日至4日。对于流窜作案、多次作案、结伙作案的重大嫌疑分子,提请审查批准的时间可以延长至30日。人民检察院应当自接到公安机关提请批准逮捕书后的7日以内,作出批准逮捕或者不批准逮捕的决定。人民检察院不批准逮捕的,公安机关应当在接到通知后立即释放,并且将执行情况及时通知人民检察院。对于需要继续侦查,并且符合取保候审、监视居住条件的,依法取保候审或者监视居住。因此,公安机关对普通刑事拘留的最长期限不得超过14日,对流窜作案、多次作案或者结伙作案的重大嫌疑分子的拘留期限不得超过37日。

(7) 根据《刑事诉讼法》第 97 条的规定,公安机关对被采取拘留措施法定期限届满的犯罪嫌疑人、被告人,应当予以释放或者依法变更强制措施。犯罪嫌疑人及其法定代理人、近亲属或者辩护人对于公安机关采取拘留措施法定期限届满的,有权要求解除强制措施。

(三) 刑事拘留与行政拘留、司法拘留的区别

1. 刑事拘留与行政拘留

(1) 法律性质不同。刑事拘留在刑事诉讼活动中是一种保障性措施,不具有惩罚性;行政拘留是行政处罚,具有惩罚性。

(2) 适用对象不同。刑事拘留适用于刑事案件中的现行犯或重大嫌疑分子,行政拘留适用于一般违法行为人。

(3) 适用目的不同。适用刑事拘留的目的是保证刑事诉讼活动的顺利进行,而行政拘留的适用目的是处罚和教育一般违法行为人。

(4) 期限不同。刑事拘留的最长期限为 14 日、17 日、37 日;而行政拘留的最长期限为 15 日、20 日。

2. 刑事拘留与司法拘留

(1) 适用对象不同。司法拘留适用于实施了妨害诉讼行为的人,既包括诉讼当事人及其他诉讼参与人,还包括案外人;刑事拘留只适用于刑事案件中的现行犯或重大嫌疑分子。

(2) 有权采用的机关不同。司法拘留由人民法院决定,由人民法院司法警察执行,交公安机关的羁押场所予以看管;刑事拘留由公安机关、人民检察院决定,交由公安机关执行。

(3) 与判决的关系不同。司法拘留仅仅是对妨害诉讼行为人的惩戒,与判决结果无任何关系;刑事拘留的羁押期限可以折抵刑期。

(4) 期限不同。司法拘留的期限为最长 15 日,不同于刑事拘留。

特别关注:

根据《刑事诉讼法》第 194 条的规定,对于违反法庭秩序的人,经人民法院院长批准,可以适用 15 日以下的拘留。这一措施是司法拘留而不是刑事拘留。此外,《刑事诉讼法》第 188 条第 2 款规定:"证人没有正当理由拒绝出庭或者出庭后拒绝作证的,予以训诫,情节严重的,经院长批准,处以十日以下的拘留。被处罚人对拘留决定不服的,可以向上一级人民法院申请复议。复议期间不停止执行。"这个拘留也属于司法拘留。

考点 7 逮捕

(一) 逮捕的概念和适用条件

逮捕,是指在一定期限内依法暂时剥夺犯罪嫌疑人、被告人的人身自由并予以羁押的一种强制措施,是刑事诉讼强制措施中最严厉的一种。

1. 《刑事诉讼法》的相关规定

《刑事诉讼法》第 79 条规定:对有证据证明有犯罪事实,可能判处徒刑以上刑罚的犯罪嫌疑人、被告人,采取取保候审尚不足以防止发生下列社会危险性的,应当予以逮捕:(1) 可能实施新的犯罪的;(2) 有危害国家安全、公共安全或者社会秩序的现实危险的;(3) 可能毁灭、伪造证据,干扰证人作证或者串供的;(4) 可能对被害人、举报人、控告人实施打击报复的;(5) 企图自杀或者逃跑的。对有证据证明有犯罪事实,可能判处 10 年有期徒刑以上刑罚的,或者有证据证明有犯罪事实,可能判处徒刑以上刑罚,曾经故意犯罪或者身份不明的,应当予

以逮捕。被取保候审、监视居住的犯罪嫌疑人、被告人违反取保候审、监视居住规定,情节严重的,可以予以逮捕。

特别关注：

全国人民代表大会常务委员会关于《中华人民共和国刑事诉讼法》第79条第3款的解释,全国人民代表大会常务委员会根据司法实践中遇到的情况,讨论了《刑事诉讼法》第79条第3款关于违反取保候审、监视居住规定情节严重可以逮捕的规定,是否适用于可能判处徒刑以下刑罚的犯罪嫌疑人、被告人的问题,解释如下：根据《刑事诉讼法》第79条第3款的规定,对于被取保候审、监视居住的可能判处徒刑以下刑罚的犯罪嫌疑人、被告人,违反取保候审、监视居住规定,严重影响诉讼活动正常进行的,可以予以逮捕。

2.《刑事诉讼规则(试行)》的相关规定

关于有社会危险性需要逮捕条件的规定：① 可能实施新的犯罪的,即犯罪嫌疑人多次作案、连续作案、流窜作案,其主观恶性、犯罪习性表明其可能实施新的犯罪,以及有一定证据证明犯罪嫌疑人已经开始策划、预备实施犯罪的；② 有危害国家安全、公共安全或者社会秩序的现实危险的,即有一定证据证明或者有迹象表明犯罪嫌疑人在案发前或者案发后正在积极策划、组织或者预备实施危害国家安全、公共安全或者社会秩序的重大违法犯罪行为的；③ 可能毁灭、伪造证据,干扰证人作证或者串供的,即有一定证据证明或者有迹象表明犯罪嫌疑人在归案前或者归案后已经着手实施或者企图实施毁灭、伪造证据,干扰证人作证或者串供行为的；④ 有一定证据证明或者有迹象表明犯罪嫌疑人可能对被害人、举报人、控告人实施打击报复的；⑤ 企图自杀或者逃跑的,即犯罪嫌疑人归案前或者归案后曾经自杀,或者有一定证据证明或者有迹象表明犯罪嫌疑人试图自杀或者逃跑的。

3. 有证据证明有犯罪事实是指同时具备下列情形：

(1) 有证据证明的事实包括：① 有证据证明发生了犯罪事实；② 有证据证明该犯罪事实是犯罪嫌疑人实施的；③ 证明犯罪嫌疑人实施犯罪行为的证据已经查证属实的。犯罪事实既可以是单一犯罪行为的事实,也可以是数个犯罪行为中任何一个犯罪行为的事实。

(2) 对有证据证明有犯罪事实,可能判处徒刑以上刑罚,犯罪嫌疑人曾经故意犯罪或者不讲真实姓名、住址、身份不明的,应当批准或者决定逮捕。

(3) 对实施多个犯罪行为或者共同犯罪案件的犯罪嫌疑人,符合《刑事诉讼规则(试行)》第139条的规定,具有下列情形之一的,应当批准或者决定逮捕：① 有证据证明犯有数罪中的一罪的；② 有证据证明实施多次犯罪中的一次犯罪的；③ 共同犯罪中,已有证据证明有犯罪事实的犯罪嫌疑人。

(二) 逮捕的权限以及批准和决定程序

1.《刑事诉讼法》及《刑事诉讼规则(试行)》的规定

(1)《刑事诉讼法》第78条规定："逮捕犯罪嫌疑人、被告人,必须经过人民检察院批准或者人民法院决定,由公安机关执行。"

(2) 公安机关要求逮捕犯罪嫌疑人时,应写出提请批准逮捕书,连同案卷材料、证据,一并移送同级人民检察院审查批准。必要的时候,人民检察院可以派人参加公安机关对于重大案件的讨论。

(3) 人民检察院审查批准或者决定逮捕犯罪嫌疑人,由侦查监督部门办理。侦查监督部门办理审查逮捕案件,应当指定办案人员进行审查。办案人员应当审阅案卷材料和证据,依法讯问犯罪嫌疑人、询问证人等诉讼参与人、听取辩护律师意见,制作审查逮捕意见书,提出批准或者决定逮捕、不批准或者不予逮捕的意见,经部门负责人审核后,报请检察长批准或者决定;重大案件应当经检察委员会讨论决定。侦查监督部门办理审查逮捕案件,不另行侦查,不得直接提出采取取保候审措施的意见。

(4)《刑事诉讼法》第 86 条规定:人民检察院审查批准逮捕,可以讯问犯罪嫌疑人;有下列情形之一的,应当讯问犯罪嫌疑人:① 对是否符合逮捕条件有疑问的;② 犯罪嫌疑人要求向检察人员当面陈述的;③ 侦查活动可能有重大违法行为的。人民检察院审查批准逮捕,可以询问证人等诉讼参与人,听取辩护律师的意见;辩护律师提出要求的,应当听取辩护律师的意见。

(5)《刑事诉讼规则(试行)》规定,侦查监督部门办理审查逮捕案件,可以讯问犯罪嫌疑人;有下列情形之一的,应当讯问犯罪嫌疑人:① 对是否符合逮捕条件有疑问的;② 犯罪嫌疑人要求向检察人员当面陈述的;③ 侦查活动可能有重大违法行为的;④ 案情重大疑难复杂的;⑤ 犯罪嫌疑人系未成年人的;⑥ 犯罪嫌疑人是盲、聋、哑人或者是尚未完全丧失辨认或者控制自己行为能力的精神病人的。讯问未被拘留的犯罪嫌疑人,讯问前应当征求侦查机关的意见,并做好办案安全风险评估预警工作。是否符合逮捕条件有疑问主要包括罪与非罪界限不清的,据以定罪的证据之间存在矛盾的,犯罪嫌疑人的供述前后矛盾或者违背常理的,有无社会危险性难以把握的,以及犯罪嫌疑人是否达到刑事责任年龄需要确认等情形。重大违法行为是指办案严重违反法律规定的程序,或者存在刑讯逼供等严重侵犯犯罪嫌疑人人身权利和其他诉讼权利等情形。在审查逮捕中对被拘留的犯罪嫌疑人不予讯问的,应当送达听取犯罪嫌疑人意见书,由犯罪嫌疑人填写后及时收回审查并附卷。经审查发现应当讯问犯罪嫌疑人的,应当及时讯问。讯问时,应当首先查明犯罪嫌疑人的基本情况,依法告知犯罪嫌疑人的诉讼权利和义务,听取其供述和辩解,有检举揭发他人犯罪线索的,应当予以记录,并依照有关规定移送有关部门处理。讯问犯罪嫌疑人应当制作讯问笔录,并交犯罪嫌疑人核对或者向其宣读,经核对无误后逐页签名、盖章或者捺指印并附卷。犯罪嫌疑人请求自行书写供述的,应当准许,但不得以自行书写的供述代替讯问笔录。侦查监督部门办理审查逮捕案件,必要时,可以询问证人、被害人、鉴定人等诉讼参与人,并制作笔录附卷。在审查逮捕过程中,犯罪嫌疑人已经委托辩护律师的,侦查监督部门可以听取辩护律师的意见。辩护律师提出要求的,应当听取辩护律师的意见。对辩护律师的意见应当制作笔录附卷。辩护律师提出不构成犯罪、无社会危险性、不适宜羁押、侦查活动有违法犯罪情形等书面意见的,办案人员应当审查,并在审查逮捕意见书中说明是否采纳的情况和理由。

(6)《刑事诉讼规则(试行)》规定,对于公安机关立案侦查的案件,侦查监督部门审查逮捕时发现存在《刑事诉讼规则(试行)》第 73 条第 1 款规定情形的,可以调取公安机关讯问犯罪嫌疑人的录音、录像并审查相关的录音、录像,对于重大、疑难、复杂的案件,必要时可以审查全部录音、录像。

(7)经审查讯问犯罪嫌疑人录音、录像,发现侦查机关讯问不规范,讯问过程存在违法行为,录音、录像内容与讯问笔录不一致等情形的,应当逐一列明并向侦查机关书面提出,要求侦查机关予以纠正、补正或者书面作出合理解释。发现讯问笔录与讯问犯罪嫌疑人录音、录像内容有重大实质性差异的,或者侦查机关不能补正或者作出合理解释的,该讯问笔录不能作为批准逮捕或者决定逮捕的依据。

2. 《刑事诉讼规则(试行)》关于审查批准逮捕的规定

(1) 对公安机关提请批准逮捕的犯罪嫌疑人,已被拘留的,人民检察院应当在收到提请批准逮捕书后的 7 日以内作出是否批准逮捕的决定;未被拘留的,应当在收到提请批准逮捕书后的 15 日以内作出是否批准逮捕的决定,重大、复杂的案件,不得超过 20 日。

(2) 上级公安机关指定犯罪地或者犯罪嫌疑人居住地以外的下级公安机关立案侦查的案件,需要逮捕犯罪嫌疑人的,由侦查该案件的公安机关提请同级人民检察院审查批准逮捕,人民检察院应当依法作出批准或者不批准逮捕的决定。

(3) 对公安机关提请批准逮捕的犯罪嫌疑人,人民检察院经审查认为符合《刑事诉讼规则(试行)》第 139 条、第 140 条、第 142 条规定情形的,应当作出批准逮捕的决定,连同案卷材料送达公安机关执行,并可以对收集证据、适用法律提出意见。

(4) 对公安机关提请批准逮捕的犯罪嫌疑人,具有《刑事诉讼规则(试行)》第 143 条和第 144 条规定情形,人民检察院作出不批准逮捕决定的,应当说明理由,连同案卷材料送达公安机关执行。需要补充侦查的,应当同时通知公安机关。

(5) 对于人民检察院批准逮捕的决定,公安机关应当立即执行,并将执行回执及时送达作出批准决定的人民检察院;如果未能执行,也应当将回执送达人民检察院,并写明未能执行的原因。对于人民检察院决定不批准逮捕的,公安机关在收到不批准逮捕决定书后,应当立即释放在押的犯罪嫌疑人或者变更强制措施,并将执行回执在收到不批准逮捕决定书后的 3 日以内送达作出不批准逮捕决定的人民检察院。

(6) 人民检察院办理审查逮捕案件,发现应当逮捕而公安机关未提请批准逮捕的犯罪嫌疑人的,应当建议公安机关提请批准逮捕。如果公安机关仍不提请批准逮捕或者不提请批准逮捕的理由不能成立的,人民检察院也可以直接作出逮捕决定,送达公安机关执行。

(7) 对已作出的批准逮捕决定发现确有错误的,人民检察院应当撤销原批准逮捕决定,送达公安机关执行。对已作出的不批准逮捕决定发现确有错误,需要批准逮捕的,人民检察院应当撤销原不批准逮捕决定,并重新作出批准逮捕决定,送达公安机关执行。对因撤销原批准逮捕决定而被释放的犯罪嫌疑人或者逮捕后公安机关变更为取保候审、监视居住的犯罪嫌疑人,又发现需要逮捕的,人民检察院应当重新作出逮捕决定。

3. 《刑诉法解释》关于决定逮捕的规定

(1) 人民法院作出逮捕决定后,应当将逮捕决定书等相关材料送交同级公安机关执行,并将逮捕决定书抄送人民检察院。逮捕被告人后,人民法院应当将逮捕的原因和羁押的处所,在 24 小时内通知其家属;确实无法通知的,应当记录在案。

(2) 人民法院对决定逮捕的被告人,应当在逮捕后 24 小时内讯问。发现不应当逮捕的,应当变更强制措施或者立即释放。

4. 六部门《规定》关于逮捕的规定

六部门《规定》第 17 条规定:对于人民检察院批准逮捕的决定,公安机关应当立即执行,并将执行回执及时送达批准逮捕的人民检察院。如果未能执行,也应当将回执送达人民检察院,并写明未能执行的原因。对于人民检察院决定不批准逮捕的,公安机关在收到不批准逮捕决定书后,应当立即释放在押的犯罪嫌疑人或者变更强制措施,并将执行回执在收到不批准逮捕决定书后的 3 日内送达作出不批准逮捕决定的人民检察院。

5.《刑事诉讼规则(试行)》关于对不批捕的复议、复核的规定

(1) 对公安机关要求复议的不批准逮捕的案件,人民检察院侦查监督部门应当另行指派办案人员复议,并在收到提请复议书和案卷材料后的7日以内作出是否变更的决定,通知公安机关。

(2) 对公安机关提请上一级人民检察院复核的不批准逮捕的案件,上一级人民检察院侦查监督部门应当在收到提请复核意见书和案卷材料后的15日以内由检察长或者检察委员会作出是否变更的决定,通知下级人民检察院和公安机关执行。如果需要改变原决定,应当通知作出不批准逮捕决定的人民检察院撤销原不批准逮捕决定,另行制作批准逮捕决定书。必要时,上级人民检察院也可以直接作出批准逮捕决定,通知下级人民检察院送达公安机关执行。

(3) 人民检察院作出不批准逮捕决定,并且通知公安机关补充侦查的案件,公安机关在补充侦查后又提请复议的,人民检察院应当告知公安机关重新提请批准逮捕。公安机关坚持复议的,人民检察院不予受理。公安机关补充侦查后应当提请批准逮捕而不提请批准逮捕的,按照《刑事诉讼规则(试行)》第321条的规定办理。

(4) 对公安机关提请批准逮捕的案件,侦查监督部门应当将批准、变更、撤销逮捕措施的情况书面通知本院监所检察部门。

6.《刑事诉讼规则(试行)》关于对涉嫌犯罪人大代表逮捕的规定

(1) 人民检察院对担任本级人民代表大会代表的犯罪嫌疑人批准或者决定逮捕,应当报请本级人民代表大会主席团或者常务委员会许可。报请许可手续的办理由侦查机关负责。

(2) 对担任上级人民代表大会代表的犯罪嫌疑人批准或者决定逮捕,应当层报该代表所属的人民代表大会同级的人民检察院报请许可。

(3) 对担任下级人民代表大会代表的犯罪嫌疑人批准或者决定逮捕,可以直接报请该代表所属的人民代表大会主席团或者常务委员会许可,也可以委托该代表所属的人民代表大会同级的人民检察院报请许可;对担任乡、民族乡、镇的人民代表大会代表的犯罪嫌疑人批准或者决定逮捕,由县级人民检察院报告乡、民族乡、镇的人民代表大会。

(4) 对担任两级以上的人民代表大会代表的犯罪嫌疑人批准或者决定逮捕,分别依照上述规定报请许可。

(5) 对担任办案单位所在省、市、县(区)以外的其他地区人民代表大会代表的犯罪嫌疑人批准或者决定逮捕,应当委托该代表所属的人民代表大会同级的人民检察院报请许可;担任两级以上人民代表大会代表的,应当分别委托该代表所属的人民代表大会同级的人民检察院报请许可。

7.《刑事诉讼规则(试行)》关于审查逮捕外国人犯罪及危害国家安全犯罪的规定

(1) 外国人、无国籍人涉嫌危害国家安全犯罪的案件或者涉及国与国之间政治、外交关系的案件以及在适用法律上确有疑难的案件,认为需要逮捕犯罪嫌疑人的,按照《刑事诉讼法》第19条、第20条的规定,分别由基层人民检察院或者分、州、市人民检察院审查并提出意见,层报最高人民检察院审查。最高人民检察院经审查认为需要逮捕的,经征求外交部的意见后,作出批准逮捕的批复,经审查认为不需要逮捕的,作出不批准逮捕的批复。基层人民检察院或者分、州、市人民检察院根据最高人民检察院的批复,依法作出批准或者不批准逮捕的决定。层报过程中,上级人民检察院经审查认为不需要逮捕的,应当作出不批准逮捕的批复,报送人民检察院根据批复依法作出不批准逮捕的决定。基层人民检察院或者分、州、市人民检察

经审查认为不需要逮捕的,可以直接依法作出不批准逮捕的决定。外国人、无国籍人涉嫌上述规定以外的其他犯罪案件,决定批准逮捕的人民检察院应当在作出批准逮捕决定后48小时以内报上一级人民检察院备案,同时向同级人民政府外事部门通报。上一级人民检察院对备案材料经审查发现错误的,应当依法及时纠正。

(2) 人民检察院办理审查逮捕的危害国家安全的案件,应当报上一级人民检察院备案。上一级人民检察院对报送的备案材料经审查发现错误的,应当依法及时纠正。

8. 《刑事诉讼规则(试行)》关于不批准逮捕或不予逮捕的规定

(1) 《刑事诉讼规则(试行)》第143条规定:"对具有下列情形之一的犯罪嫌疑人,人民检察院应当作出不批准逮捕的决定或者不予逮捕:(一)不符合本规则第一百三十九条至第一百四十二条规定的逮捕条件的;(二)具有刑事诉讼法第十五条规定的情形之一的。"

(2) 犯罪嫌疑人涉嫌的罪行较轻,且没有其他重大犯罪嫌疑,具有以下情形之一的,可以作出不批准逮捕的决定或者不予逮捕:① 属于预备犯、中止犯,或者防卫过当、避险过当的;② 主观恶性较小的初犯,共同犯罪中的从犯、胁从犯,犯罪后自首、有立功表现或者积极退赃、赔偿损失、确有悔罪表现的;③ 过失犯罪的犯罪嫌疑人,犯罪后有悔罪表现,有效控制损失或者积极赔偿损失的;④ 犯罪嫌疑人与被害人双方根据刑事诉讼法的有关规定达成和解协议,经审查,认为和解系自愿、合法且已经履行或者提供担保的;⑤ 犯罪嫌疑人系已满14周岁未满18周岁的未成年人或者在校学生,本人有悔罪表现,其家庭、学校或者所在社区、居民委员会、村民委员会具备监护、帮教条件的;⑥ 年满75周岁的老年人。

(3) 对符合《刑事诉讼法》第72条第1款规定的犯罪嫌疑人,人民检察院经审查认为不需要逮捕的,可以在作出不批准逮捕或者不予逮捕决定的同时,向侦查机关提出监视居住的建议。

(三) 逮捕的执行程序

逮捕犯罪嫌疑人、被告人,一律由公安机关执行。

(1) 执行逮捕的人员不得少于两人。执行逮捕时,应当有县级以上公安机关负责人签发的逮捕证,要向被逮捕人出示逮捕证,宣布逮捕,并责令被逮捕人在逮捕证上签字或按手印,并注明时间。被逮捕人拒绝在逮捕证上签字或按手印的,应在逮捕证上注明。逮捕犯罪嫌疑人、被告人,可以采用适当的强制方法,包括使用武器和戒具。

(2) 逮捕犯罪嫌疑人、被告人后,提请批准逮捕的公安机关、决定逮捕的人民检察院或者人民法院,应当在24小时之内进行讯问。对于发现不应当逮捕的,立即释放,并发给释放证明。公安机关释放被逮捕的人,或者将逮捕变更为取保候审或监视居住的,应当通知人民检察院。

(3) 《刑事诉讼法》第91条第2款规定:"逮捕后,应当立即将被逮捕人送看守所羁押。除无法通知的以外,应当在逮捕后二十四小时以内,通知被逮捕人的家属。"

(4) 异地逮捕,公安机关应当通知被逮捕人所在地的公安机关。被逮捕人所在地的公安机关应当协助执行。

(5) 《刑事诉讼法》第93条规定:"犯罪嫌疑人、被告人被逮捕后,人民检察院仍应当对羁押的必要性进行审查。对不需要继续羁押的,应当建议予以释放或者变更强制措施。有关机关应当在十日以内将处理情况通知人民检察院。"

(四) 逮捕的变更、撤销或解除

1.《刑事诉讼法》的相关规定

(1)《刑事诉讼法》第 95 条规定:"犯罪嫌疑人、被告人及其法定代理人、近亲属或者辩护人有权申请变更强制措施。人民法院、人民检察院和公安机关收到申请后,应当在三日以内作出决定;不同意变更强制措施的,应当告知申请人,并说明不同意的理由。"

(2)《刑事诉讼法》第 96 条规定:"犯罪嫌疑人、被告人被羁押的案件,不能在本法规定的侦查羁押、审查起诉、一审、二审期限内办结的,对犯罪嫌疑人、被告人应当予以释放;需要继续查证、审理的,对犯罪嫌疑人、被告人可以取保候审或者监视居住。"

(3)《刑事诉讼法》第 97 条规定:"人民法院、人民检察院或者公安机关对采取强制措施法定期限届满的犯罪嫌疑人、被告人,应当予以释放、解除取保候审、监视居住或者依法变更强制措施。犯罪嫌疑人、被告人及其法定代理人、近亲属或者辩护人对于人民法院、人民检察院或者公安机关采取强制措施法定期限届满的,有权要求解除强制措施。"

(4)《刑事诉讼法》第 94 条规定:"人民法院、人民检察院和公安机关如果发现对犯罪嫌疑人、被告人采取强制措施不当的,应当及时撤销或者变更。公安机关释放被逮捕的人或者变更逮捕措施的,应当通知原批准的人民检察院。"

(5)《刑事诉讼法》第 249 条规定:"第一审人民法院判决被告人无罪、免除刑事处罚的,如果被告人在押,在宣判后应当立即释放。"

2.《刑事诉讼规则(试行)》的相关规定

(1) 对于人民检察院正在审查起诉的案件,被逮捕的犯罪嫌疑人及其法定代理人、近亲属或者辩护人认为羁押期限届满,向人民检察院提出释放犯罪嫌疑人或者变更逮捕措施要求的,人民检察院应当在 3 日以内审查决定。经审查,认为法定期限届满的,应当决定释放或者依法变更逮捕措施,并通知公安机关执行;认为未满法定期限的,书面答复申请人。

(2) 被害人对人民检察院以没有犯罪事实为由作出的不批准逮捕决定不服提出申诉的,由作出不批准逮捕决定的人民检察院刑事申诉检察部门审查处理。对以其他理由作出的不批准逮捕决定不服提出申诉的,由侦查监督部门办理。

3.《刑诉法解释》的相关规定

(1) 被逮捕的被告人具有下列情形之一的,人民法院可以变更强制措施:① 患有严重疾病、生活不能自理的;② 怀孕或者正在哺乳自己婴儿的;③ 系生活不能自理的人的唯一扶养人。

(2) 第一审人民法院判决被告人无罪、不负刑事责任或者免除刑事处罚,被告人在押的,应当在宣判后立即释放。被逮捕的被告人具有下列情形之一的,人民法院应当变更强制措施或者予以释放:① 第一审人民法院判处管制、宣告缓刑、单独适用附加刑,判决尚未发生法律效力的;② 被告人被羁押的时间已到第一审人民法院对其判处的刑期期限的;③ 案件不能在法律规定的期限内审结的。

(3) 人民法院决定变更强制措施或者释放被告人的,应当立即将变更强制措施决定书或者释放通知书送交公安机关执行。

(4) 对人民法院决定逮捕的被告人,人民检察院建议释放或者变更强制措施的,人民法院应当在收到建议后 10 日内将处理情况通知人民检察院。

(5) 被告人及其法定代理人、近亲属或者辩护人申请变更强制措施的,应当说明理由。人民法院收到申请后,应当在 3 日内作出决定。同意变更强制措施的,应当依照《刑诉法解释》规定处理;不同意的,应当告知申请人,并说明理由。

考点 8 核准追诉

（一）核准追诉的概念与适用条件

1. 核准追诉的概念

对过去的犯罪行为,在法定期限内起诉和追究刑事责任的叫追诉。超过法定期限的,不再追诉。刑法规定,法定最高刑为无期徒刑、死刑的犯罪,已过 20 年追诉期限的,不再追诉。如果认为必须追诉的,须报请最高人民检察院核准。由最高人民检察院核准的追诉就叫核准追诉。

对核准追诉的案件犯罪嫌疑人采取强制措施。须报请最高人民检察院核准追诉的案件,侦查机关在核准之前可以依法对犯罪嫌疑人采取强制措施。侦查机关报请核准追诉并提请逮捕犯罪嫌疑人,人民检察院经审查认为必须追诉而且符合法定逮捕条件的,可以依法批准逮捕,同时要求侦查机关在报请核准追诉期间不得停止对案件的侦查。未经最高人民检察院核准,不得对案件提起公诉。

2. 报请核准追诉案件应当符合的条件

报请核准追诉的案件应当同时符合下列条件:

(1) 有证据证明存在犯罪事实,且犯罪事实是犯罪嫌疑人实施的。

(2) 涉嫌犯罪的行为应当适用的法定量刑幅度的最高刑为无期徒刑或者死刑的。

(3) 涉嫌犯罪的性质、情节和后果特别严重,虽然已过 20 年追诉期限,但社会危害性和影响依然存在,不追诉会严重影响社会稳定或者产生其他严重后果,而必须追诉的。

(4) 犯罪嫌疑人能够及时到案接受追诉的。

（二）核准追诉的程序

(1) 侦查机关报请核准追诉的案件,由同级人民检察院受理并层报最高人民检察院审查决定。

(2) 地方各级人民检察院对侦查机关报请核准追诉的案件,应当及时进行审查并开展必要的调查,经检察委员会审议提出是否同意核准追诉的意见,在受理案件后 10 日以内制作报请核准追诉案件报告书,连同案件材料一并层报最高人民检察院。

(3) 最高人民检察院收到省级人民检察院报送的报请核准追诉案件报告书及案件材料后,应当及时审查,必要时派人到案发地了解案件有关情况。经检察长批准或者检察委员会审议,应当在受理案件后 1 个月以内作出是否核准追诉的决定,特殊情况下可以延长 15 日,并制作核准追诉决定书或者不予核准追诉决定书,逐级下达最初受理案件的人民检察院,送达报请核准追诉的侦查机关。

(4) 对已经批准逮捕的案件,侦查羁押期限届满不能作出是否核准追诉决定的,应当对犯罪嫌疑人变更强制措施或者延长侦查羁押期限。

(5) 最高人民检察院决定核准追诉的案件,最初受理案件的人民检察院应当监督侦查机关的侦查工作。最高人民检察院决定不予核准追诉,侦查机关未及时撤销案件的,同级人民检察院应当予以监督纠正。犯罪嫌疑人在押的,应当立即释放。

考点 9 羁押和办案期限及看守所执法活动的监督

(一) 2016 年 1 月 13 日《人民检察院办理羁押必要性审查案件规定(试行)》

1. 总则

(1) 羁押必要性审查,是指人民检察院依据《中华人民共和国刑事诉讼法》第 93 条规定,对被逮捕的犯罪嫌疑人、被告人有无继续羁押的必要性进行审查,对不需要继续羁押的,建议办案机关予以释放或者变更强制措施的监督活动。

(2) 羁押必要性审查案件由办案机关对应的同级人民检察院刑事执行检察部门统一办理,侦查监督、公诉、侦查、案件管理、检察技术等部门予以配合。

(3) 羁押必要性审查案件的受理、立案、结案、释放或者变更强制措施建议书等应当依照有关规定在检察机关统一业务应用系统登记、流转和办理,案件管理部门在案件立案后对办案期限、办案程序、办案质量等进行管理、监督、预警。

(4) 办理羁押必要性审查案件过程中,涉及国家秘密、商业秘密、个人隐私的,应当保密。

(5) 人民检察院进行羁押必要性审查,不得滥用建议权影响刑事诉讼依法进行。

2. 立案

(1) 犯罪嫌疑人、被告人及其法定代理人、近亲属、辩护人申请进行羁押必要性审查的,应当说明不需要继续羁押的理由。有相关证明材料的,应当一并提供。

(2) 羁押必要性审查的申请由办案机关对应的同级人民检察院刑事执行检察部门统一受理。

办案机关对应的同级人民检察院控告检察、案件管理等部门收到羁押必要性审查申请后,应当在 1 个工作日以内移送本院刑事执行检察部门。

其他人民检察院收到羁押必要性审查申请的,应当告知申请人向办案机关对应的同级人民检察院提出申请,或者在两个工作日以内将申请材料移送办案机关对应的同级人民检察院,并告知申请人。

(3) 刑事执行检察部门收到申请材料后,应当进行初审,并在 3 个工作日以内提出是否立案审查的意见。

(4) 刑事执行检察部门应当通过检察机关统一业务应用系统等途径及时查询本院批准或者决定、变更、撤销逮捕措施的情况。

(5) 刑事执行检察部门对本院批准逮捕和同级人民法院决定逮捕的犯罪嫌疑人、被告人,应当依职权对羁押必要性进行初审。

(6) 经初审,对于犯罪嫌疑人、被告人可能具有本规定第 17 条、第 18 条情形之一的,检察官应当制作立案报告书,经检察长或者分管副检察长批准后予以立案。

对于无理由或者理由明显不成立的申请,或者经人民检察院审查后未提供新的证明材料或者没有新的理由而再次申请的,由检察官决定不予立案,并书面告知申请人。

3. 审查

(1) 人民检察院进行羁押必要性审查,可以采取以下方式:

① 审查犯罪嫌疑人、被告人不需要继续羁押的理由和证明材料;

② 听取犯罪嫌疑人、被告人及其法定代理人、辩护人的意见;

③ 听取被害人及其法定代理人、诉讼代理人的意见,了解是否达成和解协议;

④ 听取现阶段办案机关的意见；
⑤ 听取侦查监督部门或者公诉部门的意见；
⑥ 调查核实犯罪嫌疑人、被告人的身体状况；
⑦ 其他方式。

（2）人民检察院可以对羁押必要性审查案件进行公开审查。但是，涉及国家秘密、商业秘密、个人隐私的案件除外。

公开审查可以邀请与案件没有利害关系的人大代表、政协委员、人民监督员、特约检察员参加。

（3）人民检察院应当根据犯罪嫌疑人、被告人涉嫌犯罪事实、主观恶性、悔罪表现、身体状况、案件进展情况、可能判处的刑罚和有无再危害社会的危险等因素，综合评估有无必要继续羁押犯罪嫌疑人、被告人。

（4）评估犯罪嫌疑人、被告人有无继续羁押必要性可以采取量化方式，设置加分项目、减分项目、否决项目等具体标准。犯罪嫌疑人、被告人的得分情况可以作为综合评估的参考。

（5）经羁押必要性审查，发现犯罪嫌疑人、被告人具有下列情形之一的，应当向办案机关提出释放或者变更强制措施的建议：
① 案件证据发生重大变化，没有证据证明有犯罪事实或者犯罪行为系犯罪嫌疑人、被告人所为的；
② 案件事实或者情节发生变化，犯罪嫌疑人、被告人可能被判处拘役、管制、独立适用附加刑、免予刑事处罚或者判决无罪的；
③ 继续羁押犯罪嫌疑人、被告人，羁押期限将超过依法可能判处的刑期的；
④ 案件事实基本查清，证据已经收集固定，符合取保候审或者监视居住条件的。

（6）经羁押必要性审查，发现犯罪嫌疑人、被告人具有下列情形之一，且具有悔罪表现，不予羁押不致发生社会危险性的，可以向办案机关提出释放或者变更强制措施的建议：
① 预备犯或者中止犯；
② 共同犯罪中的从犯或者胁从犯；
③ 过失犯罪的；
④ 防卫过当或者避险过当的；
⑤ 主观恶性较小的初犯；
⑥ 系未成年人或者年满75周岁的人；
⑦ 与被害方依法自愿达成和解协议，且已经履行或者提供担保的；
⑧ 患有严重疾病、生活不能自理的；
⑨ 系怀孕或者正在哺乳自己婴儿的妇女；
⑩ 系生活不能自理的人的唯一扶养人；
⑪ 可能被判处1年以下有期徒刑或者宣告缓刑的；
⑫ 其他不需要继续羁押犯罪嫌疑人、被告人的情形。

（7）办理羁押必要性审查案件应当制作羁押必要性审查报告，报告中应当写明：犯罪嫌疑人或者被告人基本情况、原案简要情况和诉讼阶段、立案审查理由和证据、办理情况、审查意见等。

4. 结案

（1）办理羁押必要性审查案件，应当在立案后 10 个工作日以内决定是否提出释放或者变更强制措施的建议。案件复杂的，可以延长 5 个工作日。

（2）经审查认为无继续羁押必要的，检察官应当报经检察长或者分管副检察长批准，以本院名义向办案机关发出释放或者变更强制措施建议书，并要求办案机关在 10 日以内回复处理情况。

释放或者变更强制措施建议书应当说明不需要继续羁押犯罪嫌疑人、被告人的理由和法律依据。

（3）人民检察院应当跟踪办案机关对释放或者变更强制措施建议的处理情况。

办案机关未在 10 日以内回复处理情况的，可以报经检察长或者分管副检察长批准，以本院名义向其发出纠正违法通知书，要求其及时回复。

（4）经审查认为有继续羁押必要的，由检察官决定结案，并通知办案机关。

（5）对于依申请立案审查的案件，人民检察院办结后，应当将提出建议和办案机关处理情况，或者有继续羁押必要的审查意见和理由及时书面告知申请人。

（6）刑事执行检察部门应当通过检察机关统一业务应用系统等途径将审查情况、提出建议和办案机关处理情况及时通知本院侦查监督、公诉、侦查等部门。

5. 附则

（1）对于检察机关正在审查起诉的案件，刑事执行检察部门进行羁押必要性审查的，参照本规定办理。

（2）人民检察院依看守所建议进行羁押必要性审查的，参照依申请进行羁押必要性审查的程序办理。

（3）检察人员办理羁押必要性审查案件应当纳入检察机关司法办案监督体系，有受贿、玩忽职守、滥用职权、徇私枉法、泄露国家秘密等违纪违法行为的，依纪依法严肃处理；构成犯罪的，依法追究刑事责任。

（二）看守所执法活动监督

（1）人民检察院依法对看守所收押、监管、释放犯罪嫌疑人、被告人以及对留所服刑罪犯执行刑罚等执法活动实行监督。对看守所执法活动的监督由人民检察院监所检察部门负责。

（2）人民检察院发现看守所有下列违法情形之一的，应当提出纠正意见：① 监管人员殴打、体罚、虐待或者变相体罚、虐待在押人员的；② 监管人员为在押人员通风报信，私自传递信件、物品，帮助伪造、毁灭、隐匿证据或者干扰证人作证、串供的；③ 违法对在押人员使用械具或者禁闭的；④ 没有将未成年人与成年人分别关押、分别管理、分别教育的；⑤ 违反规定同意侦查人员将犯罪嫌疑人提出看守所讯问的；⑥ 收到在押犯罪嫌疑人、被告人及其法定代理人、近亲属或者辩护人的变更强制措施申请或者其他申请、申诉、控告、举报，不及时转交、转告人民检察院或者有关办案机关的；⑦ 应当安排辩护律师依法会见在押的犯罪嫌疑人、被告人而没有安排的；⑧ 违法安排辩护律师或者其他人员会见在押的犯罪嫌疑人、被告人的；⑨ 辩护律师会见犯罪嫌疑人、被告人时予以监听的；⑩ 其他违法情形。

（3）人民检察院发现看守所代为执行刑罚的活动有下列情形之一的，应当依法提出纠正意见：① 将被判处有期徒刑剩余刑期在 3 个月以上的罪犯留所服刑的；② 将未成年罪犯留所执行刑的；③ 将留所服刑罪犯与犯罪嫌疑人、被告人混押、混管、混教的；④ 其他违法情形。

(4) 对于看守所违法行为情节轻微的,检察人员可以口头提出纠正意见;发现严重违法行为,或者提出口头纠正意见后看守所在 7 日以内未予以纠正的,应当报经检察长批准,向看守所发出纠正违法通知书,同时将纠正违法通知书副本抄报上一级人民检察院并抄送看守所所属公安机关的上一级公安机关。人民检察院发出纠正违法通知书 15 日后,看守所仍未纠正或者回复意见的,应当及时向上一级人民检察院报告。上一级人民检察院应当通报同级公安机关并建议其督促看守所予以纠正。

二、例题

1. 1996 年 11 月,某市发生一起故意杀人案。2017 年 3 月,当地公安机关根据案发时现场物证中提取的 DNA 抓获犯罪嫌疑人陆某。2017 年 7 月,最高检察院对陆某涉嫌故意杀人案核准追诉。在最高检察院核准前,关于本案处理,下列哪一选项是正确的?(2017 年真题,单选)

A. 不得侦查本案
B. 可对陆某先行拘留
C. 不得对陆某批准逮捕
D. 可对陆某提起公诉

[释疑] 《人民检察院刑事诉讼规则(试行)》第 351 条规定:"法定最高刑为无期徒刑、死刑的犯罪,已过二十年追诉期限的,不再追诉。如果认为必须追诉的,须报请最高人民检察院核准。"《人民检察院刑事诉讼规则(试行)》第 352 条规定:"须报请最高人民检察院核准追诉的案件,侦查机关在核准之前可以依法对犯罪嫌疑人采取强制措施。"故 B 项正确。(答案:B)

2. 甲涉嫌盗窃罪被逮捕。在侦查阶段,甲父向检察院申请进行羁押必要性审查。关于羁押必要性审查的程序,下列哪一选项是正确的?(2017 年真题,单选)

A. 由检察院侦查监督部门负责
B. 审查应不公开进行
C. 检察院可向公安机关了解本案侦查取证的进展情况
D. 如对甲父的申请决定不予立案的,应由检察长批准

[释疑] 根据《人民检察院办理羁押必要性审查案件规定(试行)》,犯罪嫌疑人、被告人及其法定代理人、近亲属、辩护人申请进行羁押必要性审查的,应当说明不需要继续羁押的理由。有相关证明材料的,应当一并提供。羁押必要性审查的申请由办案机关对应的同级人民检察院刑事执行检察部门统一受理。故 A 项错误。人民检察院可以对羁押必要性审查案件进行公开审查。但是,涉及国家秘密、商业秘密、个人隐私的案件除外。故 B 项错误。人民检察院进行羁押必要性审查,可以听取现阶段办案机关的意见,故 C 项正确。经初审,对于犯罪嫌疑人、被告人可能具有本《规定》第 17 条、第 18 条情形之一的,检察官应当制作立案报告书,经检察长或者分管副检察长批准后予以立案。对于无理由或者理由明显不成立的申请,或者经人民检察院审查后未提供新的证明材料或者没有新的理由而再次申请的,由检察官决定不予立案,并书面告知申请人。故 D 项错误。(答案:C)

3. 我国强制措施的适用应遵循变更性原则。下列哪些情形符合变更性原则的要求?(2017 年真题,多选)

A. 拘传期间因在身边发现犯罪证据而直接予以拘留
B. 犯罪嫌疑人在取保候审期间被发现另有其他罪行,要求其相应地增加保证金的数额

C. 犯罪嫌疑人在取保候审期间违反规定后对其先行拘留

D. 犯罪嫌疑人被羁押的案件，不能在法律规定的侦查羁押期限内办结的，予以释放

[释疑]　犯罪嫌疑人在取保候审期间被发现另有其他罪行，要求其相应地增加保证金的数额，并没有改变取保候审这个强制措施，故 B 项错误；A、C、D 项则都变更或解除了原来的强制措施，故 A、C、D 项正确。（答案：ACD）

4. 甲与邻居乙发生冲突致乙轻伤，甲被刑事拘留期间，甲的父亲代为与乙达成和解，公安机关决定对甲取保候审。关于甲在取保候审期间应遵守的义务，下列哪一选项是正确的？（2016 年真题，单选）

A. 将驾驶证件交执行机关保存

B. 不得与乙接触

C. 工作单位调动的，在 24 小时内报告执行机关

D. 未经公安机关批准，不得进入特定的娱乐场所

[释疑]　《刑事诉讼法》第 69 条规定："被取保候审的犯罪嫌疑人、被告人应当遵守以下规定：（一）未经执行机关批准不得离开所居住的市、县；（二）住址、工作单位和联系方式发生变动的，在二十四小时以内向执行机关报告；（三）在传讯的时候及时到案；（四）不得以任何形式干扰证人作证；（五）不得毁灭、伪造证据或者串供。人民法院、人民检察院和公安机关可以根据案件情况，责令被取保候审的犯罪嫌疑人、被告人遵守以下一项或者多项规定：（一）不得进入特定的场所；（二）不得与特定的人员会见或者通信；（三）不得从事特定的活动；（四）将护照等出入境证件、驾驶证件交执行机关保存。"

该条第 1 款是必需遵守的；第 2 款是公检法机关可以选择的。本题中问的是甲在取保候审期间应遵守的义务，所以，A 项"将驾驶证件交执行机关保存"错误；B 项"不得与乙接触"错误；C 项"工作单位调动的，在 24 小时内报告执行机关"正确；D 项"未经公安机关批准，不得进入特定的娱乐场所"错误。（答案：C）

5. 甲、乙二人涉嫌猥亵儿童，甲被批准逮捕，乙被取保候审。案件起诉到法院后，乙被法院决定逮捕。关于本案羁押必要性审查，下列哪一选项是正确的？（2016 年真题，单选）

A. 在审查起诉阶段对甲进行审查，由检察院公诉部门办理

B. 对甲可进行公开审查并听取被害儿童法定代理人的意见

C. 检察院可依职权对乙进行审查

D. 经审查，发现乙系从犯，具有悔罪表现且可能宣告缓刑，不予羁押不致发生社会危险性的，检察院应要求法院变更强制措施

[释疑]　《人民检察院办理羁押必要性审查案件规定（试行）》第 3 条规定："羁押必要性审查案件由办案机关对应的同级人民检察院刑事执行检察部门统一办理，侦查监督、公诉、侦查、案件管理、检察技术等部门予以配合。"所以，A 项"在审查起诉阶段对甲进行审查，由检察院公诉部门办理"错误；第 14 条规定："人民检察院可以对羁押必要性审查案件进行公开审查。但是，涉及国家秘密、商业秘密、个人隐私的案件除外。"因本案系猥亵儿童，涉及隐私，所以，B 项"对甲可进行公开审查并听取被害儿童法定代理人的意见"错误；第 11 条规定："刑事执行检察部门对本院批准逮捕和同级人民法院决定逮捕的犯罪嫌疑人、被告人，应当依职权对羁押必要性进行初审。"所以，C 项"检察院可依职权对乙进行审查"正确；第 18 条规定："经羁押必要性审查，发现犯罪嫌疑人、被告人具有下列情形之一，且具有悔罪表现，不予羁押不致发

生社会危险性的,可以向办案机关提出释放或者变更强制措施的建议:(一)预备犯或者中止犯;……(十一)可能被判处一年以下有期徒刑或者宣告缓刑的。"所以,D项"经审查发现乙系从犯、具有悔罪表现且可能宣告缓刑,不予羁押不致发生社会危险性的,检察院应要求法院变更强制措施"错误。(答案:C)

7. 下列哪些情形,法院应当变更或解除强制措施?(2016年真题,多选)

A. 甲涉嫌绑架被逮捕,案件起诉至法院时发现怀有身孕

B. 乙涉嫌非法拘禁被逮捕,被法院判处有期徒刑2年,缓期2年执行,判决尚未发生法律效力

C. 丙涉嫌妨害公务被逮捕,在审理过程中突发严重疾病

D. 丁涉嫌故意伤害被逮捕,因对被害人伤情有异议而多次进行鉴定,致使该案无法在法律规定的一审期限内审结

[释疑]《刑诉法解释》第134条第2款规定:"被逮捕的被告人具有下列情形之一的,人民法院应当变更强制措施或者予以释放:(一)第一审人民法院判处管制、宣告缓刑、单独适用附加刑,判决尚未发生法律效力的;(二)被告人被羁押的时间已到第一审人民法院对其判处的刑期期限的;(三)案件不能在法律规定的期限内审结的。"所以,B项正确。我国刑事诉讼法只规定了精神病鉴定期间不计入办案期限,所以,D项也正确。《刑事诉讼法》第65条规定:"人民法院、人民检察院和公安机关对有下列情形之一的犯罪嫌疑人、被告人,可以取保候审:……(三)患有严重疾病、生活不能自理,怀孕或者正在哺乳自己婴儿的妇女,采取取保候审不致发生社会危险性的……"所以,A项、C项都属于可以变更,故均错误。(答案:BD)

7. 章某涉嫌故意伤害致人死亡,因犯罪后企图逃跑被公安机关先行拘留。关于本案程序,下列哪一选项是正确的?(2015年真题,单选)

A. 拘留章某时,必须出示拘留证

B. 拘留章某后,应在12小时内将其送看守所羁押

C. 拘留后对章某的所有讯问都必须在看守所内进行

D. 因怀疑章某携带管制刀具,拘留时公安机关无需搜查证即可搜查其身体

[释疑]《公安机关办理刑事案件程序规定》第120条规定:"公安机关对于现行犯或者重大嫌疑分子,有下列情形之一的,可以先行拘留:(一)正在预备犯罪、实行犯罪或者在犯罪后即时被发觉的;(二)被害人或者在场亲眼看见的人指认他犯罪的;(三)在身边或者住处发现有犯罪证据的;(四)犯罪后企图自杀、逃跑或者在逃的;(五)有毁灭、伪造证据或者串供可能的;(六)不讲真实姓名、住址,身份不明的;(七)有流窜作案、多次作案、结伙作案重大嫌疑的。"第121条规定:"拘留犯罪嫌疑人,应当填写呈请拘留报告书,经县级以上公安机关负责人批准,制作拘留证。执行拘留时,必须出示拘留证,并责令被拘留人在拘留证上签名、捺指印,拒绝签名、捺指印的,侦查人员应当注明。紧急情况下,对于符合本规定第一百二十条所列情形之一的,应当将犯罪嫌疑人带至公安机关后立即审查,办理法律手续。"本题中,章某涉嫌故意伤害致人死亡,因犯罪后企图逃跑被公安机关先行拘留,只能到公安机关后再办手续。所以A项错误。《刑事诉讼法》第83条规定:"公安机关拘留人的时候,必须出示拘留证。拘留后,应当立即将被拘留人送看守所羁押,至迟不得超过二十四小时。除无法通知或者涉嫌危害国家安全犯罪、恐怖活动犯罪通知可能有碍侦查的情形以外,应当在拘留后二十四小时以内,通知被拘留人的家属。有碍侦查的情形消失以后,应当立即通知被拘留人的家属。"第84条

规定:"公安机关对被拘留的人,应当在拘留后的二十四小时以内进行讯问。在发现不应当拘留的时候,必须立即释放,发给释放证明。"所以,B项、C项错误。《刑事诉讼法》第136条规定:"进行搜查,必须向被搜查人出示搜查证。在执行逮捕、拘留的时候,遇有紧急情况,不另用搜查证也可以进行搜查。"所以,D项正确。(答案:D)

8. 王某涉嫌在多个市县连续组织淫秽表演,2014年9月15日被刑事拘留,随即聘请律师担任辩护人,10月17日被检察院批准逮捕,12月5日被移送检察院审查起诉。关于律师提请检察院进行羁押必要性审查,下列哪一选项是正确的?(2015年真题,单选)

A. 10月14日提出申请,检察院应受理
B. 11月18日提出申请,检察院应告知其先向侦查机关申请变更强制措施
C. 12月3日提出申请,由检察院承担监所检察工作的部门负责审查
D. 12月10日提出申请,由检察院公诉部门负责审查

[释疑] 《刑事诉讼法》第93条规定:"犯罪嫌疑人、被告人被逮捕后,人民检察院仍应当对羁押的必要性进行审查。对不需要继续羁押的,应当建议予以释放或者变更强制措施。有关机关应当在十日以内将处理情况通知人民检察院。"因此,人民检察院对羁押的必要性进行审查是犯罪嫌疑人、被告人被逮捕后进行的。10月14日尚未逮捕,故A项错误。王某10月17日已被检察院批准逮捕,辩护人11月18日申请人民检察院对羁押的必要性进行审查,B项于法无据,错误。《人民检察院刑事诉讼规则(试行)》第617条规定:"侦查阶段的羁押必要性审查由侦查监督部门负责;审判阶段的羁押必要性审查由公诉部门负责。监所检察部门在监所检察工作中发现不需要继续羁押的,可以提出释放犯罪嫌疑人、被告人或者变更强制措施的建议。"辩护人12月3日提出申请时,案件尚处于侦查阶段。因此,C项错误。12月10日已经移送检察院审查起诉,故D项原来是正确的。但是,需要注意的是,由于《人民检察院办理羁押必要性审查案件规定(试行)》第3条规定:羁押必要性审查案件由办案机关对应的同级人民检察院刑事执行检察部门统一办理,侦查监督、公诉、侦查、案件管理、检察技术等部门予以配合。所以,根据新规定,D项"由检察院公诉部门负责审查"也是错误的。(原答案:D;现无答案)

9. 未成年人郭某涉嫌犯罪被检察院批准逮捕。在审查起诉中,经羁押必要性审查,拟变更为取保候审并适用保证人保证。关于保证人,下列哪一选项是正确的?(2014年真题,单选)

A. 可由郭某的父亲担任保证人,并由其交纳1000元保证金
B. 可要求郭某的父亲和母亲同时担任保证人
C. 如果保证人协助郭某逃匿,应当依法追究保证人的刑事责任,并要求其承担相应的民事连带赔偿责任
D. 保证人未履行保证义务应处罚款的,由检察院决定

[释疑] 《刑事诉讼规则(试行)》第87条:"人民检察院决定对犯罪嫌疑人取保候审,应当责令犯罪嫌疑人提出保证人或者交纳保证金。对同一犯罪嫌疑人决定取保候审,不得同时使用保证人保证和保证金保证方式。对符合取保候审条件,具有下列情形之一的犯罪嫌疑人,人民检察院决定取保候审时,可以责令其提供一至二名保证人:(一)无力交纳保证金的;(二)系未成年人或者已满七十五周岁的人;(三)其他不宜收取保证金的。"故A项错误,B项正确。《刑诉法解释》第122条:"根据案件事实和法律规定,认为已经构成犯罪的被告人在

取保候审期间逃匿的,如果系保证人协助被告人逃匿,或者保证人明知被告人藏匿地点但拒绝向司法机关提供,对保证人应当依法追究刑事责任。"新出台的《刑诉法解释》删掉了"保证人承担相应的民事连带赔偿责任"的规定。故 C 项错误。六部门《规定》第 14 条:"对取保候审保证人是否履行了保证义务,由公安机关认定,对保证人的罚款决定,也由公安机关作出。"故 D 项错误。(答案:B)

10. 关于犯罪嫌疑人的审前羁押,下列哪一选项是错误的?(2014 年真题,单选)
   A. 基于强制措施适用的必要性原则,应当尽量减少审前羁押
   B. 审前羁押是临时性的状态,可根据案件进展和犯罪嫌疑人的个人情况予以变更
   C. 经羁押必要性审查认为不需要继续羁押的,检察院应及时释放或变更为其他非羁押强制措施
   D. 案件不能在法定办案期限内办结的,应当解除羁押

[释疑] 必要性原则是指只有在为保证刑事诉讼的顺利进行而有必要时方能采取,若无必要,不得随意适用强制措施。故 A 项正确。强制措施是一种临时性措施,随着刑事诉讼的进程,强制措施可根据案件的进展情况予以变更或者解除。故 B 项正确。《刑事诉讼规则(试行)》第 616 条规定:"犯罪嫌疑人、被告人被逮捕后,人民检察院仍应当对羁押的必要性进行审查。人民检察院发现或者根据犯罪嫌疑人、被告人及其法定代理人、近亲属或者辩护人的申请,经审查认为不需要继续羁押的,应当建议有关机关予以释放或者变更强制措施。"注意,检察院是建议有关机关予以释放或变更强制措施,而不是自己直接进行。故 C 项错误。《刑事诉讼法》第 96 条:"犯罪嫌疑人、被告人被羁押的案件,不能在本法规定的侦查羁押、审查起诉、一审、二审期限内办结的,对犯罪嫌疑人、被告人应当予以释放;需要继续查证、审理的,对犯罪嫌疑人、被告人可以取保候审或者监视居住。"故 D 项正确。(答案:C)

11. 关于取保候审的程序限制,下列哪一选项是正确的?(2013 年真题,单选)
   A. 保证金应当由决定机关统一收取,存入指定银行的专门账户
   B. 对于可能判处徒刑以上刑罚的,不得采取取保候审措施
   C. 对同一犯罪嫌疑人不得同时使用保证金担保和保证人担保两种方式
   D. 对违反取保候审规定,需要予以逮捕的,不得对犯罪嫌疑人、被告人先行拘留

[释疑] 《刑事诉讼法》第 65 条规定:"人民法院、人民检察院和公安机关对有下列情形之一的犯罪嫌疑人、被告人,可以取保候审:(一)可能判处管制、拘役或者独立适用附加刑的;(二)可能判处有期徒刑以上刑罚,采取取保候审不致发生社会危险性的;(三)患有严重疾病、生活不能自理,怀孕或者正在哺乳自己婴儿的妇女,采取取保候审不致发生社会危险性的;(四)羁押期限届满,案件尚未办结,需要采取取保候审的。取保候审由公安机关执行。"第 66 条规定:"人民法院、人民检察院和公安机关决定对犯罪嫌疑人、被告人取保候审,应当责令犯罪嫌疑人、被告人提出保证人或者交纳保证金。"第 70 条第 2 款规定:"提供保证金的人应当将保证金存入执行机关指定银行的专门账户。"(答案:C)

12. 在侦查过程中,下列哪些行为违反我国《刑事诉讼法》的规定?(2013 年真题,多选)
   A. 侦查人员拒绝律师讯问时在场的要求
   B. 公安机关变更逮捕措施,没有通知原批准的检察院
   C. 公安机关认为检察院不批准逮捕的决定有错误,提出复议前继续拘留犯罪嫌疑人
   D. 侦查机关未告知犯罪嫌疑人家属指定居所监视居住的理由和处所

[释疑] 《刑事诉讼法》第73条第2款规定:"指定居所监视居住的,除无法通知的以外,应当在执行监视居住后二十四小时以内,通知被监视居住人的家属。"第90条规定:"公安机关对人民检察院不批准逮捕的决定,认为有错误的时候,可以要求复议,但是必须将被拘留的人立即释放。如果意见不被接受,可以向上一级人民检察院提请复核。上级人民检察院应当立即复核,作出是否变更的决定,通知下级人民检察院和公安机关执行。"第94条规定:"人民法院、人民检察院和公安机关如果发现对犯罪嫌疑人、被告人采取强制措施不当的,应当及时撤销或者变更。公安机关释放被逮捕的人或者变更逮捕措施的,应当通知原批准的人民检察院。"(答案:BC)

13. 关于刑期计算,下列哪一说法是不正确的？(2013年真题,单选)
   A. 甲被判处拘役6个月,其被指定居所监视居住154天的期间折抵刑期154天
   B. 乙通过贿赂手段被暂予监外执行,其在监外执行的267天不计入执行刑期
   C. 丙在暂予监外执行期间脱逃,脱逃的78天不计入执行刑期
   D. 丁被判处管制,其判决生效前被逮捕羁押208天的期间折抵刑期416天

[释疑] 《刑事诉讼法》第74条规定:"指定居所监视居住的期限应当折抵刑期。被判处管制的,监视居住一日折抵刑期一日;被判处拘役、有期徒刑的,监视居住二日折抵刑期一日。"(答案:A)

14. 检察机关审查批准逮捕,下列哪些情形存在时应当讯问犯罪嫌疑人？(2013年真题,多选)
   A. 犯罪嫌疑人的供述前后反复且与其他证据矛盾
   B. 犯罪嫌疑人要求向检察机关当面陈述
   C. 侦查机关拘留犯罪嫌疑人36小时以后将其送交看守所羁押
   D. 犯罪嫌疑人是聋哑人

[释疑] 《刑事诉讼规则(试行)》第305条第1款规定:"侦查监督部门办理审查逮捕案件,可以讯问犯罪嫌疑人;有下列情形之一的,应当讯问犯罪嫌疑人:(一) 对是否符合逮捕条件有疑问的;(二) 犯罪嫌疑人要求向检察人员当面陈述的;(三) 侦查活动可能有重大违法行为的;(四) 案情重大疑难复杂的;(五) 犯罪嫌疑人系未成年人的;(六) 犯罪嫌疑人是盲、聋、哑人或者是尚未完全丧失辨认或者控制自己行为能力的精神病人的。"(答案:ABCD)

15. 检察院审查批准逮捕时,遇有下列哪一情形依法应当讯问犯罪嫌疑人？(2012年真题,单选)
   A. 辩护律师提出要求的
   B. 犯罪嫌疑人要求向检察人员当面陈述的
   C. 犯罪嫌疑人要求会见律师的
   D. 共同犯罪的

[释疑] 《刑事诉讼法》第86条规定:"人民检察院审查批准逮捕,可以讯问犯罪嫌疑人;有下列情形之一的,应当讯问犯罪嫌疑人:(一) 对是否符合逮捕条件有疑问的;(二) 犯罪嫌疑人要求向检察人员当面陈述的;(三) 侦查活动可能有重大违法行为的。人民检察院审查批准逮捕,可以询问证人等诉讼参与人,听取辩护律师的意见;辩护律师提出要求的,应当听取辩护律师的意见。"(答案:B)

16. 甲涉嫌黑社会性质组织犯罪,10月5日上午10时被刑事拘留。下列哪一处置是违法

的?(2012 年真题,单选)

A. 甲于当月 6 日上午 10 时前被送至看守所羁押

B. 甲涉嫌黑社会性质组织犯罪,因考虑通知家属有碍进一步侦查,决定暂不通知

C. 甲在当月 6 日被送至看守所之前,公安机关对其进行了讯问

D. 讯问后,发现甲依法需要逮捕,当月 8 日提请检察院审批

[释疑] 《刑事诉讼法》第 83 条规定:"公安机关拘留人的时候,必须出示拘留证。拘留后,应当立即将被拘留人送看守所羁押,至迟不得超过二十四小时。除无法通知或者涉嫌危害国家安全犯罪、恐怖活动犯罪通知可能有碍侦查的情形以外,应当在拘留后二十四小时以内,通知被拘留人的家属。有碍侦查的情形消失以后,应当立即通知被拘留人的家属。"《刑事诉讼法》第 84 条规定:"公安机关对被拘留的人,应当在拘留后的二十四小时以内进行讯问。在发现不应当拘留的时候,必须立即释放,发给释放证明。"《刑事诉讼法》第 89 条第 1 款规定:"公安机关对被拘留的人,认为需要逮捕的,应当在拘留后的三日以内,提请人民检察院审查批准。在特殊情况下,提请审查批准的时间可以延长一日至四日。"(答案:B)

17. 在符合逮捕条件时,对下列哪些人员可以适用监视居住措施?(2012 年真题,多选)

A. 甲患有严重疾病、生活不能自理

B. 乙正在哺乳自己婴儿

C. 丙系生活不能自理的人的唯一扶养人

D. 丁系聋哑人

[释疑] 《刑事诉讼法》第 72 条第 1 款规定:"人民法院、人民检察院和公安机关对符合逮捕条件,有下列情形之一的犯罪嫌疑人、被告人,可以监视居住:(一) 患有严重疾病、生活不能自理的;(二) 怀孕或者正在哺乳自己婴儿的妇女;(三) 系生活不能自理的人的唯一扶养人;(四) 因为案件的特殊情况或者办理案件的需要,采取监视居住措施更为适宜的;(五) 羁押期限届满,案件尚未办结,需要采取监视居住措施的。"故 A、B、C 项当选。(答案:ABC)

18. 下列哪一情形下,法院对已经逮捕的被告人应当变更强制措施或者释放?(2010 年真题,单选)

A. 涉嫌盗窃的孕妇张某,认罪态度良好

B. 涉嫌故意杀人的李某,因对其进行司法鉴定尚未审结,法律规定的期限已届满

C. 涉嫌走私的王某,由于案件复杂不能在法律规定的期限内审结

D. 涉嫌贩毒的孙某,患有严重疾病

[释疑] 《刑诉法解释》第 133 条规定:"被逮捕的被告人具有下列情形之一的,人民法院可以变更强制措施:(一) 患有严重疾病、生活不能自理的;(二) 怀孕或者正在哺乳自己婴儿的;(三) 系生活不能自理的人的唯一扶养人。"第 134 条第 2 款规定:"被逮捕的被告人具有下列情形之一的,人民法院应当变更强制措施或者予以释放:(一) 第一审人民法院判处管制、宣告缓刑、单独适用附加刑,判决尚未发生法律效力的;(二) 被告人被羁押的时间已到第一审人民法院对其判处的刑期期限的;(三) 案件不能在法律规定的期限内审结的。"故选 C 项。(答案:C)

19. 关于被法院决定取保候审的被告人在取保候审期间应当遵守的法定义务,下列哪些选项是正确的?(2010 年真题,多选)

A. 未经法院批准不得离开所居住的市、县

B. 未经公安机关批准不得会见他人

C. 在传讯的时候及时到案

D. 不得以任何形式干扰证人作证

[释疑] 《刑事诉讼法》第69条规定:"被取保候审的犯罪嫌疑人、被告人应当遵守以下规定:(一)未经执行机关批准不得离开所居住的市、县;(二)住址、工作单位和联系方式发生变动的,在二十四小时以内向执行机关报告;(三)在传讯的时候及时到案;(四)不得以任何形式干扰证人作证;(五)不得毁灭、伪造证据或者串供。人民法院、人民检察院和公安机关可以根据案件情况,责令被取保候审的犯罪嫌疑人、被告人遵守以下一项或者多项规定:(一)不得进入特定的场所;(二)不得与特定的人员会见或者通信;(三)不得从事特定的活动;(四)将护照等出入境证件、驾驶证件交执行机关保存。被取保候审的犯罪嫌疑人、被告人违反前两款规定,已交纳保证金的,没收部分或者全部保证金,并且区别情形,责令犯罪嫌疑人、被告人具结悔过、重新交纳保证金、提出保证人,或者监视居住、予以逮捕。对违反取保候审规定,需要予以逮捕的,可以对犯罪嫌疑人、被告人先行拘留。"由于法院非执行机关,A项错误,B项不符合规定,只有C、D项正确。(答案:CD)

20. 公安机关对涉嫌抢劫、已被拘留的张某提请检察院批准逮捕。检察院审查后,可以作出哪些处理决定?（多选）

A. 退回补充侦查 B. 另行侦查
C. 不批准逮捕 D. 批准逮捕

[释疑] 《刑事诉讼法》第88条规定:"人民检察院对于公安机关提请批准逮捕的案件进行审查后,应当根据情况分别作出批准逮捕或者不批准逮捕的决定。对于批准逮捕的决定,公安机关应当立即执行,并且将执行情况及时通知人民检察院。对于不批准逮捕的,人民检察院应当说明理由,需要补充侦查的,应当同时通知公安机关。"所以,检察院对提请其批捕的案件,只能作出批捕或不批捕决定,不能退回也不能另行侦查。(答案:CD)

21. 公安局长王某涉嫌非法拘禁罪被立案侦查。在决定是否逮捕王某时,应当具备下列哪些条件?（多选）

A. 有证据能够证明王某实施了非法拘禁犯罪

B. 王某可能被判处徒刑以上的刑罚

C. 王某具有很大的社会危险性

D. 王某在境外有住宅

[释疑] 《刑事诉讼法》第79条规定:"对有证据证明有犯罪事实,可能判处徒刑以上刑罚的犯罪嫌疑人、被告人,采取取保候审尚不足以防止发生下列社会危险性的,应当予以逮捕:(一)可能实施新的犯罪的;(二)有危害国家安全、公共安全或者社会秩序的现实危险的;(三)可能毁灭、伪造证据,干扰证人作证或者串供的;(四)可能对被害人、举报人、控告人实施打击报复的;(五)企图自杀或者逃跑的。对有证据证明有犯罪事实,可能判处十年有期徒刑以上刑罚的,或者有证据证明有犯罪事实,可能判处徒刑以上刑罚,曾经故意犯罪或者身份不明的,应当予以逮捕。被取保候审、监视居住的犯罪嫌疑人、被告人违反取保候审、监视居住规定,情节严重的,可以予以逮捕。"故本题应选A、B、C项。(答案:ABC)

22. 关于应当变更为取保候审、监视居住或解除强制措施,下列哪一选项是正确的?（单选）

A. 甲被逮捕后发现患有严重疾病

B. 乙被逮捕后经检查正在怀孕

C. 丙被逮捕后侦查羁押期限届满仍须继续查证

D. 丁被逮捕后一审法院判处有期徒刑1年缓刑2年,判决尚未发生效力

[释疑]　《刑诉法解释》第134条规定:"第一审人民法院判决被告人无罪、不负刑事责任或者免除刑事处罚,被告人在押的,应当宣判后立即释放。被逮捕的被告人具有下列情形之一的,人民法院应当变更强制措施或者予以释放:(一)第一审人民法院判处管制、宣告缓刑、单独适用附加刑,判决尚未发生法律效力的;(二)被告人被羁押的时间已到第一审人民法院对其判处的刑期期限的;(三)案件不能在法律规定的期限内审结的。"A、B、C项均属于可以变更强制措施的情形,故选D项。(答案:D)

23. 在审判阶段,法院认为被告人某甲有毁灭证据的可能,遂决定逮捕某甲。关于该案逮捕程序,下列哪一选项是正确的?(单选)

A. 法院可以自行执行逮捕

B. 异地执行逮捕的,可以由当地公安机关负责执行

C. 执行逮捕后,应当由法院负责对某甲进行讯问

D. 执行逮捕后,应当由公安机关负责通知被逮捕人的家属或所在单位

[释疑]　《刑诉法解释》第131条规定:"人民法院作出逮捕决定后,应当将逮捕决定书等相关材料送交同级公安机关执行,并将逮捕决定书抄送人民检察院。逮捕被告人后,人民法院应当将逮捕的原因和羁押的处所,在二十四小时内通知其家属;确实无法通知的,应当记录在案。"《刑诉法解释》第132条规定:"人民法院对决定逮捕的被告人,应当在逮捕后二十四小时内讯问。发现不应当逮捕的,应当变更强制措施或者立即释放。"《刑事诉讼法》第81条规定:"公安机关在异地执行拘留、逮捕的时候,应当通知被拘留、逮捕人所在地的公安机关,被拘留、逮捕人所在地的公安机关应当予以配合。"因此B项错误。(答案:C)

24. 被取保候审人高某在取保候审期间涉嫌重新犯罪,被公安机关立案侦查。关于保证金的处理,下列哪些选项是错误的?(多选)

A. 由正在审查起诉的检察院暂扣其交纳的保证金

B. 由取保候审的执行机关暂扣其交纳的保证金

C. 由正在审查起诉的检察院没收其交纳的保证金

D. 由取保候审的执行机关没收其交纳的保证金

[释疑]　根据《关于取保候审若干问题的规定》第12条的规定:被取保候审人没有违反《刑事诉讼法》第69条的规定,但在取保候审期间涉嫌重新犯罪司法机关立案侦查的,执行机关应当暂扣其交纳的保证金,待人民法院判决生效后,决定是否没收保证金。对故意重新犯罪的,应当没收保证金;对过失重新犯罪或者不构成犯罪的,应当退还保证金。(答案:ACD)

25. 无国籍人吉姆涉嫌在甲市为外国情报机构窃取我国秘密,侦查机关报请检察机关批准逮捕吉姆。甲市检察院应当如何审查批捕?(单选)

A. 可以直接审查批准逮捕吉姆

B. 应当报请省检察院审查批准

C. 应当审查并提出意见后,层报最高人民检察院审查,最高人民检察院经征求外交部的

意见后,决定批准逮捕

D. 应当层报最高人民检察院审查,最高人民检察院经审查认为不需要逮捕的,报经外交部备案后,作出不批准逮捕的决定

[释疑] 《刑事诉讼规则(试行)》第312条规定:"外国人、无国籍人涉嫌危害国家安全犯罪的案件或者涉及国与国之间政治、外交关系的案件以及在适用法律上确有疑难的案件,认为需要逮捕犯罪嫌疑人的,按照刑事诉讼法第十九条、第二十条的规定,分别由基层人民检察院或者分、州、市人民检察院审查并提出意见,层报最高人民检察院审查。最高人民检察院经审查认为需要逮捕的,经征求外交部的意见后,作出批准逮捕的批复,经审查认为不需要逮捕的,作出不批准逮捕的批复。基层人民检察院或者分、州、市人民检察院根据最高人民检察院的批复,依法作出批准或者不批准逮捕的决定。层报过程中,上级人民检察院经审查认为不需要逮捕的,应当作出不批准逮捕的批复,报送的人民检察院根据批复依法作出不批准逮捕的决定。基层人民检察院或者分、州、市人民检察院经审查认为不需要逮捕的,可以直接依法作出不批准逮捕的决定。外国人、无国籍人涉嫌本条第一款规定以外的其他犯罪案件,决定批准逮捕的人民检察院应当在作出批准逮捕决定后四十八小时以内报上一级人民检察院备案,同时向同级人民政府外事部门通报。上一级人民检察院对备案材料经审查发现错误的,应当依法及时纠正。"本题中,无国籍人吉姆属于"外国人、无国籍人涉嫌危害国家安全犯罪的案件",故选C项。(答案:C)

26. 甲因涉嫌盗窃罪被逮捕。经其辩护人申请,公安机关同意对甲取保候审。公安机关应当如何办理变更手续?(单选)

A. 报请原批准机关审批 B. 报请原批准机关备案
C. 自主决定并通知原批准机关 D. 要求原批准机关撤销逮捕决定

[释疑] 《刑事诉讼法》第94条规定:"人民法院、人民检察院和公安机关如果发现对犯罪嫌疑人、被告人采取强制措施不当的,应当及时撤销或者变更。公安机关释放被逮捕的人或者变更逮捕措施的,应当通知原批准的人民检察院。"故选C项。(答案:C)

27. 依照《刑事诉讼法》的规定,对于下列哪种情形的人,任何公民都可以立即将其扭送公安机关、人民检察院或者人民法院处理?(单选)

A. 有流窜作案嫌疑的人
B. 不讲真实姓名、住址,身份不明的人
C. 在身边或者住处发现犯罪证据的人
D. 正在实行犯罪或者犯罪后即被发觉的人

[释疑] 《刑事诉讼法》第80条规定:"公安机关对于现行犯或者重大嫌疑分子,如果有下列情形之一的,可以先行拘留:(一)正在预备犯罪、实行犯罪或者在犯罪后即时被发觉的;(二)被害人或者在场亲眼看见的人指认他犯罪的;(三)在身边或者住处发现有犯罪证据的;(四)犯罪后企图自杀、逃跑或者在逃的;(五)有毁灭、伪造证据或者串供可能的;(六)不讲真实姓名、住址,身份不明的;(七)有流窜作案、多次作案、结伙作案重大嫌疑的。"《刑事诉讼法》第82条规定:"对于有下列情形的人,任何公民都可以立即扭送公安机关、人民检察院或者人民法院处理:(一)正在实行犯罪或者在犯罪后即被发觉的;(二)通缉在案的;(三)越狱逃跑的;(四)正在被追捕的。"A、B、C项都是拘留的情形,只有D项是扭送的情形。

(答案:D)

28. 关于法院可以决定对什么人采取拘传这一刑事强制措施,下列哪一选项是正确的?(多选)

   A. 某公司涉嫌生产、销售伪劣产品罪,作为该公司诉讼代表人而拒不出庭的高某
   B. 抢夺案中非在押的被告人陈某
   C. 盗窃案中非在押的犯罪嫌疑人卢某
   D. 贿赂案中拒不出庭的证人李某

   [释疑] 《刑诉法解释》第280条规定:"开庭审理单位犯罪案件,应当通知被告单位的诉讼代表人出庭;没有诉讼代表人参与诉讼的,应当要求人民检察院确定。被告单位的诉讼代表人不出庭的,应当按照下列情形分别处理:(一) 诉讼代表人系被告单位的法定代表人或者主要负责人,无正当理由拒不出庭的,可以拘传其到庭。因客观原因无法出庭,或者下落不明的,应当要求人民检察院另行确定诉讼代表人;(二) 诉讼代表人系被告单位的其他人员的,应当要求人民检察院另行确定诉讼代表人出庭。"故选A项。《刑诉法解释》第114条第1款规定:"对经依法传唤拒不到庭的被告人,或者根据案件情况有必要拘传的被告人,可以拘传。"故选B项。(答案:AB)

29. 葛某居住在某县,因涉嫌受贿被检察机关决定取保候审。取保候审期间,葛某应当遵守的义务有哪些?(多选)

   A. 未经某县公安机关批准不得离开某县
   B. 未经某县检察机关批准不得离开某县
   C. 在传讯的时候及时到案
   D. 未经某县公安机关批准不得会见他人

   [释疑] A、C项是被取保候审人应遵守的义务;检察机关不是执行机关,故不选B项;D项是监视居住的义务,故不选。(答案:AC)

30. 高某因涉嫌偷税被公安机关刑事拘留,拘留期间,下列哪些人有权为高某申请取保候审?(多选)

   A. 高某本人   B. 高某的妻子
   C. 高某的叔叔   D. 高某聘请的律师

   [释疑] 《刑事诉讼法》第36条规定:"辩护律师在侦查期间可以为犯罪嫌疑人提供法律帮助;代理申诉、控告;申请变更强制措施;向侦查机关了解犯罪嫌疑人涉嫌的罪名和案件有关情况,提出意见。"第95条规定:"犯罪嫌疑人、被告人及其法定代理人、近亲属或者辩护人有权申请变更强制措施。人民法院、人民检察院和公安机关收到申请后,应当在三日以内作出决定;不同意变更强制措施的,应当告知申请人,并说明不同意的理由。"故本题只能选A、B、D项;C项不是近亲属,不选。(答案:ABD)

31. 刑事诉讼中为取保候审的犯罪嫌疑人提供担保的保证人,需具备相应条件。下列哪些属于保证人的条件?(多选)

   A. 有固定住处和收入
   B. 享有政治权利
   C. 与本案无牵连

D. 有能力对被保释的犯罪嫌疑人起到管制、约束作用

[释疑]《刑事诉讼法》第 67 条规定了保证人的条件:"保证人必须符合下列条件:(一)与本案无牵连;(二)有能力履行保证义务;(三)享有政治权利,人身自由未受到限制;(四)有固定的住处和收入。"故选 A、B、C、D 项。(答案:ABCD)

32. 杨某因涉嫌贪污,被检察院监视居住。在监视居住期间,杨某的下列哪些行为违反规定?(多选)

A. 未经执行的公安机关批准,离开住处

B. 未经决定机关和执行机关批准,会见聘请的律师和同住的家人

C. 以手机短信,告诉证人如何作对其有利的陈述

D. 通过其同住的家人与同案的犯罪嫌疑人订立攻守同盟

[释疑]《刑事诉讼法》第 75 条规定:"被监视居住的犯罪嫌疑人、被告人应当遵守以下规定:(一)未经执行机关批准不得离开执行监视居住的处所;(二)未经执行机关批准不得会见他人或者通信;(三)在传讯的时候及时到案;(四)不得以任何形式干扰证人作证;(五)不得毁灭、伪造证据或者串供;(六)将护照等出入境证件、身份证件、驾驶证件交执行机关保存。被监视居住的犯罪嫌疑人、被告人违反前款规定,情节严重的,可以予以逮捕;需要予以逮捕的,可以对犯罪嫌疑人、被告人先行拘留。"由于新法将监视居住区分为住处执行和指定居所执行两种,在指定居所执行时,会见原来同住的家人必然会受到限制。故选 A、B、C、D 项。(答案:ABCD)

33. 犯罪嫌疑人刘军,因涉嫌组织、领导、参加黑社会性质组织罪、抢劫罪、走私罪和故意伤害罪被公安机关立案侦查。公安机关于 1999 年 11 月 1 日拘留犯罪嫌疑人刘军。刘军提出聘请律师,公安机关以涉嫌黑社会犯罪为由拒绝了刘军的要求。1999 年 12 月 6 日人民检察院批准逮捕刘军。犯罪嫌疑人刘军认为公安机关对其拘留超过法定期限,公安机关则认为对刘军的拘留没有超限。下列哪些观点是正确的?(多选)

A. 公安机关对刘军的拘留超过了法定的期限

B. 如果拘留超过法定期限,犯罪嫌疑人及聘请的律师提出后,侦查机关应立即释放犯罪嫌疑人,或变更为取保候审或监视居住,如果拘留期满的最后一日是节假日,应在节假日后的第一个工作日立即释放犯罪嫌疑人或变更为取保候审或监视居住

C. 公安机关对犯罪嫌疑人刘军的拘留没有超过法定拘留期限

D. 如果犯罪嫌疑人聘请的律师认为公安机关拘留超过法定期限,可以向有关部门提出控告

[释疑]根据《刑事诉讼法》第 89 条第 2 款的规定,对于流窜作案、多次作案、结伙作案的重大嫌疑分子,提请审查批准的时间可以延长至 30 日。故选 C 项。《刑事诉讼法》第 97 条规定:"人民法院、人民检察院或者公安机关对被采取强制措施法定期限届满的犯罪嫌疑人、被告人,应当予以释放、解除取保候审、监视居住或者依法变更强制措施。犯罪嫌疑人、被告人及其法定代理人、近亲属或者辩护人对于人民法院、人民检察院或公安机关采取强制措施法定期限届满的,有权要求解除强制措施。"故选 D 项。(答案:CD)

34. 下列关于司法拘留、行政拘留与刑事拘留的表述,错误的有:(多选)

A. 司法拘留是对妨害诉讼的强制措施,行政拘留是行政制裁方法,被司法拘留和行政拘

留的人均羁押在行政拘留所;刑事拘留是一种强制措施,被刑事拘留的人羁押在看守所

B. 司法拘留、行政拘留、刑事拘留都是一种处罚手段

C. 司法拘留、行政拘留、刑事拘留都是一种强制措施

D. 司法拘留、行政拘留、刑事拘留均可由公安机关决定

[释疑] 司法拘留是指法院决定对妨害诉讼的人采取的强制措施;行政拘留是指由公安机关依法对违法行为人进行短期内限制人身自由的行政处罚方法;刑事拘留是公安机关、人民检察院在侦查过程中,遇到紧急情况时,对现行犯或者重大嫌疑分子所采取的临时限制人身自由的强制方法。被司法拘留和行政拘留的人羁押在行政拘留所,被刑事拘留的人羁押在看守所。所以本题的正确答案为 A 项。(答案:BCD)

35. 白某涉嫌投毒杀人被立案侦查,考虑到白某怀孕已近分娩,县公安机关决定对其取保候审,责令其交纳保证金 5 000 元。婴儿出生 1 个月后,白某写下遗书,两次自杀未遂,家人遂轮流看护白某及其婴儿,以防意外。对此,下列做法错误的是:(多选)

A. 维持原取保候审决定

B. 将取保候审变更为监视居住

C. 增加取保候审保证金或者改为保证人担保

D. 依法提请人民检察院批准逮捕

[释疑] 《刑事诉讼法》第 79 条规定:"对有证据证明有犯罪事实,可能判处徒刑以上刑罚的犯罪嫌疑人、被告人,采取取保候审尚不足以防止发生下列社会危险性的,应当予以逮捕:(一) 可能实施新的犯罪的;(二) 有危害国家安全、公共安全或者社会秩序的现实危险的;(三) 可能毁灭、伪造证据,干扰证人作证或者串供的;(四) 可能对被害人、举报人、控告人实施打击报复的;(五) 企图自杀或者逃跑的。对有证据证明有犯罪事实,可能判处十年有期徒刑以上刑罚的,或者有证据证明有犯罪事实,可能判处徒刑以上刑罚,曾经故意犯罪或者身份不明的,应当予以逮捕。被取保候审、监视居住的犯罪嫌疑人、被告人违反取保候审、监视居住规定,情节严重的,可以予以逮捕。"本题中,白某属于"企图自杀或者逃跑的"情形,故 D 项正确,A、B、C 项错误。(答案:ABC)

36. 犯罪嫌疑人甲于 1996 年因琐事将邻居捅成轻伤后逃跑,2002 年春节他以为没事,回家过年,被害人发现后到当地公安机关报案,要求追究其刑事责任,公安机关决定立案侦查,并将其拘留,报请人民检察院批准逮捕。对此案应当如何处理?(多选)

A. 人民检察院应当作出不批准逮捕的决定

B. 人民检察院应当作出退回补充侦查的决定

C. 公安机关应当作出撤销案件的决定

D. 公安机关应当释放嫌疑人,并发给释放证明

[释疑] 本题要注意,由于已过期限,故选 A、C、D 项。(答案:ACD)

37. 王某因涉嫌抢夺罪,县公安局提请县检察院批准对其采取逮捕措施。逮捕执行后,县公安局发现对王某逮捕不当,下列选项错误的是:(多选)

A. 县公安局不能对王某变更强制措施或者释放王某

B. 县公安局可以释放王某或者变更强制措施,但需经县检察院批准

C. 县公安局可以释放王某或者变更强制措施,只要通知县检察院即可

D. 县公安局可以自行决定释放或变更强制措施,与检察院无关

[释疑] 《刑事诉讼法》第92条规定:"人民法院、人民检察院对于各自决定逮捕的人,公安机关对于经人民检察院批准逮捕的人,都必须在逮捕后的二十四小时以内进行讯问。在发现不应当逮捕的时候,必须立即释放,发给释放证明。"第94条规定:"人民法院、人民检察院和公安机关如果发现对犯罪嫌疑人、被告人采取强制措施不当的,应当及时撤销或者变更。公安机关释放被逮捕的人或者变更逮捕措施的,应当通知原批准的人民检察院。"故C项不选。(答案:ABD)

38. 刘某与陈某涉嫌组织卖淫罪被公安机关立案侦查,并对刘某提请人民检察院批准逮捕。检察院在办理刘某的审查批捕时,发现对陈某也应当逮捕。这时,检察院该如何处理?(多选)

A. 本案不是检察院直接受理案件的范围,检察院应当对刘某批准逮捕,对陈某置之不理

B. 检察院应当将案卷退回,建议公安机关重新对刘某和陈某两人一并提请批准逮捕

C. 检察院应当建议公安机关对陈某提请批准逮捕

D. 对检察院的建议,如果公安机关说明不提请逮捕的理由,但理由不能成立的,检察院可以对陈某直接作出逮捕决定,送达公安机关执行

[释疑] 《刑事诉讼规则(试行)》第321条规定:"人民检察院办理审查逮捕案件,发现应当逮捕而公安机关未提请批准逮捕的犯罪嫌疑人的,应当建议公安机关提请批准逮捕。如果公安机关仍不提请批准逮捕或者不提请批准逮捕的理由不能成立的,人民检察院也可以直接作出逮捕决定,送达公安机关执行。"故选C、D项。(答案:CD)

39. 甲、乙、丙三人实施信用证诈骗。在侦查过程中,某地级市公安机关向该市检察院提请批准逮捕甲、乙、丙三人。其中,甲系省、市两级人民代表大会代表;乙系自由职业者;丙系无国籍人士。在审查批捕过程中,检察院查明:乙已怀有两个月身孕。在人民代表大会闭会期间,检察机关决定对甲批准逮捕。下列选项正确的是:(不定选)

A. 只需报请省人民代表大会常务委员会许可

B. 应当在市人大常委会许可后,再报省人大常委会许可

C. 应当分别报请省市两级人民代表大会常务委员会许可

D. 等待人大常委会许可期间,应当先取保候审

[释疑] 《刑事诉讼规则(试行)》第146条规定:"人民检察院对担任本级人民代表大会代表的犯罪嫌疑人批准或者决定逮捕,应当报请本级人民代表大会主席团或者常务委员会许可。报请许可手续的办理由侦查机关负责。对担任上级人民代表大会代表的犯罪嫌疑人批准或者决定逮捕,应当层报该代表所属的人民代表大会同级的人民检察院报请许可。对担任下级人民代表大会代表的犯罪嫌疑人批准或者决定逮捕,可以直接报请该代表所属的人民代表大会主席团或者常务委员会许可,也可以委托该代表所属的人民代表大会同级的人民检察院报请许可;对担任乡、民族乡、镇的人民代表大会代表的犯罪嫌疑人批准或者决定逮捕,由县级人民检察院报告乡、民族乡、镇的人民代表大会。对担任两级以上的人民代表大会代表的犯罪嫌疑人批准或者决定逮捕,分别依照本条第一、二、三款的规定报请许可。对担任办案单位所在的省、市、县(区)以外的其他地区人民代表大会代表的犯罪嫌疑人批准或者决定逮捕,应当委托该代表所属的人民代表大会同级的人民检察院报请许可;担任两级以上人民代表大会代

的,应当分别委托该代表所属的人民代表大会同级的人民检察院报请许可。"故 C 项正确。(答案:C)

40. 甲、乙、丙三人实施信用证诈骗。侦查过程中,某地级市公安机关向该市检察院提请批准逮捕甲、乙、丙三人。其中,甲系省、市两级人民代表大会代表;乙系自由职业者;丙系无国籍人士。在审查批捕过程中,检察院查明:乙已怀有两个月身孕。关于检察院对乙审查批捕,下列选项正确的是:(不定选)

  A. 可以对乙作出批准逮捕的决定
  B. 可以直接建议公安机关对乙取保候审
  C. 对证据有疑问的,可以决定另行侦查
  D. 认为需要补充侦查的,应当作出不批准逮捕的决定,同时通知公安机关

[释疑]《刑事诉讼规则(试行)》第 83 条规定:"人民检察院对于有下列情形之一的犯罪嫌疑人,可以取保候审:(一) 可能判处管制、拘役或者独立适用附加刑的;(二) 可能判处有期徒刑以上刑罚,采取取保候审不致发生社会危险性的;(三) 患有严重疾病、生活不能自理、怀孕或者正在哺乳自己婴儿的妇女,采取取保候审不致发生社会危险性的;(四) 犯罪嫌疑人羁押期限届满,案件尚未办结,需要取保候审的。"因此 A 项正确。《刑事诉讼规则(试行)》第 304 条规定:"侦查监督部门办理审查逮捕案件,应当指定办案人员进行审查。办案人员应当审阅案卷材料和证据,依法讯问犯罪嫌疑人、询问证人等诉讼参与人、听取辩护律师意见,制作审查逮捕意见书,提出批准或者决定逮捕、不批准或者不予逮捕的意见,经部门负责人审核后,报请检察长批准或者决定;重大案件应当经检察委员会讨论决定。侦查监督部门办理审查逮捕案件,不另行侦查,不得直接提出采取取保候审措施的意见。"因此 B 项错误,C 项错误。《刑事诉讼规则(试行)》第 319 条规定:"对公安机关提请批准逮捕的犯罪嫌疑人,具有本规则第一百四十三条和第一百四十四条规定情形,人民检察院作出不批准逮捕决定的,应当说明理由,连同案卷材料送达公安机关执行。需要补充侦查的,应当同时通知公安机关。"因此 D 项正确。(答案:AD)

41. 甲、乙、丙三人实施信用证诈骗。侦查过程中,某地级市公安机关向该市检察院提请批准逮捕甲、乙、丙三人。其中,甲系省、市两级人民代表大会代表;乙系自由职业者;丙系无国籍人士。在审查批捕过程中,检察院查明:乙已怀有两个月身孕。关于检察院对丙审查批捕,下列选项正确的是:(不定选)

  A. 市检察院认为不需要逮捕的,可以自行作出决定
  B. 市检察院认为需要逮捕的,报省检察院审查
  C. 省检察院征求同级政府外事部门的意见后,决定批准逮捕
  D. 省检察院批准逮捕的,应同时报最高人民检察院备案

[释疑]《刑事诉讼规则(试行)》第 312 条规定:"外国人、无国籍人涉嫌危害国家安全犯罪的案件或者涉及国与国之间政治、外交关系的案件以及在适用法律上确有疑难的案件,认为需要逮捕犯罪嫌疑人的,按照刑事诉讼法第十九条、第二十条的规定,分别由基层人民检察院或者分、州、市人民检察院审查并提出意见,层报最高人民检察院审查。最高人民检察院经审查认为需要逮捕的,经征求外交部的意见后,作出批准逮捕的批复,经审查认为不需要逮捕的,作出不批准逮捕的批复。基层人民检察院或者分、州、市人民检察院根据最高人民检察院

的批复,依法作出批准或者不批准逮捕的决定。层报过程中,上级人民检察院经审查认为不需要逮捕的,应当作出不批准逮捕的批复,报送的人民检察院根据批复依法作出不批准逮捕的决定。基层人民检察院或者分、州、市人民检察院经审查认为不需要逮捕的,可以直接依法作出不批准逮捕的决定。外国人、无国籍人涉嫌本条第一款规定以外的其他犯罪案件,决定批准逮捕的人民检察院应当在作出批准逮捕决定后四十八小时以内报上一级人民检察院备案,同时向同级人民政府外事部门通报。上一级人民检察院对备案材料经审查发现错误的,应当依法及时纠正。"(答案:ABCD)

三、提示与预测

本章涉及刑事诉讼中的强制措施,其中,拘传、取保候审、监视居住、拘留、逮捕等都有了重大修改,一定要认真掌握,是重中之重!尤其是指定居所监视居住,考生一定要注意!

第九章 附带民事诉讼

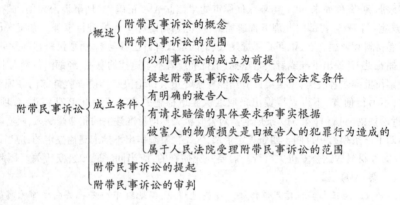

一、精讲

考点 1 附带民事诉讼概述

(一)附带民事诉讼的概念与赔偿范围

附带民事诉讼,是指公安司法机关在刑事诉讼过程中,在解决被告人刑事责任的同时,附带解决被告人的犯罪行为所造成的物质损失的赔偿问题,而进行的诉讼活动。

1.《刑事诉讼法》的相关规定

《刑事诉讼法》第 99 条规定:"被害人由于被告人的犯罪行为而遭受物质损失的,在刑事诉讼过程中,有权提起附带民事诉讼。被害人死亡或者丧失行为能力的,被害人的法定代理人、近亲属有权提起附带民事诉讼。如果是国家财产、集体财产遭受损失的,人民检察院在提起公诉的时候,可以提起附带民事诉讼。"

2.《刑诉法解释》的相关规定

(1)被害人因人身权利受到犯罪侵犯或者财物被犯罪分子毁坏而遭受物质损失的,有权在刑事诉讼过程中提起附带民事诉讼;被害人死亡或者丧失行为能力的,其法定代理人、近亲属有权提起附带民事诉讼。因受到犯罪侵犯,提起附带民事诉讼或者单独提起民事诉讼要求赔偿精神损失的,人民法院不予受理。(2) 被告人非法占有、处置被害人财产的,应当依法予以追缴或者责令退赔。被害人提起附带民事诉讼的,人民法院不予受理。追缴、退赔的情况,可以作为量刑情节考虑。(3) 国家机关工作人员在行使职权时,侵犯他人人身、财产权利构成犯罪,被害人或者其法定代理人、近亲属提起附带民事诉讼的,人民法院不予受理,但应当告知其可以依法申请国家赔偿。(4) 对附带民事诉讼作出判决,应当根据犯罪行为造成的物质损失,结合案件具体情况,确定被告人应当赔偿的数额。犯罪行为造成被害人人身损害的,应当赔偿医疗费、护理费、交通费等为治疗和康复支付的合理费用,以及因误工减少的收入。造成被害人残疾的,还应当赔偿残疾生活辅助具费等费用;造成被害人死亡的,还应当赔偿丧葬费等费用。驾驶机动车致人伤亡或者造成公私财产重大损失,构成犯罪的,依照《中华人民共和国道路交通安全法》第76条的规定确定赔偿责任。附带民事诉讼当事人就民事赔偿问题达成调解、和解协议的,赔偿范围、数额不受前述规定的限制。

(二) 附带民事诉讼的财产保全

《刑事诉讼法》第100条规定:"人民法院在必要的时候,可以采取保全措施,查封、扣押或者冻结被告人的财产。附带民事诉讼原告人或者人民检察院可以申请人民法院采取保全措施。人民法院采取保全措施,适用民事诉讼法的有关规定。"《刑诉法解释》规定:人民法院对可能因被告人的行为或者其他原因,使附带民事判决难以执行的案件,根据附带民事诉讼原告人的申请,可以裁定采取保全措施,查封、扣押或者冻结被告人的财产;附带民事诉讼原告人未提出申请的,必要时,人民法院也可以采取保全措施。有权提起附带民事诉讼的人因情况紧急,不立即申请保全将会使其合法权益受到难以弥补的损害的,可以在提起附带民事诉讼前,向被保全财产所在地、被申请人居住地或者对案件有管辖权的人民法院申请采取保全措施。申请人在人民法院受理刑事案件后15日内未提起附带民事诉讼的,人民法院应当解除保全措施。人民法院采取保全措施,适用《民事诉讼法》第100条至第105条的有关规定,但《民事诉讼法》第101条第3款的规定除外。

考点 2 附带民事诉讼的成立条件

(一) 附带民事诉讼以刑事诉讼的成立为前提

(二) 提起附带民事诉讼的原告人符合法定条件

(1) 人民法院受理刑事案件后,对符合《刑事诉讼法》第99条和《刑诉法解释》第138条第1款规定的,可以告知被害人或者其法定代理人、近亲属有权提起附带民事诉讼。有权提起附带民事诉讼的人放弃诉讼权利的,应当准许,并记录在案。

(2) 国家财产、集体财产遭受损失,受损失的单位未提起附带民事诉讼,人民检察院在提起公诉时提起附带民事诉讼的,人民法院应当受理。人民检察院提起附带民事诉讼的,应当列为附带民事诉讼原告人。被告人非法占有、处置国家财产、集体财产的,依照《刑诉法解释》第139条的规定处理。

(3) 被害人或者其法定代理人、近亲属仅对部分共同侵害人提起附带民事诉讼的,人民法院应当告知其可以对其他共同侵害人,包括没有被追究刑事责任的共同侵害人,一并提起附带民事诉讼,但共同犯罪案件中同案犯在逃的除外。被害人或者其法定代理人、近亲属放弃对其他共同侵害人的诉讼权利的,人民法院应当告知其相应法律后果,并在裁判文书中说明其放弃诉讼请求的情况。

(4) 共同犯罪案件,同案犯在逃的,不应列为附带民事诉讼被告人。逃跑的同案犯到案后,被害人或者其法定代理人、近亲属可以对其提起附带民事诉讼,但已经从其他共同犯罪人处获得足额赔偿的除外。

(5) 被害人或者其法定代理人、近亲属在刑事诉讼过程中未提起附带民事诉讼,另行提起民事诉讼的,人民法院可以进行调解,或者根据物质损失情况作出判决。

(三) 有明确的被告人及赔偿的具体要求和事实根据

附带民事诉讼中依法负有赔偿责任的人包括:

(1) 刑事被告人以及未被追究刑事责任的其他共同侵害人。

(2) 刑事被告人的监护人。

(3) 死刑罪犯的遗产继承人。

(4) 共同犯罪案件中,案件审结前死亡的被告人的遗产继承人。

(5) 对被害人的物质损失依法应当承担赔偿责任的其他单位和个人。

附带民事诉讼被告人的亲友自愿代为赔偿的,应当准许。附带民事诉讼当事人对自己提出的主张,有责任提供证据。

(四) 被害人的物质损失是由被告人的犯罪行为造成的

(五) 属于人民法院受理附带民事诉讼的范围

考点 3　附带民事诉讼的提起

(一) 附带民事诉讼的提起期间和方式

(1) 附带民事诉讼应当在刑事案件立案后及时提起。(2) 提起附带民事诉讼应当提交附带民事起诉状。(3) 侦查、审查起诉期间,有权提起附带民事诉讼的人提出赔偿要求,经公安机关、人民检察院调解,当事人双方已经达成协议并全部履行,被害人或者其法定代理人、近亲属又提起附带民事诉讼的,人民法院不予受理,但有证据证明调解违反自愿、合法原则的除外。(4) 附带民事诉讼的起诉条件是:① 起诉人符合法定条件;② 有明确的被告人;③ 有请求赔偿的具体要求和事实、理由;④ 属于人民法院受理附带民事诉讼的范围。(5) 被害人或者其法定代理人、近亲属提起附带民事诉讼的,人民法院应当在 7 日内决定是否立案。符合《刑事诉讼法》第 99 条以及《刑诉法解释》有关规定的,应当受理;不符合的,裁定不予受理。(6) 人民法院受理附带民事诉讼后,应当在 5 日内将附带民事起诉状副本送达附带民事诉讼被告人及其法定代理人,或者将口头起诉的内容及时通知附带民事诉讼被告人及其法定代理人,并制作笔录。人民法院送达附带民事起诉状副本时,应当根据刑事案件的审理期限,确定被告人及其法定代理人提交附带民事答辩状的时间。

(二) 附带民事诉讼的审判

1.《刑事诉讼法》的相关规定

《刑事诉讼法》第 102 条规定:"附带民事诉讼应当同刑事案件一并审判,只有为了防止刑事案件审判的过分迟延,才可以在刑事案件审判后,由同一审判组织继续审理附带民事诉讼。"

2.《刑诉法解释》的相关规定

(1) 同一审判组织的成员确实不能继续参与审判的,可以更换。

(2) 人民检察院提起附带民事诉讼的,人民法院经审理,认为附带民事诉讼被告人依法应当承担赔偿责任的,应当判令附带民事诉讼被告人直接向遭受损失的单位作出赔偿;遭受损失的单位已经终止,有权利义务继受人的,应当判令其向继受人作出赔偿;没有权利义务继受人的,应当判令其向人民检察院交付赔偿款,由人民检察院上缴国库。

(3) 审理刑事附带民事诉讼案件,人民法院应当结合被告人赔偿被害人物质损失的情况认定其悔罪表现,并在量刑时予以考虑。

(4) 附带民事诉讼原告人经传唤,无正当理由拒不到庭,或者未经法庭许可中途退庭的,应当按撤诉处理。刑事被告人以外的附带民事诉讼被告人经传唤,无正当理由拒不到庭,或者未经法庭许可中途退庭的,附带民事部分可以缺席判决。

(5) 人民法院认定公诉案件被告人的行为不构成犯罪,对已经提起的附带民事诉讼,经调解不能达成协议的,应当一并作出刑事附带民事判决。人民法院准许人民检察院撤回起诉的公诉案件,对已经提起的附带民事诉讼,可以进行调解;不宜调解或者经调解不能达成协议的,应当裁定驳回起诉,并告知附带民事诉讼原告人可以另行提起民事诉讼。

(6) 第一审期间未提起附带民事诉讼,在第二审期间提起的,第二审人民法院可以依法进行调解;调解不成的,告知当事人可以在刑事判决、裁定生效后另行提起民事诉讼。

(7) 人民法院审理附带民事诉讼案件,不收取诉讼费。

(8) 人民法院审理附带民事诉讼案件,除《刑法》《刑事诉讼法》以及刑事司法解释已有规定的以外,适用民事法律的有关规定。

(三) 附带民事诉讼的调解

1.《刑事诉讼法》的相关规定

《刑事诉讼法》第101条规定:"人民法院审理附带民事诉讼案件,可以进行调解,或者根据物质损失情况作出判决、裁定。"

2.《刑诉法解释》的相关规定

(1) 人民法院审理附带民事诉讼案件,可以根据自愿、合法的原则进行调解。经调解达成协议的,应当制作调解书。调解书经双方当事人签收后,即具有法律效力。调解达成协议并即时履行完毕的,可以不制作调解书,但应当制作笔录,经双方当事人、审判人员、书记员签名或者盖章后即发生法律效力。

(2) 调解未达成协议或者调解书签收前当事人反悔的,附带民事诉讼应当同刑事诉讼一并判决。

二、例题

1. 甲系某地交通运输管理所工作人员,在巡查执法时致一辆出租车发生重大交通事故,司机乙重伤,乘客丙当场死亡,出租车严重受损。甲以滥用职权罪被提起公诉。关于本案处理,下列哪一选项是正确的?(2017年真题,单选)

A. 乙可成为附带民事诉讼原告人

B. 交通运输管理所可成为附带民事诉讼被告人

C. 丙的妻子提起附带民事诉讼的,法院应裁定不予受理
D. 乙和丙的近亲属可与甲达成刑事和解

[释疑]　《刑诉法解释》规定,国家机关工作人员在行使职权时,侵犯他人人身、财产权利构成犯罪,被害人或者其法定代理人、近亲属提起附带民事诉讼的,人民法院不予受理,但应当告知其可以依法申请国家赔偿。故 C 项正确。(答案:C)

2. 甲、乙殴打丙,致丙长期昏迷,乙在案发后潜逃,检察院以故意伤害罪对甲提起公诉。关于本案,下列哪些选项是正确的?(2016 年真题,多选)
A. 丙的妻子、儿子和弟弟都可成为附带民事诉讼原告人
B. 甲、乙可作为附带民事诉讼共同被告人,对故意伤害丙造成的物质损失承担连带赔偿责任
C. 丙因昏迷无法继续履行与某公司签订的合同造成的财产损失,不属于附带民事诉讼的赔偿范围
D. 如甲的朋友愿意代为赔偿,法院应准许并可作为酌定量刑情节考虑

[释疑]　《刑事诉讼法》第 99 条第 1 款规定:"被害人由于被告人的犯罪行为而遭受物质损失的,在刑事诉讼过程中,有权提起附带民事诉讼。被害人死亡或者丧失行为能力的,被害人的法定代理人、近亲属有权提起附带民事诉讼。"丙的妻子、儿子和弟弟都属于近亲属,所以 A 项正确。《刑诉法解释》第 146 条规定:"共同犯罪案件,同案犯在逃的,不应列为附带民事诉讼被告人。逃跑的同案犯到案后,被害人或者其法定代理人、近亲属可以对其提起附带民事诉讼,但已经从其他共同犯罪人处获得足额赔偿的除外。"所以,B 项"甲、乙可作为附带民事诉讼共同被告人,对故意伤害丙造成的物质损失承担连带赔偿责任"错误。《刑诉法解释》第 155 条第 2 款规定:"犯罪行为造成被害人人身损害的,应当赔偿医疗费、护理费、交通费等为治疗和康复支付的合理费用,以及因误工减少的收入。造成被害人残疾的,还应当赔偿残疾生活辅助具费等费用;造成被害人死亡的,还应当赔偿丧葬费等费用。"所以,C 项"丙因昏迷无法继续履行与某公司签订的合同造成的财产损失不属于附带民事诉讼的赔偿范围"正确。《刑诉法解释》第 143 条第 2 款规定:"附带民事诉讼被告人的亲友自愿代为赔偿的,应当准许。"第 157 条规定:"审理刑事附带民事诉讼案件,人民法院应当结合被告人赔偿被害人物质损失的情况认定其悔罪表现,并在量刑时予以考虑。"所以,D 项"如甲的朋友愿意代为赔偿,法院应准许并可作为酌定量刑情节考虑"正确。(答案:ACD)

3. 法院可以受理被害人提起的下列哪一附带民事诉讼案件?(2015 年真题,单选)
A. 抢夺案,要求被告人赔偿被夺走并变卖的手机
B. 寻衅滋事案,要求被告人赔偿所造成的物质损失
C. 虐待被监管人案,要求被告人赔偿因体罚虐待致身体损害所产生的医疗费
D. 非法搜查案,要求被告人赔偿因非法搜查所导致的物质损失

[释疑]　《刑诉法解释》第 139 条规定:"被告人非法占有、处置被害人财产的,应当依法予以追缴或者责令退赔。被害人提起附带民事诉讼的,人民法院不予受理。追缴、退赔的情况,可以作为量刑情节考虑。"所以,A 项错误。第 138 条规定:"被害人因人身权利受到犯罪侵犯或者财物被犯罪分子毁坏而遭受物质损失的,有权在刑事诉讼过程中提起附带民事诉讼;被害人死亡或者丧失行为能力的,其法定代理人、近亲属有权提起附带民事诉讼。因受到犯罪

侵犯,提起附带民事诉讼或者单独提起民事诉讼要求赔偿精神损失的,人民法院不予受理。"所以,B 项正确。第 140 条规定:"国家机关工作人员在行使职权时,侵犯他人人身、财产权利构成犯罪,被害人或者其法定代理人、近亲属提起附带民事诉讼的,人民法院不予受理,但应当告知其可以依法申请国家赔偿。"所以,C 项、D 项错误。(答案:B)

4. 甲因琐事与乙发生口角进而厮打,推搡之间,不慎致乙死亡。检察院以甲涉嫌过失致人死亡提起公诉,乙母丙向法院提起附带民事诉讼。关于本案处理,下列哪些选项是正确的?(2015 年真题,多选)

A. 法院可对附带民事部分进行调解
B. 如甲与丙经法院调解达成协议,调解协议中约定的赔偿损失内容可分期履行
C. 如甲提出申请,法院可组织甲与丙协商以达成和解
D. 如甲与丙达成刑事和解,其约定的赔偿损失内容可分期履行

[释疑] 《刑事诉讼法》第 101 条规定:"人民法院审理附带民事诉讼案件,可以进行调解,或者根据物质损失情况作出判决、裁定。"所以,A 项正确。
《刑诉法解释》第 153 条:"人民法院审理附带民事诉讼案件,可以根据自愿、合法的原则进行调解。经调解达成协议的,应当制作调解书。调解书经双方当事人签收后,即具有法律效力。调解达成协议并即时履行完毕的,可以不制作调解书,但应当制作笔录,经双方当事人、审判人员、书记员签名或者盖章后即发生法律效力。"所以,B 项正确。《刑诉法解释》第 496 条第 1 款规定:"对符合刑事诉讼法第二百七十七条规定的公诉案件,事实清楚、证据充分的,人民法院应当告知当事人可以自行和解;当事人提出申请,人民法院可以主持双方当事人协商以达成和解。"所以,C 项正确。《刑诉法解释》第 502 条规定:"和解协议约定的赔偿损失内容,被告人应当在协议签署后即时履行。和解协议已经全部履行,当事人反悔的,人民法院不予支持,但有证据证明和解违反自愿、合法原则的除外。"所以,D 项错误。(答案:ABC)

5. 韩某和苏某共同殴打他人,致被害人李某死亡、吴某轻伤,韩某还抢走吴某的手机。后韩某被抓获,苏某在逃。关于本案的附带民事诉讼,下列哪一选项是正确的?(2014 年真题,单选)

A. 李某的父母和祖父母都有权提起附带民事诉讼
B. 韩某和苏某应一并列为附带民事诉讼的被告人
C. 吴某可通过附带民事诉讼要求韩某赔偿手机
D. 吴某在侦查阶段与韩某就民事赔偿达成调解协议并全部履行后又提起附带民事诉讼,法院不予受理

[释疑] 《刑事诉讼法》第 99 条第 1 款规定:"被害人由于被告人的犯罪行为而遭受物质损失的,在刑事诉讼过程中,有权提起附带民事诉讼。被害人死亡或者丧失行为能力的,被害人的法定代理人、近亲属有权提起附带民事诉讼。"《刑事诉讼法》第 106 条规定的"近亲属"是指夫、妻、父、母、子、女、同胞兄弟姊妹。李某的祖父母不属于近亲属,故 A 项错误。《刑诉法解释》第 146 条:"共同犯罪案件,同案犯在逃的,不应列为附带民事诉讼被告人。逃跑的同案犯到案后,被害人或者其法定代理人、近亲属可以对其提起附带民事诉讼,但已经从其他共同犯罪人处获得足额赔偿的除外。"故 B 项错误。《刑诉法解释》第 139 条:"被告人非法占有、处置

被害人财产的,应当依法予以追缴或者责令退赔。被害人提起附带民事诉讼的,人民法院不予受理。追缴、退赔的情况,可以作为量刑情节考虑。"吴某的手机应当依法予以追缴或责令退赔,故 C 项错误。《刑诉法解释》第 148 条:"侦查、审查起诉期间,有权提起附带民事诉讼的人提出赔偿要求,经公安机关、人民检察院调解,当事人双方已经达成协议并全部履行,被害人或者其法定代理人、近亲属又提起附带民事诉讼的,人民法院不予受理,但有证据证明调解违反自愿、合法原则的除外。"故 D 项正确。(答案:D)

6. 王某被姜某打伤致残,在开庭审判前向法院提起附带民事诉讼,并提出财产保全的申请。法院对于该申请的处理,下列哪一选项是正确的?(2013 年真题,单选)

A. 不予受理
B. 可以采取查封、扣押或者冻结被告人财产的措施
C. 只有在王某提供担保后,法院才予以财产保全
D. 移送财产所在地的法院采取保全措施

[释疑] 《刑事诉讼法》第 100 条规定:"人民法院在必要的时候,可以采取保全措施,查封、扣押或者冻结被告人的财产。附带民事诉讼原告人或者人民检察院可以申请人民法院采取保全措施。人民法院采取保全措施,适用民事诉讼法的有关规定。"故 B 项正确。(答案:B)

7. 张一、李二、王三因口角与赵四发生斗殴,赵四因伤势过重死亡。其中张一系未成年人,王三情节轻微未起诉,李二在一审开庭前意外死亡。请回答第 95—96 题。(2013 年真题,不定选)

(1) 本案依法负有民事赔偿责任的人是:
A. 张一、李二
B. 张一父母、李二父母
C. 张一父母、王三
D. 张一父母、李二父母、王三

[释疑] 《刑诉法解释》第 143 条规定:"附带民事诉讼中依法负有赔偿责任的人包括:(一)刑事被告人以及未被追究刑事责任的其他共同侵害人;(二)刑事被告人的监护人;(三)死刑罪犯的遗产继承人;(四)共同犯罪案件中,案件审结前死亡的被告人的遗产继承人;(五)对被害人的物质损失依法应当承担赔偿责任的其他单位和个人。附带民事诉讼被告人的亲友自愿代为赔偿的,应当准许。"所以,D 项当选。(答案:D)

(2) 在一审过程中,如果发生附带民事诉讼原、被告当事人不到庭情形,法院的下列做法正确的是:
A. 赵四父母经传唤,无正当理由不到庭,法庭应当择期审理
B. 赵四父母到庭后未经法庭许可中途退庭,法庭应当按撤诉处理
C. 王三经传唤,无正当理由不到庭,法庭应当采取强制手段强制其到庭
D. 李二父母未经法庭许可中途退庭,就附带民事诉讼部分,法庭应当缺席判决

[释疑] 《刑诉法解释》第 158 条规定:"附带民事诉讼原告人经传唤,无正当理由拒不到庭,或者未经法庭许可中途退庭的,应当按撤诉处理。刑事被告人以外的附带民事诉讼被告人经传唤,无正当理由拒不到庭,或者未经法庭许可中途退庭的,附带民事部分可以缺席判决。"所以,B 项当选。(答案:B)

8. 关于附带民事诉讼案件诉讼程序中的保全措施,下列哪一说法是正确的?(2012 年真题,单选)

A. 法院应当采取保全措施
B. 附带民事诉讼原告人和检察院都可以申请法院采取保全措施
C. 采取保全措施,不受《民事诉讼法》规定的限制
D. 财产保全的范围不限于犯罪嫌疑人、被告人的财产或与本案有关的财产

[释疑] 《刑事诉讼法》第100条规定:"人民法院在必要的时候,可以采取保全措施,查封、扣押或者冻结被告人的财产。附带民事诉讼原告人或者人民检察院可以申请人民法院采取保全措施。人民法院采取保全措施,适用民事诉讼法的有关规定。"所以,B项当选。(答案:B)

9. 某县检察院以涉嫌故意伤害罪对16岁的马某提起公诉,被害人刘某提起附带民事诉讼。对此,下列哪些选项是正确的?(2010年真题,多选)
A. 在审理该案时,法院只能适用《刑法》、《刑事诉讼法》等有关的刑事法律
B. 在审查起诉阶段,马某、刘某已就赔偿达成协议且马某按照协议给付了刘某5万元,法院仍可以受理刘某提起的附带民事诉讼
C. 法院受理附带民事诉讼后,应当将附带民事起诉状副本送达马某,或者将口头起诉的内容通知马某
D. 法院可以决定查封或者扣押被告人马某的财产

[释疑] 《刑诉法解释》第163条规定:"人民法院审理附带民事诉讼案件,除刑法、刑事诉讼法以及刑事司法解释已有规定的以外,适用民事法律的有关规定。",A项错误。《刑诉法解释》第148条规定:"侦查、审查起诉期间,有权提起附带民事诉讼的人提出赔偿要求,经公安机关、人民检察院调解,当事人双方已经达成协议并全部履行,被害人或者其法定代理人、近亲属又提起附带民事诉讼的,人民法院不予受理,但有证据证明调解违反自愿、合法原则的除外。"B项正确。《刑诉法解释》第150条第1款规定:"人民法院受理附带民事诉讼后,应当在五日内将附带民事起诉状副本送达附带民事诉讼被告人及其法定代理人,或者将口头起诉的内容及时通知附带民事诉讼被告人及其法定代理人,并制作笔录。"C项错。《刑诉法解释》第152条规定:"人民法院对可能因被告人的行为或者其他原因,使附带民事判决难以执行的案件,根据附带民事诉讼原告人的申请,可以裁定采取保全措施,查封、扣押或者冻结被告人的财产;附带民事诉讼原告人未提出申请的,必要时,人民法院也可以采取保全措施。有权提起附带民事诉讼的人因情况紧急,不立即申请保全将会使其合法权益受到难以弥补的损害的,可以在提起附带民事诉讼前,向被保全财产所在地、被申请人居住地或者对案件有管辖权的人民法院申请采取保全措施。申请人在人民法院受理刑事案件后十五日内未提起附带民事诉讼的,人民法院应当解除保全措施。人民法院采取保全措施,适用民事诉讼法第一百条至第一百零五条的有关规定,但民事诉讼法第一百零一条第三款的规定除外。"D项正确。故选B、D项。(答案:BD)

10. 关于附带民事诉讼,下列哪一选项是正确的?(2009年真题,单选)
A. 在侦查、审查起诉阶段,被害人提出赔偿要求经记录在案的,公安机关、检察院可以对民事赔偿部分进行调解
B. 在侦查、审查起诉阶段,经调解当事人达成协议并已给付,被害人又向法院提起附带民事诉讼的,法院不再受理

C. 法院审理刑事附带民事诉讼案件,可以进行调解

D. 附带民事诉讼经调解达成协议并当庭执行完毕的,无需制作调解书,也不需记入笔录

[释疑] 《刑诉法解释》第148条规定:侦查、审查起诉期间,有权提起附带民事诉讼的人提出赔偿要求,经公安机关、人民检察院调解,当事人双方已经达成协议并全部履行,被害人或者其法定代理人、近亲属又提起附带民事诉讼的,人民法院不予受理,但有证据证明调解违反自愿、合法原则的除外。《刑诉法解释》第153条规定:人民法院审理附带民事诉讼案件,可以根据自愿、合法的原则进行调解。经调解达成协议的,应当制作调解书。调解书经双方当事人签收后,即具有法律效力。调解达成协议并即时履行完毕的,可以不制作调解书,但应当制作笔录,经双方当事人、审判人员、书记员签名或者盖章后即发生法律效力。《刑诉法解释》第156条规定:"人民检察院提起附带民事诉讼的,人民法院经审理,认为附带民事诉讼被告人依法应当承担赔偿责任的,应当判令附带民事诉讼被告人直接向遭受损失的单位作出赔偿;遭受损失的单位已经终止,有权利义务继受人的,应当判令其向继受人作出赔偿;没有权利义务继受人的,应当判令其向人民检察院交付赔偿款,由人民检察院上缴国库。"根据上述规定,应选A项。(答案:A)

11. 案情:张某与王某因口角发生扭打,张某将王某打成重伤。检察院以故意伤害罪向法院提起公诉,被害人王某同时向法院提起附带民事诉讼。(2008年真题,案例)

问题1:如果一审宣判后,张某对刑事部分不服提出上诉,王某对民事部分不服提出上诉,第二审法院在审理中发现本案的刑事部分和附带民事部分认定事实都没有错误,但适用法律有错误,应当如何处理?

答案:第二审人民法院应当在二审判决中一并改判。

问题2:如果一审宣判后,检察院对本案刑事部分提起了抗诉,本案的附带民事部分没有上诉。第二审法院在审理中发现本案民事部分有错误,二审法院对民事部分应如何处理?

答案:第二审人民法院应当对民事部分按审判监督程序予以纠正。

问题3:如果一审宣判后,本案的刑事部分既没有上诉也没有抗诉,王某对本案附带民事部分提起了上诉,在刑事部分已经发生法律效力的情况下,二审法院在审理中发现本案的刑事部分有错误,二审法院应如何处理?

答案:第二审人民法院应当对刑事部分按照审判监督程序进行再审,并将附带民事诉讼部分与刑事部分一并审理。

问题4:如果一审宣判后,王某对附带民事部分判决上诉中增加了独立的诉讼请求,张某在二审中也对民事部分提出了反诉,二审法院应当如何处理?

答案:第二审人民法院可以根据当事人自愿的原则就新增加的诉讼请求或者反诉进行调解,调解不成的,告知当事人另行起诉。

问题5:如果在一审程序中,法院审查王某提起的附带民事诉讼请求后,认为不符合提起附带民事诉讼的条件,法院应当如何处理?

答案:人民法院经审查认为不符合提起附带民事诉讼条件规定的,应当裁定驳回起诉。

问题6:如果法院受理了附带民事诉讼,根据我国《刑事诉讼法》及司法解释相关规定,对一审过程中附带民事诉讼的调解,法院应当如何处理?

答案:(1)调解应当在自愿合法的基础上进行,经调解达成协议的,审判人员应当及时制

作调解书,调解书经双方当事人签收后即发生法律效力。

(2) 调解达成协议并当庭执行完毕的,可以不制作调解书,但应记入笔录,经双方当事人、审判人员、书记员签名或盖章即发生法律效力。

(3) 经调解无法达成协议或者调解书签收前当事人反悔的,附带民事诉讼应当同刑事诉讼一并判决。

12. 关于法院审理附带民事诉讼案件,下列哪些选项是正确的?(多选)
   A. 犯罪分子非法处置被害人财产而使其遭受物质损失的,被害人可以提起附带民事诉讼
   B. 因财物被犯罪分子毁坏而遭受物质损失的,被害人可以提起附带民事诉讼
   C. 依法判决后,查明被告人确实没有财产可供执行的,应当裁定中止或者终结执行
   D. 被告人已经赔偿被害人物质损失的,法院可以作为量刑情节予以考虑

[释疑] 《刑诉法解释》第138条规定:"被害人因人身权利受到犯罪侵犯或者财物被犯罪分子毁坏而遭受物质损失的,有权在刑事诉讼过程中提起附带民事诉讼;被害人死亡或者丧失行为能力的,其法定代理人、近亲属有权提起附带民事诉讼。因受到犯罪侵犯,提起附带民事诉讼或者单独提起民事诉讼要求赔偿精神损失的,人民法院不予受理。"最高人民法院《关于刑事附带民事诉讼范围问题的规定》第3条规定,人民法院审理附带民事诉讼案件,依法判决后,查明被告人确实没有财产可供执行的,应当裁定中止或者终结执行。第4条规定,被告人已经赔偿被害人物质损失的,人民法院可以作为量刑情节予以考虑。《刑诉法解释》第157条规定:"审理刑事附带民事诉讼案件,人民法院应当结合被告人赔偿被害人物质损失的情况认定其悔罪表现,并在量刑时予以考虑。"因此,B、C、D三项正确。《刑诉法解释》第139条规定:"被告人非法占有、处置被害人财产的,应当依法予以追缴或者责令退赔。被害人提起附带民事诉讼的,人民法院不予受理。追缴、退赔的情况,可以作为量刑情节考虑。"故A项错误。(答案:BCD)

13. 甲因遭受强奸住院治疗一个多月,出院后仍长期精神恍惚,后经多方医治才恢复正常。在诉讼过程中,甲提起附带民事诉讼。下列哪些赔偿要求具有法律依据?(2006年真题,多选)
   A. 甲因住院支付的费用   B. 甲住院期间的陪护费用
   C. 甲住院期间的误工费用   D. 甲医治精神恍惚支付的费用

[释疑] 《刑诉法解释》第155条第1、2款规定:"对附带民事诉讼作出判决,应当根据犯罪行为造成的物质损失,结合案件具体情况,确定被告人应当赔偿的数额。犯罪行为造成被害人人身损害的,应当赔偿医疗费、护理费、交通费等为治疗和康复支付的合理费用,以及因误工减少的收入。造成被害人残疾的,还应当赔偿残疾生活辅助具费等费用;造成被害人死亡的,还应当赔偿丧葬费等费用。"据此,本题中,A、B、C、D项均属于被害人因犯罪行为已经遭受的实际损失和必然遭受的损失,故均当选。(答案:ABCD)

14. 下列选项哪些属于刑事附带民事诉讼的范围?(单选)
   A. 因犯罪行为而遭受的人身损害包括医药费、住院费、护理费、误工损失、残疾赔偿金等,以及被犯罪分子毁坏的财物的损失
   B. 因犯罪行为而遭受的精神损失
   C. 因盗窃、诈骗、侵占等犯罪行为而失去的财产

D. 因债务纠纷引起犯罪,该债务纠纷属于附带民事诉讼的范围

[释疑] 《刑诉法解释》第138条规定:被害人因人身权利受到犯罪侵犯或者财物被犯罪分子毁坏而遭受物质损失的,有权在刑事诉讼过程中提起附带民事诉讼;被害人死亡或者丧失行为能力的,其法定代理人、近亲属有权提起附带民事诉讼。因受到犯罪侵犯,提起附带民事诉讼或者单独提起民事诉讼要求赔偿精神损失的,人民法院不予受理。故不选B项。第139条规定:被告人非法占有、处置被害人财产的,应当依法予以追缴或者责令退赔。被害人提起附带民事诉讼的,人民法院不予受理。追缴、退赔的情况,可以作为量刑情节考虑。故不选C项。对于因债务纠纷引起犯罪,该债务纠纷并非犯罪造成的物质损失,不属于附带民事诉讼的范围,故不选D项,只有A项符合。(答案:A)

15. 孔某向王某借款3万元,到期不还。王某向孔某索款,被孔某殴打致重伤,其母因受刺激生病住院。下列王某提起的附带民事诉讼错误的是:(多选)

A. 要求孔某偿还其借款3万元

B. 要求孔某赔偿治伤所花医药费

C. 要求孔某赔偿王某之母住院所花医药费

D. 要求孔某赔偿因伤所致误工损失费

[释疑] 借款3万元并非犯罪造成的物质损失,故选A项;王某之母住院所花医药费并非被害人因犯罪行为必然遭受的损失,故选C项。(答案:AC)

16. 甲、乙、丙三人共同伤害被害人,检察机关对甲和乙提起公诉,对丙作了不起诉处理。被害人欲提起附带民事诉讼,下列说法哪些是错误的?(多选)

A. 应当将甲和乙作为共同被告

B. 应当将甲、乙、丙作为共同被告

C. 既可以将甲和乙作为被告,也可以将甲、乙、丙作为被告

D. 由于只有丙有赔偿能力,可以只以丙为被告

[释疑] 附带民事诉讼的诉权在原告人,A、B项错误,C、D项正确。(答案:AB)

17. 下列哪些人不属于刑事附带民事诉讼中依法负有赔偿责任的人?(单选)

A. 没有被追究刑事责任的其他共同致害人

B. 案件审结前已死亡的被告人的遗产继承人

C. 刑事被告人的配偶或子女

D. 对刑事被告人的犯罪行为应当承担民事赔偿责任的单位和个人

[释疑] 《刑诉法解释》第143条规定:"附带民事诉讼中依法负有赔偿责任的人包括:(一)刑事被告人以及未追究刑事责任的其他共同侵害人;(二)刑事被告人的监护人;(三)死刑罪犯的遗产继承人;(四)共同犯罪案件中,案件审结前死亡的被告人的遗产继承人;(五)对被害人的物质损失依法应当承担赔偿责任的其他单位和个人。附带民事诉讼被告人的亲友自愿代为赔偿的,应当准许。"故选C项。(答案:C)

三、提示与预测

本章涉及刑事附带民事诉讼的条件、提起和程序。要注意新法的修改部分。

第十章 期间、送达

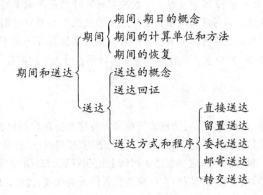

一、精讲

考点 1 期间

（一）期间与期日

刑事诉讼中的期间，是指公安机关、人民检察院和人民法院，以及当事人和其他诉讼参与人分别进行一定的刑事诉讼活动所必须遵守的时间期限。期日，是指公安司法人员和诉讼参与人共同进行刑事诉讼活动的特定时间。

（二）期间的计算单位和方法

期间以时、日、月计算。

特别关注：

（1）开始的时、日不计算在期间以内。"时"和"日"这两种计量单位不能互相换算。以月计算的，自本月某日至下月某日为1个月。如果本月31日收案，而下月无31日时，则至下月的最后1日为1个月。半个月一律按15天计算。

（2）节假日应当计算在期间以内。《刑事诉讼法》第103条第4款规定："期间的最后1日为节假日的，以节假日后的第1日为期满日期，但犯罪嫌疑人、被告人或者罪犯在押期间，应当至期满之日为止，不得因节假日而延长。"

（3）对于法定期间的计算，不包括路途上的时间。通过邮寄的上诉状或者其他文件，应以当地交邮盖印邮戳的时间为准。

（三）期间的恢复

《刑事诉讼法》第104条规定："当事人由于不能抗拒的原因或者有其他正当理由而耽误期限的，在障碍消除后五日以内，可以申请继续进行应当在期满以前完成的诉讼活动。前款申请是否准许，由人民法院裁定。"《刑诉法解释》第166条规定："当事人由于不能抗拒的原因或者有其他正当理由而耽误期限，依法申请继续进行应当在期满前完成的诉讼活动的，人民法院查证属实后，应当裁定准许。"

特别关注：

《刑诉法解释》关于审理期限的规定：① 指定管辖案件的审理期限，自被指定管辖的人民法院收到指定管辖决定书和有关案卷、证据材料之日起计算。② 申请上级人民法院批准延长审理期限，应当在期限届满15日前层报。有权决定的人民法院不同意延长的，应当在审理期限届满5日前作出决定。因特殊情况申请最高人民法院批准延长审理期限，最高人民法院经审查，予以批准的，可以延长审理期限1至3个月。期限届满案件仍然不能审结的，可以再次提出申请。③ 审判期间，对被告人作精神病鉴定的时间不计入审理期限。

考点 2　送达

刑事诉讼文书送达，是指公安司法机关按照法定程序和方法将诉讼文件送交收件人的诉讼活动。送达的方式包括直接送达、留置送达、委托送达、邮寄送达、转交送达等。送达诉讼文书必须有送达回证。收件人本人应当在送达回证上记明收到的日期，并且签名或者盖章。如果本人不在，可以由其成年家属或者所在单位负责收件人员代收，代收人应当在送达回证上记明收到的日期，并且签名或者盖章。收件人本人或者代收人在送达回证上签收的日期为送达的日期。

（一）《刑事诉讼法》的相关规定

《刑事诉讼法》第105条规定："送达传票、通知书和其他诉讼文件应当交给收件人本人；如果本人不在，可以交给他的成年家属或者所在单位的负责人员代收。收件人本人或者代收人拒绝接收或者拒绝签名、盖章的时候，送达人可以邀请他的邻居或者其他见证人到场，说明情况，把文件留在他的住处，在送达证上记明拒绝的事由、送达的日期，由送达人签名，即认为已经送达。"

（二）《刑诉法解释》的相关规定

送达诉讼文书，应当由收件人签收。收件人不在的，可以由其成年家属或者所在单位负责收件的人员代收。收件人或者代收人在送达回证上签收的日期为送达日期。收件人或者代收人拒绝签收的，送达人可以邀请见证人到场，说明情况，在送达回证上注明拒收的事由和日期，由送达人、见证人签名或者盖章，将诉讼文书留在收件人、代收人的住处或者单位；也可以把诉讼文书留在受送达人的住处，并采用拍照、录像等方式记录送达过程，即视为送达。直接送达诉讼文书有困难的，可以委托收件人所在地的人民法院代为送达，或者邮寄送达。委托送达的，应当将委托函、委托送达的诉讼文书及送达回证寄送受托法院。受托法院收到后，应当登记，在10日内送达收件人，并将送达回证寄送委托法院；无法送达的，应当告知委托法院，并将诉讼文书及送达回证退回。邮寄送达的，应当将诉讼文书、送达回证挂号邮寄给收件人。挂号回执上注明的日期为送达日期。诉讼文书的收件人是军人的，可以通过其所在部队团级以上单位的政治部门转交。收件人正在服刑的，可以通过执行机关转交。收件人正在被采取强制性教育措施的，可以通过强制性教育机构转交。由有关部门、单位代为转交诉讼文书的，应当请有关部门、单位收到后立即交收件人签收，并将送达回证及时寄送人民法院。

二、例题

1. 卢某妨害公务案于 2016 年 9 月 21 日一审宣判,并当庭送达判决书。卢某于 9 月 30 日将上诉书交给看守所监管人员黄某,但黄某因忙于个人事务直至 10 月 8 日上班时才寄出,上诉书于 10 月 10 日寄到法院。关于一审判决生效,下列哪一选项是正确的?(2017 年真题,单选)

A. 一审判决于 9 月 30 日生效
B. 因黄某耽误上诉期间,卢某将上诉书交予黄某时,上诉期间中止
C. 因黄某过失耽误上诉期间,卢某可申请期间恢复
D. 上诉书寄到法院时一审判决尚未生效

[释疑] 由于国庆节放假 7 天,故选 D 项。(答案:D)

2. 关于办案期限重新计算的说法,下列哪一选项是正确的?(2015 年真题,单选)

A. 甲盗窃汽车案,在侦查过程中发现其还涉嫌盗窃 1 辆普通自行车,重新计算侦查羁押期限
B. 乙受贿案,检察院审查起诉时发现一笔受贿款项证据不足,退回补充侦查后再次移送审查起诉时,重新计算审查起诉期限
C. 丙聚众斗殴案,在处理完丙提出的有关检察院书记员应当回避的申请后,重新计算一审审理期限
D. 丁贩卖毒品案,二审法院决定开庭审理并通知同级检察院阅卷,检察院阅卷结束后,重新计算二审审理期限

[释疑]《刑事诉讼法》第 158 条第 1 款规定:"在侦查期间,发现犯罪嫌疑人另有重要罪行的,自发现之日起依照本法第一百五十四条的规定重新计算侦查羁押期限。"《公安机关办理刑事案件程序规定》和《刑事诉讼规则(试行)》都规定:"另有重要罪行",是指与逮捕时的罪行不同种的重大犯罪以及同种犯罪并将影响罪名认定、量刑档次的重大犯罪。所以,A 项错误。《刑事诉讼法》第 171 条第 3 款规定:"对于补充侦查的案件,应当在一个月以内补充侦查完毕。补充侦查以二次为限。补充侦查完毕移送人民检察院后,人民检察院重新计算审查起诉期限。"所以,B 项正确。《刑事诉讼法》第 198 条规定:"在法庭审判过程中,遇有下列情形之一,影响审判进行的,可以延期审理:(一)需要通知新的证人到庭,调取新的物证,重新鉴定或者勘验的;(二)检察人员发现提起公诉的案件需要补充侦查,提出建议的;(三)由于申请回避而不能进行审判的。"《刑诉法解释》第 31 条规定:"当事人及其法定代理人申请出庭的检察人员回避的,人民法院应当决定休庭,并通知人民检察院。""休庭""延期审理"只是将审理延后,所以,C 项错误。《刑事诉讼法》第 224 条规定:"人民检察院提出抗诉的案件或者第二审人民法院开庭审理的公诉案件,同级人民检察院都应当派员出席法庭。第二审人民法院应当在决定开庭审理后及时通知人民检察院查阅案卷。人民检察院应当在一个月以内查阅完毕。人民检察院查阅案卷的时间不计入审理期限。"所以,D 项错误。(答案:B)

3. 关于期间的计算,下列哪一选项是正确的?(2014 年真题,单选)

A. 重新计算期限包括公检法的办案期限和当事人行使诉讼权利的期限两种情况
B. 上诉状或其他法律文书在期满前已交邮的不算过期,已交邮是指在期间届满前将上诉状或其他法律文书递交邮局或投入邮筒内
C. 法定期间不包括路途上的时间,比如有关诉讼文书材料在公检法之间传递的时间应当

从法定期间内扣除

D. 犯罪嫌疑人、被告人在押的案件,在羁押场所以外对患有严重疾病的犯罪嫌疑人、被告人进行医治的时间,应当从法定羁押期间内扣除

[释疑] 期间的重新计算,是指由于发生了法定的情况,原来已进行的期间归于无效,而从新发生情况之时起计算期间。重新计算期间仅适用于公安司法机关的办案期限。故 A 项错误。通过邮寄的上诉状或者其他文件,只要是在法定期间内交邮的,即使司法机关收到时已过法定期限,也不算过期。上诉状或者其他文件是否在法定期间内交邮以当地邮局所盖邮戳为准。故 B 项错误。法定期间不包括路途上的时间。有关诉讼文书材料在公安司法机关之间传递过程中的时间,也应当在法定期间内予以扣除。故 C 项正确。在羁押场所以外对患有严重疾病的犯罪嫌疑人、被告人进行医治,其人身自由仍然处于被剥夺的状态,医治的时间不应从羁押期间内扣除。故 D 项错误。(答案:C)

4. 被告人徐某为未成年人,法院书记员到其住处送达起诉书副本,徐某及其父母拒绝签收。关于该书记员处理这一问题的做法,下列哪些选项是正确的?(2013 年真题,多选)

A. 邀请见证人到场

B. 在起诉书副本上注明拒收的事由和日期,该书记员和见证人签名或盖章

C. 采取拍照、录像等方式记录送达过程

D. 将起诉书副本留在徐某住处

[释疑]《刑诉法解释》第 167 条第 3 款规定:"收件人或者代收人拒绝签收的,送达人可以邀请见证人到场,说明情况,在送达回证上注明拒收的事由和日期,由送达人、见证人签名或者盖章,将诉讼文书留在收件人、代收人的住处或者单位;也可以把诉讼文书留在受送达人的住处,并采用拍照、录像等方式记录送达过程,即视为送达。"(答案:ACD)

三、提示与预测

本章涉及刑事诉讼中的期间、送达。期间和送达都要结合各个程序加以掌握。要注意新法对各法定期间的修改。

第十一章 立 案

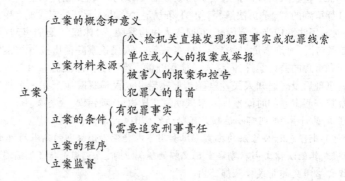

一、精讲

考点 1 立案概述

(一) 立案的概念

立案是刑事诉讼的起始程序；立案是刑事诉讼的必经程序；立案是法定机关的专门活动。

刑事诉讼中，公诉案件要经过立案、侦查、起诉、审判和执行五个诉讼阶段，自诉案件一般只经过起诉、立案、审判和执行四个阶段。

(二) 立案的材料来源

(1) 公安机关或者检察院等侦查机关直接发现的犯罪事实或者获得的犯罪线索。

(2) 单位或个人的报案或者举报。

(3) 任何单位和个人发现有犯罪事实或者犯罪嫌疑人，有权利也有义务向公安机关、检察院或者人民法院报案或者举报。

特别关注：

报案或举报既是权利也是义务，可出单选题或多选题。

(1) 被害人的报案或者控告。被害人对侵犯其人身或者财产权利的犯罪事实或者犯罪嫌疑人，有权向公安机关、检察院或者人民法院报案或者控告。自诉案件的被害人及其法定代理人、近亲属向人民法院起诉，也是立案材料的来源之一。

(2) 犯罪人的自首。

(三) 立案的条件

(1) 有犯罪事实。

(2) 需要追究刑事责任。

特别关注：

《刑事诉讼法》第15条规定了6种不需要追究刑事责任的情形。

考点 2 立案程序和立案监督

(一) 立案程序

对立案材料的接受

公安机关、检察院和人民法院对于报案、控告、举报和自首，都应当接受。对于不属于自己管辖的，应当移送主管机关处理，并且通知报案人、控告人、举报人；对于不属于自己管辖而又必须采取紧急措施的，应当先采取紧急措施，然后移送主管机关。"紧急措施"是指保护现场，依法先行拘留嫌疑人，扣押证据等。

特别关注：

(1) 法院对于不属于自己管辖的报案、控告、举报和自首，也应当接受。(2) 报案、控告和举报可以用书面或口头形式提出。接受口头报案、控告和举报的工作人员，应当记入笔录，经宣读无误后，由报案人、控告人、举报人签名或者盖章。(3) 接受控告、举报的工作人员应当向控告人、举报人说明诬告应负的法律责任。但是，只要不是捏造事实，伪造证据，即使控告、举报的事实有出入,甚至是错告,也要和诬告严加以区别。(4)公检法机关应当保障报案人、控告人、举报人及其近亲属的安全。报案人、控告人、举报人如果不愿公开自己的姓名和报案、控告、举报的行为,应当为他保守秘密。

特别关注:
如果报案人、举报人等在法庭上作为证人出庭时,通常不能对其姓名等保密。

(1)对立案材料的审查:人民法院、检察院或者公安机关对于报案、控告、举报和自首的材料,应当按照管辖范围,迅速进行审查。

(2)对立案材料的处理:人民法院、检察院、公安机关对立案材料审查后,认为有犯罪事实需要追究刑事责任的时候,应当立案;认为没有犯罪事实,或者犯罪事实显著轻微,不需要追究刑事责任的时候,不予立案。并且将不立案的原因通知控告人。控告人如果不服,可以申请复议。

(二)立案监督

1.《刑事诉讼法》的相关规定

(1)控告人接到公安机关说明不立案原因的通知书后,如果不服,有权向不予立案的机关申请复议,该机关应当复议,并将复议结果及时通知控告人。如果属于第三种自诉案件的范围,控告人也可直接向法院起诉。

(2)《刑事诉讼法》第111条规定:"人民检察院认为公安机关对应当立案侦查的案件而不立案侦查的,或者被害人认为公安机关对应当立案侦查的案件而不立案侦查,向人民检察院提出的,人民检察院应当要求公安机关说明不立案的理由。人民检察院认为公安机关不立案理由不能成立的,应当通知公安机关立案,公安机关接到通知后应当立案。"

(3)六部门《规定》第18条:公安机关收到人民检察院要求说明不立案理由通知书后,应当在7日内将说明情况书面答复人民检察院。人民检察院认为公安机关不立案理由不能成立,发出通知立案书时,应当将有关证明应当立案的材料同时移送公安机关。公安机关收到通知立案书后,应当在15日内决定立案,并将立案决定书送达人民检察院。

2.《刑事诉讼规则(试行)》关于立案监督的主要规定

(1)被害人及其法定代理人、近亲属或者行政执法机关,认为公安机关对其控告或者移送的案件应当立案侦查而不立案侦查,或者当事人认为公安机关不应当立案而立案,向人民检察院提出的,人民检察院应当受理并进行审查。人民检察院发现公安机关可能存在应当立案侦查而不立案侦查情形的,应当依法进行审查。人民检察院接到控告、举报或者发现行政执法机关不移送涉嫌犯罪案件的,应当向行政执法机关提出检察意见,要求其按照管辖规定向公安机关或者人民检察院移送涉嫌犯罪案件。

(2)人民检察院控告检察部门受理对公安机关应当立案而不立案或者不应当立案而立案的控告、申诉,应当根据事实和法律进行审查,并可以要求控告人、申诉人提供有关材料,认为需要公安机关说明不立案或立案理由的,应当及时将案件移送侦查监督部门办理。

(3)人民检察院侦查监督部门经过调查、核实有关证据材料,认为需要公安机关说明不立案理由的,经检察长批准,应当要求公安机关书面说明不立案的理由。有证据证明公安机关可能存在违法动用刑事手段插手民事、经济纠纷,或者利用立案实施报复陷害、敲诈勒索以及谋取其他非法利益等违法立案情形,尚未提请批准逮捕或者移送审查起诉的,经检察长批准,应当要求公安机关书面说明立案理由。

(4) 人民检察院进行调查核实,可以询问办案人员和有关当事人,查阅、复制公安机关刑事受案、立案、破案等登记表册和立案、不立案、撤销案件、治安处罚、劳动教养等相关法律文书及案卷材料。

(5) 人民检察院要求公安机关说明不立案或者立案理由,应当制作要求说明不立案理由通知书或者要求说明立案理由通知书,及时送达公安机关,并且告知公安机关在收到要求说明不立案理由通知书或者要求说明立案理由通知书后7日以内,书面说明不立案或者立案的情况、依据和理由,连同有关证据材料回复人民检察院。

(6) 公安机关说明不立案或者立案的理由后,人民检察院侦查监督部门应当进行审查,认为公安机关不立案或者立案理由不能成立的,经检察长或者检察委员会讨论决定,应当通知公安机关立案或者撤销案件。侦查监督部门认为公安机关不立案或者立案理由成立的,应当通知控告检察部门,由其在10日以内将不立案或者立案的理由和根据告知被害人及其法定代理人、近亲属或者行政执法机关。

(7) 人民检察院通知公安机关立案或者撤销案件,应当制作通知立案书或者通知撤销案件书,说明依据和理由,连同证据材料送达公安机关,并且告知公安机关应当在收到通知立案书后15日以内立案,对通知撤销案件书没有异议的应当立即撤销案件,并将立案决定书或者撤销案件决定书及时送达人民检察院。

(8) 人民检察院通知公安机关立案或者撤销案件的,应当依法对执行情况进行监督。公安机关在收到通知立案书或者通知撤销案件书后超过15日不予立案或者既不提出复议、复核也不撤销案件的,人民检察院应当发出纠正违法通知书予以纠正。公安机关仍不纠正的,报上一级人民检察院协商同级公安机关处理。公安机关立案后3个月以内未侦查终结的,人民检察院可以向公安机关发出立案监督案件催办函,要求公安机关及时向人民检察院反馈侦查工作进展情况。

(9) 对于公安机关认为人民检察院撤销案件通知有错误要求同级人民检察院复议的,人民检察院应当重新审查,在收到要求复议意见书和案卷材料后7日以内作出是否变更的决定,并通知公安机关。对于公安机关不接受人民检察院复议决定提请上一级人民检察院复核的,上级人民检察院应当在收到提请复核意见书和案卷材料后15日以内作出是否变更的决定,通知下级人民检察院和公安机关执行。上级人民检察院复核认为撤销案件通知有错误的,下级人民检察院应当立即纠正;上级人民检察院复核认为撤销案件通知正确的,应当作出复核决定并送达下级公安机关。

二、例题

1. 环卫工人马某在垃圾桶内发现一名刚出生的婴儿后向公安机关报案,公安机关紧急将婴儿送医院成功抢救后未予立案。关于本案的立案程序,下列哪一选项是正确的?(2017年

真题,单选)

A. 确定遗弃婴儿的原因后才能立案

B. 马某对公安机关不予立案的决定可申请复议

C. 了解婴儿被谁遗弃的知情人可向检察院控告

D. 检察院可向公安机关发出要求说明不立案理由通知书

[释疑] 《刑事诉讼法》第 111 条规定:"人民检察院认为公安机关对应当立案侦查的案件而不立案侦查的,或者被害人认为公安机关对应当立案侦查的案件而不立案侦查,向人民检察院提出的,人民检察院应当要求公安机关说明不立案的理由。人民检察院认为公安机关不立案理由不能成立的,应当通知公安机关立案,公安机关接到通知后应当立案。"本案中公安机关紧急将婴儿送医院成功抢救后未予立案,有可能是公安机关认为没有犯罪事实或不应当追究刑事责任。对此,检察院可以向公安机关发出要求说明不立案理由通知书,了解有关情况。故选 D 项。(答案:D)

2. 甲、乙二人在餐厅吃饭时言语不合进而互相推搡,乙突然倒地死亡,县公安局以甲涉嫌过失致人死亡立案侦查。经鉴定,乙系特殊体质,其死亡属于意外事件,县公安局随即撤销案件。关于乙的近亲属的诉讼权利,下列哪一选项是正确的?(2016 年真题,单选)

A. 就撤销案件向县公安局申请复议

B. 就撤销案件向县公安局的上一级公安局申请复核

C. 向检察院侦查监督部门申请立案监督

D. 直接向法院对甲提起刑事附带民事诉讼

[释疑] 《刑事诉讼法》对不立案的复议、复核作了规定,但没有对撤销案件的复议、复核作规定。所以,A 项、B 项均错误。同样,《刑事诉讼法》规定对不立案的案件可以向检察院侦查监督部门申请立案监督,而未规定对撤销案件的情形可以向检察院侦查监督部门申请立案监督。所以,C 项错误。《刑事诉讼法》第 204 条规定:"自诉案件包括下列案件:(一)告诉才处理的案件;(二)被害人有证据证明的轻微刑事案件;(三)被害人有证据证明对被告人侵犯自己人身、财产权利的行为应当依法追究刑事责任,而公安机关或者人民检察院不予追究被告人刑事责任的案件。"《刑诉法解释》第 260 条规定:"如果被害人死亡、丧失行为能力或者因受强制、威吓无法告诉,或者是限制行为能力人以及因年老、患病、盲、聋、哑等不能亲自告诉的,其法定代理人、近亲属告诉或者代为告诉的,人民法院应当依法受理。被害人的法定代理人、近亲属告诉或者代为告诉,应当提供与被害人关系的证明和被害人不能亲自告诉的原因的证明。"所以,D 项正确。(答案:D)

3. 甲公司以虚构工程及伪造文件的方式,骗取乙工程保证金 400 余万元。公安机关接到乙控告后,以尚无明确证据证明甲涉嫌犯罪为由不予立案。关于本案,下列哪一选项是正确的?(2015 年真题,单选)

A. 乙应先申请公安机关复议,只有不服复议决定的才能请求检察院立案监督

B. 乙请求立案监督,检察院审查后认为公安机关应立案的,可通知公安机关立案

C. 公安机关接到检察院立案通知后仍不立案的,经省级检察院决定,检察院可自行立案侦查

D. 乙可直接向法院提起自诉

[释疑] 《刑事诉讼法》第110条规定:"人民法院、人民检察院或者公安机关对于报案、控告、举报和自首的材料,应当按照管辖范围,迅速进行审查,认为有犯罪事实需要追究刑事责任的时候,应当立案;认为没有犯罪事实,或者犯罪事实显著轻微,不需要追究刑事责任的时候,不予立案,并且将不立案的原因通知控告人。控告人如果不服,可以申请复议。"《刑事诉讼法》第111条规定:"人民检察院认为公安机关对应当立案侦查的案件而不立案侦查的,或者被害人认为公安机关对应当立案侦查的案件而不立案侦查,向人民检察院提出的,人民检察院应当要求公安机关说明不立案的理由。人民检察院认为公安机关不立案理由不能成立的,应当通知公安机关立案,公安机关接到通知后应当立案。"据此,A项和B项均错误。《刑事诉讼法》第18条第2款规定:"贪污贿赂犯罪,国家工作人员的渎职犯罪,国家机关工作人员利用职权实施的非法拘禁、刑讯逼供、报复陷害、非法搜查的侵犯公民人身权利的犯罪以及侵犯公民民主权利的犯罪,由人民检察院立案侦查。对于国家机关工作人员利用职权实施的其他重大的犯罪案件,需要由人民检察院直接受理的时候,经省级以上人民检察院决定,可以由人民检察院立案侦查。""甲公司以虚构工程及伪造文件的方式,骗取乙工程保证金400余万元"并非"国家机关工作人员利用职权实施的其他重大的犯罪案件",所以,C项错误。《刑事诉讼法》第204条:"自诉案件包括下列案件:(一)告诉才处理的案件;(二)被害人有证据证明的轻微刑事案件;(三)被害人有证据证明对被告人侵犯自己人身、财产权利的行为应当依法追究刑事责任,而公安机关或者人民检察院不予追究被告人刑事责任的案件。"所以,D项正确。(答案:D)

4. 卢某坠楼身亡,公安机关排除他杀,不予立案。但卢某的父母坚称他杀可能性大,应当立案,请求检察院监督。检察院的下列哪一做法是正确的?(2013年真题,单选)

A. 要求公安机关说明不立案理由
B. 拒绝受理并向卢某的父母解释不立案原因
C. 认为符合立案条件的,可以立案并交由公安机关侦查
D. 认为公安机关不立案理由不能成立的,应当建议公安机关立案

[释疑] 《刑事诉讼法》第111条规定:"人民检察院认为公安机关对应当立案侦查的案件而不立案侦查的,或者被害人认为公安机关对应当立案侦查的案件而不立案侦查,向人民检察院提出的,人民检察院应当要求公安机关说明不立案的理由。人民检察院认为公安机关不立案理由不能成立的,应当通知公安机关立案,公安机关接到通知后应当立案。"(答案:A)

5. 某法院在审理张某自诉伤害案中,发现被告人还实施过抢劫。对此,下列哪一做法是正确的?(2010年真题,单选)

A. 继续审理伤害案,将抢劫案移送有管辖权的公安机关
B. 鉴于伤害案属于可公诉的案件,将伤害案与抢劫案一并移送有管辖权的公安机关
C. 继续审理伤害案,建议检察院对抢劫案予以起诉
D. 对伤害案延期审理,待检察院对抢劫案起诉后一并予以审理

[释疑] 《刑事诉讼法》第108条第3款规定:"公安机关、人民检察院或者人民法院对于

报案、控告、举报,都应当接受。对于不属于自己管辖的,应当移送主管机关处理,并且通知报案人、控告人、举报人;对于不属于自己管辖而又必须采取紧急措施的,应当先采取紧急措施,然后移送主管机关。"故选A项。(答案:A)

6.国家机关工作人员李某多次利用职务之便向境外间谍机构提供涉及国家机密的情报,同事赵某发现其行迹后决定写信揭发李某。关于赵某行为的性质,下列哪一选项是正确的?(2009年真题,单选)

A. 控告
B. 告诉
C. 举报
D. 报案

[释疑] 根据《刑事诉讼法》第108条第1、2款的规定:"任何单位和个人发现有犯罪事实或者犯罪嫌疑人,有权利也有义务向公安机关、人民检察院或者人民法院报案或者举报。被害人对侵犯其人身、财产权利的犯罪事实或者犯罪嫌疑人,有权向公安机关、人民检察院或者人民法院报案或者控告。"控告是指知道加害人的被害人的一种行为;举报是指知道犯罪人的单位或个人(非被害人)的行为;报案则不知犯罪人,故选C。告诉特指向法院起诉。(答案:C)

7.甲的汽车被盗。第二日,甲发现乙开的是自己的汽车(虽然更换了汽车号牌仍可认出),遂前去拦车。在询问时,乙突然将车开走。甲追了一段路未追上,遂向公安机关陈述了这一事实,要求公安机关追究乙的法律责任。甲这一行为的法律性质是什么?(2006年真题,单选)

A. 报案
B. 控告
C. 举报
D. 扭送

[释疑]《刑事诉讼法》第108条第1、2款规定:"任何单位和个人发现有犯罪事实或者犯罪嫌疑人,有权利也有义务向公安机关、人民检察院或者人民法院报案或者举报。被害人对侵犯其人身、财产权利的犯罪事实或者犯罪嫌疑人,有权向公安机关、人民检察院或者人民法院报案或者控告。"报案的主体既包括任何单位和个人也包括被害人,而控告的主体只有被害人。被害人报案与被害人控告的区别在于是否知道犯罪嫌疑人。本题中"甲发现乙开的是自己的汽车",可以得知甲认识乙,故选B项。(答案:B)

8.某县公安机关接到有关陈某、刘某合伙拐卖妇女的报案,依法对报案材料进行立案前的审查。下列哪些选项不属于该县公安机关决定立案的条件?(多选)

A. 报案人提供了充分的证据
B. 有明确的犯罪嫌疑人
C. 案件事实已基本查清
D. 认为有犯罪事实需要追究刑事责任

[释疑] 只有D项是决定立案的条件,故选A、B、C项。(答案:ABC)

三、提示与预测

本章要注意立案的条件、程序和立案监督。

第十二章 侦 查

侦查
- 概述
  - 侦查概念
  - 侦查工作原则
  - 侦查的司法控制
- 侦查行为
  - 讯问犯罪嫌疑人
    - 讯问犯罪嫌疑人的概念
    - 程序和方法
    - 犯罪嫌疑人聘请律师
  - 询问证人
  - 询问被害人
  - 勘验、检查
    - 现场勘验
    - 物证检验
    - 尸体检验
    - 人身检查
    - 侦查实验
  - 搜查
  - 扣押物证、书证
  - 鉴定
  - 技术侦查措施
  - 通缉
  - 辨认
- 侦查终结
  - 侦查终结的概念、意义
    - 犯罪事实清楚
    - 证据确实、充分
    - 法律手续完备
  - 侦查终结的处理
    - 移送审查起诉
    - 撤销案件
- 侦查中的羁押期限
- 检察院对直接受理案件的侦查
- 补充侦查
  - 补充侦查的概念、意义
  - 种类
    - 审查起诉阶段的补充侦查
    - 法庭审理阶段的补充侦查
    - 审查逮捕阶段的补充侦查
- 侦查监督
  - 侦查监督的概念
  - 侦查监督的范围
  - 侦查监督的途径和措施

一、精讲

考点 1 侦查的概念、原则

（一）侦查的概念

侦查是指有侦查权的机关或部门在办理案件过程中依照法律进行的专门调查工作和有关的强制性措施。

特别关注：

"强制性措施"中的"性"不能少。

（二）侦查工作的原则

① 迅速及时；② 客观全面；③ 深入细致；④ 依靠群众；⑤ 遵守法制；⑥ 保守秘密；⑦ 比例原则。

（三）侦查的司法控制

侦查活动存在的问题：① 侦查手段滥用；② 违法行为的存在和缺乏制裁。

司法控制：对前者，要实施事前审查，由法官进行，主要针对逮捕、羁押、搜查等较严厉的措施，有些学者称为强行性侦查措施；与之相对应的任意性侦查措施则可由侦查机关独立作出决定。针对侦查过程中违法行为的存在和缺乏制裁，应当对其进行事后审查。应允许公民采取提起行政诉讼的方式寻求司法救济。

考点 2 侦查行为

（一）讯问犯罪嫌疑人

（1）讯问犯罪嫌疑人，必须由侦查人员（不得少于 2 人）负责进行。《刑事诉讼法》第 116 条第 2 款规定："犯罪嫌疑人被送交看守所羁押以后，侦查人员对其进行讯问，应当在看守所内进行。"

（2）《刑事诉讼法》第 117 条规定："对不需要逮捕、拘留的犯罪嫌疑人，可以传唤到犯罪嫌疑人所在市、县内的指定地点或者到他的住处进行讯问，但是应当出示人民检察院或者公安机关的证明文件。对在现场发现的犯罪嫌疑人，经出示工作证件，可以口头传唤，但应当在讯问笔录中注明。传唤、拘传持续的时间不得超过十二小时；案情特别重大、复杂，需要采取拘留、逮捕措施的，传唤、拘传持续的时间不得超过二十四小时。不得以连续传唤、拘传的形式变相拘禁犯罪嫌疑人。传唤、拘传犯罪嫌疑人，应当保证犯罪嫌疑人的饮食和必要的休息时间。"

（3）侦查人员在讯问犯罪嫌疑人的时候，应当首先讯问犯罪嫌疑人是否有犯罪行为。如果犯罪嫌疑人承认有犯罪行为，即让其陈述有罪的情节；如果犯罪嫌疑人否认有犯罪事实，则让其作无罪的辩解，然后根据其陈述向其提出问题。对侦查人员的提问，犯罪嫌疑人应当如实回答，但是对与本案无关的问题，有权拒绝回答。《刑事诉讼法》第 118 条第 2 款规定："侦查人员在讯问犯罪嫌疑人的时候，应当告知犯罪嫌疑人如实供述自己罪行可以从宽处理的法律规定。"对同案犯罪嫌疑人的讯问，应当分别进行。

（4）讯问聋、哑犯罪嫌疑人，应当有通晓聋、哑手势的人参加，并记入笔录。

（5）《刑事诉讼法》第 121 条规定："侦查人员在讯问犯罪嫌疑人的时候，可以对讯问过程进行录音或者录像；对于可能判处无期徒刑、死刑的案件或者其他重大犯罪案件，应当对讯问过程进行录音或者录像。录音或者录像应当全程进行,保持完整性。"六部门《规定》第 19 条:侦查人员对讯问过程进行录音或者录像的,应当在讯问笔录中注明。人民检察院、人民法院可以根据需要调取讯问犯罪嫌疑人的录音或者录像,有关机关应当及时提供。

(6) 讯问犯罪嫌疑人应当制作讯问笔录。犯罪嫌疑人请求自行书写供述的,应当准许。

(7) 讯问犯罪嫌疑人,严禁刑讯逼供或以威胁、引诱、欺骗以及其他非法方法获取供述。

(二) 询问证人、被害人

(1) 询问证人必须由侦查人员(不得少于 2 人)进行。

(2)《刑事诉讼法》第 122 条第 1 款规定:"侦查人员询问证人,可以在现场进行,也可以到证人所在单位、住处或者证人提出的地点进行,在必要的时候,可以通知证人到人民检察院或者公安机关提供证言。在现场询问证人,应当出示工作证件,到证人所在单位、住处或证人提出的地点询问证人,应当出示公安机关的证明文件。"侦查人员询问证人不得另行指定其他地点。

(3) 侦查人员询问证人,应当分别进行。

(4) 询问证人时,侦查人员应当告知其如实地提供证据、证言,有意作伪证或者隐匿罪证要负的法律责任。

(5) 询问证人,一般应让证人就他所知道的案件情况作连续的详细叙述,问明其所述事实来源和根据,然后提问。

(6) 询问证人,应当制作笔录。

(7) 侦查机关应当保障证人依法享有的诉讼权利,保障证人及其近亲属的安全。

(8) 询问被害人适用询问证人的程序。

(三) 勘验、检查

勘验的对象是现场、物品和尸体,而检查的对象则是人身。

1. 现场勘验

(1) 保护好现场。任何单位和个人,都有义务保护犯罪现场,并且立即通知公安机关派员勘验。接案后,侦查人员应当迅速赶到案发现场,并保护好现场。

(2) 侦查人员进行现场勘验时,必须持有公安机关或检察院的证明文件。

(3) 必要时,可以指派或聘请具有专门知识的人在侦查人员的主持下进行勘验。还应邀请两名与案件无关的见证人在场。

(4) 侦查人员在现场勘验时,应当及时向现场周围的群众、被害人、目睹人、报案人等调查访问,收集、固定和保全各种证据。

(5) 现场勘验的情况应制成笔录,侦查人员、参加勘验的其他人员和见证人都应当在笔录上签名或盖章。

2. 物证检验

(1) 必须及时、认真、细致地对物证进行检验,如果需要专门技术人员进行检验和鉴定的,应当指派或聘请鉴定人进行鉴定。

(2) 物证检验应当制作笔录,参加检验的侦查人员、鉴定人和见证人均应签名或者盖章。

3. 尸体检验

(1) 对于死因不明的尸体,经县级以上公安机关负责人批准,可以解剖尸体或者开棺检验,并且通知死者家属到场。

(2) 尸体检验的情况，应当制作笔录，并由侦查人员、法医或医师签名或者盖章。

4. 人身检查

《刑事诉讼法》第130条第1款规定："为了确定被害人、犯罪嫌疑人的某些特征、伤害情况或者生理状态，可以对人身进行检查，可以提取指纹信息，采集血液、尿液等生物样本。"

(1) 对被害人、犯罪嫌疑人进行人身检查，必须由侦查人员进行。必要时也可以在侦查人员的主持下，聘请法医或医师严格依法进行，不得侮辱被检查人的人格。

(2) 对犯罪嫌疑人进行人身检查，必要时，可以强制进行。但对被害人的人身检查，不得强制进行。检查妇女的身体，应当由女工作人员或者医师进行。

(3) 人身检查的情况应当制作笔录，并由侦查人员和进行检查的法医或医师签名或盖章。

(4) 提取指纹信息，采集血液、尿液等生物样本也应当制作笔录，并由侦查人员和进行提取、采集的法医或医师签名或盖章。

5. 侦查实验

(1) 为了查明案情，在必要的时候，经公安机关负责人批准，可以进行侦查实验。进行侦查实验时，禁止一切足以造成危险、侮辱人格或者有伤风化的行为。

(2) 应当由侦查人员进行侦查实验，在必要的时候可以聘请有关人员参加，也可以要求犯罪嫌疑人、被害人、证人参加。

(3) 侦查实验的情况应当写成笔录，由参加实验的人签名或者盖章。检察院审查案件的时候，对公安机关的勘验、检查，认为需要复验、复查时，可以要求公安机关复验、复查，并且可以派检察人员参加。复验、复查可以退回公安机关进行，也可以由检察院自己进行。对于退回公安机关的，检察院也可以派员参加。复验、复查应当遵守的法律程序和规则与勘验、检查相同。

(四) 搜查

(1) 搜查只能由侦查人员进行。

(2) 搜查的对象和范围，既可以是犯罪嫌疑人，也可以是其他可能隐藏罪犯或者犯罪证据的人；既可以对人身进行，也可以对被搜查人的住处、物品和其他有关场所进行。

(3) 搜查时，必须向被搜查人出示搜查证，否则被搜查人有权拒绝搜查。但是，侦查人员在执行逮捕、拘留的时候，遇有紧急情况，不另用搜查证也可以进行搜查。

(4) 任何单位和个人，有义务按照公安机关的要求，交出可以证明犯罪嫌疑人有罪或者无罪的物证、书证、视听资料等证据。

(5) 搜查时，应当有被搜查人或者他的家属、邻居或者其他见证人在场。

(6) 搜查妇女的身体，应当由女工作人员进行。

(7) 搜查的情况应当制作成笔录，由侦查人员和被搜查人或者他的家属、邻居或者其他见证人签名或者盖章。如果被搜查人或者他的家属在逃或者拒绝签名、盖章，应当在笔录上注明。

(五) 扣押物证、书证

(1) 扣押物证、书证只能由侦查人员进行。

(2) 扣押的范围仅限于证明与案件有关的具有证据意义的各种物品和文件。

(3) 《刑事诉讼法》第140条规定："对查封、扣押的财物、文件，应当会同在场见证人和被查封、扣押财物、文件持有人查点清楚，当场开列清单一式二份，由侦查人员、见证人和持有人签名或者盖章，一份交给持有人，另一份附卷备查。"

(4) 对查封、扣押的财物、文件，要妥善保管或者封存，不得使用、调换或者损毁。

(5) 侦查人员认为需要扣押犯罪嫌疑人的邮件、电报时,经公安机关批准,即可通知邮电机关将有关的邮件、电报检交扣押。不需要继续扣押时,应当立即通知邮电机关。

(6)《刑事诉讼法》第142条规定:"公安机关根据侦查犯罪的需要,可以依照规定查询、冻结犯罪嫌疑人的存款、汇款、债券、股票、基金份额等财产。有关单位和个人应当配合。犯罪嫌疑人的存款、汇款、债券、股票、基金份额等财产已被冻结的,不得重复冻结。"

(7)《刑事诉讼法》第143条规定:"对查封、扣押的财物、文件、邮件、电报或者冻结的存款、汇款、债券、股票、基金份额等财产,经查明确实与案件无关的,应当在三日以内解除查封、扣押、冻结,予以退还。"

特别关注:
侦查人员如果是在勘验、检查和搜查中发现需要扣押的物品、文件时,凭勘查证和搜查证即可予以扣押;如果是单独进行扣押,则应持有侦查机关的证明文件。

(六) 鉴定

(1) 以指派或者聘请的方式选定鉴定人。鉴定人必须具有解决本案中涉及的专门问题的专门知识和技能,并且不具有回避情形。

(2) 侦查机关应当为鉴定人进行鉴定提供必要条件,及时向鉴定人送交有关检材和对比样本等原始材料,介绍与鉴定有关的情况,并且明确提出要求鉴定解决的问题,但是不得暗示或者强迫鉴定人作出某种鉴定意见。

(3) 鉴定人故意作虚假鉴定的,应承担法律责任。

(4) 鉴定人进行鉴定后,应当写出鉴定意见,并且签名。共同鉴定中,几个鉴定人意见有分歧的,应当在鉴定意见上写明分歧的内容和理由,并且分别签名或者盖章。

(5) 侦查机关应当将用作证据的鉴定意见告知犯罪嫌疑人、被害人,如果犯罪嫌疑人、被害人提出申请,可以补充鉴定或者重新鉴定。

(七) 技术侦查措施

1. 技术侦查的概念

修正后的《刑事诉讼法》共增加5个条文对"技术侦查"进行了规定。实际上应为三种特殊侦查手段:技术侦查、秘密侦查和控制下交付。技术侦查一般是指专门机关对特定的犯罪嫌疑人实施隐秘、不间断的监控,包括电话监听、GPS定位、电子信息监控等技术方式以查获犯罪的侦查方法。由于技术侦查本身的神秘性,学术界对技术侦查的概念、内涵并没有明确的界定,立法应当就技术侦查的概念、种类、方法以及适用范围加以明确。"秘密侦查"字样在一审稿中是存在的,由于在全民征求意见中,许多群众有关于秘密拘留、逮捕、秘密侦查等的担忧,所以二审稿中删去了"秘密侦查"字样,代之以"有关人员隐匿身份实施侦查"。实际上,这一做法常被称为"诱惑侦查"或者"陷阱取证",是指包括专门机关的专门人员乔装打扮,也包括专门机关安排的特定人员(有些甚至是犯罪人员)利用其特定身份(比如伪装成贩卖毒品的人等)与犯罪分子进行接触,以查获犯罪的侦查方法。与此相关的还有"卧底""特情""线人""耳目"等。其实,严格地说技术侦查和下面要说的控制下交付也都是秘密的,所以,秘密侦查的内涵太多,不好准确界定这种侦查方式。控制下交付在联合国的公约里被界定为"指在主管机关知情并由其监控的情况下允许非法或可疑货物运出、通过或者运入一国或多国领域的做法,其目的在于侦查某项犯罪并查明参与该项犯罪的人员"。在我国,控制下交付应该是针对给付毒品等违禁品或者财物的犯罪活动,公安机关根据侦查犯罪的需要,采取的一种秘密侦查活动。

2. 《刑事诉讼法》关于技术侦查的具体规定

（1）公安机关在立案后，对于危害国家安全犯罪、恐怖活动犯罪、黑社会性质的组织犯罪、重大毒品犯罪或者其他严重危害社会的犯罪案件，根据侦查犯罪的需要，经过严格的批准手续，可以采取技术侦查措施。

（2）批准决定应当根据侦查犯罪的需要，确定采取技术侦查措施的种类和适用对象。批准决定自签发之日起3个月以内有效。对于不需要继续采取技术侦查措施的，应当及时解除；对于复杂、疑难案件，期限届满仍有必要继续采取技术侦查措施的，经过批准，有效期可以延长，每次不得超过3个月。采取技术侦查措施，必须严格按照批准的措施种类、适用对象和期限执行。六部门《规定》第20条规定：采取技术侦查措施收集的材料作为证据使用的，批准采取技术侦查措施的法律文书应当附卷，辩护律师可以依法查阅、摘抄、复制，在审判过程中可以向法庭出示。

（3）侦查人员对采取技术侦查措施过程中知悉的国家秘密、商业秘密和个人隐私，应当保密；对采取技术侦查措施获取的与案件无关的材料，必须及时销毁。采取技术侦查措施获取的材料，只能用于对犯罪的侦查、起诉和审判，不得用于其他用途。公安机关依法采取技术侦查措施，有关单位和个人应当配合，并对有关情况予以保密。秘密侦查的规定为：为了查明案情，在必要的时候，经公安机关负责人决定，可以由有关人员隐匿其身份实施侦查。但是，不得诱使他人犯罪，不得采用可能危害公共安全或者发生重大人身危险的方法。控制下交付的规定为：对涉及给付毒品等违禁品或者财物的犯罪活动，公安机关根据侦查犯罪的需要，可以依照规定实施控制下交付。关于技术侦查收集的证据的规定，《刑事诉讼法》第152条规定："依照本节规定采取侦查措施收集的材料在刑事诉讼中可以作为证据使用。如果使用该证据可能危及有关人员的人身安全，或者可能产生其他严重后果的，应当采取不暴露有关人员身份、技术方法等保护措施，必要的时候，可以由审判人员在庭外对证据进行核实。"

（八）通缉

（1）只有公安机关有权发布通缉令。公安机关在自己管辖的地区以内，可以直接发布通缉令，如果超出自己管辖的地区，应当报请有权决定的上级机关发布。

（2）被通缉的对象必须是依法应当逮捕而在逃的犯罪嫌疑人，包括依法应当逮捕而在逃的和已被逮捕但在羁押期间逃跑的犯罪嫌疑人。

（3）通缉令中应当写明被通缉人的姓名、性别、年龄、籍贯、衣着和体貌特征，并应附上照片。除了必须保密的事项外，应当写明发案时间、地点、案情性质等简要情况。通缉令必须加盖发布机关的印章。

（4）通缉令发出后，如果发现新的重要情况，可以补发通报。

（5）各级公安机关在接到通缉令后，必须及时布置，组织力量，采取有效措施，做好调查缉拿工作。

（6）被通缉的人已经归案、死亡或者通缉的原因已经消失而无逮捕必要的，发布通缉令的公安机关应当在原发布范围内立即通知撤销通缉令。

（九）辨认

（1）公安机关在侦查过程中，需要辨认犯罪嫌疑人的，应当分别经办案部门负责人批准。

（2）辨认应当在侦查人员的主持下进行。主持辨认的侦查人员不得少于2人。在辨认前，应当向辨认人详细询问被辨认对象的具体特征，尤其是要避免辨认人见到被辨认对象，并应当告知辨认人有意做虚假辨认应当承担的法律责任。

（3）多个辨认人对同一辨认对象进行辨认时，应当由每位辨认人单独进行。必要的时候，可以有见证人在场。

（4）辨认时，应当将辨认对象混杂在其他人员或者物品之中，不得给予辨认人任何暗示。公安机关侦查的案件，在辨认犯罪嫌疑人时，被辨认的人数不得少于7人；辨认照片时，被辨认的照片不得少于10张。

（5）对犯罪嫌疑人的辨认，辨认人不愿公开进行的，可以在不暴露辨认人的情况下进行，侦查人员应当为其保密。

（6）对于辨认的情况，应当制作笔录，由主持和参加辨认的侦查人员、辨认人、见证人签名或者盖章。

考点 3 侦查终结

（一）侦查终结的条件和对案件的处理

《刑事诉讼法》第159条规定："在案件侦查终结前，辩护律师提出要求的，侦查机关应当听取辩护律师的意见，并记录在案。辩护律师提出书面意见的，应当附卷。"《刑事诉讼法》第160条规定："公安机关侦查终结的案件，应当做到犯罪事实清楚，证据确实、充分，并且写出起诉意见书，连同案卷材料、证据一并移送同级人民检察院审查决定；同时将案件移送情况告知犯罪嫌疑人及其辩护律师。"如果公安机关在侦查过程中，发现不应对犯罪嫌疑人追究刑事责任的，应当撤销案件；犯罪嫌疑人已被逮捕的，应当立即释放，发给释放证明，并且通知原批准逮捕的检察院。

（二）侦查羁押期限

侦查羁押期限，是指犯罪嫌疑人在侦查中被逮捕以后到侦查终结的期限。

特别关注：

拘留的期间不属于侦查羁押期限。

对犯罪嫌疑人逮捕后的侦查羁押期限不得超过两个月。

（1）案情复杂、期限届满不能终结的案件，可以经上一级检察院批准延长1个月。

（2）下列案件在上述3个月内仍不能侦查终结，经省、自治区、直辖市检察院批准或者决定，可以再延长两个月：①交通十分不便的边远地区的重大复杂案件；②重大的犯罪集团案件；③流窜作案的重大复杂案件；④犯罪涉及面广，取证困难的重大复杂案件。

（3）对犯罪嫌疑人可能判处10年有期徒刑以上刑罚，在上述5个月内仍不能侦查终结，经省、自治区、直辖市检察院批准或者决定，可以再延长两个月。六部门《规定》第21条规定：公安机关对案件提请延长羁押期限的，应当在羁押期限届满7日前提出，并书面呈报延长羁押期限案件的主要案情和延长羁押期限的具体理由，人民检察院应当在羁押期限届满前作出决定。最高人民检察院直接立案侦查的案件，由最高人民检察院依法决定。

（4）因为特殊原因，在较长时间内不宜交付审判的特别重大复杂的案件，由最高人民检察院报请全国人民代表大会常务委员会批准延期审理。

（5）羁押期限的重新计算：①在侦查期间，发现犯罪嫌疑人另有重要罪行的，自发现之日起依照《刑事诉讼法》第154条的规定重新计算侦查羁押期限。《刑事诉讼规则(试行)》规定：另有重要罪行是指与逮捕时的罪行不同种的重大犯罪和同种的影响罪名认定、量刑档次的重大犯罪。六部门《规定》第 22 条规定：公安机关依照上述规定重新计算侦查羁押期限的，不需要经人民检察院批准，但应当报人民检察院备案，人民检察院可以进行监督。② 犯罪嫌疑人不讲真实姓名、住址，身份不明的，应当对其身份进行调查，侦查羁押期限自查清其身份之日起计算，但是不得停止对其犯罪行为的侦查取证。对于犯罪事实清楚，证据确实、充分，确实无法查明其身份的，也可以按其自报的姓名起诉、审判。③ 六部门《规定》第 40 条规定：犯罪嫌疑人、被告人在押的案件，除对犯罪嫌疑人、被告人的精神病鉴定期间不计入办案期限外，其他鉴定期间都应当计入办案期限。对于因鉴定时间较长，办案期限届满仍不能终结的案件，自期限届满之日起，应当对被羁押的犯罪嫌疑人、被告人变更强制措施，改为取保候审或者监视居住。国家安全机关依照法律规定，办理危害国家安全的刑事案件，适用本规定中有关公安机关的规定。

考点 4 补充侦查

（一）审查起诉阶段的补充侦查

1. 《刑事诉讼法》的相关规定

《刑事诉讼法》第 171 条规定："人民检察院审查案件，可以要求公安机关提供法庭审判所必需的证据材料；认为可能存在本法第 54 条规定的以非法方法收集证据情形的，可以要求其对证据收集的合法性作出说明。人民检察院审查案件，对于需要补充侦查的，可以退回公安机关补充侦查，也可以自行侦查。对于补充侦查的案件，应当在 1 个月以内补充侦查完毕。补充侦查以二次为限。补充侦查完毕移送人民检察院后，人民检察院重新计算审查起诉期限。对于二次补充侦查的案件，人民检察院仍然认为证据不足，不符合起诉条件的，应当作出不起诉的决定。"

2. 《刑事诉讼规则（试行）》的相关规定

（1）对于在审查起诉期间改变管辖的案件，改变后的人民检察院对于符合《刑事诉讼法》第 171 条第 2 款规定的案件，可以通过原受理案件的人民检察院退回原侦查的公安机关补充侦查，也可以自行侦查。改变管辖前后退回补充侦查的次数总共不得超过两次。

（2）人民检察院认为犯罪事实不清、证据不足或者遗漏罪行、遗漏同案犯罪嫌疑人等情形需要补充侦查的，应当提出具体的书面意见，连同案卷材料一并退回公安机关补充侦查；人民检察院也可以自行侦查，必要时可以要求公安机关提供协助。

（3）对于退回公安机关补充侦查的案件，应当在 1 个月以内补充侦查完毕。补充侦查以两次为限。补充侦查完毕移送审查起诉后，人民检察院重新计算审查起诉期限。

（4）人民检察院在审查起诉中决定自行侦查的，应当在审查起诉期限内侦查完毕。

（5）人民检察院对已经退回侦查机关二次补充侦查的案件，在审查起诉中又发现新的犯罪事实的，应当移送侦查机关立案侦查；对已经查清的犯罪事实，应当依法提起公诉。

（二）法庭审理阶段的补充侦查

在法庭审理过程中，检察人员发现提起公诉的案件需要补充侦查，并提出建议的，人民法院可以延期审理。建议延期审理的次数不得超过两次，检察院应当在 1 个月以内补充侦查完毕。补充侦查的方式，一般由检察院自行侦查，必要时可以要求公安机关协助。

特别关注：

合议庭在案件审理过程中，发现被告人可能有自首、立功等法定量刑情节，而起诉和移送的证据材料中没有这方面的证据材料的，应当建议检察院补充侦查。法庭审理阶段补充侦查的决定权虽然属于人民法院(以延期审理方式决定),但前提必须是检察院提出建议。

考点 5 侦查监督

(一) 侦查监督的概念

侦查监督,是指人民检察院依法对侦查机关的侦查活动是否合法进行的监督。

特别关注:

《刑事诉讼法》第115条规定:"当事人和辩护人、诉讼代理人、利害关系人对于司法机关及其工作人员有下列行为之一的,有权向该机关申诉或者控告:(一)采取强制措施法定期限届满,不予以释放、解除或者变更的;(二)应当退还取保候审保证金不退还的;(三)对与案件无关的财物采取查封、扣押、冻结措施的;(四)应当解除查封、扣押、冻结不解除的;(五)贪污、挪用、私分、调换、违反规定使用查封、扣押、冻结的财物的。受理申诉或者控告的机关应当及时处理。对处理不服的,可以向同级人民检察院申诉;人民检察院直接受理的案件,可以向上一级人民检察院申诉。人民检察院对申诉应当及时进行审查,情况属实的,通知有关机关予以纠正。"

(二) 侦查监督的范围

《刑事诉讼规则(试行)》第565条规定:"侦查活动监督主要发现和纠正以下违法行为:(一)采用刑讯逼供以及其他非法方法收集犯罪嫌疑人供述的;(二)采用暴力、威胁等非法方法收集证人证言、被害人陈述,或者以暴力、威胁等方法阻止证人作证或者指使他人作伪证的;(三)伪造、隐匿、销毁、调换、私自涂改证据,或者帮助当事人毁灭、伪造证据的;(四)徇私舞弊,放纵、包庇犯罪分子的;(五)故意制造冤、假、错案的;(六)在侦查活动中利用职务之便谋取非法利益的;(七)非法拘禁他人或者以其他方法非法剥夺他人人身自由的;(八)非法搜查他人身体、住宅,或者非法侵入他人住宅的;(九)非法采取技术侦查措施的;(十)在侦查过程中不应当撤案而撤案的;(十一)对与案件无关的财物采取查封、扣押、冻结措施,或者应当解除查封、扣押、冻结不解除的;(十二)贪污、挪用、私分、调换、违反规定使用查封、扣押、冻结的财物及其孳息的;(十三)应当退还取保候审保证金不退还的;(十四)违反刑事诉讼法关于决定、执行、变更、撤销强制措施规定的;(十五)侦查人员应当回避而不回避的;(十六)应当依法告知犯罪嫌疑人诉讼权利而不告知,影响犯罪嫌疑人行使诉讼权利的;(十七)阻碍当事人、辩护人、诉讼代理人依法行使诉讼权利的;(十八)讯问犯罪嫌疑人依法应当录音或者录像而没有录音或者录像的;(十九)对犯罪嫌疑人拘留、逮捕、指定居所监视居住后依法应当通知家属而未通知的;(二十)在侦查中有其他违反刑事诉讼法有关规定的行为的。"

(三) 侦查监督的途径和措施

根据《刑事诉讼规则(试行)》规定:

(1) 人民检察院发现公安机关侦查活动中的违法行为,对于情节较轻的,可以由检察人员以口头方式向侦查人员或者公安机关负责人提出纠正意见,并及时向本部门负责人汇报;必要的时候,由部门负责人提出。对于情节较重的违法情形,应当报请检察长批准后,向公安机关发出纠正违法通知书。构成犯罪的,移送有关部门依法追究刑事责任。监所检察部门发现侦查中违反法律规定的羁押和办案期限规定的,应当依法提出纠正违法意见,并通报侦查监督部门。

(2) 人民检察院根据需要可以派员参加公安机关对于重大案件的讨论和其他侦查活动,

发现违法行为，情节较轻的可以口头纠正，情节较重的应当报请检察长批准后，向公安机关发出纠正违法通知书。

（3）对于公安机关执行人民检察院批准或者不批准逮捕决定的情况，以及释放被逮捕的犯罪嫌疑人或者变更逮捕措施的情况，人民检察院发现有违法情形的，应当通知纠正。

（4）人民检察院发现侦查机关或者侦查人员决定、执行、变更、撤销强制措施等活动中有违法情形的，应当及时提出纠正意见。对于情节较轻的违法情形，由检察人员以口头方式向侦查人员或者公安机关负责人提出纠正意见，并及时向本部门负责人汇报；必要的时候，由部门负责人提出。对于情节较重的违法情形，应当报请检察长批准后，向公安机关发出纠正违法通知书。

（5）人民检察院发出纠正违法通知书的，应当根据公安机关的回复，监督落实情况；没有回复的，应当督促公安机关回复。

（6）人民检察院提出的纠正意见不被接受，公安机关要求复查的，应当在收到公安机关的书面意见后7日以内进行复查。经过复查，认为纠正违法意见正确的，应当及时向上一级人民检察院报告；认为纠正违法意见错误的，应当及时撤销。上一级人民检察院经审查，认为下级人民检察院的纠正意见正确的，应当及时通知同级公安机关督促下级公安机关纠正；认为下级人民检察院的纠正意见不正确的，应当书面通知下级人民检察院予以撤销，下级人民检察院应当执行，并及时向公安机关及有关侦查人员说明情况。同时，将调查结果及时回复申诉人、控告人。

（7）当事人和辩护人、诉讼代理人、利害关系人对于办理案件的机关及其工作人员有《刑事诉讼法》第115条规定的行为，向该机关申诉或者控告，对该机关作出的处理不服，或者该机关未在规定时间内作出答复，向人民检察院申诉的，办理案件的机关的同级人民检察院应当及时受理。人民检察院直接受理的案件，对办理案件的人民检察院的处理不服的，可以向上一级人民检察院申诉，上一级人民检察院应当受理。未向办理案件的机关申诉或者控告，或者办理案件的机关在规定时间内尚未作出处理决定，直接向人民检察院申诉的，人民检察院应当告知其向办理案件的机关申诉或者控告。人民检察院在审查逮捕、审查起诉中发现有《刑事诉讼法》第115条规定的违法情形的，可以直接监督纠正。对当事人和辩护人、诉讼代理人、利害关系人提出的《刑事诉讼法》第115条规定情形之外的申诉或者控告，人民检察院应当受理，并及时审查，依法处理。

（8）对人民检察院办理案件中的违法行为的控告、申诉，以及对其他司法机关对控告、申诉的处理不服向人民检察院提出的申诉，由人民检察院控告检察部门受理。控告检察部门对本院办理案件中的违法行为的控告，应当及时审查办理；对下级人民检察院和其他司法机关的处理不服向人民检察院提出的申诉，应当根据案件的具体情况，及时移送侦查监督部门、公诉部门或者监所检察部门审查办理。审查办理的部门应当在收到案件材料之日起15日以内提出审查意见。人民检察院对《刑事诉讼法》第115条第1款第3、4、5项的申诉，经审查认为需要侦查机关说明理由的，应当要求侦查机关说明理由，并在收到理由说明以后15日以内提出审查意见。认为本院办理案件中存在的违法情形属实的，应当报请检察长决定予以纠正。认为有关司法机关或者下级人民检察院对控告、申诉的处理不正确的，应当报请检察长批准后，通知有关司法机关或者下级人民检察院予以纠正。认为本院办理案件中不存在控告反映的违法行为，或者下级人民检察院和其他司法机关对控告、申诉的处理正确的，应当报请检察长批准后，书面提出答复意见及其理由，答复控告人、申诉人。控告检察部门应当在收到通知后5日以内答复。

考点 6 《最高人民法院、最高人民检察院、公安部关于办理网络犯罪案件适用刑事诉讼程序若干问题的意见》

（一）网络犯罪案件的范围
（1）危害计算机信息系统安全犯罪案件；
（2）通过危害计算机信息系统安全实施的盗窃、诈骗、敲诈勒索等犯罪案件；
（3）在网络上发布信息或者设立主要用于实施犯罪活动的网站、通讯群组，针对或者组织、教唆、帮助不特定多数人实施的犯罪案件；
（4）主要犯罪行为在网络上实施的其他案件。

（二）网络犯罪案件的管辖
（1）网络犯罪案件由犯罪地公安机关立案侦查。必要时，可以由犯罪嫌疑人居住地公安机关立案侦查。网络犯罪案件的犯罪地包括用于实施犯罪行为的网站服务器所在地，网络接入地，网站建立者、管理者所在地，被侵害的计算机信息系统或其管理者所在地，犯罪嫌疑人、被害人使用的计算机信息系统所在地，被害人被侵害时所在地，以及被害人财产遭受损失地等。涉及多个环节的网络犯罪案件，犯罪嫌疑人为网络犯罪提供帮助的，其犯罪地或者居住地公安机关可以立案侦查。

（2）有多个犯罪地的网络犯罪案件，由最初受理的公安机关或者主要犯罪地公安机关立案侦查。有争议的，按照有利于查清犯罪事实、有利于诉讼的原则，由共同上级公安机关指定有关公安机关立案侦查。需要提请批准逮捕、移送审查起诉、提起公诉的，由该公安机关所在地的人民检察院、人民法院受理。

（3）具有下列情形之一的，有关公安机关可以在其职责范围内并案侦查，需要提请批准逮捕、移送审查起诉、提起公诉的，由该公安机关所在地的人民检察院、人民法院受理：① 一人犯数罪的；② 共同犯罪的；③ 共同犯罪的犯罪嫌疑人、被告人还实施其他犯罪的；④ 多个犯罪嫌疑人、被告人实施的犯罪存在关联，并案处理有利于查明案件事实的。

（4）对因网络交易、技术支持、资金支付结算等关系形成多层级链条、跨区域的网络犯罪案件，共同上级公安机关可以按照有利于查清犯罪事实、有利于诉讼的原则，指定有关公安机关一并立案侦查，需要提请批准逮捕、移送审查起诉、提起公诉的，由该公安机关所在地的人民检察院、人民法院受理。

（5）具有特殊情况，由异地公安机关立案侦查更有利于查清犯罪事实、保证案件公正处理的跨省（自治区、直辖市）重大网络犯罪案件，可以由公安部商最高人民检察院和最高人民法院指定管辖。人民检察院对于公安机关移送审查起诉的网络犯罪案件，发现犯罪嫌疑人还有犯罪被其他公安机关立案侦查的，应当通知移送审查起诉的公安机关。人民法院受理案件后，发现被告人还有犯罪被其他公安机关立案侦查的，可以建议人民检察院补充侦查。人民检察院经审查，认为需要补充侦查的，应当通知移送审查起诉的公安机关。经人民检察院通知，有关公安机关根据案件具体情况，可以对犯罪嫌疑人所犯其他犯罪并案侦查。

（6）为保证及时结案，避免超期羁押，人民检察院对于公安机关提请批准逮捕、移送审查起诉的网络犯罪案件，第一审人民法院对于已经受理的网络犯罪案件，经审查发现没有管辖权的,可以依法报请共同上级人民检察院、人民法院指定管辖。

(7) 部分犯罪嫌疑人在逃,但不影响对已到案共同犯罪嫌疑人、被告人的犯罪事实认定的网络犯罪案件,可以依法先行追究已到案共同犯罪嫌疑人、被告人的刑事责任。在逃的共同犯罪嫌疑人、被告人归案后,可以由原公安机关、人民检察院、人民法院管辖其所涉及的案件。

(三) 网络犯罪案件的初查

对接受的案件或者发现的犯罪线索,在审查中发现案件事实或者线索不明,需要经过调查才能够确认是否达到犯罪追诉标准的,经办案部门负责人批准,可以进行初查。

初查过程中,可以采取询问、查询、勘验、检查、鉴定、调取证据材料等不限制初查对象人身、财产权利的措施,但不得对初查对象采取强制措施和查封、扣押、冻结财产。

(四) 网络犯罪案件的跨地域取证

(1) 公安机关跨地域调查取证的,可以将办案协作函和相关法律文书及凭证电传或者通过公安机关信息化系统传输至协作地公安机关。协作地公安机关经审查确认,在传来的法律文书上加盖本地公安机关印章后,可以代为调查取证。

(2) 询(讯)问异地证人、被害人以及与案件有关联的犯罪嫌疑人的,可以由办案地公安机关通过远程网络视频等方式进行询(讯)问并制作笔录。远程询(讯)问的,应当由协作地公安机关事先核实被询(讯)问人的身份。办案地公安机关应当将询(讯)问笔录传输至协作地公安机关。询(讯)问笔录经被询(讯)问人确认并逐页签名、捺指印后,由协作地公安机关协作人员签名或者盖章,并将原件提供给办案地公安机关。询(讯)问人员收到笔录后,应当在首页右上方写明"于某年某月某日收到",并签名或者盖章。远程询(讯)问的,应当对询(讯)问过程进行录音录像,并随案移送。异地证人、被害人以及与案件有关联的犯罪嫌疑人亲笔书写证词、供词的,参照本条第 2 款的规定执行。

(五) 电子数据的取证与审查

(1) 收集、提取电子数据,应当由 2 名以上具备相关专业知识的侦查人员进行。取证设备和过程应当符合相关技术标准,并保证所收集、提取的电子数据的完整性、客观性。

(2) 收集、提取电子数据,能够获取原始存储介质的,应当封存原始存储介质,并制作笔录,记录原始存储介质的封存状态,由侦查人员、原始存储介质持有人签名或者盖章;持有人无法签名或者拒绝签名的,应当在笔录中注明,由见证人签名或者盖章。有条件的,侦查人员应当对相关活动进行录像。

(3) 具有下列情形之一,无法获取原始存储介质的,可以提取电子数据,但应当在笔录中注明不能获取原始存储介质的原因、原始存储介质的存放地点等情况,并由侦查人员、电子数据持有人、提供人签名或者盖章;持有人、提供人无法签名或者拒绝签名的,应当在笔录中注明,由见证人签名或者盖章;有条件的,侦查人员应当对相关活动进行录像:① 原始存储介质不便封存的;② 提取计算机内存存储的数据、网络传输的数据等不是存储在存储介质上的电子数据的;③ 原始存储介质位于境外的;④ 其他无法获取原始存储介质的情形。

(4) 收集、提取电子数据应当制作笔录,记录案由、对象、内容、收集、提取电子数据的时间、地点、方法、过程,电子数据的清单、规格、类别、文件格式、完整性校验值等,并由收集、提取电子数据的侦查人员签名或者盖章。远程提取电子数据的,应当说明原因,有条件的,应当对相关活动进行录像。通过数据恢复、破解等方式获取被删除、隐藏或者加密的电子数据的,应当对恢复、破解过程和方法作出说明。

（5）收集、提取的原始存储介质或者电子数据，应当以封存状态随案移送，并制作电子数据的复制件一并移送。对文档、图片、网页等可以直接展示的电子数据，可以不随案移送电子数据打印件，但应当附有展示方法说明和展示工具；人民法院、人民检察院因设备等条件限制无法直接展示电子数据的，公安机关应当随案移送打印件。对侵入、非法控制计算机信息系统的程序、工具以及计算机病毒等无法直接展示的电子数据，应当附有电子数据属性、功能等情况的说明。对数据统计数量、数据同一性等问题，公安机关应当出具说明。

（6）对电子数据涉及的专门性问题难以确定的，由司法鉴定机构出具鉴定意见，或者由公安部指定的机构出具检验报告。

（六）关于网络犯罪案件的其他问题

（1）采取技术侦查措施收集的材料作为证据使用的，应当随案移送批准采取技术侦查措施的法律文书和所收集的证据材料。使用有关证据材料可能危及有关人员的人身安全，或者可能产生其他严重后果的，应当采取不暴露有关人员身份、技术方法等保护措施，必要时，可以由审判人员在庭外进行核实。

（2）对针对或者组织、教唆、帮助不特定多数人实施的网络犯罪案件，确因客观条件限制无法逐一收集相关言词证据的，可以根据记录被害人数、被侵害的计算机信息系统数量、涉案资金数额等犯罪事实的电子数据、书证等证据材料，在慎重审查被告人及其辩护人所提辩解、辩护意见的基础上，综合全案证据材料，对相关犯罪事实作出认定。

二、例题

1. 甲涉嫌利用木马程序盗取Q币并转卖他人，公安机关搜查其住处时，发现一个U盘内存储了用于盗取账号密码的木马程序。关于该U盘的处理，下列哪些选项是正确的？（2017年真题，多选）

A. 应扣押U盘并制作笔录

B. 检查U盘内的电子数据时，应将U盘拆分过程进行录像

C. 公安机关移送审查起诉时，对U盘内提取的木马程序，应附有该木马程序如何盗取账号密码的说明

D. 如U盘未予封存，且不能补正或作出合理解释的，U盘内提取的木马程序不得作为定案的根据

[释疑] 本题考2016年《关于办理刑事案件收集提取和审查判断电子数据若干问题的规定》：第8条第1款规定，收集、提取电子数据，能够扣押电子数据原始存储介质的，应当扣押、封存原始存储介质，并制作笔录，记录原始存储介质的封存状态。故A项正确。第16条第1款、第2款规定，对扣押的原始存储介质或者提取的电子数据，可以通过恢复、破解、统计、关联、比对等方式进行检查。必要时，可以进行侦查实验。电子数据检查，应当对电子数据存储介质拆封过程进行录像，并将电子数据存储介质通过写保护设备接入到检查设备进行检查；有条件的，应当制作电子数据备份，对备份进行检查；无法使用写保护设备且无法制作备份的，应当注明原因，并对相关活动进行录像。故B项正确。第19条规定，对侵入、非法控制计算机信息系统的程序、工具以及计算机病毒等无法直接展示的电子数据，应当附电子数据属性、功能等情况的说明。对数据统计量、数据同一性等问题，侦查机关应当出具说明。故C项正确。第27条规定，电子数据的收集、提取程序有下列瑕疵，经补正或者作出合理解释的，可以采用；

不能补正或者作出合理解释的,不得作为定案的根据:(一)未以封存状态移送的;(二)……故 D 项正确。(答案:ABCD)

2. 关于侦查辨认,下列哪一选项是正确的?(2017 年真题,单选)

A. 强制猥亵案,让犯罪嫌疑人对被害人进行辨认

B. 盗窃案,让犯罪嫌疑人到现场辨认藏匿赃物的房屋

C. 故意伤害案,让犯罪嫌疑人和被害人一起对凶器进行辨认

D. 刑讯逼供案,让被害人在 4 张照片中辨认犯罪嫌疑人

[释疑] 有被害人的案件,通常由被害人对犯罪嫌疑人进行辨认,A 项错误。让犯罪嫌疑人到现场辨认藏匿赃物的房屋正确。多个辨认人对同一辨认对象进行辨认时,应当由每位辨认人单独进行,必要的时候,可以有见证人在场。故 C 项错误。公安机关侦查的案件在辨认照片时,被辨认的照片不得少于 10 张。故 D 项错误。(答案:B)

3. 在朱某危险驾驶案的辩护过程中,辩护律师查看了侦查机关录制的讯问同步录像。同步录像中的下列哪些行为违反法律规定?(2017 年真题,多选)

A. 后续讯问的侦查人员与首次讯问的侦查人员完全不同

B. 朱某请求自行书写供述,侦查人员予以拒绝

C. 首次讯问时未告知朱某可聘请律师

D. 其中一次讯问持续了 14 个小时

[释疑] 《刑事诉讼法》并未规定,后续讯问的侦查人员与首次讯问的侦查人员必须相同,A 项正确。犯罪嫌疑人请求自行书写供述的,应当准许,B 项错误。第一次讯问或者采取强制措施时,侦查人员应当告知朱某可聘请律师,C 项错误。《刑事诉讼法》规定:传唤、拘传持续的时间不得超过 12 小时,案情特别重大、复杂,需要采取拘留、逮捕措施的,传唤、拘传持续的时间不得超过 24 小时。不得以连续传唤、拘传的形式变相拘禁犯罪嫌疑人。传唤、拘传犯罪嫌疑人,应当保证犯罪嫌疑人的饮食和必要的休息时间。故 D 项错误。(答案:BCD)

4. 某小学发生一起猥亵儿童案件,三年级女生甲向校长许某报称被老师杨某猥亵。许某报案后,侦查人员通过询问许某了解了甲向其陈述的被杨某猥亵的经过。侦查人员还通过询问甲了解到,另外两名女生乙和丙也可能被杨某猥亵,乙曾和甲谈到被杨某猥亵的经过,甲曾目睹杨某在课间猥亵丙。讯问杨某时,杨某否认实施猥亵行为,并表示他曾举报许某贪污,许某报案是对他的打击报复。关于本案侦查措施,下列选项正确的是:(2017 年真题,不定选)

A. 经出示工作证件,侦查人员可在学校询问甲

B. 询问乙时,可由学校的其他老师在场并代行乙的诉讼权利

C. 可通过侦查实验确定甲能否在其所描述的时间、地点看到杨某猥亵丙

D. 搜查杨某在学校内的宿舍时,可由许某在场担任见证人

[释疑] 刑事诉讼法规定,经出示工作证件,侦查人员可以在单位询问证人,A 项正确;询问未成年证人,其法定代理人可以在场并代行其诉讼权利,B 项错误;可通过侦查实验确定甲能否在其所描述的时间、地点看到某事发生,C 项正确;许某与杨某有利害关系,不能做见证人,D 项错误。(答案:AC)

5. 公安机关获知有多年吸毒史的王某近期可能从事毒品制售活动,遂对其展开初步调查工作。关于这一阶段公安机关可以采取的措施,下列哪些选项是正确的?(2016 年真题,多选)

A. 监听

B. 查询王某的银行存款

C. 询问王某　　　　　　　　　D. 通缉

[释疑]　《公安机关办理刑事案件程序规定》第171条第3款规定:初查过程中,公安机关可以依照有关法律和规定采取询问、查询、勘验、鉴定和调取证据材料等不限制被调查对象人身、财产权利的措施。所以,B项"查询王某的银行存款"、C项"询问王某"正确;A项、D项错误。(答案:BC)

6. 某地发生一起以爆炸手段故意杀人致多人伤亡的案件。公安机关立案侦查后,王某被确定为犯罪嫌疑人。关于本案辨认,下列哪一选项是正确的?(2016年真题,单选)

A. 证人甲辨认制造爆炸物的工具时,混杂了另外4套同类工具
B. 证人乙辨认犯罪嫌疑人时未同步录音或录像,辨认笔录不得作为定案的依据
C. 证人丙辨认犯罪现场时没有见证人在场,辨认笔录不得作为定案的依据
D. 王某作为辨认人时,陪衬物不受数量的限制

[释疑]　《公安机关办理刑事案件程序规定》第251条规定:"辨认时,应当将辨认对象混杂在特征相类似的其他对象中,不得给辨认人任何暗示。辨认犯罪嫌疑人时,被辨认的人数不得少于七人;对犯罪嫌疑人照片进行辨认的,不得少于十人的照片;辨认物品时,混杂的同类物品不得少于五件。对场所、尸体等特定辨认对象进行辨认,或者辨认人能够准确描述物品独有特征的,陪衬物不受数量的限制。"所以,A项正确;因为,辨认犯罪嫌疑人时,被辨认的人数不得少于7人,所以,D项错误;《刑诉法解释》第67条第2款规定:"由于客观原因无法由符合条件的人员担任见证人的,应当在笔录材料中注明情况,并对相关活动进行录像。"所以,C项错误;《刑诉法解释》第90条第2款规定:"辨认笔录具有下列情形之一的,不得作为定案的根据:(一)辨认不是在侦查人员主持下进行的;(二)辨认前使辨认人见到辨认对象的;(三)辨认活动没有个别进行的;(四)辨认对象没有混杂在具有类似特征的其他对象中,或者供辨认的对象数量不符合规定的;(五)辨认中给辨认人明显暗示或者明显有指认嫌疑的;(六)违反有关规定,才能确定辨认笔录真实性的其他情形。"该条并未规定"证人乙辨认犯罪嫌疑人时未同步录音或录像,辨认笔录不得作为定案的依据";《公安机关办理刑事案件程序规定》第253条只是规定:必要时,应当对辨认过程进行录音或者录像。所以,B项错误。(答案:A)

7. 甲、乙(户籍地均为M省A市)共同运营一条登记注册于A市的远洋渔船。某次在公海捕鱼时,甲、乙二人共谋杀害了与他们素有嫌隙的水手丙。该船回国后,首泊于M省B市港口以作休整,然后再航行至A市。从B市起航后,在途经M省C市航行至A市过程中,甲因害怕乙投案自首,一直将乙捆绑拘禁于船舱。该船于A市靠岸后案发。

请回答第(1)—(3)题。(2016年真题,不定选)

(1)关于本案管辖,下列选项正确的是:
A. 故意杀人案和非法拘禁案应分别由中级人民法院和基层人民法院审理
B. A市和C市对非法拘禁案有管辖权
C. B市中级人民法院对故意杀人案有管辖权
D. A市中级人民法院对故意杀人案有管辖权

[释疑]　根据我国《刑事诉讼法》及相关司法解释的规定,共同犯罪案件的管辖适用"就高不就低"原则,所以A项"故意杀人案和非法拘禁案应分别由中级法院和基层法院审理"错误;因为A市和C市都是非法拘禁案的犯罪地,所以B项"A市和C市对非法拘禁案有管辖权"正确;B市是凶杀案在公海渔船上发生后该渔船最初停泊的港口,所以,B市中级法院对故

意杀人案有管辖权,D 项"A 市中级法院对故意杀人案有管辖权"错误。(答案:BC)

(2)关于本案强制措施的适用,下列选项正确的是:

A. 拘留甲后,应在送看守所羁押后 24 小时以内通知甲的家属

B. 如有证据证明甲参与了故意杀害丙的行为,应逮捕甲

C. 拘留乙后,应在 24 小时内进行讯问

D. 如乙因捆绑拘禁时间过长致身体极度虚弱而生活无法自理的,可在拘留后转为监视居住

[释疑] 《刑事诉讼法》规定拘留以后,应当在 24 小时以内通知家属,所以,A 项"拘留甲后,应在送看守所羁押后 24 小时以内通知甲的家属"错误;《刑事诉讼法》规定可能判处 10 年以上有期徒刑的应当逮捕。所以,B 项"如有证据证明甲参与了故意杀害丙,应逮捕甲"正确;《刑事诉讼法》规定拘留以后,应当在 24 小时以内讯问,所以,C 项"拘留乙后,应在 24 小时内进行讯问"正确;《刑事诉讼法》第 72 条第 1 款规定:"人民法院、人民检察院和公安机关对符合逮捕条件,有下列情形之一的犯罪嫌疑人、被告人,可以监视居住:(一)患有严重疾病、生活不能自理的;……"所以,D 项"如乙因捆绑拘禁时间过长致身体极度虚弱而生活无法自理的,可在拘留后转为监视居住"正确。(答案:BCD)

(3)本案公安机关开展侦查。关于侦查措施,下列选项正确的是:

A. 讯问甲的过程应当同步录音或录像

B. 可在讯问乙的过程中一并收集乙作为非法拘禁案的被害人的陈述

C. 在该船只上进行犯罪现场勘查时,应邀请见证人在场

D. 可查封该船只进一步收集证据

[释疑] 《刑事诉讼法》121 条规定:"侦查人员在讯问犯罪嫌疑人的时候,可以对讯问过程进行录音或者录像;对于可能判处无期徒刑、死刑的案件或者其他重大犯罪案件,应当对讯问过程进行录音或者录像。"因为甲可能被判处死刑,所以,A 项正确。因为讯问被告人与询问证人程序不同,所以,B 项错误。《刑事诉讼法》规定进行犯罪现场勘查时,应邀请见证人在场,也规定可以采取查封、扣押等措施,所以,C 项、D 项均正确。(答案:ACD)

8. 甲、乙共同实施抢劫,该案经两次退回补充侦查后,检察院发现甲在两年前曾实施诈骗犯罪。关于本案,下列哪一选项是正确的?(2016 年真题,单选)

A. 应将全案退回公安机关依法处理

B. 对新发现的犯罪自行侦查,查清犯罪事实后一并提起公诉

C. 将新发现的犯罪移送公安机关侦查,待公安机关查明事实移送审查起诉后一并提起公诉

D. 将新发现的犯罪移送公安机关立案侦查,对已查清的犯罪事实提起公诉

[释疑] 《人民检察院刑事诉讼规则(试行)》第 384 条规定:"人民检察院对已经退回侦查机关二次补充侦查的案件,在审查起诉中又发现新的犯罪事实的,应当移送侦查机关立案侦查;对已经查清的犯罪事实,应当依法提起公诉。"所以,本题 A、B、C 项均错误,只有 D 项"将新发现的犯罪移送公安机关立案侦查,对已查清的犯罪事实提起公诉"正确。(答案:D)

9. 关于网络犯罪案件证据的收集与审查,下列哪一选项是正确的?(2015 年真题,单选)

A. 询问异地证人、被害人的,应由办案地公安机关通过远程网络视频等方式进行

B. 收集、提取电子数据,能够获取原始存储介质的应封存原始存储介质,并对相关活动

录像

  C. 远程提取电子数据的,应说明原因,并对相关活动录像
  D. 对电子数据涉及的专门性问题难以确定的,可由公安部指定的机构出具检验报告

[释疑]　2014年最高人民法院、最高人民检察院、公安部《关于办理网络犯罪案件适用刑事诉讼程序若干问题的意见》第12条规定:"询(讯)问异地证人、被害人以及与案件有关联的犯罪嫌疑人的,可以由办案地公安机关通过远程网络视频等方式进行询(讯)问并制作笔录。远程询(讯)问的,应当由协作地公安机关事先核实被询(讯)问人的身份。办案地公安机关应当将询(讯)问笔录传输至协作地公安机关。询(讯)问笔录经被询(讯)问人确认并逐页签名、捺指印后,由协作地公安机关协作人员签名或者盖章,并将原件提供给办案地公安机关。询(讯)问人员收到笔录后,应当在首页右上方写明'于某年某月某日收到',并签名或者盖章。远程询(讯)问的,应当对询(讯)问过程进行录音录像,并随案移送。异地证人、被害人以及与案件有关联的犯罪嫌疑人亲笔书写证词、供词的,参照本条第二款规定执行。"所以,A项错误。第14条规定:"收集、提取电子数据,能够获取原始存储介质的,应当封存原始存储介质,并制作笔录,记录原始存储介质的封存状态,由侦查人员、原始存储介质持有人签名或者盖章;持有人无法签名或者拒绝签名的,应当在笔录中注明,由见证人签名或者盖章。有条件的,侦查人员应当对相关活动进行录像。"所以,B项错误。第16条规定:"收集、提取电子数据应当制作笔录,记录案由、对象、内容、收集、提取电子数据的时间、地点、方法、过程,电子数据的清单、规格、类别、文件格式、完整性校验值等,并由收集、提取电子数据的侦查人员签名或者盖章。远程提取电子数据的,应当说明原因,有条件的,应当对相关活动进行录像。通过数据恢复、破解等方式获取被删除、隐藏或者加密的电子数据的,应当对恢复、破解过程和方法作出说明。"所以,C项错误。第18条规定:"对电子数据涉及的专门性问题难以确定的,由司法鉴定机构出具鉴定意见,或者由公安部指定的机构出具检验报告。",所以,D项正确。(答案:D)

  10. 关于补充侦查,下列哪些选项是正确的?(2015年真题,多选)
  A. 审查批捕阶段,只有不批准逮捕的,才能通知公安机关补充侦查
  B. 审查起诉阶段的补充侦查以两次为限
  C. 审判阶段检察院应自行侦查,不得退回公安机关补充侦查
  D. 审判阶段法院不得建议检察院补充侦查

[释疑]　《刑事诉讼法》第88条规定:"人民检察院对于公安机关提请批准逮捕的案件进行审查后,应当根据情况分别作出批准逮捕或者不批准逮捕的决定。对于批准逮捕的决定,公安机关应当立即执行,并且将执行情况及时通知人民检察院。对于不批准逮捕的,人民检察院应当说明理由,需要补充侦查的,应当同时通知公安机关。"所以,A项正确。《刑事诉讼法》第171条第3款规定:"对于补充侦查的案件,应当在一个月以内补充侦查完毕。补充侦查以二次为限。补充侦查完毕移送人民检察院后,人民检察院重新计算审查起诉期限。"所以,B项正确。《刑事诉讼规则(试行)》第457条第1款规定:"在审判过程中,对于需要补充提供法庭审判所必需的证据或者补充侦查的,人民检察院应当自行收集证据和进行侦查,必要时可以要求侦查机关提供协助;也可以书面要求侦查机关补充提供证据。"所以,C项正确。《刑诉法解释》第226条规定:"审判期间,合议庭发现被告人可能有自首、坦白、立功等法定量刑情节,而人民检察院移送的案卷中没有相关证据材料的,应当通知人民检察院移送。审判期间,被告人提出新的立功线索的,人民法院可以建议人民检察院补充侦查。"所以,D项错误。(答案:

ABC)

11. 关于勘验、检查，下列哪一选项是正确的？（2014年真题，单选）
  A. 为保证侦查活动的规范性与合法性，只有侦查人员可以进行勘验、检查
  B. 侦查人员进行勘验、检查，必须持有侦查机关的证明文件
  C. 检查妇女的身体，应当由女工作人员或者女医师进行
  D. 勘验、检查应当有见证人在场，勘验、检查笔录上没有见证人签名的，不得作为定案的根据

[释疑] 《刑事诉讼法》第126条规定："侦查人员对于与犯罪有关的场所、物品、人身、尸体应当进行勘验或者检查。在必要的时候，可以指派或者聘请具有专门知识的人，在侦查人员的主持下进行勘验、检查。"故A项错误。《刑事诉讼法》第128条规定："侦查人员执行勘验、检查，必须持有人民检察院或者公安机关的证明文件。"故B项正确。《刑事诉讼法》第130条第3款："检查妇女的身体，应当由女工作人员或者医师进行。"医师并没有性别要求，故C项错误。《刑事诉讼法》第131条："勘验、检查的情况应当写成笔录，由参加勘验、检查的人和见证人签名或者盖章。"《关于办理死刑案件审查判断证据若干问题的规定》第26条："勘验、检查笔录在明显不符合法律及有关规定的情形，并且不能作出合理解释或者说明的，不能作为证据使用。勘验、检查笔录存在勘验、检查没有见证人的，勘验、检查人员和见证人没有签名、盖章的，勘验、检查人员违反回避规定的等情形，应当结合案件其他证据，审查其真实性和关联性。"勘验、检查笔录上没有见证人签名的，允许作出合理解释或者说明，而且要结合案件其他证据，审查其真实性和关联性，并不是一律不得作为定案根据。故D项错误。（答案：B）

12. 关于讯问犯罪嫌疑人，下列哪些选项是正确的？（2014年真题，多选）
  A. 在拘留犯罪嫌疑人之前，一律不得对其进行讯问
  B. 在拘留犯罪嫌疑人之后，可在送看守所羁押前进行讯问
  C. 犯罪嫌疑人被拘留送看守所之后，讯问应当在看守所内进行
  D. 对于被指定居所监视居住的犯罪嫌疑人，应当在指定的居所进行讯问

[释疑] 《刑事诉讼法》第117条第1款规定："对不需要逮捕、拘留的犯罪嫌疑人，可以传唤到犯罪嫌疑人所在市、县内的指定地点或者到他的住处进行讯问，但是应当出示人民检察院或者公安机关的证明文件。对在现场发现的犯罪嫌疑人，经出示工作证件，可以口头传唤，但应当在讯问笔录中注明。"故A、D项错误。对于被指定居所监视居住的犯罪嫌疑人，可以传唤到犯罪嫌疑人所在市、县内的指定地点进行讯问。《刑事诉讼法》第83条第2款："拘留后，应当立即将被拘留人送看守所羁押，至迟不得超过二十四小时。除无法通知或者涉嫌危害国家安全犯罪、恐怖活动犯罪通知可能有碍侦查的情形以外，应当在拘留后二十四小时以内，通知被拘留人的家属。有碍侦查的情形消失以后，应当立即通知被拘留人的家属。"《刑事诉讼法》第84条："公安机关对被拘留的人，应当在拘留后的二十四小时以内进行讯问。在发现不应当拘留的时候，必须立即释放，发给释放证明。"据此，拘留后至送看守所羁押前最长可以有24小时的间隔，这段时间内可以进行讯问。故B项正确。《刑事诉讼法》第116条第2款："犯罪嫌疑人被送交看守所羁押以后，侦查人员对其进行讯问，应当在看守所内进行。"故C项正确。（答案：BC）

13. 赵某、石某抢劫杀害李某，被路过的王某、张某看见并报案。赵某、石某被抓获后，两名侦查人员负责组织辨认。请回答(1)—(2)题。（2014年真题，不定选）

(1) 关于辨认的程序,下列选项正确的是:
A. 在辨认尸体时,只将李某尸体与另一尸体作为辨认对象
B. 在两名侦查人员的主持下,将赵某混杂在9名具有类似特征的人员中,由王某、张某个别进行辨认
C. 在对石某进行辨认时,9名被辨认人员中的4名民警因紧急任务离开,在两名侦查人员的主持下,将石某混杂在5名人员中,由王某、张某个别进行辨认
D. 根据王某、张某的要求,辨认在不暴露他们身份的情况下进行

[释疑] 《公安机关办理刑事案件程序规定》第251条:"辨认时,应当将辨认对象混杂在特征相类似的其他对象中,不得给辨认人任何暗示。辨认犯罪嫌疑人时,被辨认的人数不得少于七人;对犯罪嫌疑人照片进行辨认的,不得少于十人的照片;辨认物品时,混杂的同类物品不得少于五件。对场所、尸体等特定辨认对象进行辨认,或者辨认人能够准确描述物品独有特征的,陪衬物不受数量的限制。"故A、B项正确,C项错误。《公安机关办理刑事案件程序规定》第252条:"对犯罪嫌疑人的辨认,辨认人不愿意公开进行时,可以在不暴露辨认人的情况下进行,并应当为其保守秘密。"故D项正确。(答案:ABD)

(2) 关于辨认笔录的审查与认定,下列选项正确的是:
A. 如对尸体的辨认过程没有录像,则辨认结果不得作为定案证据
B. 如侦查人员组织辨认时没有见证人在场,则辨认结果不得作为定案的根据
C. 如在辨认前没有详细向辨认人询问被辨认对象的具体特征,则辨认结果不得作为定案证据
D. 如对赵某的辨认只有笔录,没有赵某的照片,无法获悉辨认真实情况的,也可补正或进行合理解释

[释疑] 《关于办理死刑案件审查判断证据若干问题的规定》第30条规定:"侦查机关组织的辨认,存在下列情形之一的,应当严格审查,不能确定其真实性的,辨认结果不能作为定案的根据:(一)辨认不是在侦查人员主持下进行的;(二)辨认前使辨认人见到辨认对象的;(三)辨认人的辨认活动没有个别进行的;(四)辨认对象没有混杂在具有类似特征的其他对象中,或者供辨认的对象数量不符合规定的;尸体、场所等特定辨认对象除外;(五)辨认中给辨认人明显暗示或者明显有指认嫌疑的。有下列情形之一的,通过有关办案人员的补正或者作出合理解释的,辨认结果可以作为证据使用:(一)主持辨认的侦查人员少于2人的;(二)没有向辨认人详细询问辨认对象的具体特征的;(三)对辨认经过和结果没有制作专门的规范的辨认笔录,或者辨认笔录没有侦查人员、辨认人、见证人的签名或者盖章的;(四)辨认记录过于简单,只有结果没有过程的;(五)案卷中只有辨认笔录,没有被辨认对象的照片、录像等资料,无法获悉辨认的真实情况的。"辨认过程并不要求必须录像,故A、C项错误,D项正确。辨认程序中见证人并不是必须的,故B项错误。(答案:D)

14. 对侦查所实施的司法控制,包括对某些侦查行为进行事后审查。下列哪一选项是正确的?(2013年真题,单选)
A. 事后审查的对象主要包括逮捕、羁押、搜查等
B. 事后审查主要针对的是强制性侦查措施
C. 采取这类侦查行为不可以由侦查机关独立作出决定
D. 对于这类行为,公民认为侦查机关侵犯其合法权益的,可以寻求司法途径进行救济

[释疑] 对侦查所实施的司法控制包括:① 侦查手段滥用;② 违法行为的存在和缺乏制裁。对前者,要实施事前审查,由法官进行,主要针对逮捕、羁押、搜查等较严厉的措施,有些学者称为强行性侦查措施;与之相对应的任意性侦查措施则可由侦查机关独立作出决定。针对侦查过程中违法行为的存在和缺乏制裁,应当对其进行事后审查。应允许公民采取提起行政诉讼的方式寻求司法救济。(答案:D)

15. 在一起聚众斗殴案件发生时,证人甲、乙、丙、丁四人在现场目睹事实经过,侦查人员对上述4名证人进行询问。关于询问证人的程序和方式,下列哪一选项是错误的?(2013年真题,单选)

　　A. 在现场立即询问证人甲
　　B. 传唤证人乙到公安机关提供证言
　　C. 到证人丙租住的房屋询问证人丙
　　D. 到证人丁提出的其工作单位附近的快餐厅询问证人丁

[释疑] 《刑事诉讼法》第122条规定:"侦查人员询问证人,可以在现场进行,也可以到证人所在单位、住处或者证人提出的地点进行,在必要的时候,可以通知证人到人民检察院或者公安机关提供证言。在现场询问证人,应当出示工作证件,到证人所在单位、住处或者证人提出的地点询问证人,应当出示人民检察院或者公安机关的证明文件。询问证人应当个别进行。"所以,只能通知证人不能传唤证人,故B项当选。(答案:B)

16. 高某涉嫌抢劫犯罪,公安机关经二次补充侦查后将案件移送检察机关,检察机关审查发现高某可能还实施了另一起盗窃犯罪。检察机关关于此案的处理,下列哪一选项是正确的?(2013年真题,单选)

　　A. 再次退回公安机关补充侦查,并要求在1个月内补充侦查完毕
　　B. 要求公安机关收集并提供新发现的盗窃犯罪的证据材料
　　C. 对新发现的盗窃犯罪自行侦查,并要求公安机关提供协助
　　D. 将新发现的盗窃犯罪移送公安机关另行立案侦查,对已经查清的抢劫犯罪提起公诉

[释疑] 《刑事诉讼规则(试行)》第384条规定:"人民检察院对已经退回侦查机关二次补充侦查的案件,在审查起诉中又发现新的犯罪事实的,应当移送侦查机关立案侦查;对已经查清的犯罪事实,应当依法提起公诉。"(答案:D)

17. 关于侦查程序中的辩护权保障和情况告知,下列哪一选项是正确的?(2012年真题,单选)

　　A. 辩护律师提出要求的,侦查机关可以听取辩护律师的意见,并记录在案
　　B. 辩护律师提出书面意见的,可以附卷
　　C. 侦查终结移送审查起诉时,将案件移送情况告知犯罪嫌疑人或者其辩护律师
　　D. 侦查终结移送审查起诉时,将案件移送情况告知犯罪嫌疑人及其辩护律师

[释疑] 《刑事诉讼法》第159条规定:"在案件侦查终结前,辩护律师提出要求的,侦查机关应当听取辩护律师的意见,并记录在案。辩护律师提出书面意见的,应当附卷。"《刑事诉讼法》第160条规定:"公安机关侦查终结的案件,应当做到犯罪事实清楚,证据确实、充分,并且写出起诉意见书,连同案卷材料、证据一并移送同级人民检察院审查决定;同时将案件移送情况告知犯罪嫌疑人及其辩护律师。"(答案:D)

18. 关于拘传,下列哪些说法是正确的?(2012年真题,多选)

A. 对在现场发现的犯罪嫌疑人,经出示工作证件可以口头拘传,并在笔录中注明
B. 拘传持续的时间不得超过 12 小时
C. 案情特别重大、复杂,需要采取拘留、逮捕措施的,拘传持续的时间不得超过 24 小时
D. 对于被拘传的犯罪嫌疑人,可以连续讯问 24 小时

[释疑] 《刑事诉讼法》第 117 条规定:"对不需要逮捕、拘留的犯罪嫌疑人,可以传唤到犯罪嫌疑人所在的市、县内的指定地点或者到他的住处进行讯问,但是应当出示人民检察院或者公安机关的证明文件。对在现场发现的犯罪嫌疑人,经出示工作证件,可以口头传唤,但应当在讯问笔录中注明。传唤、拘传持续的时间不得超过十二小时;案情特别重大、复杂,需要采取拘留、逮捕措施的,传唤、拘传持续的时间不得超过二十四小时。不得以连续传唤、拘传的形式变相拘禁犯罪嫌疑人。传唤、拘传犯罪嫌疑人,应当保证犯罪嫌疑人的饮食和必要的休息时间。"据此规定,B、C 项正确。(答案:BC)

19. 关于技术侦查,下列哪些说法是正确的?(2012 年真题,多选)
A. 适用于严重危害社会的犯罪案件
B. 必须在立案后实施
C. 公安机关和检察院都有权决定并实施
D. 获得的材料需要经过转化才能在法庭上使用

[释疑] 《刑事诉讼法》第 148 条规定:"公安机关在立案后,对于危害国家安全犯罪、恐怖活动犯罪、黑社会性质的组织犯罪、重大毒品犯罪或者其他严重危害社会的犯罪案件,根据侦查犯罪的需要,经过严格的批准手续,可以采取技术侦查措施。人民检察院在立案后,对于重大的贪污、贿赂犯罪案件以及利用职权实施的严重侵犯公民人身权利的重大犯罪案件,根据侦查犯罪的需要,经过严格的批准手续,可以采取技术侦查措施,按照规定交有关机关执行。追捕被通缉或者批准、决定逮捕的在逃的犯罪嫌疑人、被告人,经过批准,可以采取追捕所必需的技术侦查措施。"《刑事诉讼法》第 152 条:"依照本节规定采取侦查措施收集的材料在刑事诉讼中可以作为证据使用。如果使用该证据可能危及有关人员的人身安全,或者可能产生其他严重后果的,应当采取不暴露有关人员身份、技术方法等保护措施,必要的时候,可以由审判人员在庭外对证据进行核实。"(答案:AB)

20. 关于讯问犯罪嫌疑人的地点,下列选项正确的是:(2012 年真题,不定选)
A. 对不需要逮捕、拘留的犯罪嫌疑人,可以传唤到犯罪嫌疑人所在市、县的公安局进行讯问
B. 对不需要逮捕、拘留的犯罪嫌疑人,可以传唤到犯罪嫌疑人所在市、县的公司内进行讯问
C. 对于已经被逮捕羁押的犯罪嫌疑人,应当在看守所内进行讯问
D. 犯罪现场发现的犯罪嫌疑人,可以当场口头传唤,但须出示工作证并在讯问笔录中注明

[释疑] 《刑事诉讼法》第 91 条规定:"公安机关逮捕人的时候,必须出示逮捕证。逮捕后,应当立即将被逮捕人送看守所羁押。除无法通知的以外,应当在逮捕后二十四小时以内,通知被逮捕人的家属。"《刑事诉讼法》第 116 条规定:"讯问犯罪嫌疑人必须由人民检察院或者公安机关的侦查人员负责进行。讯问的时候,侦查人员不得少于二人。犯罪嫌疑人被送交

看守所羁押以后,侦查人员对其进行讯问,应当在看守所内进行。"《刑事诉讼法》第117条第1款规定:"对不需要逮捕、拘留的犯罪嫌疑人,可以传唤到犯罪嫌疑人所在市、县内的指定地点或者到他的住处进行讯问,但是应当出示人民检察院或者公安机关的证明文件。对在现场发现的犯罪嫌疑人,经出示工作证件,可以口头传唤,但应当在讯问笔录中注明。"据以上规定,4个选项均正确。(答案:ABCD)

21. 关于询问被害人,下列选项正确的是:(2012年真题,不定选)
   A. 侦查人员可以在现场进行询问
   B. 侦查人员可以在指定的地点进行询问
   C. 侦查人员可以通知被害人到侦查机关接受询问
   D. 询问笔录应当交被害人核对,如记载有遗漏或者差错,被害人可以提出补充或者改正

   [释疑] 《刑事诉讼法》第122条规定:"侦查人员询问证人,可以在现场进行,也可以到证人所在单位、住处或者证人提出的地点进行,在必要的时候,可以通知证人到人民检察院或者公安机关提供证言。在现场询问证人,应当出示工作证件,到证人所在单位、住处或者证人提出的地点询问证人,应当出示人民检察院或者公安机关的证明文件。询问证人应当个别进行。"根据《刑事诉讼法》第125条规定,第122条也适用于询问被害人。《刑事诉讼法》第120条规定:"讯问笔录应当交犯罪嫌疑人核对,对于没有阅读能力的,应当向他宣读。如果记载有遗漏或者差错,犯罪嫌疑人可以提出补充或者改正。犯罪嫌疑人承认笔录没有错误后,应当签名或者盖章。侦查人员也应当在笔录上签名。犯罪嫌疑人请求自行书写供述的,应当准许。必要的时候,侦查人员也可以要犯罪嫌疑人亲笔书写供词。"根据《刑事诉讼法》第124、125条的规定,第120条也适用于询问被害人。根据以上规定A、C、D项正确。(答案:ACD)

22. 关于查封、扣押措施,下列选项正确的是:(2012年真题,不定选)
   A. 查封、扣押犯罪嫌疑人与案件有关的各种财物、文件只能在勘验、搜查中实施
   B. 根据侦查犯罪的需要,可以依照规定扣押犯罪嫌疑人的存款、汇款、债券、股票、基金份额等财产
   C. 侦查人员认为需要扣押犯罪嫌疑人的邮件、电报的时候,可通知邮电机关将有关的邮件、电报检交扣押
   D. 对于查封、扣押的财物、文件、邮件、电报,经查明确实与案件无关的,应当在3日以内解除查封、扣押,予以退还

   [释疑] 《刑事诉讼法》第139条规定:"在侦查活动中发现的可用以证明犯罪嫌疑人有罪或者无罪的各种财物、文件,应当查封、扣押;与案件无关的财物、文件,不得查封、扣押。对查封、扣押的财物、文件,要妥善保管或者封存,不得使用、调换或者损毁。"A项错误。《刑事诉讼法》第142条规定:"人民检察院、公安机关根据侦查犯罪的需要,可以依照规定查询、冻结犯罪嫌疑人的存款、汇款、债券、股票、基金份额等财产。有关单位和个人应当配合。犯罪嫌疑人的存款、汇款、债券、股票、基金份额等财产已被冻结的,不得重复冻结。"B项错误。《刑事诉讼法》第141条规定:"侦查人员认为需要扣押犯罪嫌疑人的邮件、电报的时候,经公安机关或者人民检察院批准,即可通知邮电机关将有关的邮件、电报检交扣押。不需要继续扣押的时候,应即通知邮电机关。"C项错误。《刑事诉讼法》第143条规定:"对查封、扣押的财物、文件、邮件、电报或者冻结的存款、汇款、债券、股票、基金份额等财产,经查明确实与案件无关的,

应当在三日以内解除查封、扣押、冻结,予以退还。"D项正确。(答案:D)

23. 关于检察院侦查监督,下列哪些选项是正确的?(2010年真题,多选)

　　A. 发现侦查人员杨某和耿某以欺骗的方法收集犯罪嫌疑人供述,立即提出纠正意见,同时要求侦查机关另行指派除杨某和耿某以外的侦查人员重新调查取证

　　B. 发现侦查人员伍某等人以引诱的方法收集犯罪嫌疑人供述,只能要求侦查机关重新取证,不能自行取证

　　C. 发现侦查人员邵某有刑讯逼供行为,且导致犯罪嫌疑人重伤,应当立案侦查

　　D. 甲县检察院可派员参加甲县公安局对于重大案件的讨论,无权参与甲县公安局的其他侦查活动

　　[释疑] 《刑事诉讼规则(试行)》第379条规定:"人民检察院公诉部门在审查中发现侦查人员以非法方法收集犯罪嫌疑人供述、被害人陈述、证人证言等证据材料的,应当依法排除非法证据并提出纠正意见,同时可以要求侦查机关另行指派侦查人员重新调查取证,必要时人民检察院也可以自行调查取证。"A项正确;刑讯逼供犯罪由检察院侦查,C项正确;如果只是发现侦查人员等人以引诱的方法收集犯罪嫌疑人供述,只能要求侦查机关重新取证,不能自行取证,因为检察院不具有对该案件的管辖权,B项正确;《刑事诉讼规则(试行)》第567条规定:"人民检察院根据需要可以派员参加公安机关对于重大案件的讨论和其他侦查活动,发现违法行为,情节较轻的可以口头纠正,情节较重的应当报请检察长批准后,向公安机关发出纠正违法通知书。"D项错误。故选A、B、C项。(答案:ABC)

24. 关于侦查中的检查与搜查,下列哪一说法是正确的?(2009年真题,单选)

　　A. 搜查的对象可以是活人的身体,检查只能对现场、物品、尸体进行

　　B. 搜查只能由侦查人员进行,检查可以由具有专门知识的人在侦查人员主持下进行

　　C. 搜查应当出示搜查证,检查不需要任何证件

　　D. 搜查和检查对任何对象都可以强制进行

　　[释疑] 《刑事诉讼法》第126条规定:"侦查人员对于与犯罪有关的场所、物品、人身、尸体应当进行勘验或者检查。在必要的时候,可以指派或者聘请具有专门知识的人,在侦查人员的主持下进行勘验、检查。"《刑事诉讼法》第128条规定:"侦查人员执行勘验、检查,必须持有人民检察院或者公安机关的证明文件。"《刑事诉讼法》第130条规定:"为了确定被害人、犯罪嫌疑人的某些特征、伤害情况或者生理状态,可以对人身进行检查,可以提取指纹信息,采集血液、尿液等生物样本。犯罪嫌疑人如果拒绝检查,侦查人员认为必要的时候,可以强制检查。检查妇女的身体,应当由女工作人员或者医师进行。"《刑事诉讼法》第134条规定:"为了收集犯罪证据、查获犯罪人,侦查人员可以对犯罪嫌疑人以及可能隐藏罪犯或者犯罪证据的人的身体、物品、住处和其他有关的地方进行搜查。"《刑事诉讼法》第136条规定:"进行搜查,必须向被搜查人出示搜查证。在执行逮捕、拘留的时候,遇有紧急情况,不另用搜查证也可以进行搜查。"根据上述规定,应选B项。(答案:B)

25. 关于扣押物证、书证,下列哪些做法是正确的?(2009年真题,多选)

　　A. 侦查人员在搜查钱某住宅时,发现一份能够证明钱某无罪的证据,对此证据予以扣押

　　B. 在杜某故意杀人案中,侦查机关依法扣押杜某一些物品和文件。对与案件无关的物品和文件,侦查机关应当在5日内解除查封、扣押、冻结,退还杜某

C. 公安机关在侦查刘某盗窃案中，可以依照规定查询、冻结刘某的存款、汇款

D. 在对周某盗窃罪审查起诉中，周某死亡，检察院决定将依法冻结的周某赃款的一部分上缴国库，其余部分返还给被害人

[释疑]《刑事诉讼法》第139条规定："在侦查活动中发现的可用以证明犯罪嫌疑人有罪或者无罪的各种财物、文件，应当查封、扣押；与案件无关的财物、文件，不得查封、扣押。对查封、扣押的财物、文件，要妥善保管或者封存，不得使用、调换或者损毁。"故A项正确。第143条规定："对扣押的物品、文件、邮件、电报或者冻结的存款、汇款，经查明确实与案件无关的，应当在三日以内解除查封、扣押、冻结，予以退还。"故B项错误。第142条规定："人民检察院、公安机关根据侦查犯罪的需要，可以依照规定查询、冻结犯罪嫌疑人的存款、汇款、债券、股票、基金份额等财产。有关单位和个人应当配合。犯罪嫌疑人的存款、汇款、债券、股票、基金份额等财产已被冻结的，不得重复冻结。"故C项正确。《刑事诉讼规则(试行)》规定，在审查起诉中犯罪嫌疑人死亡，对犯罪嫌疑人的存款、汇款应当依法予以没收或者返还被害人的，可以申请人民法院裁定通知冻结犯罪嫌疑人存款、汇款的金融机构上缴国库或者返还被害人。人民检察院申请人民法院裁定处理犯罪嫌疑人存款、汇款的，应当向人民法院移送有关案件材料。故D项错误。(答案：AC)

26. 律师提出会见下列哪些案件的犯罪嫌疑人，可以不在48小时以内安排会见？(2008年真题，多选)

A. 王某和刘某、李某共同实施的重大复杂的贩卖毒品的犯罪

B. 黄某实施的数额巨大的贪污案

C. 崔某涉嫌参加黑社会性质组织案

D. 张某、赵某实施的重大复杂的共同走私案

[释疑] 原六机关《规定》中规定，律师提出会见犯罪嫌疑人的，应当在48小时内安排会见，对于组织、领导、参加黑社会性质组织罪、组织、领导、参加恐怖活动组织罪或者走私犯罪、毒品犯罪、贪污贿赂犯罪等重大复杂的两人以上的共同犯罪案件，律师提出会见犯罪嫌疑人的，应当在5日内安排会见。《刑事诉讼法》第37条规定："辩护律师可以同在押的犯罪嫌疑人、被告人会见和通信。其他辩护人经人民法院、人民检察院许可，也可以同在押的犯罪嫌疑人、被告人会见和通信。辩护律师持律师执业证书、律师事务所证明和委托书或者法律援助公函要求会见在押的犯罪嫌疑人、被告人的，看守所应当及时安排会见，至迟不得超过四十八小时。危害国家安全犯罪、恐怖活动犯罪、特别重大贿赂犯罪案件，在侦查期间辩护律师会见在押的犯罪嫌疑人，应当经侦查机关许可。上述案件，侦查机关应当事先通知看守所。辩护律师会见在押的犯罪嫌疑人、被告人，可以了解案件有关情况，提供法律咨询等；自案件移送审查起诉之日起，可以向犯罪嫌疑人、被告人核实有关证据。辩护律师会见犯罪嫌疑人、被告人时不被监听。辩护律师同被监视居住的犯罪嫌疑人、被告人会见、通信，适用第一款、第三款、第四款的规定。"根据这一规定，只有危害国家安全犯罪、恐怖活动犯罪、特别重大贿赂犯罪三类案件，在侦查期间辩护律师会见在押的犯罪嫌疑人，应当经侦查机关许可。根据这一规定，原答案为A、C、D，已不正确，A、B、C、D都应当在48小时内安排会见。(原答案：ACD；现无正确答案)

27. 案情：某县检察院办理一起贪污单位小金库款案件时，犯罪嫌疑人杨某(法定代表人)称所涉款项系单位招待费等，发票在其办公室抽屉中未及报销。侦查人员在杨某办公室抽屉

中搜查到付款单位为犯罪嫌疑人原单位的发票 11 张,价值 5 万元。为了查明该发票是否已经从该单位报销,侦查人员传犯罪嫌疑人李某(原单位会计)、许某(出纳)同时对粘贴在一张纸上的 11 张发票进行辨认,二人指认该 11 张发票已从单位的小金库账上报销。侦查人员遂让二人在粘贴被辨认发票的附页上签署辨认意见,次日持此发票到看守所让犯罪嫌疑杨某辨认。杨某否认已经从原单位报销,侦查人员指着粘贴附页上李某、许某书写的辨认意见及签名说"会计、出纳都证明了,你这样顽固下去没好处!",杨某遂在李某与许某的辨认意见及签名下面签署了"此票据已从单位小金库账上报销"的意见。

杨某妻子委托的律师向侦查机关提出会见杨某的要求,侦查人员陈某以授权委托书上没有杨某的签名而拒绝。

某县检察院提起公诉,指控杨某、李某、许某共同贪污单位公款 5 万元。在法庭审理中,发现杨某尚有收受贿赂的事实,法庭决定对此一并审理。法庭辩论中,杨某的辩护人除认为指控杨某犯贪污罪、受贿罪证据不足外,还对公诉人起诉书中对三被告人没有区分主从犯,而在发表的公诉词中称杨某为主犯提出了反对意见。休庭后,审判长王某到杨某原单位调取了部分新证据,分别通知公诉人和辩护人到其办公室,听取了他们对该新证据的意见。

县法院一审判决认为,公诉机关指控三被告人犯贪污罪成立,杨某系主犯,判处有期徒刑 5 年;李某和许某系从犯,分别判处有期徒刑 1 年,缓刑 2 年。杨某涉嫌的受贿罪因证据不足不予认定。

杨某上诉后,某市中级法院认为该案事实不清,撤销原判,发回重新审判。

县法院指派刑庭庭长赵某担任审判长与原审人民陪审员毛某、苗某组成合议庭,重新审理认为,原审证据虽然在证据资格上存在瑕疵,但不影响对案件事实的认定,故作出与原审一审相同的判决。

问题:请结合《刑事诉讼法》和有关司法解释的规定及刑事诉讼理论,分析本案的诉讼程序有哪些错误之处?(2008 年缓考真题,案例)

答案:①侦查人员组织李某和许某同时辨认,违反了个别辨认规则。②侦查人员组织三犯罪嫌疑人仅对涉案票据辨认,违反了混合辨认规则。③侦查人员组织杨某的辨认,采取言语威胁手段,违反法律规定。④侦查人员以授权委托书上没有杨某的签名而拒绝律师会见是错误的。《刑事诉讼法》第 33 条第 3 款规定:"犯罪嫌疑人、被告人在押的,也可以由其监护人、近亲属代为委托辩护人。"所以,在侦查阶段犯罪嫌疑人聘请律师的,可以自己聘请,也可以由其家属代为聘请。⑤法庭审理中发现杨某涉嫌收受贿赂,应当由检察院追加起诉,而不应直接审理。⑥公诉词只能是对起诉书的补充与解释,不能超出起诉书中所作指控。⑦一审审判长在休庭后调取的新证据,并没有在开庭的情况下将其作为证据,违反了证据必须经过当庭出示、辨认、质证等法庭调查程序查证属实后才能作为定案根据的规定。⑧县人民法院指派刑庭庭长赵某担任审判长,与原审的人民陪审员毛某、苗某组成合议庭重新审理此案,违反了关于原审人民法院对发回重新审判的案件应当另行组成合议庭审判的规定。

28. 关于补充侦查,下列哪些选项是正确的?(2007 年真题,多选)
   A. 检察院审查公安机关报请批准逮捕的案件,发现证据不足的,可以决定退回补充侦查
   B. 检察院在审查起诉时,认为事实不清、证据不足的,可以退回公安机关补充侦查
   C. 法院对提起公诉的案件进行审查后,对主要事实不清、证据不足的,可退回检察院补充

侦查

D. 合议庭在案件审理过程中,发现被告人可能有自首、立功等法定量刑情节,而起诉和移送的证据材料中没有这方面的证据材料的,应当建议检察院补充侦查

[释疑]《刑事诉讼法》第88条规定:"人民检察院对于公安机关提请批准逮捕的案件进行审查后,应当根据情况分别作出批准逮捕或者不批准逮捕的决定。对于批准逮捕的决定,公安机关应当立即执行,并且将执行情况及时通知人民检察院。对于不批准逮捕的,人民检察院应当说明理由,需要补充侦查的,应当同时通知公安机关。"《刑事诉讼规则(试行)》第304条规定,侦查监督部门办理审查逮捕案件,应当指定办案人员进行审查。办案人员应当审阅案卷材料和证据,依法讯问犯罪嫌疑人、询问证人等诉讼参与人、听取辩护律师意见,制作审查逮捕意见书,提出批准或者决定逮捕、不批准或者不予逮捕的意见,经部门负责人审核后,报请检察长批准或者决定;重大案件应当经检察委员会讨论决定。侦查监督部门办理审查逮捕案件,不另行侦查,不得直接提出采取取保候审措施的意见。故A项错误。《刑事诉讼法》第171条第2款规定:人民检察院审查案件,对于需要补充侦查的,可以退回公安机关补充侦查,也可以自行侦查。故B项正确。法院无权将案件依职权退回检察院补充侦查,故C项错误。《刑诉法解释》第226条规定:"审判期间,合议庭发现被告人可能有自首、坦白、立功等法定量刑情节,而人民检察院移送的案卷中没有相关证据材料的,应当通知人民检察院移送。审判期间,被告人提出新的立功线索的,人民法院可以建议人民检察院补充侦查。"故D项错误。(答案:B)

29. 甲因涉嫌故意泄露国家秘密罪被立案侦查。羁押1个月后,被变更为监视居住。甲回家后,约请律师乙见面商谈聘请其担任自己律师的事宜。甲会见乙应否取得有关机关批准?(2006年真题,单选)

A. 须经侦查机关批准　　　　　　B. 不必经侦查机关批准
C. 须经执行机关批准　　　　　　D. 不必经执行机关批准

[释疑]《刑事诉讼法》第33条规定:"犯罪嫌疑人自被侦查机关第一次讯问或者采取强制措施之日起,有权委托辩护人;在侦查期间,只能委托律师作为辩护人。被告人有权随时委托辩护人。侦查机关在第一次讯问犯罪嫌疑人或者对犯罪嫌疑人采取强制措施的时候,应当告知犯罪嫌疑人有权委托辩护人。人民检察院自收到移送审查起诉的案件材料之日起三日以内,应当告知犯罪嫌疑人有权委托辩护人。人民法院自受理案件之日起三日以内,应当告知被告人有权委托辩护人。犯罪嫌疑人、被告人在押期间要求委托辩护人的,人民法院、人民检察院和公安机关应当及时转达其要求。犯罪嫌疑人、被告人在押的,也可以由其监护人、近亲属代为委托辩护人。辩护人接受犯罪嫌疑人、被告人委托后,应当及时告知办理案件的机关。"《刑事诉讼法》第73条第3款规定:"被监视居住的犯罪嫌疑人、被告人委托辩护人,适用本法第三十三条的规定。"《刑事诉讼法》第37条规定:"辩护律师可以同在押的犯罪嫌疑人、被告人会见和通信。其他辩护人经人民法院、人民检察院许可,也可以同在押的犯罪嫌疑人、被告人会见和通信。辩护律师持律师执业证书、律师事务所证明和委托书或者法律援助公函要求会见在押的犯罪嫌疑人、被告人的,看守所应当及时安排会见,至迟不得超过四十八小时。危害国家安全犯罪、恐怖活动犯罪、特别重大贿赂犯罪案件,在侦查期间辩护律师会见在押的犯罪嫌疑人,应当经侦查机关许可。上述案件,侦查机关应当事先通知看守所。辩护律师会见在押的犯罪嫌疑人、被告人,可以了解案件有关情况,提供法律咨询等;自案件移送审查起诉之日

起,可以向犯罪嫌疑人、被告人核实有关证据。辩护律师会见犯罪嫌疑人、被告人时不被监听。辩护律师同被监视居住的犯罪嫌疑人、被告人会见、通信,适用第一款、第三款、第四款的规定。"根据上述规定,侦查阶段任何犯罪嫌疑人聘请辩护律师已不需要经侦查机关批准,但是,如果是危害国家安全犯罪、恐怖活动犯罪、特别重大贿赂犯罪案件,在侦查期间辩护律师会见在押的犯罪嫌疑人,则应当经侦查机关许可。本题中,甲因涉嫌故意泄露国家秘密罪被立案侦查,该案件不属于危害国家安全犯罪、恐怖活动犯罪、特别重大贿赂犯罪案件,因此,应该选 B 项。(原答案:A;现答案:B)

30. 甲公司向公安机关报案,称高某利用职务便利侵占本公司公款 320 万元。侦查机关在侦查中发现,高某有存款 380 万元,利用职务侵占的公款购买的汽车 1 部和住房 1 套,还发现高某私藏军用子弹 120 发。公安机关对于上述财物、物品所作的下列哪种处理是错误的?(2006 年真题,单选)

  A. 扣押汽车 1 部   B. 查封住房 1 套

  C. 扣押子弹 120 发   D. 冻结存款 380 万元

  [释疑] 《刑事诉讼法》第 139 条规定:"在侦查活动中发现的可用以证明犯罪嫌疑人有罪或者无罪的各种财物、文件,应当查封、扣押;与案件无关的财物、文件,不得查封、扣押。对查封、扣押的财物、文件,要妥善保管或者封存,不得使用、调换或者损毁。"《刑事诉讼法》第 142 条规定:"人民检察院、公安机关根据侦查犯罪的需要,可以依照规定查询、冻结犯罪嫌疑人的存款、汇款、债券、股票、基金份额等财产。有关单位和个人应当配合。犯罪嫌疑人的存款、汇款、债券、股票、基金份额等财产已被冻结的,不得重复冻结。"本题中,高某的 380 万元存款尚不属于证明高某有罪或者无罪的证据材料,予以冻结于法无据。故选 D 项。(答案:D)

31. 叶某涉嫌盗窃罪,甲市公安局侦查终结后移送该市检察院审查起诉。甲市检察院审查后,将该案交 A 区检察院审查起诉。A 区检察院审查后认为需要退回公安机关补充侦查。A 区检察院应当如何退回?(2006 年真题,单选)

  A. 应当退回甲市检察院

  B. 应当退回甲市公安局

  C. 可以退回甲市公安局

  D. 应当通过甲市检察院退回甲市公安局

  [释疑] 《刑事诉讼规则(试行)》第 385 条规定:"对于在审查起诉期间改变管辖的案件,改变后的人民检察院对于符合刑事诉讼法第一百七十一条第二款规定的案件,可以通过原受理案件的人民检察院退回原侦查的公安机关补充侦查,也可以自行侦查。改变管辖前后退回补充侦查的次数总共不得超过二次。"故选 D 项。(答案:D)

32. 张某和李某是夫妻,其中李某是哑巴,他们日常生活中用哑语进行交流。一天晚上,他们夫妻二人目睹了犯罪嫌疑人抢劫邻居的全过程。公安机关对他们进行询问,下列有关询问方式的说法中哪些是正确的?(多选)

  A. 应当单独询问张某

  B. 应当单独询问李某,但可以请张某在现场对其哑语进行翻译

  C. 应当单独询问李某,但应当另请懂哑语的人在现场对其哑语进行翻译

  D. 可以将张某和李某传唤到指定的某宾馆进行询问

[释疑] 侦查人员询问证人,应当分别进行,A项正确;张某应回避,故B项错误;C项正确;侦查人员询问证人不得另行指定其他地点,故D项错误。(答案:AC)

33. 为确定强奸案被害人甲受到暴力伤害的情况,侦查人员拟对她进行人身检查。下列哪些选项是正确的?(多选)

　　A. 如果甲拒绝检查,可以对她进行强制检查

　　B. 如果甲拒绝检查,不得对她进行强制检查

　　C. 如果甲同意检查,可以由医师进行检查

　　D. 如果甲同意检查,可以由女工作人员进行检查

[释疑] 《刑事诉讼法》第130条规定:"为了确定被害人、犯罪嫌疑人的某些特征、伤害情况或者生理状态,可以对人身进行检查,可以提取指纹信息,采集血液、尿液等生物样本。犯罪嫌疑人如果拒绝检查,侦查人员认为必要的时候,可以强制检查。检查妇女的身体,应当由女工作人员或者医师进行。"据此,对被害人甲不得进行强制检查,A项错误,B项正确;被害人甲为女性,应当由女工作人员或者医师进行检查。故C、D项正确。(答案:BCD)

34. 某公安机关对涉嫌盗窃罪的钱某及其妻子范某执行拘留时搜查了他们的住处。在搜查时,因情况紧急未用搜查证,但钱某夫妇一直在场。由于没有女侦查人员在场,所以由男侦查人员对钱某、范某的身体进行了搜查。搜查结束时,侦查人员要求被搜查人在搜查笔录上签名时遭到拒绝,侦查人员就此结束搜查活动。下列选项正确的是:(多选)

　　A. 在搜查时因情况紧急未用搜查证

　　B. 在搜查时钱某夫妇一直在场

　　C. 由男侦查人员对范某的身体进行了搜查

　　D. 侦查人员要求被搜查人在搜查笔录上签名遭拒绝后就此结束了搜查活动

[释疑] 《刑事诉讼法》第136条规定:"进行搜查,必须向被搜查人出示搜查证。在执行逮捕、拘留的时候,遇有紧急情况,不另用搜查证也可以进行搜查";第137条规定"在搜查的时候,应当有被搜查人或者他的家属,邻居或者其他见证人在场。搜查妇女的身体,应当由女工作人员进行。"第138条规定:"搜查的情况应当写成笔录,由侦查人员和被搜查人或者他的家属,邻居或者其他见证人签名或者盖章。如果被搜查人或者他的家属在逃或者拒绝签名、盖章,应当在笔录上注明。"该题的考查点直截了当,就是《刑事诉讼法》的第136、137、138条,故A、B项正确;C、D项错误。(答案:AB)

35. 公安机关在侦查林某贩毒案时,对林某的住处进行了搜查,并对搜查过程中所获取的毒品及其他有关物品进行扣押。有关本案的扣押,下列说法哪些是错误的?(多选)

　　A. 进行扣押时,应当出示扣押证

　　B. 进行扣押时,不必出示扣押证

　　C. 扣押物品时应当制作扣押物品清单

　　D. 公安机关在侦查过程中,如果发现其中被扣押的某些物品与本案无关时,应当在5日以内返还物品所有人

[释疑] 在勘验、搜查过程中进行扣押的,不需另办扣押证,如果是单独扣押,则应有扣押证,A项错误;扣押物品时应当制作扣押物品清单,B项正确;对于扣押的物品、文件、邮件、电报或者冻结的存款、汇款,经查明确实与案件无关的,应当在3日以内解除查封、扣押、冻结,

D 项错误。(答案:AD)

36. 黄某住甲市 A 区,因涉嫌诈骗罪被甲市检察院批准逮捕。由于案情复杂,期限届满侦查不能终结,侦查机关报请有关检察机关批准延长 1 个月。其后,由于该案重大复杂,涉及面广,取证困难,侦查机关报请有关检察机关批准后,又延长了两个月。但是,延长两个月后,仍不能侦查终结,且根据已查明的犯罪事实,对黄某可能判处无期徒刑,侦查机关第三次报请检察院批准再延长两个月。在报请延长手续问题上,下列哪一选项是错误的?(单选)

　　A. 第一次延长,须经甲市检察院批准
　　B. 第二次延长,须经甲市检察院的上一级检察院批准
　　C. 第二次延长,须经甲市所属的省检察院批准
　　D. 第三次延长,须经甲市所属的省检察院批准

[释疑]　《刑事诉讼法》第 154 条规定:"对犯罪嫌疑人逮捕后的侦查羁押期限不得超过二月。案情复杂、期限届满不能终结的案件,可以经上一级人民检察院批准延长一个月。"《刑事诉讼法》第 156 条规定:"下列案件在本法第一百五十四条规定的期限届满不能侦查终结的,经省、自治区、直辖市人民检察院批准或者决定,可以延长二个月:(一)交通十分不便的边远地区的重大复杂案件;(二)重大的犯罪集团案件;(三)流窜作案的重大复杂案件;(四)犯罪涉及面广,取证困难的重大复杂案件。"《刑事诉讼法》第 157 条规定:"对犯罪嫌疑人可能判处十年有期徒刑以上刑罚,依照本法第 156 条规定延长期限届满,仍不能侦查终结的,经省、自治区、直辖市人民检察院批准或者决定,可以再延长二个月。"根据上述规定,黄某因涉嫌诈骗罪被甲市检察院批准逮捕,由于案情复杂,期限届满侦查不能终结,侦查机关应报请甲市检察院的上一级检察院批准延长 1 个月,而不能由甲市检察院批准。故选 A 项。(答案:A)

37. 某县公安局在对崔某的盗窃案侦查终结时发现崔某另有杀人嫌疑,但此时对崔某的侦查羁押期限已届满。鉴于需对该杀人案进行侦查,公安局决定对崔某继续羁押,并重新计算侦查羁押期限。此时公安局应如何履行法律手续?(单选)

　　A. 报经检察院批准　　　　　　　　B. 报检察院备案
　　C. 不必告知检察院　　　　　　　　D. 报上级公安机关批准

[释疑]　在侦查期间,发现犯罪嫌疑人另有重要罪行的,自发现之日起重新计算羁押期限。重新计算羁押期限的,由公安机关决定,不再经检察院批准。但须报检察院备案,并受检察院监督。故选 B 项。(答案:B)

38. 在某县人民法院审理郑某盗窃案过程中,检察机关发现本案被告人郑某不仅有起诉书所指控的两起盗窃行为,而且涉嫌另两起盗窃案件。为此,检察机关要求延期审理,以便对此进行补充侦查。本案的补充侦查应以下列哪种方式进行?(单选)

　　A. 应交由公安机关进行侦查,必要时检察院可予以协助
　　B. 检察院应当自行侦查,必要时可要求公安机关协助
　　C. 应当由公安机关进行侦查,检察院不应协助
　　D. 检察院应自行侦查,公安机关不应协助

[释疑]　法庭审理过程中的补充侦查,一般由检察院自行侦查,必要时可以要求公安机关协助。故选 B 项。(答案:B)

三、提示与预测

侦查是刑事诉讼的重点章节，每一个侦查行为都要认真掌握。侦查羁押期限、补充侦查等内容经常会考到。尤其要注意新《刑事诉讼法》的修改部分，比如技术侦查措施等。

第十三章 起　诉

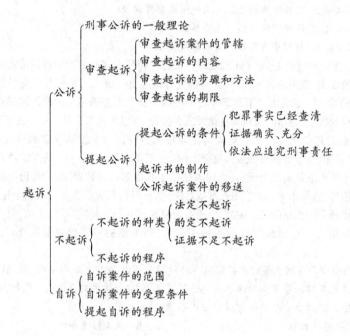

一、精讲

考点 1　刑事公诉的一般理论

（1）现代公诉主要分为两种类型：一是刑事公诉独占主义，即刑事起诉权被国家垄断，排除被害人自诉；二是刑事公诉兼自诉，即较严重犯罪案件的起诉权由检察机关代表国家行使，少数轻微案件允许公民自诉。

（2）对于符合起诉条件的刑事公诉案件是否必须向法院起诉，也有两种原则：一是起诉法定主义或称起诉合法主义，即只要被告人的行为符合法定起诉条件，公诉机关不享有自由裁量权，必须起诉，而不论具体情节；二是起诉便宜主义或称起诉合理主义，即被告人的行为在具备起诉条件时，是否起诉，由检察官根据被告人的具体情况以及刑事政策等因素自由裁量。现代刑事诉讼普遍奉行起诉法定主义与起诉便宜主义二元并存、相互补充的起诉原则。

（3）我国实行公诉为主、自诉为辅的犯罪追诉机制。在起诉原则上，我国采用以起诉法定主义为主，兼采起诉便宜主义，检察官的裁量权受到严格限制。

(4) 检察院追诉活动的内容,包括审查起诉、提起公诉、出庭支持公诉以及由提起公诉派生出来的不起诉活动。

考点 2 提起公诉的程序

(一) 审查起诉

凡需要提起公诉的案件,一律由检察院审查决定。

1. 审查起诉案件的管辖

六部门《规定》第 23 条规定:上级公安机关指定下级公安机关立案侦查的案件,需要逮捕犯罪嫌疑人的,由侦查该案件的公安机关提请同级人民检察院审查批准;需要提起公诉的,由侦查该案件的公安机关移送同级人民检察院审查起诉。人民检察院对于审查起诉的案件,按照《刑事诉讼法》的管辖规定,认为应当由上级人民检察院或者同级其他人民检察院起诉的,应当将案件移送有管辖权的人民检察院。人民检察院认为需要依照《刑事诉讼法》的规定指定审判管辖的,应当协商同级人民法院办理指定管辖有关事宜。《刑事诉讼规则(试行)》第 362 条规定:各级人民检察院提起公诉,应当与人民法院审判管辖相适应。公诉部门收到移送审查起诉的案件后,经审查认为不属于本院管辖的,应当在 5 日以内经由案件管理部门移送有管辖权的人民检察院。认为属于上级人民法院管辖的第一审案件的,应当报送上一级人民检察院,同时通知移送审查起诉的公安机关;认为属于同级其他人民法院管辖的第一审案件的,应当移送有管辖权的人民检察院或者报送共同的上级人民检察院指定管辖,同时通知移送审查起诉的公安机关。上级人民检察院受理同级公安机关移送审查起诉案件,认为属于下级人民法院管辖的,可以交下级人民检察院审查,由下级人民检察院向同级人民法院提起公诉,同时通知移送审查起诉的公安机关。一人犯数罪、共同犯罪和其他需要并案审理的案件,只要其中一人或者一罪属于上级人民检察院管辖的,全案由上级人民检察院审查起诉。需要依照刑事诉讼法的规定指定审判管辖的,人民检察院应当在侦查机关移送审查起诉前协商同级人民法院办理指定管辖有关事宜。

特别关注:

《刑事诉讼规则(试行)》第 427 条规定:对于提起公诉后改变管辖的案件,原提起公诉的人民检察院参照本规则第 362 条的规定将案件移送与审判管辖相对应的人民检察院。接受移送的人民检察院重新对案件进行审查的,根据《刑事诉讼法》第 169 条第 2 款的规定自收到案件之日起计算审查起诉期限。

2. 审查起诉的内容

《刑事诉讼法》第 168 条规定,人民检察院审查案件的时候,必须查明:① 犯罪事实、情节是否清楚,证据是否确实、充分,犯罪性质和罪名的认定是否正确;② 有无遗漏罪行和其他应当追究刑事责任的人;③ 是否属于不应追究刑事责任的;④ 有无附带民事诉讼;⑤ 侦查活动是否合法。

《刑事诉讼规则(试行)》第 363 条规定:人民检察院审查移送起诉的案件,应当查明:① 犯罪嫌疑人身份状况是否清楚,包括姓名、性别、国籍、出生年月日、职业和单位等;单位犯罪的,单位的相关情况是否清楚。② 犯罪事实、情节是否清楚;实施犯罪的时间、地点、手段、犯罪事实、危害后果是否明确。③ 认定犯罪性质和罪名的意见是否正确;有无法定的从重、从轻、减轻或者免除处罚的情节及酌定从重、从轻情节;共同犯罪案件的犯罪嫌疑人在犯罪活动中的责任的认定是否恰当。④ 证明犯罪事实的证据材料包括采取技术侦查措施的决定书及证据材料是否随案移送;证明相关财产系违法所得的证据材料是否随案移送;不宜移送的证据的清单、复制件、照片或者其他证明文件是否随案移送。⑤ 证据是否确实、充分,是否依法收集,有无应当排除非法证据的情形。⑥ 侦查的各种法律手续和诉讼文书是否完备。⑦ 有无遗漏罪行和其他应当追究刑事责任的人。⑧ 是否属于不应当追究刑事责任的。⑨ 有无附带民事诉讼;对于国家财产、集体财产遭受损失的,是否需要由人民检察院提起附带民事诉讼。⑩ 采取的强制措施是否适当,对于已经逮捕的犯罪嫌疑人,有无继续羁押的必要。⑪ 侦查活动是否合法。⑫ 涉案款物是否查封、扣押、冻结并妥善保管,清单是否齐备;对被害人合法财产的返还和对违禁品或者不宜长期保存的物品的处理是否妥当,移送的证明文件是否完备。

3. 审查起诉的步骤和方法

(1) 检察院审查案件,应当阅卷审查,制作阅卷笔录。

(2)《刑事诉讼法》第170条规定:"人民检察院审查案件,应当讯问犯罪嫌疑人,听取辩护人、被害人及其诉讼代理人的意见,并记录在案。辩护人、被害人及其诉讼代理人提出书面意见的,应当附卷。"

特别关注:

《刑事诉讼规则(试行)》规定:(1) 直接听取辩护人、被害人及其诉讼代理人的意见有困难的,可以通知辩护人、被害人及其诉讼代理人提出书面意见,在指定期限内未提出意见的,应当记录在案。(2) 人民检察院对证人证言笔录存在疑问或者认为对证人的询问不具体或者有遗漏的,可以对证人进行询问并制作笔录附卷。(3) 讯问犯罪嫌疑人或者询问被害人、证人、鉴定人时,应当分别告知其在审查起诉阶段所享有的诉讼权利。(4) 讯问犯罪嫌疑人,询问被害人、证人、鉴定人,听取辩护人、被害人及其诉讼代理人的意见,应当由两名以上办案人员进行。讯问犯罪嫌疑人,询问证人、鉴定人、被害人,应当个别进行。询问证人、被害人的地点按照《刑事诉讼法》第122条的规定执行。(5) 对于随案移送的讯问犯罪嫌疑人录音、录像或者人民检察院调取的录音、录像,人民检察院应当审查相关的录音、录像;对于重大、疑难、复杂的案件,必要时可以审查全部录音、录像。

(3)《刑事诉讼规则(试行)》对其他证据进行审查的规定:① 人民检察院认为需要对案件中某些专门性问题进行鉴定而侦查机关没有鉴定的,应当要求侦查机关进行鉴定;必要时也可以由人民检察院进行鉴定或者由人民检察院送交有鉴定资格的人进行。人民检察院自行进行鉴定的,可以商请侦查机关派员参加,必要时可以聘请有鉴定资格的人参加。② 在审查起诉中,发现犯罪嫌疑人可能患有精神病的,人民检察院应当依照本规则的有关规定对犯罪嫌疑人进行鉴定。犯罪嫌疑人的辩护人或者近亲属以犯罪嫌疑人可能患有精神病而申请对犯罪嫌疑人进行鉴定的,人民检察院也可以依照本规则的有关规定对犯罪嫌疑人进行鉴定,鉴定费用由申请方承担。③ 人民检察院对鉴定意见有疑问的,可以询问鉴定人并制作笔录附卷,也可以指派检察技术人员或者聘请有鉴定资格的人对案件中的某些专门性问题进行补充鉴定或者重新鉴定。公诉部门对审查起诉案件中涉及专门技术问题的证据材料需要进行审查的,可以送交检察技术人员或者其他有专门知识的人审查,审查后应当出具审查意见。④ 人民检察院审查案件的时候,对公安机关的勘验、检查,认为需要复验、复查的,应当要求公安机关复验、复查,人民检察院可以派员参加;也可以自行复验、复查,商请公安机关派员参加,必要时也可以聘请专门技术人员参加。⑤ 人民检察院对物证、书证、视听资料、电子数据及勘验、检查、辨认、侦查实验等笔录存在疑问的，可以要求侦查人员提供获取、制作的有关情况。必要时也可以询问提供物证、书证、视听资料、电子数据及勘验、检查、辨认、侦查实验等笔录的人员和见证人并制作笔录附卷，对物证、书证、视听资料、电子数据进行技术鉴定。

(4)《刑事诉讼法》第171条第1款规定："人民检察院审查案件，可以要求公安机关提供法庭审判所必需的证据材料；认为可能存在本法第五十四条规定的以非法方法收集证据情形的，可以要求其对证据收集的合法性作出说明。"

特别关注：

《刑事诉讼规则(试行)》规定：(1) 人民检察院对侦查机关移送的案件进行审查后，在法院作出生效判决之前，认为需要补充提供法庭审判所必需的证据的，可以书面要求侦查机关提供。(2) 人民检察院在审查起诉中，发现可能存在《刑事诉讼法》第54条规定的以非法方法收集证据情形的，可以要求侦查机关对证据收集的合法性作出书面说明或者提供相关证明材料。(3) 人民检察院公诉部门在审查中发现侦查人员以非法方法收集犯罪嫌疑人供述、被害人陈述、证人证言等证据材料的，应当依法排除非法证据并提出纠正意见，同时可以要求侦查机关另行指派侦查人员重新调查取证，必要时人民检察院也可以自行调查取证。

(5) 补充侦查。《刑事诉讼法》第171条第2、3、4款规定："人民检察院审查案件，对于需要补充侦查的，可以退回公安机关补充侦查，也可以自行侦查。对于补充侦查的案件，应当在一个月以内补充侦查完毕。补充侦查以二次为限。补充侦查完毕移送人民检察院后，人民检察院重新计算审查起诉期限。对于二次补充侦查的案件，人民检察院仍然认为证据不足，不符合起诉条件的，应当作出不起诉的决定。"

特别关注：

《刑事诉讼规则(试行)》规定：(1) 人民检察院认为犯罪事实不清、证据不足或者遗漏罪行、遗漏同案犯罪嫌疑人等情形需要补充侦查的，应当提出具体的书面意见，连同案卷材料一并退回公安机关补充侦查；人民检察院也可以自行侦查，必要时可以要求公安机关提供协助。(2) 人民检察院在审查起诉中决定自行侦查的，应当在审查起诉期限内侦查完毕。(3) 人民检察院对已经退回侦查机关二次补充侦查的案件，在审查起诉中又发现新的犯罪事实的，应当移送侦查机关立案侦查；对已经查清的犯罪事实，应当依法提起公诉。(4) 对于在审查起诉期间改变管辖的案件，改变后的人民检察院对于符合《刑事诉讼法》第171条第2款规定的案件，可以通过原受理案件的人民检察院退回原侦查的公安机关补充侦查，也可以自行侦查。改变管辖前后退回补充侦查的次数总共不得超过两次。

(6) 审查后的处理。① 公诉部门经审查认为需要逮捕犯罪嫌疑人的，应当按照《刑事诉讼规则(试行)》第十章的规定移送侦查监督部门办理。② 办案人员对案件进行审查后，应当制作案件审查报告，提出起诉或者不起诉以及是否需要提起附带民事诉讼的意见，经公诉部门负责人审核，报请检察长或者检察委员会决定。办案人员认为应当向人民法院提出量刑建议的，可以在审查报告或者量刑建议书中提出量刑的意见，一并报请决定。检察长承办的审查起诉案件，除《刑事诉讼规则(试行)》规定应当由检察委员会讨论决定的以外，可以直接作出起诉或者不起诉的决定。③ 追缴的财物中，属于被害人的合法财产，不需要在法庭出示的，应当及时返还被害人，并由被害人在发还款物清单上签名或者盖章，注明返还的理由，并将清单、照片附卷。④ 追缴的财物中，属于违禁品或者不宜长期保存的物品，应当依照国家有关规定处理，并将清单、照片、处理结果附卷。

特别关注：

根据新《刑事诉讼法》，以下情形只能法定不起诉：对于公安机关移送审查起诉的案件，发现犯罪嫌疑人没有违法犯罪行为的，应当书面说明理由将案卷退回公安机关处理；发现犯罪事实并非犯罪嫌疑人所为的，应当书面说明理由将案卷退回公安机关并建议公安机关重新侦查。如果犯罪嫌疑人已经被逮捕，应当撤销逮捕决定，通知公安机关立即释放。

4. 审查起诉的期限

检察院对公安机关移送起诉的案件，应当在1个月以内作出决定，重大、复杂的案件，经检察长批准，可以延长15日。检察院审查起诉的案件，改变管辖的，从改变后的人民检察院收到案件之日起计算审查起诉期限。补充侦查的案件，补充侦查完毕移送检察院后，检察院重新计算审查起诉期限。

（二）提起公诉

《刑事诉讼法》第172条规定："人民检察院认为犯罪嫌疑人的犯罪事实已经查清，证据确实、充分，依法应当追究刑事责任的，应当作出起诉决定，按照审判管辖的规定，向人民法院提起公诉，并将案卷材料、证据移送人民法院。"

1. 提起公诉的条件

（1）根据《刑事诉讼法》第172条的规定，以下条件必须同时具备：① 犯罪嫌疑人的犯罪事实已经查清。② 证据确实、充分。③ 依法应当追究犯罪嫌疑人的刑事责任。

（2）《刑事诉讼规则（试行）》规定，具有下列情形之一的，可以确认犯罪事实已经查清：① 属于单一罪行的案件，查清的事实足以定罪量刑或者与定罪量刑有关的事实已经查清，不影响定罪量刑的事实无法查清的；② 属于数个罪行的案件，部分罪行已经查清并符合起诉条件，其他罪行无法查清的；③ 无法查清作案工具、赃物去向，但有其他证据足以对被告人定罪量刑的；④ 证人证言、犯罪嫌疑人供述和辩解、被害人陈述的内容中主要情节一致，只有个别情节不一致且不影响定罪的。对于符合第（二）种情形的，应当以已经查清的罪行起诉。

（3）人民检察院在办理公安机关移送起诉的案件中，发现遗漏罪行或者依法应当移送审查起诉同案犯罪嫌疑人的，应当要求公安机关补充移送审查起诉；对于犯罪事实清楚，证据确实、充分的，人民检察院也可以直接提起公诉。

2. 起诉书与量刑建议书的制作

（1）检察院决定提起公诉的，应当制作起诉书。起诉书的主要内容包括：① 首部。包括标题、被告人基本情况、案由和案件来源。② 犯罪事实和证据。公诉书要写明被告人的罪名、罪状、罪证以及认罪态度。③ 结论。包括起诉的理由和法律依据。要写明检察院对被告人犯罪事实的分析、认定，反映检察院对被告人所犯罪行追究法律责任的具体意见。④ 附项。包括：被告人的住址或者羁押处所；随案移送案卷的册数、页数；随卷移送的赃物、证物。

（2）《刑事诉讼规则（试行）》规定：人民检察院决定起诉的，应当制作起诉书。起诉书的主要内容包括：① 被告人的基本情况，包括姓名、性别、出生年月日、出生地和户籍地、身份证号码、民族、文化程度、职业、工作单位及职务、住址，是否受过刑事处分及处分的种类和时间，采取强制措施的情况等；如果是单位犯罪，应当写明犯罪单位的名称和组织机构代码、所在地址、联系方式，法定代表人和诉讼代表人的姓名、职务、联系方式；如果还有应当负刑事责任的直接负责的主管人员或其他直接责任人员，应当按上述被告人基本情况的内容叙写。② 案由和案件来源。③ 案件事实,包括犯罪的时间、地点、经过、手段、动机、目的、危害后果等与定罪量刑有关的事实要素。起诉书叙述的指控犯罪事实的必备要素应当明晰、准确。被告人被控有多项犯罪事实的,应当逐一列举,对于犯罪手段相同的同一犯罪可以概括叙写。④ 起诉的根据和理由,包括被告人触犯的刑法条款、犯罪的性质及认定的罪名、处罚条款、法定从轻、减轻或者从重处罚的情节,共同犯罪各被告人应负的罪责等。被告人真实姓名、住址无法查清的,应当按其绰号或者自报的姓名、住址制作起诉书,并在起诉书中注明。被告人自报的姓名可能造成损害他人名誉、败坏道德风俗等不良影响的,可以对被告人编号并按编号制作起诉书,并附具被告人的照片,记明足以确定被告人面貌、体格、指纹以及其他反映被告人特征的事项。起诉书应当附有被告人的现在处所,证人、鉴定人、需要出庭的有专门知识的人的名单,需要保护的被害人、证人、鉴定人的名单,涉案款物情况,附带民事诉讼情况以及其他需要附注的情况。证人、鉴定人、有专门知识的人的名单应当列明姓名、性别、年龄、职业、住址、联系方式,并注明证人、鉴定人是否出庭。

(3) 人民检察院提起公诉的案件,应当向人民法院移送起诉书、案卷材料和证据。起诉书应当一式 8 份,每增加一名被告人增加起诉书 5 份。关于被害人的姓名、住址、联系方式、被告人被采取强制措施的种类、是否在案及羁押处所等问题,人民检察院应当在起诉书中列明,不再单独移送材料;对于涉及被害人隐私或者为保护证人、鉴定人、被害人人身安全,而不宜公开证人、鉴定人、被害人姓名、住址、工作单位和联系方式等个人信息,可以在起诉书中使用化名替代证人、鉴定人、被害人的个人信息,但是应当另行书面说明使用化名等情况,并标明密级。

(4) 人民检察院对提起公诉的案件,可以向人民法院提出量刑建议。除有减轻处罚或者免除处罚情节外,量刑建议应当在法定量刑幅度内提出。建议判处有期徒刑、管制、拘役的,可以具有一定的幅度,也可以提出具体确定的建议。

(5) 对提起公诉的案件提出量刑建议的,可以制作量刑建议书,与起诉书一并移送人民法院。量刑建议书的主要内容应当包括被告人所犯罪行的法定刑、量刑情节、人民检察院建议人民法院对被告人处以刑罚的种类、刑罚幅度、可以适用的刑罚执行方式以及提出量刑建议的依据和理由等。

3. 起诉案件的移送

检察院对于决定提起公诉的案件,应当向人民法院移送起诉书、案卷材料、证据,并且应当按照审判管辖的规定,向同级人民法院提起公诉。起诉书应当一式 8 份,每增加 1 名被告人增加起诉书 5 份。六部门《规定》第 24 条规定:人民检察院向人民法院提起公诉时,应当将案卷材料和全部证据移送人民法院,包括犯罪嫌疑人、被告人翻供的材料,证人改变证言的材料,以及对犯罪嫌疑人、被告人有利的其他证据材料。

4. 《刑事诉讼规则(试行)》规定:

(1) 人民检察院对于犯罪嫌疑人、被告人或者证人等翻供、翻证的材料以及对犯罪嫌疑人、被告人有利的其他证据材料,应当移送人民法院。

(2) 人民法院向人民检察院提出书面意见要求补充移送材料,人民检察院认为有必要移送的,应当自收到通知之日起 3 日以内补送。

(3) 对提起公诉后,在人民法院宣告判决前补充收集的证据材料,人民检察院应当及时移送人民法院。

（4）在审查起诉期间，人民检察院可以根据辩护人的申请，向公安机关调取在侦查期间收集的证明犯罪嫌疑人、被告人无罪或者罪轻的证据材料。

（5）人民检察院提起公诉向人民法院移送全部案卷材料、证据后，在法庭审理过程中，公诉人需要出示、宣读、播放有关证据的，可以申请法庭出示、宣读、播放。人民检察院基于出庭准备和庭审举证工作的需要，可以至迟在人民法院送达出庭通知书时取回有关案卷材料和证据。取回案卷材料和证据后，辩护律师要求查阅案卷材料的，应当允许辩护律师在人民检察院查阅、摘抄、复制案卷材料。

（三）不起诉

不起诉是检察院审查起诉后所作的处理方式之一，具有终止刑事诉讼的效力。

1. 不起诉的种类

不起诉分法定不起诉、酌定不起诉和证据不足不起诉和附条件不起诉四种。附条件不起诉现在没有程序性规定。

（1）法定不起诉。检察院审查起诉，发现犯罪嫌疑人没有犯罪事实，或者有《刑事诉讼法》第15条规定的情形之一的，应当作出不起诉决定。

《刑事诉讼规则（试行）》规定：人民检察院对于公安机关移送审查起诉的案件，发现犯罪嫌疑人没有犯罪事实，或者符合《刑事诉讼法》第15条规定的情形之一的，经检察长或者检察委员会决定，应当作出不起诉决定。对于犯罪事实并非犯罪嫌疑人所为，需要重新侦查的，应当在作出不起诉决定后书面说明理由，将案卷材料退回公安机关并建议公安机关重新侦查。

（2）酌定不起诉。对于犯罪情节轻微，依照《刑法》规定不需要判处刑罚或者免除刑罚的，检察院可以作出不起诉决定。酌定不起诉是检察院行使起诉裁量权的表现。酌定不起诉必须同时具备两个条件：一是犯罪嫌疑人的行为已经构成犯罪；二是犯罪情节轻微，依照《刑法》规定不需要判处刑罚或者免除刑罚的。

依据《刑法》的有关规定，免除刑罚的情形主要有：① 犯罪嫌疑人在中华人民共和国领域外犯罪，依照我国《刑法》规定应当负刑事责任，但在外国已经受过刑事处罚的；② 犯罪嫌疑人又聋又哑，或者是盲人犯罪的；③ 犯罪嫌疑人因防卫过当或者紧急避险超过必要限度，并造成不应有的危害而犯罪的；④ 为犯罪准备工具，制造条件的；⑤ 在犯罪过程中自动中止或自动有效地防止犯罪结果发生的；⑥ 在共同犯罪中，起次要或辅助作用的；⑦ 被胁迫、被诱骗参加犯罪的；⑧ 犯罪嫌疑人自首或者在自首后有立功表现的。

《刑事诉讼规则（试行）》第406条规定：人民检察院对于犯罪情节轻微，依照《刑法》规定不需要判处刑罚或者免除刑罚的，经检察长或者检察委员会决定，可以作出不起诉决定。

（3）证据不足不起诉。对于补充侦查的案件，检察院仍然认为证据不足，不符合起诉条件的，可以作出不起诉的决定。对于二次补充侦查的案件，人民检察院仍然认为证据不足，不符合起诉条件的，应当作出不起诉的决定。

2. 《刑事诉讼规则（试行）》规定：

（1）人民检察院对于二次退回补充侦查的案件，仍然认为证据不足，不符合起诉条件的，经检察长或者检察委员会决定，应当作出不起诉决定。人民检察院对于经过一次退回补充侦查的案件，认为证据不足，不符合起诉条件，且没有退回补充侦查必要的，可以作出不起诉决定。

（2）具有下列情形之一，不能确定犯罪嫌疑人构成犯罪和需要追究刑事责任的，属于证据不足，不符合起诉条件：犯罪构成要件事实缺乏必要的证据予以证明的；据以定罪的证据存在疑问，无法查证属实的；据以定罪的证据之间、证据与案件事实之间的矛盾不能合理排除的；根据证据得出的结论具有其他可能性，不能排除合理怀疑的；根据证据认定案件事实不符合逻辑和经验法则，得出的结论明显不符合常理的。

（3）人民检察院根据《刑事诉讼法》第171条第4款规定决定不起诉的，在发现新的证据，符合起诉条件时，可以提起公诉。

3. 不起诉的程序

（1）制作不起诉决定书。《刑事诉讼规则（试行）》第408条规定：人民检察院决定不起诉的，应当制作不起诉决定书。不起诉决定书的主要内容包括：① 被不起诉人的基本情况，包括姓名、性别、出生年月日、出生地和户籍地、民族、文化程度、职业、工作单位及职务、住址、身份证号码，是否受过刑事处分，采取强制措施的情况以及羁押处所等；如果是单位犯罪，应当写明犯罪单位的名称和组织机构代码、所在地址、联系方式，法定代表人和诉讼代表人的姓名、职务、联系方式；② 案由和案件来源；③ 案件事实，包括否定或者指控被不起诉人构成犯罪的事实以及作为不起诉决定根据的事实；④ 不起诉的法律根据和理由，写明作出不起诉决定适用的法律条款；⑤ 查封、扣押、冻结的涉案款物的处理情况；⑥ 有关告知事项。

（2）不起诉决定书的宣读和送达。① 不起诉的决定，由人民检察院公开宣布。公开宣布不起诉决定的活动应当记录在案。不起诉决定书自公开宣布之日起生效。被不起诉人在押的，应当立即释放；被采取其他强制措施的，应当通知执行机关解除。② 不起诉决定书应当送达被害人或者其近亲属及其诉讼代理人、被不起诉人及其辩护人以及被不起诉人的所在单位。送达时，应当告知被害人或者其近亲属及其诉讼代理人，如果对不起诉决定不服，可以自收到不起诉决定书后7日以内向上一级人民检察院申诉，也可以不经申诉，直接向人民法院起诉；告知被不起诉人，如果对不起诉决定不服，可以自收到不起诉决定书后7日以内向人民检察院申诉。③ 对于公安机关移送起诉的案件，人民检察院决定不起诉的，应当将不起诉决定书送达公安机关。

（3）对被害人的申诉进行复查。《刑事诉讼法》第176条规定："对于有被害人的案件，决定不起诉的，人民检察院应当将不起诉决定书送达被害人。被害人如果不服，可以自收到决定书后七日以内向上一级人民检察院申诉，请求提起公诉。人民检察院应当将复查决定告知被害人。对人民检察院维持不起诉决定的，被害人可以向人民法院起诉。被害人也可以不经申诉，直接向人民法院起诉。人民法院受理案件后，人民检察院应当将有关案件材料移送人民法院。"

《刑事诉讼规则（试行）》规定：① 被害人不服不起诉决定的，在收到不起诉决定书后7日以内申诉的，由作出不起诉决定的人民检察院的上一级人民检察院刑事申诉检察部门立案复查。被害人向作出不起诉决定的人民检察院提出申诉的，作出决定的人民检察院应当将申诉材料连同案卷一并报送上一级人民检察院。② 被害人不服不起诉决定，在收到不起诉决定书7日后提出申诉的，由作出不起诉决定的人民检察院刑事申诉检察部门审查后决定是否立案复查。③ 刑事申诉检察部门复查后应当提出复查意见，报请检察长作出复查决定。复查决定书应当送达被害人、被不起诉人和作出不起诉决定的人民检察院。上级人民检察院经复查作出起诉决定的，应当撤销下级人民检察院的不起诉决定，交由下级人民检察院提起公诉，并将复查决定抄送移送审查起诉的公安机关。出庭支持公诉由公诉部门办理。④人民检察院收到人民法院受理被害人对被不起诉人起诉的通知后，人民检察院应当终止复查，将作出不起诉决定所依据的有关案件材料移送人民法院。

(4) 对被不起诉人的申诉进行复查。《刑事诉讼法》第177条规定："对于人民检察院依照本法第一百七十三条第二款规定作出的不起诉决定，被不起诉人如果不服，可以自收到决定书后七日以内向人民检察院申诉。人民检察院应当作出复查决定，通知被不起诉的人，同时抄送公安机关。"《刑事诉讼规则（试行）》规定：被不起诉人对不起诉决定不服，在收到不起诉决定书后7日以内提出申诉的，应当由作出决定的人民检察院刑事申诉检察部门立案复查。被不起诉人在收到不起诉决定书7日后提出申诉的，由刑事申诉检察部门审查后决定是否立案复查。人民检察院刑事申诉检察部门复查后应当提出复查意见，认为应当维持不起诉决定的，报请检察长作出复查决定；认为应当变更不起诉决定的，报请检察长或者检察委员会决定；认为应当撤销不起诉决定提起公诉的，报请检察长或者检察委员会决定。复查决定书中应当写明复查认定的事实，说明作出决定的理由。复查决定书应当送达被不起诉人、被害人，撤销不起诉决定或者变更不起诉的事实或者法律根据的，应当同时将复查决定书抄送移送审查起诉的公安机关和本院有关部门。人民检察院作出撤销不起诉决定提起公诉的复查决定后，应当将案件交由公诉部门提起公诉。

特别关注：

《刑事诉讼规则（试行）》还规定：(1) 人民检察院复查不服不起诉决定的申诉，应当在立案3个月以内作出复查决定，案情复杂的，不得超过6个月。(2) 被害人、被不起诉人对不起诉决定不服，提出申诉的，应当递交申诉书，写明申诉理由。被害人、被不起诉人没有书写能力的，也可以口头提出申诉，人民检察院应当根据其口头提出的申诉制作笔录。(3) 人民检察院发现不起诉决定确有错误，符合起诉条件的，应当撤销不起诉决定，提起公诉。(4) 最高人民检察院对地方各级人民检察院的起诉、不起诉决定，上级人民检察院对下级人民检察院的起诉、不起诉决定，发现确有错误的，应当予以撤销或者指令下级人民检察院纠正。(5) 对公安机关的意见进行复议、复核公安机关认为不起诉的决定有错误的时候，可以要求复议，如果意见不被接受，可以向上一级检察院提请复核。

《刑事诉讼规则（试行）》规定：(1) 公安机关认为不起诉决定有错误，要求复议的，人民检察院公诉部门应当另行指定检察人员进行审查并提出审查意见，经公诉部门负责人审核，报请检察长或者检察委员会决定。人民检察院应当在收到要求复议意见书后的30日以内作出复议决定，通知公安机关。(2) 上一级人民检察院收到公安机关对不起诉决定提请复核的意见书后，应当交由公诉部门办理。公诉部门指定检察人员进行审查并提出审查意见，经公诉部门负责人审核，报请检察长或者检察委员会决定。上一级人民检察院应当在收到提请复核意见书后的30日以内作出决定，制作复核决定书送交提请复核的公安机关和下级人民检察院。经复核改变下级人民检察院不起诉决定的，应当撤销或者变更下级人民检察院作出的不起诉决定，交由下级人民检察院执行。

(5) 作出其他附带处分或者移送主管机关处理。人民检察院决定不起诉的案件，可以根据案件的不同情况,对被不起诉人予以训诫或者责令具结悔过、赔礼道歉、赔偿损失。对被不起诉人需要给予行政处罚、行政处分的,人民检察院应当提出检察意见,连同不起诉决定书一并移送有关主管机关处理,并要求有关主管机关及时通报处理情况。

(6)解除查封、扣押、冻结。① 人民检察院决定不起诉的案件,对犯罪嫌疑人违法所得及其他涉案财产的处理,参照《刑事诉讼规则(试行)》第296条的规定办理。② 人民检察院决定不起诉的案件,需要对侦查中查封、扣押、冻结的财物解除查封、扣押、冻结的,应当书面通知作出查封、扣押、冻结决定的机关或者执行查封、扣押、冻结决定的机关解除查封、扣押、冻结。

考点 3 提起自诉

(一)自诉案件的范围

《刑事诉讼法》第204条规定:"自诉案件包括下列案件:① 告诉才处理的案件;② 被害人有证据证明的轻微刑事案件;③ 被害人有证据证明对被告人侵犯自己人身、财产权利的行为应当依法追究刑事责任,而公安机关或者人民检察院不予追究被告人刑事责任的案件。"

(二)自诉案件的受理条件

人民法院受理自诉案件必须符合下列条件:① 符合《刑事诉讼法》第204条、《刑诉法解释》第1条的规定;② 属于本院管辖;③ 被害人告诉;④ 有明确的被告人、具体的诉讼请求和证明被告人犯罪事实的证据。

特别关注:

《刑诉法解释》第260条规定:本解释第1条规定的案件,如果被害人死亡、丧失行为能力或者因受强制、威吓等无法告诉,或者是限制行为能力人以及因年老、患病、盲、聋、哑等不能亲自告诉,其法定代理人、近亲属告诉或者代为告诉的,人民法院应当依法受理。被害人的法定代理人、近亲属告诉或者代为告诉,应当提供与被害人关系的证明和被害人不能亲自诉的原因的证明。

(三)提起自诉的程序

提起自诉应当提交刑事自诉状;同时提起附带民事诉讼的,应当提交刑事附带民事自诉状。

(四)自诉状的内容

自诉状应当包括以下内容:① 自诉人(代为告诉人)、被告人的姓名、性别、年龄、民族、出生地、文化程度、职业、工作单位、住址、联系方式;② 被告人实施犯罪的时间、地点、手段、情节和危害后果等;③ 具体的诉讼请求;④ 致送的人民法院和具状时间;⑤ 证据的名称、来源等;⑥ 证人的姓名、住址、联系方式等。对两名以上被告人提出告诉的,应当按照被告人的人数提供自诉状副本。

二、例题

1. 叶某涉嫌飞车抢夺行人财物被立案侦查。移送审查起诉后,检察院认为实施该抢夺行为的另有其人。关于本案处理,下列哪一选项是正确的?(2017年真题,单选)

A. 检察院可将案卷材料退回公安机关并建议公安机关撤销案件
B. 在两次退回公安机关补充侦查后,检察院应作出证据不足不起诉的决定
C. 检察院作出不起诉决定后,被害人不服向法院提起自诉,法院受理后,不起诉决定视为自动撤销
D. 如最高检察院认为对叶某的不起诉决定确有错误的,可直接撤销不起诉决定

[释疑] 《刑事诉讼规则(试行)》规定,对于犯罪事实并非犯罪嫌疑人所为,需要重新侦查,应当在作出不起诉决定后书面说明理由,将案卷材料退回公安机关并建议公安机关重新侦查,A项错误;在两次退回公安机关补充侦查后,检察院仍然认为证据不足的,应作出证据不足不起诉的决定,B项错误;检察院作出不起诉决定后,被害人不服向法院提起自诉,法院受理后,不起诉决定视为自动撤销,于法无据,C项错误;如最高检察院认为对叶某的不起诉决定确有错误的,可直接撤销不起诉决定,D项正确。(答案:D)

2. 田某涉嫌挪用公款被立案侦查并逮捕,侦查过程中发现田某还涉嫌重婚。关于本案处理,下列哪些选项是正确的?(2016年真题,多选)
A. 如挪用公款与重婚互有牵连,检察院可并案侦查
B. 对田某的侦查羁押期限可自发现其涉嫌重婚之日起重新计算
C. 如检察院审查起诉后认为田某构成挪用公款而不构成重婚,应当对重婚罪作出不起诉决定
D. 如检察院只对田某以挪用公款罪提起公诉,重婚罪的被害人可向法院提起自诉

[释疑] 《刑事诉讼规则(试行)》第12条第2款规定:"对于一人犯数罪、共同犯罪、多个犯罪嫌疑人实施的犯罪相互关联,并案处理有利于查明案件事实和诉讼进行的,人民检察院可以对相关犯罪案件并案处理。"所以,A项正确。《刑事诉讼规则(试行)》第281条规定:"人民检察院在侦查期间发现犯罪嫌疑人另有重要罪行的,自发现之日起依照本规则第二百七十四条的规定重新计算侦查羁押期限。"另有重要罪行是指与逮捕时的罪行不同种的重大犯罪和同种的影响罪名认定、量刑档次的重大犯罪。重婚与逮捕时的挪用公款既不属于不同种的重大犯罪也不属于同种的影响罪名认定、量刑档次的重大犯罪。所以,B项错误。《刑事诉讼规则(试行)》第402条规定:"公诉部门对于本院侦查部门移送审查起诉的案件,发现犯罪嫌疑人没有犯罪事实,或者符合《刑事诉讼法》第15条规定的情形之一的,应当退回本院侦查部门,建议作出撤销案件的处理。所以,C项错误。《刑事法解释》第1条第1款规定:人民法院直接受理的自诉案件包括:……(二)人民检察院没有提起公诉,被害人有证据证明的轻微刑事案件;……4.重婚案(刑法第二百五十八条规定的)。"该条第3项规定:"被害人有证据证明对被告人侵犯自己人身、财产权利的行为应当依法追究刑事责任,且有证据证明曾经提出控告,而公安机关或者人民检察院不予追究被告人刑事责任的案件。"该项规定也属于人民法院直接受理的自诉案件。所以,D项正确。(答案:AD)

3. 甲、乙、丙、丁四人涉嫌多次结伙盗窃,公安机关侦查终结移送审查起诉后,甲突然死亡。检察院审查后发现,甲和乙共同盗窃1次,数额未达刑事立案标准;乙和丙共同盗窃1次,数额刚达刑事立案标准;甲、丙、丁三人共同盗窃1次,数额巨大,但经两次退回公安机关补充侦查后仍证据不足;乙对其参与的2起盗窃有自首情节。关于本案,下列哪一选项是正确的?(2015年真题,单选)

A. 对甲可作出酌定不起诉决定　　　　B. 对乙可作出法定不起诉决定
C. 对丙应作出证据不足不起诉决定　　D. 对丁应作出证据不足不起诉决定

[释疑]《刑事诉讼法》第171条规定:"人民检察院审查案件,可以要求公安机关提供法庭审判所必需的证据材料;认为可能存在本法第五十四条规定的以非法方法收集证据情形的,可以要求其对证据收集的合法性作出说明。人民检察院审查案件,对于需要补充侦查的,可以退回公安机关补充侦查,也可以自行侦查。对于补充侦查的案件,应当在一个月以内补充侦查完毕。补充侦查以二次为限。补充侦查完毕移送人民检察院后,人民检察院重新计算审查起诉期限。对于二次补充侦查的案件,人民检察院仍然认为证据不足,不符合起诉条件的,应当作出不起诉的决定。"第173条规定:"犯罪嫌疑人没有犯罪事实,或者有本法第十五条规定的情形之一的,人民检察院应当作出不起诉决定。对于犯罪情节轻微,依照刑法规定不需要判处刑罚或者免除刑罚的,人民检察院可以作出不起诉决定。"据此,A项、B项、C项错误;D项正确。(答案:D)

4. 检察院对孙某敲诈勒索案审查起诉后认为,作为此案关键证据的孙某口供系刑讯所获,依法应予排除。在排除该口供后,其他证据显然不足以支持起诉,因而作出不起诉决定。关于该案处理,下列哪一选项是错误的?(2014年真题,单选)
A. 检察院的不起诉属于存疑不起诉
B. 检察院未经退回补充侦查即作出不起诉决定违反《刑事诉讼法》的规定
C. 检察院排除刑讯获得的口供,体现了法律监督机关的属性
D. 检察院不起诉后,又发现新的证据,符合起诉条件时,可提起公诉

[释疑] 存疑不起诉,又称证据不足的不起诉。故A项正确。《刑事诉讼规则(试行)》第67条规定:"人民检察院经审查发现存在刑事诉讼法第五十四条规定的非法取证行为,依法对该证据予以排除后,其他证据不能证明犯罪嫌疑人实施犯罪行为的,应当不批准或者决定逮捕,已经移送审查起诉的,可以将案件退回侦查机关补充侦查或者作出不起诉决定。"故B项错误。人民检察院是国家的法律监督机关,依法对刑事诉讼活动实行监督,当然包括对侦查活动的监督。故C项正确。《刑事诉讼规则(试行)》第405条规定:"人民检察院根据刑事诉讼法第一百七十一条第四款规定决定不起诉的,在发现新的证据,符合起诉条件时,可以提起公诉。"故D项正确。(答案:B)

5. 只要有足够证据证明犯罪嫌疑人构成犯罪,检察机关就必须提起公诉。关于这一制度的法理基础,下列哪一选项是正确的?(2013年真题,单选)
A. 起诉便宜主义　　　　　　　　　B. 起诉法定主义
C. 公诉垄断主义　　　　　　　　　D. 私人诉追主义

[释疑] 对于符合起诉条件的刑事公诉案件是否必须向法院起诉,有两种原则:一是起诉法定主义或称起诉合法主义,即只要被告人的行为符合法定起诉条件,公诉机关不享有自由裁量权,必须起诉,而不论具体情节;二是起诉便宜主义或称起诉合理主义,即被告人的行为在具备起诉条件时,是否起诉,由检察官根据被告人及其具体情况以及刑事政策等因素自由裁量。故B项正确。(答案:B)

6. 检察院在审查起诉时,下列哪一处理方式是正确的?(2010年真题,单选)
A. 审查公安机关移送起诉的投毒案,发现犯罪嫌疑人周某根本没有作案时间,遂书面说

明理由将案卷退回公安机关并建议公安机关重新侦查

B. 审查吴某、郑某共同抢劫案的过程中,吴某在押但郑某潜逃,遂全案中止审查起诉

C. 甲县公安局将蔡某抢劫案移送甲县检察院审查起诉,甲县检察院审查认为蔡某可能会被判处死刑,遂将案件退回

D. 甲县检察院受理移送起诉的谭某诈骗案,认为应当由谭某居住地的乙县检察院起诉,遂将案卷材料移送乙县检察院审查起诉,但未通知甲县公安局

[释疑] 《刑事诉讼法》第173条第1款规定:"犯罪嫌疑人没有犯罪事实,或者有本法第十五条规定的情形之一的,人民检察院应当作出不起诉决定。"《刑事诉讼规则(试行)》第401条规定:"人民检察院对于公安机关移送审查起诉的案件,发现犯罪嫌疑人没有犯罪事实,或者符合刑事诉讼法第十五条规定的情形之一的,经检察长或者检察委员会决定,应当作出不起诉决定。对于犯罪事实并非犯罪嫌疑人所为,需要重新侦查的,应当在作出不起诉决定后书面说明理由,将案卷材料退回公安机关并建议公安机关重新侦查。"故A项错误。其他三项均于法无据。(原答案:A;现无答案)

7. 关于检察院审查起诉,下列哪一选项是正确的?(2009年真题,单选)

A. 认为需要对公安机关的勘验、检查进行复验、复查的,可以自行复验、复查

B. 发现侦查人员以非法方法收集证据的,应当自行调查取证

C. 对已经退回公安机关二次补充侦查的案件,在审查起诉中又发现新的犯罪事实的,应当将已侦查的案件和新发现的犯罪一并移送公安机关立案侦查

D. 共同犯罪中部分犯罪嫌疑人潜逃的,应当中止对全案的审查,待潜逃犯罪嫌疑人归案后重新开始审查起诉

[释疑] 《刑事诉讼规则(试行)》第369条规定:"人民检察院审查案件的时候,对公安机关的勘验、检查,认为需要复验、复查的,应当要求公安机关复验、复查,人民检察院可以派员参加;也可以自行复验、复查,商请公安机关派员参加,必要时也可以聘请专门技术人员参加。"第379条规定:"人民检察院公诉部门在审查中发现侦查人员以非法方法收集犯罪嫌疑人供述、被害人陈述、证人证言等证据材料的,应当依法排除非法证据并提出纠正意见,同时可以要求侦查机关另行指派侦查人员重新调查取证,必要时人民检察院也可以自行调查取证。"第154条规定:"案件管理部门对接收的案卷材料审查后,认为具备受理条件的,应当及时进行登记,并立即将案卷材料和案件受理登记表移送相关办案部门办理。经审查,认为案卷材料不齐备的,应当及时要求移送案件的单位补送相关材料。对于案卷装订不符合要求的,应当要求移送案件的单位重新装订后移送。对于移送审查起诉的案件,如果犯罪嫌疑人在逃的,应当要求公安机关采取措施保证犯罪嫌疑人到案后再移送审查起诉。共同犯罪案件中部分犯罪嫌疑人在逃的,对在案的犯罪嫌疑人的审查起诉应当依法进行。"第384条规定:"人民检察院对已经退回侦查机关二次补充侦查的案件,在审查起诉中又发现新的犯罪事实的,应当移送侦查机关立案侦查;对已经查清的犯罪事实,应当依法提起公诉。"根据上述规定,应选A项。(答案:A)

8. 下列哪一案件,在作出不起诉决定时由检察长决定?(2009年真题,单选)

A. 犯罪嫌疑人甲涉嫌故意伤害罪,经鉴定,被害人受到的伤害为轻微伤

B. 犯罪嫌疑人乙涉嫌故意伤害罪,经鉴定,被害人受到的伤害为轻伤,但情节轻微,且被

害人希望不追究乙的刑事责任

C. 犯罪嫌疑人丙涉嫌非法侵入住宅罪,经查明,丙是因为受到野猪追赶被迫闯入被害人住宅的,属于紧急避险

D. 犯罪嫌疑人丁涉嫌偷税罪,案件经过一次退回补充侦查,仍事实不清,证据不足

[释疑] 《刑事诉讼规则(试行)》第403条规定:"人民检察院对于二次退回补充侦查的案件,仍然认为证据不足,不符合起诉条件的,经检察长或者检察委员会决定,应当作出不起诉决定。人民检察院对于经过一次退回补充侦查的案件,认为证据不足,不符合起诉条件,且没有退回补充侦查必要的,可以作出不起诉决定。"第401条规定:"人民检察院对于公安机关移送审查起诉的案件,发现犯罪嫌疑人没有犯罪事实,或者符合刑事诉讼法第十五条规定的情形之一的,经检察长或者检察委员会决定,应当作出不起诉决定。对于犯罪事实并非犯罪嫌疑人所为,需要重新侦查的,应当在作出不起诉决定后书面说明理由,将案卷材料退回公安机关并建议公安机关重新侦查。"第406条规定:"人民检察院对于犯罪情节轻微,依照刑法规定不需要判处刑罚或者免除刑罚的,经检察长或者检察委员会决定,可以作出不起诉决定。"故选A、B、C、D项。(答案:ABCD)

9. 关于检察院审查起诉的期限,下列哪些说法是正确的?(2008年缓考真题,多选)

A. 改变管辖的,从改变后的检察院收到案件之日起计算

B. 改变管辖的,从原审查起诉的检察院移送案件之日起计算

C. 补充侦查的,从补充侦查完毕移送检察院后重新计算

D. 补充侦查的,从补充侦查完毕之日起重新计算

[释疑] 略。(答案:AC)

10. 某看守所干警甲,因涉嫌虐待被监管人乙被立案侦查。在审查起诉期间,A地基层检察院认为甲情节显著轻微,不构成犯罪,遂作不起诉处理。关于该决定,下列哪一选项是正确的?(2008年真题,单选)

A. 公安机关有权申请复议复核

B. 某甲有权向原决定检察院申诉

C. 某乙有权向上一级检察院申诉

D. 申诉后,上级检察院维持不起诉决定的,某乙可以向该地的中级法院提起自诉

[释疑] 根据《刑事诉讼法》第176条的规定,对于有被害人的案件,决定不起诉的,人民检察院应当将不起诉决定书送达被害人。被害人如果不服,可以自收到决定书后7日以内向上一级人民检察院申诉,请求提起公诉。人民检察院应当将复查决定告知被害人。对人民检察院维持不起诉决定的,被害人可以向人民法院起诉。被害人也可以不经申诉,直接向人民法院起诉。人民法院受理案件后,人民检察院应当将有关案件材料移送人民法院。本案非公安机关侦查,故A、B、D项错误。(答案:C)

11. 关于在审查起诉阶段,犯罪嫌疑人死亡,但对犯罪嫌疑人的存款、汇款应当依法没收的,下列哪一选项是正确的?(2008年真题,单选)

A. 由检察院依法作出不起诉的决定,并没收犯罪嫌疑人存款上缴国库,或返还被害人

B. 由检察院作出撤销案件的决定,并没收犯罪嫌疑人的存款上缴国库,或返还被害人

C. 由检察院作出不起诉的决定,并申请法院裁定通知冻结犯罪嫌疑人的存款、汇款的金

融机构上缴国库或返还被害人

D. 由检察院作出撤销案件的决定,并申请法院裁定通知冻结犯罪嫌疑人的存款、汇款的金融机构上缴国库或者返还被害人

[释疑] 《刑事诉讼法》第15条规定:"有下列情形之一的,不追究刑事责任,已经追究的,应当撤销案件,或者不起诉,或者终止审理,或者宣告无罪:① 情节显著轻微、危害不大,不认为是犯罪的;② 犯罪已过追诉时效期限的;③ 经特赦令免除刑罚的;④ 依照刑法告诉才处理的犯罪,没有告诉或者撤回告诉的;⑤ 犯罪嫌疑人、被告人死亡的;⑥ 其他法律规定免予追究刑事责任的。"《刑事诉讼规则(试行)》第523条规定:"对于贪污贿赂犯罪、恐怖活动犯罪等重大犯罪案件,犯罪嫌疑人、被告人逃匿,在通缉一年后不能到案,依照刑法规定应当追缴其违法所得及其他涉案财产的,人民检察院可以向人民法院提出没收违法所得的申请。对于犯罪嫌疑人、被告人死亡,依照刑法规定应当追缴其违法所得及其他涉案财产的,人民检察院也可以向人民法院提出没收违法所得的申请。犯罪嫌疑人实施犯罪行为所取得的财物及其孳息以及犯罪嫌疑人非法持有的违禁品、供犯罪所用的本人财物,应当认定为前两款规定的违法所得及其他涉案财产。"依照上述规定,应选C项。(答案:C)

12. 某检察院对陈某、姚某共同诈骗一案审查起诉时,陈某潜逃。下列哪一选项是正确的?(2007年真题,单选)

A. 应当中止对陈某、姚某的审查起诉
B. 可以对陈某中止审查起诉,对姚某继续审查起诉
C. 应当将案件中陈的部分退回公安机关处理,对姚某继续审查起诉
D. 应当将全案退回公安机关,待抓获陈某后再继续审查起诉

[释疑] 《刑事诉讼规则(试行)》第154条第3款规定:"对于移送审查起诉的案件,如果犯罪嫌疑人在逃的,应当要求公安机关采取措施保证犯罪嫌疑人到案后再移送审查起诉。共同犯罪案件中部分犯罪嫌疑人在逃的,对在案的犯罪嫌疑人的审查起诉应当依法进行。"故B项正确。(答案:B)

13. 某市检察院在审查甲杀人案中,发现遗漏了依法应当移送审查起诉的同案犯罪嫌疑人乙。对此检察院应该如何处理?(2006年真题,多选)

A. 应当建议公安机关对乙提请批准逮捕
B. 应当建议公安机关对乙补充移送审查起诉
C. 如果符合逮捕条件,可以直接决定逮捕乙
D. 如果符合起诉条件,可以直接将甲与乙一并提起公诉

[释疑] 《刑事诉讼规则(试行)》第391条规定:"人民检察院在办理公安机关移送起诉的案件中,发现遗漏罪行或者依法应当移送审查起诉同案犯罪嫌疑人的,应当要求公安机关补充移送审查起诉;对于犯罪事实清楚,证据确实、充分,人民检察院也可以直接提起公诉。"据此,B、D项正确;《刑事诉讼规则(试行)》第375条规定:"公诉部门经审查认为需要逮捕犯罪嫌疑人的,应当按照本规则第十章的规定移送侦查监督部门办理。"本题中,案件已进入审查起诉阶段,某市检察院在审查起诉中发现乙符合逮捕条件,检察院有权直接作出逮捕决定,交公安机关执行,而不应建议公安机关提请批捕。故A项错误,C项正确。(答案:BCD)

14. 甲涉嫌过失致人重伤。在审查起诉阶段,检察院认为证据不足,遂作出不起诉决定。

如果被害人对不起诉决定不服,依法可以采取下列哪些诉讼行为?(2006年真题,多选)
    A. 可以向上一级检察院提起申诉   B. 可以直接向法院起诉
    C. 向法院起诉后,可以与被告人自行和解   D. 向法院起诉后,可以请求法院调解

[释疑]《刑事诉讼法》第176条规定:"对于有被害人的案件,决定不起诉的,人民检察院应当将不起诉决定书送达被害人。被害人如果不服,可以自收到决定书后七日以内向上一级人民检察院申诉,请求提起公诉。人民检察院应当将复查决定告知被害人。对人民检察院维持不起诉决定的,被害人可以向人民法院起诉。被害人也可以不经申诉,直接向人民法院起诉。人民法院受理案件后,人民检察院应当将有关案件材料移送人民法院。"据此,A、B项正确。《刑事诉讼法》第204条规定:"自诉案件包括下列案件:① 告诉才处理的案件;② 被害人有证据证明的轻微刑事案件;③ 被害人有证据证明对被告人侵犯自己人身、财产权利的行为应当依法追究刑事责任,而公安机关或者人民检察院不予追究被告人刑事责任的案件。"《刑事诉讼法》第206条规定:"人民法院对自诉案件,可以进行调解;自诉人在宣告判决前,可以同被告人自行和解或者撤回自诉。本法第二百零四条第三项规定的案件不适用调解。人民法院审理自诉案件的期限,被告人被羁押的,适用本法第二百零二条第一款、第二款的规定;未被羁押的,应当在受理后六个月以内宣判。"根据上述规定,C项正确,D项错误。(答案:ABC)

15. 人民检察院对公安机关移送审查起诉的下列案件,哪些不可以作出酌定不起诉决定?(2005年真题,多选)
    A. 犯罪嫌疑人甲,为犯罪准备工具、制造条件,犯罪情节轻微
    B. 犯罪嫌疑人乙犯罪构成要件事实缺乏足够的证据予以证明
    C. 犯罪嫌疑人丙又聋又哑,且犯罪情节轻微
    D. 犯罪嫌疑人丁已死亡

[释疑]《刑事诉讼法》第171条规定:"人民检察院审查案件,可以要求公安机关提供法庭审判所必需的证据材料;认为可能存在本法第五十四条规定的以非法方法收集证据情形的,可以要求其对证据收集的合法性作出说明。人民检察院审查案件,对于需要补充侦查的,可以退回公安机关补充侦查,也可以自行侦查。对于补充侦查的案件,应当在一个月以内补充侦查完毕。补充侦查以二次为限。补充侦查完毕移送人民检察院后,人民检察院重新计算审查起诉期限。对于二次补充侦查的案件,人民检察院仍然认为证据不足,不符合起诉条件的,应当作出不起诉的决定。"《刑事诉讼法》第173条规定:"犯罪嫌疑人没有犯罪事实,或者有本法第十五条规定的情形之一的,人民检察院应当作出不起诉决定。对于犯罪情节轻微,依照刑法规定不需要判处刑罚或者免除刑罚的,人民检察院可以作出不起诉决定。人民检察院决定不起诉的案件,应当同时对侦查中查封、扣押、冻结的财物解除查封、扣押、冻结。对被不起诉人需要给予行政处罚、行政处分或者需要没收其违法所得的,人民检察院应当提出检察意见,移送有关主管机关处理。有关主管机关应当将处理结果及时通知人民检察院。"(答案:BD)

16. 某甲,因涉嫌挪用资金罪被公安机关立案侦查,侦查终结后移送检察院审查起诉。检察院经审查后,认为犯罪嫌疑人某甲没有犯罪行为,经检察委员会讨论,作出不起诉的决定。下列表述不正确的是:(多选)
    A. 本案应由检察院立案侦查

B. 检察院应当作出撤销案件的决定

C. 检察院作出不起诉的决定是正确的,但不应由检察委员会讨论决定

D. 检察院应当写出书面理由,将案卷退回公安机关处理

[释疑] 《刑事诉讼法》第173条规定:"犯罪嫌疑人没有犯罪事实,或者有本法第十五条规定的情形之一的,人民检察院应当作出不起诉决定。对于犯罪情节轻微,依照刑法规定不需要判处刑罚或者免除刑罚的,人民检察院可以作出不起诉决定。人民检察院决定不起诉的案件,应当同时对侦查中查封、扣押、冻结的财物解除查封、扣押、冻结。对被不起诉人需要给予行政处罚、行政处分或者需要没收其违法所得的,人民检察院应当提出检察意见,移送有关主管机关处理。有关主管机关应当将处理结果及时通知人民检察院。"《刑事诉讼规则(试行)》第401条规定:"人民检察院对于公安机关移送审查起诉的案件,发现犯罪嫌疑人没有犯罪事实,或者符合刑事诉讼法第十五条规定的情形之一的,经检察长或者检察委员会决定,应当作出不起诉决定。对于犯罪事实并非犯罪嫌疑人所为,需要重新侦查的,应当在作出不起诉决定后书面说明理由,将案卷材料退回公安机关并建议公安机关重新侦查。"故A、B、C、D项错误。(现答案:ABCD)

17.《刑事诉讼法》规定,检察院作出的不起诉决定共有三类,即法定不起诉、酌定不起诉、存疑不起诉。下列情况检察院均可以作出不起诉决定,其中哪些不属于法定不起诉的情况?(多选)

A. 聋、哑、盲人犯罪

B. 共同犯罪中的从犯

C. 犯罪情节轻微、依照刑法不需要判处刑罚

D. 犯罪嫌疑人自首后有重大立功表现

[释疑] 《刑事诉讼法》第173条第1、2款规定:"犯罪嫌疑人没有犯罪事实,或者有本法第十五条规定的情形之一的,人民检察院应当作出不起诉决定。对于犯罪情节轻微,依照刑法规定不需要判处刑罚或者免除刑罚的,人民检察院可以作出不起诉决定。"根据《刑事诉讼法》第15条的规定,A、B、C、D项均不属于法定不起诉,而属于酌定不起诉。(答案:ABCD)

18. 常女士喜欢编造并传播小道消息,她曾经捏造事实,同时诽谤甲、乙、丙、丁四人。此后,甲独自向人民法院起诉。关于本案,人民法院下列哪些处理方式是正确的?(单选)

A. 人民法院不受理此案

B. 同意乙、丙、丁不参加诉讼

C. 乙、丙、丁不参加诉讼,但允许他们在本案宣判后另行提起刑事自诉

D. 乙、丙、丁不出庭,但允许其保留告诉权

[释疑] 自诉案件具有可分性的特点,故选B项,A、C、D项于法无据。(答案:B)

三、提示与预测

本章也是刑事诉讼的重点章节。要注意审查起诉后的处理、各种不起诉的规定。尤其要注意新《刑事诉讼法》关于法定不起诉、证据不足不起诉的变化。

第十四章　刑事审判概述

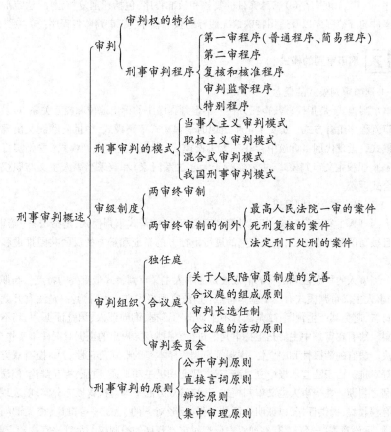

一、精讲

考点 1　刑事审判的特征、程序

（一）刑事审判的概念

刑事审判是指人民法院在控、辩双方及其他诉讼参与人参加下，依照法定的权限和程序，对于依法向其提出诉讼请求的刑事案件进行审理和裁判的诉讼活动。审理主要是对案件的有关事实进行举证、调查、辩论；而裁判则是在审理的基础上，依法就案件的实体问题或某些程序问题作出公正的处理决定。审理是裁判的前提和基础，裁判是审理的目的和结果，二者构成一个辩证统一的整体。

（二）审判权的特征

审判权具有以下特征：① 被动性；② 独立性；③ 中立性；④ 职权性；⑤ 程序性；⑥ 亲历

性;⑦公开性;⑧公正性;⑨终局性。
（三）刑事审判程序
《刑事诉讼法》规定了五种刑事案件的审判程序:① 第一审程序,包括第一审普通程序和简易程序;② 第二审程序;③ 特殊案件的复核和核准程序,包括死刑复核程序、法定刑以下判处刑罚案件的复核程序以及适用特殊情况假释的核准程序;④ 审判监督程序;⑤ 特别程序。

考点 2 刑事审判的模式

（一）刑事审判模式的概念
刑事审判模式,是指控、辩、审三方在刑事审判程序中的诉讼地位和相互关系,以及与之相适应的审判程序组合方式。历史上最早出现的是弹劾式审判模式,中世纪欧洲又出现了纠问式审判模式。近现代刑事诉讼中存在三大诉讼模式:当事人主义审判模式(主要实行于英美法系国家)、职权主义审判模式(主要实行于大陆法系国家)和兼采当事人主义与职权主义优点的混合式诉讼。

（二）当事人主义审判模式
（1）当事人主义审判模式,又称对抗制审判模式、抗辩式审判模式,是指法官(陪审团)居于中立且被动的裁判者地位,法庭审判的进行由控方的举证和辩方的反驳共同推进和控制的审判模式。

（2）当事人的积极性和法官的消极性是当事人主义审判模式最重要的特点。与职权主义相比,当事人主义审判模式有三个基本特点:① 法官消极中立。表现为:一是法官开庭前不接触证据材料,避免其产生预断;二是法官不主动出示证据、询问证人、调查证据,尤其不参与证据的收集。法官在审判中主要是主持审判的进行,根据双方提出的证据对案件事实作出判断、依法判决。法官的消极性和中立性,增强了审判程序本身的形式公正性。② 控辩双方积极主动和平等对抗。由于法官消极中立,控辩双方都会积极主动举证、质证、相互辩论,使法官形成对己有利之判断。在当事人主义审判模式下,控辩双方的平等对抗得以充分实现,表现为控辩双方都有权收集、提供证据,以证明自己的主张,反驳对方的主张,平等辩论、交叉询问使审判程序充满"诉讼竞赛"气氛。③ 控辩双方分享对审判程序的控制权。尽管法官主持审判,但控辩双方对审判程序也分享一定的控制权,表现为:一是事实和证据的调查范围、深度取决于双方,只要不违反规则,法官不能主动干预;二是实行辩诉交易的国家,控辩双方可在庭前交易。法官只要查明协议是在完全自愿、没有误解的情况下达成的,通常会尊重双方的选择。

（三）职权主义审判模式
（1）职权主义审判模式,又称"审问式"审判模式,是指法庭审判以法官为中心,法官在审判程序中居于主导和控制地位,限制控辩双方积极性的审判模式。职权主义审判模式的主要特点是法官的中心地位和在事实认定与证据调查中的积极性。

（2）职权主义审判模式的基本特征:① 法官在审判程序中居于中心地位,主导审判的进行。法官既是仲裁者,又是一个积极的事实调查者,行使调查权、审判决策权、指挥权。表现为三方面:一是公诉机关庭前移送卷宗,以便法官庭前初步了解案件事实和制定庭审计划;二是法官可以主动审问、询问被告人、证人等,主动出示核实证据等;三是法官决定案件的审理范围、审理方式、证人出庭、进程安排等。② 要是法官的审问对象。控辩双方需要发问或出示证据要征得法官同意，并须在法官讯问和示证结束后。控辩双方都处于被动、消极、补充的地位。③ 法官完全掌握程序控制权。尽管控辩双方有审判程序的参与权，但必须服从法官的安排和指挥。

（四）混合式审判模式

（1）混合式审判模式又称"折中主义"审判模式。这一模式兼采当事人主义模式和职权主义模式的长处而形成，主要代表国家是日本和意大利。

（2）当事人主义审判模式充分体现了审判程序的民主性，能够充分发挥控辩双方的积极作用，程序公正性的特征较明显。但是，法官的过分消极被动和控辩双方对审判程序的较大控制权，又难免造成审判效率和发现案件实体真实方面效率的降低。职权主义审判模式由于法官积极主动的作用和对审判程序的有效控制，总的来说，有利于案件实体真实的发现，而且审判效率高于当事人主义审判模式。但是，该模式使法官的中立公正形象受到损害，并由此易于导致法官对辩护方产生偏见。由于两种模式各有优缺点，第二次世界大战后出现相互借鉴吸收的趋势。现在，纯粹的当事人主义审判模式和职权主义审判模式已不复存在。

（3）混合式模式的特征：① 保留了法官主动依职权进行调查证据的权力，注重发挥法官在调查案件事实方面的能动性，表现了对职权主义模式的优势的客观态度；② 大力借鉴对抗制的因素，在诉讼中注重发挥控辩双方的积极性，注重控辩双方平等对抗。

（五）我国的刑事审判模式

（1）我国1979年《刑事诉讼法》的审判模式具有超职权主义特点：① 法官完全主导和控制审判程序。② 审判程序以法官积极主动的证据调查为中心。③ 被告人诉讼主体地位弱化，成为法官诉讼客体。④ 法官代替检察官行使控诉职能。

（2）修正后的《刑事诉讼法》吸收了英美法系当事人主义对抗性因素，适当保留了职权主义的某些特征，体现在：① 强化了控方举证责任和辩方的辩护职责，弱化了法官的调查功能。② 扩大了辩方的权利范围，强化了庭审的对抗性。

考点 3 刑事审判的原则

（一）审判公开原则

（1）根据《刑事诉讼法》第11条的规定，人民法院审判案件，除法律另有规定的以外，一律公开进行。审判公开，指法院审理案件和宣告判决，除了法庭评议以外，一律公开进行。它是刑事审判的一项基本原则。《刑事诉讼法》第183条规定："人民法院审判第一审案件应当公开进行。但是有关国家秘密或者个人隐私的案件，不公开审理；涉及商业秘密的案件，当事人申请不公开审理的，可以不公开审理。不公开审理的案件，应当当庭宣布不公开审理的理由。"

（2）审判公开，法院应当做到：① 开庭3日以前先期公布案由、被告人姓名、开庭时间和地点；② 允许公民到场旁听；③ 允许记者采访和报道。

特别关注：

① 不公开审理的案件，任何人不得旁听，但法律另有规定的除外。② 精神病人、醉酒的人、未经人民法院批准的未成年人以及其他不宜旁听的人不得旁听案件审理。③ 依法不公开

审理的案件,宣告判决也必须公开。

（二）直接言词原则

（1）直接言词原则是指法官必须在法庭上亲自听取当事人、证人及其他诉讼参与人的口头陈述,案件事实和证据必须由控辩双方当庭口头提出并以口头辩论和质证的方式进行调查。直接言词原则包括直接原则和言词原则。

（2）直接原则是指法官必须与诉讼参与人直接接触,直接审查有关案件事实材料和证据。直接原则又可分为直接审理原则和直接采证原则。

特别关注：

直接审理是指法官审理案件时,公诉人、当事人及其他诉讼参与人应当在场,除了法律特别规定以外,上述人员不在场,不得进行审理。否则,审判活动无效。直接审理原则又称在场原则。直接采证是指法官对证据的调查必须亲自进行,不能由他人代为进行。而且法官必须当庭直接听证和直接查证,不得采纳未经当庭亲自听证和直接查证的证据,不得以书面审查方式采信证据。

（3）言词原则是指法庭审理必须以口头陈述的方式进行。法官要以口头的形式进行讯问（询问）调查,除非法律特别规定,未经口头调查的证据,不得采纳为定案依据。

（4）直接言词原则的意义：① 有利于查明案件事实真相；② 有利于实现程序公正。

（5）直接言词原则的适用。贯彻直接言词原则应注意下列问题：① 及时通知有关人员出庭。② 开庭审理中,合议庭成员必须始终在庭,参加庭审的全过程。③ 所有证据包括法庭收集的证据都必须当庭出示、当庭质证。证人不出庭只能是例外。④ 保证控辩双方有充分的陈述和辩论的机会和时间。

（6）直接言词原则在简易程序中可以例外。

（三）辩论原则

（1）辩论原则是指在法庭审理过程中,控辩双方应当以口头的方式进行辩论,法院裁判的作出应当以充分的辩论为必经程序。

（2）辩论原则的内容：① 辩论的主体是控辩双方和其他当事人。② 辩论的内容是证据问题、事实问题和法律（实体法和程序法）适用问题。

（3）辩论原则的意义：① 保障辩护权。② 有利于准确认定事实和证据、适用法律,作出公正的判决。

（四）集中审理原则

（1）集中审理原则,又称不中断审理原则,是指法院开庭审理案件,应当在不更换审判人员的条件下连续进行,不得中断审理的诉讼原则。

（2）集中审理原则的主要内容：① 一个案件组成一个审判庭进行审理,每起案件自始至终应由同一法庭进行审判。在案件审理开始后尚未结束前不允许法庭再审理其他任何案件。② 法庭成员不得更换。对于因故不能继续参加审理的,应由始终在场的候补法官、候补陪审员替换。否则,应重新审判。③ 集中证据调查与法庭辩论。④ 庭审不中断并迅速作出裁判。

（3）集中审理原则的意义：① 保证法庭审理顺利、迅速、公正进行,有利于实现刑事审判公正与效率双重价值目标。② 有利于实现被告人的辩护权以及迅速审判权。③ 能使法官、陪审员通过集中、全面地接触证据对案件形成全面、准确的认识,从而作出正确的裁判。④ 有利于实现审判监督,防止司法不公。

(4) 集中审理原则的适用。最高人民法院 2002 年 8 月 12 日颁布的《关于人民法院合议庭工作的若干规定》，体现了集中审理原则的精神：① 第 3 条规定了合议庭成员不得更换；② 第 9 条规定了合议庭评议案件的时限；③ 第 14 条规定了裁判文书制作的时限。

考点 4　审级制度

（一）两审终审制
两审终审制是指一个案件最多经过两级法院审判即告终结的制度。
特别关注：
两审终审不是指两次审判。
（二）两审终审制的例外
(1) 最高人民法院审理的第一审案件为一审终审。
(2) 判处死刑的案件，必须依法经过死刑复核程序核准后，判处死刑的裁判才能生效并交付执行。
(3) 地方各级人民法院依照刑法规定在法定刑以下判处刑罚的案件，必须经过最高人民法院核准，判决、裁定才能生效。

考点 5　审判组织

（一）审判组织的概念和种类
审判组织是人民法院审判案件的组织形式。我国刑事案件的审判组织有独任庭、合议庭和审判委员会。
（二）独任庭
基层人民法院适用简易程序审理案件，对可能判处 3 年有期徒刑以下刑罚的，可以组成合议庭进行审判，也可以由审判员一人独任审判；对可能判处的有期徒刑超过 3 年的，应当组成合议庭进行审判。独任审判员独任审判刑事案件时，与审判长权利相同。
（三）合议庭
(1) 合议庭的组成方式。除基层人民法院适用简易程序的案件可以独任审判以外，其他案件以及中级人民法院、高级人民法院、最高人民法院审判第一审案件，应当由合议庭进行。① 基层人民法院、中级人民法院审判第一审案件，应当由审判员 3 人或者由审判员和人民陪审员共 3 人组成合议庭进行。② 高级人民法院、最高人民法院审判第一审案件，应当由审判员 3 人至 7 人或者由审判员和人民陪审员共 3 人至 7 人组成合议庭进行。③ 中级人民法院以上的各级人民法院审判上诉和抗诉的案件，由审判员 3 人至 5 人组成合议庭进行。④ 最高人民法院和高级人民法院复核死刑和死刑缓期执行的案件，应当由审判员 3 人组成合议庭进行。
(2) 合议庭的组成原则。① 合议庭的成员应当是单数。② 合议庭的组成人员，只能是经过合法任命的本院的审判员和在本院执行职务的人民陪审员担任。③ 合议庭由院长或者庭长指定审判员 1 人担任审判长。院长或者庭长参加审判案件的时候，自己担任审判长。审判长由审判员担任。助理审判员由本院院长提出，经审判委员会通过，可以临时代行审判员职务，并可以担任审判长。④ 不得随意更换合议庭成员。合议庭组成人员确定后，除因回避或者其他特殊情况,不能继续参加案件审理的之外,不得在案件审理过程中更换。更换合议庭成员,应当报请院长或者庭长决定。合议庭成员的更换情况应当及时通知诉讼当事人。

特别关注:

(1) 陪审案件的范围。人民法院审判下列第一审案件,由人民陪审员和法官组成合议庭进行,适用简易程序审理的案件和法律另有规定的案件除外:① 社会影响较大的刑事、民事、行政案件;② 刑事案件被告人、民事案件原告或者被告、行政案件原告申请由人民陪审员参加合议庭审判的案件。

(2) 人民陪审员的条件。公民担任人民陪审员,应当具备下列条件:① 拥护中华人民共和国宪法;② 年满23周岁;③ 品行良好、公道正派;④ 身体健康;⑤ 担任人民陪审员,一般应当具有大学专科以上文化程度。

(3) 不得担任人民陪审员的情形。人民代表大会常务委员会的组成人员,人民法院、人民检察院、公安机关、国家安全机关、司法行政机关的工作人员和执业律师等人员,不得担任人民陪审员。下列人员也不得担任人民陪审员:① 因犯罪受过刑事处罚的;② 被开除公职的。

(4) 人民陪审员在人民法院执行职务,同审判员有同等的权利。第一审程序的合议庭可以吸收人民陪审员参加。

(3) 合议庭评议案件。① 合议庭进行评议的时候,如果意见分歧,应当按多数人的意见作出决定,但是少数人的意见应当写入笔录。评议笔录由合议庭的组成人员签名。② 合议庭开庭审理并且评议后,应当作出判决。对于疑难、复杂、重大的案件,合议庭认为难以作出决定的,由合议庭提请院长决定提交审判委员会讨论决定。审判委员会的决定,合议庭应当执行。

《刑诉法解释》第176条规定:开庭审理和评议案件,应当由同一合议庭进行。合议庭成员在评议案件时,应当独立表达意见并说明理由。意见分歧的,应当按多数意见作出决定,但少数意见应当记入笔录。评议笔录由合议庭的组成人员在审阅确认无误后签名。评议情况应当保密。

(四) 审判委员会

审判委员会是人民法院内部对审判工作实行集体领导的组织形式。各级人民法院设立审判委员会,实行民主集中制。审判委员会的任务是总结审判经验,讨论重大的或者疑难的案件和其他有关审判工作的问题。审判委员会不同于合议庭,它不直接开庭审理案件。《刑诉法解释》规定:① 拟判处死刑的案件、人民检察院抗诉的案件,合议庭应当提请院长决定提交审判委员会讨论决定。② 对合议庭成员意见有重大分歧的案件、新类型案件、社会影响重大的案件以及其他疑难、复杂、重大的案件,合议庭认为难以作出决定的,可以提请院长决定提交审判委员会讨论决定。③ 人民陪审员可以要求合议庭将案件提请院长决定是否提交审判委员会讨论决定。④ 独任审判的案件,审判员认为有必要的,也可以提请院长决定提交审判委员会讨论决定。

特别关注:

对提请院长决定提交审判委员会讨论决定的案件,院长认为不必要的,可以建议合议庭复议一次。审判委员会讨论案件,应当在合议庭审理的基础上进行,并且应当充分听取合议庭成员关于审理和评议情况的说明。审判委员会的决定,合议庭、独任审判员应当执行;有不同意见的,可以建议院长提交审判委员会复议。

(五)关于人民陪审员制度的完善

我国实行的人民陪审员制度与外国的陪审团制度有很大不同。英美法系实行陪审团陪审制度的国家,陪审团只负责事实认定,适用法律则由法官负责;而我国的人民陪审员则与法官行使相同职权,既认定事实,也适用法律。

1. 法律、法规参照之一:全国人大常委会《关于完善人民陪审员制度的决定》

(1)陪审案件的范围。人民法院审判下列第一审案件,由人民陪审员和法官组成合议庭进行,适用简易程序审理的案件和法律另有规定的案件除外:① 社会影响较大的刑事、民事、行政案件;② 刑事案件被告人、民事案件原告或者被告、行政案件原告申请由人民陪审员参加合议庭审判的案件。

(2)人民陪审员的条件:公民担任人民陪审员,应当具备下列条件:① 拥护中华人民共和国宪法;② 年满23周岁;③ 品行良好、公道正派;④ 身体健康;⑤ 担任人民陪审员,一般应当具有大学专科以上文化程度。

(3)不得担任人民陪审员的情形。人民代表大会常务委员会的组成人员,人民法院、人民检察院、公安机关、国家安全机关、司法行政机关的工作人员和执业律师等人员,不得担任人民陪审员。下列人员不得担任人民陪审员:① 因犯罪受过刑事处罚的;② 被开除公职的。

(4)人民陪审员的产生与任期。① 符合担任人民陪审员条件的公民,可以由其所在单位或者户籍所在地的基层组织向基层人民法院推荐,或者本人提出申请,由基层人民法院会同同级人民政府司法行政机关审查,并由基层人民法院院长提出人民陪审员人选,提请同级人民代表大会常务委员会任命。② 人民陪审员的名额,由基层人民法院根据审判案件的需要,提请同级人民代表大会常务委员会确定。③ 人民陪审员的任期为5年。

(5)人民陪审员的职务保障。① 依法参加审判活动是人民陪审员的权利和义务。人民陪审员依法参加审判活动,受法律保护。② 人民法院应当依法保障人民陪审员参加审判活动。③ 人民陪审员所在单位或者户籍所在地的基层组织应当保障人民陪审员依法参加审判活动。

(6)人民陪审员在合议庭中的比例。人民陪审员和法官组成合议庭审判案件时,合议庭中人民陪审员所占人数比例应当不少于1/3。

(7)人民陪审员的权利。① 人民陪审员依法参加人民法院的审判活动,除不得担任审判长外,同法官有同等权利。② 人民陪审员参加合议庭审判案件,对事实认定、法律适用独立行使表决权。③ 合议庭评议案件时,实行少数服从多数的原则。人民陪审员同合议庭其他组成人员有意见分歧的,应当将其意见写入笔录,必要时,人民陪审员可以要求合议庭将案件提请院长决定是否提交审判委员会讨论决定。

(8)人民陪审员的回避与职务要求。① 人民陪审员的回避,参照有关法官回避的法律规定执行。② 人民陪审员参加审判活动,应当遵守法官履行职责的规定,保守审判秘密、注重司法礼仪、维护司法形象。

(9)人民陪审员的抽选。① 基层人民法院审判案件依法应当由人民陪审员参加合议庭审判的,应当在人民陪审员名单中随机抽取确定。② 中级人民法院、高级人民法院审判案件依法应当由人民陪审员参加合议庭审判的,在其所在城市的基层人民法院的人民陪审员名单中随机抽取确定。

(10) 人民陪审员的培训。基层人民法院会同同级人民政府司法行政机关对人民陪审员进行培训，提高人民陪审员的素质。

(11) 人民陪审员的奖励与免除。对于在审判工作中有显著成绩或者有其他突出事迹的人民陪审员，给予表彰和奖励。人民陪审员有下列情形之一，经所在基层人民法院会同同级人民政府司法行政机关查证属实的，应当由基层人民法院院长提请同级人民代表大会常务委员会免除其人民陪审员职务：① 本人申请辞去人民陪审员职务的；② 无正当理由，拒绝参加审判活动，影响审判工作正常进行的；③ 具有《关于完善人民陪审员制度的决定》第 5 条、第 6 条所列情形之一的；④ 违反与审判工作有关的法律及相关规定，徇私舞弊，造成错误裁判或者其他严重后果的。人民陪审员有第④项所列行为，构成犯罪的，依法追究刑事责任。

(12) 人民陪审员的费用与补助。① 人民陪审员因参加审判活动而支出的交通、就餐等费用，由人民法院给予补助。② 有工作单位的人民陪审员参加审判活动期间，所在单位不得克扣或者变相克扣其工资、奖金及其他福利待遇。③ 无固定收入的人民陪审员参加审判活动期间，由人民法院参照当地职工上年度平均货币工资水平，按实际工作日给予补助。④ 人民陪审员因参加审判活动应当享受的补助，人民法院和司法行政机关为实施陪审制度所必需的开支，列入人民法院和司法行政机关业务经费，由同级政府财政予以保障。

2. 法律、法规参照之二：最高人民法院《关于人民陪审员参加审判活动若干问题的规定》

(1) 人民法院审判第一审刑事、民事、行政案件，属于下列情形之一的，由人民陪审员和法官共同组成合议庭进行，适用简易程序审理的案件和法律另有规定的案件除外：① 涉及群体利益的；② 涉及公共利益的；③ 人民群众广泛关注的；④ 其他社会影响较大的。第一审刑事案件被告人、民事案件原告或者被告、行政案件原告申请由人民陪审员参加合议庭审判的，由人民陪审员和法官共同组成合议庭进行。人民法院征得前款规定的当事人同意由人民陪审员和法官共同组成合议庭审判案件的，视为申请。

(2) 第一审人民法院决定适用普通程序审理案件后应当明确告知本规定第 2 条的当事人，在收到通知 5 日内有权申请由人民陪审员参加合议庭审判案件。人民法院接到当事人在规定期限内提交的申请后，经审查符合本规定的，应当组成有人民陪审员参加的合议庭进行审判。

(3) 人民法院应当在开庭 7 日前采取电脑生成等方式，从人民陪审员名单中随机抽取确定人民陪审员。特殊案件需要具有特定专业知识的人民陪审员参加审判的，人民法院可以在具有相应专业知识的人民陪审员范围内随机抽取。

(4) 人民陪审员确有正当理由不能参加审判活动，或者当事人申请其回避的理由经审查成立的，人民法院应当及时重新确定其他人选。

(5) 人民陪审员参加合议庭评议案件时，有权对事实认定、法律适用独立发表意见，并独立行使表决权。人民陪审员评议案件时应当围绕事实认定、法律适用充分发表意见并说明理由。

(6) 合议庭评议案件时，先由承办法官介绍案件涉及的相关法律、审查判断证据的有关规则，后由人民陪审员及合议庭其他成员充分发表意见，审判长最后发表意见并总结合议庭意见。

(7) 人民陪审员同合议庭其他组成人员意见分歧，要求合议庭将案件提请院长决定是否提交审判委员会讨论决定的，应当说明理由；人民陪审员提出的要求及理由应当写入评议笔录。

（8）人民陪审员应当认真阅读评议笔录，确认无误后签名；发现评议笔录与评议内容不一致的，应当要求更正后签名。人民陪审员应当审核裁判文书文稿并签名。

二、例题

1. 下列哪一选项属于两审终审制的例外？（2017年真题，单选）
   A. 自诉案件的刑事调解书经双方当事人签收后，即具有法律效力，不得上诉
   B. 地方各级法院的第一审判决，法定期限内没有上诉、抗诉，期满即发生法律效力
   C. 在法定刑以下判处刑罚的判决，报请最高法院核准后生效
   D. 法院可通过再审，撤销或者改变已生效的二审判决

   [释疑]《刑诉法解释》第271条规定，人民法院审理自诉案件，可以在查明事实、分清是非的基础上，根据自愿、合法的原则进行调解。调解达成协议的，应当制作刑事调解书，由审判人员和书记员署名，并加盖人民法院印章。调解书经双方当事人签收后，即具有法律效力。调解没有达成协议，或者调解书签收前当事人反悔的，应当及时作出判决。调解达成协议，意味着双方都接受了，即均不上诉。但并不影响自诉案件两审终审的制度；同理地方各级法院一审的案件，法定期限内没有上诉、抗诉，期满即发生法律效力，也不影响地方各级法院一审的案件两审终审的制度；D项本身是两审终审生效后的纠错程序；只有C项是两审之后并不生效，必须经最高人民法院核准后生效，属于两审终审制的例外。（答案：C）

2. 《中共中央关于全面深化改革若干重大问题的决定》提出"让审理者裁判、由裁判者负责"。结合刑事诉讼基本原理，关于这一表述的理解，下列哪一选项是正确的？（2016年真题，单选）
   A. 体现了我国刑事诉讼职能的进一步细化与完善
   B. 体现了刑事诉讼直接原则的要求
   C. 体现了刑事审判的程序性特征
   D. 体现了刑事审判控辩式庭审方式改革的方向

   [释疑]"让审理者裁判、由裁判者负责"，体现了刑事诉讼直接原则的要求。直接言词原则是指法官必须在法庭上亲自听取当事人、证人及其他诉讼参与人的口头陈述，案件事实和证据必须由控辩双方当庭口头提出并以口头辩论和质证的方式进行调查。直接言词原则包括直接原则和言词原则。直接原则，是指法官必须与诉讼参与人直接接触，直接审查有关案件事实材料和证据。直接原则又可分为直接审理原则和直接采证原则。言词原则，是指法庭审理必须以口头陈述的方式进行。法官要以口头的形式进行讯问（询问）调查，除非法律特别规定，未经口头调查的证据，不得采纳为定案依据。"让审理者裁判"，其重大意义就在于打破过去司法权力运行的"行政化""层级化"状况，改变"审者不判、判者不审""审与判分离"问题，实现"审与判相统一、相一致"，裁判者必须是审理者，必须要有"亲历性"。同时"让审理者裁判"，也明确无误地要求还权给"审理者"，要让"审理者"而非任何其他人作出裁判，也就是要求审理者必须有权进行裁判，审理者必须要有独立地位、独立人格和充分的裁判权。"让审理者裁判"，强调的是给审理者以裁判权，还权于审理者、审判组织，强调突出审理者的地位，这也是符合司法规律之举。"由裁判者负责"，则明确要求"权、责相统一、相一致""谁裁判谁负责""用权受监督"，这不仅符合权力运行规则，而且也是"让审理者裁判""谁审理谁裁判"的

自然延伸和逻辑发展。因此,我们既要强调"让审理者裁判",又要强调"由裁判者负责",没有"让审理者裁判",就不能实现"审与判的统一",不能确定裁判的真正主体,当然也就没有追究责任的前提和基础。而没有"由裁判者负责",审理者就可能恣意而为,"自由裁量"可能失去控制,甚至导致枉法裁判,徇私枉法。所以,B项正确。(答案:B)

3. 我国刑事审判模式正处于由职权主义走向控辩式的改革过程之中,2012年《刑事诉讼法》修改内容中,下列哪一选项体现了这一趋势?(2015年真题,单选)

　　A. 扩大刑事简易程序的适用范围
　　B. 延长第一审程序的审理期限
　　C. 允许法院强制证人出庭作证
　　D. 增设当事人和解的公诉案件诉讼程序

[释疑] "扩大刑事简易程序的适用范围"是为了在公正的前提下提高诉讼效率;"延长第一审程序的审理期限"是为了保证公正审判所必需的时间;"增设当事人和解的公诉案件诉讼程序"是有效解决刑事纠纷、化解社会矛盾和促进社会和谐的重要举措;党的十八届四中全会要求我国诉讼要进行以审判为中心的诉讼改革,刑事审判模式由职权主义走向控辩式改革就是顺应了这一要求,在2012年《刑事诉讼法》修改内容中,"允许法院强制证人出庭作证"体现了控辩式改革的基本要求。(答案:C)

4. 罗某作为人民陪审员参与D市中级法院的案件审理工作。关于罗某的下列哪一说法是正确的?(2015年真题,单选)

　　A. 担任人民陪审员,必须经D市人大常委会任命
　　B. 同法官享有同等权利,也能担任合议庭审判长
　　C. 可参与中级法院二审案件审理,并对事实认定、法律适用独立行使表决权
　　D. 可要求合议庭将案件提请院长决定是否提交审委会讨论决定

[释疑] 《全国人民代表大会常务委员会关于完善人民陪审员制度的决定》第8条规定:"符合担任人民陪审员条件的公民,可以由其所在单位或者户籍所在地的基层组织向基层人民法院推荐,或者本人提出申请,由基层人民法院会同同级人民政府司法行政机关进行审查,并由基层人民法院院长提出人民陪审员人选,提请同级人民代表大会常务委员会任命。"所以,A项错误。《刑事诉讼法》第178条第1款规定:"基层人民法院、中级人民法院审判第一审案件,应当由审判员三人或者由审判员和人民陪审员共三人组成合议庭进行,但是基层人民法院适用简易程序的案件可以由审判员一人独任审判。"第4款规定:"人民法院审判上诉和抗诉案件,由审判员三人至五人组成合议庭进行。"所以,C项错误。第6款规定:"合议庭由院长或者庭长指定审判员一人担任审判长。院长或者庭长参加审判案件的时候,自己担任审判长。"所以,B项错误。最高人民法院《关于人民陪审员参加审判活动若干问题的规定》第9条规定:"人民陪审员同合议庭其他组成人员意见分歧,要求合议庭将案件提请院长决定是否提交审判委员会讨论决定的,应当说明理由;人民陪审员提出的要求及理由应当写入评议笔录。"所以,D项正确。(答案:D)

5. 刑事审判具有亲历性特征。下列哪一选项不符合亲历性要求?(2014年真题,单选)

　　A. 证人因路途遥远无法出庭,采用远程作证方式在庭审过程中作证
　　B. 首次开庭并对出庭证人的证言质证后,某合议庭成员因病无法参与审理,由另一人民陪审员担任合议庭成员继续审理并作出判决

C. 某案件独任审判员在公诉人和辩护人共同参与下对部分证据进行庭外调查核实

D. 第二审法院对决定不开庭审理的案件,通过讯问被告人、听取被害人、辩护人和诉讼代理人的意见进行审理

[释疑] 刑事审判的亲历性,是指案件的裁判者必须自始至终参与审理,审查所有证据,对案件作出判决须以充分听取控辩双方的意见为前提。证人因路途遥远无法出庭,采用远程作证方式在庭审过程中作证,法官亲身听取了证人作证。A 项符合要求。B 项不符合亲历性,后参加庭审的人民陪审员没有亲自听取对出庭证人的质证。《刑事诉讼法》第 191 条第 1 款规定:"法庭审理过程中,合议庭对证据有疑问的,可以宣布休庭,对证据进行调查核实。"法官亲自参与了庭外调查核实,C 项符合要求。D 项符合要求。(答案:B)

6. 开庭审判过程中,一名陪审员离开法庭处理个人事务,辩护律师提出异议并要求休庭,审判长予以拒绝,四十分钟后陪审员返回法庭继续参与审理。陪审员长时间离开法庭的行为违背下列哪一审判原则?(2013 年真题,单选)

A. 职权主义原则　　　　　　　　B. 证据裁判规则

C. 直接言词原则　　　　　　　　D. 集中审理原则

[释疑] 直接言词原则是指法官必须在法庭上亲自听取当事人、证人及其他诉讼参与人的口头陈述,案件事实和证据必须由控辩双方当庭口头提出并以口头辩论和质证的方式进行调查。故 C 项正确。(答案:C)

7. 关于我国人民陪审员制度与一些国家的陪审团制度存在的差异,下列哪一选项是正确的?(2013 年真题,单选)

A. 人民陪审员制度目的在于协助法院完成审判任务,陪审团制度目的在于制约法官

B. 人民陪审员与法官行使相同职权,陪审团与法官存在职权分工

C. 人民陪审员在成年公民中随机选任,陪审团从有选民资格的人员中聘任

D. 是否适用人民陪审员制度取决于当事人的意愿,陪审团适用于所有案件

[释疑] 英美法系实行陪审团陪审制度的国家,陪审团只负责事实认定,适用法律则由法官负责;而我国的人民陪审员则与法官行使相同职权,既认定事实,也适用法律。(答案:B)

8. 下列哪些选项体现了集中审理原则的要求?(2010 年真题,多选)

A. 案件一旦开始审理即不得更换法官

B. 法庭审理应不中断地进行

C. 更换法官或者庭审中断时间较长的,应当重新进行审理

D. 法庭审理应当公开进行

[释疑] 案件一旦开始审理,即不得更换法官;法庭审理应不中断地进行;更换法官或者庭审中断时间较长的,应重新进行审理。这三点体现了集中审理原则的要求,而法庭审理应当公开进行是公开审理原则的要求,故选 A、B、C 项。(答案:ABC)

9. 根据最高人民法院《关于进一步加强合议庭职责的若干规定》,关于合议庭,下列哪些说法是正确的?(2010 年真题,多选)

A. 合议庭是法院的基本审判组织,由审判员和人民陪审员随机组成

B. 合议庭成员因对案件事实和证据认识上的偏差而导致案件被改判或者发回重审的不承担责任

C. 合议庭成员因法律修订或者政策调整而导致案件被改判或者发回重审的不承担责任

D. 开庭审理时,合议庭成员从事与该庭审无关的活动,当事人提出异议合议庭不纠正的,当事人可以要求延期审理,并将有关情况记入庭审笔录

[释疑] 最高人民法院《关于进一步加强合议庭职责的若干规定》第 2 条规定:"合议庭由审判员、助理审判员或者人民陪审员随机组成。合议庭成员相对固定的,应当定期交流。人民陪审员参加合议庭的,应当从人民陪审员名单中随机抽取确定。"合议庭并不必然由人民陪审员组成,故 A 项错误。第 5 条规定:"开庭审理时,合议庭全体成员应当共同参加,不得缺席、中途退庭或者从事与该庭审无关的活动。合议庭成员未参加庭审、中途退庭或者从事与该庭审无关的活动,当事人提出异议的,应当纠正。合议庭仍不纠正的,当事人可以要求休庭,并将有关情况记入庭审笔录。""可以要求休庭"并非"可以要求延期审理",故 D 项错误。第 10 条规定:"……合议庭审理案件有下列情形之一的,合议庭成员不承担责任:① 因对法律理解和认识上的偏差而导致案件被改判或者发回重审的;② 因对案件事实和证据认识上的偏差而导致案件被改判或者发回重审的;③ 因新的证据而导致案件被改判或者发回重审的;④ 因法律修订或者政策调整而导致案件被改判或者发回重审的;⑤ 因裁判所依据的其他法律文书被撤销或变更而导致案件被改判或者发回重审的;⑥ 其他依法履行审判职责不应当承担责任的情形。"故 B、C 项正确。(答案:BC)

10. 下列哪一选项体现了直接言词原则的要求?(2009 年真题,单选)

A. 法官亲自收集证据

B. 法官亲自在法庭上听取当事人、证人及其他诉讼参与人的口头陈述

C. 法庭审理尽可能不中断地进行

D. 法庭审理应当公开进行证据调查与辩论

[释疑] 收集证据主要由控辩双方来做,故 A 项不选;C 项属集中审理;D 项属审判公开。直接言词原则是指法官必须在法庭上亲自听取当事人、证人及其他诉讼参与人的口头陈述,案件事实和证据必须由控辩双方当庭口头提出并以口头辩论和质证的方式进行调查。故选 B 项。(答案:B)

11. 关于合议庭的组成及活动原则,下列哪些选项是正确的?(2009 年真题,多选)

A. 在审判员不能参加合议庭时,经院长指定,助理审判员可以临时代行审判员职务担任审判长

B. 开庭审理和评议案件,必须由同一合议庭进行

C. 合议庭成员如有意见分歧,应当按照 2/3 以上多数作出决定

D. 经审判委员会讨论决定的案件,合议庭有不同意见时,可以建议院长提交审判委员会复议

[释疑] 《刑诉法解释》第 175 条规定:"审判长由审判员担任。助理审判员由本院院长提出,经审判委员会通过,可以临时代行审判员职务,并可以担任审判长。"故 A 项错误。第 176 条规定:"开庭审理和评议案件,应当由同一合议庭进行。合议庭成员在评议案件时,应当独立表达意见并说明理由。意见分歧的,应当按多数意见作出决定,但少数意见应当记入笔录。评议笔录由合议庭的组成人员在审阅确认无误后签名。评议情况应当保密。"故 B 项正确、C 项错误。第 179 条规定:"审判委员会的决定,合议庭、独任审判员应当执行;有不同意见的,可以建议院长提交审判委员会复议。"故 D 项正确。(答案:BD)

12. 张某系某基层法院陪审员,可以参与审判下列哪些案件?(2009 年真题,多选)

A. 所在区基层法院适用简易程序审理的案件
B. 所在市中级法院审理的一审案件
C. 所在市中级法院审理的二审案件
D. 所在省高级法院审理的一审案件

[释疑] 《刑事诉讼法》第210条规定："适用简易程序审理案件,对可能判处三年有期徒刑以下刑罚的,可以组成合议庭进行审判,也可以由审判员一人独任审判;对可能判处的有期徒刑超过三年的,应当组成合议庭进行审判。适用简易程序审理公诉案件,人民检察院应当派员出席法庭。"所以,只要不是独任审判,人民陪审员就可以参与审判所在区基层人民法院适用简易程序审理的案件,故A项正确;根据全国人民代表大会常务委员会《关于完善人民陪审员制度的决定》第14条的规定:基层人民法院审判案件依法应当由人民陪审员参加合议庭审判的,应当在人民陪审员名单中随机抽取确定。中级人民法院、高级人民法院审判案件依法应当由人民陪审员参加合议庭审判的,在其所在城市的基层人民法院的人民陪审员名单中随机抽取确定。故C项不选,B、D项应选。(原答案:BD;现答案:ABD)

13. 最高人民法院《关于人民法院合议庭工作的若干规定》规定,合议庭组成人员确定后,除因回避或者其他特殊情况不能继续参加案件审理外,不得在案件审理过程中更换。这一规定体现的是下列哪一项审判原则?(2007年真题,单选)

A. 公开审判原则　　　　　　　　B. 言词审理原则
C. 集中审理原则　　　　　　　　D. 辩论原则

[释疑] 本题是不能在现行法律和司法解释中找到答案的,只有掌握了上述刑事审判原则中的集中审理原则的理论,才能选对,故C项当选。(答案:C)

14. 关于人民陪审员,下列哪些选项是正确的?(2007年真题,多选)
A. 各级法院审判第一审刑事案件,均可吸收人民陪审员作为合议庭成员参与审判
B. 一审刑事案件被告人有权申请由人民陪审员参加合议庭审判
C. 执业律师不得担任人民陪审员
D. 高级人民法院审判案件依法应当由人民陪审员参加合议庭审判的,在其所在城市的中级人民法院的人民陪审员名单中随机抽取

[释疑] 《刑事诉讼法》第178条第1、2款规定:"基层人民法院、中级人民法院审判第一审案件,应当由审判员三人或者由审判员和人民陪审员共三人组成合议庭进行,但是基层人民法院适用简易程序的案件可以由审判员一人独任审判。高级人民法院、最高人民法院审判第一审案件,应当由审判员三人至七人或者由审判员和人民陪审员共三人至七人组成合议庭进行。"故A项说法正确。全国人民代表大会常务委员会《关于完善人民陪审员制度的决定》第2条规定:"人民法院审判下列第一审案件,由人民陪审员和法官组成合议庭进行,适用简易程序审理的案件和法律另有规定的案件除外:① 社会影响较大的刑事、民事、行政案件;② 刑事案件被告人、民事案件原告或者被告、行政案件原告申请由人民陪审员参加合议庭审判的案件。"因此,B项正确。第5条规定:"人民代表大会常务委员会的组成人员,人民法院、人民检察院、公安机关、国家安全机关、司法行政机关的工作人员和执业律师等人员,不得担任人民陪审员。"因此,C项正确。第14条规定:"基层人民法院审判案件依法应当由人民陪审员参加合议庭审判的,应当在人民陪审员名单中随机抽取确定。中级人民法院、高级人民法院审判案件依法应当由人民陪审员参加合议庭审判的,在其所在城市的基层人民法院的人民陪审员名单

中随机抽取确定。"因此,D项错误。(答案:ABC)

15. 下列关于人民陪审员的哪些表述是错误的?(2006年真题,多选)

A. 人民陪审员不得担任审判长

B. 人民陪审员有权参加法院所有的审判活动

C. 人民陪审员参加中级人民法院审判活动的,应当从本院的人民陪审员名单中随机抽取确定

D. 合议庭评议案件时,对于法律适用问题,人民陪审员应当接受法官的指导

[释疑] 《刑事诉讼法》第178条第6款规定:"合议庭由院长或者庭长指定审判员一人担任审判长。院长或者庭长参加审判案件的时候,自己担任审判长。"据此,人民陪审员不得担任审判长,故不选A项。全国人民代表大会常务委员会《关于完善人民陪审员制度的决定》第2条规定:"人民法院审判下列第一审案件,由人民陪审员和法官组成合议庭进行,适用简易程序审理的案件和法律另有规定的案件除外:(一) 社会影响较大的刑事、民事、行政案件;(二) 刑事案件被告人、民事案件原告或者被告、行政案件原告申请由人民陪审员参加合议庭审判的案件。"据此,人民陪审员只参加普通程序一审的案件的审判,二审、死刑复核、审判监督等程序均没有人民陪审员参加。故B项应选。全国人民代表大会常务委员会《关于完善人民陪审员制度的决定》第14条规定:"基层人民法院审判案件依法应当由人民陪审员参加合议庭审判的,应当在人民陪审员名单中随机抽取确定。中级人民法院、高级人民法院审判案件依法应当由人民陪审员参加合议庭审判的,在其所在城市的基层人民法院的人民陪审员名单中随机抽取确定。"据此,C项应选。全国人民代表大会常务委员会《关于完善人民陪审员制度的决定》第11条第1款规定:"人民陪审员参加合议庭审判案件,对事实认定、法律适用独立行使表决权。"故D项应选。(答案:BCD)

16. 下列哪些案件依法不应公开审理?(2005年真题,多选)

A. 何某强奸案

B. 15岁的金某抢劫案

C. 白某间谍案

D. 当事人冯某提出不公开审判申请,确属涉及商业秘密的案件

[释疑] 《刑事诉讼法》第183条规定:"人民法院审判第一审案件应当公开进行。但是有关国家秘密或者个人隐私的案件,不公开审理;涉及商业秘密的案件,当事人申请不公开审理的,可以不公开审理。不公开审理的案件,应当当庭宣布不公开审理的理由。"《刑事诉讼法》第274条规定:"审判的时候被告人不满十八周岁的案件,不公开审理。但是,经未成年被告人及其法定代理人同意,未成年被告人所在学校和未成年人保护组织可以派代表到场。"因此本题各项全选。(答案:ABCD)

17. 甲在犯罪时不满18周岁,开庭审理时已满18周岁。法庭应如何确定审理的形式?(单选)

A. 应当公开审理   B. 应当不公开审理

C. 可以不公开审理   D. 可以公开审理

[释疑] 《刑事诉讼法》第274条规定:"审判的时候被告人不满十八周岁的案件,不公开审理。但是,经未成年被告人及其法定代理人同意,未成年被告人所在学校和未成年人保护组织可以派代表到场。"本题中,甲在开庭审理时已满18周岁,不属于不公开审理的范围,故选A

项。(答案:A)

18. 根据我国《刑事诉讼法》的规定,下列表述准确的是?(多选)
   A. 涉及国家秘密的犯罪案件不公开审理
   B. 有关个人隐私的犯罪案件不公开审理
   C. 16岁以上不满18岁未成年人犯罪案件一律不公开审理
   D. 14岁以上不满16岁未成年人犯罪案件一律不公开审理

   [释疑] 《刑事诉讼法》第183条规定:"人民法院审判第一审案件应当公开进行。但是有关国家秘密或者个人隐私的案件,不公开审理;涉及商业秘密的案件,当事人申请不公开审理的,可以不公开审理。不公开审理的案件,应当当庭宣布不公开审理的理由。"《刑事诉讼法》第274条规定:"审判的时候被告人不满十八周岁的案件,不公开审理。但是,经未成年被告人及其法定代理人同意,未成年被告人所在学校和未成年人保护组织可以派代表到场。"故A、B、C、D项正确。(现答案:ABCD)

19. 甲涉嫌故意杀人被提起公诉,可能判处死刑。关于本案诉讼程序,下列哪一选项是正确的?(单选)
   A. 可以依据《关于适用普通程序审理"被告人认罪案件"的若干意见(试行)》审理本案
   B. 上级法院可以指定基层法院审理本案
   C. 合议庭可以由审判员组成,也可以由审判员和人民陪审员组成
   D. 某甲拒绝法院指定辩护人为其辩护,坚持自行辩护,法庭应当准许

   [释疑] 可能判处死刑的案件,不能适用《关于适用普通程序审理"被告人认罪案件"的若干意见(试行)》审理,A项错误。可能判处死刑的案件,最低应由中级人民法院进行第一审审理,因此,上级法院不能指定基层人民法院审理本案,B项错误。《刑诉法解释》第254条规定:"被告人当庭拒绝辩护人辩护,要求另行委托辩护人或者指派律师的,合议庭应当准许。被告人拒绝辩护人辩护后,没有辩护人的,应当宣布休庭;仍有辩护人的,庭审可以继续进行。有多名被告人的案件,部分被告人拒绝辩护人辩护后,没有辩护人的,根据案件情况,可以对该被告人另案处理,对其他被告人的庭审继续进行。重新开庭后,被告人再次当庭拒绝辩护人辩护的,可以准许,但被告人不得再次另行委托辩护人或者要求另行指派律师,由其自行辩护。被告人属于应当提供法律援助的情形,重新开庭后再次当庭拒绝辩护人辩护的,不予准许。"因此,D项错误。(答案:C)

20. 下列哪些人员可以担任人民陪审员?(多选)
   A. 某甲,司法行政机关工作人员
   B. 某乙,曾因盗窃受到刑事处罚
   C. 某丙,所学专业为法律专业但只具有大学专科文化程度
   D. 某丁,具有大学本科文化程度但所学专业为非法律专业

   [释疑] 根据全国人民代表大会常务委员会《关于完善人民陪审员制度的决定》,担任人民陪审员,一般应当具有大学专科以上文化程度;人民代表大会常务委员会的组成人员,人民法院、人民检察院、公安机关、国家安全机关、司法行政机关的工作人员和执业律师等人员,不得担任人民陪审员;另外,还规定因犯罪受过刑事处罚的和被开除公职的不得担任人民陪审员。(答案:CD)

三、提示与预测

本章重点掌握审判原则、审判组织等内容。要注意全国人大常委会和最高人民法院关于陪审制度的新规定。新法关于简易程序合议庭的规定也要特别注意。

第十五章 第一审程序

```
              ┌ 公诉案件庭前审查 ┬ 审查的内容
              │                  └ 审查后的处理
              │ 开庭审判前的准备
              │                   ┌ 开庭
              │                   │ 法庭调查
              │ 公诉案件第一审程序 ┤ 法庭辩论
              │                   │ 被告人最后陈述
              │                   └ 评议和宣判
              │         ┌ 违反法庭秩序情节较轻,应当庭警告制止并训诫
              │         │ 不听警告制止的,可以指令法警强行带出法庭
              │         │ 违反法庭秩序情节严重的,经报请院长批准后,
第一审程序 ┤ 法庭秩序 ┤ 对行为人处以1000元以下的罚款或15日以下的拘留
              │         │ 对聚众哄闹、冲击法庭或者侮辱、诽谤、威胁、
              │         │ 殴打司法工作人员或者诉讼参与人,严重扰乱法庭秩序,
              │         └ 构成犯罪的,应当依法追究刑事责任
              │ 延期审理、中止审理和终止审理
              │ 第一审程序的期限
              │ 自诉案件第一审程序 ┬ 自诉案件的受理程序
              │                    └ 自诉案件第一审程序的特点
              │            ┌ 简易程序的概念
              │            │ 我国刑事诉讼简易程序的特点
              │ 简易程序 ┤ 简易程序的适用范围
              │            │ 简易审判程序的特点
              │            └ 简易程序的提起和审判
              │ 检察院对审判活动的监督
              └ 判决、裁定和决定
```

一、精讲

考点 1 公诉案件第一审程序——庭前审查

公诉案件的庭前审查,是指人民法院对于检察院提起公诉的刑事案件进行审查,并决定是否开庭审判的诉讼活动。对公诉案件的审查主要是程序性审查。

（一）庭前审查的内容

《刑事诉讼法》第181条规定："人民法院对提起公诉的案件进行审查后，对于起诉书中有明确的指控犯罪事实的，应当决定开庭审判。"对提起公诉的案件，人民法院应当在收到起诉书（1式8份，每增加1名被告人，增加起诉书5份）和案卷、证据后，指定审判人员审查以下内容：

（1）是否属于本院管辖。

（2）起诉书是否写明被告人的身份，是否受过或者正在接受刑事处罚，被采取强制措施的种类、羁押地点，犯罪的时间、地点、手段、后果以及其他可能影响定罪量刑的情节。

（3）是否移送证明指控犯罪事实的证据材料，包括采取技术侦查措施的批准决定和所收集的证据材料。

（4）是否查封、扣押、冻结被告人的违法所得或者其他涉案财物，并附证明相关财物依法应当追缴的证据材料。

（5）是否列明被害人的姓名、住址、联系方式；是否附有证人、鉴定人名单；是否申请法庭通知证人、鉴定人、有专门知识的人出庭，并列明有关人员的姓名、性别、年龄、职业、住址、联系方式；是否附有需要保护的证人、鉴定人、被害人名单。

（6）当事人已委托辩护人、诉讼代理人，或者已接受法律援助的，是否列明辩护人、诉讼代理人的姓名、住址、联系方式。

（7）是否提起附带民事诉讼；提起附带民事诉讼的，是否列明附带民事诉讼当事人的姓名、住址、联系方式，是否附有相关证据材料。

（8）侦查、审查起诉程序的各种法律手续和诉讼文书是否齐全。

（9）有无《刑事诉讼法》第15条第2项至第6项规定的不追究刑事责任的情形。

（二）审查后的处理

（1）《刑事诉讼法》第181条规定："人民法院对提起公诉的案件进行审查后，对于起诉书中有明确的指控犯罪事实的，应当决定开庭审判。"

（2）六部门《规定》第25条规定：对于人民检察院提起公诉的案件，人民法院都应当受理。人民法院对提起公诉的案件进行审查后，对于起诉书中有明确的指控犯罪事实并且附有案卷材料、证据的，应当决定开庭审判，不得以上述材料不充足为由而不开庭审判。如果人民检察院移送的材料中缺少上述材料的，人民法院可以通知人民检察院补充材料，人民检察院应当自收到通知之日起3日内补送。人民法院对提起公诉的案件进行审查的期限计入人民法院的审理期限。

（3）人民法院对提起公诉的案件审查后，应当按照下列情形分别处理：① 属于告诉才处理的案件，应当退回人民检察院，并告知被害人有权提起自诉；② 不属于本院管辖或者被告人不在案的，应当退回人民检察院；③ 不符合上述（一）中第（2）项至第（8）项规定之一，需要补充材料的，应当通知人民检察院在3日内补送；④ 依照《刑事诉讼法》第195条第3项规定宣告被告人无罪后，人民检察院根据新的事实、证据重新起诉的，应当依法受理；⑤ 依照《刑诉法解释》第242条规定裁定准许撤诉的案件，没有新的事实、证据，重新起诉的，应当退回人民检察院；⑥ 符合《刑事诉讼法》第15条第2项至第6项规定情形的，应当裁定终止审理或者退回人民检察院；⑦ 被告人真实身份不明，但符合《刑事诉讼法》第158条第2款规定的，应当依法受理。对公诉案件是否受理,应当在 7 日内审查完毕。

考点 2 公诉案件第一审程序——开庭审判前的准备

(一)《刑事诉讼法》的相关规定

《刑事诉讼法》第 182 条规定:"人民法院决定开庭审判后,应当确定合议庭的组成人员,将人民检察院的起诉书副本至迟在开庭十日以前送达被告人及其辩护人。在开庭以前,审判人员可以召集公诉人、当事人和辩护人、诉讼代理人,对回避、出庭证人名单、非法证据排除等与审判相关的问题,了解情况,听取意见。人民法院确定开庭日期后,应当将开庭的时间、地点通知人民检察院,传唤当事人,通知辩护人、诉讼代理人、证人、鉴定人和翻译人员,传票和通知书至迟在开庭三日以前送达。公开审判的案件,应当在开庭三日以前先期公布案由、被告人姓名、开庭时间和地点。上述活动情形应当写入笔录,由审判人员和书记员签名。"

(二)《刑诉法解释》的相关规定

1. 开庭审理前,人民法院应当进行下列工作

(1)确定审判长及合议庭组成人员。

(2)开庭 10 日前将起诉书副本送达被告人、辩护人。

(3)通知当事人、法定代理人、辩护人、诉讼代理人在开庭 5 日前提供证人、鉴定人名单,以及拟当庭出示的证据;申请证人、鉴定人、有专门知识的人出庭的,应当列明有关人员的姓名、性别、年龄、职业、住址、联系方式。

(4)开庭 3 日前将开庭的时间、地点通知人民检察院。

(5)开庭 3 日前将传唤当事人的传票和通知辩护人、诉讼代理人、法定代理人、证人、鉴定人等出庭的通知书送达;通知有关人员出庭,也可以采取电话、短信、传真、电子邮件等能够确认对方收悉的方式。

(6)公开审理的案件,在开庭 3 日前公布案由、被告人姓名、开庭时间和地点。

上述工作情况应当记录在案。

2. 案件具有下列情形之一的,审判人员可以召开庭前会议

(1)当事人及其辩护人、诉讼代理人申请排除非法证据的。

(2)证据材料较多、案情重大复杂的。

(3)社会影响重大的。

(4)需要召开庭前会议的其他情形。

召开庭前会议,根据案件情况,可以通知被告人参加。

3. 召开庭前会议,审判人员可以就下列问题向控辩双方了解情况,听取意见

(1)是否对案件管辖有异议。

(2)是否申请有关人员回避。

(3)是否申请调取在侦查、审查起诉期间公安机关、人民检察院收集但未随案移送的证明被告人无罪或者罪轻的证据材料。

(4)是否提供新的证据。

(5)是否对出庭证人、鉴定人、有专门知识的人的名单有异议。

(6)是否申请排除非法证据。

(7)是否申请不公开审理。

(8) 与审判相关的其他问题。

审判人员可以询问控辩双方对证据材料有无异议,对有异议的证据,应当在庭审时重点调查;无异议的,庭审时举证、质证可以简化。被害人或者其法定代理人、近亲属提起附带民事诉讼的,可以调解。庭前会议情况应当制作笔录。

(三)《刑事诉讼规则(试行)》的相关规定

(1) 人民法院通知人民检察院派员参加庭前会议的,由出席法庭的公诉人参加,必要时配备书记员担任记录。

(2) 在庭前会议中,公诉人可以对案件管辖、回避、出庭证人、鉴定人、有专门知识的人的名单、辩护人提供的无罪证据、非法证据排除、不公开审理、延期审理、适用简易程序、庭审方案等与审判相关的问题提出和交换意见,了解辩护人收集的证据等情况。对辩护人收集的证据有异议的,应当提出。公诉人通过参加庭前会议,了解案件事实、证据和法律适用的争议和不同意见,解决有关程序问题,为参加法庭审理做好准备。

(3) 当事人、辩护人、诉讼代理人在庭前会议中提出证据系非法取得,人民法院认为可能存在以非法方法收集证据情形的,人民检察院可以对证据收集的合法性进行证明。需要调查核实的,在开庭审理前进行。

考点 3 公诉案件第一审程序——开庭

法庭审判分为开庭、法庭调查、法庭辩论、被告人最后陈述、评议和宣判几个阶段。

1. 开庭审理前,书记员应当依次进行下列工作

(1) 受审判长委托,查明公诉人、当事人、证人及其他诉讼参与人是否到庭。

(2) 宣读法庭规则。

(3) 请公诉人及相关诉讼参与人入庭。

(4) 请审判长、审判员(人民陪审员)入庭。

(5) 审判人员就座后,向审判长报告开庭前的准备工作已经就绪。

被害人、诉讼代理人经传唤或者通知未到庭,不影响开庭审理的,人民法院可以开庭审理。辩护人经通知未到庭,被告人同意的,人民法院可以开庭审理,但被告人属于应当提供法律援助情形的除外。

(2) 审判长宣布开庭,传被告人到庭后,应当查明被告人的下列情况:① 姓名、出生日期、民族、出生地、文化程度、职业、住址,或者被告单位的名称、住所地、诉讼代表人的姓名、职务。② 是否受过法律处分及处分的种类、时间。③ 是否被采取强制措施及强制措施的种类、时间。④ 收到起诉书副本的日期;有附带民事诉讼的,附带民事诉讼被告人收到附带民事起诉状的日期。被告人较多的,可以在开庭前查明上述情况,但开庭时审判长应当作出说明。

(3) 审判长宣布案件的来源、起诉的案由、附带民事诉讼当事人的姓名及是否公开审理;不公开审理的,应当宣布理由。

(4) 审判长宣布合议庭组成人员、书记员、公诉人名单及辩护人、鉴定人、翻译人员等诉讼参与人的名单。

(5) 审判长应当告知当事人及其法定代理人、辩护人、诉讼代理人在法庭审理过程中依法享有下列诉讼权利:① 可以申请合议庭组成人员、书记员、公诉人、鉴定人和翻译人员回避;② 可以提出证据,申请通知新的证人到庭、调取新的证据,申请重新鉴定或者勘验、检查;

③ 被告人可以自行辩护;④ 被告人可以在法庭辩论终结后作最后陈述。

特别关注:

审判长应当询问当事人及其法定代理人、辩护人、诉讼代理人是否申请回避、申请何人回避和申请回避的理由。当事人及其法定代理人、辩护人、诉讼代理人申请回避的,依照《刑事诉讼法》及《刑诉法解释》的有关规定处理。同意或者驳回回避申请的决定及复议决定,由审判长宣布,并说明理由。必要时,也可以由院长到庭宣布。

考点 4　公诉案件第一审程序——法庭调查

法庭调查主要针对案件事实和证据进行审查、核实。具体程序包括:

(一) 审判长宣布法庭调查开始后,应当先由公诉人宣读起诉书;有附带民事诉讼的,再由附带民事诉讼原告人或者其法定代理人、诉讼代理人宣读附带民事起诉状。起诉书指控的被告人的犯罪事实为两起以上的,法庭调查一般应当分别进行。

(二) 在审判长主持下,被告人、被害人可以就起诉书指控的犯罪事实分别陈述。

(三) 讯问、发问当事人

(1) 在审判长主持下,公诉人可以就起诉书指控的犯罪事实讯问被告人。讯问同案审理的被告人,应当分别进行。必要时,可以传唤同案被告人等到庭对质。

(2) 发问被告人。经审判长准许,被害人及其法定代理人、诉讼代理人可以就公诉人讯问的犯罪事实补充发问;附带民事诉讼原告人及其法定代理人、诉讼代理人可以就附带民事部分的事实向被告人发问;被告人的法定代理人、辩护人,附带民事诉讼被告人及其法定代理人、诉讼代理人可以在控诉一方就某一问题讯问完毕后向被告人发问。

(3) 经审判长准许,控辩双方可以向被害人、附带民事诉讼原告人发问。

(4) 审判人员可以讯问被告人。必要时,可以向被害人、附带民事诉讼当事人发问。

(四) 出示、核实证据

公诉人、辩护人应当向法庭出示物证,让当事人辨认,对未到庭的证人的证言笔录、鉴定人的鉴定意见、勘验笔录和其他作为证据的文书,应当庭宣读。审判人员应当听取公诉人、当事人和辩护人、诉讼代理人的意见。

1. 《刑事诉讼法》关于询问证人、鉴定人的规定

(1) 《刑事诉讼法》第 187 条规定:"公诉人、当事人或者辩护人、诉讼代理人对证人证言有异议,且该证人证言对案件定罪量刑有重大影响,人民法院认为证人有必要出庭作证的,证人应当出庭作证。人民警察就其执行职务时目击的犯罪情况作为证人出庭作证,适用前款规定。公诉人、当事人或者辩护人、诉讼代理人对鉴定意见有异议,人民法院认为鉴定人有必要出庭的,鉴定人应当出庭作证。经人民法院通知,鉴定人拒不出庭作证的,鉴定意见不得作为定案的根据。"

(2) 《刑事诉讼法》第 188 条规定:"经人民法院通知,证人没有正当理由不出庭作证的,人民法院可以强制其到庭,但是被告人的配偶、父母、子女除外。证人没有正当理由拒绝出庭或者出庭后拒绝作证的,予以训诫,情节严重的,经院长批准,处以十日以下的拘留。被处罚人对拘留决定不服的,可以向上一级人民法院申请复议。复议期间不停止执行。"

(3) 《刑事诉讼法》第 192 条第 2、4 款规定:"公诉人、当事人和辩护人、诉讼代理人可以申请法庭通知有专门知识的人出庭,就鉴定人作出的鉴定意见提出意见。""第二款规定的有

专门知识的人出庭,适用鉴定人的有关规定。"

特别关注:

(1) 六部门《规定》第28条规定:"人民法院依法通知证人、鉴定人出庭作证的,应当同时将证人、鉴定人出庭通知书送交控辩双方,控辩双方应当予以配合。"

(2) 六部门《规定》第29条规定:"依法应当出庭的鉴定人经人民法院通知未出庭作证的,鉴定意见不得作为定案的根据。鉴定人由于不能抗拒的原因或者有其他正当理由无法出庭,人民法院可以根据案件审理情况决定延期审理。"

2.《刑诉法解释》关于询问证人、鉴定人的规定

(1) 公诉人可以提请审判长通知证人、鉴定人出庭作证,或者出示证据。被害人及其法定代理人、诉讼代理人、附带民事诉讼原告人及其诉讼代理人也可以提出申请。在控诉一方举证后,被告人及其法定代理人、辩护人可以提请审判长通知证人、鉴定人出庭作证,或者出示证据。

(2) 控辩双方申请证人出庭作证,出示证据,应当说明证据的名称、来源和拟证明的事实。法庭认为有必要的,应当准许;对方提出异议,认为有关证据与案件无关或者明显重复、不必要,法庭经审查异议成立的,可以不予准许。

(3) 公诉人、当事人或者辩护人、诉讼代理人对证人证言有异议,且该证人证言对定罪量刑有重大影响,或者对鉴定意见有异议,申请法庭通知证人、鉴定人出庭作证,人民法院认为有必要的,应当通知证人、鉴定人出庭;无法通知或者证人、鉴定人拒绝出庭的,应当及时告知申请人。

(4) 证人具有下列情形之一,无法出庭作证的,人民法院可以准许其不出庭:① 在庭审期间身患严重疾病或者行动极为不便的;② 居所远离开庭地点且交通极为不便的;③ 身处国外短期无法回国的;④ 有其他客观原因,确实无法出庭的。具有上述规定情形的,可以通过视频等方式作证。

(5) 强制证人出庭的,应当由院长签发强制证人出庭令。

(6) 审判危害国家安全犯罪、恐怖活动犯罪、黑社会性质的组织犯罪、毒品犯罪等案件,证人、鉴定人、被害人因出庭作证,本人或者其近亲属的人身安全面临危险的,人民法院应当采取不公开其真实姓名、住址和工作单位等个人信息,或者不暴露其外貌、真实声音等保护措施。审判期间,证人、鉴定人、被害人提出保护请求的,人民法院应当立即审查;认为确有保护必要的,应当及时决定采取相应保护措施。

(7) 决定对出庭作证的证人、鉴定人、被害人采取不公开个人信息的保护措施的,审判人员应当在开庭前核实其身份,对证人、鉴定人如实作证的保证书不得公开,在判决书、裁定书等法律文书中可以使用化名等代替其个人信息。

(8) 证人、鉴定人到庭后,审判人员应当核实其身份、与当事人以及本案的关系,并告知其有关作证的权利义务和法律责任。证人、鉴定人作证前,应当保证向法庭如实提供证言、说明鉴定意见,并在保证书上签名。

(9) 向证人、鉴定人发问,应当先由提请通知的一方进行;发问完毕后,经审判长准许,对方也可以发问。

(10) 向证人发问应当遵循以下规则:① 发问的内容应当与本案事实有关;② 不得以诱导方式发问;③ 不得威胁证人;④ 不得损害证人的人格尊严。上述规定适用于对被告人、被害

人、附带民事诉讼当事人、鉴定人、有专门知识的人的讯问、发问。

（11）控辩双方的讯问、发问方式不当或者内容与本案无关的，对方可以提出异议，申请审判长制止，审判长应当判明情况予以支持或者驳回；对方未提出异议的，审判长也可以根据情况予以制止。

（12）审判人员认为必要时，可以询问证人、鉴定人、有专门知识的人。

（13）向证人、鉴定人、有专门知识的人发问应当分别进行。证人、鉴定人、有专门知识的人经控辩双方发问或者审判人员询问后，审判长应当告知其退庭。证人、鉴定人、有专门知识的人不得旁听对本案的审理。

（14）公诉人、当事人及其辩护人、诉讼代理人申请法庭通知有专门知识的人出庭，就鉴定意见提出意见的，应当说明理由。法庭认为有必要的，应当通知有专门知识的人出庭。申请有专门知识的人出庭，不得超过两人。有多种类鉴定意见的，可以相应增加人数。有专门知识的人出庭，适用鉴定人出庭的有关规定。

3.《刑事诉讼法》关于出示、宣读证据的规定

（1）《刑事诉讼法》第193条规定："法庭审理过程中，对与定罪、量刑有关的事实、证据都应当进行调查、辩论。经审判长许可，公诉人、当事人和辩护人、诉讼代理人可以对证据和案件情况发表意见并且可以互相辩论。审判长在宣布辩论终结后，被告人有最后陈述的权利。"

（2）六部门《规定》第26条规定："人民法院开庭审理公诉案件时，出庭的检察人员和辩护人需要出示、宣读、播放已移交人民法院的证据的，可以申请法庭出示、宣读、播放。"

4.《刑诉法解释》的相关规定

（1）已经移送人民法院的证据，控辩双方需要出示的，可以向法庭提出申请。法庭同意的，应当指令值庭法警出示、播放；需要宣读的，由值庭法警交由申请人宣读。

（2）举证方当庭出示证据后，由对方进行辨认并发表意见。控辩双方可以互相质问、辩论。

（3）当庭出示的证据，尚未移送人民法院的，应当在质证后移交法庭。

（五）调取新证据

1.《刑事诉讼法》的相关规定

（1）法庭审理过程中，当事人和辩护人、诉讼代理人有权申请通知新的证人到庭，调取新的物证，申请重新鉴定或者勘验。

（2）在法庭调查过程中，合议庭对于证据有疑问的，可以宣布休庭，对该证据进行调查核实。人民法院调查核实证据时，可以进行勘验、检查、查封、扣押、鉴定和查询、冻结，必要时，可以通知检察人员、辩护人到场。

（3）六部门《规定》第27条规定："《刑事诉讼法》第三十九条规定：'辩护人认为在侦查、审查起诉期间公安机关、人民检察院收集的证明犯罪嫌疑人、被告人无罪或者罪轻的证据材料未提交的，有权申请人民检察院、人民法院调取。'第一百九十一条第一款规定：'法庭审理过程中，合议庭对证据有疑问的，可以宣布休庭，对证据进行调查核实。'第一百九十二条第一款规定：'法庭审理过程中，当事人和辩护人、诉讼代理人有权申请通知新的证人到庭，调取新的物证，申请重新鉴定或者勘验。'根据上述规定，自案件移送审查起诉之日起，人民检察院可以根据辩护人的申请，向公安机关调取未提交的证明犯罪嫌疑人、被告人无罪或者罪轻的证据材料。在法庭审理过程中，人民法院可以根据辩护人的申请，向人民检察院调取未提交的证明被

告人无罪或者罪轻的证据材料,也可以向人民检察院调取需要调查核实的证据材料。公安机关、人民检察院应当自收到要求调取证据材料决定书后三日内移交。"

2.《刑诉法解释》的相关规定

(1) 法庭对证据有疑问的,可以告知公诉人、当事人及其法定代理人、辩护人、诉讼代理人补充证据或者作出说明;必要时,可以宣布休庭,对证据进行调查核实。对公诉人、当事人及其法定代理人、辩护人、诉讼代理人补充的和法庭庭外调查核实取得的证据,应当经过当庭质证才能作为定案的根据。但是,经庭外征求意见,控辩双方没有异议的除外。有关情况,应当记录在案。

(2) 公诉人申请出示开庭前未移送人民法院的证据,辩护方提出异议的,审判长应当要求公诉人说明理由;理由成立并确有出示必要的,应当准许。辩护方提出需要对新的证据作辩护准备的,法庭可以宣布休庭,并确定准备辩护的时间。辩护方申请出示开庭前未提交的证据,参照适用前两款的规定。

(3) 法庭审理过程中,当事人及其辩护人、诉讼代理人申请通知新的证人到庭,调取新的证据,申请重新鉴定或者勘验的,应当提供证人的姓名、证据的存放地点,说明拟证明的案件事实,要求重新鉴定或者勘验的理由。法庭认为有必要的,应当同意,并宣布延期审理;不同意的,应当说明理由并继续审理。延期审理的案件,符合《刑事诉讼法》第202条第1款规定的,可以报请上级人民法院批准延长审理期限。人民法院同意重新鉴定申请的,应当及时委托鉴定,并将鉴定意见告知人民检察院、当事人及其辩护人、诉讼代理人。

(4) 审判期间,公诉人发现案件需要补充侦查,建议延期审理的,合议庭应当同意,但建议延期审理不得超过两次。人民检察院将补充收集的证据移送人民法院的,人民法院应当通知辩护人、诉讼代理人查阅、摘抄、复制。补充侦查期限届满后,经法庭通知,人民检察院未将案件移送人民法院,且未说明原因的,人民法院可以决定按人民检察院撤诉处理。

(5) 人民法院向人民检察院调取需要调查核实的证据材料,或者根据被告人、辩护人的申请,向人民检察院调取在侦查、审查起诉期间收集的有关被告人无罪或者罪轻的证据材料,应当通知人民检察院在收到调取证据材料决定书后3日内移交。

(6) 审判期间,合议庭发现被告人可能有自首、坦白、立功等法定量刑情节,而人民检察院移送的案卷中没有相关证据材料的,应当通知人民检察院移送。审判期间,被告人提出新的立功线索的,人民法院可以建议人民检察院补充侦查。

(六) 量刑调查

1.《刑事诉讼规则(试行)》的规定

人民检察院向人民法院提出量刑建议的,公诉人应当在发表公诉意见时提出。

2.《刑诉法解释》的相关规定

(1) 法庭审理过程中,对与量刑有关的事实、证据,应当进行调查。

(2) 人民法院除应当审查被告人是否具有法定量刑情节外,还应当根据案件情况审查以下影响量刑的情节:① 案件起因;② 被害人有无过错及过错程度,是否对矛盾激化负有责任及责任大小;③ 被告人的近亲属是否协助抓获被告人;④ 被告人的平时表现,有无悔罪态度;⑤ 退赃、退赔及赔偿情况;⑥ 被告人是否取得被害人或者其近亲属谅解;⑦ 影响量刑的其他情节。

(3) 对被告人认罪的案件,在确认被告人了解起诉书指控的犯罪事实和罪名,自愿认罪且知悉认罪的法律后果后,法庭调查可以主要围绕量刑和其他有争议的问题进行。对被告人不认罪或者辩护人作无罪辩护的案件,法庭调查应当在查明定罪事实的基础上,查明有关量刑事实。

考点 5 公诉案件第一审程序——法庭辩论与最后陈述

(一)法庭辩论

合议庭认为案件事实已经调查清楚的,应当由审判长宣布法庭调查结束,开始就定罪、量刑的事实、证据和适用法律等问题进行法庭辩论。

(1)法庭辩论应当在审判长的主持下,按照下列顺序进行:① 公诉人发言(发表公诉词);② 被害人及其诉讼代理人发言;③ 被告人自行辩护;④ 辩护人辩护(发表辩护词);⑤ 控辩双方进行辩论。

(2)附带民事部分的辩论应当在刑事部分的辩论结束后进行,先由附带民事诉讼原告人及其诉讼代理人发言,后由附带民事诉讼被告人及其诉讼代理人答辩。

(3)人民检察院可以提出量刑建议并说明理由,量刑建议一般应当具有一定的幅度。当事人及其辩护人、诉讼代理人可以对量刑提出意见并说明理由。

(4)对被告人认罪的案件,法庭辩论时,可以引导控辩双方主要围绕量刑和其他有争议的问题进行。对被告人不认罪或者辩护人作无罪辩护的案件,法庭辩论时,可以引导控辩双方先辩论定罪问题,后辩论量刑问题。

(5)法庭辩论过程中,审判长应当充分听取控辩双方的意见,对控辩双方与案件无关、重复或者指责对方的发言应当提醒、制止。

(6)法庭辩论过程中,合议庭发现与定罪、量刑有关的新的事实,有必要调查的,审判长可以宣布暂停辩论,恢复法庭调查,在对新的事实调查后,继续法庭辩论。

(二)被告人最后陈述

(1)审判长宣布法庭辩论终结后,合议庭应当保证被告人充分行使最后陈述的权利。被告人在最后陈述中多次重复自己的意见的,审判长可以制止。陈述内容蔑视法庭、公诉人,损害他人及社会公共利益,或者与本案无关的,应当制止。在公开审理的案件中,被告人最后陈述的内容涉及国家秘密、个人隐私或者商业秘密的,应当制止。

(2)被告人在最后陈述中提出新的事实、证据,合议庭认为可能影响正确裁判的,应当恢复法庭调查;被告人提出新的辩解理由,合议庭认为可能影响正确裁判的,应恢复法庭辩论。

考点 6 公诉案件第一审程序——评议和宣判

(一)评议

1.《刑事诉讼法》的相关规定

(1)在被告人最后陈述后,审判长宣布休庭,合议庭进行评议,根据已经查明的事实、证据和有关的法律规定,分别作出以下判决:① 案件事实清楚,证据确实、充分,依据法律认定被告人有罪的,应当作出有罪判决;② 依据法律认定被告人无罪的,应当作出无罪判决;③ 证据不足,不能认定被告人有罪的,应当作出证据不足、指控的犯罪不能成立的无罪判决。

(2)判决书应当由审判人员和书记员署名,并且写明上诉的期限和上诉的法院。

2.《刑诉法解释》的相关规定

（1）合议庭评议案件，应当根据已经查明的事实、证据和有关法律规定，在充分考虑控辩双方意见的基础上，确定被告人是否有罪、构成何罪，有无从重、从轻、减轻或者免除处罚的情节，应否处以刑罚，判处何种刑罚，附带民事诉讼如何解决，查封、扣押、冻结的财物及其孳息如何处理等，并依法作出判决、裁定。

（2）对第一审公诉案件，人民法院审理后，应当按照下列情形分别作出判决、裁定：①起诉指控的事实清楚，证据确实、充分，依据法律认定指控被告人的罪名成立的，应当作出有罪判决。②起诉指控的事实清楚，证据确实、充分，指控的罪名与审理认定的罪名不一致的，应当按照审理认定的罪名作出有罪判决。③案件事实清楚，证据确实、充分，依据法律认定被告人无罪的，应当判决宣告被告人无罪。④证据不足，不能认定被告人有罪的，应当以证据不足、指控的犯罪不能成立为由，判决宣告被告人无罪。⑤案件部分事实清楚，证据确实、充分的，应当作出有罪或者无罪的判决；对事实不清、证据不足部分，不予认定。⑥被告人因不满16周岁，不予刑事处罚的，应当判决宣告被告人不负刑事责任。⑦被告人是精神病人，在不能辨认或者不能控制自己行为时造成危害结果，不予刑事处罚的，应当判决宣告被告人不负刑事责任。⑧犯罪已过追诉时效期限且不是必须追诉，或者经特赦令免除刑罚的，应当裁定终止审理。⑨被告人死亡的，应当裁定终止审理；根据已查明的案件事实和认定的证据，能够确认无罪的，应当判决宣告被告人无罪。具有前述②规定情形的，人民法院应当在判决前听取控辩双方的意见，保障被告人、辩护人充分行使辩护权。必要时，可以重新开庭，组织控辩双方围绕被告人的行为构成何罪进行辩论。

（3）合议庭成员应当在评议笔录上签名，在判决书、裁定书等法律文书上署名。

（4）裁判文书应当写明裁判依据，阐释裁判理由，反映控辩双方的意见，并说明采纳或者不予采纳的理由。

（二）宣判

宣判分为当庭宣判和定期宣判两种。

1.《刑事诉讼法》第196条规定

"宣告判决，一律公开进行。当庭宣告判决的，应当在五日以内将判决书送达当事人和提起公诉的人民检察院；定期宣告判决的，应当在宣告后立即将判决书送达当事人和提起公诉的人民检察院。判决书应当同时送达辩护人、诉讼代理人。"

2.《刑诉法解释》的相关规定

（1）当庭宣告判决的，应当在5日内送达判决书。定期宣告判决的，应当在宣判前，先期公告宣判的时间和地点，传唤当事人并通知公诉人、法定代理人、辩护人和诉讼代理人；判决宣告后，应当立即送达判决书。判决书应当送达人民检察院、当事人、法定代理人、辩护人、诉讼代理人，并可以送达被告人的近亲属。判决生效后，还应当送达被告人的所在单位或者原户籍地的公安派出所，或者被告单位的注册登记机关。

（2）宣告判决，一律公开进行。公诉人、辩护人、诉讼代理人、被害人、自诉人或者附带民事诉讼原告人未到庭的，不影响宣判的进行。宣告判决结果时，法庭内全体人员应当起立。

（三）追加起诉、变更起诉、撤回起诉

1. 六部门《规定》第30条规定

人民法院审理公诉案件，发现有新的事实，可能影响定罪的，人民检察院可以要求补充起

诉或者变更起诉，人民法院可以建议人民检察院补充起诉或者变更起诉。人民法院建议人民检察院补充起诉或者变更起诉的，人民检察院应当在 7 日以内回复意见。

2.《刑诉法解释》的相关规定

(1) 宣告判决前，人民检察院要求撤回起诉的，人民法院应当审查撤回起诉的理由，作出是否准许的裁定。

(2) 审判期间，人民法院发现新的事实，可能影响定罪的，可以建议人民检察院补充或者变更起诉；人民检察院不同意或者在 7 日内未回复意见的，人民法院应当就起诉指控的犯罪事实，依照《刑诉法解释》第 241 条的规定作出判决、裁定。

(3) 对依照《刑诉法解释》第 181 条第 1 款第 4 项规定受理的案件，人民法院应当在判决中写明被告人曾被人民检察院提起公诉，因证据不足，指控的犯罪不能成立，被人民法院依法判决宣告无罪的情况；前案依照《刑事诉讼法》第 195 条第 3 项规定作出的判决不予撤销。

(4) 对应当认定为单位犯罪的案件，人民检察院只作为自然人犯罪起诉的，人民法院应当建议人民检察院对犯罪单位补充起诉。人民检察院仍以自然人犯罪起诉的，人民法院应当依法审理，按照单位犯罪中的直接负责的主管人员或者其他直接责任人员追究刑事责任，并援引《刑法》分则关于追究单位犯罪中直接负责的主管人员和其他直接责任人员刑事责任的条款。

3.《刑事诉讼规则(试行)》的相关规定

(1) 在人民法院宣告判决前，人民检察院发现被告人的真实身份或者犯罪事实与起诉书中叙述的身份或者指控犯罪事实不符的，或者事实、证据没有变化，但罪名、适用法律与起诉书不一致的，可以变更起诉；发现遗漏的同案犯罪嫌疑人或者罪行可以一并起诉和审理的，可以追加、补充起诉。

(2) 在人民法院宣告判决前，人民检察院发现具有下列情形之一的，可以撤回起诉：① 不存在犯罪事实的；② 犯罪事实并非被告人所为的；③ 情节显著轻微、危害不大，不认为是犯罪的；④ 证据不足或证据发生变化，不符合起诉条件的；⑤ 被告人因未达到刑事责任年龄，不负刑事责任的；⑥ 法律、司法解释发生变化导致不应当追究被告人刑事责任的；⑦ 其他不应当追究被告人刑事责任的。对于撤回起诉的案件，人民检察院应当在撤回起诉后 30 日以内作出不起诉决定。需要重新侦查的，应当在作出不起诉决定后将案卷材料退回公安机关，建议公安机关重新侦查并书面说明理由。对于撤回起诉的案件，没有新的事实或者新的证据，人民检察院不得再行起诉。新的事实是指原起诉书中未指控的犯罪事实。该犯罪事实触犯的罪名既可以是原指控罪名的同一罪名，也可以是其他罪名。新的证据是指撤回起诉后收集、调取的足以证明原指控犯罪事实的证据。

(3) 在法庭审理过程中，人民法院建议人民检察院补充侦查、补充起诉、追加起诉或者变更起诉的，人民检察院应当审查有关理由，并作出是否补充侦查、补充起诉、追加起诉或者变更起诉的决定。人民检察院不同意的，可以要求人民法院就起诉指控的犯罪事实依法作出裁判。

(4) 变更、追加、补充或者撤回起诉应当报经检察长或者检察委员会决定，并以书面方式在人民法院宣告判决前向人民法院提出。

(四)《刑事诉讼规则(试行)》关于出席第一审法庭的相关规定

(1) 公诉人应当由检察长、检察员或者经检察长批准代行检察员职务的助理检察员 1 人至数人担任，并配备书记员担任记录。适用简易程序审理的公诉案件，可以不配备书记员担任记录。

(2) 公诉人在法庭上应当依法进行下列活动：① 宣读起诉书，代表国家指控犯罪，提请人民法院对被告人依法审判；② 讯问被告人；③ 询问证人、被害人、鉴定人；④ 申请法庭出示物证，宣读书证、未到庭证人的证言笔录、鉴定人的鉴定意见、勘验、检查、辨认、侦查实验等笔录和其他作为证据的文书，播放作为证据的视听资料、电子数据等；⑤ 对证据采信、法律适用和案件情况发表意见，提出量刑建议及理由，针对被告人、辩护人的辩护意见进行答辩，全面阐述公诉意见；⑥ 维护诉讼参与人的合法权利；⑦ 对法庭审理案件有无违反法律规定的诉讼程序的情况记明笔录；⑧ 依法从事其他诉讼活动。

(3) 被告人在庭审中的陈述与在侦查、审查起诉中的供述一致或者不一致的内容不影响定罪量刑的，可以不宣读被告人的供述笔录。被告人在庭审中的陈述与在侦查、审查起诉中的供述不一致，足以影响定罪量刑的，可以宣读被告人的供述笔录，并针对笔录中被告人的供述内容对被告人进行讯问，或者提出其他证据进行证明。

(4) 证人应当由人民法院通知并负责安排出庭作证。对于经人民法院通知而未到庭的证人或者出庭后拒绝作证的证人的证言笔录，公诉人应当当庭宣读。对于经人民法院通知而未到庭的证人的证言笔录存在疑问、确实需要证人出庭作证，且可以强制其到庭的，公诉人应当建议人民法院强制证人到庭作证和接受质证。

(5) 在法庭审理过程中，合议庭对证据有疑问或者人民法院根据辩护人、被告人的申请，向人民检察院调取在侦查、审查起诉中收集的有关被告人无罪或者罪轻的证据材料的，人民检察院应当自收到人民法院要求调取证据材料决定书后3日以内移交。没有上述材料的，应当向人民法院说明情况。

(6) 在法庭审理过程中，合议庭对证据有疑问并在休庭后进行勘验、检查、查封、扣押、鉴定和查询、冻结的，人民检察院应当依法进行监督，发现上述活动有违法情况的，应当提出纠正意见。

(7) 人民法院根据申请收集、调取的证据或者合议庭休庭后自行调查取得的证据，应当经过庭审出示、质证才能决定是否作为判决的依据。未经庭审出示、质证直接采纳为判决依据的，人民检察院应当提出纠正意见；作出的判决确有错误的，应当依法提出抗诉。

(8) 出庭的书记员应当制作出庭笔录，详细记载庭审的时间、地点、参加人员、公诉人出庭执行任务情况和法庭调查、法庭辩论的主要内容以及法庭判决结果，由公诉人和书记员签名。

(9) 人民检察院应当当庭向人民法院移交取回的案卷材料和证据。在审判长宣布休庭后，公诉人应当与审判人员办理交接手续。无法当庭移交的，应当在休庭后3日以内移交。

(10) 人民检察院对查封、扣押、冻结的被告人财物及其孳息，应当根据不同情况作以下处理：① 对作为证据使用的实物，应当依法随案移送；对不宜移送的，应当将其清单、照片或者其他证明文件随案移送。② 冻结在金融机构的违法所得及其他涉案财产，应当向人民法院随案移送该金融机构出具的证明文件，待人民法院作出生效判决、裁定后，由人民法院通知该金融机构上缴国库。③ 查封、扣押的涉案财产，对依法不移送的，应当随案移送清单、照片或者其他证明文件，待人民法院作出生效判决、裁定后，由人民检察院根据人民法院的通知上缴国库，并向人民法院送交执行回单。④ 对于被扣押、冻结的债券、股票、基金份额等财产，在扣押、冻结期间权利人申请出售的，参照《刑事诉讼规则(试行)》第244条的规定办理。

考点 7 公诉案件第一审程序——单位犯罪案件的审理程序

（1）人民法院受理单位犯罪案件，除依照有关规定进行审查外，还应当审查起诉书是否列明被告单位的名称、住所地、联系方式，法定代表人、主要负责人以及代表被告单位出庭的诉讼代表人的姓名、职务、联系方式。需要人民检察院补充材料的，应当通知人民检察院在3日内补送。

（2）被告单位的诉讼代表人，应当是法定代表人或者主要负责人；法定代表人或者主要负责人被指控为单位犯罪直接负责的主管人员或者因客观原因无法出庭的，应当由被告单位委托其他负责人或者职工作为诉讼代表人。但是，有关人员被指控为单位犯罪的其他直接责任人员或者知道案件情况、负有作证义务的除外。

（3）开庭审理单位犯罪案件，应当通知被告单位的诉讼代表人出庭；没有诉讼代表人参与诉讼的，应当要求人民检察院确定。被告单位的诉讼代表人不出庭的，应当按照下列情形分别处理：① 诉讼代表人系被告单位的法定代表人或者主要负责人，无正当理由拒不出庭的，可以拘传其到庭；因客观原因无法出庭，或者下落不明的，应当要求人民检察院另行确定诉讼代表人；② 诉讼代表人系被告单位的其他人员的，应当要求人民检察院另行确定诉讼代表人出庭。

（4）被告单位的诉讼代表人享有刑事诉讼法规定的有关被告人的诉讼权利。开庭时，诉讼代表人席位置于审判台前左侧，与辩护人席并列。被告单位委托辩护人，参照适用《刑诉法解释》的有关规定。

（5）被告单位的违法所得及其孳息，尚未被依法追缴或者查封、扣押、冻结的，人民法院应当决定追缴或者查封、扣押、冻结。为保证判决的执行，人民法院可以先行查封、扣押、冻结被告单位的财产，或者由被告单位提出担保。

（6）审判期间，被告单位被撤销、注销、吊销营业执照或者宣告破产的，对单位犯罪直接负责的主管人员和其他直接责任人员应当继续审理。审判期间，被告单位合并、分立的，应当将原单位列为被告单位，并注明合并、分立情况。对被告单位所判处的罚金以其在新单位的财产及收益为限。

考点 8 公诉案件第一审程序——法庭秩序

1. 《刑事诉讼法》的相关规定

《刑事诉讼法》第194条规定："在法庭审判过程中，如果诉讼参与人或者旁听人员违反法庭秩序，审判长应当警告制止。对不听制止的，可以强行带出法庭；情节严重的，处以一千元以下的罚款或者十五日以下的拘留。罚款、拘留必须经院长批准。被处罚人对罚款、拘留的决定不服的，可以向上一级人民法院申请复议。复议期间不停止执行。对聚众哄闹、冲击法庭或者侮辱、诽谤、威胁、殴打司法工作人员或者诉讼参与人，严重扰乱法庭秩序，构成犯罪的，依法追究刑事责任。"

2. 《刑诉法解释》的相关规定

（1）法庭审理过程中，诉讼参与人、旁听人员应当遵守以下纪律：① 服从法庭指挥，遵守法庭礼仪；② 不得鼓掌、喧哗、哄闹、随意走动；③ 不得对庭审活动进行录音、录像、摄影，或者通过发送邮件、博客、微博客等方式传播庭审情况，但经人民法院许可的新闻记者除外；④ 旁听人员不得发言、提问；⑤ 不得实施其他扰乱法庭秩序的行为。

（2）法庭审理过程中，诉讼参与人或者旁听人员扰乱法庭秩序的，审判长应当按照下列情形分别处理：① 情节较轻的，应当警告制止并进行训诫；② 不听制止的，可以指令法警强行带出法庭；③ 情节严重的，报经院长批准后，可以对行为人处 1000 元以下的罚款或者 15 日以下的拘留；④ 未经许可录音、录像、摄影或者通过邮件、博客、微博客等方式传播庭审情况的，可以暂扣存储介质或者相关设备。诉讼参与人、旁听人员对罚款、拘留的决定不服的，可以直接向上一级人民法院申请复议，也可以通过决定罚款、拘留的人民法院向上一级人民法院申请复议。通过决定罚款、拘留的人民法院申请复议的，该人民法院应当自收到复议申请之日起 3 日内，将复议申请、罚款或者拘留决定书和有关事实、证据材料一并报上一级人民法院复议。复议期间，不停止决定的执行。

（3）担任辩护人、诉讼代理人的律师严重扰乱法庭秩序，被强行带出法庭或者被处以罚款、拘留的，人民法院应当通报司法行政机关，并可以建议依法给予相应处罚。

（4）聚众哄闹、冲击法庭或者侮辱、诽谤、威胁、殴打司法工作人员或者诉讼参与人，严重扰乱法庭秩序，构成犯罪的，应当依法追究刑事责任。

（5）辩护人严重扰乱法庭秩序，被强行带出法庭或者被处以罚款、拘留，被告人自行辩护的，庭审继续进行；被告人要求另行委托辩护人，或者被告人属于应当提供法律援助情形的，应当宣布休庭。

考点 9 公诉案件第一审程序——法庭审判笔录

开庭审理的全部活动，应当由书记员制作笔录；笔录经审判长审阅后，分别由审判长和书记员签名。法庭笔录应当在庭审后交由当事人、法定代理人、辩护人、诉讼代理人阅读或者向其宣读。法庭笔录中的出庭证人、鉴定人、有专门知识的人的证言、意见部分，应当在庭审后分别交由有关人员阅读或者向其宣读。前述所列人员认为记录有遗漏或者差错的，可以请求补充或者改正；确认无误后，应当签名；拒绝签名的，应当记录在案；要求改变庭审中陈述的，不予准许。

考点 10 公诉案件第一审程序——延期审理、中止审理和终止审理

六部门《规定》第 31 条规定：法庭审理过程中，被告人揭发他人犯罪行为或者提供重要线索，人民检察院认为需要进行查证的，可以建议补充侦查。

（一）延期审理

延期审理是指在法庭审判过程中，遇到某些法定的足以影响审判进行的情形时，法庭决定推迟审理活动。《刑事诉讼法》第 198 条规定："在法庭审判过程中，遇有下列情形之一，影响审判进行的，可以延期审理：（一）需要通知新的证人到庭，调取新的物证，重新鉴定或者勘验的；（二）检察人员发现提起公诉的案件需要补充侦查，提出建议的；（三）由于申请回避而不能进行审判的。"《刑事诉讼法》第 199 条规定："依照本法第一百九十八条第二项的规定延期审理的案件，人民检察院应当在一个月以内补充侦查完毕。"

1. 《刑诉法解释》的相关规定

（1）法庭审理过程中，当事人及其辩护人、诉讼代理人申请通知新的证人到庭，调取新的证据，申请重新鉴定或者勘验的，应当提供证人的姓名、证据的存放地点，说明拟证明的案件事

实,要求重新鉴定或者勘验的理由。法庭认为有必要的,应当同意,并宣布延期审理;不同意的,应当说明理由并继续审理。延期审理的案件,符合《刑事诉讼法》第202条第1款规定的,可以报请上级人民法院批准延长审理期限。人民法院同意重新鉴定申请的,应当及时委托鉴定,并将鉴定意见告知人民检察院、当事人及其辩护人、诉讼代理人。

(2)审判期间,公诉人发现案件需要补充侦查,建议延期审理的,合议庭应当同意,但建议延期审理不得超过两次。人民检察院将补充收集的证据移送人民法院的,人民法院应当通知辩护人、诉讼代理人查阅、摘抄、复制。补充侦查期限届满后,经法庭通知,人民检察院未将案件移送人民法院,且未说明原因的,人民法院可以决定按人民检察院撤诉处理。

2.《刑事诉讼规则(试行)》的相关规定

(1)法庭审判过程中遇有下列情形之一的,公诉人可以建议法庭延期审理:①发现事实不清、证据不足,或者遗漏罪行、遗漏同案犯罪嫌疑人,需要补充侦查或者补充提供证据的;②被告人揭发他人犯罪行为或者提供重要线索,需要补充侦查进行查证的;③发现遗漏罪行或者遗漏同案犯罪嫌疑人,虽不需要补充侦查和补充提供证据,但需要补充、追加或者变更起诉的;④申请人民法院通知证人、鉴定人出庭作证或者有专门知识的人出庭提出意见的;⑤需要调取新的证据,重新鉴定或者勘验的;⑥公诉人出示、宣读开庭前移送人民法院的证据以外的证据,或者补充、变更起诉,需要给予被告人、辩护人必要时间进行辩护准备的;⑦被告人、辩护人向法庭出示公诉人不掌握的与定罪量刑有关的证据,需要调查核实的;⑧公诉人对证据收集的合法性进行证明,需要调查核实的。在人民法院开庭审理前发现具有上述情形之一的,人民检察院可以建议人民法院延期审理。

(2)法庭宣布延期审理后,人民检察院应当在补充侦查的期限内提请人民法院恢复法庭审理或者撤回起诉。公诉人在法庭审理过程中建议延期审理的次数不得超过两次,每次不得超过1个月。

(3)在审判过程中,对于需要补充提供法庭审判所必需的证据或者补充侦查的,人民检察院应当自行收集证据和进行侦查,必要时可以要求侦查机关提供协助;也可以书面要求侦查机关补充提供证据。补充侦查不得超过1个月。

(二)中止审理

中止审理是指在审判过程中,出现了某些使审判活动在一定期限内无法继续进行的情况时,审判人员决定暂时停止审判活动,待有关情形消失后,再行恢复审判。《刑事诉讼法》第200条规定:"在审判过程中,有下列情形之一,致使案件在较长时间内无法继续审理的,可以中止审理:(一)被告人患有严重疾病,无法出庭的;(二)被告人脱逃的;(三)自诉人患有严重疾病,无法出庭,未委托诉讼代理人出庭的;(四)由于不能抗拒的原因。中止审理的原因消失后,应当恢复审理。中止审理的期间不计入审理期限。"

《刑诉法解释》的相关规定

(1)依照有关规定另行委托辩护人或者指派律师的,自案件宣布休庭之日起至第15日止,由辩护人准备辩护,但被告人及其辩护人自愿缩短时间的除外。

(2)有多名被告人的案件,部分被告人具有《刑事诉讼法》第200条第1款规定情形的,人民法院可以对全案中止审理;根据案件情况,也可以对该部分被告人中止审理,对其他被告人继续审理。对中止审理的部分被告人,可以根据案件情况另案处理。

(3)被告人在自诉案件审判期间下落不明的,人民法院应当裁定中止审理。被告人到案后,应当恢复审理,必要时应当对被告人依法采取强制措施。

(三) 终止审理

终止审理是指人民法院在案件审判过程中,遇有《刑事诉讼法》第15条第2项至第6项规定的情形时终结诉讼程序的活动。① 犯罪已过追诉时效期限的;② 经特赦令免除刑罚的;③ 依照《刑法》告诉才处理的犯罪,没有告诉或者撤回告诉的;④ 被告人死亡的;⑤ 其他法律规定免予追究刑事责任的。

考点 11 公诉案件第一审程序——期限

《刑事诉讼法》第202条规定:"人民法院审理公诉案件,应当在受理后二个月以内宣判,至迟不得超过三个月。对于可能判处死刑的案件或者附带民事诉讼的案件,以及有本法第一百五十六条规定情形之一的,经上一级人民法院批准,可以延长三个月;因特殊情况还需要延长的,报请最高人民法院批准。人民法院改变管辖的案件,从改变后的人民法院收到案件之日起计算审理期限。人民检察院补充侦查的案件,补充侦查完毕移送人民法院后,人民法院重新计算审理限。"

特别关注:

人民法院审理自诉案件的期限,被告人被羁押的,适用《刑事诉讼法》第202条第1款、第2款的规定;未被羁押的,应当在受理后6个月以内宣判。

考点 12 人民检察院对审判活动的监督

1. 《刑事诉讼法》的规定

《刑事诉讼法》第203条规定:"检察院发现人民法院审理案件违反法律规定的诉讼程序,有权向人民法院提出纠正意见。"六部门《规定》第32条规定:"人民检察院对违反法定程序的庭审活动提出纠正意见,应当由人民检察院在庭审后提出。"《刑诉法解释》第258条规定:"人民检察院认为人民法院审理案件违反法定程序,在庭审后提出书面纠正意见,人民法院认为正确的,应当采纳。"

2. 《刑事诉讼规则(试行)》关于审判活动监督的有关规定

(1) 审判活动监督主要发现和纠正以下违法行为:① 人民法院对刑事案件的受理违反管辖规定的;② 人民法院审理案件违反法定审理和送达期限的;③ 法庭组成人员不符合法律规定,或者违反规定应当回避而不回避的;④ 法庭审理案件违反法定程序的;⑤ 侵犯当事人和其他诉讼参与人的诉讼权利和其他合法权利的;⑥ 法庭审理时对有关程序问题所作的决定违反法律规定的;⑦ 二审法院违反法律规定裁定发回重审的;⑧ 故意毁弃、篡改、隐匿、伪造、偷换证据或者其他诉讼材料,或者依据未经法定程序调查、质证的证据定案的;⑨ 依法应当调查收集相关证据而不收集的;⑩ 徇私枉法,故意违背事实和法律作枉法判决的;⑪ 收受、索取当事人及其近亲属或者其委托的律师等人财物或者其他利益的;⑫ 违反法律规定采取强制措施或者采取强制措施法定期限届满,不予释放、解除或者变更的;⑬ 应当退还取保候审保证金不退还的;⑭ 对与案件无关的财物采取查封、扣押、冻结措施,或者应当解除查封、扣押、冻结不解除的;⑮ 贪污、挪用、私分、调换、违反规定使用查封、扣押、冻结的财物及其孳息的;⑯ 其他违反法律规定的审理程序的行为。

(2) 审判活动监督由公诉部门和刑事申诉检察部门承办,对于人民法院审理案件违反法定期限的,由监所检察部门承办。人民检察院可以通过调查、审阅案卷、受理申诉、控告等活动,监督审判活动是否合法。

(3) 人民检察院检察长可以列席人民法院审判委员会会议,对审判委员会讨论的案件等议题发表意见,依法履行法律监督职责。

(4) 人民检察院在审判活动监督中,如果发现人民法院或者审判人员审理案件违反法律规定的诉讼程序,应当向人民法院提出纠正意见。出席法庭的检察人员发现法庭审判违反法律规定的诉讼程序,应当在休庭后及时向检察长报告。人民检察院对违反程序的庭审活动提出纠正意见,应当由人民检察院在庭审后提出。

(5) 人民检察院对人民法院审判活动中违法行为的监督,可以参照《刑事诉讼规则(试行)》有关人民检察院对公安机关侦查活动中违法行为监督的规定办理。

考点 13 自诉案件第一审程序

(一) 自诉案件的受理程序

1. 《刑事诉讼法》的相关规定

(1)《刑事诉讼法》第 204 条规定:"自诉案件包括下列案件:(一) 告诉才处理的案件;(二) 被害人有证据证明的轻微刑事案件;(三) 被害人有证据证明对被告人侵犯自己人身、财产权利的行为应当依法追究刑事责任,而公安机关或者人民检察院不予追究被告人刑事责任的案件。"

(2)《刑事诉讼法》第 205 条规定:"人民法院对于自诉案件进行审查后,按照下列情形分别处理:(一) 犯罪事实清楚,有足够证据的案件,应当开庭审判;(二) 缺乏罪证的自诉案件,如果自诉人提不出补充证据,应当说服自诉人撤诉自诉,或者裁定驳回。自诉人经两次依法传唤,无正当理由拒不到庭的,或者未经法庭许可中途退庭的,按撤诉处理。法庭审理过程中,审判人员对证据有疑问,需要调查核实的,适用本法第一百九十一条的规定。"

2. 《刑诉法解释》的相关规定

(1) 对自诉案件,人民法院应当在 15 日内审查完毕。经审查,符合受理条件的,应当决定立案,并书面通知自诉人或者代为告诉人。具有下列情形之一的,应当说服自诉人撤回起诉;自诉人不撤回起诉的,裁定不予受理:① 不属于《刑诉法解释》第 1 条规定的案件的;② 缺乏罪证的;③ 犯罪已过追诉时效期限的;④ 被告人死亡的;⑤ 被告人下落不明的;⑥ 除因证据不足而撤诉的以外,自诉人撤诉后,就同一事实又告诉的;⑦ 经人民法院调解结案后,自诉人反悔,就同一事实再行告诉的。

(2) 对已经立案,经审查缺乏罪证的自诉案件,自诉人提不出补充证据的,人民法院应当说服其撤回起诉或者裁定驳回起诉;自诉人撤回起诉或者被驳回起诉后,又提出了新的足以证明被告人有罪的证据,再次提起自诉的,人民法院应当受理。

(3) 自诉人对不予受理或者驳回起诉的裁定不服的,可以提起上诉。第二审人民法院查明第一审人民法院作出的不予受理裁定有错误的,应当在撤销原裁定的同时,指令第一审人民法院立案受理;查明第一审人民法院驳回起诉裁定有错误的,应当在撤销原裁定的同时,指令第一审人民法院进行审理。

(4) 自诉人明知有其他共同侵害人,但只对部分侵害人提起自诉的,人民法院应当受理,并告知其放弃告诉的法律后果;自诉人放弃告诉,判决宣告后又对其他共同侵害人就同一事实提起自诉的,人民法院不予受理。共同被害人中只有部分人告诉的,人民法院应当通知其他被害人参加诉讼,并告知其不参加诉讼的法律后果。被通知人接到通知后表示不参加诉讼或者不出庭的,视为放弃告诉。第一审宣判后,被通知人就同一事实又提起自诉的,人民法院不予受理。但是,当事人另行提起民事诉讼的,不受《刑诉法解释》限制。

(5)被告人实施两个以上犯罪行为,分别属于公诉案件和自诉案件,人民法院可以一并审理。对自诉部分的审理,适用本章的规定。

(6)自诉案件当事人因客观原因不能取得的证据,申请人民法院调取的,应当说明理由,并提供相关线索或者材料。人民法院认为有必要的,应当及时调取。

(7)对犯罪事实清楚,有足够证据的自诉案件,应当开庭审理。

(8)自诉案件,符合简易程序适用条件的,可以适用简易程序审理。不适用简易程序审理的自诉案件,参照适用公诉案件第一审普通程序的有关规定。

(二)自诉案件第一审程序的特点

自诉案件应当开庭审判,第一审程序参照公诉案件第一审程序的规定进行。《刑事诉讼法》第206条第1款规定:"人民法院对自诉案件,可以进行调解;自诉人在宣告判决前,可以同被告人自行和解或者撤回自诉。本法第二百零四条第三项规定的案件不适用调解。"《刑事诉讼法》第207条规定:"自诉案件的被告人在诉讼过程中,可以对自诉人提起反诉。反诉适用自诉的规定。"

《刑诉法解释》的相关规定

(1)人民法院审理自诉案件,可以在查明事实、分清是非的基础上,根据自愿、合法的原则进行调解。调解达成协议的,应当制作刑事调解书,由审判人员和书记员署名,并加盖人民法院印章。调解书经双方当事人签收后,即具有法律效力。调解没有达成协议,或者调解书签收前当事人反悔的,应当及时作出判决。

(2)判决宣告前,自诉案件的当事人可以自行和解,自诉人可以撤回自诉。人民法院经审查,认为和解、撤回自诉确属自愿的,应当裁定准许;认为系被强迫、威吓等,并非出于自愿的,不予准许。

(3)裁定准许撤诉或者当事人自行和解的自诉案件,被告人被采取强制措施的,人民法院应当立即解除。

(4)自诉人经两次传唤,无正当理由拒不到庭,或者未经法庭准许中途退庭的,人民法院应当裁定按撤诉处理。部分自诉人撤诉或者被裁定按撤诉处理的,不影响案件的继续审理。

(5)对自诉案件,应当参照《刑事诉讼法》第195条和《刑诉法解释》第241条的有关规定作出判决;对依法宣告无罪的案件,其附带民事部分应当依法进行调解或者一并作出判决。

(6)告诉才处理和被害人有证据证明的轻微刑事案件的被告人或者其法定代理人在诉讼过程中,可以对自诉人提起反诉。反诉必须符合下列条件:① 反诉的对象必须是本案自诉人;② 反诉的内容必须是与本案有关的行为;③ 反诉的案件必须符合《刑诉法解释》第1条第1项、第2项的规定。反诉案件适用自诉案件的规定,应当与自诉案件一并审理。自诉人撤诉的,不影响反诉案件的继续审理。

(三)自诉案件第一审的审限

《刑事诉讼法》第206条第2款规定:"人民法院审理自诉案件的期限,被告人被羁押的,适用本法第二百零二条第一款、第二款的规定;未被羁押的,应当在受理后六个月以内宣判。"

考点 14 简易程序

(一) 简易程序的概念

简易程序是指基层人民法院审理某些事实清楚、情节简单、犯罪轻微的刑事案件所适用的比普通程序相对简化的审判程序。

(二) 我国刑事诉讼简易程序的特点

只适用于第一审程序。只适用于基层人民法院。简易程序的具体内容是对第一审普通程序的相对简化。对自愿认罪的被告人,酌情予以从轻处罚。

(三) 简易程序的适用范围

1.《刑事诉讼法》的规定

《刑事诉讼法》第 208 条规定:"基层人民法院管辖的案件,符合下列条件的,可以适用简易程序审判:(一) 案件事实清楚、证据充分的;(二) 被告人承认自己所犯罪行,对指控的犯罪事实没有异议的;(三) 被告人对适用简易程序没有异议的。人民检察院在提起公诉的时候,可以建议人民法院适用简易程序。"《刑事诉讼法》第 209 条规定:"有下列情形之一的,不适用简易程序:(一) 被告人是盲、聋、哑人,或者是尚未完全丧失辨认或者控制自己行为能力的精神病人的;(二) 有重大社会影响的;(三) 共同犯罪案件中部分被告人不认罪或者对适用简易程序有异议的;(四) 其他不宜适用简易程序审理的。"

2.《刑诉法解释》的规定

(1) 基层人民法院受理公诉案件后,经审查认为案件事实清楚、证据充分的,在将起诉书副本送达被告人时,应当询问被告人对指控的犯罪事实的意见,告知其适用简易程序的法律规定。被告人对指控的犯罪事实没有异议并同意适用简易程序的,可以决定适用简易程序,并在开庭前通知人民检察院和辩护人。对人民检察院建议适用简易程序审理的案件,依照前款的规定处理;不符合简易程序适用条件的,应当通知人民检察院。

(2) 具有下列情形之一的,不适用简易程序:① 被告人是盲、聋、哑人;② 被告人是尚未完全丧失辨认或者控制自己行为能力的精神病人的;③ 有重大社会影响的;④ 共同犯罪案件中部分被告人不认罪或者对适用简易程序有异议的;⑤ 辩护人作无罪辩护的;⑥ 被告人认罪但经审查认为可能不构成犯罪的;⑦ 不宜适用简易程序审理的其他情形。

(3) 适用简易程序审理的案件,符合《刑事诉讼法》第 34 条第 1 款规定的,人民法院应当告知被告人及其近亲属可以申请法律援助。

(四) 简易审判程序的特点

1.《刑事诉讼法》的规定

(1) 可以由审判员一人独任审判。《刑事诉讼法》第 210 条规定:"适用简易程序审理案件,对可能判处三年有期徒刑以下刑罚的,可以组成合议庭进行审判,也可以由审判员一人独任审判;对可能判处的有期徒刑超过三年的,应当组成合议庭进行审判。适用简易程序审理公诉案件,人民检察院应当派员出席法庭。"

(2) 简化法庭调查和法庭辩论程序。《刑事诉讼法》第 213 条规定:"适用简易程序审理案件,不受本章第一节关于送达期限、讯问被告人、询问证人、鉴定人、出示证据、法庭辩论程序规定的限制。但在判决宣告前应当听取被告人的最后陈述意见。"

2.《刑诉法解释》的规定

(1) 适用简易程序审理案件,人民法院应当在开庭 3 日前,将开庭的时间、地点通知人民检察院、自诉人、被告人、辩护人,也可以通知其他诉讼参与人。通知可以采用简便方式,但应当记录在案。

(2) 适用简易程序审理案件,被告人有辩护人的,应当通知其出庭。

(3) 适用简易程序审理案件,审判长或者独任审判员应当当庭询问被告人对指控的犯罪事实的意见,告知被告人适用简易程序审理的法律规定,确认被告人是否同意适用简易程序。

(4) 适用简易程序审理案件,可以对庭审作如下简化:① 公诉人可以摘要宣读起诉书;② 公诉人、辩护人、审判人员对被告人的讯问、发问可以简化或者省略;③ 对控辩双方无异议的证据,可以仅就证据的名称及所证明的事项作出说明;对控辩双方有异议,或者法庭认为有必要调查核实的证据,应当出示,并进行质证;④ 控辩双方对与定罪量刑有关的事实、证据没有异议的,法庭审理可以直接围绕罪名确定和量刑问题进行。适用简易程序审理案件,判决宣告前应当听取被告人的最后陈述。

简易程序在必要时可以变更为普通程序,但是,普通程序不得转为简易程序。适用简易程序独任审判过程中,发现对被告人可能判处的有期徒刑超过 3 年的,应当转由合议庭审理。适用简易程序审理案件,在法庭审理过程中,有下列情形之一的,应当转为普通程序审理:① 被告人的行为可能不构成犯罪的;② 被告人可能不负刑事责任的;③ 被告人当庭对起诉指控的犯罪事实予以否认的;④ 案件事实不清、证据不足的;⑤ 不应当或者不宜适用简易程序的其他情形。转为普通程序审理的案件,审理期限应当从决定转为普通程序之日起计算。

(五) 简易程序的提起和审判

《刑事诉讼法》第 211 条规定:"适用简易程序审理案件,审判人员应当询问被告人对指控的犯罪事实的意见,告知被告人适用简易程序审理的法律规定,确认被告人是否同意适用简易程序审理。"《刑事诉讼法》第 212 条规定:"适用简易程序审理案件,经审判人员许可,被告人及其辩护人可以同公诉人、自诉人及其诉讼代理人互相辩论。"《刑事诉讼法》第 213 条规定:"适用简易程序审理案件,不受本章第一节关于送达期限、讯问被告人、询问证人、鉴定人、出示证据、法庭辩论程序规定的限制。但在判决宣告前应当听取被告人的最后陈述意见。"《刑事诉讼法》第 214 条规定:"适用简易程序审理案件,人民法院应当在受理后二十日以内审结;对可能判处的有期徒刑超过三年的,可以延长至一个半月。"适用简易程序审理案件,一般应当当庭宣判。

(六)《刑事诉讼规则(试行)》关于简易程序的规定

(1) 人民法院决定适用简易程序审理的案件,人民检察院认为具有《刑事诉讼法》第 209 条规定情形之一的,应当向人民法院提出纠正意见;具有其他不宜适用简易程序情形的,人民检察院可以建议人民法院不适用简易程序。

(2) 基层人民检察院审查案件,认为案件事实清楚、证据充分的,应当在讯问犯罪嫌疑人时,了解其是否承认自己所犯罪行,对指控的犯罪事实有无异议,告知其适用简易程序的法律规定,确认其是否同意适用简易程序。

(3) 适用简易程序审理的公诉案件,人民检察院应当派员出席法庭。人民检察院可以对适用简易程序的案件相对集中提起公诉,建议人民法院相对集中审理。

(4) 公诉人出席简易程序法庭时,应当主要围绕量刑以及其他有争议的问题进行法庭调查和法庭辩论。在确认被告人庭前收到起诉书并对起诉书指控的犯罪事实没有异议后,可以简化宣读起诉书,根据案件情况决定是否讯问被告人,是否询问证人、鉴定人,是否需要出示证据。根据案件情况,公诉人可以建议法庭简化法庭调查和法庭辩论程序。

(5) 适用简易程序审理的公诉案件,公诉人发现不宜适用简易程序审理的,应当建议法庭按照第一审普通程序重新审理。

(6) 转为普通程序审理的案件,公诉人需要为出席法庭进行准备的,可以建议人民法院延期审理。

考点 15 判决、裁定和决定

判决、裁定和决定,是指公安机关、人民检察院、人民法院在刑事诉讼过程中,依据事实和法律对案件的实体问题和程序问题作出的三种对诉讼参与人以及其他机构和个人具有约束力的处理决定。

(一) 判决

1. 判决的概念和种类

判决是人民法院通过审理对案件的实体问题作出的处理决定。它是人民法院代表国家行使审判权,在个案适用法律上的具体体现。根据《刑事诉讼法》第 195 条的规定,人民法院所作的刑事判决分为有罪判决和无罪判决两种。有罪判决是人民法院对案件事实清楚,证据确实充分,依据法律认定被告人有罪时作出的判决。进一步划分,有罪判决又可分为定罪处刑判决和定罪免刑判决。定罪处刑判决是指人民法院作出的在认定被告人的行为构成犯罪的基础上,给予适当刑事处罚的判决;定罪免刑判决是人民法院作出的确认被告人的行为构成犯罪,同时又基于被告人具有法定免除处罚情节而宣布对被告人免除刑事处罚的判决。无罪判决是人民法院作出的确认被告人的行为不构成犯罪或者因证据不足,不能认定被告人有罪的判决。无罪判决有两种:一种是案件事实清楚,证据确实、充分,依据法律认定被告人无罪的无罪判决;另一种是因证据不足,不能认定被告人有罪时作出的证据不足,指控的犯罪不能成立的无罪判决。后一种无罪判决是刑事诉讼法贯彻疑罪从无原则的具体体现。另外,根据有无附带民事诉讼,判决还可以分为刑事判决和刑事附带民事判决两种。

2. 判决书的制作要求和内容

判决是人民法院行使国家审判权和执行国家法律的具体结果,具有权威性、强制性、严肃性和稳定性。因此,判决书作为判决的书面表现形式,其制作是一项严肃且慎重的活动,必须严格按照规定的格式和要求制作。总的要求是:格式规范;事实叙述清楚、具体、层次清楚,重点突出;说理透彻,论证充分;结论明确,法律条文的引用正确、无误;逻辑结构严谨,无前后矛盾之处;行文通俗易懂,繁简得当,标点符号正确。《刑事诉讼法》第 51 条规定:审判人员制作判决书时,必须忠实于事实真相。故意隐瞒事实真相的,应当追究责任。具体而言,根据最高人民法院审判委员会通过的《法院刑事诉讼文书样式(样本)》的规定,判决书的制作要求和内容有以下几方面:

(1) 首部。首部包括人民法院名称、判决书类别、案号;公诉机关和公诉人、当事人、辩护人、诉讼代理人基本情况;案由和案件来源;开庭审理,审判组织的情况等。

(2) 事实部分。事实是判决的基础,是判决理由和判决结果的根据。这部分包括四个方面的内容:① 人民检察院指控被告人犯罪的事实和证据;② 被告人的供述、辩护和辩护人的辩护意见;③ 经法庭审理查明的事实;④ 据以定案的证据。其中,对认定事实的证据必须做到:① 依法公开审理的案件,除无须举证的事实外,证明案件事实的证据必须是指经过法庭公开举证、质证的,未经法庭公开举证、质证的不能认证;② 要通过对证据的具体分析、认证来证明判决所确认的犯罪事实,防止并杜绝用"以上事实、证据充分、被告人也供认不讳,足以认定"等抽象、笼统的说法或简单地罗列证据的方法来代替对证据的具体分析、认证,法官认证和采证的过程应当在判决书中充分体现出来;③ 证据的叙要尽可能明确、具体。此外,叙述证据时,还应当注意到保守国家秘密、保护报案人、控告人、举报人、被害人、证人的安全和名誉。

(3) 理由部分。理由是判决的灵魂,是将事实和判决结果有机联系在一起的纽带,是判决书说服力的基础。其核心内容是针对具体案件的特点,运用法律规定、犯罪构成和刑事诉讼理论,阐明控方的指控是否成立,被告人的行为是否构成犯罪,犯什么罪,情节轻重与否,依法应当如何处理。书写判决理由时应注意:① 理由的论述要结合具体案情有针对性和个性,说理力求透彻,使理由具有较强的思想性和说服力。切忌说空话、套话。② 罪名确定准确。一人犯数罪的,一般先定重罪,后定轻罪;共同犯罪案件应在分清各被告人在共同犯罪中的地位、作用和刑事责任的前提下,依次确定首要分子、主犯、从犯或者胁从犯、教唆犯的罪名。③ 被告人具有从轻、减轻、免除处罚或从重处罚情节的,应当分别或者综合予以认定。④ 对控辩双方适用法律方面的意见应当有分析地表明是否予以采纳,并阐明理由。⑤ 法律条文(包括司法解释)的引用要完整、准确、具体。

(4) 结果部分。判决结果是依照有关法律的具体规定,对被告人作出的定性处理的结论。书写时应当字斟句酌、认真推敲,力求文字精练、表达清楚、准确无误。其中有罪判决应写明判处的罪名、刑种、刑期或者免除刑罚;数罪并罚的应分别写明各罪判处的刑罚和决定执行的刑罚;被告人已被羁押的,应写明刑期折抵情况和实际执行刑期的起止时间;缓刑的应写明缓刑考验期限;附带民事诉讼案件,应写明附带民事诉讼的处理情况;有赃款赃物的,应写明处理情况。无罪判决要写明认定被告人无罪以及所根据的事实和法律依据;对证据不足,不能认定被告人有罪的,应写明证据不足、指控的犯罪不能成立,并宣告无罪。

(5) 尾部。这部分写明被告人享有上诉权利、上诉期限、上诉法院、上诉方式和途径;合议庭组成人员或独任审判员和书记员姓名;判决书制作、宣判日期;最后要加盖人民法院印章。

(二) 裁定

1. 裁定的概念和分类

裁定是人民法院在案件审理过程中和判决执行过程中,对程序性问题和部分实体问题所作的决定。裁定与判决的法律性质和特点基本相同,但二者也有区别,具体表现如下:

(1) 适用对象上不同:判决只解决案件的实体性问题,而裁定除了解决部分实体性问题外,主要是解决程序性问题。

(2) 适用范围不同:裁定比判决的适用范围要广泛得多。判决只适用于审判程序终结时,包括第一审、第二审和审判监督程序,而裁定则适用于整个审判程序和执行程序。

(3) 适用的方式不同:判决必须采用书面形式,而裁定则可采用书面和口头两种形式。

(4) 上诉、抗诉的期限不同:不服判决的上诉、抗诉期限为10日,而不服裁定的上诉、抗诉期限为5日。裁定可根据不同标准进行分类:根据裁定解决的问题划分,裁定可分为程序性裁定和实体性裁定;根据诉讼阶段划分,可分为一审裁定,二审裁定,再审裁定和核准死刑裁定等;根据其适用方式划分,可分为口头裁定和书面裁定。

2. 裁定适用的范围和裁定书的制作

根据《刑事诉讼法》的规定,裁定适用于解决程序性问题,主要是指是否恢复诉讼期限、中止审理、维持原判、撤销原判并发回重审、驳回公诉或自诉、核准死刑等。裁定适用于解决某些实体性问题主要是指减刑、假释、撤销缓刑、减免罚金,以及对犯罪嫌疑人、被告人逃匿、死亡案件违法所得的没收等。裁定书是与判决书同等重要的法律文书,其制作要求、格式与判决书基本一致,但在内容上较判决书简单一些,因为裁定往往解决的问题比较单一,要么是一个专门的程序性问题,要么是一个较为简单的实体性问题。若使用口头形式作出裁定的,必须记入审判笔录,其效力与书面裁定效力相同。

(三) 决定

1. 决定的概念和分类

决定是公安机关、人民检察院、人民法院在诉讼过程中,依法就有关诉讼程序问题所作的一种处理。决定和判决、裁定不同之处在于是否涉及上诉、抗诉问题。一般情况下,决定一经作出,立即发生效力,不能上诉或者抗诉。某些决定,如不起诉的决定、回避的决定,为保护当事人的合法权益,纠正可能出现的错误,法律允许当事人或有关机关申请复议、复核。但判决、裁定则是在法定期限内可以上诉、抗诉的。决定以其表现形式不同可分为口头决定和书面决定。书面决定应制作决定书,写明处理结论及理由。口头决定应记入笔录,它与书面决定具有同等效力。

2. 决定的适用范围

根据我国《刑事诉讼法》的规定,决定主要适用于解决以下一些问题:是否回避的决定;立案或不立案的决定;采取各种强制措施或变更强制措施的决定;实施各种侦查行为的决定;撤销案件的决定;延长侦查中羁押犯罪嫌疑人的期限的决定;起诉或不起诉决定;开庭审判的决定;庭审中解决当事人和辩护人、诉讼代理人申请通知新的证人到庭、调取新的物证、申请重新鉴定或勘验的决定;延期审理的决定;抗诉的决定;提起审判监督程序的决定,以及对依法不负刑事责任的精神病人进行强制医疗的决定;等等。

二、例题

1. 下列哪一案件可适用简易程序审理?(2017 年真题,单选)
A. 甲为境外非法提供国家秘密案,情节较轻,可能判处 3 年以下有期徒刑
B. 乙抢劫案,可能判处 10 年以上有期徒刑,检察院未建议适用简易程序
C. 丙传播淫秽物品案,经审查认为,情节显著轻微,可能不构成犯罪
D. 丁暴力取证案,可能被判处拘役,丁的辩护人作无罪辩护

[释疑] 甲为境外非法提供国家秘密案,危害国家安全,归中级人民法院管辖,中级人民法院不适用简易程序,A 项错误。根据《刑诉法解释》的规定,具有下列情形之一的,不适用简易程序:① 被告人是盲、聋、哑人;② 被告人是尚未完全丧失辨认或者控制自己行为能力的精神病人;③ 有重大社会影响的;④ 共同犯罪案件中部分被告人不认罪或者对适用简易程序有异议的;⑤ 辩护人作无罪辩护的;⑥ 被告人认罪但经审查认为可能不构成犯罪的;⑦ 不宜适用简易程序审理的其他情形。C、D 项错误。检察院未建议适用简易程序不是不适用简易程序的必备条件,B 项正确。(答案:B)

2. 在一审法院审理中出现下列哪一特殊情形时,应以判决的形式作出裁判? (2017 年真题,单选)

A. 经审理发现犯罪已过追诉时效且不是必须追诉的
B. 自诉人未经法庭准许中途退庭的
C. 经审理发现被告人系精神病人,在不能控制自己行为时造成危害结果的
D. 被告人在审理过程中死亡,根据已查明的案件事实和认定的证据,尚不能确认其无罪的

[释疑] 《刑诉法解释》第 181 条规定:"人民法院对提起公诉的案件审查后,应当按照下列情形分别处理:……(六) 符合刑事诉讼法第十五条第二项至第六项规定情形的,应当裁定终止审理或者退回人民检察院;……"A、D 项应当裁定终止审理或者退回人民检察院;《刑诉法解释》第 274 条规定,自诉人经两次传唤,无正当理由拒不到庭,或者未经法庭准许中途退庭的,人民法院应当裁定按撤诉处理。B 项用裁定,C 项应当作无罪判决。(答案:C)

3. 甲、乙二人系药材公司仓库保管员,涉嫌 5 次共同盗窃其保管的名贵药材,涉案金额 40 余万元。一审开庭审理时,药材公司法定代表人丙参加庭审。经审理,法院认定了其中 4 起盗窃事实,另 1 起因证据不足未予认定,甲和乙以职务侵占罪分别被判处有期徒刑 3 年和 1 年。关于丙参与法庭审理,下列选项正确的是:(2017 年真题,不定选)

A. 丙可委托诉讼代理人参加法庭审理
B. 公诉人讯问甲和乙后,丙可就犯罪事实向甲、乙发问
C. 丙可代表药材公司在附带民事诉讼中要求甲和乙赔偿被窃的药材损失
D. 丙反对适用简易程序的,应转为普通程序审理

[释疑] 单位被害人可委托诉讼代理人参加法庭审理,也可以参加法庭调查与法庭辩论,A、B 项正确。被窃的药材损失不能提起附带民事诉讼,只能通过追缴或退赔方式处理。C 项错误。《刑诉法解释》第 298 条规定,适用简易程序审理案件,在法庭审理过程中,有下列情形之一的,应当转为普通程序审理:(一)被告人的行为可能不构成犯罪的;(二)被告人可能不负刑事责任的;(三)被告人当庭对起诉指控的犯罪事实予以否认的;(四)案件事实不清、证据不足的;(五)不应当或者不宜适用简易程序的其他情形。D 项于法无据。(答案:AB)

4. 甲女与乙男在某社交软件互加好友,在手机网络聊天过程中,甲女多次向乙男发送暧昧言语和色情图片,表示可以提供有偿性服务。二人于酒店内见面后因价钱谈不拢而争吵,乙男强行将甲女留在房间内,并采用胁迫手段与其发生性关系。后甲女向公安机关报案,乙男则辩称双方系自愿发生性关系。

请回答第(1)、(2)题。(2016 年真题,不定选)

(1) 乙男提供了二人之前的网络聊天记录。关于这一网络聊天记录,下列选项正确的是:

A. 属于电子数据的一种
B. 必须随原始的聊天时使用的手机移送才能作为定案的依据
C. 只有经甲女核实认可后才能作为定案的依据
D. 因不具有关联性而不得作为本案定罪量刑的依据

[释疑] 在甲、乙手机网络聊天过程中,甲女多次向乙男发送暧昧言语和色情图片,表示可以提供有偿性服务,这一网络聊天记录属于证据中的电子数据,能够证明甲女打算向乙男卖淫,该网络聊天记录与后来发生的强奸案具有关联性,而网络聊天记录不是必须随原始的聊天

时使用的手机移送才能作为定案的依据,也不需要经甲女核实认可后才能作为定案的依据。A项正确,B项、C项、D项均错误。(答案:A)

(2) 本案后起诉至法院,关于本案审理程序,下列选项正确的是:(2016年真题,不定选)

A. 应当不公开审理
B. 甲女因出庭作证而支出的交通、住宿的费用,法院应给予补助
C. 甲女可向法院提起附带民事诉讼,要求乙男赔偿因受侵害而支出的医疗费
D. 公诉人讯问乙男后,甲女可就强奸的犯罪事实向乙男发问

[释疑] 因本案涉及个人隐私,故不公开审理;甲女不是证人是被害人,所以甲女不能享受证人才有的获得补助的权利;甲女可向法院提起附带民事诉讼,要求乙男赔偿因强奸犯罪受侵害而支出的医疗费;公诉人讯问被告人以后,被害人可就受害事实向被告人发问。所以,本题B项错误;A项、C项、D项都正确。(答案:ACD)

5. 法院在审理胡某持有毒品案时发现,胡某不仅持有毒品数量较大,而且向他人出售毒品,构成贩卖毒品罪。关于本案,下列哪一选项是正确的?(2016年真题,单选)

A. 如胡某承认出售毒品,法院可以直接改判
B. 法院可以在听取控辩双方意见的基础上直接改判
C. 法院可以建议检察院补充或者变更起诉
D. 法院可以建议检察院退回补充侦查

[释疑] 《刑诉法解释》第243条规定:"审判期间,人民法院发现新的事实,可能影响定罪的,可以建议人民检察院补充或者变更起诉;人民检察院不同意或者在七日内未回复意见的,人民法院应当就起诉指控的犯罪事实,依照本解释第二百四十一条的规定作出判决、裁定。"本题中,"法院在审理胡某持有毒品案时发现,胡某不仅持有毒品数量较大,而且向他人出售毒品",属于"人民法院发现新的事实,可能影响定罪的"情况,所以,只有C项"法院可建议检察院补充或者变更起诉"正确;A、B、D项均错误。(答案:C)

6. 王某系聋哑人,因涉嫌盗窃罪被提起公诉。关于本案,下列哪一选项是正确的?(2016年真题,单选)

A. 讯问王某时,如有必要可通知通晓聋哑手势的人参加
B. 王某没有委托辩护人,应通知法律援助机构指派律师为其提供辩护
C. 辩护人经通知未到庭,经王某同意,法院决定开庭审理
D. 因事实清楚且王某认罪,实行独任审判

[释疑] 《刑事诉讼法》第119条规定:"讯问聋、哑的犯罪嫌疑人,应当有通晓聋、哑手势的人参加,并且将这种情况记明笔录。"故A项错误。《刑事诉讼法》第34条第2款规定:"犯罪嫌疑人、被告人是盲、聋、哑人,或者是尚未完全丧失辨认或者控制自己行为能力的精神病人,没有委托辩护人的,人民法院、人民检察院和公安机关应当通知法律援助机构指派律师为其提供辩护。"所以,B项正确。由于王某系聋哑人,在接受审判时,必须有辩护人在场,所以,C项错误。《刑事诉讼法》第209条规定:"有下列情形之一的,不适用简易程序:(一)被告人是盲、聋、哑人,或者是尚未完全丧失辨认或者控制自己行为能力的精神病人的;(二)有重大社会影响的;(三)共同犯罪案件中部分被告人不认罪或者对适用简易程序有异议的;(四)其他不宜适用简易程序审理的。"《刑事诉讼法》第210条第1款规定:"适用简易程序审理案件,对可能判处三年有期徒刑以下刑罚的,可以组成合议庭进行审判,也可以由审判员一人独任审

判;对可能判处的有期徒刑超过三年的,应当组成合议庭进行审判。"由于只有简易程序审理才可能适用独任审判,而被告人王某系聋哑人,不能适用简易程序审理,故绝不可能适用独任审判。所以,D项错误。(答案:B)

7. 甲犯抢夺罪,法院经审查决定适用简易程序审理。关于本案,下列哪一选项是正确的? (2016年真题,单选)

A. 适用简易程序必须由检察院提出建议

B. 如被告人已提交承认指控犯罪事实的书面材料,则无须再当庭询问其对指控的意见

C. 不需要调查证据,直接围绕罪名确定和量刑问题

D. 如无特殊情况,应当庭宣判

[释疑] 《刑诉法解释》第289条规定:"基层人民法院受理公诉案件后,经审查认为案件事实清楚、证据充分的,在将起诉书副本送达被告人时,应当询问被告人对指控的犯罪事实的意见,告知其适用简易程序的法律规定。被告人对指控的犯罪事实没有异议并同意适用简易程序的,可以决定适用简易程序,并在开庭前通知人民检察院和辩护人。对人民检察院建议适用简易程序审理的案件,依照前款的规定处理;不符合简易程序适用条件的,应当通知人民检察院。"所以,适用简易程序并不必须由检察院提出建议,A项错误。《刑诉法解释》第295条规定:"适用简易程序审理案件,可以对庭审作如下简化:(一)公诉人可以摘要宣读起诉书;(二)公诉人、辩护人、审判人员对被告人的讯问、发问可以简化或者省略;(三)对控辩双方无异议的证据,可以仅就证据的名称及所证明的事项作出说明;对控辩双方有异议,或者法庭认为有必要调查核实的证据,应当出示,并进行质证;(四)控辩双方对与定罪量刑有关的事实、证据没有异议的,法庭审理可以直接围绕罪名确定和量刑问题进行。"据此,B项无法律规定,错误;C项亦无法律规定,错误。《刑诉法解释》第297条规定:"适用简易程序审理案件,一般应当当庭宣判。"所以,D项正确。(答案:D)

8. 关于我国刑事诉讼中起诉与审判的关系,下列哪一选项是正确的? (2015年真题,单选)

A. 自诉人提起自诉后,在法院宣判前,可随时撤回自诉,法院应准许

B. 法院只能就起诉的罪名是否成立作出裁判

C. 在法庭审理过程中,法院可建议检察院补充、变更起诉

D. 对检察院提起公诉的案件,法院判决无罪后,检察院不能再次起诉

[释疑] 《刑诉法解释》第272条规定:"判决宣告前,自诉案件的当事人可以自行和解,自诉人可以撤回自诉。人民法院经审查,认为和解、撤回自诉确属自愿,应当裁定准许;认为系被强迫、威吓等,并非出于自愿的,不予准许。"所以,A项错误。第241条第1款第2项规定:"起诉指控的事实清楚,证据确实、充分,指控的罪名与审理认定的罪名不一致的,应当按照审理认定的罪名作出有罪判决。"所以,B项错误。第243条规定:"审判期间,人民法院发现新的事实,可能影响定罪的,可以建议人民检察院补充或者变更起诉;人民检察院不同意或者在七日内未回复意见的,人民法院应当就起诉指控的犯罪事实,依照本解释第二百四十一条的规定作出判决、裁定。"所以,C项正确。第181条第1款第4项规定:"依照刑事诉讼法第一百九十五条第三项规定宣告被告人无罪后,人民检察院根据新的事实、证据重新起诉的,应当依法受理。"所以,D项错误。(答案:C)

9. 某国有银行涉嫌违法发放贷款造成重大损失,该行行长因系直接负责的主管人员也被

追究刑事责任,信贷科科长齐某因较为熟悉银行贷款业务被确定为单位的诉讼代表人。关于本案审理程序,下列哪一选项是正确的?(2015年真题,单选)

　　A. 如该案在开庭审理前召开庭前会议,应通知齐某参加
　　B. 齐某无正当理由拒不出庭的,可拘传其到庭
　　C. 齐某可当庭拒绝银行委托的辩护律师为该行辩护
　　D. 齐某没有最后陈述的权利

　　[释疑] 《刑诉法解释》第183条规定:"案件具有下列情形之一的,审判人员可以召开庭前会议:(一) 当事人及其辩护人、诉讼代理人申请排除非法证据的;(二) 证据材料较多、案情重大复杂的;(三) 社会影响重大的;(四) 需要召开庭前会议的其他情形。召开庭前会议,根据案件情况,可以通知被告人参加。"所以,A项错误。《刑诉法解释》第280条规定:"开庭审理单位犯罪案件,应当通知被告单位的诉讼代表人出庭;没有诉讼代表人参与诉讼的,应当要求人民检察院确定。被告单位的诉讼代表人不出庭的,应当按照下列情形分别处理:(一) 诉讼代表人系被告单位的法定代表人或者主要负责人,无正当理由拒不出庭的,可以拘传其到庭;因客观原因无法出庭,或者下落不明的,应当要求人民检察院另行确定诉讼代表人;(二) 诉讼代表人系被告单位的其他人员的,应当要求人民检察院另行确定诉讼代表人出庭。"信贷科科长齐某因较为熟悉银行贷款业务被确定为单位的诉讼代表人,属于"诉讼代表人系被告单位的其他人员的,应当要求人民检察院另行确定诉讼代表人出庭"的情形,所以,B项错误。《刑诉法解释》第281条规定:"被告单位的诉讼代表人享有刑事诉讼法规定的有关被告人的诉讼权利。开庭时,诉讼代表人席位置于审判台前左侧,与辩护人席并列。"《刑诉法解释》第282条规定:"被告单位委托辩护人,参照适用本解释的有关规定。"据此,齐某有最后陈述权,也有拒绝辩护权。所以,C项正确;D项错误。(答案:C)

　　10. 高某利用职务便利多次收受贿赂,还雇凶将举报他的下属王某打成重伤。关于本案庭前会议,下列哪些选项是正确的?(2015年真题,多选)

　　A. 高某可就案件管辖提出异议
　　B. 王某提起附带民事诉讼的,可调解
　　C. 高某提出其口供系刑讯所得,法官可在审查讯问时同步录像的基础上决定是否排除口供
　　D. 庭前会议上出示过的证据,庭审时举证、质证可简化

　　[释疑] 《刑诉法解释》第184条规定:"召开庭前会议,审判人员可以就下列问题向控辩双方了解情况,听取意见:(一) 是否对案件管辖有异议;(二) 是否申请有关人员回避;(三) 是否申请调取在侦查、审查起诉期间公安机关、人民检察院收集但未随案移送的证明被告人无罪或者罪轻的证据材料;(四) 是否提供新的证据;(五) 是否对出庭证人、鉴定人、有专门知识的人的名单有异议;(六) 是否申请排除非法证据;(七) 是否申请不公开审理;(八) 与审判相关的其他问题。审判人员可以询问控辩双方对证据材料有无异议,对有异议的证据,应当在庭审时重点调查;无异议的,庭审时举证、质证可以简化。被害人或者其法定代理人、近亲属提起附带民事诉讼的,可以调解。庭前会议情况应当制作笔录。"据此,A项、B项正确;C项、D项错误。(答案:AB)

　　11. 关于自诉案件的程序,下列哪一选项是正确的?(2014年真题,单选)

　　A. 不论被告人是否羁押,自诉案件与普通公诉案件的审理期限都相同

B. 不论在第一审程序还是第二审程序中,在宣告判决前,当事人都可和解
C. 不论当事人在第一审还是第二审审理中提出反诉的,法院都应当受理
D. 在第二审程序中调解结案的,应当裁定撤销第一审裁判

[释疑] 《刑事诉讼法》第206条第2款规定:"人民法院审理自诉案件的期限,被告人被羁押的,适用本法第二百零二条第一款、第二款的规定;未被羁押的,应当在受理后六个月以内宣判。"《刑事诉讼法》第202条第1款、第2款规定:"人民法院审理公诉案件,应当在受理后二个月以内宣判,至迟不得超过三个月。对于可能判处死刑的案件或者附带民事诉讼的案件,以及有本法第一百五十六条规定情形之一的,经上一级人民法院批准,可以延长三个月;因特殊情况还需要延长的,报请最高人民法院批准。人民法院改变管辖的案件,从改变后的人民法院收到案件之日起计算审理期限。"故A项错误。《刑事诉讼法》第206条第1款规定:"人民法院对自诉案件,可以进行调解;自诉人在宣告判决前,可以同被告人自行和解或者撤回自诉。本法第二百零四条第三项规定的案件不适用调解。"《刑诉法解释》第333条规定:"对第二审自诉案件,必要时可以调解,当事人也可以自行和解。调解结案的,应当制作调解书,第一审判决、裁定视为自动撤销;当事人自行和解的,应当裁定准许撤回自诉,并撤销第一审判决、裁定。"故B项正确,D项错误。《刑诉法解释》第334条:"第二审期间,自诉案件的当事人提出反诉的,应当告知其另行起诉。"故C项错误。(答案:B)

12. 关于庭前会议,下列哪些选项是正确的?(2014年真题,多选)
A. 被告人有参加庭前会议的权利
B. 被害人提起附带民事诉讼的,审判人员可在庭前会议中进行调解
C. 辩护人申请排除非法证据的,可在庭前会议中就是否排除作出决定
D. 控辩双方可在庭前会议中就出庭作证的证人名单进行讨论

[释疑] 《刑诉法解释》第183条第2款规定:"召开庭前会议,根据案件情况,可以通知被告人参加。"据此,被告人是否参加庭前会议由审判人员决定,被告人只是被动接受通知,并没有权利主动参加。故A项错误。《刑诉法解释》第184条规定:"召开庭前会议,审判人员可以就下列问题向控辩双方了解情况,听取意见:(一)是否对案件管辖有异议;(二)是否申请有关人员回避;(三)是否申请调取在侦查、审查起诉期间公安机关、人民检察院收集但未随案移送的证明被告人无罪或者罪轻的证据材料;(四)是否提供新的证据;(五)是否对出庭证人、鉴定人、有专门知识的人的名单有异议;(六)是否申请排除非法证据;(七)是否申请不公开审理;(八)与审判相关的其他问题。审判人员可以询问控辩双方对证据材料有无异议,对有异议的证据,应当在庭审时重点调查;无异议的,庭审时举证、质证可以简化。被害人或者其法定代理人、近亲属提起附带民事诉讼的,可以调解。庭前会议情况应当制作笔录。"故B、D项正确,C项错误。庭前会议中审判人员对非法证据排除申请只是了解情况、听取意见,不能作出决定,必须在正式开庭审理过程中才能作出是否排除非法证据的决定。(答案:BD)

13. 方某涉嫌在公众场合侮辱高某和任某,高某向法院提起自诉。关于本案的审理,下列哪些选项是正确的?(2014年真题,多选)
A. 如果任某担心影响不好不愿起诉,任某的父亲可代为起诉
B. 法院通知任某参加诉讼并告知其不参加的法律后果,任某仍未到庭,视为放弃告诉,该案宣判后,任某不得再行自诉
C. 方某的弟弟系该案关键目击证人,经法院通知其无正当理由不出庭作证的,法院可强

制其到庭

D. 本案应当适用简易程序审理

[释疑]《刑诉法解释》第260条规定："本解释第一条规定的案件，如果被害人死亡、丧失行为能力或者因受强制、威吓等无法告诉，或者是限制行为能力人以及因年老、患病、盲、聋、哑等不能亲自告诉，其法定代理人、近亲属告诉或者代为告诉的，人民法院应当依法受理。被害人的法定代理人、近亲属告诉或者代为告诉，应当提供与被害人关系的证明和被害人不能亲自告诉的原因的证明。"A项不符合代为告诉的条件，错误。《刑诉法解释》第266条第2款规定："共同被害人中只有部分人告诉的，人民法院应当通知其他被害人参加诉讼，并告知其不参加诉讼的法律后果。被通知人接到通知后表示不参加诉讼或者不出庭的，视为放弃告诉。第一审宣判后，被通知人就同一事实又提起自诉的，人民法院不予受理。但是，当事人另行提起民事诉讼的，不受本解释限制。"故B项正确。《刑事诉讼法》第188条第1款规定："经人民法院通知，证人没有正当理由不出庭作证的，人民法院可以强制其到庭，但是被告人的配偶、父母、子女除外。"故C项正确。新修改后的《刑事诉讼法》没有规定自诉案件一律适用简易程序，因此，自诉案件是否适用简易程序要看其是否满足适用简易程序的条件。故D项错误。（答案：BC）

14. 关于简易程序，下列哪些选项是正确的？（2014年真题，多选）

A. 甲涉嫌持枪抢劫，法院决定适用简易程序，并由两名审判员和一名人民陪审员组成合议庭进行审理

B. 乙涉嫌盗窃，未满16周岁，法院只有在征得乙的法定代理人和辩护人同意后，才能适用简易程序

C. 丙涉嫌诈骗并对罪行供认不讳，但辩护人为其做无罪辩护，法院决定适用简易程序

D. 丁涉嫌故意伤害，经审理认为可能不构成犯罪，遂转为普通程序审理

[释疑]《刑法》第263条规定："以暴力、胁迫或者其他方法抢劫公私财物的，处三年以上十年以下有期徒刑，并处罚金；有下列情形之一的，处十年以上有期徒刑、无期徒刑或者死刑，并处罚金或者没收财产：（一）入户抢劫的；（二）在公共交通工具上抢劫的；（三）抢劫银行或者其他金融机构的；（四）多次抢劫或者抢劫数额巨大的；（五）抢劫致人重伤、死亡的；（六）冒充军警人员抢劫的；（七）持枪抢劫的；（八）抢劫军用物资或者抢险、救灾、救济物资的。"《刑事诉讼法》第210条："适用简易程序审理案件，对可能判处三年有期徒刑以下刑罚的，可以组成合议庭进行审判，也可以由审判员一人独任审判；对可能判处的有期徒刑超过三年的，应当组成合议庭进行审理。"A项，甲涉嫌持枪抢劫，可能判处十年以上有期徒刑，应当由合议庭审理。故A项正确。《刑诉法解释》第474条规定："对未成年人刑事案件，人民法院决定适用简易程序审理的，应当征求未成年被告人及其法定代理人、辩护人的意见。上述人员提出异议的，不适用简易程序。"故B项正确。《刑诉法解释》第290条规定："具有下列情形之一的，不适用简易程序：（一）被告人是盲、聋、哑人；（二）被告人是尚未完全丧失辨认或者控制自己行为能力的精神病人；（三）有重大社会影响的；（四）共同犯罪案件中部分被告人不认罪或者对适用简易程序有异议的；（五）辩护人作无罪辩护的；（六）被告人认罪但经审查认为可能不构成犯罪的；（七）不宜适用简易程序审理的其他情形。"故C项错误。《刑诉法解释》第298条规定："适用简易程序审理案件，在法庭审理过程中，有下列情形之一的，应当转为普通程序审理：（一）被告人的行为可能不构成犯罪的；（二）被告人可能不负刑事责任的；

(三)被告人当庭对起诉指控的犯罪事实予以否认的;(四)案件事实不清、证据不足的;(五)不应当或者不宜适用简易程序的其他情形。转为普通程序审理的案件,审理期限应当从决定转为普通程序之日起计算。"故 D 项正确。(答案:ABD)

15. 检察院以抢夺罪向法院提起公诉,法院经审理后查明被告人构成抢劫罪。关于法院的做法,下列哪一选项是正确的?(2013年真题,单选)
   A. 应当建议检察院改变起诉罪名,不能直接以抢劫罪定罪
   B. 可以直接以抢劫罪定罪,不必建议检察院改变起诉罪名
   C. 只能判决无罪,检察院应以抢劫罪另行起诉
   D. 应当驳回起诉,检察院应以抢劫罪另行起诉

   [释疑]《刑诉法解释》第241条第1款第2项规定:"起诉指控的事实清楚,证据确实、充分,指控的罪名与审理认定的罪名不一致的,应当按照审理认定的罪名作出有罪判决。"该条第2款规定:"具有前款第二项规定情形的,人民法院应当在判决前听取控辩双方的意见,保障被告人、辩护人充分行使辩护权。必要时,可以重新开庭,组织控辩双方围绕被告人的行为构成何罪进行辩论。"据此,B项正确。(答案:B)

16. 法院审理郑某涉嫌滥用职权犯罪案件,在宣告判决前,检察院发现郑某和张某接受秦某巨款,涉嫌贿赂犯罪。对于新发现犯罪嫌疑人和遗漏罪行的处理,下列哪些做法是正确的?(2013年真题,多选)
   A. 法院可以主动将张某、秦某追加为被告人一并审理
   B. 检察院可以补充起诉郑某、张某和秦某的贿赂犯罪
   C. 检察院可以将张某、秦某追加为被告人,要求法院一并审理
   D. 检察院应当撤回起诉,将三名犯罪嫌疑人以两个罪名重新起诉

   [释疑]《刑诉法解释》第243条规定:"审判期间,人民法院发现新的事实,可能影响定罪的,可以建议人民检察院补充或者变更起诉;人民检察院不同意或者在七日内未回复意见的,人民法院应当就起诉指控的犯罪事实,依照本解释第二百四十一条的规定作出判决、裁定。"《刑事诉讼规则(试行)》第458条规定:"在人民法院宣告判决前,人民检察院发现被告人的真实身份或者犯罪事实与起诉书中叙述的身份或者指控犯罪事实不符的,或者事实、证据没有变化,但罪名、适用法律与起诉书不一致的,可以变更起诉;发现遗漏的同案犯罪嫌疑人或者罪行可以一并起诉和审理的,可以追加、补充起诉。"根据以上规定,B、C项正确。(答案:BC)

17. 迅辉制药股份公司主要生产健骨消痛丸,公司法定代表人陆某指令保管员韩某采用不登记入库、销售人员打白条领取产品的方法销售,逃避缴税65万元。迅辉公司及陆某以逃税罪被起诉到法院。请回答第92—94题。(2013年真题,不定选)
   (1)可以作为迅辉公司单位犯罪的诉讼代表人的是:
   A. 公司法定代表人陆某   B. 被单位委托的职工王某
   C. 保管员韩某   D. 公司副经理李某

   [释疑]《刑诉法解释》第279条规定:"被告单位的诉讼代表人,应当是法定代表人或者主要负责人;法定代表人或者主要负责人被指控为单位犯罪直接负责的主管人员或者因客观原因无法出庭的,应当由被告单位委托其他负责人或者职工作为诉讼代表人。但是,有关人员被指控为单位犯罪的其他直接责任人员或者知道案件情况、负有作证义务的除外。"(答案:B)

   (2)对迅辉公司财产的处置,下列选项正确的是:

A. 涉及违法所得及其孳息，尚未被追缴的，法院应当追缴
B. 涉及违法所得及其孳息，尚未被查封、扣押、冻结的，法院应当查封、扣押、冻结
C. 为了保证判决的执行，对迅辉公司财产，法院应当先行查封、扣押、冻结
D. 如果迅辉公司能够提供担保，对其财产也可以不采取查封、扣押、冻结

[释疑]《刑诉法解释》第284条规定："被告单位的违法所得及其孳息，尚未被依法追缴或者查封、扣押、冻结的，人民法院应当决定追缴或者查封、扣押、冻结。"第285条规定："为保证判决的执行，人民法院可以先行查封、扣押、冻结被告单位的财产，或者由被告单位提出担保。"故A、B、D项正确。(答案：ABD)

18. 如迅辉公司在案件审理期间发生下列变故，法院的做法正确的是：
A. 公司被撤销，不能免除单位和单位主管人员的刑事责任
B. 公司被注销，对单位不再诉讼，对主管人员继续审理
C. 公司被合并，仍应将迅辉公司列为被告单位，并以其在新单位的财产范围承担责任
D. 公司被分立，应将分立后的单位列为被告单位，并以迅辉公司在新单位的财产范围承担责任

[释疑]《刑诉法解释》第286条规定："审判期间，被告单位被撤销、注销、吊销营业执照或者宣告破产的，对单位犯罪直接负责的主管人员和其他直接责任人员应当继续审理。"第287条规定："审判期间，被告单位合并、分立的，应当将原单位列为被告单位，并注明合并、分立情况。对被告单位所判处的罚金以其在新单位的财产及收益为限。"故B、C项正确。(答案：BC)

19. 法院在审理案件过程中发现被告人可能有立功情节，而起诉书和移送的证据材料中没有此种材料，下列哪一处理是正确的？(2012年真题，单选)
A. 将全部案卷材料退回提起公诉的检察院
B. 建议提起公诉的检察院补充侦查
C. 建议公安机关补充侦查
D. 宣布休庭，进行庭外调查

[释疑]《刑诉法解释》第226条规定："审判期间，合议庭发现被告人可能有自首、坦白、立功等法定量刑情节，而人民检察院移送的案卷中没有相关证据材料的，应当通知人民检察院移送。审判期间，被告人提出新的立功线索的，人民法院可以建议人民检察院补充侦查。"注意比较：旧《刑诉法解释》第159条规定："合议庭在案件审理过程中，发现被告人可能有自首、立功等法定量刑情节，而起诉和移送的证据材料中没有这方面的证据材料的，应当建议人民检察院补充侦查。"(原答案：B；根据新的司法解释此题无答案)

20. 下列哪一选项属于刑事诉讼中适用中止审理的情形？(2012年真题，单选)
A. 由于申请回避而不能进行审判的
B. 需要重新鉴定的
C. 被告人患有严重疾病，长时间无法出庭的
D. 检察人员发现提起公诉的案件需补充侦查，提出建议的

[释疑]《刑事诉讼法》第198条规定："在法庭审判过程中，遇有下列情形之一，影响审判进行的，可以延期审理：(一)需要通知新的证人到庭，调取新的物证，重新鉴定或者勘验的；(二)检察人员发现提起公诉的案件需要补充侦查，提出建议的；(三)由于申请回避而不能进

行审判的。"《刑事诉讼法》第200条规定："在审判过程中，有下列情形之一，致使案件在较长时间内无法继续审理的，可以中止审理：(一)被告人患有严重疾病，无法出庭的；(二)被告人脱逃的；(三)自诉人患有严重疾病，无法出庭，未委托诉讼代理人出庭的；(四)由于不能抗拒的原因。中止审理的原因消失后，应当恢复审理。中止审理的期间不计入审理期限。"据此，C项当选。(答案：C)

21. 下列哪一情形不得适用简易程序？(2012年真题，单选)
    A. 未成年人案件　　　　　　　　　B. 共同犯罪案件
    C. 有重大社会影响的案件　　　　　D. 被告人没有辩护人的案件

[释疑]《刑事诉讼法》第209条规定："有下列情形之一的，不适用简易程序：(一)被告人是盲、聋、哑人，或者是尚未完全丧失辨认或者控制自己行为能力的精神病人的；(二)有重大社会影响的；(三)共同犯罪案件中部分被告人不认罪或者对适用简易程序有异议的；(四)其他不宜适用简易程序审理的。"故选C项。(答案：C)

22. 审理一起团伙犯罪案时，因涉及多个罪名和多名被告人、被害人，审判长为保障庭审秩序、提高效率，在法庭调查前告知控辩双方注意事项。下列哪些做法是错误的？(2012年真题，多选)
    A. 公诉人和被告人仅就刑事部分进行辩论，被害人和被告人仅就附带民事部分进行辩论
    B. 控辩双方仅在法庭辩论环节就证据的合法性、相关性问题进行辩论
    C. 控辩双方可就证据问题、事实问题、程序问题以及法律适用问题进行辩论
    D. 为保证控方和每名辩护人都有发言时间，控方和辩方发表辩论意见时间不超过30分钟

[释疑]《刑事诉讼法》第193条规定："法庭审理过程中，对与定罪、量刑有关的事实、证据都应当进行调查、辩论。经审判长许可，公诉人、当事人和辩护人、诉讼代理人可以对证据和案件情况发表意见并且可以互相辩论。审判长在宣布辩论终结后，被告人有最后陈述的权利。"据此，A、B、D项当选。(答案：ABD)

23. 关于对法庭审理中违反法庭秩序的人员可采取的措施，下列哪些选项是正确的？(2012年真题，多选)
    A. 警告制止　　　　　　　　　　　B. 强行带出法庭
    C. 只能在1000元以下处以罚款　　　D. 只能在10日以下处以拘留

[释疑]《刑事诉讼法》第194条规定："在法庭审判过程中，如果诉讼参与人或者旁听人员违反法庭秩序，审判长应当警告制止。对不听制止的，可以强行带出法庭；情节严重的，处以一千元以下的罚款或者十五日以下的拘留。罚款、拘留必须经院长批准。被处罚人对罚款、拘留的决定不服的，可以向上一级人民法院申请复议。复议期间不停止执行。对聚众哄闹、冲击法庭或者侮辱、诽谤、威胁、殴打司法工作人员或者诉讼参与人，严重扰乱法庭秩序，构成犯罪的，依法追究刑事责任。"据此，A、B、C项正确。(答案：ABC)

24. 关于证人出庭作证，下列哪些说法是正确的？(2012年真题，多选)
    A. 需要出庭作证的警察就其执行职务时目击的犯罪情况出庭作证，适用证人作证的规定
    B. 警察就其非执行职务时目击的犯罪情况出庭作证，不适用证人作证的规定
    C. 对了解案件情况的人，确有必要时，可以强制到庭作证
    D. 证人没有正当理由拒绝出庭作证的，只有情节严重，才可以处以拘留，且拘留不可以超

过10日

[释疑]《刑事诉讼法》第187条规定:"公诉人、当事人或者辩护人、诉讼代理人对证人证言有异议,且该证人证言对案件定罪量刑有重大影响,人民法院认为证人有必要出庭作证的,证人应当出庭作证。人民警察就其执行职务时目击的犯罪情况作为证人出庭作证,适用前款规定。公诉人、当事人或者辩护人、诉讼代理人对鉴定意见有异议,人民法院认为鉴定人有必要出庭的,鉴定人应当出庭作证。经人民法院通知,鉴定人拒不出庭作证的,鉴定意见不得作为定案的根据。"《刑事诉讼法》第188条规定:"经人民法院通知,证人没有正当理由不出庭作证的,人民法院可以强制其到庭,但是被告人的配偶、父母、子女除外。证人没有正当理由拒绝出庭或者出庭后拒绝作证的,予以训诫,情节严重的,经院长批准,处以十日以下的拘留。被处罚人对拘留决定不服的,可以向上一级人民法院申请复议。复议期间不停止执行。"据上以规定,A、D项正确。(答案:AD)

25. 法院对检察院提起公诉的案件进行庭前审查,下列哪些做法是正确的?(2010年真题,多选)

A. 发现被告人张某在起诉前已从看守所脱逃的,退回检察院

B. 法院裁定准许撤诉的抢劫案,检察院因被害人范某不断上访重新起诉的,不予受理

C. 起诉时提供的一名外地证人石某没有列明住址和通讯处的,通知检察院补送

D. 某被告人被抓获后始终一言不发,也没有任何有关姓名、年龄、住址、单位等方面的信息或线索的,不予受理

[释疑]《刑诉法解释》第181条规定:"人民法院对提起公诉的案件审查后,应当按照下列情形分别处理:(一)属于告诉才处理的案件,应当退回人民检察院,并告知被害人有权提起自诉;(二)不属于本院管辖或者被告人不在案的,应当退回人民检察院;(三)不符合前条第二项至第八项规定之一,需要补充材料的,应当通知人民检察院在三日内补送;(四)依照刑事诉讼法第一百九十五条第三项规定宣告被告人无罪后,人民检察院根据新的事实、证据重新起诉的,应当依法受理;(五)依照本解释第二百四十二条规定裁定准许撤诉的案件,没有新的事实、证据,重新起诉的,应当退回人民检察院;(六)符合刑事诉讼法第十五条第二项至第六项规定情形的,应当裁定终止审理或者退回人民检察院;(七)被告人真实身份不明,但符合刑事诉讼法第一百五十八条第二款规定的,应当依法受理。对公诉案件是否受理,应当在七日内审查完毕。"所以,A、C项正确,B、D项错误。故选A、C项。(答案:AC)

26. 下列哪一段时间应计入一审案件审理期限?(2010年真题,单选)

A. 需要延长审理期限的案件,办理报请高级法院批准手续的时间

B. 当事人申请重新鉴定,经法院同意延期审理的时间

C. 检察院补充侦查完毕后重新移送法院的案件,法院收到案件之日以前补充侦查的时间

D. 法院改变管辖的案件,自改变管辖决定作出至改变后的法院收到案件之日的时间

[释疑]《刑诉法解释》第173条规定:"申请上级人民法院批准延长审理期限,应当在期限届满十五日前层报。有权决定的人民法院不同意延长的,应当在审理期限届满五日前作出决定。因特殊情况申请最高人民法院批准延长审理期限,最高人民法院经审查,予以批准的,可以延长审理期限一至三个月。期限届满案件仍然不能审结的,可以再次提出申请。""期限届满十五日前层报"表明,办理报请高级人民法院批准手续的时间应计入一审案件审理期限,而B、C、D项都不计入审限,故选A项。(答案:A)

27. 下列哪些案件法院审理时可以调解？(2010年真题,多选)
A.《刑法》规定告诉才处理的案件
B. 被害人有证据证明的轻微刑事案件
C. 检察院决定不起诉后被害人提起自诉的案件
D. 刑事诉讼中的附带民事诉讼案件

[释疑] 《刑事诉讼法》规定,告诉才处理的案件和被害人有证据证明的轻微刑事自诉案件可以适用调解,"公诉转为自诉"的案件,如检察院决定不起诉后被害人提起自诉的案件,不适用调解,所以A、B项正确,C项错误;由于检察院代为提起的刑事诉讼中的附带民事诉讼案件不得调解,D项错误。故选A、B项。(答案:AB)

28. 关于刑事判决与裁定的区别,下列哪一选项是正确的？(2010年真题,单选)
A. 判决解决案件的实体问题,裁定解决案件的程序问题
B. 一案中只能有一个判决,裁定可以有若干个
C. 判决只能以书面的形式表现,裁定只以口头作出
D. 不服判决与不服裁定的上诉、抗诉期限不同

[释疑] 有的裁定也解决实体问题,比如裁定减刑,故A项错误;一个案件也可能有两个判决,比如一审判决、二审判决,故B项错误;裁定也可以书面作出,故C项错误;不服判决与不服裁定的上诉、抗诉期限(判决10天、裁定5天)不同,故选D项。(答案:D)

29. 检察院以涉嫌盗窃罪对赵某提起公诉。经审理,法院认为证明指控事实的证据间存在矛盾且无法排除,同时查明赵某年龄认定有误,该案发生时赵某未满16周岁。关于本案,法院应当采取下列哪一做法？(2009年真题,单选)
A. 将案件退回检察院
B. 终止审理
C. 作证据不足、指控的犯罪不能成立的无罪判决
D. 判决宣告赵某不负刑事责任

[释疑] 《刑事诉讼法》第195条规定:"在被告人最后陈述后,审判长宣布休庭,合议庭进行评议,根据已经查明的事实、证据和有关的法律规定,分别作出以下判决:(一)案件事实清楚,证据确实、充分,依照法律认定被告人有罪的,应当作出有罪判决;(二)依据法律认定被告人无罪的,应当作出无罪判决;(三)证据不足,不能认定被告人有罪的,应当作出证据不足、指控的犯罪不能成立的无罪判决。"《刑诉法解释》第241条规定:"对第一审公诉案件,人民法院审理后,应当按照下列情形分别作出判决、裁定:(一)起诉指控的事实清楚,证据确实、充分,依据法律认定指控被告人的罪名成立的,应当作出有罪判决;(二)起诉指控的事实清楚,证据确实、充分,指控的罪名与审理认定的罪名不一致的,应当按照审理认定的罪名作出有罪判决;(三)案件事实清楚,证据确实、充分,依据法律认定被告人无罪的,应当判决宣告被告人无罪;(四)证据不足,不能认定被告人有罪的,应当以证据不足、指控的犯罪不能成立,判决宣告被告人无罪;(五)案件部分事实清楚,证据确实、充分的,应当作出有罪或者无罪的判决;对事实不清、证据不足部分,不予认定;(六)被告人因不满十六周岁,不予刑事处罚的,应当判决宣告被告人不负刑事责任;(七)被告人是精神病人,在不能辨认或者不能控制自己行为时造成危害结果,不予刑事处罚的,应当判决宣告被告人不负刑事责任;(八)犯罪已过追诉时效期限且不是必须追诉,或者经特赦令免除刑罚的,应当裁定终止审理;(九)被告人死亡,应当

裁定终止审理;根据已查明的案件事实和认定的证据,能够确认无罪的,应当判决宣告被告人无罪。具有前款第二项规定情形的,人民法院应当在判决前听取控辩双方的意见,保障被告人、辩护人充分行使辩护权。必要时,可以重新开庭,组织控辩双方围绕被告人的行为构成何罪进行辩论。"根据《刑事诉讼法》的规定,应选 C 项,而根据司法解释,似乎 C、D 项都可以,但是,处理案件,首先考虑证据,对于已满 14 周岁不满 16 周岁的人若证据不足只能选 C 项,因其犯有何罪不能确定,若犯有抢劫则不能宣告不负刑事责任。(答案:C)

30. 法院在刑事案件的审理过程中,根据对案件的不同处理需要使用判决、裁定和决定。请根据有关法律规定及刑事诉讼原理,回答第(1)—(3)题。(2009 年真题,不定选)

(1) 关于判决、裁定、决定的适用对象,下列选项正确的是:
A. 判决不适用于解决案件的程序问题　　B. 裁定不适用于解决案件的实体问题
C. 决定只适用于解决案件的程序问题　　D. 解决案件的程序问题只能用决定

[释疑]　根据《刑事诉讼法》的规定和刑事诉讼法学原理,判决只适用于解决案件的实体问题。决定一般只适用于解决案件的程序问题,但也有例外。《刑事诉讼法》第 287 条规定:"人民法院经审理,对于被申请人或者被告人符合强制医疗条件的,应当在一个月以内作出强制医疗的决定。被决定强制医疗的人、被害人及其法定代理人、近亲属对强制医疗决定不服的,可以向上一级人民法院申请复议。"裁定既适用于解决案件的程序问题,也部分适用解决案件的实体问题,比如裁定减刑,又比如没收违法所得的裁定。《刑事诉讼法》第 282 条规定:"人民法院经审理,对经查证属于违法所得及其他涉案财产,除依法返还被害人的以外,应当裁定予以没收;对不属于应当追缴的财产,应当裁定驳回申请,解除查封、扣押、冻结措施。对于人民法院依照前款规定作出的裁定,犯罪嫌疑人、被告人的近亲属和其他利害关系人或者人民检察院可以提出上诉、抗诉。"故选 A 项,B、C、D 项不选。(原答案:AC;现答案:A)

(2) 关于一个案件中适用判决、裁定、决定的数量,下列选项正确的是:
A. 在一个案件中,可以有多个判决
B. 在一个案件中,可以有多个裁定
C. 在一个案件中,可以有多个决定
D. 在一个案件中,可以只有决定,而没有判决或裁定

[释疑]　根据《刑事诉讼法》的规定和刑事诉讼法学原理,在一个案件中,可以有多个判决,比如上诉、抗诉后发回重审的案件;在一个案件中,可以有多个裁定,比如裁定中止审理后,又裁定终止审理;在一个案件中,可以有多个决定,比如回避决定、拘留决定等;在一个案件中,可以只有决定,而没有判决或裁定,比如决定不予受理、决定退回检察院等。故 A、B、C、D 项均正确。(答案:ABCD)

(3) 关于判决、裁定、决定的效力,下列选项正确的是:
A. 判决只有经过法定上诉、抗诉期限才能发生法律效力
B. 裁定一经作出立即发生法律效力
C. 有些决定可以申请复议,复议期间不影响决定的效力
D. 法院减刑、假释裁定的法律效力并不最终确定,检察院认为不当而提出纠正意见的,法院应当重新组成合议庭进行审理,作出最终裁定

[释疑]　根据《刑事诉讼法》的规定和刑事诉讼法学原理,最高人民法院的判决没有上诉、抗诉期限,故 A 项错误。地方各级法院的一审裁定作出后还有可能被上诉或抗诉,故 B

项错误。有些决定可以申请复议，复议期间不影响决定的效力，比如，违反法庭秩序被罚款，故 C 项正确。《刑事诉讼法》第 263 条规定："人民检察院认为人民法院减刑、假释的裁定不当，应当在收到裁定书副本后二十日以内，向人民法院提出书面纠正意见。人民法院应当在收到纠正意见后一个月以内重新组成合议庭进行审理，作出最终裁定。"故 D 项正确。(答案：CD)

31. 某县法院在对杨某绑架案进行庭前审查中，发现下列哪些情形时，应当将案件退回检察机关？(2008 年真题，多选)

    A. 杨某在绑架的过程中杀害了人质
    B. 杨某在审查起诉期间从看守所逃脱
    C. 检察机关移送起诉材料未附证据目录
    D. 检察机关移送起诉材料欠缺已经委托辩护人的住址、通信处

    [释疑] 《刑诉法解释》第 181 条规定："人民法院对提起公诉的案件审查后，应当按照下列情形分别处理：(一) 属于告诉才处理的案件，应当退回人民检察院，并告知被害人有权提起自诉；(二) 不属于本院管辖或者被告人不在案的，应当退回人民检察院；(三) 不符合前条第二项至第八项规定之一，需要补充材料的，应当通知人民检察院在三日内补送；(四) 依照刑事诉讼法第一百九十五条第三项规定宣告被告人无罪后，人民检察院根据新的事实、证据重新起诉的，应当依法受理；(五) 依照本解释第二百四十二条规定裁定准许撤诉的案件，没有新的事实、证据，重新起诉的，应当退回人民检察院；(六) 符合刑事诉讼法第十五条第二项至第六项规定情形的，应当裁定终止审理或者退回人民检察院；(七) 被告人真实身份不明，但符合刑事诉讼法第一百五十八条第二款规定的，应当依法受理。对公诉案件是否受理，应当在七日内审查完毕。"故选 A、B 项。(答案：AB)

32. 在法庭审理中，控方向法庭出示被告人实施抢劫时所持的匕首。关于该匕首，应当履行的法庭调查程序，下列哪些选项是正确的？(2008 年真题，多选)

    A. 让被害人辨认   B. 让被告人辨认
    C. 听取辩护人意见   D. 听取诉讼代理人意见

    [释疑] 《刑事诉讼法》第 190 条规定："公诉人、辩护人应当向法庭出示物证，让当事人辨认，对未到庭的证人的证言笔录、鉴定人的鉴定意见、勘验笔录和其他作为证据的文书，应当当庭宣读。审判人员应当听取公诉人、当事人和辩护人、诉讼代理人的意见。"故选 A、B、C、D 项。(答案：ABCD)

33. 按照我国《刑事诉讼法》的规定，关于法庭审理活动先后顺序的排列，下列哪一选项的组合是正确的？(2008 年真题，单选)

    ① 宣读勘验笔录；② 公诉人发表公诉词；③ 讯问被告人；④ 询问证人、鉴定人；⑤ 出示物证；⑥ 被告人最后陈述。

    A. ②③⑤④①⑥   B. ③④⑤①②⑥
    C. ②④⑤①⑥③   D. ③④①⑤②⑥

    [释疑] 参见《刑诉法解释》第 195 条至第 235 条的规定。(答案：B)

34. 朱某涉嫌盗窃罪，法庭审理查明其实施盗窃行为时刚满 15 岁。法院应当如何处理？(2008 年缓考真题，单选)

    A. 退回检察院，建议决定不起诉   B. 商请检察院撤回起诉
    C. 判决宣告朱某不负刑事责任   D. 裁定终止审理

[**释疑**] 根据《刑诉法解释》第291条第1款第6项的规定,被告人因不满16周岁,不予刑事处罚的,应当判决宣告被告人不负刑事责任。故C项正确。(答案:C)

35. 法庭在审理被告人某甲入室盗窃案的过程中发现,某甲在实施犯罪过程中,为逃避抓捕以暴力伤害被害人。关于法院的做法,下列哪一选项是正确的?(2008年真题,单选)
    A. 建议检察机关补充侦查
    B. 建议检察机关变更起诉
    C. 建议检察机关撤回起诉
    D. 应当自行补充侦查

[**释疑**] 《刑诉法解释》第243条规定:"审判期间,人民法院发现新的事实,可能影响定罪的,可以建议人民检察院补充或者变更起诉;人民检察院不同意或者在七日内未回复意见的,人民法院应当就起诉指控的犯罪事实,依照本解释第二百四十一条的规定作出判决、裁定。"故B项正确。(答案:B)

36. 某电子科技有限公司因涉嫌虚开增值税专用发票罪被提起公诉,公司董事长、总经理、会计等5人被认定为该单位犯罪的直接责任人员。在法院审理中,该公司被注销。关于法院的处理,下列哪一选项是正确的?(2008年真题,单选)
    A. 继续审理
    B. 终止审理
    C. 终止审理,建议检察机关对公司董事长、总经理、会计等另行起诉
    D. 退回检察机关,建议检察机关对公司董事长、总经理、会计等另行起诉

[**释疑**] 《刑诉法解释》第286条规定:"审判期间,被告单位被撤销、注销、吊销营业执照或者宣告破产的,对单位犯罪直接负责的主管人员和其他直接责任人员应当继续审理。"故A项正确。(答案:A)

37. 法庭审理活动结束后,下列哪些人员应当在法庭审判活动笔录上签名?(2008年缓考真题,多选)
    A. 参与本案审判的陪审员甲
    B. 参与本案审判的审判人员乙
    C. 主持本案审判的审判长丙
    D. 本案书记员丁

[**释疑**] 《刑事诉讼法》第201条第1款规定:"法庭审判的全部活动,应当由书记员写成笔录,经审判长审阅后,由审判长和书记员签名。"故C、D项正确。(答案:CD)

38. 在下列何种情形下,经公诉人建议法庭延期审理的时间一次不得超过一个月?(2008年真题,多选)
    A. 发现事实不清、证据不足的
    B. 发现遗漏罪行、遗漏同案犯罪嫌疑人,需要补充侦查或者补充提供证据的
    C. 发现遗漏罪行或者遗漏同案犯罪嫌疑人,虽不需要补充侦查和补充提供证据,但需要提出追加或者变更起诉的
    D. 需要通知开庭前未向人民法院提供名单的证人、鉴定人或者经人民法院通知而未到庭的证人出庭陈述的

[**释疑**] 《刑事诉讼规则(试行)》第455条规定:"法庭审判过程中遇有下列情形之一的,公诉人可以建议法庭延期审理:(一)发现事实不清、证据不足,或者遗漏罪行、遗漏同案犯罪嫌疑人,需要补充侦查或者补充提供证据的;(二)被告人揭发他人犯罪行为或者提供重要线索,需要补充侦查进行查证的;(三)发现遗漏罪行或者遗漏同案犯罪嫌疑人,虽不需要补充侦查和补充提供证据,但需要补充、追加或者变更起诉的;(四)申请人民法院通知证人、鉴定

人出庭作证或者有专门知识的人出庭提出意见的;(五)需要调取新的证据,重新鉴定或者勘验的;(六)公诉人出示、宣读开庭前移送人民法院的证据以外的证据,或者补充、变更起诉,需要给予被告人、辩护人必要时间进行辩护准备的;(七)被告人、辩护人向法庭出示公诉人不掌握的与定罪量刑有关的证据,需要调查核实的;(八)公诉人对证据收集的合法性进行证明,需要调查核实的。在人民法院开庭审理前发现具有上述情形之一的,人民检察院可以建议人民法院延期审理。"《刑事诉讼规则(试行)》第456条规定:"法庭宣布延期审理后,人民检察院应当在补充侦查的期限内提请人民法院恢复法庭审理或者撤回起诉。公诉人在法庭审理过程中建议延期审理的次数不得超过两次,每次不得超过一个月。"故选A、B、C、D项。(答案:ABCD)

39. 关于刑事案件的延期审理和中止审理,下列哪些说法是正确的?(2008年真题,多选)

A. 延期审理适用于法庭审理过程中,中止审理适用于法院受理案件后至作出判决前

B. 导致延期审理的原因是庭审自身出现障碍,因而不停止法庭审理以外的诉讼活动,导致中止审理的原因是出现了不能抗拒的情况,使诉讼活动无法正常进行,因而暂停诉讼活动

C. 延期审理的案件再行开庭的时间具有可预见性,中止审理的案件再行开庭的时间往往无法预见

D. 不论延期审理还是中止审理,其时间都计入审理期限

[释疑] 《刑诉法解释》第222条规定:"法庭审理过程中,当事人及其辩护人、诉讼代理人申请通知新的证人到庭,调取新的证据,申请重新鉴定或者勘验的,应当提供证人的姓名、证据的存放地点,说明拟证明的案件事实,要求重新鉴定或者勘验的理由。法庭认为有必要的,应当同意,并宣布延期审理;不同意的,应当说明理由并继续审理。延期审理的案件,符合刑事诉讼法第二百零二条第一款规定的,可以报请上级人民法院批准延长审理期限。人民法院同意重新鉴定申请的,应当及时委托鉴定,并将鉴定意见告知人民检察院、当事人及其辩护人、诉讼代理人。"《刑诉法解释》第223条规定:"审判期间,公诉人发现案件需要补充侦查,建议延期审理的,合议庭应当同意,但建议延期审理不得超过两次。人民检察院将补充收集的证据移送人民法院的,人民法院应当通知辩护人、诉讼代理人查阅、摘抄、复制。补充侦查期限届满后,经法庭通知,人民检察院未将案件移送人民法院,且未说明原因的,人民法院可以决定按人民检察院撤诉处理。"《刑诉法解释》第254条规定:"被告人当庭拒绝辩护人辩护,要求另行委托辩护人或者指派律师的,合议庭应当准许。被告人拒绝辩护人辩护后,没有辩护人的,应当宣布休庭;仍有辩护人的,庭审可以继续进行。有多名被告人的案件,部分被告人拒绝辩护人辩护后,没有辩护人的,根据案件情况,可以对该被告人另案处理,对其他被告人的庭审继续进行。重新开庭后,被告人再次当庭拒绝辩护人辩护的,可以准许,但被告人不得再次另行委托辩护人或者要求另行指派律师,由其自行辩护。被告人属于应当提供法律援助的情形,重新开庭后再次当庭拒绝辩护人辩护的,不予准许。"《刑诉法解释》第255条规定:"法庭审理过程中,辩护人拒绝为被告人辩护的,应当准许;是否继续审理,参照适用前条的规定。"《刑诉法解释》第256条规定:"依照前两条规定另行委托辩护人或者指派律师的,自案件宣布休庭之日起至第十五日止,由辩护人准备辩护,但被告人及其辩护人自愿缩短时间的除外。"《刑事诉讼法》第200条规定:"在审判过程中,有下列情形之一,致使案件在较长时间内无法继续审理的,可以中止审理:(一)被告人患有严重疾病,无法出庭的;(二)被告人脱逃的;(三)自诉人患有严重疾病,无法出庭,未委托诉讼代理人出庭的;(四)由于不能抗拒的原因。中止审理的

原因消失后,应当恢复审理。中止审理的期间不计入审理期限。"根据以上规定,选 A、B、C 项。(答案:ABC)

40. 甲偷偷将乙家的一群羊赶走卖掉,获得赃款 3 000 元。乙向法院起诉,并提供了足以证明甲盗窃的证据,要求追究甲盗窃罪的刑事责任。法院应采用下列哪一做法处理此案?(2008 年缓考真题,单选)

　　A. 裁定不予受理　　　　　　　　B. 告知乙向公安机关控告
　　C. 先受理,然后移送公安机关处理　　D. 依法受理

[释疑]　《刑事诉讼法》第 204 条规定:"自诉案件包括下列案件:(一)告诉才处理的案件;(二)被害人有证据证明的轻微刑事案件;(三)被害人有证据证明对被告人侵犯自己人身、财产权利的行为应当依法追究刑事责任,而公安机关或者人民检察院不予追究被告人刑事责任的案件。"《刑事诉讼法》第 205 条规定:"人民法院对于自诉案件进行审查后,按照下列情形分别处理:(一)犯罪事实清楚,有足够证据的案件,应当开庭审判;(二)缺乏罪证的自诉案件,如果自诉人提不出补充证据,应当说服自诉人撤回自诉,或者裁定驳回。自诉人经两次依法传唤,无正当理由拒不到庭的,或者未经法庭许可中途退庭的,按撤诉处理。法庭审理过程中,审判人员对证据有疑问,需要调查核实的,适用本法第一百九十一条的规定。"根据以上规定,应选 D 项。(答案:D)

41. 马某涉嫌盗窃罪,法院决定开庭审理时,马某的母亲也到该院递交自诉状,对马某长期虐待自己的行为提起自诉。下列哪一选项是正确的?(2008 年缓考真题,单选)

　　A. 应当先审理盗窃案件　　　　　　B. 应当先审理虐待案件
　　C. 应当一并审理这两个案件　　　　D. 可以一并审理这两个案件

[释疑]　被告人实施的两个以上的犯罪行为,分别属于公诉案件和自诉案件的,人民法院可以在审理公诉案件时,对自诉案件一并审理。故选 D 项。(答案:D)

42. 王某与张某发生口角,王某一怒之下顺手将李某放在桌子上的手机打向张某,致张某轻伤。请回答(1)—(3)题。(2008 年缓考真题,不定选)

(1) 对由王某造成的伤害,张某依法享有的诉讼权利是:

　　A. 向法院提起自诉　　　　　　　　B. 向公安机关控告
　　C. 向检察院控告　　　　　　　　　D. 提起附带民事诉讼

[释疑]　《刑事诉讼法》第 108 条规定:"任何单位和个人发现有犯罪事实或者犯罪嫌疑人,有权利也有义务向公安机关、人民检察院或者人民法院报案或者举报。被害人对侵犯其人身、财产权利的犯罪事实或者犯罪嫌疑人,有权向公安机关、人民检察院或者人民法院报案或者控告。公安机关、人民检察院或者人民法院对于报案、控告、举报,都应当接受。对于不属于自己管辖的,应当移送主管机关处理,并且通知报案人、控告人、举报人;对于不属于自己管辖而又必须采取紧急措施的,应当先采取紧急措施,然后移送主管机关。犯罪人向公安机关、人民检察院或者人民法院自首的,适用第三款规定。"《刑事诉讼法》第 204 条规定:"自诉案件包括下列案件:(一)告诉才处理的案件;(二)被害人有证据证明的轻微刑事案件;(三)被害人有证据证明对被告人侵犯自己人身、财产权利的行为应当依法追究刑事责任,而公安机关或者人民检察院不予追究被告人刑事责任的案件。"根据以上规定 A、B、C、D 项都是自诉人的权利。(答案:ABCD)

(2) 李某享有的诉讼权利是:

A. 就王某给自己造成的损失提起民事诉讼
B. 就王某给自己造成的损失提起附带民事诉讼
C. 就王某的犯罪行为向公安机关举报
D. 就王某的犯罪行为向法院提出自诉

[释疑] 附带民事诉讼当事人既可以提起附带民事诉讼,也可以另行提起民事诉讼,故选A、B、C项。(答案:ABC)

(3) 如张某提起自诉,对本案刑事部分判决有权上诉的是:
A. 王某   B. 张某
C. 李某   D. 提起公诉的检察院

[释疑] 只有刑事当事人才能就刑事部分上诉,故选A、B项。(答案:AB)

43. 法院对公诉案件进行审查后,应当根据不同情况作出处理。据此,下列哪一选项是正确的?(2007年真题,单选)
A. 对于不属于本院管辖的,应当通知检察院撤回起诉
B. 对于被告人不在案的,应当决定退回检察院
C. 法院裁定准许撤诉的案件,没有新的事实、证据,检察院重新起诉的,应当裁定驳回起诉
D. 法院作出了证据不足、指控的犯罪不能成立的无罪判决的案件,检察院依据新的事实、证据材料重新起诉的,法院应当根据禁止重复追诉原则不予受理

[释疑] 《刑诉法解释》第181条规定:"人民法院对提起公诉的案件审查后,应当按照下列情形分别处理:(一)属于告诉才处理的案件,应当退回人民检察院,并告知被害人有权提起自诉;(二)不属于本院管辖或者被告人不在案的,应当退回人民检察院;(三)不符合前条第二项至第八项规定之一,需要补充材料的,应当通知人民检察院在三日内补送;(四)依照刑事诉讼法第一百九十五条第三项规定宣告被告人无罪后,人民检察院根据新的事实、证据重新起诉的,应当依法受理;(五)依照本解释第二百四十二条规定裁定准许撤诉的案件,没有新的事实、证据,重新起诉的,应当退回人民检察院;(六)符合刑事诉讼法第十五条第二项至第六项规定情形的,应当裁定终止审理或者退回人民检察院;(七)被告人真实身份不明,但符合刑事诉讼法第一百五十八条第二款规定的,应当依法受理。对公诉案件是否受理,应当在七日内审查完毕。"对于A项,应当决定退回人民检察院;对于C项,人民法院应当退回人民检察院;对于D项,人民法院应当依法受理。因此,只有B项正确。(答案:B)

44. 某市法院审理被告人赵某故意伤害案,为其指定了辩护律师。庭审中,赵某拒绝辩护律师为其辩护,合议庭的下列哪些做法是正确的?(2007年真题,多选)
A. 赵某要求另行委托辩护人时,应当同意,并宣布延期审理
B. 赵某要求另行指定辩护律师时,应当同意,并宣布延期审理
C. 赵某要求另行指定辩护律师时,不应当同意,并宣布继续审理
D. 赵某另行委托辩护人的,自宣布延期审理之日至第十日止,准备辩护时间不计入审限

[释疑] 《刑诉法解释》第254条规定:"被告人当庭拒绝辩护人辩护,要求另行委托辩护人或者指派律师的,合议庭应当准许。被告人拒绝辩护人辩护后,没有辩护人的,应当宣布休庭;仍有辩护人的,庭审可以继续进行。有多名被告人的案件,部分被告人拒绝辩护人辩护后,没有辩护人的,根据案件情况,可以对该被告人另案处理,对其他被告人的庭审继续进行。重新开庭后,被告人再次当庭拒绝辩护人辩护的,可以准许,但被告人不得再次另行委托辩护人

或者要求另行指派律师,由其自行辩护。被告人属于应当提供法律援助的情形,重新开庭后再次当庭拒绝辩护人辩护的,不予准许。"《刑诉法解释》第 255 条规定:"法庭审理过程中,辩护人拒绝为被告人辩护的,应当准许;是否继续审,参照适用前条的规定。"《刑诉法解释》第 256 条规定:"依照前两条规定另行委托辩护人或者指派律师的,自案件宣布休庭之日起至第十五日止,由辩护人准备辩护,但被告人及其辩护人自愿缩短时间的除外。"故选 A 项。(答案:A)

45. 在一起伤害案件中,被害人甲不服某县人民检察院对犯罪嫌疑人乙作出的不起诉决定而向县人民法院提起诉讼。人民法院审查后认为该案缺乏罪证,经要求,自诉人未能提出补充证据。县人民法院可以作出哪些处理? (2007 年真题,多选)

 A. 说服自诉人撤诉 B. 裁定驳回自诉
 C. 对甲和乙进行调解 D. 中止诉讼

[释疑] 《刑事诉讼法》第 205 条规定:"人民法院对于自诉案件进行审查后,按照下列情形分别处理:(一) 犯罪事实清楚,有足够证据的案件,应当开庭审判;(二) 缺乏罪证的自诉案件,如果自诉人提不出补充证据,应当说服自诉人撤回自诉,或者裁定驳回。自诉人经两次依法传唤,无正当理由拒不到庭的,或者未经法庭许可中途退庭的,按撤诉处理。法庭审理过程中,审判人员对证据有疑问,需要调查核实的,适用本法第一百九十一条的规定。"C、D 项于法无据,应选 A、B 项。(答案:AB)

46. 关于适用简易程序审理刑事案件,下列哪一选项是正确的? (2007 年真题,单选)
 A. 被告人可以不出庭
 B. 可以由人民陪审员独任审判
 C. 检察院可以派员出庭,也可以不派员出庭
 D. 可以不受《刑事诉讼法》关于听取被告人最后陈述规定的限制

[释疑] 我国刑事诉讼中没有缺席审判制度(附带民事诉讼中除刑事被告人以外的被告人经传唤无正当理由不到庭或未经许可中途退庭的,附带民事部分可以缺席判决),A 项错误。独任审判员必须由审判员担任,B 项错误。《刑事诉讼法》第 210 条规定:"适用简易程序审理案件,对可能判处三年有期徒刑以下刑罚的,可以组成合议庭进行审判,也可以由审判员一人独任审判;对可能判处的有期徒刑超过三年的,应当组成合议庭进行审判。适用简易程序审理公诉案件,人民检察院应当派员出席法庭。"故 C 项错误。《刑事诉讼法》第 213 条规定:"适用简易程序审理案件,不受本章第一节关于送达期限、讯问被告人、询问证人、鉴定人、出示证据、法庭辩论程序规定的限制。但在判决宣告前应当听取被告人的最后陈述意见。"因此,D 项错误。(原答案:C;现无答案)

47. 下列关于合议庭评议笔录的哪些表述是正确的? (2006 年真题,多选)
 A. 合议庭意见有分歧的,应当按多数人的意见作出决定并写入笔录
 B. 合议庭意见有分歧的,少数人的意见可以不写入笔录
 C. 持少数意见的合议庭成员,也应当在评议笔录上签名
 D. 合议庭的书记员,应当在评议笔录上签名

[释疑] 《刑诉法解释》第 176 条规定:"开庭审理和评议案件,应当由同一合议庭进行。合议庭成员在评议案件时,应当独立表达意见并说明理由。意见分歧的,应当按多数意见作出决定,但少数意见应当记入笔录。评议笔录由合议庭的组成人员在审阅确认无误后签名。评

议情况应当保密。"据此，A、C 项正确，B 项错误。《刑事诉讼法》第 178 条第 1 款规定："基层人民法院、中级人民法院审判第一审案件，应当由审判员三人或者由审判员和人民陪审员共三人组成合议庭进行，但是基层人民法院适用简易程序的案件可以由审判员一人独任审判。"据此，合议庭成员不包括书记员。D 项错误。（答案：AC）

48. 在某案件的法庭审理中，旁听的被害人亲属甲对辩护律师的辩护发言多次表示不满，并站起来指责律师，经审判长多次警告制止无效。法院对甲可以做下列何种处理？（2006 年真题，多选）

　　A. 由审判长责令甲具结悔过　　　　　　B. 由审判长决定将甲强行带出法庭
　　C. 经法院院长批准对甲处以 500 元罚款　　D. 经法院院长批准对甲处以 20 日拘留

[释疑]　《刑事诉讼法》第 194 条规定："在法庭审判过程中，如果诉讼参与人或者旁听人员违反法庭秩序，审判长应当警告制止。对不听制止的，可以强行带出法庭；情节严重的，处以一千元以下的罚款或者十五日以下的拘留。罚款、拘留必须经院长批准。被处罚人对罚款、拘留的决定不服的，可以向上一级人民法院申请复议。复议期间不停止执行。对聚众哄闹、冲击法庭或者侮辱、诽谤、威胁、殴打司法工作人员或者诉讼参与人，严重扰乱法庭秩序，构成犯罪的，依法追究刑事责任。"据此，B、C 项正确，A 项没有依据，D 项"20 日拘留"违反"15 日以下的拘留"的规定。（答案：BC）

49. 对于公诉人向法庭提出的补充侦查延期审理的建议，法院应当如何处理？（2006 年真题，单选）

　　A. 应当同意

　　B. 可以同意，也可以不同意

　　C. 可以同意延期审理，但限制延期审理的次数只能一次

　　D. 不应当同意

[释疑]　根据《刑诉法解释》第 223 条的规定："审判期间，公诉人发现案件需要补充侦查，建议延期审理的，合议庭应当同意，但建议延期审理不得超过两次。人民检察院将补充收集的证据移送人民法院的，人民法院应当通知辩护人、诉讼代理人查阅、摘抄、复制。补充侦查期限届满后，经法庭通知，人民检察院未将案件移送人民法院，且未说明原因的，人民法院可以决定按人民检察院撤诉处理。"故选 A 项。（答案：A）

50. 甲（18 岁）、乙（14 岁）因故将丙打成轻伤。提起公诉后，法院同意适用简易程序进行审理。与此同时，丙对甲、乙提起附带民事诉讼。在本案中，以下哪些人员可以不参加法庭审理？（2006 年真题，多选）

　　A. 甲　　　　　　B. 乙　　　　　　C. 丙　　　　　　D. 公诉人

[释疑]　乙因只有 14 岁，对轻伤害案件不承担刑事责任；在附带民事诉讼中，乙是未成年人，其监护人是负有赔偿责任的人。所以乙可以不出庭。故应选 B 项。《刑诉法解释》第 158 条规定："附带民事诉讼原告人经传唤，无正当理由拒不到庭，或者未经法庭许可中途退庭的，应当按撤诉处理。刑事被告人以外的附带民事诉讼被告人经传唤，无正当理由拒不到庭，或者未经法庭许可中途退庭的，附带民事部分可以缺席判决。"据此，本题中作为附带民事诉讼原告人的丙必须出庭。故 C 项不选。《刑事诉讼法》第 210 条规定："适用简易程序审理案件，对可能判处三年有期徒刑以下刑罚的，可以组成合议庭进行审判，也可以由审判员一人独任审判；对可能判处的有期徒刑超过三年的，应当组成合议庭进行审判。适用简易程序审理公

诉案件,人民检察院应当派员出席法庭。"据此,D项不选。(原答案:BD;现答案:B)

51. 刘某,17岁,系某聋哑学校职工,因涉嫌盗窃罪被检察院提起公诉。刘某的辩护人高某认为,刘某并非该案的犯罪人。县人民法院经审查,决定按照普通程序审理该案。下列哪一项是法院决定按照普通程序审理该案的依据?(2005年真题,单选)

A. 刘某系未成年人
B. 刘某系某聋哑学校职工
C. 辩护人高某认为刘某无罪
D. 检察院没有建议适用简易程序

[释疑]《刑事诉讼法》第208条规定:"基层人民法院管辖的案件,符合下列条件的,可以适用简易程序审判:(一)案件事实清楚、证据充分的;(二)被告人承认自己所犯罪行,对指控的犯罪事实没有异议的;(三)被告人对适用简易程序没有异议的。人民检察院在提起公诉的时候,可以建议人民法院适用简易程序。"《刑事诉讼法》第209条规定:"有下列情形之一的,不适用简易程序:(一)被告人是盲、聋、哑人,或者是尚未完全丧失辨认或者控制自己行为能力的精神病人的;(二)有重大社会影响的;(三)共同犯罪案件中部分被告人不认罪或者对适用简易程序有异议的;(四)其他不宜适用简易程序审理的。"因此,应选C项。(答案:C)

52. 某区人民法院开庭审理郭某盗窃案,在调查证据时,宣读了因病不能出庭作证的赵某的证言笔录。依照《刑事诉讼法》的规定,对于该证言笔录,审判人员不应当听取哪些人的意见?(单选)

A. 公诉人
B. 被害人
C. 被告人
D. 其他出庭作证的证人

[释疑]《刑事诉讼法》第190条规定:"公诉人、辩护人应当向法庭出示物证,让当事人辨认,对未到庭的证人的证言笔录、鉴定人的鉴定意见、勘验笔录和其他作为证据的文书,应当当庭宣读。审判人员应当听取公诉人、当事人和辩护人、诉讼代理人的意见。"故选D项。(答案:D)

53. 按照《刑事诉讼法》的规定,证人应当到庭作证。证人到庭后,审判人员应当做的工作包括下列哪些内容?(多选)

A. 证人作证前应核实证人的身份
B. 证人作证前应核实证人与被告人的关系
C. 证人作证前应告知有意作伪证要负的法律责任
D. 证人作证前,应让其在如实作证的保证书上签名

[释疑]《刑诉法解释》第211条规定:"证人、鉴定人到庭后,审判人员应当核实其身份、与当事人以及本案的关系,并告知其有关作证的权利义务和法律责任。证人、鉴定人作证前,应当保证向法庭如实提供证言、说明鉴定意见,并在保证书上签名。"故A、B、C、D项均正确。(答案:A、B、C、D)

54. 在法庭审理中,对于张某在最后陈述中提出其受胁迫的事实,合议庭应如何处理?(单选)

A. 可以恢复法庭辩论
B. 应当恢复法庭辩论
C. 可以恢复法庭调查
D. 应当恢复法庭调查

[释疑]《刑诉法解释》第236条规定:"被告人在最后陈述中提出新的事实、证据,合议庭认为可能影响正确裁判的,应当恢复法庭调查;被告人提出新的辩解理由,合议庭认为可能影响正确裁判的,应当恢复法庭辩论。"故选D项。(答案:D)

55. 某县人民法院在审判徐某强奸案过程中,县检察院以徐某的行为不构成强奸罪为理由,向人民法院提出撤回起诉的要求。人民法院接到该撤诉要求时,合议庭已经对本案进行了评议并作出了判决,但尚未宣告判决。人民法院对该撤诉要求应按下列哪种方式处理?(单选)

　　A. 人民法院应当作出准予撤诉的裁定
　　B. 人民法院应当作出不准撤诉的裁定
　　C. 可以先审查撤诉理由,再作出是否准予撤诉的裁定
　　D. 应当先审查撤诉理由,再作出是否准予撤诉的裁定

[释疑]《刑诉法解释》第242条规定:"宣告判决前,人民检察院要求撤回起诉的,人民法院应当审查撤回起诉的理由,作出是否准许的裁定。"故选D项。(答案:D)

56. 某甲在旁听其弟故意伤害一案时,违反法庭秩序,当庭侮辱作证的证人。依照《刑事诉讼法》的规定,审判长有权对某甲予以何种处理?(单选)

　　A. 警告制止,如果不听制止,可以强行带出法庭
　　B. 罚款或者拘留10日
　　C. 罚款1500元或者拘留15日
　　D. 罚款2000元或者拘留15日

[释疑]《刑事诉讼法》第194条规定:"在法庭审判过程中,如果诉讼参与人或者旁听人员违反法庭秩序,审判长应当警告制止。对不听制止的,可以强行带出法庭;情节严重的,处以一千元以下的罚款或者十五日以下的拘留。罚款、拘留必须经院长批准。被处罚人对罚款、拘留的决定不服的,可以向上一级人民法院申请复议。复议期间不停止执行。对聚众哄闹、冲击法庭或者侮辱、诽谤、威胁、殴打司法工作人员或者诉讼参与人,严重扰乱法庭秩序,构成犯罪的,依法追究刑事责任。"审判长无权罚款或者拘留,B、C、D项于法无据,只有A项符合法律规定。(答案:A)

57. 某区人民法院在开庭审判万某交通肇事案的过程中,万某的辩护人请求通知新的证人到庭并请求重新勘验。依照法律规定,法庭正确的做法是什么?(单选)

　　A. 应当决定延期审理　　　　　　B. 应当决定中止审理
　　C. 可以决定延期审理　　　　　　D. 可以决定中止审理

[释疑]《刑事诉讼法》第198条规定:"在法庭审判过程中,遇有下列情形之一,影响审判进行的,可以延期审理:(一)需要通知新的证人到庭,调取新的物证,重新鉴定或者勘验的;(二)检察人员发现提起公诉的案件需要补充侦查,提出建议的;(三)由于申请回避而不能进行审判的。"应选C项。(答案:C)

58. 某县人民法院在审理赵某抢劫案过程中,发现被告人赵某可能有立功的法定量刑情节,但检察院的起诉书及所移送的证据材料中却没有这方面的证据材料。此时,审理本案的合议庭下列哪种方法处理错误?(多选)

　　A. 可以建议检察院补充侦查　　　B. 应当建议检察院补充侦查
　　C. 可以向检察院调取相应的证据材料　　D. 应当向检察院调取相应的证据材料

[释疑]《刑诉法解释》第226条规定:"审判期间,合议庭发现被告人可能有自首、坦白、立功等法定量刑情节,而人民检察院移送的案卷中没有相关证据材料的,应当通知人民检察院移送。审判期间,被告人提出新的立功线索的,人民法院可以建议人民检察院补充侦查。"(无答案)

59. 在公诉案件的审理过程中,下列哪些选项不是合议庭应当决定延期审理的情形?(单选)

A. 辩护人申请通知新的证人到庭,审判人员认为可能影响案件事实认定的

B. 公诉人要求进行补充侦查的

C. 被告人当庭拒绝辩护人为其辩护,依法要求另行委托辩护人的

D. 被告人患严重疾病,致使案件在较长时间内无法继续审理的

[释疑] A、B、C项都是应当决定延期审理的情形,D项是中止审理的情形。故选D项。(答案:D)

60. 被告人孙某在法庭审理中突发精神病,致使案件在较长时间内无法继续审理。法院的下列哪一做法是正确的?(单选)

A. 判决宣告孙某不负刑事责任　　　B. 裁定中止审理

C. 裁定延期审理　　　　　　　　　D. 裁定终止审理

[释疑]《刑事诉讼法》第200条规定:"在审判过程中,有下列情形之一,致使案件在较长时间内无法继续审理的,可以中止审理:(一)被告人患有严重疾病,无法出庭的;(二)被告人脱逃的;(三)自诉人患有严重疾病,无法出庭,未委托诉讼代理人出庭的;(四)由于不能抗拒的原因。中止审理的原因消失后,应当恢复审理。中止审理的期间不计入审理期限。"(答案:B)

61. 根据《刑事诉讼法》及有关司法解释的规定,下列哪一项办案期限是不能重新计算的?(单选)

A. 补充侦查完毕后的审查起诉期限

B. 发现犯罪嫌疑人另有重要罪行后的侦查羁押期限

C. 处理当事人回避申请后的法庭审理期限

D. 检察院补充侦查完毕移送法院继续审理的审理期限

[释疑]《刑事诉讼法》第171条第3款规定:"对于补充侦查的案件,应当在一个月以内补充侦查完毕。补充侦查以二次为限。补充侦查完毕移送人民检察院后,人民检察院重新计算审查起诉期限。"故A项不选。《刑事诉讼法》第158条第1款规定:"在侦查期间,发现犯罪嫌疑人另有重要罪行的,自发现之日起依照本法第一百五十四条的规定重新计算侦查羁押期限。"故B项不选。《刑事诉讼法》第202条第3款规定:"人民检察院补充侦查的案件,补充侦查完毕移送人民法院后,人民法院重新计算审理期限。"故D项不选。只有C项未明确规定办案期限重新计算。《刑诉法解释》第194条规定:"审判长应当询问当事人及其法定代理人、辩护人、诉讼代理人是否申请回避、申请何人回避和申请回避的理由。当事人及其法定代理人、辩护人、诉讼代理人申请回避的,依照刑事诉讼法及本解释的有关规定处理。同意或者驳回回避申请的决定及复议决定,由审判长宣布,并说明理由。必要时,也可以由院长到庭宣布。"故选C项。(答案:C)

62. 被害人张某以故意伤害罪对聋哑人郑某提起自诉,市北道区人民法院受理了该案。该人民法院经审理后,判处郑某拘役6个月,并赔偿被害人医疗费等人民币2000元。下列哪种行为与《刑事诉讼法》的有关规定不符?(单选)

A. 未对郑某采取强制措施

B. 对自诉案件适用普通程序审理

C. 于受理案件后,10个月后的第5日作出宣判

D. 对该自诉案件没有进行调解

[释疑] 《刑事诉讼法》第206条规定："人民法院对自诉案件,可以进行调解;自诉人在宣告判决前,可以同被告人自行和解或者撤回自诉。本法第二百零四条第三项规定的案件不适用调解。人民法院审理自诉案件的期限,被告人被羁押的,适用本法第二百零二条第一款、第二款的规定;未被羁押的,应当在受理后六个月以内宣判。"C项于法无据。(答案:C)

63. 靳某以诽谤罪将宁某起诉至某县法院。县法院经审查认为,该案应属本院管辖,该案有明确的被告人、具体的诉讼请求和能证明被告人犯罪事实的证据,应予受理。但被告人宁某目前下落不明。法院处理错误的是?(单选)

A. 裁定中止审理
B. 说服自诉人撤回起诉或者裁定驳回起诉
C. 宣告宁某犯有诽谤罪并处以刑罚
D. 将案件交公安机关查找宁某下落

[释疑] 《刑诉法解释》第263条规定:"对自诉案件,人民法院应当在十五日内审查完毕。经审查,符合受理条件的,应当决定立案,并书面通知自诉人或者代为告诉人。具有下列情形之一的,应当说服自诉人撤诉;自诉人不撤回起诉的,裁定不予受理:(一)不属于本解释第一条规定的案件的;(二)缺乏罪证的;(三)犯罪已过追诉时效期限的;(四)被告人死亡的;(五)被告人下落不明的;(六)除因证据不足而撤诉的以外,自诉人撤诉后,就同一事实又告诉的;(七)经人民法院调解结案后,自诉人反悔,就同一事实再行告诉的。"故B项正确,A、C、D项错误。(答案:ACD)

64. 赵某与罗某系邻居。两人常因日常小事纠纷不断。某日,两人又起纠纷,争吵中罗某抄起木棍,打在赵某头上,致使其严重脑震荡,左耳失聪。赵某因受此重伤而报至公安机关。公安机关认为本案系邻里纠纷,以民事调解为宜,不予立案。赵某又告至检察院,检察院以同样理由不予立案。赵某即将本案诉至人民法院。下列选项中属于人民法院在决定是否立案之前应审查的内容是:(多选)

A. 本院是否有管辖权
B. 自诉人是否有证明被告人犯罪事实的证据
C. 被告人是否下落不明
D. 被告人是否会提出反诉

[释疑] 根据《刑诉法解释》的规定,A、B、C项是法院决定是否立案之前应审查的内容,D项于法无据。(答案:ABC)

65. 刘某以侮辱罪对王某提起自诉。一审中,经调解双方达成协议。但在送达调解书时,刘某反悔,拒绝签收。关于本案,下列哪一选项是正确的?(单选)

A. 调解协议一经达成,即发生法律效力
B. 调解书经审判人员和书记员署名,并加盖法院印章后,即发生法律效力
C. 无论当事人是否签收,调解书一经送达,即发生法律效力
D. 本案中调解书并未生效,人民法院应当进行判决

[释疑] 《刑诉法解释》第271条第1款规定:"人民法院审理自诉案件,可以在查明事实、分清是非的基础上,根据自愿、合法的原则进行调解。调解达成协议的,应当制作刑事调解书,由审判人员和书记员署名,并加盖人民法院印章。调解书经双方当事人签收后,即具有法

律效力。调解没有达成协议,或者调解书签收前当事人反悔的,应当及时作出判决。"据此,应选D项。(答案:D)

三、提示与预测

本章是重点章,公诉案件的审查处理、法庭审判、延期审理、中止审理、一审期限、自诉一审、简易程序等都很重要。尤其要注意新法的规定。

第十六章　第二审程序

第二审程序
- 第二审程序的概念
- 第二审程序的功能和意义
- 第二审程序的提起
  - 上诉、抗诉的主体
  - 上诉、抗诉的理由
  - 上诉、抗诉的期限
  - 上诉、抗诉的方式与程序
- 第二审程序的审判原则
  - 全面审查原则
  - 上诉不加刑原则
- 第二审案件的审理
  - 开庭审理
  - 不开庭审理
- 第二审程序审理后的处理
  - 裁定驳回上诉或者抗诉,维持原判
  - 改判
  - 裁定撤销原判,发回重审
  - 二审自诉案件的处理
  - 二审期限
- 对扣押、冻结在案财物的处理

一、精讲

考点 1　第二审程序的概述

(一) 第二审程序的概念

第二审程序,是指第一审人民法院的上一级人民法院,对不服第一审人民法院尚未发生法律效力的判决或者裁定而提出上诉或者抗诉的案件进行审理时所适用的诉讼程序。

特别关注:

(1) 第二审程序不是审理刑事案件的必经程序。

(2) 不能将第二审程序简单等同于对同一案件进行第二次审理的程序。

(3) 除了基层人民法院以外,其他各级人民法院都可以成为上级人民法院。

(二) 第二审程序的功能和意义

(1) 第二审程序具有对一审判决、裁定进行审查和救济的功能,能够及时发现和纠正第一审判决或裁定的错误,保证刑事审判的公正性。
(2) 第二审程序的设置满足了当事人对于审判公正性的要求。
(3) 有利于维护法制的统一。
(4) 有利于实现对下级法院的监督和指导,提高刑事司法工作的质量。

考点 2　第二审程序的提起

上诉、抗诉的主体
(一) 上诉的主体。
有上诉权的人有:① 自诉人及其法定代理人。② 被告人及其法定代理人。③ 经被告人同意的辩护人和近亲属。④ 附带民事诉讼的当事人和他们的法定代理人。地方各级人民法院在宣告第一审判决、裁定时,应当明确告知有上诉权的人的上诉权。

特别关注:
被告人的辩护人和近亲属不是案件的当事人,没有独立的上诉权;附带民事诉讼的当事人和他们的法定代理人,只有权对地方各级人民法院一审判决、裁定中的附带民事诉讼部分提出上诉,对判决、裁定中的刑事部分,则无权上诉。

《刑诉法解释》的相关规定
(1) 地方各级人民法院在宣告第一审判决、裁定时,应当告知被告人、自诉人及其法定代理人不服判决、裁定的,有权在法定期限内以书面或者口头形式,通过本院或者直接向上一级人民法院提出上诉;被告人的辩护人、近亲属经被告人同意,也可以提出上诉;附带民事诉讼当事人及其法定代理人,可以对判决、裁定中的附带民事部分提出上诉。被告人、自诉人、附带民事诉讼当事人及其法定代理人是否提出上诉,以其在上诉期满前最后一次的意思表示为准。
(2) 人民法院受理的上诉案件,一般应当有上诉状正本及副本。上诉状内容应当包括:第一审判决书、裁定书的文号和上诉人收到的时间,第一审人民法院的名称,上诉的请求和理由,提出上诉的时间。被告人的辩护人、近亲属经被告人同意提出上诉的,还应当写明其与被告人的关系,并应当以被告人作为上诉人。

(二) 抗诉的主体
抗诉分为两种:一是上诉审程序的抗诉,即对一审未生效裁判的抗诉;二是再审程序的抗诉,即对生效裁判的抗诉。有权对一审未生效判决、裁定抗诉的机关是一审人民法院的同级检察院。《刑事诉讼法》第 218 条规定:"被害人及其法定代理人不服地方各级人民法院第一审的判决的,自收到判决书后五日以内,有权请求人民检察院提出抗诉。人民检察院自收到被害人及其法定代理人的请求后五日以内,应当作出是否抗诉的决定并且答复请求人。"被害人及其法定代理人的请求抗诉权,并不等于上诉权,不必然引起二审程序。

《刑事诉讼规则(试行)》的相关规定
人民检察院依法对人民法院的判决、裁定是否正确实行监督,对人民法院确有错误的判决、裁定,应当依法提出抗诉。对刑事判决、裁定的监督由公诉部门和刑事申诉检察部门承办。当事人及其法定代理人、近亲属认为人民法院已经发生法律效力的判决、裁定确有错误,向人民检察院申诉的,由刑事申诉检察部门依法办理。人民检察院通过受理申诉、审查人民法院的判决、裁定等活动,监督人民法院的判决、裁定是否正确。

考点 3 上诉、抗诉的理由

上诉的理由

对于上诉的理由,《刑事诉讼法》没有明确规定。有上诉权的人只要不服一审未生效的判决、裁定,就有权依法提出上诉,人民法院就应当受理,并引起二审程序。

抗诉的理由。检察院提出抗诉,必须是"人民法院第一审的判决、裁定确有错误"。具体是指第一审的判决、裁定有下列情形之一:① 认定事实不清、证据不足的;② 有确实、充分的证据证明有罪而判无罪,或者无罪判有罪的;③ 重罪轻判、轻罪重判,适用刑罚明显不当的;④ 认定罪名不正确,一罪判数罪、数罪判一罪,影响量刑或者造成严重社会影响的;⑤ 免除刑事处罚或者适用缓刑错误的;⑥ 人民法院在审理过程中严重违反法律规定的诉讼程序的。

考点 4 上诉、抗诉的期限

上诉、抗诉必须在法定期限内提出。不服判决的上诉、抗诉期限为 10 日;不服裁定的上诉、抗诉期限为 5 日。上诉、抗诉的期限,从接到判决书、裁定书的第二日起计算。

对附带民事判决、裁定的上诉、抗诉期限,应当按照刑事部分的上诉、抗诉期限确定。附带民事部分另行审判的,上诉期限也应当按照《刑事诉讼法》规定的期限确定。

考点 5 上诉、抗诉的方式与程序

(一)上诉的方式与程序。

上诉可以用书状和口头两种形式提出。口头上诉应当制作笔录。上诉可以通过原审人民法院提出,也可以直接向上一级人民法院提出。

《刑诉法解释》的相关规定

(1)上诉人通过第一审人民法院提出上诉的,第一审人民法院应当审查。上诉符合法律规定的,应当在上诉期满后 3 日内将上诉状连同案卷、证据移送上一级人民法院,并将上诉状副本送交同级人民检察院和对方当事人。

(2)上诉人直接向第二审人民法院提出上诉的,第二审人民法院应当在收到上诉状后 3 日内将上诉状交第一审人民法院。第一审人民法院应当审查上诉是否符合法律规定。符合法律规定的,应当在接到上诉状后 3 日内将上诉状连同案卷、证据移送上一级人民法院,并将上诉状副本送交同级人民检察院和对方当事人。

(3)上诉人在上诉期限内要求撤回上诉的,人民法院应当准许。

(4)上诉人在上诉期满后要求撤回上诉的,第二审人民法院应当审查。经审查,认为原判认定事实和适用法律正确,量刑适当的,应当裁定准许撤回上诉;认为原判事实不清、证据不足或者将无罪判为有罪、轻罪重判的,应当不予准许,继续按照上诉案件审理。被判处死刑立即执行的被告人提出上诉,在第二审开庭后宣告裁判前申请撤回上诉的,应当不予准许,继续按照上诉案件审理。

(二)抗诉的程序和方式

《刑事诉讼法》第 221 条规定:"地方各级人民检察院对同级人民法院第一审判决、裁定的抗诉,应当通过原审人民法院提出抗诉书,并且将抗诉书抄送上一级人民检察院。原审人民法

院应当将抗诉书连同案卷、证据移送上一级人民法院,并且将抗诉书副本送交当事人。上级人民检察院如果认为抗诉不当,可以向同级人民法院撤回抗诉,并且通知下级人民检察院。"

1. 《刑诉法解释》的相关规定

(1) 地方各级人民检察院对同级人民法院第一审判决、裁定的抗诉,应当通过第一审人民法院提交抗诉书。第一审人民法院应当在抗诉期满后 3 日内将抗诉书连同案卷、证据移送上一级人民法院,并将抗诉书副本送交当事人。

(2) 人民检察院在抗诉期限内撤回抗诉的,第一审人民法院不再向上一级人民法院移送案件;在抗诉期满后第二审人民法院宣告裁判前撤回抗诉的,第二审人民法院可以裁定准许,并通知第一审人民法院和当事人。

(3) 在上诉、抗诉期满前撤回上诉、抗诉的,第一审判决、裁定在上诉、抗诉期满之日起生效。在上诉、抗诉期满后要求撤回上诉、抗诉,第二审人民法院裁定准许的,第一审判决、裁定应当自第二审裁定书送达上诉人或者抗诉机关之日起生效。

2. 《刑事诉讼规则(试行)》的相关规定

(1) 人民检察院在收到人民法院第一审判决书或者裁定书后,应当及时审查,承办人员应当填写刑事判决、裁定审查表,提出处理意见,报公诉部门负责人审核。对于需要提出抗诉的案件,公诉部门应当报请检察长决定;案情重大、疑难、复杂的案件,由检察长提交检察委员会讨论决定。

(2) 人民检察院对同级人民法院第一审判决的抗诉,应当在接到判决书的第二日起 10 日以内提出;对裁定的抗诉,应当在接到裁定书的第二日起 5 日以内提出。

(3) 人民检察院对同级人民法院第一审判决、裁定的抗诉,应当制作抗诉书通过原审人民法院向上一级人民法院提出,并将抗诉书副本连同案件材料报送上一级人民检察院。

(4) 被害人及其法定代理人不服地方各级人民法院第一审的判决,在收到判决书后 5 日以内请求人民检察院提出抗诉的,人民检察院应当立即进行审查,在收到被害人及其法定代理人的请求后 5 日以内作出是否抗诉的决定,并且答复请求人。经审查认为应当抗诉的,适用本规则第 584 条至第 587 条的规定办理。被害人及其法定代理人在收到判决书 5 日以后请求人民检察院提出抗诉的,由人民检察院决定是否受理。

(5) 上一级人民检察院对下级人民检察院按照第二审程序提出抗诉的案件,认为抗诉正确的,应当支持抗诉;认为抗诉不当的,应当向同级人民法院撤回抗诉,并且通知下级人民检察院。下级人民检察院如果认为上一级人民检察院撤回抗诉不当的,可以提请复议。上一级人民检察院应当复议,并将复议结果通知下级人民检察院。上一级人民检察院在上诉、抗诉期限内,发现下级人民检察院应当提出抗诉而没有提出抗诉的案件,可以指令下级人民检察院依法提出抗诉。

(6) 第二审人民法院发回原审人民法院重新按照第一审程序审判的案件,如果人民检察院认为重新审判的判决、裁定确有错误的,可以按照第二审程序提出抗诉。

考点 6 第二审程序的审判

(一) 第二审程序的审判原则

1. 全面审查原则

《刑事诉讼法》第 222 条规定:"第二人民法院应当就第一审判决认定的事实和适用法律进行全面审查,不受上诉或者抗诉范围的限制。共同犯罪的案件只有部分被告人上诉的,应当对全案进行审查,一并处理。"

《刑诉法解释》的相关规定

(1) 第二审人民法院对第一审人民法院移送的上诉、抗诉案卷、证据,应当审查是否包括下列内容:① 移送上诉、抗诉案件函;② 上诉状或者抗诉书;③ 第一审判决书、裁定书8份(每增加一名被告人增加一份)及其电子文本;④ 全部案卷、证据,包括案件审理报告和其他应当移送的材料。前款所列材料齐全的,第二审人民法院应当收案;材料不全的,应当通知第一审人民法院及时补送。

(2) 共同犯罪案件,只有部分被告人提出上诉,或者自诉人只对部分被告人的判决提出上诉,或者人民检察院只对部分被告人的判决提出抗诉的,第二审人民法院应当对全案进行审查,一并处理。

(3) 共同犯罪案件,上诉的被告人死亡,其他被告人未上诉的,第二审人民法院仍应对全案进行审查。经审查,死亡的被告人不构成犯罪的,应当宣告无罪;构成犯罪的,应当终止审理。对其他同案被告人仍应作出判决、裁定。

(4) 刑事附带民事诉讼案件,只有附带民事诉讼当事人及其法定代理人上诉的,第二审人民法院应当对全案进行审查。经审查,第一审判决的刑事部分并无不当的,第二审人民法院只需就附带民事部分作出处理;第一审判决的附带民事部分事实清楚,适用法律正确的,应当以刑事附带民事裁定维持原判,驳回上诉。

(5) 刑事附带民事诉讼案件,只有附带民事诉讼当事人及其法定代理人上诉的,第一审刑事部分的判决在上诉期满后即发生法律效力。应当送监执行的第一审刑事被告人是第二审附带民事诉讼被告人的,在第二审附带民事诉讼案件审结前,可以暂缓送监执行。

(6) 对上诉、抗诉案件,应当着重审查下列内容:① 第一审判决认定的事实是否清楚,证据是否确实、充分;② 第一审判决适用法律是否正确,量刑是否适当;③ 在侦查、审查起诉、第一审程序中,有无违反法定诉讼程序的情形;④ 上诉、抗诉是否提出新的事实、证据;⑤ 被告人的供述和辩解情况;⑥ 辩护人的辩护意见及采纳情况;⑦ 附带民事部分的判决、裁定是否合法、适当;⑧ 第一审人民法院合议庭、审判委员会讨论的意见。

特别关注:

(1) 第二审人民法院审理对刑事部分提出上诉、抗诉,附带民事部分已经发生法律效力的案件,发现第一审判决、裁定中的附带民事部分确有错误的,应当依照审判监督程序对附带民事部分予以纠正。

(2) 第二审人民法院审理对附带民事部分提出上诉,刑事部分已经发生法律效力的案件,发现第一审判决、裁定中的刑事部分确有错误的,应当依照审判监督程序对刑事部分进行再审,并将附带民事部分与刑事部分一并审理。

(3) 第二审期间,第一审附带民事诉讼原告人增加独立的诉讼请求或者第一审附带民事诉讼被告人提出反诉的,第二审人民法院可以根据自愿、合法的原则进行调解;调解不成的,告知当事人另行起诉。

2. 上诉不加刑原则

上诉不加刑,是指第二审人民法院审判仅有被告人一方提出上诉的案件时,不得改判重于原判刑罚的原则。《刑事诉讼法》第226条第1款规定:"第二审人民法院审理被告人或者他的法定代理人、辩护人、近亲属上诉的案件,不得加重被告人的刑罚。第二审人民法院发回原审人民法院重新审判的案件,除有新的犯罪事实,人民检察院补充起诉的以外,原审人民法院也不得加重被告人的刑罚。"

上诉不加刑的要求:

(1)审理被告人或者其法定代理人、辩护人、近亲属提出上诉的案件,不得加重被告人的刑罚,并应当执行下列规定:① 同案审理的案件,只有部分被告人上诉的,既不得加重上诉人的刑罚,也不得加重其他同案被告人的刑罚;② 原判事实清楚,证据确实、充分,只是认定的罪名不当的,可以改变罪名,但不得加重刑罚;③ 原判对被告人实行数罪并罚的,不得加重决定执行的刑罚,也不得加重数罪中某罪的刑罚;④ 原判对被告人宣告缓刑的,不得撤销缓刑或者延长缓刑考验期;⑤ 原判没有宣告禁止令的,不得增加宣告;原判宣告禁止令的,不得增加内容、延长期限;⑥ 原判对被告人判处死刑缓期执行没有限制减刑的,不得限制减刑;⑦ 原判事实清楚,证据确实、充分,但判处的刑罚畸轻、应当适用附加刑而没有适用的,不得直接加重刑罚、适用附加刑,也不得以事实不清、证据不足为由发回第一审人民法院重新审判。必须依法改判的,应当在第二审判决、裁定生效后,依照审判监督程序重新审判。人民检察院抗诉或者自诉人上诉的案件,不受前款规定的限制。

(2)人民检察院只对部分被告人的判决提出抗诉,或者自诉人只对部分被告人的判决提出上诉的,第二审人民法院不得对其他同案被告人加重刑罚。

(3)被告人或者其法定代理人、辩护人、近亲属提出上诉的案件,第二审人民法院发回重新审判后,除有新的犯罪事实,人民检察院补充起诉的以外,原审人民法院不得加重被告人的刑罚。

(二)第二审案件的审理

第二审人民法院的审判方式分为开庭审理和不开庭审理。

1. 开庭审理

(1)《刑事诉讼法》第223条规定:"第二审人民法院对于下列案件,应当组成合议庭,开庭审理:(一)被告人、自诉人及其法定代理人对第一审认定的事实、证据提出异议,可能影响定罪量刑的上诉案件;(二)被告人被判处死刑的上诉案件;(三)人民检察院抗诉的案件;(四)其他应当开庭审理的案件。第二审人民法院决定不开庭审理的,应当讯问被告人,听取其他当事人、辩护人、诉讼代理人的意见。第二审人民法院开庭审理上诉、抗诉案件,可以到案件发生地或者原审人民法院所在地进行。"

(2)《刑诉法解释》第317条规定:下列案件,根据《刑事诉讼法》第223条第1款的规定,应当开庭审理:① 被告人、自诉人及其法定代理人对第一审认定的事实、证据提出异议,可能影响定罪量刑的上诉案件;② 被告人被判处死刑立即执行的上诉案件;③ 人民检察院抗诉的案件;④ 应当开庭审理的其他案件。被判处死刑立即执行的被告人没有上诉,同案的其他被告人上诉的案件,第二审人民法院应当开庭审理。被告人被判处死刑缓期执行的上诉案件,虽不属于第1款第1项规定的情形,有条件的,也应当开庭审理。

(3)《刑事诉讼法》第224条规定:"人民检察院提出抗诉的案件或者第二审人民法院开庭审理的公诉案件,同级人民检察院都应当派员出席法庭。第二审人民法院应当在决定开庭审理后及时通知人民检察院查阅卷宗。人民检察院应当在一个月以内查阅完毕。人民检察院查阅案卷的时间不计入审理期限。"

(4)《刑诉法解释》第320条规定:开庭审理第二审公诉案件,应当在决定开庭审理后及时通知人民检察院查阅案件。自通知后的第二日起,人民检察院查阅案卷的时间不计入审理期限。

(5)《刑诉法解释》第321条第2款规定:抗诉案件,人民检察院接到开庭通知后不派员出庭,且未说明原因的,人民法院可以裁定按人民检察院撤回抗诉处理,并通知第一审人民法院和当事人。

(6)《刑诉法解释》的其他规定:

① 第二审期间,被告人除自行辩护外,还可以继续委托第一审辩护人或者另行委托辩护人辩护。共同犯罪案件,只有部分被告人提出上诉,或者自诉人只对部分被告人的判决提出上诉,或者人民检察院只对部分被告人的判决提出抗诉的,其他同案被告人也可以委托辩护人辩护。

② 开庭审理上诉、抗诉案件,除参照适用第一审程序的有关规定外,应当按照下列规定进行:A. 法庭调查阶段,审判人员宣读第一审判决书、裁定书后,上诉案件由上诉人或者辩护人先宣读上诉状或者陈述上诉理由,抗诉案件由检察员先宣读抗诉书;既有上诉又有抗诉的案件,先由检察员宣读抗诉书,再由上诉人或者辩护人宣读上诉状或者陈述上诉理由。B. 法庭辩论阶段,上诉案件,先由上诉人、辩护人发言,后由检察员、诉讼代理人发言;抗诉案件,先由检察员、诉讼代理人发言,后由被告人、辩护人发言;既有上诉又有抗诉的案件,先由检察员、诉讼代理人发言,后由上诉人、辩护人发言。

③ 开庭审理上诉、抗诉案件,可以重点围绕对第一审判决、裁定有争议的问题或者有疑问的部分进行。根据案件情况,可以按照下列方式审理:A. 宣读第一审判决书,可以只宣读案由、主要事实、证据名称和判决主文等。B. 法庭调查应当重点围绕对第一审判决提出异议的事实、证据以及提交的新的证据等进行;对没有异议的事实、证据和情节,可以直接确认。C. 对同案审理案件中未上诉的被告人,未被申请出庭或者人民法院认为没有必要出庭的,可以不再传唤出庭。D. 被告人犯有数罪的案件,对其中事实清楚且无异议的犯罪,可以不在庭审时审理。

④ 同案审理的案件,未提出上诉、人民检察院也未对其判决提出抗诉的被告人要求出庭的,应当准许。出庭的被告人可以参加法庭调查和辩论。第二审期间,人民检察院或者被告人及其辩护人提交新证据的,人民法院应当及时通知对方查阅、摘抄或者复制。

2. 不开庭审理

不开庭审理,即以上诉内容和一审的全部案卷为基础,通过调查讯问方式进行的审理。合议庭可以在阅卷、讯问被告人、听取其他当事人、辩护人、诉讼代理人的意见后,进行评议和作出裁判,而不进行法庭调查和法庭辩论活动。不开庭审理的案件,也应公开宣判。

《刑诉法解释》第324条规定:第二审案件依法不开庭审理的,应当讯问被告人,听取其他当事人、辩护人、诉讼代理人的意见。合议庭全体成员应当阅卷,必要时应当提交书面阅卷意见。

(三)对上诉、抗诉案件审理后的处理

第二审人民法院对不服第一审判决的上诉、抗诉案件,经过审理后,应当按照下列情形分别处理:

1. 裁定驳回上诉或者抗诉,维持原判

原判决认定事实和适用法律正确、量刑适当的,应当裁定驳回上诉或者抗诉,维持原判。

2. 改判

(1) 原判决认定事实没有错误,但适用法律有错误,或者量刑不当的,应当改判。

(2) 原判决事实不清楚或者证据不足的,可以在查清事实后改判。

3. 裁定撤销原判,发回重审

(1) 原判决事实不清楚或者证据不足的,也可以裁定撤销原判,发回原审法院重审。

(2) 原审人民法院对于依照前述第1项规定发回重新审判的案件作出判决后,被告人提出上诉或者人民检察院提出抗诉的,第二审人民法院应当依法作出判决或者裁定,不得再发回原审人民法院重新审判。

(3)《刑事诉讼法》第227条规定:"第二审人民法院发现第一审人民法院的审理有下列违反法律规定的诉讼程序的情形之一的,应当裁定撤销原判,发回原审人民法院重新审判:(一) 违反本法有关公开审判的规定的;(二) 违反回避制度的;(三) 剥夺或者限制了当事人的法定诉讼权利,可能影响公正审判的;(四) 审判组织的组成不合法的;(五) 其他违反法律规定的诉讼程序,可能影响公正审判的。"

特别关注:

(1)《刑事诉讼法》第228条规定:原审人民法院对于发回重新审判的案件,应当另行组成合议庭,依照第一审程序进行审判。对于重新审判后的判决,依照本法第216条、第217条、第218条的规定可以上诉、抗诉。

(2)《刑事诉讼法》第229条规定:第二审人民法院对不服第一审裁定的上诉或者抗诉,经过审查后,应当参照本法第225条、第227条和第228条的规定,分别情形用裁定驳回上诉、抗诉,或者撤销、变更原裁定。

(四) 二审自诉案件的处理

(1) 对第二审自诉案件,必要时可以调解,当事人也可以自行和解。调解结案的,应当制作调解书,第一审判决、裁定视为自动撤销;当事人自行和解的,应当裁定准许撤回自诉,并撤销第一审判决、裁定。

(2) 第二审期间,自诉案件的当事人提出反诉的,应当告知其另行起诉。

(3) 第二审人民法院可以委托第一审人民法院代为宣判,并向当事人送达第二审判决书、裁定书。第一审人民法院应当在代为宣判后5日内将宣判笔录送交第二审人民法院,并在送达完毕后及时将送达回证送交第二审人民法院。委托宣判的,第二审人民法院应当直接向同级人民检察院送达第二审判决书、裁定书。

(五) 第二审程序的审理期限

第二审人民法院受理上诉、抗诉案件,应当在两个月以内审结。对于可能判处死刑的案件或者附带民事诉讼的案件,以及有《刑事诉讼法》第156条规定情形之一的,经省、自治区、直辖市高级人民法院批准或者决定,可以延长两个月;因特殊情况还需要延长的,报请最高人民法院批准。最高人民法院受理上诉、抗诉案件的审理期限,由最高人民法院决定。第二审人民法院发回原审人民法院重新审判的案件,原审人民法院从收到发回的案件之日起,重新计算审理期限。

(六)《刑事诉讼规则(试行)》关于出席第二审法庭的规定

(1) 检察人员出席第二审法庭的任务:① 支持抗诉或者听取上诉意见,对原审人民法院作出的错误判决或者裁定提出纠正意见;② 维护原审人民法院正确的判决或者裁定,建议法庭维持原判;③ 维护诉讼参与人的合法权利;④ 对法庭审理案件有无违反法律规定的诉讼程序的情况制作笔录;⑤ 依法从事其他诉讼活动。

(2) 对抗诉和上诉案件,与第二审人民法院同级的人民检察院可以调取下级人民检察院与案件有关的材料。人民检察院在接到第二审人民法院决定开庭、查阅案卷通知后,可以查阅或者调阅案卷材料,查阅或者调阅案卷材料应当在接到人民法院的通知之日起1个月以内完成。在1个月以内无法完成的,可以商请人民法院延期审理。

(3) 检察人员在审查第一审案卷材料时,应当复核主要证据,可以讯问原审被告人,必要时可以补充收集证据、重新鉴定或者补充鉴定。需要原侦查机关补充收集证据的,可以要求原侦查机关补充收集。被告人、辩护人提出被告人自首、立功等可能影响定罪量刑的材料和线索的,人民检察院可以依照管辖规定交侦查机关调查核实,也可以自行调查核实。发现遗漏罪行或者同案犯罪嫌疑人的,应当建议侦查机关侦查。对于下列原审被告人,应当进行讯问:① 提出上诉的;② 人民检察院提出抗诉的;③ 被判处无期徒刑以上刑罚的。

(4) 人民检察院办理死刑上诉、抗诉案件,应当进行下列工作:① 讯问原审被告人,听取原审被告人的上诉理由或者辩解;② 必要时听取辩护人的意见;③ 复核主要证据,必要时询问证人;④ 必要时补充收集证据;⑤ 对鉴定意见有疑问的,可以重新鉴定或者补充鉴定;⑥ 根据案件情况,可以听取被害人的意见。

考点 7 对查封、扣押、冻结在案财物的处理

(一)《刑事诉讼法》的有关规定

(1) 公安机关、人民检察院和人民法院对查封、扣押、冻结的犯罪嫌疑人、被告人的财物及其孳息,应当妥善保管,以供核查,并制作清单,随案移送。任何单位和个人不得挪用或者自行处理。

(2) 对被害人的合法财产,应当及时返还。对违禁品或者不宜长期保存的物品,应当依照国家有关规定处理。

(3) 对作为证据使用的实物应当随案移送,对不宜移送的,应当将其清单、照片或者其他证明文件随案移送。

(4) 人民法院作出的判决,应当对查封、扣押、冻结的财物及其孳息作出处理。

(5) 人民法院作出的判决生效以后,有关机关应当根据判决对查封、扣押、冻结的财物及其孳息进行处理。对查封、扣押、冻结的赃款赃物及其孳息,除依法返还被害人的以外,一律上缴国库。

(6) 司法工作人员贪污、挪用或者私自处理查封、扣押、冻结的财物及其孳息的,依法追究刑事责任;不构成犯罪的,给予处分。

(二) 六部门《规定》关于涉案财产的处理的规定

(1) 对于依照刑法规定应当追缴的违法所得及其他涉案财产,除依法返还被害人的财物以及依法销毁的违禁品外,必须一律上缴国库。查封、扣押的涉案财产,依法不移送的,待人民法院作出生效判决、裁定后,由人民法院通知查封、扣押机关上缴国库,查封、扣押机关应当向人民法院送交执行回单;冻结在金融机构的违法所得及其他涉案财产,待人民法院作出生效判决、裁定后,由人民法院通知有关金融机构上缴国库,有关金融机构应当向人民法院送交执行回单。对于被扣押、冻结的债券、股票、基金份额等财产,在扣押、冻结期间权利人申请出售,经

扣押、冻结机关审查，不损害国家利益、被害人利益，不影响诉讼正常进行的，以及扣押、冻结的汇票、本票、支票的有效期即将届满的，可以在判决生效前依法出售或者变现，所得价款由扣押、冻结机关保管，并及时告知当事人或者其近亲属。

（2）《刑事诉讼法》第142条第1款规定："人民检察院、公安机关根据侦查犯罪的需要，可以依照规定查询、冻结犯罪嫌疑人的存款、汇款、债券、股票、基金份额等财产……"根据上述规定，人民检察院、公安机关不能分划存款、汇款、债券、股票、基金份额等财产。对于犯罪嫌疑人、被告人死亡，依照刑法规定应当追缴其违法所得及其他涉案财产的，适用《刑事诉讼法》第五编第三章规定的程序，由人民检察院向人民法院提出没收违法所得的申请。

（3）犯罪嫌疑人、被告人死亡，现有证据证明存在违法所得及其他涉案财产应当予以没收的，公安机关、人民检察院可以进行调查。公安机关、人民检察院进行调查，可以依法进行查封、扣押、查询、冻结。人民法院在审理案件过程中，被告人死亡的，应当裁定终止审理；被告人脱逃的，应当裁定中止审理。人民检察院可以依法另行向人民法院提出没收违法所得的申请。

（4）对于人民法院依法作出的没收违法所得的裁定，犯罪嫌疑人、被告人的近亲属和其他利害关系人或者人民检察院可以在5日内提出上诉、抗诉。

（三）《刑诉法解释》的相关规定

（1）人民法院对查封、扣押、冻结的被告人财物及其孳息，应当妥善保管，并制作清单，附卷备查；对人民检察院随案移送的被告人财物及其孳息，应当根据清单核查后妥善保管。任何单位和个人不得挪用或者自行处理。查封不动产、车辆、船舶、航空器等财物，应当扣押其权利证书，经拍照或者录像后原地封存，或者交持有人、被告人的近亲属保管，登记并写明财物的名称、型号、权属、地址等详细情况，并通知有关财物的登记、管理部门办理查封登记手续。扣押物品，应当登记并写明物品名称、型号、规格、数量、重量、质量、成色、纯度、颜色、新旧程度、缺损特征和来源等。扣押货币、有价证券，应当登记并写明货币、有价证券的名称、数额、面额等，货币应当存入银行专门账户，并登记银行存款凭证的名称、内容。扣押文物、金银、珠宝、名贵字画等贵重物品以及违禁品，应当拍照，需要鉴定的，应当及时鉴定。对扣押的物品应当根据有关规定及时估价。冻结存款、汇款、债券、股票、基金份额等财产，应当登记并写明编号、种类、面值、张数、金额等。

（2）对被害人的合法财产，权属明确的，应当依法及时返还，但须经拍照、鉴定、估价，并在案卷中注明返还的理由，将原物照片、清单和被害人的领取手续附卷备查；权属不明的，应当在人民法院判决、裁定生效后，按比例返还被害人，但已获退赔的部分应予扣除。

（3）审判期间，权利人申请出卖被扣押、冻结的债券、股票、基金份额等财产，人民法院经审查，认为不损害国家利益、被害人利益，不影响诉讼正常进行的，以及扣押、冻结的汇票、本票、支票有效期即将届满的，可以在判决、裁定生效前依法出卖，所得价款由人民法院保管，并及时告知当事人或者其近亲属。

（4）对作为证据使用的实物，包括作为物证的货币、有价证券等，应当随案移送。第一审判决、裁定宣告后，被告人上诉或者人民检察院抗诉的，第一审人民法院应当将上述证据移送第二审人民法院。

（5）对不宜移送的实物，应当根据情况，分别审查以下内容：① 大宗的、不便搬运的物品，查封、扣押机关是否随案移送查封、扣押清单，并附原物照片和封存手续，注明存放地点等；② 易腐烂、霉变和不易保管的物品，查封、扣押机关变卖处理后，是否随案移送原物照片、清单、变价处理的凭证(复印件)等;③枪支弹药、剧毒物品、易燃易爆物品以及其他违禁品、危险物品,查封、扣押机关根据有关规定处理后,是否随案移送原物照片和清单等。上述不宜移送的实物,应当依法鉴定、估价的,还应审查是否附有鉴定、估价意见。对查封、扣押的货币、有价证券等未移送的,应当审查是否附有原物照片、清单或者其他证明文件。

(6) 法庭审理过程中,对查封、扣押、冻结的财物及其孳息,应当调查其权属情况,是否属于违法所得或者依法应当追缴的其他涉案财物。案外人对查封、扣押、冻结的财物及其孳息提出权属异议的,人民法院应当审查并依法处理。经审查,不能确认查封、扣押、冻结的财物及其孳息属于违法所得或依法应当追缴的其他涉案财物的,不得没收。

(7) 对查封、扣押、冻结的财物及其孳息,应当在判决书中写明名称、金额、数量、存放地点及其处理方式等。涉案财物较多,不宜在判决主文中详细列明的,可以附清单。涉案财物未随案移送的,应当在判决书中写明,并写明由查封、扣押、冻结机关负责处理。

(8) 查封、扣押、冻结的财物及其孳息,经审查,确属违法所得或者依法应当追缴的其他涉案财物的,应当判决返还被害人,或者没收上缴国库,但法律另有规定的除外。判决返还被害人的涉案财物,应当通知被害人认领;无人认领的,应当公告通知;公告满3个月无人认领的,应当上缴国库;上缴国库后有人认领,经查证属实的,应当申请退库予以返还;原物已经拍卖、变卖的,应当返还价款。对侵犯国有财产的案件,被害单位已经终止且没有权利义务继受人,或者损失已经被核销的,查封、扣押、冻结的财物及其孳息应当上缴国库。

(9) 随案移送的或者人民法院查封、扣押的财物及其孳息,由第一审人民法院在判决生效后负责处理。涉案财物未随案移送的,人民法院应当在判决生效后10日内,将判决书、裁定书送达查封、扣押机关,并告知其在1个月内将执行回单送回。

(10) 对冻结的存款、汇款、债券、股票、基金份额等财产判决没收的,第一审人民法院应当在判决生效后,将判决书、裁定书送达相关金融机构和财政部门,通知相关金融机构依法上缴国库,并在接到执行通知书后15日内,将上缴国库的凭证、执行回单送回。

(11) 查封、扣押、冻结的财物与本案无关但已列入清单的,应当由查封、扣押、冻结机关依法处理。查封、扣押、冻结的财物属于被告人合法所有的,应当在赔偿被害人损失、执行财产刑后及时返还被告人;财物未随案移送的,应当通知查封、扣押、冻结机关将赔偿被害人损失、执行财产刑的部分移送人民法院。

二、例题

1. 甲、乙二人系药材公司仓库保管员,涉嫌5次共同盗窃其保管的名贵药材,涉案金额40余万元。一审开庭审理时,药材公司法定代表人丙参加庭审。经审理,法院认定了其中4起盗窃事实,另1起因证据不足未予认定,甲和乙以职务侵占罪分别被判处有期徒刑3年和1年。

一审判决作出后,乙以量刑过重为由提出上诉,甲未上诉,检察院未抗诉。关于本案二审程序,下列选项正确的是:(2017年真题,不定选)

A. 二审法院受理案件后应通知同级检察院查阅案卷
B. 二审法院可审理并认定一审法院未予认定的1起盗窃事实
C. 二审法院审理后认为乙符合适用缓刑的条件,将乙改判为有期徒刑2年,缓刑2年
D. 二审期间,甲可另行委托辩护人为其辩护

[释疑] 《刑诉法解释》第320条规定,开庭审理第二审公诉案件,应当在决定开庭审理

后及时通知人民检察院查阅案卷。自通知后的第二日起,人民检察院查阅案卷的时间不计入审理期限。本案不属于应当开庭的范围,二审法院受理案件后应通知同级检察院查阅案卷错误;二审法院可审理并认定一审法院未予认定的一起盗窃事实于法无据,B项错误。C项违反了上诉不加刑原则。《刑诉法解释》第316条第1款规定,第二审期间,被告人除自行辩护外,还可以继续委托第一审辩护人或者另行委托辩护人辩护。D项正确。(答案:D)

2. 龚某因生产不符合安全标准的食品罪被一审法院判处有期徒刑5年,并被禁止在刑罚执行完毕之日起3年内从事食品加工行业。龚某以量刑畸重为由上诉,检察院未抗诉。关于本案二审,下列哪一选项是正确的?(2016年真题,单选)

A. 应开庭审理
B. 可维持有期徒刑5年的判决,并将职业禁止的期限变更为4年
C. 如认为原判认定罪名不当,二审法院可在维持原判刑罚不变的情况下改判为生产有害食品罪
D. 发回重审后,如检察院变更起诉罪名为生产有害食品罪,一审法院可改判并加重龚某的刑罚

[释疑] 《刑诉法解释》第317条第1款规定:"下列案件,根据刑事诉讼法第二百二十三条第一款的规定,应当开庭审理:(一)被告人、自诉人及其法定代理人对第一审认定的事实、证据提出异议,可能影响定罪量刑的上诉案件;(二)被告人被判处死刑立即执行的上诉案件;(三)人民检察院抗诉的案件;(四)应当开庭审理的其他案件。"本案被告人未对第一审认定的事实、证据提出异议,所以,A项"应开庭审理"错误。《刑诉法解释》第325条第1款规定:"审理被告人或者其法定代理人、辩护人、近亲属提出上诉的案件,不得加重被告人的刑罚,并应当执行下列规定:(一)同案审理的案件,只有部分被告人上诉的,既不得加重上诉人的刑罚,也不得加重其他同案被告人的刑罚;(二)原判事实清楚,证据确实、充分,只是认定的罪名不当的,可以改变罪名,但不得加重刑罚;(三)原判对被告人实行数罪并罚的,不得加重决定执行的刑罚,也不得加重数罪中某罪的刑罚;(四)原判对被告人宣告缓刑的,不得撤销缓刑或者延长缓刑考验期;(五)原判没有宣告禁止令的,不得增加宣告;原判宣告禁止令的,不得增加内容、延长期限;(六)原判对被告人判处死刑缓期执行没有限制减刑的,不得限制减刑;(七)原判事实清楚,证据确实、充分,但判处的刑罚畸轻、应当适用附加刑而没有适用的,不得直接加重刑罚、适用附加刑,也不得以事实不清、证据不足为由发回第一审人民法院重新审判。必须依法改判的,应当在第二审判决、裁定生效后,依照审判监督程序重新审判。"所以,A项、B项、D项都违反了上诉不加刑原则,错误;只有C项正确。(答案:C)

3. 某基层法院就郭某敲诈勒索案一审适用简易程序,判处郭某有期徒刑4年。对于一审中的下列哪些情形,二审法院应以程序违法为由,撤销原判发回重审?(2016年真题,多选)

A. 未在开庭10日前向郭某送达起诉书副本
B. 由一名审判员独任审理
C. 公诉人没有对被告人进行发问
D. 应公开审理但未公开审理

[释疑] 《刑事诉讼法》第227条规定:"第二审人民法院发现第一审人民法院的审理有下列违反法律规定的诉讼程序的情形之一的,应当裁定撤销原判,发回原审人民法院重新审判:(一)违反本法有关公开审判的规定的;(二)违反回避制度的;(三)剥夺或者限制了当

事人的法定诉讼权利,可能影响公正审判的;(四)审判组织的组成不合法的;(五)其他违反法律规定的诉讼程序,可能影响公正审判的。"本题中,"由一名审判员独任审理"属于"(四)审判组织的组成不合法的",因为,被告人被判有期徒刑4年,刑诉法规定对可能判处3年以上刑罚适用简易程序的应当组成合议庭。所以,B项正确;D项属于"(一)违反本法有关公开审判的规定的",所以,D项正确;A项、C项没有法律依据,错误。(答案:BD)

4. 黄某倒卖文物案于2014年5月28日一审终结。6月9日(星期一),法庭宣判黄某犯倒卖文物罪,判处有期徒刑4年并立即送达了判决书,黄某当即提起上诉,但于6月13日经法院准许撤回上诉;检察院以量刑畸轻为由于6月12日提起抗诉,上级检察认为抗诉不当,于6月17日向同级法院撤回了抗诉。关于一审判决生效的时间,下列哪一选项是正确的?(2015年真题,单选)

  A. 6月9日   B. 6月17日   C. 6月19日   D. 6月20日

[释疑]《刑诉法解释》第301条规定:"上诉、抗诉必须在法定期限内提出。不服判决的上诉、抗诉的期限为十日;不服裁定的上诉、抗诉的期限为五日。上诉、抗诉的期限,从接到判决书、裁定书的第二日起计算。对附带民事判决、裁定的上诉、抗诉期限,应当按照刑事部分的上诉、抗诉期限确定。附带民事部分另行审判的,上诉期限也应当按照刑事诉讼法规定的期限确定。"第304条规定:"上诉人在上诉期限内要求撤回上诉的,人民法院应当准许。"第307条规定:"人民检察院在抗诉期限内撤回抗诉的,第一审人民法院不再向上一级人民法院移送案件;在抗诉期满后第二审人民法院宣告裁判前撤回抗诉的,第二审人民法院可以裁定准许,并通知第一审人民法院和当事人。"第308条规定:"在上诉、抗诉期满前撤回上诉、抗诉的,第一审判决、裁定在上诉、抗诉期满之日起生效。在上诉、抗诉期满后要求撤回上诉、抗诉,第二人民法院裁定准许的,第一审判决、裁定应当自第二审裁定书送达上诉人或者抗诉机关之日起生效。"据此,本案中,被告人检察院都是在上诉期满前撤回了上诉、抗诉。所以,"6月9日""6月17日""6月20日"均错误,"6月19日"正确。(答案:C)

5. 甲、乙、丙三人共同实施故意杀人,一审法院判处甲死刑立即执行、乙无期徒刑、丙有期徒刑10年。丙以量刑过重为由上诉,甲和乙未上诉,检察院未抗诉。关于本案的第二审程序,下列哪一选项是正确的?(2014年真题,单选)

  A. 可不开庭审理

  B. 认为没有必要的,甲可不再到庭

  C. 由于乙没有上诉,其不得另行委托辩护人为其辩护

  D. 审理后认为原判事实不清且对丙的量刑过轻,发回一审法院重审,一审法院重审后可加重丙的刑罚

[释疑]《刑诉法解释》第317条规定:"下列案件,根据刑事诉讼法第二百二十三条第一款的规定,应当开庭审理:(一)被告人、自诉人及其法定代理人对第一审认定的事实、证据提出异议,可能影响定罪量刑的上诉案件;(二)被告人被判处死刑立即执行的上诉案件;(三)人民检察院抗诉的案件;(四)应当开庭审理的其他案件。被判处死刑立即执行的被告人没有上诉,同案的其他被告人上诉的案件,第二审人民法院应当开庭审理。被告人被判处死刑缓期执行的上诉案件,虽不属于第一款第一项规定的情形,有条件的,也应当开庭审理。"故A项错误。《刑诉法解释》第323条规定:"开庭审理上诉、抗诉案件,可以重点围绕对第一审判决、裁定有争议的问题或者有疑问的部分进行。根据案件情况,可以按照下列方式审理:

(一)宣读第一审判决书,可以只宣读案由、主要事实、证据名称和判决主文等;(二)法庭调查应当重点围绕对第一审判决提出异议的事实、证据以及提交的新的证据等进行;对没有异议的事实、证据和情节,可以直接确认;(三)对同案审理案件中未上诉的被告人,未被申请出庭或者人民法院认为没有必要到庭的,可以不再传唤到庭;(四)被告人犯有数罪的案件,对其中事实清楚且无异议的犯罪,可以不在庭审时审理。同案审理的案件,未提出上诉、人民检察院也未对其判决提出抗诉的被告人要求出庭的,应当准许。出庭的被告人可以参加法庭调查和辩论。"根据第1款第3项的规定,B项正确,C项错误。乙虽然没有上诉,但仍然是二审的被告人之一,当然享有委托辩护人的权利。《刑事诉讼法》第226条规定:"第二审人民法院审理被告人或者他的法定代理人、辩护人、近亲属上诉的案件,不得加重被告人的刑罚。第二审人民法院发回原审人民法院重新审判的案件,除有新的犯罪事实,人民检察院补充起诉的以外,原审人民法院也不得加重被告人的刑罚。人民检察院提出抗诉或者自诉人提出上诉的,不受前款规定的限制。"故D项错误。注意,D项表述的是一审判决事实不清,是可以发回重审的。(答案:B)

6.某法院判决赵某犯诈骗罪处有期徒刑4年,犯盗窃罪处有期徒刑9年,合并执行有期徒刑11年。赵某提出上诉。中级法院经审理认为,判处刑罚不当,犯诈骗罪应处有期徒刑5年,犯盗窃罪应处有期徒刑8年。根据上诉不加刑原则,下列哪一做法是正确的?(2010年真题,单选)

    A. 以事实不清、证据不足为由发回原审法院重新审理
    B. 直接改判两罪刑罚,分别为5年和8年,合并执行12年
    C. 直接改判两罪刑罚,分别为5年和8年,合并执行仍为11年
    D. 维持一审判决

[释疑] 《刑诉法解释》第325条第1款第3项规定:"原判对被告人实行数罪并罚的,不得加重决定执行的刑罚,也不得加重数罪中某罪的刑罚。"此种情形只能维持,故选D项。(答案:D)

7.案情:杨某被单位辞退,对单位领导极度不满,心存报复。一天,杨某纠集董某、樊某携带匕首闯至厂长贾某办公室,将贾某当场杀死。中级人民法院一审以故意杀人罪判处杨某死刑,立即执行,判处董某死刑缓期两年执行,判处樊某有期徒刑15年。(2009年真题,案例)

问题:如一审宣判后,被告人杨某、董某均未上诉,检察机关亦未抗诉,樊某提出上诉,高级人民法院应按什么程序处理对杨某、董某的一审判决?理由是什么?

[释疑] 《刑事诉讼法》第222条规定:"第二审人民法院应当就第一审判决认定的事实和适用法律进行全面审查,不受上诉或者抗诉范围的限制。共同犯罪的案件只有部分被告人上诉的,应当对全案进行审查,一并处理。"因此,高级人民法院应按二审程序对杨某、董某的一审判决进行审查。因为,杨某和董某、樊某系共同犯罪,一审法院进行了全案审理,一并判决。共同犯罪的案件只有部分被告人上诉的,二审法院应当对全案进行审查,一并处理。

8.案情:杨某被单位辞退,对单位领导极度不满,心存报复。一天,杨某纠集董某、樊某携带匕首闯至厂长贾某办公室,将贾某当场杀死。中级人民法院一审以故意杀人罪判处杨某死刑,立即执行,判处董某死刑缓期两年执行,判处樊某有期徒刑15年。(2009年真题,案例)

问题:如一审宣判后,被告人杨某、董某、樊某均未上诉,检察机关亦未抗诉,但贾某的妻子对附带民事判决不服提起上诉,高级人民法院应按什么程序处理对杨某、董某的一审判决?理

由是什么?

[释疑]《刑诉法解释》第313条规定:"刑事附带民事诉讼案件,只有附带民事诉讼当事人及其法定代理人上诉的,第二审人民法院应当对全案进行审查。经审查,第一审判决的刑事部分并无不当的,第二审人民法院只需就附带民事部分作出处理;第一审判决的附带民事部分事实清楚,适用法律正确的,应当以刑事附带民事裁定维持原判,驳回上诉。"《刑诉法解释》第314条规定:"刑事附带民事诉讼案件,只有附带民事诉讼当事人及其法定代理人上诉的,第一审刑事部分的判决在上诉期满后即发生法律效力。应当送监执行的第一审刑事被告人是第二审附带民事诉讼被告人的,在第二审附带民事诉讼案件审结前,可以暂缓送监执行。"所以,高级人民法院应按死刑复核程序处理对杨某、董某的一审判决。因为,对刑事附带民事案件,其刑事部分与民事部分可以独立提出上诉,如果只对民事部分提出上诉,其效力不影响刑事部分的效力,高级人民法院对杨某、董某的死刑判决不因附带民事原告人上诉而适用二审程序,而应按死刑复核程序处理。《刑诉法解释》第331条还规定:"第二审人民法院审理对附带民事部分提出上诉,刑事部分已经发生法律效力的案件,发现第一审判决、裁定中的刑事部分确有错误的,应当依照审判监督程序对刑事部分进行再审,并将附带民事部分与刑事部分一并审理。"

9. 下列哪一选项违反上诉不加刑原则?(2009年真题,单选)

A. 一审法院认定马某犯伤害罪判处有期徒刑3年,马某上诉,检察院没有抗诉,二审法院认为一审判决认定事实不清,发回原审法院重新审判

B. 一审法院认定赵某犯抢夺罪判处有期徒刑5年,赵某上诉,检察院没有抗诉,二审法院在没有改变刑期的情况下将罪名改判为抢劫罪

C. 一审法院以盗窃罪判处金某有期徒刑两年、王某有期徒刑1年,金某、王某以没有实施犯罪为由提起上诉,检察院认为对金某量刑畸轻提出抗诉,二审法院经审理认为一审对金某、王某量刑均偏轻,但仅对金某改判为5年

D. 一审法院认定石某犯杀人罪判处死刑立即执行,犯抢劫罪判处无期徒刑,数罪并罚决定执行死刑立即执行。石某上诉后,二审法院认为石某在抢劫现场杀人只构成抢劫罪一个罪,遂撤销一审对杀人罪的认定,以抢劫罪判处死刑立即执行

[释疑]《刑事诉讼法》第225条规定:"第二审人民法院对不服第一审判决的上诉、抗诉案件,经过审理后,应当按照下列情形分别处理:(一)原判决认定事实和适用法律正确、量刑适当的,应当裁定驳回上诉或者抗诉,维持原判;(二)原判决认定事实没有错误,但适用法律有错误,或者量刑不当的,应当改判;(三)原判决事实不清楚或者证据不足的,可以在查清事实后改判;也可以裁定撤销原判,发回原审人民法院重新审判。原审人民法院对于依照前款第三项规定发回重新审判的案件作出判决后,被告人提出上诉或者人民检察院提出抗诉的,第二审人民法院应当依法作出判决或者裁定,不得再发回原审人民法院重新审判。"所以A项不选。《刑诉法解释》第325条规定:"审理被告人或者其法定代理人、辩护人、近亲属提出上诉的案件,不得加重被告人的刑罚,并应当执行下列规定:(一)同案审理的案件,只有部分被告人上诉的,既不得加重上诉人的刑罚,也不得加重其他同案被告人的刑罚;(二)原判事实清楚,证据确实、充分,只是认定的罪名不当的,可以改变罪名,但不得加重刑罚;(三)原判对被告人实行数罪并罚的,不得加重决定执行的刑罚,也不得加重数罪中某罪的刑罚;(四)原判对被告人宣告缓刑的,不得撤销缓刑或者延长缓刑考验期;(五)原判没有宣告禁止令的,不得增

加宣告;原判宣告禁止令的,不得增加内容、延长期限;(六)原判对被告人判处死刑缓期执行没有限制减刑的,不得限制减刑;(七)原判事实清楚,证据确实、充分,但判处的刑罚畸轻、应当适用附加刑而没有适用的,不得直接加重刑罚、适用附加刑,也不得以事实不清、证据不足为由发回第一审人民法院重新审判。必须依法改判的,应当在第二审判决、裁定生效后,依照审判监督程序重新审判。人民检察院抗诉或者自诉人上诉的案件,不受前款规定的限制。"根据这一规定,B、C项不选,应选D项。(答案:D)

10. 下列哪些二审案件依法应当开庭审理?(2009年真题,多选)
A. 甲犯贪污罪被一审判处有期徒刑5年,检察院认为量刑畸轻而抗诉的
B. 乙犯伤害罪被一审判处无期徒刑,乙上诉的
C. 丙犯抢劫罪被一审判处死刑缓期两年执行,丙对事实、证据无异议,以量刑过重为由上诉的
D. 丁犯杀人罪被一审判处死刑立即执行,丁上诉的

[释疑]《刑事诉讼法》第223条规定:"第二审人民法院对于下列案件,应当组成合议庭,开庭审理:(一)被告人、自诉人及其法定代理人对第一审认定的事实、证据提出异议,可能影响定罪量刑的上诉案件;(二)被告人被判处死刑的上诉案件;(三)人民检察院抗诉的案件;(四)其他应当开庭审理的案件。第二审人民法院决定不开庭审理的,应当讯问被告人,听取其他当事人、辩护人、诉讼代理人的意见。第二审人民法院开庭审理上诉、抗诉案件,可以到案件发生地或者原审人民法院所在地进行。"故A、C、D项正确,B项错误。(原答案:AD;现答案:ACD)

11. 甲、乙二人共同盗窃金融机构,第一审分别被判有期徒刑10年、6年。甲上诉,乙表示服判,未上诉。在第二审法院审理期间,甲死亡。关于第二审,下列哪一选项是正确的?(2008年缓考真题,单选)
A. 在上诉期满后,对乙的判决生效,可以交付执行
B. 第二审法院应当对甲、乙的案件一并进行审查、处理
C. 第二审法院认为甲构成犯罪,但量刑过重,应当改判
D. 第二审法院认为第一审对乙量刑过轻,应当改判加重其刑罚

[释疑]《刑事诉讼法》第222条规定:"第二审人民法院应当就第一审判决认定的事实和适用法律进行全面审查,不受上诉或者抗诉范围的限制。共同犯罪的案件只有部分被告人上诉的,应当对全案进行审查,一并处理。"(答案:B)

12. 第二审法院在审查一审裁判时,发现下列哪些情形,应当裁定撤销原判,发回原审法院重新审判?(2008年缓考真题,多选)
A. 第一审程序为提高效率,没有让被告人作最后陈述,被告人也无异议
B. 参与第一审程序的陪审员是本案的目击证人
C. 对涉及国家秘密的案件进行了公开审理
D. 没有告知被告人可以申请回避

[释疑]《刑事诉讼法》第227条规定:"第二审人民法院发现第一审人民法院的审理有下列违反法律规定的诉讼程序的情形之一的,应当裁定撤销原判,发回原审人民法院重新审判:(一)违反本法有关公开审判的规定的;(二)违反回避制度的;(三)剥夺或者限制了当事人的法定诉讼权利,可能影响公正审判的;(四)审判组织的组成不合法的;(五)其他违反法

律规定的诉讼程序,可能影响公正审判的。"故 A、B、C、D 项均当选。(答案:ABCD)

13. 甲犯杀人罪,手段残忍,影响恶劣,第一审法院为防止被害人家属和旁听群众在法庭上过于激愤影响顺利审判,决定作为特例不公开审理。经审理,第一审法院判处甲死刑立即执行,甲上诉。对于本案,第二审法院下列哪些做法是正确的?(2008 年真题,多选)
   A. 组成合议庭
   B. 把案件作为第一审案件审理
   C. 审理后改判
   D. 撤销原判,发回重审

[释疑]《刑事诉讼法》第 223 条规定:"第二审人民法院对于下列案件,应当组成合议庭,开庭审理:(一) 被告人、自诉人及其法定代理人对第一审认定的事实、证据提出异议,可能影响定罪量刑的上诉案件;(二) 被告人被判处死刑的上诉案件;(三) 人民检察院抗诉的案件;(四) 其他应当开庭审理的案件。第二审人民法院决定不开庭审理的,应当讯问被告人,听取其他当事人、辩护人、诉讼代理人的意见。第二审人民法院开庭审理上诉、抗诉案件,可以到案件发生地或者原审人民法院所在地进行。"故选 A 项。《刑事诉讼法》第 227 条规定:"第二审人民法院发现第一审人民法院的审理有下列违反法律规定的诉讼程序的情形之一的,应当裁定撤销原判,发回原审人民法院重新审判:(一) 违反本法有关公开审判的规定的;(二) 违反回避制度的;(三) 剥夺或者限制了当事人的法定诉讼权利,可能影响公正审判的;(四) 审判组织的组成不合法的;(五) 其他违反法律规定的诉讼程序,可能影响公正审判的。"故选 D 项。(答案:AD)

14. 关于自诉案件的审理,下列哪些做法是正确的?(2008 年真题,多选)
   A. 甲、乙系一起伤害案件的自诉人,案件审理中甲撤回起诉,法院继续案件审理
   B. 某伤害案,因检察院作出不起诉决定,被害人提起自诉,审理中自诉人与被告人和解而撤回自诉,法院经审查准许
   C. 某遗弃案,被告人在第二审程序中提出反诉,法院予以受理并与原自诉合并审理
   D. 某侵犯知识产权案,第二审中当事人和解,法院裁定准许撤回自诉并撤销一审判决

[释疑]《刑诉法解释》第 274 条规定:"自诉人经两次传唤,无正当理由拒不到庭,或者未经法庭准许中途退庭的,人民法院应当裁定按撤诉处理。部分自诉人撤诉或者被裁定按撤诉处理的,不影响案件的继续审理。"故选 A 项。《刑诉法解释》第 272 条规定:"判决宣告前,自诉案件的当事人可以自行和解,自诉人可以撤回自诉。人民法院经审查,认为和解、撤回自诉确属自愿的,应当裁定准许;认为系被强迫、威吓等,并非出于自愿的,不予准许。"故选 B 项。《刑诉法解释》第 334 条规定:"第二审期间,自诉案件的当事人提出反诉的,应当告知其另行起诉。"故 C 项不选。《刑诉法解释》第 333 条规定:"对第二审自诉案件,必要时可以调解,当事人也可以自行和解。调解结案的,应当制作调解书,第一审判决、裁定视为自动撤销;当事人自行和解的,应当裁定准许撤回自诉,并撤销第一审判决、裁定。"故选 D 项。(答案:ABD)

15. 检察院办理死刑上诉、抗诉案件,应当在开庭前对案卷材料进行全面审查,并进行相关工作。依照有关规定,下列哪些工作是应当进行的?(2007 年真题,多选)
   A. 应当讯问被告人,听取被告人的上诉理由或者辩解
   B. 根据案件情况,必要时应当听取辩护人的意见
   C. 对鉴定意见有疑问的,可以重新鉴定或者补充鉴定
   D. 有被害人的,必须听取被害人的意见

[**释疑**]《刑事诉讼规则(试行)》第477条规定:"人民检察院办理死刑上诉、抗诉案件,应当进行下列工作:(一)讯问原审被告人,听取原审被告人的上诉理由或者辩解;(二)必要时听取辩护人的意见;(三)复核主要证据,必要时询问证人;(四)必要时补充收集证据;(五)对鉴定意见有疑问的,可以重新鉴定或者补充鉴定;(六)根据案件情况,可以听取被害人的意见。"据以上规定,A、B、C项当选。(答案:ABC)

16. 关于刑事诉讼中查封、扣押、冻结在案财物的处理,下列哪些选项是正确的?(2007年真题,多选)

A. 张三盗窃李四电视机一台,公安机关在侦查过程中将电视机发还李四
B. 王五被控贩卖毒品,作为证据使用的海洛因应当随案移送当庭出示质证
C. 马六被控受贿金条若干,未随案移送,判决生效后,根据法院通知该金条由查封、扣押的检察机关上缴国库
D. 牛七涉嫌受贿罪,在侦查期间自杀身亡,检察机关应当通知金融机构将冻结的牛七的存款、汇款上缴国库

[**释疑**]《刑事诉讼法》第234条规定:"公安机关、人民检察院和人民法院对查封、扣押、冻结的犯罪嫌疑人、被告人的财物及其孳息,应当妥善保管,以供核查,并制作清单,随案移送。任何单位和个人不得挪用或者自行处理。对被害人的合法财产,应当及时返还。对违禁品或者不宜长期保存的物品,应当依照国家有关规定处理。对作为证据使用的实物应当随案移送,对不宜移送的,应当将其清单、照片或者其他证明文件随案移送。人民法院作出的判决,应当对查封、扣押、冻结的财物及其孳息作出处理。人民法院作出的判决生效以后,有关机关应当根据判决对查封、扣押、冻结的财物及其孳息进行处理。对查封、扣押、冻结的赃款赃物及其孳息,除依法返还被害人的以外,一律上缴国库。司法工作人员贪污、挪用或者私自处理查封、扣押、冻结的财物及其孳息的,依法追究刑事责任;不构成犯罪的,给予处分。"因此A项正确。六部门《规定》第36条规定:"对于依照刑法规定应当追缴的违法所得及其他涉案财产,除依法返还被害人的财物以及依法销毁的违禁品外,必须一律上缴国库。查封、扣押的涉案财产,依法不移送的,待人民法院作出生效判决、裁定后,由人民法院通知查封、扣押机关上缴国库,查封、扣押机关应当向人民法院送交执行回单;冻结在金融机构的违法所得及其他涉案财产,待人民法院作出生效判决、裁定后,由人民法院通知有关金融机构上缴国库,有关金融机构应当向人民法院送交执行回单。对于被扣押、冻结的债券、股票、基金份额等财产,在扣押、冻结期间权利人申请出售,经扣押、冻结机关审查,不损害国家利益、被害人利益,不影响诉讼正常进行的,以及扣押、冻结的汇票、本票、支票的有效期即将届满的,可以在判决生效前依法出售或者变现,所得价款由扣押、冻结机关保管,并及时告知当事人或者其近亲属。"因此C项正确。《刑诉法解释》第363条规定:"对不宜移送的实物,应当根据情况,分别审查以下内容:(一)大宗的、不便搬运的物品,查封、扣押机关是否随案移送查封、扣押清单,并附原物照片和封存手续,注明存放地点等;(二)易腐烂、霉变和不易保管的物品,查封、扣押机关变卖处理后,是否随案移送原物照片、清单、变价处理的凭证(复印件)等;(三)枪支弹药、剧毒物品、易燃易爆物品以及其他违禁品、危险物品,查封、扣押机关根据有关规定处理后,是否随案移送原物照片和清单等。上述不宜移送的实物,应当依法鉴定、估价的,还应当审查是否附有鉴定、估价意见。对查封、扣押的货币、有价证券等未移送的,应当审查是否附有原物照片、清单或者其他证明文件。"B项中的毒品属于违禁品,依法不移送原物,因此B项错误。《刑事诉讼法》第

280 条规定:"对于贪污贿赂犯罪、恐怖活动犯罪等重大犯罪案件,犯罪嫌疑人、被告人逃匿,在通缉一年后不能到案,或者犯罪嫌疑人、被告人死亡,依照刑法规定应当追缴其违法所得及其他涉案财产的,人民检察院可以向人民法院提出没收违法所得的申请。公安机关认为有前款规定情形的,应当写出没收违法所得意见书,移送人民检察院。没收违法所得的申请应当提供与犯罪事实、违法所得相关的证据材料,并列明财产的种类、数量、所在地及查封、扣押、冻结的情况。人民法院在必要的时候,可以查封、扣押、冻结申请没收的财产。"因此,D 项错误。(答案:AC)

17. 法院对一起共同犯罪案件审理后分别判处甲死缓、乙无期徒刑。甲没有提出上诉,乙以量刑过重为由提出上诉,同时检察院针对甲的死缓判决以量刑不当为由提起抗诉。下列关于第二审程序的何种表述是错误的?(2006 年真题,不定选)

　　A. 二审法院可以不开庭审理
　　B. 二审法院应当开庭审理
　　C. 因上诉和抗诉都不是针对原审事实认定,二审法院对本案不能以事实不清为由撤销原判,发回重审
　　D. 因本案存在抗诉,二审法院不受上诉不加刑原则的限制

[释疑] 《刑诉法解释》第317 条规定:"下列案件,根据刑事诉讼法第二百二十三条第一款的规定,应当开庭审理:(一) 被告人、自诉人及其法定代理人对第一审认定的事实、证据提出异议,可能影响定罪量刑的上诉案件;(二) 被告人被判处死刑立即执行的上诉案件;(三) 人民检察院抗诉的案件;(四) 应当开庭审理的其他案件。被判处死刑立即执行的被告人没有上诉,同案的其他被告人上诉的案件,第二审人民法院应当开庭审理。被告人被判处死刑缓期执行的上诉案件,虽不属于第一款第一项规定的情形,有条件的,也应当开庭审理。"本题中,由于有检察院抗诉,二审法院应当开庭审理。故 B 项不选,A 项应选。《刑诉法解释》第310 条规定:"第二审人民法院审理上诉、抗诉案件,应当就第一审判决、裁定认定的事实和适用法律进行全面审查,不受上诉、抗诉范围的限制。"第311 条规定:"共同犯罪案件,只有部分被告人提出上诉,或者自诉人只对部分被告人的判决提出上诉,或者人民检察院只对部分被告人的判决提出抗诉的,第二审人民法院应当对全案进行审查,一并处理。"据此,对于上诉和抗诉尽管都未针对原审事实认定,二审法院在全面审查中发现本案存在事实不清的情形时,可以以事实不清为由撤销原判,发回重审。故 C 项应选。《刑诉法解释》第326 条规定:"人民检察院只对部分被告人的判决提出抗诉,或者自诉人只对部分被告人的判决提出上诉的,第二审人民法院不得对其他同案被告人加重刑罚。"由于乙未被检察院抗诉,故本案中二审法院对乙的审理受上诉不加刑原则的限制。所以 D 项应选。(答案:ACD)

18. 甲与乙婚后 6 年,乙又与另一男子相爱,并通过熟人办理了结婚登记手续。甲得知后将乙起诉至法院,乙被法院以重婚罪判处有期徒刑 1 年。对本案第一审判决,哪些人不享有独立上诉权?(多选)

　　A. 甲　　　　　　　　　　　　　　B. 乙
　　C. 甲、乙的父母　　　　　　　　　D. 乙的辩护人

[释疑] 《刑事诉讼法》第216 条规定:"被告人、自诉人和他们的法定代理人,不服地方各级人民法院第一审的判决、裁定,有权用书状或者口头向上一级人民法院上诉。被告人的辩护人和近亲属,经被告人同意,可以提出上诉。附带民事诉讼的当事人和他们的法定代理人,

可以对地方各级人民法院第一审的判决、裁定中的附带民事诉讼部分,提出上诉。对被告人的上诉权,不得以任何借口加以剥夺。"被告人的辩护人和近亲属不是案件的当事人,没有独立的上诉权,故选 C、D 项。(答案:CD)

19. 根据《刑事诉讼法》的规定,下列哪些人具有独立的上诉权?(多选)
A. 被告人、自诉人
B. 被告人、自诉人的法定代理人
C. 被告人的配偶
D. 被告人的辩护人

[释疑] 《刑事诉讼法》第 216 条规定:"被告人、自诉人和他们的法定代理人,不服地方各级人民法院第一审的判决、裁定,有权用书状或者口头向上一级人民法院上诉。被告人的辩护人和近亲属,经被告人同意,可以提出上诉。附带民事诉讼的当事人和他们的法定代理人,可以对地方各级人民法院第一审的判决、裁定中的附带民事诉讼部分,提出上诉。对被告人的上诉权,不得以任何借口加以剥夺。"(答案:AB)

20. 被害人对一审判决不服,有权请求人民检察院提出抗诉。下列选项正确的是:(多选)
A. 被害人应当自收到判决书后 5 日以内,请求检察院提出抗诉
B. 检察院自收到被害人的请求后 5 日以内,应当作出是否抗诉的决定并答复请求人
C. 被害人的法定代理人也有权请求检察院提出抗诉
D. 被害人的法定代理人有独立的请求抗诉权

[释疑] 《刑事诉讼法》第 218 条规定:"被害人及其法定代理人不服地方各级人民法院第一审的判决的,自收到判决书后五日以内,有权请求人民检察院提出抗诉。人民检察院自收到被害人及其法定代理人的请求后五日以内,应当作出是否抗诉的决定并且答复请求人。"故选 A、B、C、D 项。(答案:ABCD)

21. 吕某因挪用资金罪被判处有期徒刑一年缓刑两年,判决宣告后吕某表示不上诉。其被解除羁押后经向他人咨询,认为自己不构成犯罪,于是又想提出上诉。下列哪项不正确?(多选)
A. 吕某已明确表示不上诉,因此不能再提起上诉
B. 需经法院同意,吕某才能上诉
C. 在上诉期满前,吕某有权提出上诉
D. 吕某可在上诉期满前提出上诉,但因一审判决未生效,需对他重新收押

[释疑] C 项正确,A、B、D 项于法无据。(答案:ABD)

22. 被告人刘某直接向二审法院提起上诉,法院应如何处理?(多选)
A. 二审人民法院应当在收到上诉状后 3 日以内将上诉状交第一审人民法院
B. 一审人民法院收到上诉状后,经审查上诉符合法律规定的,应当在接到上诉状后 3 日以内将上诉状连同案卷、证据移送上一级人民法院
C. 一审人民法院应当同时将上诉状副本送交同级检察院
D. 一审人民法院应当同时将上诉状副本送交对方当事人

[释疑] 上诉人直接向第二审人民法院提出上诉,第二审人民法院应当在收到上诉状后 3 日以内将上诉状交第一审人民法院。第一审人民法院应当审查上诉是否符合法律规定。符合法律规定的,应当在接到上诉状后 3 日以内将上诉状连同案卷、证据移送上一级人民法院,同时将上诉状副本送交同级检察院和对方当事人。故选 A、B、C、D 项。(答案:ABCD)

23. 假如刘某在上诉期满后撤回上诉,二审法院同意的,一审判决从何时生效?(单选)

　　A. 上诉期满之日起生效

　　B. 二审法院裁定准许之日起生效

　　C. 二审人民法院裁定宣告之日起生效

　　D. 二审人民法院裁定书送达原上诉人之日起生效

　[释疑]　《刑诉法解释》第308条规定:"在上诉、抗诉期满前撤回上诉、抗诉的,第一审判决、裁定在上诉、抗诉期满之日起生效。在上诉、抗诉期满后要求撤回上诉、抗诉,第二审人民法院裁定准许的,第一审判决、裁定应当自第二审裁定书送达上诉人或者抗诉机关之日起生效。"故选D项。(答案:D)

24. 董某因强奸罪被某县人民法院判处有期徒刑8年。判决宣告后,董某以量刑过重为理由提出上诉,但在上诉期满后又要求撤回上诉。对于董某撤回上诉,二审法院应当如何处理?(多选)

　　A. 允许董某撤回上诉

　　B. 对上诉案件进行审查,如果原判认定事实和适用法律正确,量刑适当,应当裁定准许董某撤回上诉

　　C. 对上诉案件进行审查,如果原判认定事实不清,证据不足或适用法律错误、量刑不当,应当不允许撤回上诉

　　D. 如果原判认定事实不清,证据不足或适用法律错误、量刑不当而不允许撤回上诉的,应当按照上诉程序进行审理

　[释疑]　上诉人在上诉期满后要求撤回上诉的,应当由第二审人民法院进行审查。如果认为原判决认定事实和适用法律正确,量刑适当,应当裁定准许撤回上诉;如果认为原判决事实不清、证据不足或者将无罪判为有罪、轻罪重判等,应当不允许撤回上诉,并按照上诉程序进行审理。故选B、C、D项。(答案:BCD)

25. 控辩双方对第一审刑事判决未提出抗诉或者上诉,但被告人对第一审刑事附带民事诉讼判决中的附带民事部分不服,提起上诉,第二审法院审查后,认为第一审民事部分判决正确,但刑事部分判决有错误。第二审法院应当如何处理?(单选)

　　A. 指令下级法院按审判监督程序再审刑事部分

　　B. 裁定将全案发回重审刑事部分

　　C. 按审判监督程序再审刑事部分,同附带民事部分一并审理,依法判决

　　D. 裁定将刑事部分发回重审

　[释疑]　略。(答案:C)

26. 在刑事附带民事诉讼案件中,只有附带民事诉讼的当事人就附带民事诉讼上诉时,该案件应当如何处理?(多选)

　　A. 二审案件只需审查附带民事诉讼

　　B. 在上诉期满后,第一审刑事部分判决生效

　　C. 如果第一审附带民事部分事实清楚,适用法律正确,刑事部分亦无不当,则应以刑事附带民事裁定维持原判,驳回上诉

　　D. 第一审刑事判决需要第二审判决或裁定作出之后,才能确定其效力

　[释疑]　全面审查是二审必须坚持的原则,A项错误;附带民事诉讼的当事人就附带民

事诉讼上诉的不影响刑事部分的判决生效,B项正确;如果第一审附带民事部分与刑事部分都正确,则应以刑事附带民事裁定维持原判,驳回上诉,C项正确、D项于法无据。(答案:BC)

27. 乙市某区人民法院对孙某盗窃罪和抢劫罪作出判决后,检察院不抗诉,但孙某不服提出上诉。市中级人民法院审理后认为,一审判决事实清楚,证据确实、充分,但量刑不当。一审对孙某盗窃罪和抢劫罪分别判处2年和9年有期徒刑,决定执行的刑期为10年,而两罪准确量刑应分别为5年和7年有期徒刑。二审法院应如何处理?(单选)

　　A. 直接改判两罪刑罚分别为5年和7年有期徒刑,并在7年以上12年以下决定应当执行的刑期

　　B. 直接改判两罪刑罚分别为5年和7年有期徒刑,并决定应当执行的刑期为10年

　　C. 维持一审判决

　　D. 维持一审判处的2年有期徒刑,将一审判处的9年有期徒刑改为7年,并在7年以上9年以下决定应当执行的刑期

　　[释疑]　本题A、B项均违反上诉不加刑原则;在C、D项之间,D项更好地体现了上诉不加刑原则,故选D项。(答案:D)

28. 被告人李某,因故意杀人罪、间谍罪被中级人民法院一审判处死刑缓期两年执行。在上诉期间内,检察院认为人民法院的量刑不当,依法提起抗诉。二审法院不开庭审理后,认为一审法院认定事实没有错误,量刑过轻,依法撤销原判,改判为死刑立即执行,并核准执行死刑立即执行。该案中哪些做法是违法的?(多选)

　　A. 二审法院改判被告人死刑立即执行　　B. 二审法院核准执行死刑

　　C. 二审法院没有发回重审　　　　　　　D. 二审法院不开庭审理本案

　　[释疑]　本题既有上诉,也有抗诉,不受上诉不加刑限制,A项正确;死刑立即执行的案件应由最高人民法院核准,B项错误;本案只是量刑过轻,应当改判,C项正确;抗诉案件应当开庭审理,D项错误。(答案:BD)

29. 上诉人章某不服一审判决提出上诉。某市中级人民法院审理该案后认为,一审判决事实清楚,证据确实、充分,但对章某的盗窃罪和抢劫罪判处的刑罚不当,一审判决两罪刑罚分别为2年和9年,合并执行10年,准确量刑应分别为5年和7年。根据上诉不加刑原则,二审人民法院应如何作出决定?(单选)

　　A. 直接改判两罪刑罚,分别为5年和7年,合并执行11年

　　B. 直接改判两罪刑罚,分别为5年和7年,合并执行仍为10年

　　C. 维持一审判决

　　D. 以事实不清、证据不足为由发回原审人民法院重新审理

　　[释疑]　本题选项中,只有C项符合上诉不加刑原则,故选C项。(答案:C)

30. 某县人民法院一审以抢夺罪判处高某有期徒刑3年。一审宣判后高某向市中级人民法院提出上诉,县人民检察院未提出抗诉。市中级人民法院经审理,认为原判认定事实清楚、证据充分,但罪名认定不当,量刑过轻,高某的行为构成抢劫罪,应判处有期徒刑6年。市人民法院应当作出何种处理?(单选)

　　A. 将抢夺罪改判为抢劫罪,将原判刑期改为6年

　　B. 在维持原判罪名的情况下将原判刑期改为6年

C. 在不加重原判刑罚的情况下将罪名改为抢劫罪

D. 维持原判

[释疑] 二审法院对原判认定事实清楚、证据充分,只是认定的罪名不当的,在不加重原判刑罚的情况下,可以改变罪名。故选 C 项。(答案:C)

31. 某人民法院对被告人曹某等共同抢劫一案作出一审判决。曹某对犯罪事实供认不讳,仅以量刑过重为由提出上诉,其他被告人未提出上诉,人民检察院也未抗诉。二审法院经审理认为曹某构成犯罪,但曹某在二审作出裁判前因病死亡。二审法院应当如何处理该案件?(单选)

A. 裁定全案终止审理,原判决自行生效

B. 裁定对上诉终止审理,维持一审判决

C. 裁定撤销一审判决,发回原审法院重审

D. 宣布对曹某终止审理,对其他被告人仍应作出判决或裁定

[释疑] 共同犯罪案件,如果提出上诉的被告人死亡,其他被告人没有提出上诉,第二审人民法院仍应当对全案进行审查。审查后认为死亡的被告人构成犯罪的,应当宣布终止审理。对其他同案被告人仍应当作出判决或者裁定。故选 D 项。(答案:D)

32. 张某、王某合伙实施盗窃,张某被判处有期徒刑 10 年,王某被判处有期徒刑 3 年。张某、王某未上诉,人民检察院认为对王某的量刑过轻,仅就王某的量刑问题提出抗诉。在二审程序中,张某享有哪些权利?(多选)

A. 参加法庭调查

B. 参加法庭辩论

C. 委托辩护人辩护

D. 二审法院不得加重其刑罚

[释疑] 该题的答案为 A、B、C、D 项。"委托辩护人辩护"和"二审法院不得加重其刑罚"都是被告人张某的权利;A、B 项的法条依据为《刑诉法解释》第 323 条的规定:"开庭审理上诉、抗诉案件,可以重点围绕对第一审判决、裁定有争议的问题或者有疑问的部分进行。根据案件情况,可以按照下列方式审理:(一) 宣读第一审判决书,可以只宣读案由、主要事实、证据名称和判决主文等;(二) 法庭调查应当重点围绕对第一审判决提出异议的事实、证据以及提交的新的证据等进行;对没有异议的事实、证据和情节,可以直接确认;(三) 对同案审理案件中未上诉的被告人,未申请出庭或者人民法院认为没有必要到庭的,可以不再传唤到庭;(四) 被告人犯有数罪的案件,对其中事实清楚且无异议的犯罪,可以不在庭审时审理。同案审理的案件,未提出上诉、人民检察院也未对其判决提出抗诉的被告人要求出庭的,应当准许。出庭的被告人可以参加法庭调查和辩论。"(答案:ABCD)

33. 某市中级人民法院对无阿曼(21 岁)被控强奸一案进行了公开审理,判处无阿曼死刑立即执行。无阿曼认为量刑过重,提出上诉。二审法院的哪种做法是正确的?(单选)

A. 应当公开开庭审理

B. 可以不开庭审理

C. 应当裁定撤销原判、发回重审

D. 应当提审

[释疑] 注意,"应当开庭审理"正确,但是,"应当公开开庭审理"却是错误的。因为强奸案件属于涉及个人隐私的案件,应当不公开审理。本案一审法院却对此案进行了"公开审理",这属于《刑事诉讼法》第 227 条规定的违反法定程序的情形之一,应当裁定撤销原判,发回重审,因此,C 项正确。《刑事诉讼法》第 227 条规定:"第二审人民法院发现第一审人民法院的审理有下列违反法律规定的诉讼程序的情形之一的,应当裁定撤销原判,发回原审人民法

院重新审判:(一)违反本法有关公开审判的规定的;(二)违反回避制度的;(三)剥夺或者限制了当事人的法定诉讼权利,可能影响公正审判的;(四)审判组织的组成不合法的;(五)其他违反法律规定的诉讼程序,可能影响公正审判的。"(答案:C)

三、提示与预测

本章要重点把握上诉、抗诉的主体、理由、方式与程序、上诉不加刑、二审后的处理、自诉案件的二审等。尤其要注意新法的规定。

第十七章 复核核准程序

复核核准程序
- 死刑复核程序的概念
- 死刑案件的核准权
  - 死刑立即执行案件的核准权
  - 死刑缓期二年执行案件的核准权
- 判处死刑立即执行案件的复核核准程序
  - 报请复核程序
  - 复核程序
- 死刑缓期二年执行案件的复核核准程序
- 法定刑以下处刑案件的复核核准程序
- 特殊情况假释案件的复核核准程序

一、精讲

复核核准程序包括死刑复核程序、法定刑以下判处刑罚以及犯罪分子具有特殊情况,不受执行刑期限制的假释案件的复核核准程序三种。

考点 1 死刑复核程序

死刑复核程序,是指对死刑的判决和裁定进行复审核准的一种特殊程序。死刑案件未经复核并核准不得生效,死刑复核程序的启动具有自动性。

考点 2 判处死刑立即执行案件的复核程序

(一)死刑案件的核准权

1. 死刑立即执行案件的核准权

(1)《刑法》第48条第2款规定:"死刑除依法由最高人民法院判决的以外,都应当报请最高人民法院核准。死刑缓期执行的,可以由高级人民法院判决或者核准。"

(2)《关于修改〈中华人民共和国人民法院组织法〉的决定》将第13条"死刑案件除由最高人民法院判决的以外,应当报请最高人民法院核准。杀人、强奸、抢劫、爆炸以及其他严重危害公共安全和社会治安判处死刑的案件的核准权,最高人民法院在必要的时候依法授权省、自治区、直辖市的高级人民法院行使"修改为第12条"死刑除依法由最高人民法院判决的以外,应当报请最高人民法院核准"。

(3) 最高人民法院《关于统一行使死刑案件核准权有关问题的决定》(简称《死刑核准权决定》)规定如下：① 自 2007 年 1 月 1 日起，最高人民法院根据全国人民代表大会常务委员会有关决定和《人民法院组织法》原第 13 条的规定发布的关于授权高级人民法院和解放军军事法院核准部分死刑案件的通知，一律予以废止。② 自 2007 年 1 月 1 日起，死刑除依法由最高人民法院判决的以外，各高级人民法院和解放军军事法院依法判处和裁定的，应当报请最高人民法院核准。③ 2006 年 12 月 31 日以前，各高级人民法院和解放军军事法院已经核准的死刑立即执行的判决、裁定，依法仍由各高级人民法院、解放军军事法院院长签发执行死刑的命令。

特别关注：
死刑除依法由最高人民法院判决的以外，均应当报请最高人民法院核准。

2. 死刑缓期两年执行案件的核准权

死刑缓期执行的，由高级人民法院判决或者核准。

(二) 判处死刑立即执行案件的报请复核

《刑事诉讼法》第 236 条规定："中级人民法院判处死刑的第一审案件，被告人不上诉的，应当由高级人民法院复核后，报请最高人民法院核准。高级人民法院不同意判处死刑的，可以提审或者发回重新审判。高级人民法院判处死刑的第一审案件被告人不上诉的，和判处死刑的第二审案件，都应当报请最高人民法院核准。"《刑诉法解释》第 344 条规定："报请最高人民法院核准死刑案件，应当按照下列情形分别处理：(一) 中级人民法院判处死刑的第一审案件，被告人未上诉、人民检察院未抗诉的，在上诉、抗诉期满后十日内报请高级人民法院复核。高级人民法院同意判处死刑的，应当在作出裁定后十日内报请最高人民法院核准；不同意的，应当依照第二审程序提审或者发回重新审判；(二) 中级人民法院判处死刑的第一审案件，被告人上诉或者人民检察院抗诉，高级人民法院裁定维持的，应当在作出裁定后十日内报请最高人民法院核准；(三) 高级人民法院判处死刑的第一审案件，被告人未上诉、人民检察院未抗诉的，应当在上诉、抗诉期满后十日内报请最高人民法院核准。高级人民法院复核死刑案件，应当讯问被告人。"

(三) 判处死刑立即执行案件报请复核的材料及要求

报请复核的死刑、死刑缓期执行案件，应当一案一报。报送的材料包括报请复核的报告，第一、二审裁判文书，死刑案件综合报告各 5 份以及全部案卷、证据。死刑案件综合报告，第一、二审裁判文书和审理报告应当附送电子文本。同案审理的案件应当报送全案案卷、证据。曾经发回重新审判的案件，原第一、二审案卷应当一并报送。

报请复核的报告，应当写明案由、简要案情、审理过程和判决结果。死刑案件综合报告应当包括以下内容：

(1) 被告人、被害人的基本情况。被告人有前科或者曾受过行政处罚的，应当写明。

(2) 案件的由来和审理经过。案件曾经发回重新审判的，应当写明发回重新审判的原因、时间、案号等。

(3) 案件侦破情况。通过技术侦查措施抓获被告人、侦破案件，以及与自首、立功认定有关的情况，应当写明。

(4) 第一审审理情况。包括控辩双方意见，第一审认定的犯罪事实，合议庭和审判委员会意见。

(5) 第二审审理或者高级人民法院复核情况。包括上诉理由、检察机关意见，第二审审理或者高级人民法院复核认定的事实，证据采信情况及理由，控辩双方意见及采纳情况。

(6) 需要说明的问题。包括共同犯罪案件中另案处理的同案犯的定罪量刑情况,案件有无重大社会影响,以及当事人的反应等情况。

(7) 处理意见。写明合议庭和审判委员会的意见。

(四) 判处死刑立即执行案件的复核

(1) 最高人民法院、高级人民法院复核死刑案件(含死缓),应当由审判员3人组成合议庭进行。

(2) 最高人民法院复核死刑案件,应当讯问被告人;高级人民法院复核死刑案件(含死缓)应当提审被告人。

(3)《刑诉法解释》第348条规定:复核死刑、死刑缓期执行案件,应当全面审查以下内容:① 被告人的年龄,被告人有无刑事责任能力、是否系怀孕的妇女;② 原判认定的事实是否清楚,证据是否确实、充分;③ 犯罪情节、后果及危害程度;④ 原判适用法律是否正确,是否必须判处死刑,是否必须立即执行;⑤ 有无法定、酌定从重、从轻或者减轻处罚情节;⑥ 诉讼程序是否合法;⑦ 应当审查的其他情况。

(4) 制作复核审理报告。

(五) 复核后的处理

1.《刑事诉讼法》的有关规定

(1)《刑事诉讼法》第239条规定:"最高人民法院复核死刑案件,应当作出核准或者不核准死刑的裁定。对于不核准死刑的,最高人民法院可以发回重新审判或者予以改判。"

(2)《刑事诉讼法》第240条规定:"最高人民法院复核死刑案件,应当讯问被告人,辩护律师提出要求的,应当听取辩护律师的意见。在复核死刑案件过程中,最高人民检察院可以向最高人民法院提出意见。最高人民法院应当将死刑复核结果通报最高人民检察院。"

2.《刑诉法解释》的有关规定

(1) 最高人民法院复核死刑案件,应当按照下列情形分别处理:① 原判认定事实和适用法律正确、量刑适当、诉讼程序合法的,应当裁定核准;② 原判认定的某一具体事实或者引用的法律条款等存在瑕疵,但判处被告人死刑并无不当的,可以在纠正后作出核准的判决、裁定;③ 原判事实不清、证据不足的,应当裁定不予核准,并撤销原判,发回重新审判;④ 复核期间出现新的影响定罪量刑的事实、证据的,应当裁定不予核准,并撤销原判,发回重新审判;⑤ 原判认定事实正确,但依法不应当判处死刑的,应当裁定不予核准,并撤销原判,发回重新审判;⑥ 原审违反法定诉讼程序,可能影响公正审判的,应当裁定不予核准,并撤销原判,发回重新审判。

(2) 对一人有两罪以上被判处死刑的数罪并罚案件,最高人民法院复核后,认为其中部分犯罪的死刑判决、裁定事实不清、证据不足的,应当对全案裁定不予核准,并撤销原判,发回重新审判;认为其中部分犯罪的死刑判决、裁定认定事实正确,但依法不应当判处死刑的,可以改判,并对其他应当判处死刑的犯罪作出核准死刑的判决。

(3) 对有两名以上被告人被判处死刑的案件,最高人民法院复核后,认为其中部分被告人的死刑判决、裁定事实不清、证据不足的,应当对全案裁定不予核准,并撤销原判,发回重新审判;认为其中部分被告人的死刑判决、裁定认定事实正确,但依法不应当判处死刑的,可以改判,并对其他应当判处死刑的被告人作出核准死刑的判决。

(4) 最高人民法院裁定不予核准死刑的,根据案件情况,可以发回第二审人民法院或者第一审人民法院重新审判。第一审人民法院重新审判的，应当开庭审理。第二审人民法院重新审判的，可以直接改判；必须通过开庭查清事实、核实证据或者纠正原审程序违法的，应当开庭审理。

（5）高级人民法院依照复核程序审理后报请最高人民法院核准死刑，最高人民法院裁定不予核准，发回高级人民法院重新审判的，高级人民法院可以依照第二审程序提审或者发回重新审判。

（6）最高人民法院裁定不予核准死刑，发回重新审判的案件，原审人民法院应当另行组成合议庭审理，但《刑诉法解释》第350条第4项、第5项规定的案件除外。

（7）死刑复核期间，辩护律师要求当面反映意见的，最高人民法院有关合议庭应当在办公场所听取其意见，并制作笔录；辩护律师提出书面意见的，应当附卷。

（8）死刑复核期间，最高人民检察院提出意见的，最高人民法院应当审查，并将采纳情况及理由反馈最高人民检察院。

特别关注：

最高人民法院《关于办理死刑复核案件听取辩护律师意见的办法》

（1）死刑复核案件的辩护律师可以向最高人民法院立案庭查询立案信息。辩护律师查询时，应当提供本人姓名、律师事务所名称、被告人姓名、案由，以及报请复核的高级人民法院的名称及案号。最高人民法院立案庭能够立即答复的，应当立即答复，不能立即答复的，应当在2个工作日内答复，答复内容为案件是否立案及承办案件的审判庭。

（2）律师接受被告人、被告人近亲属的委托或者法律援助机构的指派，担任死刑复核案件辩护律师的，应当在接受委托或者指派之日起3个工作日内向最高人民法院相关审判庭提交有关手续。辩护律师应当在接受委托或者指派之日起一个半月内提交辩护意见。

（3）辩护律师提交委托手续、法律援助手续及辩护意见、证据等书面材料的，可以经高级人民法院同意后代收并随案移送，也可以寄送至最高人民法院承办案件的审判庭或者在当面反映意见时提交；对尚未立案的案件，辩护律师可以寄送至最高人民法院立案庭，由立案庭在立案后随案移送。

（4）辩护律师可以到最高人民法院办公场所查阅、摘抄、复制案卷材料。但依法不公开的材料不得查阅、摘抄、复制。

（5）辩护律师要求当面反映意见的，案件承办法官应当及时安排。一般由案件承办法官与书记员当面听取辩护律师意见，也可以由合议庭其他成员或者全体成员与书记员当面听取。

（6）当面听取辩护律师意见，应当在最高人民法院或者地方人民法院办公场所进行。辩护律师可以携律师助理参加。当面听取意见的人员应当核实辩护律师和律师助理的身份。

（7）当面听取辩护律师意见时，应当制作笔录，由辩护律师签名后附卷。辩护律师提交相关材料的，应当接收并开列收取清单一式二份，一份交给辩护律师，另一份附卷。

（8）当面听取辩护律师意见时，具备条件的人民法院应当指派工作人员全程录音、录像。其他在场人员不得自行录音、录像、拍照。

（9）复核终结后，受委托进行宣判的人民法院应当在宣判后5个工作日内将最高人民法院裁判文书送达辩护律师。

（六）《刑事诉讼规则（试行）》关于死刑复核法律监督的规定

（1）最高人民检察院死刑复核检察部门负责承办死刑复核法律监督工作。

(2) 最高人民检察院发现在死刑复核期间的案件具有下列情形之一，经审查认为确有必要的，应当向最高人民法院提出意见：① 认为死刑二审裁判确有错误，依法不应当核准死刑的；② 发现新情况、新证据，可能影响被告人定罪量刑的；③ 严重违反法律规定的诉讼程序，可能影响公正审判的；④ 司法工作人员在办理案件时，有贪污受贿、徇私舞弊、枉法裁判等行为的；⑤ 其他需要提出意见的。

(3) 最高人民检察院对于最高人民法院通报的死刑复核案件，认为确有必要的，应当在最高人民法院裁判文书下发前提出意见。

(4) 省级人民检察院对于进入最高人民法院死刑复核程序的下列案件，应当制作提请监督报告并连同案件有关材料及时报送最高人民检察院：① 案件事实不清、证据不足，依法应当发回重新审判，高级人民法院二审裁定维持死刑立即执行确有错误的；② 被告人具有从轻、减轻处罚情节，依法不应当判处死刑，高级人民法院二审裁定维持死刑立即执行确有错误的；③ 严重违反法律规定的诉讼程序，可能影响公正审判的；④ 最高人民法院受理案件后 1 年以内未能审结的；⑤ 最高人民法院不核准死刑发回重审不当的；⑥ 其他需要监督的情形。

(5) 省级人民检察院发现死刑复核案件被告人自首、立功、达成赔偿协议，取得被害方谅解等新的证据材料和有关情况，可能影响死刑适用的，应当及时向最高人民检察院报告。

(6) 死刑复核期间当事人及其近亲属或者受委托的律师向最高人民检察院提出的不服死刑裁判的申诉，由最高人民检察院死刑复核检察部门审查。

(7) 最高人民检察院死刑复核检察部门对死刑复核监督案件的审查可以采取下列方式进行：① 书面审查最高人民法院移送的材料、省级人民检察院报送的相关案件材料、当事人及其近亲属或者受委托的律师提交的申诉材料；② 听取原承办案件的省级人民检察院的意见，也可以要求省级人民检察院报送相关案件材料；③ 必要时可以审阅案卷、讯问被告人、复核主要证据。

(8) 最高人民检察院对于受理的死刑复核监督案件，应当在 1 个月以内作出决定；因案件重大、疑难、复杂，需要延长审查期限的，应当报请检察长批准，适当延长办理期限。

(9) 最高人民检察院死刑复核检察部门拟就死刑复核案件提出检察意见的，应当报请检察长或者检察委员会决定。检察委员会讨论死刑复核案件，可以通知原承办案件的省级人民检察院有关检察人员列席。

(10) 最高人民检察院对于死刑复核监督案件，经审查认为确有必要向最高人民法院提出意见的，应当以死刑复核案件意见书的形式提出。死刑复核案件意见书应当提出明确的意见或者建议，并说明理由和法律依据。

(11) 对于最高人民检察院提出应当核准死刑意见的案件，最高人民法院经审查仍拟不核准死刑，决定将案件提交审判委员会会议讨论并通知最高人民检察院派员列席的，最高人民检察院检察长或者受检察长委托的副检察长应当列席审判委员会会议。

考点 3　判处死刑缓期二年执行案件的复核程序

中级人民法院判处死刑缓期二年执行的第一审案件，被告人未上诉、人民检察院未抗诉的，应当报请高级人民法院核准。高级人民法院复核死刑缓期二年执行案件，应当讯问被告人。

高级人民法院复核死刑缓期二年执行案件，应当按照下列情形分别处理：

(1) 原判认定事实和适用法律正确、量刑适当、诉讼程序合法的，应当裁定核准。

(2) 原判认定的某一具体事实或者引用的法律条款等存在瑕疵，但判处被告人死刑缓期二年执行并无不当的,可以在纠正后作出核准的判决、裁定。

(3) 原判认定事实正确,但适用法律有错误,或者量刑过重的,应当改判。

(4) 原判事实不清、证据不足的,可以裁定不予核准,并撤销原判,发回重新审判,或者依法改判。

(5) 复核期间出现新的影响定罪量刑的事实、证据的,可以裁定不予核准,并撤销原判,发回重新审判,或者依照《刑诉法解释》第220条规定审理后依法改判。

(6) 原审违反法定诉讼程序,可能影响公正审判的,应当裁定不予核准,并撤销原判,发回重新审判。高级人民法院复核死刑缓期二年执行的案件,不得加重被告人的刑罚。

考点 4　法定刑以下判处刑罚以及犯罪分子具有特殊情况,不受执行刑期限制的假释案件的复核程序

(一) 法定刑以下判处刑罚案件的复核程序

(1) 报请最高人民法院核准在法定刑以下判处刑罚的案件,应当按照下列情形分别处理:① 被告人未上诉、人民检察院未抗诉的,在上诉、抗诉期满后3日内报请上一级人民法院复核。上一级人民法院同意原判的,应当书面层报最高人民法院核准;不同意的,应当裁定发回重新审判,或者改变管辖按照第一审程序重新审理。原判是基层人民法院作出的,高级人民法院可以指定中级人民法院按照第一审程序重新审理。② 被告人上诉或者人民检察院抗诉的,应当依照第二审程序审理。第二审维持原判,或者改判后仍在法定刑以下判处刑罚的,应当依照前项规定层报最高人民法院核准。

(2) 报请最高人民法院核准在法定刑以下判处刑罚的案件,应当报送判决书、报请核准的报告各5份,以及全部案卷、证据。

(3) 对在法定刑以下判处刑罚的案件,最高人民法院予以核准的,应当作出核准裁定书;不予核准的,应当作出不核准裁定书,并撤销原判决、裁定,发回原审人民法院重新审判或者指定其他下级人民法院重新审判。

(4) 依照《刑诉法解释》第336条、第338条规定发回第二审人民法院重新审判的案件,第二审人民法院可以直接改判;必须通过开庭查清事实、核实证据或者纠正原审程序违法的,应当开庭审理。

(5) 上级人民法院和最高人民法院复核在法定刑以下判处刑罚案件的审理期限,参照适用《刑事诉讼法》第232条的规定。

(二) 犯罪分子具有特殊情况,不受执行刑期限制的假释案件的复核程序

(1) 报请最高人民法院核准因罪犯具有特殊情况,不受执行刑期限制的假释案件,应当按照下列情形分别处理:① 中级人民法院依法作出假释裁定后,应当报请高级人民法院复核。高级人民法院同意的,应当书面报请最高人民法院核准;不同意的,应当裁定撤销中级人民法院的假释裁定。② 高级人民法院依法作出假释裁定的,应当报请最高人民法院核准。

(2) 报请最高人民法院核准因罪犯具有特殊情况,不受执行刑期限制的假释案件,应当报送请核准的报告、罪犯具有特殊情况的报告、假释裁定书各5份,以及全部案卷。

(3) 对因罪犯具有特殊情况,不受执行刑期限制的假释案件,最高人民法院予以核准的,应当作出核准裁定书;不予核准的,应当作出不核准裁定书,并撤销原裁定。

二、例题

1. 段某因贩卖毒品罪被市中级法院判处死刑立即执行,段某上诉后省高级法院维持了一审判决。最高法院复核后认为,原判认定事实清楚,但量刑过重,依法不应当判处死刑,不予核准,发回省高级法院重新审判。关于省高级法院重新审判,下列哪一选项是正确的?(2017年真题,单选)

   A. 应另行组成合议庭
   B. 应由审判员5人组成合议庭
   C. 应开庭审理
   D. 可直接改判死刑缓期2年执行,该判决为终审判决

   [释疑] 《刑诉法解释》第350条规定,最高人民法院复核死刑案件,应当按照下列情形分别处理:……(四)复核期间出现新的影响定罪量刑的事实、证据的,应当裁定不予核准,并撤销原判,发回重新审判;(五)原判认定事实正确,但依法不应当判处死刑的,应当裁定不予核准,并撤销原判,发回重新审判;第355条规定,最高人民法院裁定不予核准死刑,发回重新审判的案件,原审人民法院应当另行组成合议庭审理,但本解释第350条第4项、第5项规定的案件除外。A项错误,B项于法无据。第353条规定,最高人民法院裁定不予核准死刑的,根据案件情况,可以发回第二审人民法院或者第一审人民法院重新审判。第一审人民法院重新审判的,应当开庭审理。第二审人民法院重新审判的,可以直接改判;必须通过开庭查清事实、核实证据或者纠正原审程序违法的,应当开庭审理。C项错误。第354条规定,高级人民法院依照复核程序审理后报请最高人民法院核准死刑,最高人民法院裁定不予核准,发回高级人民法院重新审判的,高级人民法院可以依照第二审程序提审或者发回重新审判。D项正确。(答案:D)

2. 甲和乙因故意杀人被中级人民法院分别判处死刑立即执行和无期徒刑。甲、乙上诉后,高级人民法院裁定维持原判。关于本案,下列哪一选项是正确的?(2016年真题,单选)

   A. 高级人民法院裁定维持原判后,对乙的判决即已生效
   B. 高级人民法院应先复核再报请最高法院核准
   C. 最高人民法院如认为原判决对乙的犯罪事实未查清,可查清后对乙改判并核准甲的死刑
   D. 最高人民法院如认为甲的犯罪事实不清、证据不足,不予核准死刑的,只能使用裁定

   [释疑] 《刑诉法解释》第344条规定:"报请最高人民法院核准死刑案件,应当按照下列情形分别处理:……(二)中级人民法院判处死刑的第一审案件,被告人上诉或者人民检察院抗诉,高级人民法院裁定维持的,应当在作出裁定后十日内报请最高人民法院核准……"根据此规定,高级人民法院裁定维持的,高级法院不应先复核再报请最高法院核准。所以,B项错误;本案是共同犯罪,高级人民法院裁定维持的,应当将全案上报最高人民法院。所以A项错误。《刑诉法解释》第350条规定:"最高人民法院复核死刑案件,应当按照下列情形分别处理:……(三)原判事实不清、证据不足的,应当裁定不予核准,并撤销原判,发回重新审判;……"根据此规定,原判事实不清、证据不足的,应当裁定不予核准,并撤销原判,发回重新审判,所以,C项错误;D项正确。(答案:D)

3. 鲁某与关某涉嫌贩卖冰毒500余克,B省A市中级法院开庭审理后,以鲁某犯贩卖毒

品罪,判处死刑立即执行,关某犯贩卖毒品罪,判处死刑缓期二年执行。一审宣判后,关某以量刑过重为由向B省高级法院提起上诉,鲁某未上诉,检察院也未提起抗诉。请回答第(1)—(3)题。(2015年真题,不定选)

(1)关于本案侦查,下列选项正确的是:
　　A. 本案经批准可采用控制下交付的侦查措施
　　B. 对鲁某采取技术侦查的期限不得超过9个月
　　C. 侦查机关只有在对鲁某与关某立案后,才能派遣侦查人员隐匿身份实施侦查
　　D. 通过技术侦查措施收集到的证据材料可作为定案的依据,但须经法庭调查程序查证属实或由审判人员在庭外予以核实

[释疑] 《刑事诉讼法》第151条规定:"为了查明案情,在必要的时候,经公安机关负责人决定,可以由有关人员隐匿其身份实施侦查。但是,不得诱使他人犯罪,不得采用可能危害公共安全或者发生重大人身危险的方法。对涉及给付毒品等违禁品或者财物的犯罪活动,公安机关根据侦查犯罪的需要,可以依照规定实施控制下交付。"所以,A项、C项正确。《刑事诉讼法》第149条规定:"批准决定应当根据侦查犯罪的需要,确定采取技术侦查措施的种类和适用对象。批准决定自签发之日起三个月以内有效。对于不需要继续采取技术侦查措施的,应当及时解除;对于复杂、疑难案件,期限届满仍有必要继续采取技术侦查措施的,经过批准,有效期可以延长,每次不得超过三个月。"所以,B项错误。《刑事诉讼法》第152条规定:"依照本节规定采取侦查措施收集的材料在刑事诉讼中可以作为证据使用。如果使用该证据可能危及有关人员的人身安全,或者可能产生其他严重后果的,应当采取不暴露有关人员身份、技术方法等保护措施,必要的时候,可以由审判人员在庭外对证据进行核实。"所以,D项正确。(答案:ACD)

(2)如B省高级法院审理后认为,本案事实清楚、证据确实充分,对鲁某的量刑适当,但对关某应判处死刑缓期二年执行同时限制减刑,则对本案正确的做法是:
　　A. 二审应开庭审理
　　B. 由于未提起抗诉,同级检察院可不派员出席法庭
　　C. 高级法院可将全案发回A市中级法院重新审判
　　D. 高级法院可维持对鲁某的判决,并改判关某死刑缓期二年执行同时限制减刑

[释疑] 《刑诉法解释》第317条规定:"下列案件,根据刑事诉讼法第二百二十三条第一款的规定,应当开庭审理:(一)被告人、自诉人及其法定代理人对第一审认定的事实、证据提出异议,可能影响定罪量刑的上诉案件;(二)被告人被判处死刑立即执行的上诉案件;(三)人民检察院抗诉的案件;(四)应当开庭审理的其他案件。被判处死刑立即执行的被告人没有上诉,同案的其他被告人上诉的案件,第二审人民法院应当开庭审理。"所以,A项正确。《刑诉法解释》第321条:"开庭审理上诉、抗诉的公诉案件,应当通知同级人民检察院派员出庭。抗诉案件,人民检察院接到开庭通知后不派员出庭,且未说明原因的,人民法院可以裁定按人民检察院撤回抗诉处理,并通知第一审人民法院和当事人。"所以,B项错误。《刑诉法解释》第325条规定:"审理被告人或者其法定代理人、辩护人、近亲属提出上诉的案件,不得加重被告人的刑罚,并应当执行下列规定:(一)同案审理的案件,只有部分被告人上诉的,既不得加重上诉人的刑罚,也不得加重其他同案被告人的刑罚;(二)原判事实清楚,证据确实、充分,只是认定的罪名不当的,可以改变罪名,但不得加重刑罚;(三)原判对被告人实行数

罪并罚的,不得加重决定执行的刑罚,也不得加重数罪中某罪的刑罚;(四)原判对被告人宣告缓刑的,不得撤销缓刑或者延长缓刑考验期;(五)原判没有宣告禁止令的,不得增加宣告;原判宣告禁止令的,不得增加内容、延长期限;(六)原判对被告人判处死刑缓期执行没有限制减刑的,不得限制减刑;(七)原判事实清楚,证据确实、充分,但判处的刑罚畸轻,应当适用附加刑而没有适用的,不得直接加重刑罚、适用附加刑,也不得以事实不清、证据不足为由发回第一审人民法院重新审判。必须依法改判的,应当在第二审判决、裁定生效后,依照审判监督程序重新审判。"所以,C项,D项错误。(答案:A)

(3)如B省高级法院审理后认为,一审判决认定事实和适用法律正确、量刑适当,裁定驳回关某的上诉,维持原判,则对本案进行死刑复核的正确程序是:

A. 对关某的死刑缓期二年执行判决,B省高级法院不再另行复核
B. 最高法院复核鲁某的死刑立即执行判决,应由审判员三人组成合议庭进行
C. 如鲁某在死刑复核阶段委托律师担任辩护人的,死刑复核合议庭应在办公场所当面听取律师意见
D. 最高法院裁定不予核准鲁某死刑的,可发回A市中级法院或B省高级法院重新审理

[释疑] 《刑事诉讼法》第235条规定:"死刑由最高人民法院核准。"《刑事诉讼法》第237条规定:"中级人民法院判处死刑缓期二年执行的案件,由高级人民法院核准。"所以,A项正确。《刑事诉讼法》第238条规定:"最高人民法院复核死刑案件,高级人民法院复核死刑缓期执行的案件,应当由审判员三人组成合议庭进行。"所以,B项正确。最高人民法院《关于办理死刑复核案件听取辩护律师意见的办法》第5条规定:"辩护律师要求当面反映意见的,案件承办法官应当及时安排。一般由案件承办法官与书记员当面听取辩护律师意见,也可以由合议庭其他成员或者全体成员与书记员当面听取";第6条规定:"当面听取辩护律师意见,应当在最高人民法院或者地方人民法院办公场所进行。辩护律师可以携律师助理参加。当面听取意见的人员应当核实辩护律师和律师助理的身份。"所以,C项错误。《刑诉法解释》第353条规定:"最高人民法院裁定不予核准死刑的,根据案件情况,可以发回第二审人民法院或者第一审人民法院重新审判。第一审人民法院重新审判的,应当开庭审理。第二审人民法院重新审判的,可以直接改判;必须通过开庭查清事实、核实证据或者纠正原审程序违法的,应当开庭审理。"所以,D项正确。(答案:ABD)

4.甲和乙共同实施拐卖妇女、儿童罪,均被判处死刑立即执行。最高人民法院复核后认为全案判决认定事实正确,甲系主犯应当判处死刑立即执行,但对乙可不立即执行。关于最高人民法院对此案的处理,下列哪一选项是正确的?(2014年真题,单选)

A. 将乙改判为死缓,并裁定核准甲死刑
B. 对乙作出改判,并判决核准甲死刑
C. 对全案裁定不予核准,撤销原判,发回重审
D. 裁定核准甲死刑,撤销对乙的判决,发回重审

[释疑] 《刑诉法解释》第352条规定:"对有两名以上被告人被判处死刑的案件,最高人民法院复核后,认为其中部分被告人的死刑判决、裁定事实不清、证据不足的,应当对全案裁定不予核准,并撤销原判,发回重新审判;认为其中部分被告人的死刑判决、裁定认定事实正确,但依法不应当判处死刑的,可以改判,并对其他应当判处死刑的被告人作出核准死刑的判决。"故B项正确,注意对甲核准死刑的方式是判决,不是裁定。(答案:B)

5. 例题：张某因犯故意杀人罪和爆炸罪，一审均被判处死刑立即执行，张某未上诉，检察机关也未抗诉。最高法院经复核后认为，爆炸罪的死刑判决事实不清、证据不足，但故意杀人罪死刑判决认定事实和适用法律正确、量刑适当。关于此案的处理，下列哪些选项是错误的？（2013年真题，多选）

  A. 对全案裁定核准死刑
  B. 裁定核准故意杀人罪死刑判决，并对爆炸罪死刑判决予以改判
  C. 裁定核准故意杀人罪死刑判决，并撤销爆炸罪的死刑判决，发回重审
  D. 对全案裁定不予核准，并撤销原判，发回重审

[释疑]　《刑诉法解释》第351条规定："对一人有两罪以上被判处死刑的数罪并罚案件，最高人民法院复核后，认为其中部分犯罪的死刑判决、裁定事实不清、证据不足的，应当对全案裁定不予核准，并撤销原判，发回重新审判；认为其中部分犯罪的死刑判决、裁定认定事实正确，但依法不应当判处死刑的，可以改判，并对其他应当判处死刑的犯罪作出核准死刑的判决。"故A、B、C项当选。（答案：ABC）

6. 关于死刑复核程序，下列哪一选项是正确的？（2012年真题，单选）
  A. 最高人民法院复核死刑案件，可以不讯问被告人
  B. 最高人民法院复核死刑案件，应当听取辩护律师的意见
  C. 在复核死刑案件过程中，最高人民检察院应当向最高人民法院提出意见
  D. 最高人民法院应当将死刑复核结果通报最高人民检察院

[释疑]　《刑事诉讼法》第240条规定："最高人民法院复核死刑案件，应当讯问被告人，辩护律师提出要求的，应当听取辩护律师的意见。在复核死刑案件过程中，最高人民检察院可以向最高人民法院提出意见。最高人民法院应当将死刑复核结果通报最高人民检察院。"据此，D项正确。（答案：D）

7. 案情：杨某被单位辞退，对单位领导极度不满，心存报复。一天，杨某纠集董某、樊某携带匕首至厂长贾某办公室，将贾某当场杀死。中级人民法院一审以故意杀人罪判处杨某死刑，立即执行，判处董某死刑缓期两年执行，判处樊某有期徒刑15年。（2009年真题，案例）

  问题：如一审宣判后，被告人杨某、董某、樊某均未上诉，检察机关亦未抗诉，对被告人杨某、董某、樊某的一审判决，中级人民法院和高级人民法院分别应当如何处理？

[释疑]　《刑诉法解释》第344条规定："报请最高人民法院核准死刑案件，应当按照下列情形分别处理：（一）中级人民法院判处死刑的第一审案件，被告人未上诉、人民检察院未抗诉的，在上诉、抗诉期满后十日内报请高级人民法院复核。高级人民法院同意判处死刑的，应当在作出裁定后十日内报请最高人民法院核准；不同意的，应当依照第二审程序提审或者发回重新审判；（二）中级人民法院判处死刑的第一审案件，被告人上诉或者人民检察院抗诉，高级人民法院裁定维持的，应当在作出裁定后十日内报请最高人民法院核准；（三）高级人民法院判处死刑的第一审案件，被告人未上诉、人民检察院未抗诉的，应当在上诉、抗诉期满后十日内报请最高人民法院核准。高级人民法院复核死刑案件，应当讯问被告人。"所以，对杨某来说，中级人民法院在上诉、抗诉期满后10日内报请高级人民法院复核。高级人民法院同意判处死刑的，应当在作出裁定后10日内报请最高人民法院核准；不同意判处死刑的，应当提审或发回重新审判。《刑诉法解释》第345条规定："中级人民法院判处死刑缓期执行的第一审案件，被告人未上诉、人民检察院未抗诉的，应当报请高级人民法院核准。高级人民法院复核死刑缓期执

行案件,应当讯问被告人。"《刑诉法解释》第349条规定:"高级人民法院复核死刑缓期执行案件,应当按照下列情形分别处理:(一)原判认定事实和适用法律正确、量刑适当、诉讼程序合法的,应当裁定核准;(二)原判认定的某一具体事实或者引用的法律条款等存在瑕疵,但判处被告人死刑缓期执行并无不当的,可以在纠正后作出核准的判决、裁定;(三)原判认定事实正确,但适用法律有错误,或者量刑过重的,应当改判;(四)原判事实不清、证据不足的,可以裁定不予核准,并撤销原判,发回重新审判,或者依法改判;(五)复核期间出现新的影响定罪量刑的事实、证据的,可以裁定不予核准,并撤销原判,发回重新审判,或者依照本解释第二百二十条规定审理后依法改判;(六)原审违反法定诉讼程序,可能影响公正审判的,应当裁定不予核准,并撤销原判,发回重新审判。高级人民法院复核死刑缓期执行案件,不得加重被告人的刑罚。"所以,对董某来说,中级人民法院在上诉、抗诉期满后应当报请高级人民法院核准。高级人民法院同意判处死刑缓期两年执行的,应当裁定予以核准;认为原判事实不清、证据不足的,应当裁定发回原中级人民法院重新审判;认为原判量刑过重的,应当依法改判。《刑事诉讼法》第248条规定:"判决和裁定在发生法律效力后执行。下列判决和裁定是发生法律效力的判决和裁定:(一)已过法定期限没有上诉、抗诉的判决和裁定……"所以,对樊某来说,中级人民法院在上诉、抗诉期满后应当交付执行。

8. 关于死刑复核程序,下列哪些选项是正确的?(2008年真题,多选)

A. 赵某因故意杀人罪和贩毒罪分别被判处死刑,最高人民法院对案件进行复核时,认为张某贩毒罪的死刑判决认定事实和适用法律正确、量刑适当、程序合法,但故意杀人罪的死刑判决事实不清、证据不足,遂对全案裁定不予核准,撤销原判,发回重审

B. 钱某因绑架罪和抢劫罪分别被判处死刑,最高人民法院在对案件进行复核时,发现钱某绑架罪的死刑判决认定事实和适用法律正确、量刑适当、诉讼程序合法,抢劫罪的死刑判决认定事实清楚,但依法不应当判处死刑,遂对绑架罪作出核准死刑的判决,对抢劫罪的死刑判决予以改判

C. 孙某伙同李某持枪抢劫银行被分别判处死刑,最高人民法院进行复核时发现孙某的死刑判决认定事实和适用法律正确、量刑适当、程序合法,李某的死刑判决认定事实不清、证据不足,遂对全案裁定不予核准

D. 周某伙同吴某劫持航空器致人重伤被分别判处死刑,最高人民法院在复核时发现周某的死刑判决认定事实和适用法律正确、量刑适当、程序合法,吴某的死刑判决认定事实清楚,但依法不应当判处死刑,遂对周某作出核准死刑的判决,对吴某的死刑判决予以改判

[释疑] 《刑诉法解释》第351条规定:"对一人有两罪以上被判处死刑的数罪并罚案件,最高人民法院复核后,认为其中部分犯罪的死刑判决、裁定事实不清、证据不足的,应当对全案裁定不予核准,并撤销原判,发回重新审判;认为其中部分犯罪的死刑判决、裁定认定事实正确,但依法不应当判处死刑的,可以改判,并对其他应当判处死刑的犯罪作出核准死刑的判决。"故选A、B项。《刑诉法解释》第352条规定:"对有两名以上被告人被判处死刑的案件,最高人民法院复核后,认为其中部分被告人的死刑判决、裁定事实不清、证据不足的,应当对全案裁定不予核准,并撤销原判,发回重新审判;认为其中部分被告人的死刑判决、裁定认定事实正确,但依法不应当判处死刑的,可以改判,并对其他应当判处死刑的被告人作出核准死刑的判决。"故选C、D项。(答案:ABCD)

9. 最高人民法院复核死刑案件时,裁定不予核准,发回重审的案件,应当如何处理?

(2007年真题,多选)

A. 既可以发回二审法院重新审判,也可以发回一审法院重新审判
B. 发回二审法院重新审判的案件,除法律另有规定外,二审法院可以不经开庭直接改判
C. 发回一审法院重新审判的案件,一审法院应当开庭审理
D. 最高人民法院复核后认为原判认定事实正确,但依法不应当判处死刑的,裁定不予核准,并撤销原判,发回重新审判的案件,重新审判的法院应当另行组成合议庭进行审理

[释疑] 《刑诉法解释》第350条规定:"最高人民法院复核死刑案件,应当按照下列情形分别处理:(一)原判认定事实和适用法律正确、量刑适当、诉讼程序合法的,应当裁定核准;(二)原判认定的某一具体事实或者引用的法律条款等存在瑕疵,但判处被告人死刑并无不当的,可以在纠正后作出核准的判决、裁定;(三)原判事实不清、证据不足的,应当裁定不予核准,并撤销原判,发回重新审判;(四)复核期间出现新的影响定罪量刑的事实、证据的,应当裁定不予核准,并撤销原判,发回重新审判;(五)原判认定事实正确,但依法不应当判处死刑的,应当裁定不予核准,并撤销原判,发回重新审判;(六)原审违反法定诉讼程序,可能影响公正审判的,应当裁定不予核准,并撤销原判,发回重新审判。"《刑诉法解释》第353条规定:"最高人民法院裁定不予核准死刑的,根据案件情况,可以发回第二审人民法院或者第一审人民法院重新审判。第一审人民法院重新审判的,应当开庭审理。第二审人民法院重新审判的,可以直接改判;必须通过开庭查清事实、核实证据或者纠正原审程序违法的,应当开庭审理。"因此A、B、C项正确。《刑诉法解释》第355条规定:"最高人民法院裁定不予核准死刑,发回重新审判的案件,原审人民法院应当另行组成合议庭审理,但本解释第三百五十条第四项、第五项规定的案件除外。"对于D项情形,应当"裁定不予核准,并撤销原判,发回重新审判",但是,原审法院不需要另行组成合议庭进行审理,故D项错误。(答案:ABC)

10. 被告人某甲犯故意杀人罪、贪污罪,被A市中级人民法院一审分别判处死刑,决定执行死刑,在上诉期限内,某甲没有上诉,检察院也没有提出抗诉。对此案应当如何报请复核?(单选)

A. 报省高级人民法院核准即可
B. 直接报最高人民法院核准
C. 由高级人民法院复核同意后再报请最高人民法院核准
D. 故意杀人罪报省高级人民法院核准,贪污罪报最高人民法院核准

[释疑] 《刑事诉讼法》第235条规定:"死刑由最高人民法院核准。"故选C项。(答案:C)

11. 焦某因犯故意杀人罪被某市中级人民法院一审判处死刑,缓期两年执行。判决后,焦某没有上诉,检察机关也没有抗诉。省高级人民法院在复核该案时认为,一审判决认定事实清楚,适用法律正确,但量刑不当,因为焦某杀人后先奸尸又碎尸,情节恶劣,应当判处死刑立即执行。省高级人民法院处理错误的是:(多选)

A. 裁定撤销原判,直接改判焦某死刑立即执行
B. 裁定撤销原判,发回市中级人民法院重新审判
C. 裁定撤销原判,由省高级人民法院进行第一审,依法判处焦某死刑立即执行
D. 裁定维持一审判决

[释疑] 本题只能先裁定核准死缓,故A、B、C项当选。(答案:ABC)

三、提示与预测

本章包括死刑复核程序、法定刑以下判处刑罚以及犯罪分子具有特殊情况,不受执

行刑期限制的假释案件的复核核准程序。要重点把握新法的修改和《复核死刑案件若干问题的规定》。

第十八章 审判监督程序

审判监督程序
- 审判监督程序的概念
- 审判监督程序的提起
  - 提起审判监督程序的材料来源
  - 提起审判监督程序的主体
- 提起审判监督程序的理由
- 提起审判监督程序的方式
- 审判监督程序的审理
  - 对再审案件的审查
  - 开庭审判前的准备工作
  - 法庭审判程序
- 重新审判后的处理
- 重新审判的期限

一、精讲

考点 1 审判监督程序的提起、对申诉的处理

审判监督程序,又称再审程序,是指人民法院、检察院对于已经发生法律效力的判决和裁定,发现在认定事实上或者在适用法律上确有错误,依职权提起并由人民法院对案件重新审判的一种诉讼程序。

（一）提起审判监督程序的材料来源

《刑事诉讼法》第 241 条规定:"当事人及其法定代理人、近亲属,对已经发生法律效力的判决、裁定,可以向人民法院或者人民检察院提出申诉,但是不能停止判决、裁定的执行。"《刑诉法解释》第 371 条规定:"当事人及其法定代理人、近亲属对已经发生法律效力的判决、裁定提出申诉的,人民法院应当审查处理。案外人认为已经发生法律效力的判决、裁定侵害其合法权益,提出申诉的,人民法院应当审查处理。申诉可以委托律师代为进行。"

1. 申诉的概念

审判监督程序中的申诉,是指当事人及其法定代理人、近亲属对人民法院已经发生法律效力的判决、裁定不服,向人民法院或者检察院提出重新处理请求的诉讼活动。申诉提出后,不能停止判决、裁定的执行。《刑诉法解释》第 372 条规定:"向人民法院申诉,应当提交以下材料:（一）申诉状。应当写明当事人的基本情况、联系方式以及申诉的事实与理由;（二）原一、二审判决书、裁定书等法律文书。经过人民法院复查或者再审的,应当附有驳回通知书、再审决定书、再审判决书、裁定书;（三）其他相关材料。以有新的证据证明原判决、裁定认定的事实确有错误为由申诉的,应当同时附有相关证据材料;申请人民法院调查取证的,应当附有相关线索或者材料。申诉不符合前款规定的,人民法院应当告知申诉人补充材料;申诉人对必要材料拒绝补充且无正当理由的,不予审查。"

2. 人民法院对申诉的审查处理

(1) 申诉由终审人民法院审查处理。但是,第二审人民法院裁定准许撤回上诉的案件,申诉人对第一审判决提出申诉的,可以由第一审人民法院审查处理。上一级人民法院对未经终审人民法院审查处理的申诉,可以告知申诉人向终审人民法院提出申诉,或者直接交终审人民法院审查处理,并告知申诉人;案件疑难、复杂、重大的,也可以直接审查处理。对未经终审人民法院及其上一级人民法院审查处理,直接向上级人民法院申诉的,上级人民法院可以告知申诉人向下级人民法院提出。

(2) 对死刑案件的申诉,可以由原核准的人民法院直接审查处理,也可以交由原审人民法院审查。原审人民法院应当写出审查报告,提出处理意见,层报原核准的人民法院审查处理。

(3) 对立案审查的申诉案件,应当在3个月内作出决定,至迟不得超过6个月。

(4) 申诉人对驳回申诉不服的,可以向上一级人民法院申诉。上一级人民法院经审查认为申诉不符合《刑事诉讼法》第242条和《刑诉法解释》第375条第2款规定的,应当说服申诉人撤回申诉;对仍然坚持申诉的,应当驳回或者通知不予重新审判。

3. 检察院对申诉的审查处理

当事人及其法定代理人、近亲属对已经发生法律效力的判决、裁定,认为有错误向检察院申诉的,检察院控告申诉部门、监所检察部门应当分别处理,依法审查,将审查结果告知申诉人。经审查,检察院认为人民法院已经发生法律效力的判决、裁定确有错误,具有《刑事诉讼法》第242条规定的情形之一的,应当按照审判监督程序向人民法院提出抗诉。

(1) 当事人及其法定代理人、近亲属认为人民法院已经发生法律效力的刑事判决、裁定确有错误,向人民检察院申诉的,由作出生效判决、裁定的人民法院的同级人民检察院刑事申诉检察部门应依法办理。当事人及其法定代理人、近亲属直接向上级人民检察院申诉的,上级人民检察院可以交由作出生效判决、裁定的人民法院的同级人民检察院受理;案情重大、疑难、复杂的,上级人民检察院可以直接受理。当事人及其法定代理人、近亲属对人民法院已经发生法律效力的判决、裁定提出申诉,经人民检察院复查决定不予抗诉后继续提出申诉的,上一级人民检察院应当受理。不服人民法院死刑终审判决、裁定尚未执行的申诉,由监所检察部门办理。

(2) 对不服人民法院已经发生法律效力的刑事判决、裁定的申诉,经两级人民检察院办理且省级人民检察院已经复查的,如果没有新的事实和理由,人民检察院不再立案复查,但原审被告人可能被宣告无罪或者判决、裁定有其他重大错误可能的除外。

(3) 人民检察院刑事申诉检察部门对已经发生法律效力的刑事判决、裁定的申诉复查后,认为需要提出抗诉的,报请检察长或者检察委员会讨论决定。地方各级人民检察院刑事申诉检察部门对不服同级人民法院已经发生法律效力的刑事判决、裁定的申诉复查后,认为需要提出抗诉的,报请检察长或者检察委员会讨论决定。认为需要提出抗诉的,应当提请上一级人民检察院抗诉。上级人民检察院刑事申诉检察部门对下一级人民检察院提请抗诉的申诉案件审查后,认为需要提出抗诉的,报请检察长或者检察委员会决定。人民法院开庭审理时,由同级人民检察院刑事申诉检察部门派员出席法庭。

(4) 人民检察院刑事申诉检察部门对不服人民法院已经发生法律效力的刑事判决、裁定的申诉案件复查终结后,应当制作刑事申诉复查通知书,并在10日以内通知申诉人。经复查,向上一级人民检察院提请抗诉的,应当在上一级人民检察院作出是否抗诉的决定后制作刑事申诉复查通知书。

4. 申诉的理由

《刑事诉讼法》第242条规定:"当事人及其法定代理人、近亲属的申诉符合下列情形之一的,人民法院应当重新审判:(一)有新的证据证明原判决、裁定认定的事实确有错误,可能影响定罪量刑的;(二)据以定罪量刑的证据不确实、不充分、依法应当予以排除,或者证明案件事实的主要证据之间存在矛盾的;(三)原判决、裁定适用法律确有错误的;(四)违反法律规定的诉讼程序,可能影响公正审判的;(五)审判人员在审理该案件的时候,有贪污受贿,徇私舞弊,枉法裁判行为的。"

《刑诉法解释》的相关规定:

(1)经审查,具有下列情形之一的,应当根据《刑事诉讼法》第242条的规定,决定重新审判:①有新的证据证明原判决、裁定认定的事实确有错误,可能影响定罪量刑的;②据以定罪量刑的证据不确实、不充分、依法应当排除的;③证明案件事实的主要证据之间存在矛盾的;④主要事实依据被依法变更或者撤销的;⑤认定罪名错误的;⑥量刑明显不当的;⑦违反法律关于溯及力规定的;⑧违反法律规定的诉讼程序,可能影响公正裁判的;⑨审判人员在审理该案件时有贪污受贿、徇私舞弊、枉法裁判行为的。申诉不具有上述情形的,应当说服申诉人撤回申诉;对仍然坚持申诉的,应当书面通知驳回。

(2)具有下列情形之一,可能改变原判决、裁定据以定罪量刑的事实的证据,应当认定为《刑事诉讼法》第242条第1项规定的"新的证据":①原判决、裁定生效后新发现的证据;②原判决、裁定生效前已经发现,但未予收集的证据;③原判决、裁定生效前已经收集,但未经质证的证据;④原判决、裁定所依据的鉴定意见,勘验、检查等笔录或者其他证据被改变或者否定的。

《刑事诉讼规则(试行)》的相关规定:人民检察院认为人民法院已经发生法律效力的判决、裁定确有错误,具有下列情形之一的,应当按照审判监督程序向人民法院提出抗诉:①有新的证据证明原判决、裁定认定的事实确有错误,可能影响定罪量刑的;②据以定罪量刑的证据不确实、不充分的;③据以定罪量刑的证据依法应当予以排除的;④据以定罪量刑的主要证据之间存在矛盾的;⑤原判决、裁定的主要事实依据被依法变更或者撤销的;⑥认定罪名错误且明显影响量刑的;⑦违反法律关于追诉时效期限的规定的;⑧量刑明显不当的;⑨违反法律规定的诉讼程序,可能影响公正审判的;⑩审判人员在审理案件的时候有贪污受贿,徇私舞弊,枉法裁判行为的。对已经发生法律效力的判决、裁定的审查,参照本规则第585条的规定办理。

(二)提起审判监督程序的主体

1. 各级人民法院院长和审判委员会

各级人民法院院长对本院已经发生法律效力的判决和裁定,如果发现在认定事实上或者在适用法律上确有错误,必须提交审判委员会处理。审判委员会讨论后,如果认为原判决、裁定确有错误,应当作出另行组成合议庭再审的决定。

2. 最高人民法院和其他上级人民法院

最高人民法院对各级人民法院已经发生法律效力的判决和裁定,上级人民法院对下级人民法院已经发生法律效力的判决和裁定,如果发现确有错误,有权提审或者指令下级人民法院再审。《刑诉法解释》第379条规定:"上级人民法院发现下级人民法院已经发生法律效力的判决、裁定确有错误的,可以指令下级人民法院再审;原判决、裁定认定事实正确但适用法律错误,或者案件疑难、复杂、重大,或者有不宜由原审人民法院审理情形的,也可以提审。上级人民法院指令下级人民法院再审的,一般应当指令原审人民法院以外的下级人民法院审理;由原审人民法院审理更有利于查明案件事实、纠正裁判错误的,可以指令原审人民法院审理。"

3. 最高人民检察院和其他上级人民检察院

最高人民检察院对各级人民法院已经发生法律效力的判决和裁定,上级人民检察院对下级人民法院已经发生法律效力的判决和裁定,如果发现确有错误,有权按照审判监督程序向同级人民法院提起抗诉。人民检察院抗诉的案件,接受抗诉的人民法院应当组成合议庭重新审理,对于原判决事实不清楚或者证据不足的,可以指令下级人民法院再审。

(三)提起审判监督程序的理由(同申诉的理由)

(四)提起审判监督程序的方式

提起审判监督程序的方式有决定再审、指令再审、决定提审和提出抗诉。

审判监督程序抗诉的具体程序是:

(1)最高人民检察院发现各级人民法院已经发生法律效力的判决或者裁定,上级人民检察院发现下级人民法院已经发生法律效力的判决或者裁定确有错误时,可以直接向同级人民法院提出抗诉,或者指令作出生效判决、裁定人民法院的上一级人民检察院向同级人民法院提出抗诉。

(2)人民检察院按照审判监督程序向人民法院提出抗诉的,应当将抗诉书副本报送上一级人民检察院。

(3)对按照审判监督程序提出抗诉的案件,人民检察院认为人民法院作出的判决、裁定仍然确有错误的,如果案件是依照第一审程序审判的,同级人民检察院应当向上一级人民法院提出抗诉;如果案件是依照第二审程序审判的,上一级人民检察院应当按照审判监督程序向同级人民法院提出抗诉。对按照审判监督程序提出抗诉的申诉案件,人民检察院认为人民法院作出的判决、裁定仍然确有错误的,由派员出席法庭的人民检察院刑事申诉检察部门适用《刑事诉讼规则(试行)》第599条第1款的规定办理。

(4)对于高级人民法院判处死刑缓期两年执行的案件,省级人民检察院认为确有错误提请抗诉的,一般应当在收到生效判决、裁定后3个月以内提出,至迟不得超过6个月。

(5)人民检察院对自诉案件的判决、裁定的监督,适用《刑事诉讼规则(试行)》第十四章第四节"刑事判决、裁定监督"的规定。

考点 2 依照审判监督程序对案件的重新审判

(一)重新审判的程序

人民法院按照审判监督程序重新审判的案件,应当另行组成合议庭进行。参与过本案第一审、第二审、复核程序审判的合议庭组成人员,不得参与本案的再审程序的审判。

(1)《刑事诉讼法》第244条规定:"上级人民法院指令下级人民法院再审的,应当指令原审人民法院以外的下级人民法院审理;由原审人民法院审理更为适宜的,也可以指令原审人民法院审理。"

(2)《刑事诉讼法》第245条规定:"人民法院按照审判监督程序重新审判的案件,由原审人民法院审理的,应当另行组成合议庭进行。如果原来是第一审案件,应当依照第一审程序进行审判,所作的判决、裁定,可以上诉、抗诉;如果原来是第二审案件,或者是上级人民法院提审的案件,应当依照第二审程序进行审判,所作的判决、裁定,是终审的判决、裁定。人民法院开庭审理的再审案件,同级人民检察院应当派员出席法庭。"

(3)《刑事诉讼法》第246条规定:"人民法院决定再审的案件,需要对被告人采取强制措施的,由人民法院依法决定;人民检察院提出抗诉的再审案件,需要对被告人采取强制措施的,由人民检察院依法决定。人民法院按照审判监督程序审判的案件,可以决定中止原判决、裁定的执行。"

特别关注:

人民检察院公诉部门、刑事申诉检察部门办理按照审判监督程序抗诉的案件,认为需要对被告人采取逮捕措施的,应当提出意见,参照《刑事诉讼规则(试行)》第十章的规定移送侦查监督部门办理;认为需要对被告人采取取保候审、监视居住措施的,由办案人员提出意见,部门负责人审核后,报检察长决定。

(二)对再审抗诉的审查

(1)对人民检察院依照审判监督程序提出抗诉的案件,人民法院应当在收到抗诉书后1个月内立案。但是,有下列情形之一的,应当区别情况处理:① 对不属于本院管辖的,应当将案件退回人民检察院。② 按照抗诉书提供的住址无法向被抗诉的原审被告人送达抗诉书的,应当通知人民检察院在3日内重新提供原审被告人的住址;逾期未提供的,将案件退回人民检察院。③ 以有新的证据为由提出抗诉,但未附相关证据材料或者有关证据不是指向原起诉事实的,应当通知人民检察院在3日内补送相关材料;逾期未补送的,将案件退回人民检察院。决定退回的抗诉案件,人民检察院经补充相关材料后再次抗诉,经审查符合受理条件的,人民法院应当受理。

(2)对人民检察院依照审判监督程序提出抗诉的案件,接受抗诉的人民法院应当组成合议庭审理。对原判事实不清、证据不足,包括有新的证据证明原判可能有错误,需要指令下级人民法院再审的,应当在立案之日起1个月内作出决定,并将指令再审决定书送达抗诉的人民检察院。

(三)开庭审理、不开庭审理与再审不加刑的情形

(1)对决定依照审判监督程序重新审判的案件,除人民检察院抗诉的以外,人民法院应当制作再审决定书。再审期间不停止原判决、裁定的执行,但被告人可能经再审改判无罪,或者可能经再审减轻原判刑罚而致刑期届满的,可以决定中止原判决、裁定的执行,必要时,可以对被告人采取取保候审、监视居住措施。

(2)依照审判监督程序重新审判的案件,人民法院应当重点针对申诉、抗诉和决定再审的理由进行审理。必要时,应当对原判决、裁定认定的事实、证据和适用法律进行全面审查。

(3)原审人民法院审理依照审判监督程序重新审判的案件,应当另行组成合议庭。原来是第一审案件,应当依照第一审程序进行审判,所作的判决、裁定可以上诉、抗诉;原来是第二审案件,或者是上级人民法院提审的案件,应当依照第二审程序进行审判,所作的判决、裁定是终审的判决、裁定。对原审被告人、原审自诉人已经死亡或者丧失行为能力的再审案件,可以不开庭审理。

(4)开庭审理的再审案件,再审决定书或者抗诉书只针对部分原审被告人,其他同案原审被告人不出庭不影响审理的,可以不出庭参加诉讼。

(5) 除人民检察院抗诉的以外，再审一般不得加重原审被告人的刑罚。再审决定书或者抗诉书只针对部分原审被告人的，不得加重其他同案原审被告人的刑罚。

(6) 人民法院审理人民检察院抗诉的再审案件，人民检察院在开庭审理前撤回抗诉的，应当裁定准许；人民检察院接到出庭通知后不派员出庭，且未说明原因的，可以裁定按撤回抗诉处理，并通知诉讼参与人。人民法院审理申诉人申诉的再审案件，申诉人在再审期间撤回申诉的，应当裁定准许；申诉人经依法通知无正当理由拒不到庭，或者未经法庭许可中途退庭的，应当裁定按撤回申诉处理，但申诉人不是原审当事人的除外。

(7) 开庭审理的再审案件，系人民法院决定再审的，由合议庭组成人员宣读再审决定书；系人民检察院抗诉的，由检察人员宣读抗诉书；系申诉人申诉的，由申诉人或者其辩护人、诉讼代理人陈述申诉理由。

（四）重新审判后的处理

(1) 再审案件经过重新审理后，应当按照下列情形分别处理：① 原判决、裁定认定事实和适用法律正确、量刑适当的，应当裁定驳回申诉或者抗诉，维持原判决、裁定；② 原判决、裁定定罪准确、量刑适当，但在认定事实、适用法律等方面有瑕疵的，应当裁定纠正并维持原判决、裁定；③ 原判决、裁定认定事实没有错误，但适用法律错误，或者量刑不当的，应当撤销原判决、裁定，依法改判；④ 依照第二审程序审理的案件，原判决、裁定事实不清或者证据不足的，可以在查清事实后改判，也可以裁定撤销原判，发回原审人民法院重新审判。原判决、裁定事实不清或者证据不足，经审理事实已经查清的，应当根据查清的事实依法裁判；事实仍无法查清，证据不足，不能认定被告人有罪的，应当撤销原判决、裁定，判决宣告被告人无罪。

(2) 原判决、裁定认定被告人姓名等身份信息有误，但认定事实和适用法律正确、量刑适当的，作出生效判决、裁定的人民法院可以通过裁定对有关信息予以更正。

(3) 对再审改判宣告无罪并依法享有申请国家赔偿权利的当事人，人民法院宣判时，应当告知其在判决发生法律效力后可以依法申请国家赔偿。

（五）重新审判的期限

《刑事诉讼法》第247条规定："人民法院按照审判监督程序重新审判的案件，应当在作出提审、再审决定之日起三个月以内审结，需要延长期限的，不得超过六个月。接受抗诉的人民法院按照审判监督程序审判抗诉的案件，审理期限适用前款规定；对需要指令下级人民法院再审的，应当自接受抗诉之日起一个月以内作出决定，下级人民法院审理案件的期限适用前款规定。"

特别关注：

《刑诉法解释》规定：(1) 人民法院讯问被告人，宣告判决，审理减刑、假释案件，根据案件情况，可以采取视频方式进行。(2) 向人民法院提出自诉、上诉、申诉、申请等的，应当以书面形式提出。书写有困难的，除另有规定的以外，可以口头提出，由人民法院工作人员制作笔录或者记录在案，并向口述人宣读或者交其阅读。(3) 诉讼期间制作、形成的工作记录、告知笔录等材料，应当由制作人员和其他有关人员签名、盖章。宣告或者送达判决书、裁定书、决定书、通知书等诉讼文书的，应当由接受宣告或者送达的人在诉讼文书、送达回证上签名、盖章。诉讼参与人未签名、盖章的，应当捺指印；刑事被告人除签名、盖章外，还应当捺指印。当事人拒绝签名、盖章、捺指印的，办案人员应当在诉讼文书或者笔录材料中注明情况，有相关见证人见证，或者有录音录像证明的，不影响相关诉讼文书或者笔录材料的效力。

二、例题

1. 案情：被告人李某于 2014 年 7 月的一天晚上，和几个朋友聚会，饭后又一起卡拉 OK，期间餐厅经理派服务员胡某陪侍。次日凌晨两点结束后，李某送胡某回家的路上，在一废弃的工棚内强行与胡某发生了性关系。案发后李某坚称是通奸而不是强奸。此案由 S 市 Y 区检察院起诉，Y 区法院经不公开审理，以事实不清证据不足为由作出无罪判决。检察机关提起抗诉，S 市中级法院改判被告人构成强奸罪并处有期徒刑三年。二审法院定期宣判，并向抗诉的检察机关送达了判决书，没有向被告人李某送达判决书，但在中国裁判文书网上发布了判决书。(2017 年真题，案例)

问题：

1. 本案二审判决是否生效？为什么？我国刑事裁判一审生效与二审生效有无区别？为什么？

2. 此案生效后当事人向检察院申诉，程序要求是什么？

3. 省检察院按审判监督程序向省高级法院提起抗诉，对于原判决、裁定事实不清或者证据不足的再审案件，省高级法院应当如何处理？

4. 如果省高级法院认为 S 市中级法院生效判决确有错误，应当如何纠正？

5. 此案在由省检察院向省高级法院抗诉中，请求改判被告人无罪，被告人及其辩护人也辩称无罪，省高级法院根据控辩双方一致意见，是否应当做出无罪判决？为什么？

[释疑] 1. (1) 未生效。二审判决应当在宣告以后才生效，本案二审判决始终未向被告人李某宣告，也未向李某送达判决书，裁判文书网上发布判决书也不能等同于向李某宣告判决，李某始终不知道判决的内容，因此本案二审程序未完成宣告，判决未生效。(2) 一审裁判的生效时间为裁判送达后次日开始计算上诉、抗诉期限，经过上诉、抗诉期限未上诉、抗诉的一审裁判才生效。由于我国实行二审终审制，普通案件二审裁判为终审裁判，但需要送达后始生效，即二审当庭宣判或定期宣判送达裁判文书后发生法律效力。

2. (1) 当事人及其法定代理人、近亲属首先应当向 S 市检察院提出，案情重大、复杂、疑难的，省检察院也可以直接受理。(2) 当事人一方对 S 市检决定不予抗诉而继续向省检察院申诉的，省检察院应当受理，经省市两级检察院办理后，没有新的事实和证据不再立案复查。(3) S 市检认为判决裁定确有错误需要抗诉的，应当提请省检抗诉。(4) 省检认为判决裁定确有错误可以直接向省高院抗诉。

3. (1) 经审理能够查清事实的，应当在查清事实后依法裁判；(2) 经审理仍无法查清事实，证据不足的，不能认定原审被告人无罪的，应当判决宣告原审被告人无罪；(3) 经审理发现有新证据且超过《刑事诉讼法》规定的指令再审期限的，可以裁定撤销原判，发回原审法院重新审判。

4. 省高级法院既可以提审也可以指令下级法院再审。(1) 提审由省高院组成合议庭，所作出判决裁定为终审判决裁定；提审的案件应当是原判决裁定认定事实正确但适用法律错误，或者案件疑难、复杂、重大，或者不宜由原审法院审理的情形。(2) 省法院指令再审一般应当指令 S 市中院以外的中级法院再审，依照第二审程序进行；如果更有利于查明案件事实、纠正裁判错误，也可以指令 S 市中院再审，S 市中院应当另行组成合议庭，依照二审程序进行。

5. 法院可以根据具体情况，既可以作有罪判决也可以作无罪判决。(1) 本案系审判监督程序的案件,法庭审理的对象是生效的法院判决裁定是否有错误,判决有罪无罪的依据是案件事实、证据及适用的法律是否确有错误。(2)检察机关的抗诉是引起再审程序的缘由,其请求改判无罪已经不是控诉的含义,也不是控方,不存在控辩双方意见一致的情形。

2. 王某因间谍罪被甲省乙市中级法院一审判处死刑,缓期2年执行。王某没有上诉,检察院没有抗诉。判决生效后,发现有新的证据证明原判决认定的事实确有错误。下列哪些机关有权对本案提起审判监督程序?(2017年真题,多选)

  A. 乙市中级法院   B. 甲省高级法院
  C. 甲省检察院   D. 最高检察院

[释疑] 乙市中级法院非生效判决法院,无权提起再审,A项错误;甲省高级法院是生效判决法院,有权提起再审,B项正确;甲省检察院非生效判决法院的上级检察院,无权按审判监督程序抗诉,C项错误;最高检察院有权对确有错误的所有生效判决按审判监督程序抗诉,D项正确。(答案:BD)

3. 最高人民法院《关于适用〈中华人民共和国刑事诉讼法〉的解释》第386条规定,除检察院抗诉的以外,再审一般不得加重原审被告人的刑罚。关于这一规定的理解,下列哪些选项是正确的?(2016年真题,多选)

  A. 体现了刑事诉讼惩罚犯罪和保障人权基本理念的平衡
  B. 体现了刑事诉讼具有追求实体真实与维护正当程序两方面的目的
  C. 再审不加刑有例外,上诉不加刑也有例外
  D. 审判监督程序的纠错功能决定了再审不加刑存在例外情形

[释疑] 在我国,刑事诉讼中要求惩罚犯罪与保障人权并重,实体公正程序公正并重,所以,生效裁判是依据法定程序作出的实体处理,体现了法律对惩罚犯罪要求。法治国家一般都有再审有利于被告的规定。所以,"再审一般不得加重原审被告人的刑罚"有利于保障被告人的人权,也体现了程序公正的要求;但是,我国的审判监督程序具有纠错功能,所以,规定"检察院抗诉"不受"再审一般不得加重原审被告人的刑罚"的限制,又体现了刑事诉讼对惩罚犯罪的要求,也就是实体公正的要求。二者相结合就体现了刑事诉讼惩罚犯罪和保障人权基本理念的平衡。所以,A项正确,B项、D项也正确;再审不加刑有例外,而上诉不加刑是没有例外的,所以C项错误。(答案:ABD)

4. 关于审判监督程序中的申诉,下列哪一选项是正确的?(2015年真题,单选)

  A. 二审法院裁定准许撤回上诉的案件,申诉人对一审判决提出的申诉,应由一审法院审理
  B. 上一级法院对未经终审法院审理的申诉,应直接审理
  C. 对经两级法院依照审判监督程序复查后驳回的申诉,法院不再受理
  D. 对死刑案件的申诉,可由原核准的法院审查,也可交由原审法院审查

[释疑] 《刑诉法解释》第373条第1款规定:"申诉由终审人民法院审查处理。但是,第二审人民法院裁定准许撤回上诉的案件,申诉人对第一审判决提出申诉的,可以由第一审人民法院审查处理。"所以,A项错误。《刑诉法解释》第373条第2款规定:"上一级人民法院对未经终审人民法院审查处理的申诉,可以告知申诉人向终审人民法院提出申诉,或者直接交终审人民法院审查处理,并告知申诉人;案件疑难、复杂、重大的,也可以直接审查处理。"第3款规定:"对未经终审人民法院及其上一级人民法院审查处理,直接向上级人民法院申诉的,上级人民法院可以告知申诉人向下级人民法院提出。"所以,B项错误。《刑诉法解释》第377条规

定:"申诉人对驳回申诉不服的,可以向上一级人民法院申诉。上一级人民法院经审查认为申诉不符合刑事诉讼法第二百四十二条和本解释第三百七十五条第二款规定的,应当说服申诉人撤回申诉;对仍然坚持申诉的,应当驳回或者通知不予重新审判。"所以,C项于法无据,错误。《刑诉法解释》第374条规定:"对死刑案件的申诉,可以由原核准的人民法院直接审查处理,也可以交由原审人民法院审查。原审人民法院应当写出审查报告,提出处理意见,层报原核准的人民法院审查处理。"D项正确。(答案:D)

5. 关于审判监督程序,下列哪些选项是正确的？(2014年真题,多选)

A. 只有当事人及其法定代理人、近亲属才能对已经发生法律效力的裁判提出申诉

B. 原审法院依照审判监督程序重新审判的案件,应当另行组成合议庭

C. 对于依照审判监督程序重新审判后可能改判无罪的案件,可中止原判决、裁定的执行

D. 上级法院指令下级法院再审的,一般应当指令原审法院以外的下级法院审理

[释疑] 《刑诉法解释》第371条规定:"当事人及其法定代理人、近亲属对已经发生法律效力的判决、裁定提出申诉的,人民法院应当审查处理。案外人认为已经发生法律效力的判决、裁定侵害其合法权益,提出申诉的,人民法院应当审查处理。"案外人也可以提出申诉,故A项错误。《刑事诉讼法》第245条第1款规定:"人民法院按照审判监督程序重新审判的案件,由原审人民法院审理的,应当另行组成合议庭进行。如果原来是第一审案件,应当依照第一审程序进行审判,所作的判决、裁定,可以上诉、抗诉;如果原来是第二审案件,或者是上级人民法院提审的案件,应当依照第二审程序进行审判,所作的判决、裁定,是终审的判决、裁定。"故B项正确。《刑诉法解释》第382条规定:"对决定依照审判监督程序重新审判的案件,除人民检察院抗诉的以外,人民法院应当制作再审决定书。再审期间不停止原判决、裁定的执行,但被告人可能经再审改判无罪,或者可能经再审减轻原判刑罚而致刑期届满的,可以决定中止原判决、裁定的执行,必要时,可以对被告人采取取保候审、监视居住措施。"故C项正确。《刑事诉讼法》第244条规定:"上级人民法院指令下级人民法院再审的,应当指令原审人民法院以外的下级人民法院审理;由原审人民法院审理更为适宜的,也可以指令原审人民法院审理。"故D项正确。(答案:BCD)

6. 法院就被告人"钱某"盗窃案作出一审判决,判决生效后检察院发现"钱某"并不姓钱,于是在确认其真实身份后向法院提出其冒用他人身份,但该案认定事实和适用法律正确。关于法院对此案的处理,下列哪一选项是正确的？(2013年真题,单选)

A. 可以建议检察院提出抗诉,通过审判监督程序加以改判

B. 可以自行启动审判监督程序加以改判

C. 可以撤销原判并建议检察机关重新起诉

D. 可以用裁定对判决书加以更正

[释疑] 《刑诉法解释》第390条规定:"原判决、裁定认定被告人姓名等身份信息有误,但认定事实和适用法律正确、量刑适当的,作出生效判决、裁定的人民法院可以通过裁定对有关信息予以更正。"故D项正确。(答案:D)

7. 关于审判监督程序,下列哪一选项是正确的？(2012年真题,单选)

A. 对于原判决事实不清楚或者证据不足的,应当指令下级法院再审

B. 上级法院指令下级法院再审的,应当指令原审法院以外的下级法院审理;由原审法院审理更为适宜的,也可以指令原审法院审理

C. 不论是否属于由检察院提起抗诉的再审案件,逮捕由检察院决定

D. 法院按照审判监督程序审判的案件,应当决定中止原判决、裁定的执行

[释疑] 《刑事诉讼法》第243条第4款规定:"人民检察院抗诉的案件,接受抗诉的人民法院应当组成合议庭重新审理,对于原判决事实不清楚或者证据不足的,可以指令下级人民法院再审。"《刑事诉讼法》第244条规定:"上级人民法院指令下级人民法院再审的,应当指令原审人民法院以外的下级人民法院审理;由原审人民法院审理更为适宜的,也可以指令原审人民法院审理。"《刑事诉讼法》第246条规定:"人民法院决定再审的案件,需要对被告人采取强制措施的,由人民法院依法决定;人民检察院提出抗诉的再审案件,需要对被告人采取强制措施的,由人民检察院依法决定。人民法院按照审判监督程序审判的案件,可以决定中止原判决、裁定的执行。"根据以上规定,B项正确。(答案:B)

8. 甲因犯抢劫罪被市检察院提起公诉,经一审法院审理,判处死刑缓期两年执行。甲上诉,省高级人民法院核准死缓判决。根据审判监督程序规定,下列哪一做法是错误的?(2010年真题,单选)

A. 最高人民法院自行对该案重新审理,依法改判

B. 最高人民法院指令省高级法院再审

C. 最高人民检察院对该案向最高人民法院提出抗诉

D. 省检察院对该案向省高院提出抗诉

[释疑] 《刑事诉讼法》第243条第3款规定:"最高人民检察院对各级人民法院已经发生法律效力的判决和裁定,上级人民检察院对下级人民法院已经发生法律效力的判决和裁定,如果发现确有错误,有权按照审判监督程序向同级人民法院提出抗诉。"本案中,省高级人民法院是生效裁判作出的法院,其同级人民检察院,即省人民检察院无权按审判监督程序向省高级人民法院提出抗诉,故选D项。(答案:D)

9. 关于生效裁判申诉的审查处理,下列哪一选项是正确的?(2009年真题,单选)

A. 赵某强奸案的申诉,由上级人民法院转交下级人民法院审查处理,不立申诉卷

B. 二审法院将不服本院裁判的刘某抢劫案的申诉交一审法院审查,一审法院审查后直接作出处理

C. 李某对最高人民法院核准死刑的案件的申诉,最高人民法院可以直接处理,也可以交原审法院审查。交原审法院审查的,原审法院应当写出审查报告,提出处理意见,逐级报最高人民法院审定

D. 高某受贿案的申诉,经两级法院处理后不服又申诉,法院不再受理

[释疑] 《刑诉法解释》第373条规定:"申诉由终审人民法院审查处理。但是,第二审人民法院裁定准许撤回上诉的案件,申诉人对第一审判决提出申诉的,可以由第一审人民法院审查处理。上一级人民法院对未经终审人民法院审查处理的申诉,可以告知申诉人向终审人民法院提出申诉,或者直接交终审人民法院审查处理,并告知申诉人;案件疑难、复杂、重大的,也可以直接审查处理。对未经终审人民法院及其上一级人民法院审查处理,直接向上级人民法院申诉的,上一级人民法院可以告知申诉人向下级人民法院提出。"《刑诉法解释》第374条规定:"对死刑案件的申诉,可以由原核准的人民法院直接审查处理,也可以交由原审人民法院审查。原审人民法院应当写出审查报告,提出处理意见,层报原核准的人民法院审查处理。"故B项错误,C项正确。(答案:C)

10. 下列再审案件,哪些可以不开庭审理?(2008年真题,多选)

A. 李某抢劫案,原判事实清楚、证据确实充分,但适用法律错误,量刑畸重

B. 葛某受贿案,葛某已死亡

C. 张某、卞某为同案原审被告人,张某在交通十分不便的边远地区监狱服刑,提审到庭确有困难,但未经抗诉的检察院同意

D. 陈某强奸案,原生效裁判于1979年之前作出

[释疑] 《刑诉法解释》第384条规定:"原审人民法院审理依照审判监督程序重新审判的案件,应当另行组成合议庭。原来是第一审案件,应当依照第一审程序进行审判,所作的判决、裁定可以上诉、抗诉;原来是第二审案件,或者是上级人民法院提审的案件,应当依照第二审程序进行审判,所作的判决、裁定是终审的判决、裁定。对原审被告人、原审自诉人已经死亡或者丧失行为能力的再审案件,可以不开庭审理。"故选B项。(答案:B)

11. 某市中级人民法院判处被告人死缓。被告人没有上诉,检察机关没有抗诉。该案经省高级人民法院核准后,被害人不服,提出申诉。如果提起审判监督程序,下列哪一选项是正确的?(2007年真题,单选)

A. 由市人民检察院提出抗诉

B. 由省人民检察院提起审判监督程序

C. 由市中级人民法院院长提交本院审判委员会处理

D. 由省高级人民法院院长提交本院审判委员会处理

[释疑] 《刑事诉讼法》第243条规定:"各级人民法院院长对本院已经发生法律效力的判决和裁定,如果发现在认定事实上或者在适用法律上确有错误,必须提交审判委员会处理。最高人民法院对各级人民法院已经发生法律效力的判决和裁定,上级人民法院对下级人民法院已经发生法律效力的判决和裁定,如果发现确有错误,有权提审或者指令下级人民法院再审。最高人民检察院对各级人民法院已经发生法律效力的判决和裁定,上级人民检察院对下级人民法院已经发生法律效力的判决和裁定,如果发现确有错误,有权按照审判监督程序向同级人民法院提出抗诉。人民检察院抗诉的案件,接受抗诉的人民法院应当组成合议庭重新审理,对于原判决事实不清楚或者证据不足的,可以指令下级人民法院再审。"本案中,生效裁判的作出法院是该省高级人民法院,因此,如果要提起审判监督程序,只有最高人民检察院、最高人民法院和该省高级人民法院才有权启动审判监督程序。所以,只有D项正确。(答案:D)

12. 甲因犯贪污罪经一审程序被判处死刑缓期两年执行。判决生效后发现,本案第一审的合议庭成员乙在审理该案时曾收受甲的贿赂。对于本案,下列哪些机关有权提起审判监督程序?(多选)

A. 审判该案的第一审中级人民法院
B. 该省高级人民法院
C. 该省人民检察院
D. 最高人民检察院

[释疑] 《刑事诉讼法》第243条规定:"各级人民法院院长对本院已经发生法律效力的判决和裁定,如果发现在认定事实上或者在适用法律上确有错误,必须提交审判委员会处理。最高人民法院对各级人民法院已经发生法律效力的判决和裁定,上级人民法院对下级人民法院已经发生法律效力的判决和裁定,如果发现确有错误,有权提审或者指令下级人民法院再审。最高人民检察院对各级人民法院已经发生法律效力的判决和裁定,上级人民检察院对下级人民法院已经发生法律效力的判决和裁定,如果发现确有错误,有权按照审判监督程序向同

级人民法院提出抗诉。人民检察院抗诉的案件,接受抗诉的人民法院应当组成合议庭重新审理,对于原判决事实不清楚或者证据不足的,可以指令下级人民法院再审。"据此,本案中,甲因犯贪污罪经一审程序被判处死刑缓期两年执行的是中级人民法院,死缓案件应由高级人民法院核准。所以,甲因犯贪污罪经一审程序被判处死刑缓期两年执行的生效裁判是甲因犯贪污罪经一审程序被判处死刑缓期两年执行。故不选 A 项,应选 B 项。又"最高人民法院对各级人民法院已经发生法律效力的判决和裁定,上级人民法院对下级人民法院已经发生法律效力的判决和裁定,如果发现确有错误,有权提审或者指令下级人民法院再审"。故 D 项应选,而省人民检察院对省高级人民法院的生效裁判无权按审判监督程序抗诉,故不选 C 项。(答案:BD)

13. 下列哪些情况可以导致审判监督程序的提起?(多选)

A. 证明案件事实的主要依据之间存在矛盾
B. 适用缓刑错误
C. 违反回避制度,影响案件公正裁判的
D. 审判人员在审判该案时贪污、受贿、徇私舞弊、枉法裁判的行为

[释疑] 《刑事诉讼法》第 242 条规定:"当事人及其法定代理人、近亲属的申诉符合下列情形之一的,人民法院应当重新审判:(一) 有新的证据证明原判决、裁定认定的事实确有错误,可能影响定罪量刑的;(二) 据以定罪量刑的证据不确实、不充分、依法应当予以排除,或者证明案件事实的主要证据之间存在矛盾的;(三) 原判决、裁定适用法律确有错误的;(四) 违反法律规定的诉讼程序,可能影响公正审判的;(五) 审判人员在审理该案件的时候,有贪污受贿,徇私舞弊,枉法裁判行为的。"因此,A、B、C、D 项均当选。(答案:ABCD)

14. 某直辖市检察院分院发现本市中级人民法院以挪用公款罪判处被告人李某有期徒刑 15 年的第二审生效判决在适用法律上确有错误,该检察分院按下列哪一个程序处理是正确的?(单选)

A. 向本市中级人民法院提起抗诉
B. 向本市高级人民法院提起抗诉
C. 报请市人民检察院,由市人民检察院向市高级人民法院提起抗诉
D. 向本市中级人民法院提出纠正意见

[释疑] 审判监督程序中的抗诉是最高人民检察院对各级法院的监督,是上级检察院对下级法院的监督,故该检察院分院应当报请市检察院,由市检察院向市高级人民法院提起抗诉。故 C 项正确。(答案:C)

15. 某县人民法院于 1997 年 11 月以盗窃罪判处章世平有期徒刑 3 年。一审判决生效后,1998 年 3 月,地区检察分院在工作检查中发现,章世平盗窃数额巨大,县法院判处其有期徒刑 3 年量刑畸轻,对此案应按照审判监督程序进行再审。根据《刑事诉讼法》的有关规定,检察院应按照下列哪种方式提起再审抗诉?(单选)

A. 由县检察院向县人民法院提起抗诉
B. 由县检察院向地区中级人民法院提起抗诉
C. 由地区人民检察分院向地区中级人民法院提起抗诉
D. 由地区人民检察分院向县人民法院提起抗诉

[释疑] 上级人民检察院发现下级人民法院已经发生法律效力的判决或者裁定确有错

误时,可以直接向同级人民法院提出抗诉,或者指令作出生效判决、裁定的人民法院的上一级人民检察院向同级人民法院提出抗诉。故选C项。(答案:C)

三、提示与预测

本章要重点掌握申诉、审判监督程序提起的主体、理由,重新审判的程序,不加刑情形,强制措施,审判期限等。尤其要注意新法的修改规定。

第十九章 执 行

```
        ┌ 执行的概念
        │                 ┌ 已过法定期限没有上诉、抗诉的判决和裁定
        │ 执行的依据      │ 终审的判决和裁定
        │                 │ 高级人民法院核准的判决和裁定
        │                 └ 最高人民法院核准的判决和裁定
        │                 ┌ 人民法院
        │ 执行机关        │ 监狱
        │                 │ 公安机关
        │                 └ 社区矫正机构
        │                                    ┌ 执行死刑命令的签发
        │                                    │ 执行死刑的机关及期限
        │ 死刑立即执行判决的执行程序         │ 执行死刑的场所和方法
        │                                    │ 死刑执行前的要求
执行 ─┤                                    └ 执行死刑后的处理
        │ 死刑缓期两年执行、无期徒刑、有期徒刑和拘役判决的执行程序
        │ 有期徒刑缓刑、拘役缓刑的执行程序
        │ 管制、剥夺政治权利的执行程序
        │                            ┌ 罚金的执行
        │ 罚金、没收财产的执行程序   └ 没收财产的执行程序
        │ 无罪判决和免除刑罚判决的执行程序
        │                                ┌ 停止执行死刑
        │ 死刑执行的变更暂停执行死刑     └ 死刑缓期两年执行的变更
        │                 ┌ 暂予监外执行的概念
        │                 │ 暂予监外执行的对象
        │ 暂予监外执行    │ 暂予监外执行的条件
        │                 └ 暂予监外执行的适用程序
        │                 ┌ 减刑
        │ 减刑、假释      └ 假释
        │ 对新罪、漏罪的追诉
        └ 人民检察院对执行的监督
```

一、精讲

考点 1 执行依据、执行机关

(一) 执行的概念

刑事诉讼中的执行,是指将人民法院已经发生法律效力的判决、裁定所确定的内容付诸实现以及处理执行过程中的变更执行等问题而依法进行的活动。罪犯被交付执行刑罚的时候,应当由交付执行的人民法院在判决生效后10日以内,将有关的法律文书送达公安机关、监狱或者其他执行机关。对被判处死刑缓期两年执行、无期徒刑、有期徒刑的罪犯,由公安机关依法将该罪犯送交监狱执行刑罚。对被判处有期徒刑的罪犯,在被交付执行刑罚前,剩余刑期在3个月以下的,由看守所代为执行。对被判处拘役的罪犯,由公安机关执行。对未成年犯应当在未成年犯管教所执行刑罚。执行机关应当将罪犯及时收押,并且通知罪犯家属。判处有期徒刑、拘役的罪犯,执行期满,应当由执行机关发给释放证明书。

(二) 执行的依据

执行的依据是发生法律效力的判决和裁定:① 已过法定期限没有上诉、抗诉的判决和裁定;② 终审的判决和裁定;③ 高级人民法院核准的死刑缓期两年执行的判决、裁定;④ 最高人民法院核准的死刑和法定刑以下处刑的判决和裁定,以及最高人民法院核准的因特殊情况不受执行刑期限制的假释的裁定。

(三) 执行机关

(1) 人民法院。人民法院负责无罪、免除刑罚、罚金和没收财产及死刑立即执行判决的执行。

(2) 监狱。监狱负责有期徒刑、无期徒刑、死刑缓期两年执行判决的执行;未成年犯管教所负责对未成年犯判决的执行。

(3) 公安机关。公安机关负责拘役、剥夺政治权利和在交付执行刑罚前,剩余刑期在3个月以下的执行。

(4) 社区矫正机构。对被判处管制、宣告缓刑、假释或者暂予监外执行的罪犯,依法实行社区矫正,由社区矫正机构负责执行。

人民检察院是执行的监督机关。

考点 2 死刑立即执行判决的执行程序

(一) 执行死刑命令的签发

最高人民法院判处和核准的死刑立即执行的判决、裁定,应当由最高人民法院院长签发执行死刑的命令。

(二) 执行死刑的机关及期限

最高人民法院的执行死刑命令,由高级人民法院交付第一审人民法院执行。第一审人民法院接到执行死刑命令后,应当在7日内执行。在死刑缓期执行期间故意犯罪,最高人民法院核准执行死刑的,由罪犯服刑地的中级人民法院执行。

(三) 执行死刑的场所和方法

死刑采用枪决或者注射等方法执行。采用注射方法执行死刑的,应当在指定的刑场或者羁押场所内执行。采用枪决、注射以外的其他方法执行死刑的,应当事先层报最高人民法院批准。

(四)执行死刑前的具体要求

(1)第一审人民法院在执行死刑前,应当告知罪犯有权会见其近亲属。罪犯申请会见并提供具体联系方式的,人民法院应当通知其近亲属。罪犯近亲属申请会见的,人民法院应当准许,并及时安排会见。

(2)第一审人民法院在执行死刑 3 日前,应当通知同级人民检察院派员临场监督。

(3)执行死刑前,指挥执行的审判人员对罪犯应当验明正身,讯问有无遗言、信札,并制作笔录,再交执行人员执行死刑。执行死刑应当公布,禁止游街示众或者其他有辱罪犯人格的行为。

(五)执行死刑后的处理

(1)执行死刑后,应当由法医验明罪犯确实死亡,在场书记员制作笔录。负责执行的人民法院应当在执行死刑后 15 日内将执行情况,包括罪犯被执行死刑前后的照片,上报最高人民法院。

(2)执行死刑后,负责执行的人民法院应当办理以下事项:① 对罪犯的遗书、遗言笔录,应当及时审查;涉及财产继承、债务清偿、家事嘱托等内容的,将遗书、遗言笔录交给家属,同时复制附卷备查;涉及案件线索等问题的,抄送有关机关。② 通知罪犯家属在限期内领取罪犯骨灰;没有火化条件或者因民族、宗教等原因不宜火化的,通知领取尸体;过期不领取的,由人民法院通知有关单位处理,并要求有关单位出具处理情况的说明;对罪犯骨灰或者尸体的处理情况,应当记录在案。③ 对外国籍罪犯执行死刑后,通知外国驻华使、领馆的程序和时限,根据有关规定办理。

考点 3 死刑缓期两年执行、无期徒刑、有期徒刑和拘役判决的执行程序

(1)被判处死刑缓期执行、无期徒刑、有期徒刑、拘役的罪犯,交付执行时在押的,第一审人民法院应当在判决、裁定生效后 10 日内,将判决书、裁定书、起诉书副本、自诉状复印件、执行通知书、结案登记表送达看守所,由公安机关将罪犯交付执行。罪犯需要收押执行刑罚,而判决、裁定生效前未被羁押的,人民法院应当根据生效的判决书、裁定书将罪犯送看守所羁押,并依照前款的规定办理执行手续。

(2)同案审理的案件中,部分被告被判处死刑,对未被判处死刑的同案被告人需要羁押执行刑罚的,应当在其判决、裁定生效后 10 日内交付执行。但是,该同案被告人参与实施有关死刑之罪的,应当在最高人民法院复核讯问被判处死刑的被告人后交付执行。

(3)执行通知书回执经看守所盖章后,应当附卷备查。

(4)罪犯需要羁押执行刑罚,而判决确定前罪犯没有被羁押的,人民法院应当根据生效的判决书或者裁定书将罪犯羁押,并送交公安机关。

考点 4 有期徒刑缓刑、拘役缓刑的执行程序

第一审人民法院判处拘役或者有期徒刑宣告缓刑的犯罪分子,判决尚未发生法律效力的,不能立即交付执行。如果被宣告缓刑的罪犯在押,第一审人民法院应当先行作出变更强制措

施的决定,改为监视居住或者取保候审,并立即通知有关公安机关。判决发生法律效力后,应当将法律文书送达当地社区矫正机构,由社区矫正机构依法对其实行社区矫正。《刑诉法解释》第436条规定:"对被判处管制、宣告缓刑的罪犯,人民法院应当核实其居住地。宣判时,应当书面告知罪犯到居住地县级司法行政机关报到的期限和不按期报到的后果。判决、裁定生效后十日内,应当将判决书、裁定书、执行通知书等法律文书送达罪犯居住地的县级司法行政机关,同时抄送罪犯居住地的县级人民检察院。"

考点 5 管制、剥夺政治权利的执行程序

对于被判处管制的罪犯由社区矫正机构依法对其实行社区矫正;被判处剥夺政治权利的罪犯,由公安机关执行。被一审判决宣判管制的罪犯,宣判时如果在押,人民法院可以通知公安机关对其变更强制措施,待判决生效后,将有关的法律文书送达社区矫正机构,由社区矫正机构依法对其实行社区矫正。被管制的罪犯,执行期满,应当通知本人,并向有关群众公开宣布解除管制;被判处剥夺政治权利的罪犯,执行期满,应当由执行机关书面通知本人及其所在单位、居住地基层组织。

《刑诉法解释》第437条规定:"对单处剥夺政治权利的罪犯,人民法院应当在判决、裁定生效后十日内,将判决书、裁定书、执行通知书等法律文书送达罪犯居住地的县级公安机关,并抄送罪犯居住地的县级人民检察院。"

考点 6 罚金、没收财产的执行程序

财产刑和附带民事裁判由第一审人民法院负责裁判执行的机构执行。

(1) 罚金在判决规定的期限内一次或者分期缴纳。期满无故不缴纳或者未足额缴纳的,人民法院应当强制缴纳。经强制缴纳仍不能全部缴纳的,在任何时候,包括主刑执行完毕后,发现被执行人有可供执行的财产的,应当追缴。行政机关对被告人就同一事实已经处以罚款的,人民法院判处罚金时应当折抵,扣除行政处罚已执行的部分。判处没收财产的,判决生效后,应当立即执行。

(2) 执行财产刑和附带民事裁判过程中,案外人对被执行财产提出权属异议的,人民法院应当参照民事诉讼有关执行异议的规定进行审查并作出处理。

(3) 被判处财产刑,同时又承担附带民事赔偿责任的被执行人,应当先履行民事赔偿责任。判处财产刑之前被执行人所负正当债务,需要以被执行的财产偿还的,经债权人请求,应当偿还。

(4) 被执行人或者被执行财产在外地的,可以委托当地人民法院执行。受托法院在执行财产刑后,应当及时将执行的财产上缴国库。

(5) 执行财产刑过程中,具有下列情形之一的,人民法院应当裁定中止执行:① 执行标的物系人民法院或者仲裁机构正在审理案件的争议标的物,需等待该案件审理完毕确定权属的;② 案外人对执行标的物提出异议的;③ 应当中止执行的其他情形。中止执行的原因消除后,应当恢复执行。

(6) 执行财产刑过程中,具有下列情形之一的,人民法院应当裁定终结执行:① 据以执行的判决、裁定被撤销的;② 被执行人死亡或者被执行死刑,且无财产可供执行的;③ 被判处罚

金的单位终止,且无财产可供执行的;④ 依照《刑法》第53条规定免除罚金的;⑤ 应当终结执行的其他情形。裁定终结执行后,发现被执行人的财产有被隐匿、转移等情形的,应当追缴。

(7) 财产刑全部或者部分被撤销的,已经执行的财产应全部或者部分返还被执行人;无法返还的,应当依法赔偿。

(8) 因遭遇不能抗拒的灾祸缴纳罚金确有困难,被执行人申请减少或者免除罚金的,应当提交相关证明材料。人民法院应当在收到申请后1个月内作出裁定。符合法定减免条件的,应当准许;不符合条件的,驳回申请。

(9) 财产刑和附带民事裁判的执行,《刑诉法解释》没有规定的,参照适用民事执行的有关规定。

特别关注:

最高人民法院《关于刑事裁判涉财产部分执行的若干规定》

(1) 本规定所称刑事裁判涉财产部分的执行,是指发生法律效力的刑事裁判主文确定的下列事项的执行:① 罚金、没收财产;② 责令退赔;③ 处置随案移送的赃款赃物;④ 没收随案移送的供犯罪所用本人财物;⑤ 其他应当由人民法院执行的相关事项。刑事附带民事裁判的执行,适用民事执行的有关规定。

(2) 刑事裁判涉财产部分,由第一审人民法院执行。第一审人民法院可以委托财产所在地的同级人民法院执行。

(3) 人民法院办理刑事裁判涉财产部分执行案件的期限为6个月。有特殊情况需要延长的,经本院院长批准,可以延长。

(4) 人民法院刑事审判中可能判处被告人财产刑、责令退赔的,刑事审判部门应当依法对被告人的财产状况进行调查;发现可能隐匿、转移财产的,应当及时查封、扣押、冻结其相应财产。

(5) 刑事审判或者执行中,对于侦查机关已经采取的查封、扣押、冻结,人民法院应当在期限届满前及时续行查封、扣押、冻结。人民法院续行查封、扣押、冻结的顺位与侦查机关查封、扣押、冻结的顺位相同。对侦查机关查封、扣押、冻结的财产,人民法院执行中可以直接裁定处置,无需侦查机关出具解除手续,但裁定中应当指明侦查机关查封、扣押、冻结的事实。

(6) 刑事裁判涉财产部分的裁判内容,应当明确、具体。涉案财物或者被害人人数较多,不宜在判决主文中详细列明的,可以概括叙明并另附清单。判处没收部分财产的,应当明确没收的具体财物或者金额。判处追缴或者责令退赔的,应当明确追缴或者退赔的金额或财物的名称、数量等相关情况。

(7) 由人民法院执行机构负责执行的刑事裁判涉财产部分,刑事审判部门应当及时移送立案部门审查立案。移送立案应当提交生效裁判文书及其附件和其他相关材料,并填写《移送执行表》。《移送执行表》应当载明以下内容:① 被执行人、被害人的基本信息;② 已查明的财产状况或者财产线索;③ 随案移送的财产和已经处置财产的情况;④ 查封、扣押、冻结财产的情况;⑤ 移送执行的时间;⑥ 其他需要说明的情况。人民法院立案部门经审查,认为属于移送范围且移送材料齐全的,应当在7日内立案,并移送执行机构。

(8) 人民法院可以向刑罚执行机关、社区矫正机构等有关单位调查被执行人的财产状况,并可以根据不同情形要求有关单位协助采取查封、扣押、冻结、划拨等执行措施。

(9) 判处没收财产的,应当执行刑事裁判生效时被执行人合法所有的财产。执行没收财产或罚金刑,应当参照被扶养人住所地政府公布的上年度当地居民最低生活费标准,保留被执行人及其所扶养家属的生活必需费用。

(10) 对赃款赃物及其收益,人民法院应当一并追缴。被执行人将赃款赃物投资或者置业,对因此形成的财产及其收益,人民法院应予追缴。被执行人将赃款赃物与其他合法财产共同投资或置业,对因此形成的财产中与赃款赃物对应的份额及其收益,人民法院应予追缴。对于被害人的损失,应当按照刑事裁判认定的实际损失予以发还或者赔偿。

(11) 被执行人将刑事裁判认定为赃款赃物的涉案财物用于清偿债务、转让或者设置其他权利负担,具有下列情形之一的,人民法院应予追缴:① 第三人明知是涉案财物而接受的;② 第三人无偿或者以明显低于市场的价格取得涉案财物的;③ 第三人通过非法债务清偿或者违法犯罪活动取得涉案财物的;④ 第三人通过其他恶意方式取得涉案财物的。第三人善意取得涉案财物的,执行程序中不予追缴。作为原所有人的被害人对该涉案财物主张权利的,人民法院应当告知其通过诉讼程序处理。

(12) 被执行财产需要变价的,人民法院执行机构应当依法采取拍卖、变卖等变价措施。涉案财物最后一次拍卖未能成交,需要上缴国库的,人民法院应当通知有关财政机关以该次拍卖保留价予以接收;有关财政机关要求继续变价的,可以进行无保留价拍卖。需要退赔被害人的,以该次拍卖保留价以物退赔;被害人不同意以物退赔的,可以进行无保留价拍卖。

(13) 被执行人在执行中同时承担刑事责任、民事责任,其财产不足以支付的,按照下列顺序执行:① 人身损害赔偿中的医疗费用;② 退赔被害人的损失;③ 其他民事债务;④ 罚金;⑤ 没收财产。债权人对执行标的依法享有优先受偿权,其主张优先受偿的,人民法院应当在医疗费用受偿后,予以支持。

(14) 执行过程中,当事人、利害关系人认为执行行为违反法律规定,或者案外人对执行标的主张足以阻止执行的实体权利,向执行法院提出书面异议的,执行法院应当依照《民事诉讼法》第225条的规定处理。人民法院审查案外人异议、复议,应当公开听证。

(15) 执行过程中,案外人或被害人认为刑事裁判中对涉案财物是否属于赃款赃物认定错误或应予认定而未认定,向执行法院提出书面异议,可以通过裁定补正的,执行机构应当将异议材料移送刑事审判部门处理;无法通过裁定补正的,应当告知异议人通过审判监督程序处理。

(16) 人民法院办理刑事裁判涉财产部分执行案件,《刑法》《刑事诉讼法》及有关司法解释没有相应规定的,参照适用民事执行的有关规定。

(17) 最高人民法院此前发布的司法解释与本规定不一致的,以本规定为准。

考点 7 无罪判决和免除刑罚判决的执行程序

无罪判决和免除刑罚判决由人民法院执行。人民法院判决被告人无罪、免除刑事处罚的,如果被告人在押,在宣判后应当立即释放。由人民法院将无罪或者免除刑事处罚的判决书连同执行通知书送交看守所,看守所在接到上述法律文书后应当立即释放被关押的被告人。

考点 8 执行的变更程序——暂予监外执行

（一）暂予监外执行的概念

暂予监外执行，是指被判处有期徒刑（个别无期徒刑例外）或者拘役的罪犯，由于出现了法定的某种特殊情形，不适宜在监狱或者其他刑罚执行机关执行刑罚时，暂时采取的一种变通执行的方法。

（二）暂予监外执行的对象

被判处有期徒刑或者拘役的罪犯和被判处无期徒刑的怀孕或者正在哺乳自己婴儿的罪犯。

（三）暂予监外执行的条件

《刑事诉讼法》第254条规定："对被判处有期徒刑或者拘役的罪犯，有下列情形之一的，可以暂予监外执行：（一）有严重疾病需要保外就医的；（二）怀孕或者正在哺乳自己婴儿的妇女；（三）生活不能自理，适用暂予监外执行不致危害社会的。对被判处无期徒刑的罪犯，有前款第二项规定情形的，可以暂予监外执行。对适用保外就医可能有社会危险性的罪犯，或者自伤自残的罪犯，不得保外就医。对罪犯确有严重疾病，必须保外就医的，由省级人民政府指定的医院诊断并开具证明文件。"

（四）暂予监外执行的适用程序

1. 暂予监外执行的决定

在交付执行前，暂予监外执行由交付执行的人民法院决定；在交付执行后，暂予监外执行由监狱或者看守所提出书面意见，报省级以上监狱管理机关或者设区的市一级以上公安机关批准。六部门《规定》第33条："对于被告人可能被判处拘役、有期徒刑、无期徒刑，符合暂予监外执行条件的，被告人及其辩护人有权向人民法院提出暂予监外执行的申请，看守所可以将有关情况通报人民法院。人民法院应当进行审查，并在交付执行前作出是否暂予监外执行的决定。"

2. 对暂予监外执行的监督

《刑事诉讼法》第255条规定："监狱、看守所提出暂予监外执行的书面意见的，应当将书面意见的副本抄送人民检察院。人民检察院可以向决定或者批准机关提出书面意见。"《刑事诉讼法》第256条规定"决定或者批准暂予监外执行的机关应当将暂予监外执行决定抄送人民检察院。人民检察院认为暂予监外执行不当的，应当自接到通知之日起一个月以内将书面意见送交决定或者批准暂予监外执行的机关，决定或者批准暂予监外执行的机关接到人民检察院的书面意见后，应当立即对该决定进行重新核查。"

3. 对暂予监外执行罪犯的执行

对暂予监外执行的罪犯，依法实行社区矫正，由社区矫正机构负责执行。《刑事诉讼法》第257条规定："对暂予监外执行的罪犯，有下列情形之一的，应当及时收监：（一）发现不符合暂予监外执行条件的；（二）严重违反有关暂予监外执行监督管理规定的；（三）暂予监外执行的情形消失后，罪犯刑期未满的。对于人民法院决定暂予监外执行的罪犯应当予以收监的，由人民法院作出决定，将有关的法律文书送达公安机关、监狱或者其他执行机关。不符合暂予监外执行条件的罪犯通过贿赂等非法手段被暂予监外执行的，在监外执行的期间不计入执行刑期。罪犯在暂予监外执行期间脱逃的，脱逃的期间不计入执行刑期。罪犯在暂予监外执行期间死亡的,执行机关应当及时通知监狱或者看守所。"

特别关注:

全国人民代表大会常务委员会《关于〈中华人民共和国刑事诉讼法〉第二百五十四款、第二百五十七条第二款的解释》

全国人民代表大会常务委员会根据司法实践中遇到的情况,讨论了《刑事诉讼法》第254条第5款、第257条第2款的含义及人民法院决定暂予监外执行的案件,由哪个机关负责组织病情诊断、妊娠检查和生活不能自理的鉴别和由哪个机关对予以收监执行的罪犯送交执行刑罚的问题,解释如下:

罪犯在被交付执行前,因有严重疾病、怀孕或者正在哺乳自己婴儿的妇女、生活不能自理的原因,依法提出暂予监外执行的申请的,有关病情诊断、妊娠检查和生活不能自理的鉴别,由人民法院负责组织进行。

根据《刑事诉讼法》第257条第2款的规定,对人民法院决定暂予监外执行的罪犯,有《刑事诉讼法》第257条第1款规定的情形,依法应当予以收监的,在人民法院作出决定后,由公安机关依照《刑事诉讼法》第253条第2款的规定送交执行刑罚。

六部门《规定》第34条规定:"刑事诉讼法第二百五十七条第三款规定:'不符合暂予监外执行条件的罪犯通过贿赂等非法手段被暂予监外执行的,在监外执行的期间不计入执行刑期。罪犯在暂予监外执行期间脱逃的,脱逃的期间不计入执行刑期。'对于人民法院决定暂予监外执行的罪犯具有上述情形的,人民法院在决定予以收监的同时,应当确定不计入刑期的期间。对于监狱管理机关或者公安机关决定暂予监外执行的罪犯具有上述情形的,罪犯被收监后,所在监狱或者看守所应当及时向所在地的中级人民法院提出不计入执行刑期的建议书,由人民法院审核裁定。"

六部门《规定》第35条:"被决定收监执行的社区矫正人员在逃的,社区矫正机构应当立即通知公安机关,由公安机关负责追捕。"

《刑诉法解释》433条的相关规定:"暂予监外执行的罪犯具有下列情形之一的,原作出暂予监外执行决定的人民法院,应当在收到执行机关的收监执行建议书后十五日内,作出收监执行的决定:(一)不符合暂予监外执行条件的;(二)未经批准离开所居住的市、县,经警告拒不改正,或者拒不报告行踪,脱离监管的;(三)因违反监督管理规定受到治安管理处罚,仍不改正的;(四)受到执行机关两次警告,仍不改正的;(五)保外就医期间不按规定提交病情复查情况,经警告拒不改正的;(六)暂予监外执行的情形消失后,刑期未满的;(七)保证人丧失保证条件或者因不履行义务被取消保证人资格,不能在规定期限内提出新的保证人的;(八)违反法律、行政法规和监督管理规定,情节严重的其他情形。人民法院收监执行决定书,一经作出,立即生效。"第434条规定:"人民法院应当将收监执行决定书送交罪犯居住地的县级司法行政机关,由其根据有关规定将罪犯交付执行。收监执行决定书应当同时抄送罪犯居住地的同级人民检察院和公安机关。"第435条规定:"被收监执行的罪犯有不计入执行刑期情形的,人民法院应当在作出收监决定时,确定不计入执行刑期的具体时间。"

考点 9 执行的变更程序——减刑、假释

《刑事诉讼法》第262条规定:"罪犯在服刑期间又犯罪的,或者发现了判决的时候所没有发现的罪行,由执行机关移送人民检察院处理。被判处管制、拘役、有期徒刑或者无期徒刑的

罪犯,在执行期间确有悔改或者立功表现,应当依法予以减刑、假释的时候,由执行机关提出建议书,报请人民法院审核裁定,并将建议书副本抄送人民检察院。人民检察院可以向人民法院提出书面意见。"《刑事诉讼法》第 263 条规定:"人民检察院认为人民法院减刑、假释的裁定不当,应当在收到裁定书副本后二十日以内,向人民法院提出书面纠正意见。人民法院应当在收到纠正意见后一个月以内重新组成合议庭进行审理,作出最终裁定。"

(一) 减刑、假释案件的审理

(1) 被判处死刑缓期执行的罪犯,在死刑缓期执行期间,没有故意犯罪的,死刑缓期执行期满后,应当裁定减刑;死刑缓期执行期满后,尚未裁定减刑前又犯罪的,应当依法减刑后对其所犯新罪另行审判。

(2) 对减刑、假释案件,应当按照下列情形分别处理:① 对被判处死刑缓期执行的罪犯的减刑,由罪犯服刑地的高级人民法院根据同级监狱管理机关审核同意的减刑建议书裁定;② 对被判处无期徒刑的罪犯的减刑、假释,由罪犯服刑地的高级人民法院,在收到同级监狱管理机关审核同意的减刑、假释建议书后 1 个月内作出裁定,案情复杂或者情况特殊的,可以延长 1 个月;③ 对被判处有期徒刑和被减为有期徒刑的罪犯的减刑、假释,由罪犯服刑地的中级人民法院,在收到执行机关提出的减刑、假释建议书后 1 个月内作出裁定,案情复杂或者情况特殊的,可以延长 1 个月;④ 对被判处拘役、管制的罪犯的减刑,由罪犯服刑地中级人民法院,在收到同级执行机关审核同意的减刑、假释建议书后 1 个月内作出裁定。对暂予监外执行罪犯的减刑,应当根据情况,分别适用《刑诉法解释》第 449 条第 1 款的有关规定。

(3) 受理减刑、假释案件,应当审查执行机关移送的材料是否包括下列内容:① 减刑、假释建议书;② 终审法院的裁判文书、执行通知书、历次减刑裁定书的复制件;③ 证明罪犯确有悔改、立功或者重大立功表现具体事实的书面材料;④ 罪犯评审鉴定表、奖惩审批表等;⑤ 罪犯假释后对所居住社区影响的调查评估报告;⑥ 根据案件情况需要移送的其他材料。经审查,材料不全的,应当通知提请减刑、假释的执行机关补送。

(4) 审理减刑、假释案件,应当审查财产刑和附带民事裁判的执行情况,以及罪犯退赃、退赔情况。罪犯积极履行判决确定的义务的,可以认定有悔改表现,在减刑、假释时从宽掌握;确有履行能力而不履行的,在减刑、假释时从严掌握。

(5) 审理减刑、假释案件,应当对以下内容予以公示:① 罪犯的姓名、年龄等个人基本情况;② 原判认定的罪名和刑期;③ 罪犯历次减刑情况;④ 执行机关的减刑、假释建议和依据。公示应当写明公示期限和提出意见的方式。公示地点为罪犯服刑场所的公共区域;有条件的地方,可以面向社会公示。

(6) 审理减刑、假释案件,应当组成合议庭,可以采用书面审理的方式,但下列案件应当开庭审理:① 因罪犯有重大立功表现提请减刑的;② 提请减刑的起始时间、间隔时间或者减刑幅度不符合一般规定的;③ 社会影响重大或者社会关注度高的;④ 公示期间收到投诉意见的;⑤ 人民检察院有异议的;⑥ 有必要开庭审理的其他案件。

(7) 人民法院作出减刑、假释裁定后,应当在 7 日内送达提请减刑、假释的执行机关、同级人民检察院以及罪犯本人。人民检察院认为减刑、假释裁定不当,在法定期限内提出书面纠正意见的,人民法院应当在收到意见后另行组成合议庭审理,并在 1 个月内作出裁定。

(8) 减刑、假释裁定作出前,执行机关书面提请撤回减刑、假释建议的,是否准许,由人民法院决定。

(9) 人民法院发现本院已经生效的减刑、假释裁定确有错误的,应当另行组成合议庭审理;发现下级人民法院已经生效的减刑、假释裁定确有错误的,可以指令下级人民法院另行组成合议庭审理。

(二) 缓刑、假释的撤销

罪犯在缓刑、假释考验期限内犯新罪或者被发现在判决宣告前还有其他罪没有判决,应当撤销缓刑、假释的,由审判新罪的人民法院撤销原判决、裁定宣告的缓刑、假释,并书面通知原审人民法院和执行机关。

罪犯在缓刑、假释考验期限内,有下列情形之一的,原作出缓刑、假释判决、裁定的人民法院应当在收到执行机关的撤销缓刑、假释建议书后1个月内,作出撤销缓刑、假释的裁定:

(1) 违反禁止令,情节严重的;

(2) 无正当理由不按规定时间报到或者接受社区矫正期间脱离监管,超过1个月的;

(3) 因违反监督管理规定受到治安管理处罚,仍不改正的;

(4) 受到执行机关3次警告仍不改正的;

(5) 违反有关法律、行政法规和监督管理规定,情节严重的其他情形。人民法院撤销缓刑、假释的裁定,一经作出,立即生效。人民法院应当将撤销缓刑、假释裁定书送交罪犯居住地的县级司法行政机关,由其根据有关规定将罪犯交付执行。撤销缓刑、假释裁定书应当同时抄送罪犯居住地的同级人民检察院和公安机关。

特别关注:

最高人民法院《关于减刑、假释案件审理程序的规定》

(1) 对减刑、假释案件,应当按照下列情形分别处理:① 对被判处死刑缓期执行的罪犯的减刑,由罪犯服刑地的高级人民法院在收到同级监狱管理机关审核同意的减刑建议书后1个月内作出裁定;② 对被判处无期徒刑的罪犯的减刑、假释,由罪犯服刑地的高级人民法院在收到同级监狱管理机关审核同意的减刑、假释建议书后1个月内作出裁定,案情复杂或者情况特殊的,可以延长1个月;③ 对被判处有期徒刑和被减为有期徒刑的罪犯的减刑、假释,由罪犯服刑地的中级人民法院在收到执行机关提出的减刑、假释建议书后1个月内作出裁定,案情复杂或者情况特殊的,可以延长1个月;④ 对被判处拘役、管制的罪犯的减刑,由罪犯服刑地中级人民法院在收到同级执行机关审核同意的减刑、假释建议书后1个月内作出裁定。对暂予监外执行罪犯的减刑,应当根据情况,分别适用前款的有关规定。

(2) 人民法院受理减刑、假释案件,应当审查执行机关移送的下列材料:① 减刑或者假释建议书;② 终审法院裁判文书、执行通知书、历次减刑裁定书的复印件;③ 罪犯确有悔改或者立功、重大立功表现的具体事实的书面证明材料;④ 罪犯评审鉴定表、奖惩审批表等;⑤ 其他根据案件审理需要应予移送的材料。报请假释的,应当附有社区矫正机构或者基层组织关于罪犯假释后对所居住社区影响的调查评估报告。人民检察院对报请减刑、假释案件提出检察意见的,执行机关应当一并移送受理减刑、假释案件的人民法院。经审查,材料齐备的,应当立案;材料不齐的,应当通知执行机关在3日内补送,逾期未补送的,不予立案。

(3) 人民法院审理减刑、假释案件,应当在立案后5日内将执行机关报请减刑、假释的建议书等材料依法向社会公示。公示内容应当包括罪犯的个人情况、原判认定的罪名和刑期、罪犯历次减刑情况、执行机关的建议及依据。公示应当写明公示期限和提出意见的方式。公示期限为5日。

(4) 人民法院审理减刑、假释案件，应当依法由审判员或者由审判员和人民陪审员组成合议庭进行。

(5) 人民法院审理减刑、假释案件，除应当审查罪犯在执行期间的一贯表现外，还应当综合考虑犯罪的具体情节、原判刑罚情况、财产刑执行情况、附带民事裁判履行情况、罪犯退赃退赔等情况。人民法院审理假释案件，除应当审查第一款所列情形外，还应当综合考虑罪犯的年龄、身体状况、性格特征、假释后生活来源以及监管条件等影响再犯罪的因素。执行机关以罪犯有立功表现或重大立功表现为由提出减刑的，应当审查立功或重大立功表现是否属实。涉及发明创造、技术革新或者其他贡献的，应当审查该成果是否系罪犯在执行期间独立完成，并经有关主管机关确认。

(6) 人民法院审理减刑、假释案件，可以采取开庭审理或者书面审理的方式。但下列减刑、假释案件，应当开庭审理：① 因罪犯有重大立功表现报请减刑的；② 报请减刑的起始时间、间隔时间或者减刑幅度不符合司法解释一般规定的；③ 公示期间收到不同意见的；④ 人民检察院有异议的；⑤ 被报请减刑、假释罪犯系职务犯罪罪犯，组织(领导、参加、包庇、纵容)黑社会性质组织犯罪罪犯，破坏金融管理秩序和金融诈骗犯罪罪犯及其他在社会上有重大影响或社会关注度高的；⑥ 人民法院认为其他应当开庭审理的。

(7) 人民法院开庭审理减刑、假释案件，应当通知人民检察院、执行机关及被报请减刑、假释罪犯参加庭审。人民法院根据需要，可以通知证明罪犯确有悔改表现或者立功、重大立功表现的证人，公示期间提出不同意见的人，以及鉴定人、翻译人员等其他人员参加庭审。

(8) 开庭审理应当在罪犯刑罚执行场所或者人民法院确定的场所进行。有条件的人民法院可以采取视频开庭的方式进行。在社区执行刑罚的罪犯因重大立功被报请减刑的，可以在罪犯服刑地或者居住地开庭审理。

(9) 人民法院对于决定开庭审理的减刑、假释案件，应当在开庭3日前将开庭的时间、地点通知人民检察院、执行机关、被报请减刑、假释罪犯和有必要参加庭审的其他人员，并于开庭3日前进行公告。

(10) 减刑、假释案件的开庭审理由审判长主持，应当按照以下程序进行：① 审判长宣布开庭，核实被报请减刑、假释罪犯的基本情况；② 审判长宣布合议庭组成人员、检察人员、执行机关代表及其他庭审参加人；③ 执行机关代表宣读减刑、假释建议书，并说明主要理由；④ 检察人员发表检察意见；⑤ 法庭对被报请减刑、假释罪犯确有悔改表现或立功表现、重大立功表现的事实以及其他影响减刑、假释的情况进行调查核实；⑥ 被报请减刑、假释罪犯作最后陈述；⑦ 审判长对庭审情况进行总结并宣布休庭评议。

(11) 庭审过程中，合议庭人员对报请理由有疑问的，可以向被报请减刑、假释罪犯、证人、执行机关代表、检察人员提问。庭审过程中，检察人员对报请理由有疑问的，在经审判长许可后，可以出示证据，申请证人到庭，向被报请减刑、假释罪犯及证人提问并发表意见。被报请减刑、假释罪犯对报请理由有疑问的，在经审判长许可后，可以出示证据，申请证人到庭，向证人提问并发表意见。

(12) 庭审过程中，合议庭对证据有疑问需要进行调查核实，或者检察人员、执行机关代表提出申请的，可以宣布休庭。

(13) 人民法院开庭审理减刑、假释案件，能够当庭宣判的应当当庭宣判；不能当庭宣判的，可以择期宣判。

(14) 人民法院书面审理减刑、假释案件,可以就被报请减刑、假释罪犯是否符合减刑、假释条件进行调查核实或听取有关方面意见。

(15) 人民法院书面审理减刑案件,可以提讯被报请减刑罪犯;书面审理假释案件,应当提讯被报请假释罪犯。

(16) 人民法院审理减刑、假释案件,应当按照下列情形分别处理:① 被报请减刑、假释罪犯符合法律规定的减刑、假释条件的,作出予以减刑、假释的裁定;② 被报请减刑的罪犯符合法律规定的减刑条件,但执行机关报请的减刑幅度不适当的,对减刑幅度作出相应调整后作出予以减刑的裁定;③ 被报请减刑、假释罪犯不符合法律规定的减刑、假释条件的,作出不予减刑、假释的裁定。在人民法院作出减刑、假释裁定前,执行机关书面申请撤回减刑、假释建议的,是否准许,由人民法院决定。

(17) 减刑、假释裁定书应当写明罪犯原判和历次减刑情况,确有悔改表现或者立功、重大立功表现的事实和理由,以及减刑、假释的法律依据。裁定减刑的,应当注明刑期的起止时间;裁定假释的,应当注明假释考验期的起止时间。裁定调整减刑幅度或者不予减刑、假释的,应当在裁定书中说明理由。

(18) 人民法院作出减刑、假释裁定后,应当在7日内送达报请减刑、假释的执行机关、同级人民检察院以及罪犯本人。作出假释裁定的,还应当送达社区矫正机构或者基层组织。

(19) 减刑、假释裁定书应当通过互联网依法向社会公布。

(20) 人民检察院认为人民法院减刑、假释裁定不当,在法定期限内提出书面纠正意见的,人民法院应当在收到纠正意见后另行组成合议庭审理,并在1个月内作出裁定。

(21) 人民法院发现本院已经生效的减刑、假释裁定确有错误的,应当依法重新组成合议庭进行审理并作出裁定;上级人民法院发现下级人民法院已经生效的减刑、假释裁定确有错误的,应当指令下级人民法院另行组成合议庭审理,也可以自行依法组成合议庭进行审理并作出裁定。

(22) 最高人民法院以前发布的司法解释和规范性文件,与本规定不一致的,以本规定为准。

考点 10 对新罪、漏罪和申诉的处理

罪犯在服刑期间又犯罪的,或者发现了判决的时候所没有发现的罪行,由执行机关移送检察院处理。监狱和其他执行机关在刑罚执行中,如果认为判决有错误或者罪犯提出申诉,应当转请人民检察院或者原判人民法院处理。

考点 11 人民检察院对执行的监督

人民检察院依法对执行刑事判决、裁定的活动实行监督。对刑事判决、裁定执行活动的监督由人民检察院监所检察部门负责。人民法院判决被告人无罪,免予刑事处罚,判处管制,宣告缓刑,单处罚金或者剥夺政治权利,被告人被羁押的,人民检察院应当监督被告人是否被立即释放。发现被告人没有被立即释放的,应当立即向人民法院或者看守所提出纠正意见。

(一) 对死刑裁判执行的监督

(1) 被判处死刑的罪犯在被执行死刑时,人民检察院应当派员临场监督。死刑执行临场

监督由人民检察院监所检察部门负责；必要时，监所检察部门应当在执行前向公诉部门了解案件有关情况，公诉部门应当提供有关情况。执行死刑临场监督，由检察人员担任，并配备书记员担任记录。

（2）人民检察院收到同级人民法院执行死刑临场监督通知后，应当查明同级人民法院是否收到最高人民法院核准死刑的裁定或者作出的死刑判决、裁定和执行死刑的命令。

（3）临场监督执行死刑的检察人员应当依法监督执行死刑的场所、方法和执行死刑的活动是否合法。在执行死刑前，发现有下列情形之一的，应当建议人民法院立即停止执行：① 被执行人并非应当执行死刑的罪犯的；② 罪犯犯罪时不满18周岁，或者审判的时候已满75周岁，依法不应当适用死刑的；③ 判决可能有错误的；④ 在执行前罪犯有检举揭发他人重大犯罪行为等重大立功表现，可能需要改判的；⑤ 罪犯正在怀孕的。

（4）在执行死刑过程中，人民检察院临场监督人员根据需要可以进行拍照、录像；执行死刑后，人民检察院临场监督人员应当检查罪犯是否确已死亡，并填写死刑执行临场监督笔录，签名后入卷归档。人民检察院发现人民法院在执行死刑活动中有侵犯被执行死刑罪犯的人身权、财产权或者其近亲属、继承人合法权利等违法情形的，应当依法向人民法院提出纠正意见。

（5）判处被告人死刑缓期两年执行的判决、裁定在执行过程中，人民检察院监督的内容主要包括：① 死刑缓期执行期满，符合法律规定应当减为无期徒刑、有期徒刑条件的，监狱是否及时提出减刑建议请人民法院裁定，人民法院是否依法裁定；② 罪犯在缓期执行期间故意犯罪，监狱是否依法侦查和移送起诉；罪犯确系故意犯罪的，人民法院是否依法核准或者裁定执行死刑。被判处死刑缓期两年执行的罪犯在死刑缓期执行期间故意犯罪，执行机关移送人民检察院受理的，由罪犯服刑所在地的分、州、市人民检察院审查决定是否提起公诉。人民检察院发现人民法院对被判处死刑缓期两年执行的罪犯减刑不当的，应当依照《刑事诉讼规则（试行）》第653条、第654条的规定，向人民法院提出纠正意见。罪犯在死刑缓期执行期间又故意犯罪，经人民检察院起诉后，人民法院仍然予以减刑的，人民检察院应当依照《刑事诉讼规则（试行）》第十四章第四节的规定，向人民法院提出抗诉。

（二）对其他执行活动的监督

（1）人民检察院发现人民法院、公安机关、看守所的交付执行活动有下列违法情形之一的，应当依法提出纠正意见：① 交付执行的第一审人民法院没有在判决、裁定生效10日以内将判决书、裁定书、人民检察院的起诉书副本、自诉状复印件、执行通知书、结案登记表等法律文书送达公安机关、监狱或者其他执行机关的；② 对被判处死刑缓期两年执行、无期徒刑或者有期徒刑余刑在3个月以上的罪犯，公安机关、看守所自接到人民法院执行通知书等法律文书后30日以内，没有将成年罪犯送交监狱执行刑罚，或者没有将未成年罪犯送交未成年犯管教所执行刑罚的；③ 对需要收押执行刑罚而判决、裁定生效前未被羁押的罪犯，第一审人民法院没有及时将罪犯收押送交公安机关的，并将判决书、裁定书、执行通知书等法律文书送达公安机关的；④ 公安机关对需要收押执行刑罚但下落不明的罪犯，在收到人民法院的判决书、裁定书、执行通知书等法律文书后，没有及时抓捕、通缉的；⑤ 对被判处管制、宣告缓刑或者人民法院决定暂予监外执行的罪犯，在判决、裁定生效后或者收到人民法院暂予监外执行决定后，未依法交付罪犯居住地社区矫正机构执行，或者对被单处剥夺政治权利的罪犯，在判决、裁定生效后，未依法交付罪犯居住地公安机关执行的；⑥ 其他违法情形。

（2）人民检察院发现监狱在收押罪犯活动中有下列情形之一的，应当依法提出纠正意见：

①对公安机关、看守所依照《刑事诉讼法》第253条的规定送交监狱执行刑罚的罪犯,应当收押而拒绝收押的;②没有已经发生法律效力的刑事判决书或者裁定书、执行通知书等有关法律文书而收押的;③收押罪犯与收押凭证不符的;④收押依法不应当关押的罪犯的;⑤其他违反收押规定的情形。对监狱依法应当收监执行而拒绝收押罪犯的,送交执行的公安机关、看守所所在地的人民检察院应当及时建议承担监督该监狱职责的人民检察院向监狱提出书面纠正意见。

(3) 人民检察院发现监狱、看守所等执行机关在管理、教育改造罪犯等活动中有违法行为的,应当依法提出纠正意见。

(三) 对暂予监外执行的监督

(1) 人民检察院发现监狱、看守所、公安机关暂予监外执行的执法活动有下列情形之一的,应当依法提出纠正意见:①将不符合法定条件的罪犯提请暂予监外执行的;②提请暂予监外执行的程序违反法律规定或者没有完备的合法手续,或者对于需要保外就医的罪犯没有省级人民政府指定医院的诊断证明和开具的证明文件的;③监狱、看守所提出暂予监外执行书面意见,没有同时将书面意见副本抄送人民检察院的;④罪犯被决定或者批准暂予监外执行后,未依法交付罪犯居住地社区矫正机构实行社区矫正的;⑤对符合暂予监外执行条件的罪犯没有依法提请暂予监外执行的;⑥发现罪犯不符合暂予监外执行条件,或者在暂予监外执行期间严重违反暂予监外执行监督管理规定,或者暂予监外执行的条件消失且刑期未满,应当收监执行而未及时收监执行或者未提出收监执行建议的;⑦人民法院决定将暂予监外执行的罪犯收监执行,并将有关法律文书送达公安机关、监狱、看守所后,监狱、看守所未及时收监执行的;⑧对不符合暂予监外执行条件的罪犯通过贿赂等非法手段被暂予监外执行,以及在暂予监外执行期间脱逃的罪犯,监狱、看守所未建议人民法院将其监外执行期间、脱逃期间不计入执行刑期,或者对罪犯执行刑期计算的建议违法、不当的;⑨暂予监外执行的罪犯刑期届满,未及时办理释放手续的;⑩其他违法情形。

(2) 人民检察院收到监狱、看守所抄送的暂予监外执行书面意见副本后,应当逐案进行审查,发现罪犯不符合暂予监外执行法定条件或者提请暂予监外执行违反法定程序的,应当在10日以内向决定或者批准机关提出书面检察意见,同时也可以向监狱、看守所提出书面纠正意见。

(3) 人民检察院接到决定或者批准机关抄送的暂予监外执行决定书后,应当进行审查。审查的内容包括:①是否属于被判处有期徒刑或者拘役的罪犯;②是否属于有严重疾病需要保外就医的罪犯;③是否属于怀孕或者正在哺乳自己婴儿的妇女;④是否属于生活不能自理,适用暂予监外执行不致危害社会的罪犯;⑤是否属于适用保外就医可能有社会危险性的罪犯,或者自伤自残的罪犯;⑥决定或者批准机关是否符合《刑事诉讼法》第254条第5款的规定;⑦办理暂予监外执行是否符合法定程序。检察人员审查暂予监外执行决定,可以向罪犯所在单位和有关人员调查、向有关机关调阅有关材料。

(4) 人民检察院经审查认为暂予监外执行不当的,应当自接到通知之日起1个月以内,报经检察长批准,向决定或者批准暂予监外执行的机关提出书面纠正意见。下级人民检察院认为暂予监外执行不当的,应当立即层报决定或者批准暂予监外执行的机关的同级人民检察院,由其决定是否向决定或者批准暂予监外执行的机关提出书面纠正意见。

(5) 人民检察院向决定或者批准暂予监外执行的机关提出不同意暂予监外执行的书面意

见后,应当监督其对决定或者批准暂予监外执行的结果进行重新核查,并监督重新核查的结果是否符合法律规定。对核查不符合法律规定的,应当依法提出纠正意见,并向上一级人民检察院报告。

(6) 对于暂予监外执行的罪犯,人民检察院发现罪犯不符合暂予监外执行条件、严重违反有关暂予监外执行的监督管理规定或者暂予监外执行的情形消失而罪犯刑期未满的,应当通知执行机关收监执行,或者建议决定或者批准暂予监外执行的机关作出收监执行决定。

(四) 对减刑、假释的监督

(1) 人民检察院收到执行机关抄送的减刑、假释建议书副本后,应当逐案进行审查,发现减刑、假释建议不当或者提请减刑、假释违反法定程序的,应当在 10 日以内向审理减刑、假释案件的人民法院提出书面检察意见,同时也可以向执行机关提出书面纠正意见。

(2) 人民检察院发现监狱等执行机关提请人民法院裁定减刑、假释的活动有下列情形之一的,应当依法提出纠正意见:① 将不符合减刑、假释法定条件的罪犯,提请人民法院裁定减刑、假释的;② 对依法应当减刑、假释的罪犯,不提请人民法院裁定减刑、假释的;③ 提请对罪犯减刑、假释违反法定程序,或者没有完备的合法手续的;④ 提请对罪犯减刑的减刑幅度、起始时间、间隔时间或者减刑后又假释的间隔时间不符合有关规定的;⑤ 被提请减刑、假释的罪犯被减刑后实际执行的刑期或者假释考验期不符合有关法律规定的;⑥ 其他违法情形。

(3) 人民法院开庭审理减刑、假释案件,人民检察院应当指派检察人员出席法庭,发表意见。

(4) 人民检察院收到人民法院减刑、假释的裁定书副本后,应当及时进行审查。审查的内容包括:① 被减刑、假释的罪犯是否符合法定条件,对罪犯减刑的减刑幅度、起始时间、间隔时间或者减刑后又假释的间隔时间、罪犯被减刑后实际执行的刑期或者假释考验期是否符合有关规定;② 执行机关提请减刑、假释的程序是否合法;③ 人民法院审理、裁定减刑、假释的程序是否合法;④ 按照有关规定应当开庭审理的减刑、假释案件,人民法院是否开庭审理。检察人员审查人民法院减刑、假释裁定,可以向罪犯所在单位和有关人员进行调查,可以向有关机关调阅有关材料。

(5) 人民检察院经审查认为人民法院减刑、假释的裁定不当,应当在收到裁定书副本后 20 日以内,报经检察长批准,向作出减刑、假释裁定的人民法院提出书面纠正意见。

(6) 对人民法院减刑、假释裁定的纠正意见,由作出减刑、假释裁定的人民法院的同级人民检察院书面提出。下级人民检察院发现人民法院减刑、假释裁定不当的,应当向作出减刑、假释裁定的人民法院的同级人民检察院报告。

(7) 人民检察院对人民法院减刑、假释的裁定提出纠正意见后,应当监督人民法院是否在收到纠正意见后 1 个月以内重新组成合议庭进行审理,并监督重新作出的裁定是否符合法律规定。最终裁定不符合法律规定的,应当向同级人民法院提出纠正意见。

特别关注:

《人民检察院办理减刑、假释案件规定》

(1) 人民检察院办理减刑、假释案件,应当按照下列情形分别处理:① 对减刑、假释案件提请活动的监督,由对执行机关承担检察职责的人民检察院负责;② 对减刑、假释案件审理、裁定活动的监督,由人民法院的同级人民检察院负责;同级人民检察院对执行机关不承担检察职责的,可以根据需要指定对执行机关承担检察职责的人民检察院派员出席法庭;下级人民检察院发现减刑、假释裁定不当的,应当及时向作出减刑、假释裁定的人民法院的同级人民检察院报告。

(2) 人民检察院收到执行机关移送的下列减刑、假释案件材料后,应当及时进行审查:① 执行机关拟提请减刑、假释意见;② 终审法院裁判文书、执行通知书、历次减刑裁定书;③ 罪犯确有悔改表现、立功表现或者重大立功表现的证明材料;④ 罪犯评审鉴定表、奖惩审批表;⑤ 其他应当审查的案件材料。对拟提请假释案件,还应当审查社区矫正机构或者基层组织关于罪犯假释后对所居住社区影响的调查评估报告。

(3) 具有下列情形之一的,人民检察院应当进行调查核实:① 拟提请减刑、假释罪犯系职务犯罪罪犯,破坏金融管理秩序和金融诈骗犯罪罪犯,黑社会性质组织犯罪罪犯,严重暴力恐怖犯罪罪犯,或者其他在社会上有重大影响、社会关注度高的罪犯;② 因罪犯有立功表现或者重大立功表现拟提请减刑的;③ 拟提请减刑、假释罪犯的减刑幅度大、假释考验期长、起始时间早、间隔时间短或者实际执行刑期短的;④ 拟提请减刑、假释罪犯的考核计分高、专项奖励多或者鉴定材料、奖惩记录有疑点的;⑤ 收到控告、举报的;⑥ 其他应当进行调查核实的。

(4) 人民检察院可以采取调阅复制有关材料、重新组织诊断鉴别、进行文证鉴定、召开座谈会、个别询问等方式,对下列情况进行调查核实:① 拟提请减刑、假释罪犯在服刑期间的表现情况;② 拟提请减刑、假释罪犯的财产刑执行、附带民事裁判履行、退赃退赔等情况;③ 拟提请减刑罪犯的立功表现、重大立功表现是否属实,发明创造、技术革新是否系罪犯在服刑期间独立完成并经有关主管机关确认;④ 拟提请假释罪犯的身体状况、性格特征、假释后生活来源和监管条件等影响再犯罪的因素;⑤ 其他应当进行调查核实的情况。

(5) 人民检察院发现罪犯符合减刑、假释条件,但是执行机关未提请减刑、假释的,可以建议执行机关提请减刑、假释。

(6) 人民检察院收到执行机关抄送的减刑、假释建议书副本后,应当逐案进行审查,可以向人民法院提出书面意见。发现减刑、假释建议不当或者提请减刑、假释违反法定程序的,应当在收到建议书副本后10日以内,依法向审理减刑、假释案件的人民法院提出书面意见,同时将检察意见书副本抄送执行机关。案情复杂或者情况特殊的,可以延长10日。

(7) 人民法院开庭审理减刑、假释案件的,人民检察院应当指派检察人员出席法庭,发表检察意见,并对法庭审理活动是否合法进行监督。

(8) 检察人员应当在庭审前做好下列准备工作:① 全面熟悉案情,掌握证据情况,拟定法庭调查提纲和出庭意见;② 对执行机关提请减刑、假释有异议的案件,应当收集相关证据,可以建议人民法院通知相关证人出庭作证。

(9) 庭审开始后,在执行机关代表宣读减刑、假释建议书并说明理由之后,检察人员应当发表检察意见。

(10) 庭审过程中,检察人员对执行机关提请减刑、假释有疑问的,经审判长许可,可以出示证据,申请证人出庭作证,要求执行机关代表出示证据或者作出说明,向被提请减刑、假释的罪犯及证人提问并发表意见。

(11) 法庭调查结束时,在被提请减刑、假释罪犯作最后陈述之前,经审判长许可,检察人员可以发表总结性意见。

(12) 庭审过程中,检察人员认为需要进一步调查核实案件事实、证据,需要补充鉴定或者重新鉴定,或者需要通知新的证人到庭的,应当建议休庭。

(13) 人民检察院收到人民法院减刑、假释裁定书副本后,应当及时审查下列内容:① 人民法院对罪犯裁定予以减刑、假释,以及起始时间、间隔时间、实际执行刑期、减刑幅度或者假释考验期是否符合有关规定;② 人民法院对罪犯裁定不予减刑、假释是否符合有关规定;③ 人民法院审理、裁定减刑、假释的程序是否合法;④ 按照有关规定应当开庭审理的减刑、假释案件,人民法院是否开庭审理;⑤ 人民法院减刑、假释裁定书是否依法送达执行并向社会公布。

(14) 人民检察院经审查认为人民法院减刑、假释裁定不当的,应当在收到裁定书副本后20日以内,依法向作出减刑、假释裁定的人民法院提出书面纠正意见。

(15) 人民检察院对人民法院减刑、假释裁定提出纠正意见的,应当监督人民法院在收到纠正意见后1个月以内重新组成合议庭进行审理并作出最终裁定。

(16) 人民检察院发现人民法院已经生效的减刑、假释裁定确有错误的,应当向人民法院提出书面纠正意见,提请人民法院按照审判监督程序依法另行组成合议庭重新审理并作出裁定。

(五) 其他监督

(1) 人民检察院发现监狱、看守所对服刑期满或者依法应当予以释放的人员没有按期释放,对被裁定假释的罪犯依法应当交付罪犯居住地社区矫正机构实行社区矫正而不交付,对主刑执行完毕仍然需要执行附加剥夺政治权利的罪犯,依法应当交付罪犯居住地公安机关执行而不交付,或者有对服刑期未满又无合法释放根据的罪犯予以释放等违法行为的,应当依法提出纠正意见。

(2) 人民检察院依法对公安机关执行剥夺政治权利的活动实行监督,发现公安机关有未依法执行或者剥夺政治权利执行期满未书面通知本人及其所在单位、居住地基层组织等违法情形的,应当依法提出纠正意见。

(3) 人民检察院依法对人民法院执行罚金刑、没收财产刑以及执行生效判决、裁定中没收违法所得及其他涉案财产的活动实行监督,发现人民法院有依法应当执行而不执行,执行不当,罚没的财物未及时上缴国库,或者执行活动中有其他违法情形的,应当依法提出纠正意见。

(4) 人民检察院依法对社区矫正执法活动进行监督,发现有下列情形之一的,应当依法向社区矫正机构提出纠正意见:① 没有依法接收交付执行的社区矫正人员的;② 违反法律规定批准社区矫正人员离开所居住的市、县,或者违反人民法院禁止令的内容批准社区矫正人员进入特定区域或者场所的;③ 没有依法监督管理而导致社区矫正人员脱管的;④ 社区矫正人员违反监督管理规定或者人民法院的禁止令,依法应予治安管理处罚,没有及时提请公安机关依法给予处罚的;⑤ 缓刑、假释罪犯在考验期内违反法律、行政法规或者有关缓刑、假释的监督管理规定,或者违反人民法院的禁止令,依法应当撤销缓刑、假释,没有及时向人民法院提出撤销缓刑、假释建议的;⑥ 对具有《刑事诉讼法》第257条第1款规定情形之一的暂予监外执行的罪犯,没有及时向决定或者批准暂予监外执行的机关提出收监执行建议的;⑦ 对符合法定减刑条件的社区矫正人员,没有依法及时向人民法院提出减刑建议的;⑧ 对社区矫正人员有殴打、体罚、虐待、侮辱人格、强迫其参加超时间或者超体力社区服务等侵犯其合法权利行为的;⑨ 其他违法情形。人民检察院发现人民法院对依法应当撤销缓刑、假释的罪犯没有依法、及时作出撤销缓刑、假释裁定,对不符合暂予监外执行条件的罪犯通过贿赂等非法手段被暂予监外执行以及在暂予监外执行期间脱逃的罪犯的执行刑期计算错误,或者有权决定、批准暂予监外执行的机关对依法应当收监执行的罪犯没有及时依法作出收监执行决定的,应当依法提出纠正意见。

(5)对人民法院、公安机关、看守所、监狱、社区矫正机构等的交付执行活动、刑罚执行活动以及其他有关执行刑事判决、裁定活动中违法行为的监督,参照《刑事诉讼规则(试行)》第632条的规定办理。

二、例题

1. 甲纠集他人多次在市中心寻衅滋事,造成路人乙轻伤、丙的临街商铺严重受损。甲被起诉到法院后,乙和丙提起附带民事诉讼。法院判处甲有期徒刑6年,罚金1万元,赔偿乙医疗费1万元,赔偿丙财产损失4万元。判决生效交付执行后,查明甲除1辆汽车外无其他财产,且甲曾以该汽车抵押获取小额贷款,尚欠银行贷款2.5万元,银行主张优先受偿。法院以8万元的价格拍卖了甲的汽车。关于此8万元的执行顺序,下列哪一选项是正确的?(2017年真题,单选)

   A. 医疗费→银行贷款→财产损失→罚金
   B. 医疗费→财产损失→银行贷款→罚金
   C. 银行贷款→医疗费→财产损失→罚金
   D. 医疗费→财产损失→罚金→银行贷款

   [释疑] 最高人民法院《关于刑事裁判涉财产部分执行的若干规定》第13条规定:"被执行人在执行中同时承担刑事责任、民事责任,其财产不足以支付的,按照下列顺序执行:(一)人身损害赔偿中的医疗费用;(二)退赔被害人的损失;(三)其他民事债务;(四)罚金;(五)没收财产。债权人对执行标的依法享有优先受偿权,其主张优先受偿的,人民法院应当在前款第(一)项规定的医疗费用受偿后,予以支持。"A项正确;B、C、D项错误。(答案:A)

2. 张某居住于甲市A区,曾任甲市B区某局局长,因受贿罪被B区法院判处有期徒刑5年,执行期间突发严重疾病而被决定暂予监外执行。张某在监外执行期间违反规定,被决定收监执行。关于本案,下列哪一选项是正确的?(2017年真题,单选)

   A. 暂予监外执行由A区法院决定
   B. 暂予监外执行由B区法院决定
   C. 暂予监外执行期间由A区司法行政机关实行社区矫正
   D. 收监执行由B区法院决定

   [释疑] 张某居住于甲市A区,曾任甲市B区某局局长,因受贿罪被B区法院判处有期徒刑5年,执行期间突发严重疾病而被决定暂予监外执行。因其在服刑期间被决定暂予监外执行,决定机关应为司法行政机关的监狱管理部门。A、B项错误。暂予监外执行期间由其居住地的A区司法行政机关实行社区矫正,C项正确。收监执行由决定暂予监外执行的机关决定,D项错误。(答案:C)

3. 关于生效裁判执行,下列哪一做法是正确的?(2016年真题,单选)

   A. 甲被判处管制1年,由公安机关执行
   B. 乙被判处有期徒刑1年宣告缓刑2年,由社区矫正机构执行
   C. 丙被判处有期徒刑1年6个月,在被交付执行前,剩余刑期5个月,由看守所代为执行
   D. 丁被判处10年有期徒刑并处没收财产,没收财产部分由公安机关执行

[释疑] 《刑事诉讼法》第253条第2款规定:"对被判处死刑缓期二年执行、无期徒刑、有期徒刑的罪犯,由公安机关依法将该罪犯送交监狱执行刑罚。对被判处有期徒刑的罪犯,在被交付执行刑罚前,剩余刑期在三个月以下的,由看守所代为执行。对被判处拘役的罪犯,由公安机关执行。"《刑事诉讼法》第258条规定:"对被判处管制、宣告缓刑、假释或者暂予监外执行的罪犯,依法实行社区矫正,由社区矫正机构负责执行。"所以,A项、C项均错误;B项正确。《刑事诉讼法》第261条规定:没收财产的判决,无论附加适用或者独立适用,都由人民法院执行;在必要的时候,可以会同公安机关执行。所以,D项错误。(答案:B)

4. 关于监狱在刑事诉讼中的职权,下列哪一选项是正确的?(2016年真题,单选)

A. 监狱监管人员指使被监管人体罚虐待其他被监管人的犯罪,由监狱进行侦查

B. 罪犯在监狱内犯罪并被发现判决时所没有发现的罪行,应由监狱一并侦查

C. 被判处有期徒刑罪犯的暂予监外执行均应当由监狱提出书面意见,报省级以上监狱管理部门批准

D. 被判处有期徒刑罪犯的减刑应当由监狱提出建议书,并报法院审核裁定

[释疑] 《人民检察院刑事诉讼规则(试行)》第8条第1款规定:"人民检察院立案侦查贪污贿赂犯罪、国家工作人员的渎职犯罪、国家机关工作人员利用职权实施的非法拘禁、刑讯逼供、报复陷害、非法搜查的侵犯公民人身权利的犯罪以及侵犯公民民主权利的犯罪案件。"《人民检察院刑事诉讼规则(试行)》第8条第4款规定:"国家机关工作人员利用职权实施的侵犯公民人身权利和民主权利的犯罪案件包括:(一)非法拘禁案(刑法第二百三十八条);(二)非法搜查案(刑法第二百四十五条);(三)刑讯逼供案(刑法第二百四十七条);(四)暴力取证案(刑法第二百四十七条);(五)虐待被监管人案(刑法第二百四十八条);(六)报复陷害案(刑法第二百五十四条);(七)破坏选举案(刑法第二百五十六条)。"所以,本题中A项错误。《刑事诉讼法》第262条规定:"罪犯在服刑期间又犯罪的,或者发现了判决的时候所没有发现的罪行,由执行机关移送人民检察院处理。"《刑事诉讼法》第290条规定:"军队保卫部门对军队内部发生的刑事案件行使侦查权。对罪犯在监狱内犯罪的案件由监狱进行侦查。军队保卫部门、监狱办理刑事案件,适用本法的有关规定。"所以,罪犯在监狱内犯罪,应由监狱侦查,但是,监狱发现罪犯有判决时所没有发现的罪行,则应当移送人民检察院处理,故B项错误。《刑事诉讼法》第253条规定:罪犯被交付执行刑罚的时候,应当由交付执行的人民法院在判决生效后10日以内将有关的法律文书送达公安机关、监狱或者其他执行机关。对被判处死刑缓期2年执行、无期徒刑、有期徒刑的罪犯,由公安机关依法将该罪犯送交监狱执行刑罚。对被判处有期徒刑的罪犯,在被交付执行刑罚前,剩余刑期在3个月以下的,由看守所代为执行。对被判处拘役的罪犯,由公安机关执行;《刑事诉讼法》第254条第5款规定:"在交付执行前,暂予监外执行由交付执行的人民法院决定;在交付执行后,暂予监外执行由监狱或者看守所提出书面意见,报省级以上监狱管理机关或者设区的市一级以上公安机关批准。"对于"在被交付执行刑罚前,剩余刑期在三个月以下的,由看守所代为执行"的有期徒刑罪犯的暂予监外执行应当由设区的市一级以上公安机关批准。所以,C项错误。《刑事诉讼法》第262条第2款规定:"被判处管制、拘役、有期徒刑或者无期徒刑的罪犯,在执行期间确有悔改或者立功表现,应当依法予以减刑、假释的时候,由执行机关提出建议书,报请人民法院审核裁定,并将建议书副本抄送人民检察院。人民检察院可以向人民法院提出书面意见。"注意本条中的"执行机关"包括监狱,也包括公安机关等执行机关,由于本题D项"被判处有期徒刑罪犯

的减刑应当由监狱提出建议书,并报法院审核裁定"用的"应当"而非"均应当",故 D 项正确。但该题答案不很严谨,综合四个选项,只有 D 项可选。(答案:D)

5. 关于刑事裁判涉财产部分执行,下列哪一说法是正确的?(2015 年真题,单选)

A. 对侦查机关查封、冻结、扣押的财产,法院执行时可直接裁定处置,无需侦查机关出具解除手续

B. 法院续行查封、冻结、扣押的顺位无需与侦查机关的顺位相同

C. 刑事裁判涉财产部分的裁判内容应明确具体,涉案财产和被害人均应在判决书主文中详细列明

D. 刑事裁判涉财产部分,应由与一审法院同级的财产所在地的法院执行

[释疑] 最高人民法院《关于刑事裁判涉财产部分执行的若干规定》第 5 条第 1 款规定:"刑事审判或者执行中,对于侦查机关已经采取的查封、扣押、冻结,人民法院应当在期限届满前及时续行查封、扣押、冻结。人民法院续行查封、扣押、冻结的顺位与侦查机关查封、扣押、冻结的顺位相同。"所以,A 项错误。第 5 条第 1 款规定:"对侦查机关查封、扣押、冻结的财产,人民法院执行中可以直接裁定处置,无需侦查机关出具解除手续,但裁定中应当指明侦查机关查封、扣押、冻结的事实。"所以,B 项正确。最高人民法院《关于刑事裁判涉财产部分执行的若干规定》第 6 条规定:"刑事裁判涉财产部分的裁判内容,应当明确、具体。涉案财物或者被害人人数较多,不宜在判决主文中详细列明的,可以概括叙明并另附清单。判处没收部分财产的,应当明确没收的具体财物或者金额。判处追缴或者责令退赔的,应当明确追缴或者退赔的金额或财物的名称、数量等相关情况。"所以,C 项错误。最高人民法院《关于刑事裁判涉财产部分执行的若干规定》第 2 条规定:"刑事裁判涉财产部分,由第一审人民法院执行。第一审人民法院可以委托财产所在地的同级人民法院执行。"所以,D 项错误。(答案:A)

6. 关于减刑、假释案件审理程序,下列哪一选项是正确的?(2015 年真题,单选)

A. 甲因抢劫罪和绑架罪被法院决定执行有期徒刑 20 年,对甲的减刑,应由其服刑地高级法院作出裁定

B. 乙因检举他人重大犯罪活动被报请减刑的,法院应通知乙参加减刑庭审

C. 丙因受贿罪被判处有期徒刑 5 年,对丙的假释,可书面审理,但必须提讯丙

D. 丁因强奸罪被判处无期徒刑,对丁的减刑,可聘请律师到庭发表意见

[释疑] 最高人民法院《关于减刑、假释案件审理程序的规定》第 1 条第 1 款第 3 项规定:"对被判处有期徒刑和被减为有期徒刑的罪犯的减刑、假释,由罪犯服刑地的中级人民法院在收到执行机关提出的减刑、假释建议书后一个月内作出裁定,案情复杂或者情况特殊的,可以延长一个月。"所以,A 项错误。最高人民法院《关于减刑、假释案件审理程序的规定》第 6 条规定:"人民法院审理减刑、假释案件,可以采取开庭审理或者书面审理的方式。但下列减刑、假释案件,应当开庭审理:(一)因罪犯有重大立功表现报请减刑的;(二)报请减刑的起始时间、间隔时间或者减刑幅度不符合司法解释一般规定的;(三)公示期间收到不同意见的;(四)人民检察院有异议的;(五)被报请减刑、假释罪犯系职务犯罪罪犯,组织(领导、参加、包庇、纵容)黑社会性质组织犯罪罪犯,破坏金融管理秩序和金融诈骗犯罪罪犯及其他在社会上有重大影响或社会关注度高的;(六)人民法院认为其他应当开庭审理的";第 7 条规定:"人民法院开庭审理减刑、假释案件,应当通知人民检察院、执行机关及被报请减刑、假释罪犯参加庭审。人民法院根据需要,可以通知证明罪犯确有悔改表现或者立功、重大立功表现的证

人,公示期间提出不同意见的人,以及鉴定人、翻译人员等其他人员参加庭审。"所以,B项正确;C项错误;D项于法无据,错误。(答案:B)

7. 钱某涉嫌纵火罪被提起公诉,在法庭审理过程中被诊断患严重疾病,法院判处其有期徒刑8年,同时决定予以监外执行。下列哪一选项是错误的?(2014年真题,单选)

　　A. 决定监外执行时应当将暂予监外执行决定抄送检察院
　　B. 钱某监外执行期间,应当对其实行社区矫正
　　C. 如钱某拒不报告行踪、脱离监管,应当予以收监
　　D. 如法院作出收监决定,钱某不服,可向上一级法院申请复议

[释疑]《刑事诉讼法》第256条规定:"决定或者批准暂予监外执行的机关应当将暂予监外执行决定抄送人民检察院。人民检察院认为暂予监外执行不当的,应当自接到通知之日起一个月以内将书面意见送交决定或者批准暂予监外执行的机关,决定或者批准暂予监外执行的机关接到人民检察院的书面意见后,应当立即对该决定进行重新核查。"故A项正确。《刑事诉讼法》第258条规定:"对被判处管制、宣告缓刑、假释或者暂予监外执行的罪犯,依法实行社区矫正,由社区矫正机构负责执行。"故B项正确。《刑事诉讼法》第257条第1款规定:"对暂予监外执行的罪犯,有下列情形之一的,应当及时收监:(一)发现不符合暂予监外执行条件的;(二)严重违反有关暂予监外执行监督管理规定的;(三)暂予监外执行的情形消失后,罪犯刑期未满的。"故C项正确,严重违反有关暂予监外执行监督管理规定。被暂予监外执行人没有申请复议的权利,故D项错误。(答案:D)

8. 关于有期徒刑缓刑、拘役缓刑的执行,下列哪些选项是正确的?(2014年真题,多选)

　　A. 对宣告缓刑的罪犯,法院应当核实其居住地
　　B. 法院应当向罪犯及原所在单位或居住地群众宣布犯罪事实、期限及应遵守的规定
　　C. 罪犯在缓刑考验期内犯新罪应当撤销缓刑的,由原审法院作出裁定
　　D. 法院撤销缓刑的裁定,一经作出立即生效

[释疑]《刑诉法解释》第436条规定:"对被判处管制、宣告缓刑的罪犯,人民法院应当核实其居住地。宣判时,应当书面告知罪犯到居住地县级司法行政机关报到的期限和不按期报到的后果。判决、裁定生效后十日内,应当将判决书、裁定书、执行通知书等法律文书送达罪犯居住地的县级司法行政机关,同时抄送罪犯居住地的县级人民检察院。"故A项正确。缓刑由社区矫正机构执行,法院不负责执行。故B项错误。《刑诉法解释》第457条规定:"罪犯在缓刑、假释考验期限内犯新罪或者被发现在判决宣告前还有其他罪没有判决,应当撤销缓刑、假释的,由审判新罪的人民法院撤销原判决、裁定宣告的缓刑、假释,并书面通知原审人民法院和执行机关。"故C项错误。《刑诉法解释》第458条第2款规定:"人民法院撤销缓刑、假释的裁定,一经作出,立即生效。"故D项正确。(答案:AD)

9. 赵某因绑架罪被甲省A市中级法院判处死刑缓期两年执行,后交付甲省B市监狱执行。死刑缓期执行期间,赵某脱逃至乙省C市实施抢劫被抓获,C市中级法院一审以抢劫罪判处无期徒刑。赵某不服判决,向乙省高级法院上诉。乙省高级法院二审维持一审判决。此案最终经最高法院核准死刑立即执行。关于执行赵某死刑的法院,下列哪一选项是正确的?(2013年真题,单选)

　　A. A市中级法院　　　　　　　　B. B市中级法院
　　C. C市中级法院　　　　　　　　D. 乙省高级法院

[释疑] 《刑诉法解释》第417条规定:"最高人民法院的执行死刑命令,由高级人民法院交付第一审人民法院执行。第一审人民法院接到执行死刑命令后,应当在七日内执行。在死刑缓期执行期间故意犯罪,最高人民法院核准执行死刑的,由罪犯服刑地的中级人民法院执行。"故B项正确。(答案:B)

10. 下列哪一选项是2012年《刑事诉讼法》修正案新增加的内容?(2012年真题,单选)
    A. 怀孕或者正在哺乳自己婴儿的妇女可以暂予监外执行
    B. 监狱、看守所提出暂予监外执行的书面意见的,应当将书面意见的副本抄送检察院
    C. 决定或者批准暂予监外执行的机关应当将暂予监外执行决定抄送检察院
    D. 检察院认为暂予监外执行不当的,应当在法定期间内将书面意见送交决定或者批准暂予监外执行的机关

[释疑] 《刑事诉讼法》第255条规定:"监狱、看守所提出暂予监外执行的书面意见的,应当将书面意见的副本抄送人民检察院。人民检察院可以向决定或者批准机关提出书面意见。"故B项正确。(答案:B)

11. 被告人王某故意杀人案经某市中级法院审理,认为案件事实清楚,证据确实、充分。如王某被判处死刑立即执行,下列选项正确的是:(2010年真题,不定选)
    A. 核准死刑立即执行的机关是最高人民法院
    B. 签发死刑立即执行命令的是最高人民法院审判委员会
    C. 王某由作出一审判决的法院执行
    D. 王某由法院交由监狱或指定的羁押场所执行

[释疑] 《刑事诉讼法》235条规定:"死刑由最高人民法院核准。"A项正确。《刑事诉讼法》第250条规定:"最高人民法院判处和核准的死刑立即执行的判决,应当由最高人民法院院长签发执行死刑的命令。被判处死刑缓期二年执行的罪犯,在死刑缓期执行期间,如果没有故意犯罪,死刑缓期执行期满,应当予以减刑,由执行机关提出书面意见,报请高级人民法院裁定;如果故意犯罪,查证属实,应当执行死刑,由高级人民法院报请最高人民法院核准。"B项错误。《刑诉法解释》第417条规定:"最高人民法院的执行死刑命令,由高级人民法院交付第一审人民法院执行。第一审人民法院接到执行死刑命令后,应当在七日内执行。在死刑缓期执行期间故意犯罪,最高人民法院核准执行死刑的,由罪犯服刑地的中级人民法院执行。"C项正确、D项错误,故选A、C项。(答案:AC)

12. 被告人王某故意杀人案经某市中级人民法院审理,认为案件事实清楚,证据确实、充分。如王某被判处无期徒刑,附加剥夺政治权利,下列选项正确的是:(2010年真题,不定选)
    A. 无期徒刑的执行机关是监狱
    B. 剥夺政治权利的执行机关是公安机关
    C. 对王某应当剥夺政治权利终身
    D. 如王某减刑为有期徒刑,剥夺政治权利的期限应改为15年

[释疑] 根据《刑事诉讼法》第253条第2款的规定,对被判处死刑缓期两年执行、无期徒刑、有期徒刑的罪犯,由公安机关依法将该罪犯送交监狱执行刑罚;对于被判处有期徒刑的罪犯……故A、B项正确。根据《刑法》的规定,对王某应当剥夺政治权利终身,C项正确,D项于法无据。故选A、B、C项。(答案:ABC)

13. 被告人王某故意杀人案经某市中级法院审理,认为案件事实清楚,证据确实、充分。

如王某被并处没收个人财产,关于本案财产刑的执行及赔偿、债务偿还,下列说法正确的是:(2010年真题,不定选)

A. 财产刑由公安机关执行
B. 王某应先履行对提起附带民事诉讼的被害人的民事赔偿责任
C. 案外人对执行标的物提出异议的,法院应当裁定中止执行
D. 王某在案发前所负所有债务,经债权人请求先予以偿还

[释疑] 《刑诉法解释》第438条规定:"财产刑和附带民事裁判由第一审人民法院负责裁判执行的机构执行。"A项错误。第440条规定:"执行财产刑和附带民事裁判过程中,案外人对被执行财产提出权属异议的,人民法院应当参照民事诉讼有关执行异议的规定进行审查并作出处理。"C项错误。第441条规定:"被判处财产刑,同时又承担附带民事赔偿责任的被执行人,应当先履行民事赔偿责任。判处财产刑之前被执行人所负正当债务,需要以被执行的财产偿还的,经债权人请求,应当偿还。"B项正确,D项错误。故选B项。(答案:B)

14. 关于停止执行死刑的程序,下列哪一选项是正确的?(2009年真题,单选)

A. 下级法院接到最高人民法院执行死刑的命令后,执行前发现具有法定停止执行情形的,应当暂停执行并直接将请求停止执行报告及相关材料报最高人民法院
B. 最高人民法院审查下级人民法院报送的停止执行死刑报告后,应当作出下级人民法院停止或继续执行死刑的裁定
C. 下级人民法院停止执行后,可以自行调查核实,也可以与有关部门一同对相关情况进行调查核实
D. 下级人民法院停止执行并会同有关部门调查或自行调查后,应当迅速将调查结果直接报最高人民法院

[释疑] 《刑诉法解释》第418条规定:"第一审人民法院在接到执行死刑命令后、执行前,发现有下列情形之一的,应当暂停执行,并立即将请求停止执行死刑的报告和相关材料层报最高人民法院:(一)罪犯可能有其他犯罪的;(二)共同犯罪的其他犯罪嫌疑人到案,可能影响罪犯量刑的;(三)共同犯罪的其他罪犯被暂停或者停止执行死刑,可能影响罪犯量刑的;(四)罪犯揭发重大犯罪事实或者有其他重大立功表现,可能需要改判的;(五)罪犯怀孕的;(六)判决、裁定可能有影响定罪量刑的其他错误的。最高人民法院经审查,认为可能影响罪犯定罪量刑的,应当裁定停止执行死刑;认为不影响的,应当决定继续执行死刑。"所以A项错误。《刑诉法解释》第422条规定:"最高人民法院对停止执行死刑的案件,应当按照下列情形分别处理:(一)确认罪犯怀孕的,应当改判;(二)确认罪犯有其他犯罪,依法应当追诉的,应当裁定不予核准死刑,撤销原判,发回重新审判;(三)确认原判决、裁定有错误或罪犯有重大立功表现,需要改判的,应当裁定不予核准死刑,撤销原判,发回重新审判;(四)确认原判决、裁定没有错误,罪犯没有重大立功表现,或者重大立功表现不影响原判决、裁定执行的,应当裁定继续执行死刑,并由院长重新签发执行死刑的命令。"《刑诉法解释》第420条规定:"下级人民法院接到最高人民法院停止执行死刑的裁定后,应当会同有关部门调查核实停止执行死刑的事由,并及时将调查结果和意见层报最高人民法院审核。"所以B项错,C、D项错误。(答案:B)

15. 在一起共同犯罪案件中,主犯王某被判处有期徒刑15年,剥夺政治权利3年,并处没收个人财产;主犯朱某被判处有期徒刑10年,剥夺政治权利2年,罚金2万元人民币;从犯李

某被判处有期徒刑8个月;从犯周某被判处管制1年,剥夺政治权利1年。请回答(1)—(2)题。(2008年真题,不定选)

(1)在本案中,由监狱执行刑罚的罪犯是:
　　A. 王某　　　　　B. 朱某　　　　　C. 李某　　　　　D. 周某

[释疑] 《刑事诉讼法》第253条规定:"罪犯被交付执行刑罚的时候,应当由交付执行的人民法院在判决生效后十日以内将有关的法律文书送达公安机关、监狱或者其他执行机关。对被判处死刑缓期二年执行、无期徒刑、有期徒刑的罪犯,由公安机关依法将该罪犯送交监狱执行刑罚。对被判处有期徒刑的罪犯,在被交付执行刑罚前,剩余刑期在三个月以下的,由看守所代为执行。对被判处拘役的罪犯,由公安机关执行。对未成年犯应当在未成年犯管教所执行刑罚。执行机关应当将罪犯及时收押,并且通知罪犯家属。判处有期徒刑、拘役的罪犯,执行期满,应当由执行机关发给释放证明书。"(原答案:AB;现答案:ABC)

(2)所判刑罚既需要法院执行,又需要公安机关执行的罪犯是:
　　A. 王某　　　　　B. 周某　　　　　C. 李某　　　　　D. 朱某

[释疑] 《刑事诉讼法》第260条规定:"被判处罚金的罪犯,期满不缴纳的,人民法院应当强制缴纳;如果由于遭遇不能抗拒的灾祸缴纳确实有困难的,可以裁定减少或者免除。"《刑事诉讼法》第261条规定:"没收财产的判决,无论附加适用或者独立适用,都由人民法院执行;在必要的时候,可以会同公安机关执行。"故A、D项当选。(答案:AD)

16.《刑事诉讼法》规定,下级法院接到最高法院执行死刑的命令后,发现有关情形时,应当停止执行,并且立即报告最高人民法院,由最高人民法院作出裁定。下列哪些情形应当适用该规定?(2008年真题,多选)
　　A. 发现关键定罪证据可能是刑讯逼供所得
　　B. 判决书认定的年龄错误,实际年龄未满18周岁
　　C. 提供一重大银行抢劫案线索,经查证属实
　　D. 罪犯正在怀孕

[释疑] 《刑事诉讼法》第251条规定:"下级人民法院接到最高人民法院执行死刑的命令后,应当在七日以内交付执行。但是发现有下列情形之一的,应当停止执行,并且立即报告最高人民法院,由最高人民法院作出裁定:(一)在执行前发现判决可能有错误的;(二)在执行前罪犯揭发重大犯罪事实或者有其他重大立功表现,可能需要改判的;(三)罪犯正在怀孕。前款第一项、第二项停止执行的原因消失后,必须报请最高人民法院院长再签发执行死刑的命令才能执行;由于前款第三项原因停止执行的,应当报请最高人民法院依法改判。"故选A、B、C、D项。(答案:ABCD)

17. 根据我国《刑事诉讼法》的有关规定,下述哪些判决应当由公安机关执行?(多选)
　　A. 管制　　　　　　　　　　　　B. 有期徒刑的缓刑
　　C. 拘役　　　　　　　　　　　　D. 剥夺政治权利

[释疑] 《刑事诉讼法》第253条第2款规定:"……对被判处拘役的罪犯,由公安机关执行。"第258条规定:"对被判处管制、宣告缓刑、假释或者暂予监外执行的罪犯,依法实行社区矫正,由社区矫正机构负责执行。"第259条规定:"对被判处剥夺政治权利的罪犯,由公安机关执行。执行期满,应当由执行机关书面通知本人及其所在单位、居住地基层组织。"(原答案:ABCD;现答案:CD)

18. 下列有关执行机关执行范围的表述,错误的是:(多选)

A. 人民法院负责无罪、免除处罚、罚金、没收财产及死刑立即执行判决的执行

B. 公安机关负责送交执行时余刑不足两年的有期徒刑和拘役、管制、缓刑、剥夺政治权利、监外执行等的执行

C. 监狱负责被判处死刑缓期两年执行、无期徒刑和送交执行时余刑两年以上的有期徒刑的执行

D. 未成年犯管教所负责未成年被判处刑罚和劳动教养处罚的执行

[释疑] 公安机关负责执行时余刑不足3个月的罪犯的执行,B、C项错误;未成年犯管教所不负责劳动教养处罚的执行,D项错误。(答案:BCD)

19. 夏某因犯抢劫罪被某中级人民法院一审判处死刑缓期两年执行,并经高级人民法院核准。在死刑缓期两年执行期间夏某未犯新罪。两年期满后的第二天,高级人民法院尚未裁定减刑,夏某将同监另一犯人打成重伤。该高级人民法院对夏某处理错误的是:(多选)

A. 裁定核准死刑立即执行

B. 将死刑缓期两年执行改判为死刑立即执行,报最高人民法院核准

C. 先依法裁定减刑,然后对所犯新罪另行审判

D. 维持原死刑缓期两年执行的裁判,以观后效

[释疑] 《刑诉法解释》第416条规定:"死刑缓期执行的期间,从判决或者裁定核准死刑缓期执行的法律文书宣告或者送达之日起计算。死刑缓期执行期满,依法应当减刑的,人民法院应当及时减刑。死刑缓期执行期满减为无期徒刑、有期徒刑的,刑期自死刑缓期执行期满之日起计算。"本题中高级人民法院虽未裁定减刑,但夏某的两年缓刑执行已经期满,应当减为无期徒刑,其伤人行为应当另外以故意犯罪数罪并罚。故C项正确,A、B、D项错误。(答案:ABD)

20. 在刑事执行程序中,下列哪些情形不可以暂予监外执行?(多选)

A. 被判处无期徒刑的张某,怀有身孕

B. 被判处有期徒刑10年的罪犯王某,在狱中自杀未遂,生活不能自理

C. 被判处拘役的罪犯李某,患有严重疾病需要保外就医

D. 被判处5年有期徒刑的赵某,怀有身孕

[释疑] 《刑事诉讼法》第254条规定:"对被判处有期徒刑或者拘役的罪犯,有下列情形之一的,可以暂予监外执行:(一)有严重疾病需要保外就医的;(二)怀孕或者正在哺乳自己婴儿的妇女;(三)生活不能自理,适用暂予监外执行不致危害社会的。对被判处无期徒刑的罪犯,有前款第二项规定情形的,可以暂予监外执行。对适用保外就医可能有社会危险性的罪犯,或者自伤自残的罪犯,不得保外就医。对罪犯确有严重疾病,必须保外就医的,由省级人民政府指定的医院诊断并开具证明文件。在交付执行前,暂予监外执行由交付执行的人民法院决定;在交付执行后,暂予监外执行由监狱或者看守所提出书面意见,报省级以上监狱管理机关或者设区的市一级以上公安机关批准。"故选B项。(原答案:AB;现答案:B)

三、提示与预测

本章要掌握各种判决的执行程序、死刑执行的变更、监外执行、减刑、假释的程序、检察院对执行的监督等。尤其要注意新法的变化。

第二十章 未成年人刑事案件诉讼程序

未成年人刑事案件诉讼程序
- 未成年人刑事案件诉讼程序的概念
- 未成年人刑事案件诉讼程序的法律依据
- 未成年人刑事案件诉讼程序的意义
- 特有原则
  - 教育为主、惩罚为辅原则
  - 分案处理(分管分押)原则
  - 不公开审理原则
  - 及时原则、和缓原则
- 程序的特点
  - 必须查明犯罪嫌疑人、被告人的准确出生日期
  - 由专门机构或专职人员承办
  - 诉讼工作的全面性和细致性
  - 未成年犯罪嫌疑人、被告人享有特别的诉讼权利
  - 严格限制强制措施的适用
  - 相对和缓的办案方式

一、精讲

未成年人案件诉讼程序,是指专门适用于未成年人刑事案件的侦查、起诉、审判、执行等程序的一种特别刑事诉讼程序。

考点 1 《刑事诉讼法》关于未成年人案件的特殊规定

(1) 对犯罪的未成年人实行教育、感化、挽救的方针。

(2) 坚持教育为主、惩罚为辅的原则。

(3) 人民法院、人民检察院和公安机关办理未成年人刑事案件,应当保障未成年人行使其诉讼权利,保障未成年人得到法律帮助,并由熟悉未成年人身心特点的审判人员、检察人员、侦查人员承办。

(4) 未成年犯罪嫌疑人、被告人没有委托辩护人的,人民法院、人民检察院、公安机关应当通知法律援助机构指派律师为其提供辩护。

(5) 公安机关、人民检察院、人民法院办理未成年人刑事案件,根据情况可以对未成年犯罪嫌疑人、被告人的成长经历、犯罪原因、监护教育等情况进行调查。

(6) 对未成年犯罪嫌疑人、被告人应当严格限制适用逮捕措施。人民检察院审查批准逮捕和人民法院决定逮捕,应当讯问未成年犯罪嫌疑人、被告人,听取辩护律师的意见。

(7) 对被拘留、逮捕和执行刑罚的未成年人与成年人应当分别关押、分别管理、分别教育。

(8) 审判的时候被告人不满18周岁的案件,不公开审理。但是,经未成年被告人及其法定代理人同意,未成年被告人所在学校和未成年人保护组织可以派代表到场。

(9) 对于未成年人刑事案件,在讯问和审判的时候,应当通知未成年犯罪嫌疑人、被告人的法定代理人到场。无法通知、法定代理人不能到场或者法定代理人是共犯的,也可以通知未

成年犯罪嫌疑人、被告人的其他成年亲属,所在学校、单位、居住地基层组织或者未成年人保护组织的代表到场,并将有关情况记录在案。到场的法定代理人可以代为行使未成年犯罪嫌疑人、被告人的诉讼权利。

(10) 到场的法定代理人或者其他人员认为办案人员在讯问、审判中侵犯未成年人合法权益的,可以提出意见。讯问笔录、法庭笔录应当交给到场的法定代理人或者其他人员阅读或者向他宣读。

(11) 讯问女性未成年犯罪嫌疑人,应当有女工作人员在场。

(12) 审判未成年人刑事案件,未成年被告人最后陈述后,其法定代理人可以进行补充陈述。

(13) 询问未成年被害人、证人,适用《刑事诉讼法》第 270 条第 1 款、第 2 款、第 3 款的规定。

考点 2　附条件不起诉制度

(1) 对于未成年人涉嫌《刑法》分则第四章、第五章、第六章规定的犯罪,可能判处 1 年有期徒刑以下刑罚,符合起诉条件,但有悔罪表现的,人民检察院可以作出附条件不起诉的决定。

(2) 人民检察院在作出附条件不起诉的决定以前,应当听取公安机关、被害人的意见。

(3) 对附条件不起诉的决定,公安机关要求复议、提请复核或者被害人申诉的,适用《刑事诉讼法》第 175 条、第 176 条的规定。

(4) 未成年犯罪嫌疑人及其法定代理人对人民检察院决定附条件不起诉有异议的,人民检察院应当作出起诉的决定。

(5) 在附条件不起诉的考验期内,由人民检察院对被附条件不起诉的未成年犯罪嫌疑人进行监督考察。未成年犯罪嫌疑人的监护人,应当对未成年犯罪嫌疑人加强管教,配合人民检察院做好监督考察工作。

(6) 附条件不起诉的考验期为 6 个月以上 1 年以下,从人民检察院作出附条件不起诉的决定之日起计算。

(7) 被附条件不起诉的未成年犯罪嫌疑人,应当遵守下列规定:① 遵守法律法规,服从监督;② 按照考察机关的规定报告自己的活动情况;③ 离开所居住的市、县或者迁居,应当报经考察机关批准;④ 按照考察机关的要求接受矫治和教育。

(8) 被附条件不起诉的未成年犯罪嫌疑人,在考验期内有下列情形之一的,人民检察院应当撤销附条件不起诉的决定,提起公诉:① 实施新的犯罪或者发现决定附条件不起诉以前还有其他犯罪需要追诉的;② 违反治安管理规定或者考察机关有关附条件不起诉的监督管理规定,情节严重的。

(9) 被附条件不起诉的未成年犯罪嫌疑人,在考验期内没有上述情形,考验期满的,人民检察院应当作出不起诉的决定。

特别关注:

全国人民代表大会常务委员会《关于〈中华人民共和国刑事诉讼法〉第二百七十一条第二款的解释》

全国人民代表大会常务委员会根据司法实践中遇到的情况,讨论了《刑事诉讼法》第 271 条第 2 款的含义及被害人对附条件不起诉的案件能否依照第 176 条的规定向人民法院起诉的

问题,解释如下:

人民检察院办理未成年人刑事案件,在作出附条件不起诉的决定以及考验期满作出不起诉的决定以前,应当听取被害人的意见。被害人对人民检察院对未成年犯罪嫌疑人作出的附条件不起诉的决定和不起诉的决定,可以向上一级人民检察院申诉,不适用《刑事诉讼法》第176条关于被害人可以向人民法院起诉的规定。

比较:第176条对于有被害人的案件,决定不起诉的,人民检察院应当将不起诉决定书送达被害人。被害人如果不服,可以自收到决定书后7日以内向上一级人民检察院申诉,请求提起公诉。人民检察院应当将复查决定告知被害人。对人民检察院维持不起诉决定的,被害人可以向人民法院起诉。被害人也可以不经申诉,直接向人民法院起诉。人民法院受理案件后,人民检察院应当将有关案件材料移送人民法院。

第271条对于未成年人涉嫌《刑法》分则第四章、第五章、第六章规定的犯罪,可能判处1年有期徒刑以下刑罚,符合起诉条件,但有悔罪表现的,人民检察院可以作出附条件不起诉的决定。人民检察院在作出附条件不起诉的决定以前,应当听取公安机关、被害人的意见。对附条件不起诉的决定,公安机关要求复议、提请复核或者被害人申诉的,适用本法第175条、第176条的规定。未成年犯罪嫌疑人及其法定代理人对人民检察院决定附条件不起诉有异议的,人民检察院应当作出起诉的决定。

考点 3 犯罪记录封存制度

(1) 犯罪的时候不满18周岁,被判处5年有期徒刑以下刑罚的,应当对相关犯罪记录予以封存。

(2) 犯罪记录被封存的,不得向任何单位和个人提供,但司法机关为办案需要或者有关单位根据国家规定进行查询的除外。依法进行查询的单位,应当对被封存的犯罪记录的情况予以保密。

(3) 办理未成年人刑事案件,除《刑事诉讼法》第五编第一章已有规定的以外,按照《刑事诉讼法》的其他规定进行。

考点 4 《刑诉法解释》关于未成年人刑事案件诉讼程序的规定

(一) 一般规定

(1) 人民法院审理未成年人刑事案件,应当贯彻教育、感化、挽救的方针,坚持教育为主、惩罚为辅的原则,加强对未成年人的特殊保护。

(2) 人民法院应当加强同政府有关部门以及共青团、妇联、工会、未成年人保护组织等团体的联系,推动未成年人刑事案件人民陪审、情况调查、安置帮教等工作的开展,充分保障未成年人的合法权益,积极参与社会管理综合治理。

(3) 审理未成年人刑事案件,应当由熟悉未成年人身心特点、善于做未成年人思想教育工作的审判人员进行,并应当保持有关审判人员工作的相对稳定性。未成年人刑事案件的人民陪审员,一般由熟悉未成年人身心特点,热心教育、感化、挽救失足未成年人工作,并经过必要培训的共青团、妇联、工会、学校、未成年人保护组织等单位的工作人员或者有关单位的退休人员担任。

(4) 中级人民法院和基层人民法院可以设立独立建制的未成年人案件审判庭。尚不具备条件的，应当在刑事审判庭内设立未成年人刑事案件合议庭，或者由专人负责审理未成年人刑事案件。高级人民法院应当在刑事审判庭内设立未成年人刑事案件合议庭。具备条件的，可以设立独立建制的未成年人案件审判庭。未成年人案件审判庭和未成年人刑事案件合议庭统称少年法庭。

(5) 下列案件由少年法庭审理：① 被告人实施被指控的犯罪时不满18周岁、人民法院立案时不满20周岁的案件；② 被告人实施被指控的犯罪时不满18周岁、人民法院立案时不满20周岁，并被指控为首要分子或者主犯的共同犯罪案件。其他共同犯罪案件有未成年被告人的，或者其他涉及未成年人的刑事案件是否由少年法庭审理，由院长根据少年法庭工作的实际情况决定。

(6) 对分案起诉至同一人民法院的未成年人与成年人共同犯罪案件，可以由同一个审判组织审理；不宜由同一个审判组织审理的，可以分别由少年法庭、刑事审判庭审理。未成年人与成年人共同犯罪案件，由不同人民法院或者不同审判组织分别审理的，有关人民法院或者审判组织应当互相了解共同犯罪被告人的审判情况，注意全案的量刑平衡。

(7) 对未成年人刑事案件，必要时，上级人民法院可以根据《刑事诉讼法》第26条的规定，指定下级人民法院将案件移送其他人民法院审判。

(8) 人民法院审理未成年人刑事案件，在讯问和开庭时，应当通知未成年被告人的法定代理人到场。法定代理人无法通知、不能到场或者是共犯的，也可以通知未成年被告人的其他成年亲属，所在学校、单位、居住地的基层组织或者未成年人保护组织的代表到场，并将有关情况记录在案。到场的其他人员，除依法行使《刑事诉讼法》第270条第2款规定的权利外，经法庭同意，可以参与对未成年被告人的法庭教育等工作。适用简易程序审理未成年人刑事案件，适用《刑诉法解释》第466条第1、2款的规定。询问未成年被害人、证人，适用《刑诉法解释》第466条第1款、第2款的规定。

(9) 开庭审理时被告人不满18周岁的案件，一律不公开审理。经未成年被告人及其法定代理人同意，未成年被告人所在学校和未成年人保护组织可以派代表到场。到场代表的人数和范围，由法庭决定。到场代表经法庭同意，可以参与对未成年被告人的法庭教育工作。对依法公开审理，但可能需要封存犯罪记录的案件，不得组织人员旁听。

(10) 确有必要通知未成年被害人、证人出庭作证的，人民法院应当根据案件情况采取相应的保护措施。有条件的，可以采取视频等方式对其陈述、证言进行质证。

(11) 审理未成年人刑事案件，不得向外界披露该未成年人的姓名、住所、照片以及可能推断出该未成年人身份的其他资料。查阅、摘抄、复制的未成年人刑事案件的案卷材料，不得公开和传播。被害人是未成年人的刑事案件，适用《刑诉法解释》第469条第1、2款的规定。

(12) 审理未成年人刑事案件，《刑诉法解释》第二十章没有规定的，适用《刑诉法解释》的有关规定。

(二) 开庭准备

(1) 人民法院向未成年被告人送达起诉书副本时，应当向其讲明被指控的罪行和有关法律规定，并告知其审判程序和诉讼权利、义务。

(2) 审判时不满18周岁的未成年被告人没有委托辩护人的，人民法院应当通知法律援助机构指派律师为其提供辩护。

(3) 未成年被害人及其法定代理人因经济困难或者其他原因没有委托诉讼代理人的,人民法院应当帮助其申请法律援助。

(4) 对未成年人刑事案件,人民法院决定适用简易程序审理的,应当征求未成年被告人及其法定代理人、辩护人的意见。上述人员提出异议的,不适用简易程序。

(5) 被告人实施被指控的犯罪时不满18周岁、开庭时已满18周岁、不满20周岁的,人民法院开庭时,一般应当通知其近亲属到庭。经法庭同意,近亲属可以发表意见。近亲属无法通知、不能到场或者是共犯的,应当记录在案。

(6) 对人民检察院移送的关于未成年被告人性格特点、家庭情况、社会交往、成长经历、犯罪原因、犯罪前后的表现、监护教育等情况的调查报告,以及辩护人提交的反映未成年被告人上述情况的书面材料,法庭应当接受。必要时,人民法院可以委托未成年被告人居住地的县级司法行政机关、共青团组织以及其他社会团体组织对未成年被告人的上述情况进行调查,或者自行调查。

(7) 对未成年人刑事案件,人民法院根据情况,可以对未成年被告人进行心理疏导;经未成年被告人及其法定代理人同意,也可以对未成年被告人进行心理测评。

(8) 开庭前和休庭时,法庭根据情况,可以安排未成年被告人与其法定代理人或者《刑事诉讼法》第270条第1款规定的其他成年亲属、代表会见。

(三) 审判

(1) 人民法院应当在辩护台靠近旁听区一侧为未成年被告人的法定代理人或者《刑事诉讼法》第270条第1款规定的其他成年亲属、代表设置席位。审理可能判处5年有期徒刑以下刑罚或者过失犯罪的未成年人刑事案件,可以采取适合未成年人特点的方式设置法庭席位。

(2) 在法庭上不得对未成年被告人使用戒具,但被告人人身危险性大,可能妨碍庭审活动的除外。必须使用戒具的,在现实危险消除后,应当立即停止使用。

(3) 未成年被告人或者其法定代理人当庭拒绝辩护人辩护的,适用《刑诉法解释》第254条第1款、第2款的规定。重新开庭后,未成年被告人或者其法定代理人再次当庭拒绝辩护人辩护的,不予准许。重新开庭时被告人已满18周岁的,可以准许,但不得再另行委托辩护人或者要求另行指派律师,由其自行辩护。

(4) 法庭审理过程中,审判人员应当根据未成年被告人的智力发育程度和心理状态,使用适合未成年人的语言表达方式。发现有对未成年被告人诱供、训斥、讽刺或者威胁等情形的,审判长应当制止。

(5) 控辩双方提出对未成年被告人判处管制、宣告缓刑等量刑建议的,应当向法庭提供有关未成年被告人能够获得监护、帮教以及对所居住社区无重大不良影响的书面材料。

(6) 对未成年被告人情况的调查报告,以及辩护人提交的有关未成年被告人情况的书面材料,法庭应当审查并听取控辩双方意见。上述报告和材料可以作为法庭教育和量刑的参考。

(7) 法庭辩论结束后,法庭可以根据案件情况,对未成年被告人进行教育;判决未成年被告人有罪的,宣判后,应当对未成年被告人进行教育。对未成年被告人进行教育,可以邀请诉讼参与人、《刑事诉讼法》第270条第1款规定的其他成年亲属、代表以及社会调查员、心理咨询师等参加。适用简易程序审理的案件,对未成年被告人进行法庭教育,适用《刑诉法解释》第485条第1、2款的规定。

(8) 未成年被告人最后陈述后,法庭应当询问其法定代理人是否补充陈述。

(9) 对未成年刑事案件宣告判决应当公开进行,但不得采取召开大会等形式。对依法应当封存犯罪记录的案件,宣判时,不得组织人员旁听;有旁听人员的,应当告知其不得传播案件信息。

(10) 定期宣告判决的未成年人刑事案件,未成年被告人的法定代理人无法通知、不能到庭或者是共犯的,法庭可以通知《刑事诉讼法》第 270 条第 1 款规定的其他成年亲属、代表到庭,并在宣判后向未成年被告人的成年亲属送达判决书。

(四) 执行

(1) 将未成年罪犯送监执行刑罚或者送交社区矫正时,人民法院应当将有关未成年罪犯的调查报告及其在案件审理中的表现材料,连同有关法律文书,一并送达执行机关。

(2) 犯罪时不满 18 周岁,被判处 5 年有期徒刑以下刑罚以及免除刑事处罚的未成年人的犯罪记录,应当封存。2012 年 12 月 31 日以前审结的案件符合前款规定的,相关犯罪记录也应当封存。司法机关或者有关单位向人民法院申请查询封存的犯罪记录的,应当提供查询的理由和依据。对查询申请,人民法院应当及时作出是否同意的决定。

(3) 人民法院可以与未成年罪犯管教所等服刑场所建立联系,了解未成年罪犯的改造情况,协助做好帮教、改造工作,并可以对正在服刑的未成年罪犯进行回访考察。

(4) 人民法院认为必要时,可以督促被收监服刑的未成年罪犯的父母或者其他监护人及时探视。

(5) 对被判处管制、宣告缓刑、裁定假释、决定暂予监外执行的未成年罪犯,人民法院可以协助社区矫正机构制定帮教措施。

(6) 人民法院可以适时走访被判处管制、宣告缓刑、免除刑事处罚、裁定假释、决定暂予监外执行等的未成年罪犯及其家庭,了解未成年罪犯的管理和教育情况,引导未成年罪犯的家庭承担管教责任,为未成年罪犯改过自新创造良好环境。

(7) 被判处管制、宣告缓刑、免除刑事处罚、裁定假释、决定暂予监外执行等的未成年罪犯,具备就学、就业条件的,人民法院可以就其安置问题向有关部门提出司法建议,并附送必要的材料。

考点 5 《刑事诉讼规则(试行)》关于未成年人刑事案件诉讼程序的规定

(1) 人民检察院受理案件后,应当向未成年犯罪嫌疑人及其法定代理人了解其委托辩护人的情况,并告知其有权委托辩护人。未成年犯罪嫌疑人没有委托辩护人的,人民检察院应当书面通知法律援助机构指派律师为其提供辩护。

(2) 人民检察院根据情况可以对未成年犯罪嫌疑人的成长经历、犯罪原因、监护教育等情况进行调查,并制作社会调查报告,作为办案和教育的参考。人民检察院开展社会调查,可以委托有关组织和机构进行。人民检察院应当对公安机关移送的社会调查报告进行审查,必要时可以进行补充调查。人民检察院制作的社会调查报告应当随案移送人民法院。

(3) 对于罪行较轻,具备有效监护条件或者社会帮教措施,没有社会危险性或者社会危险性较小,不逮捕不致妨害诉讼正常进行的未成年犯罪嫌疑人,应当不批准逮捕。对于罪行比较严重,但主观恶性不大,有悔罪表现,具备有效监护条件或者社会帮教措施,具有下列情形之一,不逮捕不致妨害诉讼正常进行的未成年犯罪嫌疑人,可以不批准逮捕:① 初次犯罪、过失犯罪的;② 犯罪预备、中止、未遂的;③ 有自首或者立功表现的;④ 犯罪后如实交代罪行,真诚悔罪，积极退赃，尽力减少和赔偿损失，被害人谅解的；⑤ 不属于共同犯罪的主犯或者集团犯罪中的首要分子的；⑥ 属于已满14周岁不满16周岁的未成年人或者系在校学生的；⑦ 其他可以不批准逮捕的情形。

(4) 审查逮捕未成年犯罪嫌疑人，应当重点查清其是否已满14、16、18周岁。对犯罪嫌疑人实际年龄难以判断，影响对该犯罪嫌疑人是否应当负刑事责任认定的，应当不批准逮捕。需要补充侦查的，同时通知公安机关。

(5) 在审查逮捕、审查起诉中，人民检察院应当讯问未成年犯罪嫌疑人，听取辩护人的意见，并制作笔录附卷。讯问未成年犯罪嫌疑人，应当通知其法定代理人到场，告知法定代理人依法享有的诉讼权利和应当履行的义务。无法通知、法定代理人不能到场或者法定代理人是共犯的，也可以通知未成年犯罪嫌疑人的其他成年亲属，所在学校、单位或者居住地的村民委员会、居民委员会、未成年人保护组织的代表到场，并将有关情况记录在案。到场的法定代理人可以代为行使未成年犯罪嫌疑人的诉讼权利，行使时不得侵犯未成年犯罪嫌疑人的合法权益。到场的法定代理人或者其他人员认为办案人员在讯问中侵犯未成年犯罪嫌疑人合法权益的，可以提出意见。讯问笔录应当交由到场的法定代理人或者其他人员阅读或者向其宣读，并由其在笔录上签字、盖章或者捺指印确认。讯问女性未成年犯罪嫌疑人，应当有女性检察人员参加。询问未成年被害人、证人，适用《刑事诉讼规则(试行)》第490条第2款至第4款的规定。

(6) 讯问未成年犯罪嫌疑人一般不得使用械具。对于确有人身危险性，必须使用械具的，在现实危险消除后，应当立即停止使用。

(7) 人民检察院作出附条件不起诉的决定后，应当制作附条件不起诉决定书，并在3日以内送达公安机关、被害人或者其近亲属及其诉讼代理人、未成年犯罪嫌疑人及其法定代理人、辩护人。人民检察院应当当面向未成年犯罪嫌疑人及其法定代理人宣布附条件不起诉决定，告知考验期限、在考验期内应当遵守的规定以及违反规定应负的法律责任，并制作笔录附卷。

(8) 在附条件不起诉的考验期内，由人民检察院对被附条件不起诉的未成年犯罪嫌疑人进行监督考察。未成年犯罪嫌疑人的监护人，应当对未成年犯罪嫌疑人加强管教，配合人民检察院做好监督考察工作。人民检察院可以会同未成年犯罪嫌疑人的监护人、所在学校、单位、居住地的村民委员会、居民委员会、未成年人保护组织等的有关人员，定期对未成年犯罪嫌疑人进行考察、教育，实施跟踪帮教。

(9) 被附条件不起诉的未成年犯罪嫌疑人，应当遵守下列规定：① 遵守法律法规，服从监督；② 按照考察机关的规定报告自己的活动情况；③ 离开所居住的市、县或者迁居，应当报经考察机关批准；④ 按照考察机关的要求接受矫治和教育。

(10) 人民检察院可以要求被附条件不起诉的未成年犯罪嫌疑人接受下列矫治和教育：① 完成戒瘾治疗、心理辅导或者其他适当的处遇措施；② 向社区或者公益团体提供公益劳动；③ 不得进入特定场所，与特定的人员会见或者通信，从事特定的活动；④ 向被害人赔偿损失、赔礼道歉等；⑤ 接受相关教育；⑥ 遵守其他保护被害人安全以及预防再犯的禁止性规定。

(11) 考验期届满，办案人员应当制作附条件不起诉考察意见书，提出起诉或者不起诉的意见，经部门负责人审核，报请检察长决定。

(12) 被附条件不起诉的未成年犯罪嫌疑人，在考验期内有下列情形之一的，人民检察院应当撤销附条件不起诉的决定，提起公诉：① 实施新的犯罪的；② 发现决定附条件不起诉以前还有其他犯罪需要追诉的;③违反治安管理规定,造成严重后果,或者多次违反治安管理规定的;④违反考察机关有关附条件不起诉的监督管理规定,造成严重后果,或者多次违反考察机关有关附条件不起诉的监督管理规定的。

(13)被附条件不起诉的未成年犯罪嫌疑人,在考验期内没有《刑事诉讼规则(试行)》第500条规定的情形,考验期满的,人民检察院应当作出不起诉的决定。

(14)人民检察院办理未成年人刑事案件过程中,应当对涉案未成年人的资料予以保密,不得公开或者传播涉案未成年人的姓名、住所、照片、图像及可能推断出该未成年人的其他资料。

(15)犯罪的时候不满18周岁,被判处5年有期徒刑以下刑罚的,人民检察院应当在收到人民法院生效判决后,对犯罪记录予以封存。

(16)人民检察院应当将拟封存的未成年人犯罪记录、卷宗等相关材料装订成册,加密保存,不予公开,并建立专门的未成年人犯罪档案库,执行严格的保密制度。

(17)除司法机关为办案需要或者有关单位根据国家规定进行查询的以外,人民检察院不得向任何单位和个人提供封存的犯罪记录,并不得提供未成年人有犯罪记录的证明。司法机关或者有关单位需要查询犯罪记录的,应当向封存犯罪记录的人民检察院提出书面申请,人民检察院应当在7日以内作出是否许可的决定。

(18)被封存犯罪记录的未成年人,如果发现漏罪,且漏罪与封存记录之罪数罪并罚后被决定执行5年有期徒刑以上刑罚的,应当对其犯罪记录解除封存。

(19)本节所称未成年人刑事案件,是指犯罪嫌疑人实施涉嫌犯罪行为时已满14周岁、未满18周岁的刑事案件。《刑事诉讼规则(试行)》第485条、第490条、第491条所称的未成年犯罪嫌疑人,是指在诉讼过程中未满18周岁的人。犯罪嫌疑人实施涉嫌犯罪行为时未满18周岁,在诉讼过程中已满18周岁的,人民检察院可以根据案件的具体情况适用上述规定。

二、例题

1. 未成年人小周涉嫌故意伤害被取保候审,A县检察院审查起诉后决定对其适用附条件不起诉,监督考察期限为6个月。关于本案处理,下列哪一选项是正确的?(2017年真题,单选)

   A. 作出附条件不起诉决定后,应释放小周
   B. 本案审查起诉期限自作出附条件不起诉决定之日起中止
   C. 监督考察期间,如小周经批准迁居B县继续上学,改由B县检察院负责监督考察
   D. 监督考察期间,如小周严格遵守各项规定,表现优异,可将考察期限缩短为5个月

   [释疑] 《人民检察院办理未成年人刑事案件的规定》第34条规定,未成年犯罪嫌疑人在押的,作出附条件不起诉决定后,人民检察院应当作出释放或者变更强制措施的决定。A项错误。第45条第3款规定,作出附条件不起诉决定的案件,审查起诉期限自人民检察院作出附条件不起诉决定之日起中止计算,自考验期限届满之日起或者人民检察院作出撤销附条件不起诉决定之日起恢复计算。B项正确。第44条规定,未成年犯罪嫌疑人经批准离开所居住的市、县或者迁居,作出附条件不起诉决定的人民检察院可以要求迁入地的人民检察院协助进行考察,并将考察结果函告作出附条件不起诉决定的人民检察院。C项错误。第40条规定,人民检察院决定附条件不起诉的,应当确定考验期。考验期为6个月以上1年以下,从人民检察院作出附条件不起诉的决定之日起计算。根据未成年犯罪嫌疑人在考验期的表现,可以在

法定期限范围内适当缩短或者延长。5个月已短于考验期，D项错误。（答案：B）

2. 未成年人小天因涉嫌盗窃被检察院适用附条件不起诉。关于附条件不起诉可以附带的条件，下列哪些选项是正确的？（2016年真题，多选）

　　A. 完成一个疗程四次的心理辅导
　　B. 每周参加一次公益劳动
　　C. 每个月向检察官报告日常花销和交友情况
　　D. 不得离开所居住的县

　　[释疑]　《刑事诉讼规则（试行）》第497条规定："被附条件不起诉的未成年犯罪嫌疑人，应当遵守下列规定：（一）遵守法律法规，服从监督；（二）按照考察机关的规定报告自己的活动情况；（三）离开所居住的市、县或者迁居，应当报经考察机关批准；（四）按照考察机关的要求接受矫治和教育。"所以，C项正确，D项错误。《刑事诉讼规则（试行）》第498条规定："人民检察院可以要求被附条件不起诉的未成年犯罪嫌疑人接受下列矫治和教育：（一）完成戒瘾治疗、心理辅导或者其他适当的处遇措施；（二）向社区或者公益团体提供公益劳动；（三）不得进入特定场所，与特定的人员会见或者通信，从事特定的活动；（四）向被害人赔偿损失、赔礼道歉等；（五）接受相关教育；（六）遵守其他保护被害人安全以及预防再犯的禁止性规定。"所以，A项、B项均正确。（答案：ABC）

3. 全国人大常委会关于《刑事诉讼法》第271条第2款的解释规定，检察院办理未成年人刑事案件，在作出附条件不起诉决定以及考验期满作出不起诉决定前，应听取被害人的意见。被害人对检察院作出的附条件不起诉的决定和不起诉的决定，可向上一级检察院申诉，但不能向法院提起自诉。关于这一解释的理解，下列哪些选项是正确的？（2015年真题，多选）

　　A. 增加了听取被害人陈述意见的机会
　　B. 有利于对未成年犯罪嫌疑人的转向处置
　　C. 体现了对未成年犯罪嫌疑人的特殊保护
　　D. 是刑事公诉独占主义的一种体现

　　[释疑]　这一规定使得被害人有两次向上一级检察院申诉的机会，故A项正确。由于对检察院作出的附条件不起诉的决定和不起诉的决定，不能向法院提起自诉，使得未成年犯罪嫌疑人避免了因自诉而再入追诉程序的危险。所以B项正确。与普通程序相比，也"体现了对未成年犯罪嫌疑人的特殊保护"。刑事公诉独占主义下是没有自诉的，如上所述，该规定并非取消了自诉而是对未成年犯罪嫌疑人的特殊保护。所以，"是刑事公诉独占主义的一种体现"错误。（答案：ABC）

4. 律师邹某受法律援助机构指派，担任未成年人陈某的辩护人。关于邹某的权利，下列哪些说法是正确的？（2015年真题，多选）

　　A. 可调查陈某的成长经历、犯罪原因、监护教育等情况，并提交给法院
　　B. 可反对法院对该案适用简易程序，法院因此只能采用普通程序审理
　　C. 可在陈某最后陈述后进行补充陈述
　　D. 可在有罪判决宣告后，受法庭邀请参与对陈某的法庭教育

　　[释疑]　《刑诉法解释》第476条规定："对人民检察院移送的关于未成年被告人性格特点、家庭情况、社会交往、成长经历、犯罪原因、犯罪前后的表现、监护教育等情况的调查报告，以及辩护人提交的反映未成年被告人上述情况的书面材料，法庭应当接受。"所以，A项正确。

《刑诉法解释》第 474 条规定:"对未成年人刑事案件,人民法院决定适用简易程序审理的,应当征求未成年被告人及其法定代理人、辩护人的意见。上述人员提出异议的,不适用简易程序。"所以,B 项正确。《刑诉法解释》第 486 条规定:"未成年被告人最后陈述后,法庭应当询问其法定代理人是否补充陈述。"C 项于法无据,错误。《刑诉法解释》第 485 条规定:"法庭辩论结束后,法庭可以根据案件情况,对未成年被告人进行教育;判决未成年被告人有罪的,宣判后,应当对未成年被告人进行教育。对未成年被告人进行教育,可以邀请诉讼参与人、刑事诉讼法第二百七十条第一款规定的其他成年亲属、代表以及社会调查员、心理咨询师等参加。适用简易程序审理的案件,对未成年被告人进行法庭教育,适用前两款的规定。"辩护人是诉讼参与人,所以,D 项正确。(答案:ABD)

5. 甲、乙系初三学生,因涉嫌抢劫同学丙(三人均不满 16 周岁)被立案侦查。关于该案诉讼程序,下列哪些选项是正确的?(2015 年真题,多选)

A. 审查批捕讯问时,甲拒绝为其提供的合适成年人到场,应另行通知其他合适成年人到场

B. 讯问乙时,因乙的法定代理人无法到场而通知其伯父到场,其伯父可代行乙的控告权

C. 法庭审理询问丙时,应通知丙的法定代理人到场

D. 如该案适用简易程序审理,甲的法定代理人不能到场时可不再通知其他合适成年人到场

[释疑] 《人民检察院办理未成年人刑事案件的规定》第 17 条第 5 款规定:"未成年犯罪嫌疑人明确拒绝法定代理人以外的合适成年人到场,人民检察院可以准许,但应当另行通知其他合适成年人到场。"所以,A 项正确。《人民检察院办理未成年人刑事案件的规定》第 17 条第 4 款规定:"讯问未成年犯罪嫌疑人,应当通知其法定代理人到场,告知法定代理人依法享有的诉讼权利和应当履行的义务。无法通知、法定代理人不能到场或者法定代理人是共犯的,也可以通知未成年犯罪嫌疑人的其他成年亲属,所在学校、单位或者居住地的村民委员会、居民委员会、未成年人保护组织的代表等合适成年人到场,并将有关情况记录在案。到场的法定代理人可以代为行使未成年犯罪嫌疑人的诉讼权利,行使时不得侵犯未成年犯罪嫌疑人的合法权益。"所以,B 项错误。《刑事诉讼法》第 270 条规定,询问未成年被害人、证人,适用"在讯问和审判的时候,应当通知未成年犯罪嫌疑人、被告人的法定代理人到场"的规定。所以,C 项正确。《刑诉法解释》第 466 条第 1 款规定:"人民法院审理未成年人刑事案件,在讯问和开庭时,应当通知未成年被告人的法定代理人到场。法定代理人无法通知、不能到场或者是共犯的,也可以通知未成年被告人的其他成年亲属,所在学校、单位、居住地的基层组织或者未成年人保护组织的代表到场,并将有关情况记录在案。"所以,D 项于法无据,错误。(答案:AC)

6. 黄某(17 周岁,某汽车修理店职工)与吴某(16 周岁,高中学生)在餐馆就餐时因琐事与赵某(16 周岁,高中学生)发生争吵,并殴打赵某致其轻伤。检察院审查后,综合案件情况,拟对黄某作出附条件不起诉决定,对吴某作出不起诉决定。请回答第(1)—(3)题。(2014 年真题,不定选)

(1) 关于本案审查起诉的程序,下列选项正确的是:

A. 应当对黄某、吴某的成长经历、犯罪原因和监护教育等情况进行社会调查

B. 在讯问黄某、吴某和询问赵某时,应当分别通知他们的法定代理人到场

C. 应当分别听取黄某、吴某的辩护人的意见

D. 拟对黄某作出附条件不起诉决定，应当听取赵某及其法定代理人与诉讼代理人的意见

　　[释疑]《刑事诉讼法》第268条规定："公安机关、人民检察院、人民法院办理未成年人刑事案件，根据情况可以对未成年犯罪嫌疑人、被告人的成长经历、犯罪原因、监护教育等情况进行调查。"故A项错误，是"可以"，不是"应当"。《刑事诉讼法》第270条规定："对于未成年人刑事案件，在讯问和审判的时候，应当通知未成年犯罪嫌疑人、被告人的法定代理人到场。无法通知、法定代理人不能到场或者法定代理人是共犯的，也可以通知未成年犯罪嫌疑人、被告人的其他成年亲属，所在学校、单位、居住地基层组织或者未成年人保护组织的代表到场，并将有关情况记录在案。到场的法定代理人可以代为行使未成年犯罪嫌疑人、被告人的诉讼权利。到场的法定代理人或者其他人员认为办案人员在讯问、审判中侵犯未成年人合法权益的，可以提出意见。讯问笔录、法庭笔录应当交给到场的法定代理人或者其他人员阅读或者向他宣读。讯问女性未成年犯罪嫌疑人，应当有女工作人员在场。审判未成年人刑事案件，未成年被告人最后陈述后，其法定代理人可以进行补充陈述。询问未成年被害人、证人，适用第一款、第二款、第三款的规定。"故B项正确。《刑事诉讼法》第170条规定："人民检察院审查案件，应当讯问犯罪嫌疑人，听取辩护人、被害人及其诉讼代理人的意见，并记录在案。辩护人、被害人及其诉讼代理人提出书面意见的，应当附卷。"《刑事诉讼法》第271条第1款："对于未成年人涉嫌刑法分则第四章、第五章、第六章规定的犯罪，可能判处一年有期徒刑以下刑罚，符合起诉条件，但有悔罪表现的，人民检察院可以作出附条件不起诉的决定。人民检察院在作出附条件不起诉的决定以前，应当听取公安机关、被害人的意见。"《人民检察院办理未成年人刑事案件的规定》第30条规定："人民检察院在作出附条件不起诉的决定以前，应当听取公安机关、被害人、未成年犯罪嫌疑人的法定代理人、辩护人的意见，并制作笔录附卷。被害人是未成年人的，还应当听取被害人的法定代理人、诉讼代理人的意见。"故C、D项正确。（答案：BCD）

　　(2) 关于对黄某的考验期，下列选项正确的是：
　　A. 从宣告附条件不起诉决定之日起计算
　　B. 不计入检察院审查起诉的期限
　　C. 可根据黄某在考验期间的表现，在法定范围内适当缩短或延长
　　D. 如黄某违反规定被撤销附条件不起诉决定而提起公诉，已经过的考验期可折抵刑期

　　[释疑]《刑事诉讼规则（试行）》第495条规定："人民检察院作出附条件不起诉决定的，应当确定考验期。考验期为六个月以上一年以下，从人民检察院作出附条件不起诉的决定之日起计算。"故A项错误。考验期从作出决定之日计算，而不是宣告之日。《人民检察院办理未成年人刑事案件的规定》第40条规定："人民检察院决定附条件不起诉的，应当确定考验期。考验期为六个月以上一年以下，从人民检察院作出附条件不起诉的决定之日起计算。考验期不计入案件审查起诉期限。考验期的长短应当与未成年犯罪嫌疑人所犯罪行的轻重、主观恶性的大小和人身危险性的大小、一贯表现及帮教条件等相适应，根据未成年犯罪嫌疑人在考验期的表现，可以在法定期限范围内适当缩短或者延长。"故B、C项正确。附条件不起诉的考验期不能折抵刑罚，故D项错误。（答案：BC）

　　(3) 关于本案的办理，下列选项正确的是：
　　A. 在对黄某作出附条件不起诉决定、对吴某作出不起诉决定时，必须达成刑事和解
　　B. 检察院对黄某作出附条件不起诉决定、对吴某作出不起诉决定时，可要求他们向赵某赔礼道歉、赔偿损失

C. 在附条件不起诉考验期内,检察院可将黄某移交有关机构监督考察

D. 检察院对黄某作出附条件不起诉决定,对吴某作出不起诉决定后,均应将相关材料装订成册,予以封存

[释疑] 黄某属于对未成年人的附条件不起诉,吴某属于酌定不起诉,并不是必须以刑事和解为前提。故A项错误。《刑事诉讼规则(试行)》第498条规定:"人民检察院可以要求被附条件不起诉的未成年犯罪嫌疑人接受下列矫治和教育:(一)完成戒瘾治疗、心理辅导或者其他适当的处遇措施;(二)向社区或者公益团体提供公益劳动;(三)不得进入特定场所,与特定的人员会见或者通信,从事特定的活动;(四)向被害人赔偿损失、赔礼道歉等;(五)接受相关教育;(六)遵守其他保护被害人安全以及预防再犯的禁止性规定。"《刑事诉讼规则(试行)》第409条第1款规定:"人民检察院决定不起诉的案件,可以根据案件的不同情况,对被不起诉人予以训诫或者责令具结悔过、赔礼道歉、赔偿损失。"故B项正确。《刑事诉讼法》第272条第1款规定:"在附条件不起诉的考验期内,由人民检察院对被附条件不起诉的未成年犯罪嫌疑人进行监督考察。未成年犯罪嫌疑人的监护人,应当对未成年犯罪嫌疑人加强管教,配合人民检察院做好监督考察工作。"故C项错误。《刑事诉讼法》第273条第2款规定:"被附条件不起诉的未成年犯罪嫌疑人,在考验期内没有上述情形,考验期满的,人民检察院应当作出不起诉的决定。"《刑事诉讼规则(试行)》第507条规定:"人民检察院对未成年犯罪嫌疑人作出不起诉决定后,应当对相关记录予以封存。具体程序参照本规则第五百零四条至第五百零六条的规定。"对吴某作出酌定不起诉决定后,应当封存相关材料。注意,附条件不起诉决定的效力是暂时的,不具备终局性,因此对黄某作出附条件不起诉决定后,不能直接封存,要等到考验期满不起诉决定作出后才能封存。故D项错误。(答案:B)

7. 检察机关对未成年人童某涉嫌犯罪的案件进行审查后决定附条件不起诉。在考验期间,下列哪些情况下可以对童某撤销不起诉的决定、提起公诉?(2013年真题,多选)

A. 根据新的证据确认童某更改过年龄,在实施涉嫌犯罪行为时已满十八周岁的

B. 发现决定附条件不起诉以前还有其他犯罪需要追诉的

C. 违反考察机关有关附条件不起诉的监管规定,情节严重的

D. 违反治安管理规定,情节严重的

[释疑] 《刑事诉讼法》第273条规定:"被附条件不起诉的未成年犯罪嫌疑人,在考验期内有下列情形之一的,人民检察院应当撤销附条件不起诉的决定,提起公诉:(一)实施新的犯罪或者发现决定附条件不起诉以前还有其他犯罪需要追诉的;(二)违反治安管理规定或者考察机关有关附条件不起诉的监督管理规定,情节严重的。被附条件不起诉的未成年犯罪嫌疑人,在考验期内没有上述情形,考验期满的,人民检察院应当作出不起诉的决定。"故A、B、C、D项均当选。(答案:ABCD)

8. 关于附条件不起诉,下列哪一说法是错误的?(2012年真题,单选)

A. 只适用于未成年人案件

B. 应当征得公安机关、被害人的同意

C. 未成年犯罪嫌疑人及其法定代理人对附条件不起诉有异议的应当起诉

D. 有悔罪表现时,才可以附条件不起诉

[释疑] 《刑事诉讼法》第271条规定:"对于未成年人涉嫌刑法分则第四章、第五章、第六章规定的犯罪,可能判处一年有期徒刑以下刑罚,符合起诉条件,但有悔罪表现的,人民检察

院可以作出附条件不起诉的决定。人民检察院在作出附条件不起诉的决定以前,应当听取公安机关、被害人的意见。对附条件不起诉的决定,公安机关要求复议、提请复核或者被害人申诉的,适用本法第一百七十五条、第一百七十六条的规定。未成年犯罪嫌疑人及其法定代理人对人民检察院决定附条件不起诉有异议的,人民检察院应当作出起诉的决定。"故 B 项当选。(答案:B)

9.《刑事诉讼法》规定,审判的时候被告人不满18周岁的案件,不公开审理。但是,经未成年被告人及其法定代理人同意,未成年被告人所在学校和未成年人保护组织可以派代表到场。关于该规定的理解,下列哪些说法是错误的?(2012年真题,多选)

　　A. 该规定意味着经未成年被告人及其法定代理人同意,可以公开审理
　　B. 未成年被告人所在学校和未成年人保护组织派代表到场是公开审理的特殊形式
　　C. 未成年被告人所在学校和未成年人保护组织经同意派代表到场是为了维护未成年被告人的合法权益和对其进行教育
　　D. 未成年被告人所在学校和未成年人保护组织经同意派代表到场与审判的时候被告人不满18周岁的案件不公开审理并不矛盾

[释疑] 《刑事诉讼法》第270条第1款规定:"对于未成年人刑事案件,在讯问和审判的时候,应当通知未成年犯罪嫌疑人、被告人的法定代理人到场。无法通知、法定代理人不能到场或者法定代理人是共犯的,也可以通知未成年犯罪嫌疑人、被告人的其他成年亲属,所在学校、单位、居住地基层组织或者未成年人保护组织的代表到场,并将有关情况记录在案。到场的法定代理人可以代为行使未成年犯罪嫌疑人、被告人的诉讼权利。"故 A、B 项当选。(答案:AB)

10. 关于犯罪记录封存的适用条件,下列哪些选项是正确的?(2012年真题,多选)

　　A. 犯罪的时候不满18周岁　　　　　　B. 被判处5年有期徒刑以下刑罚
　　C. 初次犯罪　　　　　　　　　　　　D. 没有受过其他处罚

[释疑] 《刑事诉讼法》第275条规定:"犯罪的时候不满十八周岁,被判处五年有期徒刑以下刑罚的,应当对相关犯罪记录予以封存。犯罪记录被封存的,不得向任何单位和个人提供,但司法机关为办案需要或者有关单位根据国家规定进行查询的除外。依法进行查询的单位,应当对被封存的犯罪记录的情况予以保密。"故 A、B 项当选。(答案:AB)

11. 根据《人民检察院办理未成年人刑事案件的规定》,关于检察院审查批捕未成年犯罪嫌疑人,下列哪些做法是正确的?(2010年真题,多选)

　　A. 讯问未成年犯罪嫌疑人,应当通知法定代理人到场
　　B. 讯问女性未成年犯罪嫌疑人,应当有女检察人员参加
　　C. 讯问未成年犯罪嫌疑人一般不得使用戒具
　　D. 对难以判断犯罪嫌疑人实际年龄,影响案件认定的,应当作出不批准逮捕的决定

[释疑] 《刑事诉讼规则(试行)》第489条规定:"审查逮捕未成年犯罪嫌疑人,应当重点查清其是否已满十四、十六、十八周岁。对犯罪嫌疑人实际年龄难以判断,影响对该犯罪嫌疑人是否应当负刑事责任认定的,应当不批准逮捕。需要补充侦查的,同时通知公安机关。"D 项正确。第490条规定:"在审查逮捕、审查起诉中,人民检察院应当讯问未成年犯罪嫌疑人,听取辩护人的意见,并制作笔录附卷。讯问未成年犯罪嫌疑人,应当通知其法定代理人到场,告知法定代理人依法享有的诉讼权利和应当履行的义务。无法通知、法定代理人不能到场或

者法定代理人是共犯的,也可以通知未成年犯罪嫌疑人的其他成年亲属,所在学校、单位或者居住地的村民委员会、居民委员会、未成年人保护组织的代表到场,并将有关情况记录在案。到场的法定代理人可以代为行使未成年犯罪嫌疑人的诉讼权利,行使时不得侵犯未成年犯罪嫌疑人的合法权益。到场的法定代理人或者其他人员认为办案人员在讯问中侵犯未成年犯罪嫌疑人合法权益的,可以提出意见。讯问笔录应当交由到场的法定代理人或者其他人员阅读或者向其宣读,并由其在笔录上签字、盖章或者捺指印确认。讯问女性未成年犯罪嫌疑人,应当有女性检察人员参加。询问未成年被害人、证人,适用本条第二款至第四款的规定。"A 项正确、B 项正确。第 491 条规定:"讯问未成年犯罪嫌疑人一般不得使用戒具。对于确有人身危险性,必须使用戒具的,在现实危险消除后,应当立即停止使用。"C 项正确。故 A、B、C、D 项当选。(答案:ABCD)

12. 关于审理未成年人刑事案件,下列哪些选项是正确的?(2009 年真题,多选)

　　A. 不能适用简易程序

　　B. 在法庭上,必要时才对未成年被告人使用戒具

　　C. 休庭时,可以允许法定代理人或者其他成年近亲属、教师会见未成年被告人

　　D. 对未成年人案件,宣告判决应当公开进行

[释疑] 《刑诉法解释》第 474 条规定:"对未成年人刑事案件,人民法院决定适用简易程序审理的,应当征求未成年被告人及其法定代理人、辩护人的意见。上述人员提出异议的,不适用简易程序。"故 A 项错误。第 480 条规定:"在法庭上不得对未成年被告人使用戒具,但被告人人身危险性大,可能妨碍庭审活动的除外。必须使用戒具的,在现实危险消除后,应当立即停止使用。"故 B 项正确。第 478 条规定:"开庭前和休庭时,法庭根据情况,可以安排未成年被告人与其法定代理人或者刑事诉讼法第二百七十条第一款规定的其他成年亲属、代表会见。"第 487 条第 1 款规定:"对未成年人刑事案件宣告判决应当公开进行,但不得采取召开大会等形式。"故 C、D 项正确。(答案:BCD)

13. 检察院在审查起诉未成年人刑事案件时,应当进行下列哪些活动?(2007 年真题,单选)

　　A. 应当听取辩护人的意见

　　B. 应当听取未成年被害人的意见

　　C. 应当听取未成年被害人的法定代理人的意见

　　D. 在押的未成年犯罪嫌疑人有认罪、悔罪表现的,检察人员可以安排其与法定代理人、近亲属等会见、通话

[释疑] 《刑事诉讼规则(试行)》第 490 条规定:"在审查逮捕、审查起诉中,人民检察院应当讯问未成年犯罪嫌疑人,听取辩护人的意见,并制作笔录附卷。讯问未成年犯罪嫌疑人,应当通知其法定代理人到场,告知法定代理人依法享有的诉讼权利和应当履行的义务。无法通知、法定代理人不能到场或者法定代理人是共犯的,也可以通知未成年犯罪嫌疑人的其他成年亲属,所在学校、单位或者居住地的村民委员会、居民委员会、未成年人保护组织的代表到场,并将有关情况记录在案。到场的法定代理人可以代为行使未成年犯罪嫌疑人的诉讼权利,行使时不得侵犯未成年犯罪嫌疑人的合法权益。到场的法定代理人或者其他人员认为办案人员在讯问中侵犯未成年犯罪嫌疑人合法权益的,可以提出意见。讯问笔录应当交由到场的法定代理人或者其他人员阅读或者向其宣读,并由其在笔录上签字、盖章或者捺指印确认。讯问

女性未成年犯罪嫌疑人,应当有女性检察人员参加。询问未成年被害人、证人,适用本条第二款至第四款的规定。"故 A 项正确。(答案:A)

三、提示与预测

本章要重点掌握《刑事诉讼法》对未成年人案件程序的新规定。

第二十一章 当事人和解的公诉案件诉讼程序

一、精讲

刑事和解有广义、狭义之分。广义的刑事和解既包括公诉案件,也包括自诉案件和附带民事诉讼案件的和解;狭义的刑事和解仅指刑事公诉案件的和解。

考点 1 当事人和解的公诉案件诉讼程序的适用范围

下列公诉案件,犯罪嫌疑人、被告人真诚悔罪,通过向被害人赔偿损失、赔礼道歉等方式获得被害人谅解,被害人自愿和解的,双方当事人可以和解:① 因民间纠纷引起,涉嫌《刑法》分则第四章、第五章规定的犯罪案件,可能判处 3 年有期徒刑以下刑罚的;② 除渎职犯罪以外的可能判处 7 年有期徒刑以下刑罚的过失犯罪案件。犯罪嫌疑人、被告人在 5 年以内曾经故意犯罪的,不适用本章规定的程序。

考点 2 当事人和解程序

双方当事人和解的,公安机关、人民检察院、人民法院应当听取当事人和其他有关人员的意见,对和解的自愿性、合法性进行审查,并主持制作和解协议书。

对于达成和解协议的案件,公安机关可以向人民检察院提出从宽处理的建议。人民检察院可以向人民法院提出从宽处罚的建议;对于犯罪情节轻微,不需要判处刑罚的,可以作出不起诉的决定。人民法院可以依法对被告人从宽处罚。

考点 3 《刑诉法解释》关于当事人和解的公诉案件诉讼程序的规定

(1) 对符合《刑事诉讼法》第 277 条规定的公诉案件,事实清楚、证据充分的,人民法院应当告知当事人可以自行和解;当事人提出申请的,人民法院可以主持双方当事人协商,以达成和解。根据案件情况,人民法院可以邀请人民调解员、辩护人、诉讼代理人、当事人亲友等参与促成双方当事人和解。

(2) 符合《刑事诉讼法》第 277 条规定的公诉案件,被害人死亡的,其近亲属可以与被告人和解。近亲属有多人的,达成和解协议,应当经处于同一继承顺序的所有近亲属同意。被害人系无行为能力或者限制行为能力人的,其法定代理人、近亲属可以代为和解。

(3) 被告人的近亲属经被告人同意,可以代为和解。被告人系限制行为能力人的,其法定代理人可以代为和解。被告人的法定代理人、近亲属依照《刑诉法解释》第 498 条第 1、2 款规定代为和解的,和解协议约定的赔礼道歉等事项,应当由被告人本人履行。

(4) 对公安机关、人民检察院主持制作的和解协议书,当事人提出异议的,人民法院应当审查。经审查,和解自愿、合法的,予以确认,无须重新制作和解协议书;和解不具有自愿性、合法性的,应当认定无效。和解协议被认定无效后,双方当事人重新达成和解的,人民法院应当主持制作新的和解协议书。

(5) 审判期间,双方当事人和解的,人民法院应当听取当事人及其法定代理人等有关人员的意见。双方当事人在庭外达成和解的,人民法院应当通知人民检察院,并听取其意见。经审查,和解自愿、合法的,应当主持制作和解协议书。

(6) 和解协议书应当包括以下内容:① 被告人承认自己所犯罪行,对犯罪事实没有异议,并真诚悔罪;② 被告人通过向被害人赔礼道歉、赔偿损失等方式获得被害人谅解;涉及赔偿损失的,应当写明赔偿的数额、方式等;提起附带民事诉讼的,由附带民事诉讼原告人撤回附带民事诉讼;③ 被害人自愿和解,请求或者同意对被告人依法从宽处理。和解协议书应当由双方当事人和审判人员签名,但不加盖人民法院印章。和解协议书一式 3 份,双方当事人各持 1 份,另 1 份交人民法院附卷备查。对和解协议中的赔偿损失内容,双方当事人要求保密的,人民法院应当准许,并采取相应的保密措施。

(7) 和解协议约定的赔偿损失内容,被告人应当在协议签署后即时履行。和解协议已经全部履行,当事人反悔的,人民法院不予支持,但有证据证明和解违反自愿、合法原则的除外。

(8) 双方当事人在侦查、审查起诉期间已经达成和解协议并全部履行,被害人或者其法定代理人、近亲属又提起附带民事诉讼的,人民法院不予受理,但有证据证明和解违反自愿、合法原则的除外。

(9) 被害人或者其法定代理人、近亲属提起附带民事诉讼后,双方愿意和解,但被告人不能即时履行全部赔偿义务的,人民法院应当制作附带民事调解书。

(10) 对达成和解协议的案件,人民法院应当对被告人从轻处罚;符合非监禁刑适用条件的,应当适用非监禁刑;判处法定最低刑仍然过重的,可以减轻处罚;综合全案认为犯罪情节轻微不需要判处刑罚的,可以免除刑事处罚。共同犯罪案件,部分被告人与被害人达成和解协议的,可以依法对该部分被告人从宽处罚,但应当注意全案的量刑平衡。

(11) 达成和解协议的,裁判文书应当作出叙述,并援引《刑事诉讼法》的相关条文。

考点 4 《刑事诉讼规则(试行)》关于当事人和解的公诉案件诉讼程序的规定

(1) 下列公诉案件,双方当事人可以和解:① 因民间纠纷引起,涉嫌《刑法》分则第四章、第五章规定的犯罪案件,可能判处 3 年有期徒刑以下刑罚的;② 除渎职犯罪以外的可能判处 7 年有期徒刑以下刑罚的过失犯罪案件。上述公诉案件应当同时符合下列条件:① 犯罪嫌疑人真诚悔罪,向被害人赔偿损失、赔礼道歉等;② 被害人明确表示对犯罪嫌疑人予以谅解;③ 双方当事人自愿和解,符合有关法律规定;④ 属于侵害特定被害人的故意犯罪或者有直接被害人的过失犯罪;⑤ 案件事实清楚,证据确实、充分。犯罪嫌疑人在 5 年以内曾经故意犯罪的,不适用《刑事诉讼规则(试行)》第十三章第二节规定的程序。犯罪嫌疑人在犯《刑事诉讼法》第 277 条第 1 款规定的犯罪前 5 年内曾故意犯罪,无论该故意犯罪是否已经追究,均应当认定为《刑事诉讼规则(试行)》第 510 条第 3 款规定的 5 年以内曾经故意犯罪。

(2) 被害人死亡的,其法定代理人、近亲属可以与犯罪嫌疑人和解。被害人系无行为能力或者限制行为能力人的,其法定代理人可以代为和解。

(3) 犯罪嫌疑人系限制行为能力人的,其法定代理人可以代为和解。犯罪嫌疑人在押的,经犯罪嫌疑人同意,其法定代理人、近亲属可以代为和解。

(4) 双方当事人可以就赔偿损失、赔礼道歉等民事责任事项进行和解,并且可以就被害人及其法定代理人或者近亲属是否要求或者同意公安机关、人民检察院、人民法院对犯罪嫌疑人依法从宽处理进行协商,但不得对案件的事实认定、证据采信、法律适用和定罪量刑等依法属于公安机关、人民检察院、人民法院职权范围的事宜进行协商。

(5) 双方当事人可以自行达成和解,也可以经人民调解委员会、村民委员会、居民委员会、当事人所在单位或者同事、亲友等组织或者个人调解后达成和解。人民检察院对于《刑事诉讼规则(试行)》第510条规定的公诉案件,可以建议当事人进行和解,并告知相应的权利义务,必要时可以提供法律咨询。

(6) 人民检察院应当对和解的自愿性、合法性进行审查,重点审查以下内容:① 双方当事人是否自愿和解;② 犯罪嫌疑人是否真诚悔罪,是否向被害人赔礼道歉,经济赔偿数额与其所造成的损害和赔偿能力是否相适应;③ 被害人及其法定代理人或者近亲属是否明确表示对犯罪嫌疑人予以谅解;④ 是否符合法律规定;⑤ 是否损害国家、集体和社会公共利益或者他人的合法权益;⑥ 是否符合社会公德。审查时,应当听取双方当事人和其他有关人员对和解的意见,告知刑事案件可能从宽处理的法律后果和双方的权利义务,并制作笔录附卷。

(7) 经审查认为双方自愿和解,内容合法,且符合《刑事诉讼规则(试行)》第510条规定的范围和条件的,人民检察院应当主持制作和解协议书。和解协议书的主要内容包括:① 双方当事人的基本情况;② 案件的主要事实;③ 犯罪嫌疑人真诚悔罪,承认自己所犯罪行,对指控的犯罪没有异议,向被害人赔偿损失、赔礼道歉等;赔偿损失的,应当写明赔偿的数额、履行的方式、期限等;④ 被害人及其法定代理人或者近亲属对犯罪嫌疑人予以谅解,并要求或者同意公安机关、人民检察院、人民法院对犯罪嫌疑人依法从宽处理。和解协议书应当由双方当事人签字,可以写明和解协议书系在人民检察院主持下制作。检察人员不在当事人和解协议书上签字,也不加盖人民检察院印章。和解协议书一式3份,双方当事人各持1份,另1份交人民检察院附卷备查。

(8) 和解协议书约定的赔偿损失内容,应当在双方签署协议后立即履行,至迟在人民检察院作出从宽处理决定前履行。确实难以一次性履行的,在被害人同意并提供有效担保的情况下,也可以分期履行。

(9) 双方当事人在侦查阶段达成和解协议,公安机关向人民检察院提出从宽处理建议的,人民检察院在审查逮捕和审查起诉时应当充分考虑公安机关的建议。

(10) 人民检察院对于公安机关提请批准逮捕的案件,双方当事人达成和解协议的,可以作为有无社会危险性或者社会危险性大小的因素予以考虑,经审查认为不需要逮捕的,可以作出不批准逮捕的决定;在审查起诉阶段可以依法变更强制措施。

(11) 人民检察院对于公安机关移送审查起诉的案件,双方当事人达成和解协议的,可以作为是否需要判处刑罚或者免除刑罚的因素予以考虑,符合法律规定的不起诉条件的,可以决定不起诉。对于依法应当提起公诉的,人民检察院可以向人民法院提出从宽处罚的量刑建议。

(12) 人民检察院拟对当事人达成和解的公诉案件作出不起诉决定的,应当听取双方当事人对和解的意见,并且查明犯罪嫌疑人是否已经切实履行和解协议,不能即时履行的是否已经提供有效担保,将其作为是否决定不起诉的因素予以考虑。当事人在不起诉决定作出之前反悔的,可以另行达成和解。不能另行达成和解的,人民检察院应当依法作出起诉或者不起诉决定。当事人在不起诉决定作出之后反悔的,人民检察院不撤销原决定,但有证据证明和解违反自愿、合法原则的除外。

(13) 犯罪嫌疑人或者其亲友等以暴力、威胁、欺骗或者其他非法方法强迫、引诱被害人和解,或者在协议履行完毕之后威胁、报复被害人的,应当认定和解协议无效。已经作出不批准逮捕或者不起诉决定的,人民检察院根据案件情况可以撤销原决定,对犯罪嫌疑人批准逮捕或者提起公诉。

二、例题

1. 董某(17岁)在某景点旅游时,点燃荒草不慎引起大火烧毁集体所有的大风公司林地,致大风公司损失5万元,被检察院提起公诉。关于本案处理,下列哪一选项是正确的?(2017年真题,单选)

A. 如大风公司未提起附带民事诉讼,检察院可代为提起,并将大风公司列为附带民事诉讼原告人

B. 董某与大风公司既可就是否对董某免除刑事处分达成和解,也可就民事赔偿达成和解

C. 双方刑事和解时可约定由董某在1年内补栽树苗200棵

D. 如双方达成刑事和解,检察院经法院同意可撤回起诉并对董某适用附条件不起诉

[释疑] 《刑诉法解释》第142条规定,国家财产、集体财产遭受损失,受损失的单位未提起附带民事诉讼,人民检察院在提起公诉时提起附带民事诉讼的,人民法院应当受理。人民检察院提起附带民事诉讼的,应当列为附带民事诉讼原告人。A项错误。第501条规定:"和解协议书应当包括以下内容:(一) 被告人承认自己所犯罪行,对犯罪事实没有异议,并真诚悔罪;(二) 被告人通过向被害人赔礼道歉、赔偿损失等方式获得被害人谅解;涉及赔偿损失的,应当写明赔偿的数额、方式等;提起附带民事诉讼的,由附带民事诉讼原告人撤回附带民事诉讼;(三) 被害人自愿和解,请求或者同意对被告人依法从宽处罚。和解协议书应当由双方当事人和审判人员签名,但不加盖人民法院印章。和解协议书一式三份,双方当事人各持一份,另一份交人民法院附卷备查。对和解协议中的赔偿损失内容,双方当事人要求保密的,人民法院应当准许,并采取相应的保密措施。"C项正确。第505条规定,对达成和解协议的案件,人民法院应当对被告人从轻处罚;符合非监禁刑适用条件的,应当适用非监禁刑;判处法定最低刑仍然过重的,可以减轻处罚;综合全案认为犯罪情节轻微不需要判处刑罚的,可以免除刑事处罚。B项错误;D项于法无据。(答案:C)

2. 下列哪一案件可以适用当事人和解的公诉案件诉讼程序?(2016年真题,单选)

A. 甲因侵占罪被免除处罚2年后,又涉嫌犯故意伤害致人轻伤罪

B. 乙涉嫌寻衅滋事,在押期间由其父亲代为和解,被害人表示同意

C. 丙涉嫌犯过失致人重伤罪,被害人系限制行为能力人,被害人父亲愿意代为和解

D. 丁涉嫌破坏计算机信息系统,被害人表示愿意和解

[释疑] 《刑事诉讼法》第277条规定:"下列公诉案件,犯罪嫌疑人、被告人真诚悔罪,通过向被害人赔偿损失、赔礼道歉等方式获得被害人谅解,被害人自愿和解的,双方当事人可以

和解:(一)因民间纠纷引起,涉嫌刑法分则第四章、第五章规定的犯罪案件,可能判处三年有期徒刑以下刑罚的;(二)除渎职犯罪以外的可能判处七年有期徒刑以下刑罚的过失犯罪案件。犯罪嫌疑人、被告人在五年以内曾经故意犯罪的,不适用本章规定的程序。"A 项属于"犯罪嫌疑人、被告人在五年以内曾经故意犯罪的",所以不选;"寻衅滋事罪""破坏计算机信息系统罪"属于《刑法》分则第六章"妨害社会管理秩序罪"规定的犯罪,所以,B 项、D 项不选。《刑诉法解释》第 497 条第 2 款规定:"被害人系无行为能力或者限制行为能力人的,其法定代理人、近亲属可以代为和解。"故 C 项正确。(答案:C)

3. 甲因邻里纠纷失手致乙死亡,甲被批准逮捕。案件起诉后,双方拟通过协商达成和解。对于此案的和解,下列哪一选项是正确的?(2014 年真题,单选)

　A. 由于甲在押,其近亲属可自行与被害方进行和解
　B. 由于乙已经死亡,可由其近亲属代为和解
　C. 甲的辩护人和乙近亲属的诉讼代理人可参与和解协商
　D. 由于甲在押,和解协议中约定的赔礼道歉可由其近亲属代为履行

[释疑] 《刑诉法解释》第 498 条规定:"被告人的近亲属经被告人同意,可以代为和解。被告人系限制行为能力人的,其法定代理人可以代为和解。被告人的法定代理人、近亲属依照前两款规定代为和解的,和解协议约定的赔礼道歉等事项,应当由被告人本人履行。"故 A、D 项错误。《刑诉法解释》第 497 条规定:"符合刑事诉讼法第二百七十七条规定的公诉案件,被害人死亡的,其近亲属可以与被告人和解。近亲属有多人的,达成和解协议,应当经处于同一继承顺序的所有近亲属同意。被害人系无行为能力或者限制行为能力人的,其法定代理人、近亲属可以代为和解。"被害人死亡的,其近亲属就成为和解的主体,可直接与被告人和解。故 B 项错误。《刑诉法解释》第 496 条第 2 款规定:"根据案件情况,人民法院可以邀请人民调解员、辩护人、诉讼代理人、当事人亲友等参与促成双方当事人和解。"故 C 项正确。(答案:C)

4. 李某因琐事将邻居王某打成轻伤。案发后,李家积极赔偿,赔礼道歉,得到王家谅解。如检察院根据双方和解对李某作出不起诉决定,需要同时具备下列哪些条件?(2013 年真题,多选)

　A. 双方和解具有自愿性、合法性
　B. 李某实施伤害的犯罪情节轻微,不需要判处刑罚
　C. 李某五年以内未曾故意犯罪
　D. 公安机关向检察院提出从宽处理的建议

[释疑] 《刑事诉讼法》第 277 条规定:"下列公诉案件,犯罪嫌疑人、被告人真诚悔罪,通过向被害人赔偿损失、赔礼道歉等方式获得被害人谅解,被害人自愿和解的,双方当事人可以和解:(一)因民间纠纷引起,涉嫌刑法分则第四章、第五章规定的犯罪案件,可能判处三年有期徒刑以下刑罚的;(二)除渎职犯罪以外的可能判处七年有期徒刑以下刑罚的过失犯罪案件。犯罪嫌疑人、被告人在五年以内曾经故意犯罪的,不适用本章规定的程序。"第 279 条规定:"对于达成和解协议的案件,公安机关可以向人民检察院提出从宽处理的建议。人民检察院可以向人民法院提出从宽处理的建议;对于犯罪情节轻微,不需要判处刑罚的,可以作出不起诉的决定。人民法院可以依法对被告人从宽处罚。"故 A、B、C 项正确。(答案:ABC)

5. 对于适用当事人和解的公诉案件诉讼程序而达成和解协议的案件,下列哪一做法是错误的?(2012 年真题,单选)

A. 公安机关可以撤销案件
B. 检察院可以向法院提出从宽处罚的建议
C. 对于犯罪情节轻微,不需要判处刑罚的,检察院可以不起诉
D. 法院可以依法对被告人从宽处罚

[释疑]《刑事诉讼法》第279条规定:"对于达成和解协议的案件,公安机关可以向人民检察院提出从宽处理的建议。人民检察院可以向人民法院提出从宽处罚的建议;对于犯罪情节轻微,不需要判处刑罚的,可以作出不起诉的决定。人民法院可以依法对被告人从宽处罚。"(答案:A)

6. 关于可以适用当事人和解的公诉案件诉讼程序的案件范围,下列哪些选项是正确的?(2012年真题,多选)
A. 交通肇事罪
B. 暴力干涉婚姻自由罪
C. 过失致人死亡罪
D. 刑讯逼供罪

[释疑]《刑事诉讼法》第277条规定:"下列公诉案件,犯罪嫌疑人、被告人真诚悔罪,通过向被害人赔偿损失、赔礼道歉等方式获得被害人谅解,被害人自愿和解的,双方当事人可以和解:(一)因民间纠纷引起,涉嫌刑法分则第四章、第五章规定的犯罪案件,可能判处三年有期徒刑以下刑罚的;(二)除渎职犯罪以外的可能判处七年有期徒刑以下刑罚的过失犯罪案件。犯罪嫌疑人、被告人在五年以内曾经故意犯罪的,不适用本章规定的程序。"故A、D项正确。(答案:AD)

三、提示与预测

本章要重点掌握《刑事诉讼法》对当事人和解的公诉案件诉讼程序的新规定。

第二十二章 犯罪嫌疑人、被告人逃匿、死亡案件违法所得的没收程序

一、精讲

考点 1 没收违法所得的申请

(1) 对于贪污贿赂犯罪、恐怖活动犯罪等重大犯罪案件,犯罪嫌疑人、被告人逃匿,在通缉1年后不能到案,或者犯罪嫌疑人、被告人死亡,依照《刑法》规定应当追缴其违法所得及其他涉案财产的,人民检察院可以向人民法院提出没收违法所得的申请。

(2) 公安机关认为有前款规定情形的,应当写出没收违法所得意见书,移送人民检察院。

(3) 没收违法所得的申请应当提供与犯罪事实、违法所得相关的证据材料,并列明财产的种类、数量、所在地及查封、扣押、冻结的情况。

(4) 人民法院在必要的时候,可以查封、扣押、冻结申请没收的财产。

考点 2 对没收违法所得的申请的审理

（1）没收违法所得的申请，由犯罪地或者犯罪嫌疑人、被告人居住地的中级人民法院组成合议庭进行审理。

（2）人民法院受理没收违法所得的申请后，应当发出公告。公告期间为6个月。犯罪嫌疑人、被告人的近亲属和其他利害关系人有权申请参加诉讼，也可以委托诉讼代理人参加诉讼。

（3）人民法院在公告期满后对没收违法所得的申请进行审理。利害关系人参加诉讼的，人民法院应当开庭审理。

（4）人民法院经审理，对经查证属于违法所得及其他涉案财产，除依法返还被害人的以外，应当裁定予以没收；对不属于应当追缴的财产的，应当裁定驳回申请，解除查封、扣押、冻结措施。对于人民法院依照前款规定作出的裁定，犯罪嫌疑人、被告人的近亲属和其他利害关系人或者人民检察院可以提出上诉、抗诉。

（5）在审理过程中，在逃的犯罪嫌疑人、被告人自动投案或者被抓获的，人民法院应当终止审理。

（6）没收犯罪嫌疑人、被告人财产确有错误的，应当予以返还、赔偿。

考点 3 六部门《规定》的相关规定

（1）对于依照《刑法》规定应当追缴的违法所得及其他涉案财产，除依法返还被害人的财物以及依法销毁的违禁品外，必须一律上缴国库。查封、扣押的涉案财产，依法不移送的，待人民法院作出生效判决、裁定后，由人民法院通知查封、扣押机关上缴国库，查封、扣押机关应当向人民法院送交执行回单；冻结在金融机构的违法所得及其他涉案财产，待人民法院作出生效判决、裁定后，由人民法院通知有关金融机构上缴国库，有关金融机构应当向人民法院送交执行回单。对于被扣押、冻结的债券、股票、基金份额等财产，在扣押、冻结期间权利人申请出售，经扣押、冻结机关审查，不损害国家利益、被害人利益，不影响诉讼正常进行的，以及扣押、冻结的汇票、本票、支票的有效期即将届满的，可以在判决生效前依法出售或者变现，所得价款由扣押、冻结机关保管，并及时告知当事人或者其近亲属。

（2）《刑事诉讼法》第142条第1款规定："人民检察院、公安机关根据侦查犯罪的需要，可以依照规定查询、冻结犯罪嫌疑人的存款、汇款、债券、股票、基金份额等财产。"根据上述规定，人民检察院、公安机关不能扣划存款、汇款、债券、股票、基金份额等财产。对于犯罪嫌疑人、被告人死亡，依照《刑法》规定应当追缴其违法所得及其他涉案财产的，适用《刑事诉讼法》第五编第三章规定的程序，由人民检察院向人民法院提出没收违法所得的申请。

（3）犯罪嫌疑人、被告人死亡，现有证据证明存在违法所得及其他涉案财产应当予以没收的，公安机关、人民检察院可以进行调查。公安机关、人民检察院进行调查，可以依法进行查封、扣押、查询、冻结。人民法院在审理案件过程中，被告人死亡的，应当裁定终止审理；被告人脱逃的，应当裁定中止审理。人民检察院可以依法另行向人民法院提出没收违法所得的申请。

（4）对于人民法院依法作出的没收违法所得的裁定，犯罪嫌疑人、被告人的近亲属和其他利害关系人或者人民检察院可以在 5 日内提出上诉、抗诉。

考点 4 《刑诉法解释》关于犯罪嫌疑人、被告人逃匿、死亡案件违法所得的没收程序的规定

(1) 依照《刑法》规定应当追缴违法所得及其他涉案财产,且符合下列情形之一的,人民检察院可以向人民法院提出没收违法所得的申请:① 犯罪嫌疑人、被告人实施了贪污贿赂犯罪、恐怖活动犯罪等重大犯罪后逃匿,在通缉 1 年后不能到案的;② 犯罪嫌疑人、被告人死亡的。

(2) 具有下列情形之一的,应当认定为《刑事诉讼法》第 280 条第 1 款规定的"重大犯罪案件":① 犯罪嫌疑人、被告人可能被判处无期徒刑以上刑罚的;② 案件在本省、自治区、直辖市或者全国范围内有较大影响的;③ 其他重大犯罪案件。

(3) 实施犯罪行为所取得的财物及其孳息,以及被告人非法持有的违禁品、供犯罪所用的本人财物,应当认定为《刑事诉讼法》第 280 条第 1 款规定的"违法所得及其他涉案财产"。

(4) 对人民检察院提出的没收违法所得申请,人民法院应当审查以下内容:① 是否属于本院管辖;② 是否写明犯罪嫌疑人、被告人涉嫌有关犯罪的情况,并附相关证据材料;③ 是否附有通缉令或者死亡证明;④ 是否列明违法所得及其他涉案财产的种类、数量、所在地,并附相关证据材料;⑤ 是否附有查封、扣押、冻结违法所得及其他涉案财产的清单和相关法律手续;⑥ 是否写明犯罪嫌疑人、被告人的近亲属和其他利害关系人的姓名、住址、联系方式及其要求等情况;⑦ 是否写明申请没收的理由和法律依据。

(5) 对没收违法所得的申请,人民法院应当在 7 日内审查完毕,并按照下列情形分别处理:① 不属于本院管辖的,应当退回人民检察院;② 材料不全的,应当通知人民检察院在 3 日内补送;③ 属于违法所得没收程序受案范围和本院管辖,且材料齐全的,应当受理。人民检察院尚未查封、扣押、冻结申请没收的财产或者查封、扣押、冻结期限即将届满,涉案财产有被隐匿、转移或者毁损、灭失危险的,人民法院可以查封、扣押、冻结申请没收的财产。

(6) 人民法院决定受理没收违法所得的申请后,应当在 15 日内发出公告,公告期为 6 个月。公告应当写明以下内容:① 案由;② 犯罪嫌疑人、被告人通缉在逃或者死亡等基本情况;③ 申请没收财产的种类、数量、所在地;④ 犯罪嫌疑人、被告人的近亲属和其他利害关系人申请参加诉讼的期限、方式;⑤ 应当公告的其他情况。公告应当在全国公开发行的报纸或者人民法院的官方网站刊登,并在人民法院公告栏张贴、发布;必要时,可以在犯罪地、犯罪嫌疑人、被告人居住地、申请没收的不动产所在地张贴、发布。人民法院已经掌握犯罪嫌疑人、被告人的近亲属和其他利害关系人的联系方式的,应当采取电话、传真、邮件等方式直接告知其公告内容,并记录在案。

(7) 对申请没收的财产主张所有权的人,应当认定为《刑事诉讼法》第 281 条第 2 款规定的"其他利害关系人"。犯罪嫌疑人、被告人的近亲属和其他利害关系人申请参加诉讼的,应当在公告期间提出。犯罪嫌疑人、被告人的近亲属应当提供其与犯罪嫌疑人、被告人关系的证明材料,其他利害关系人应当提供申请没收的财产系其所有的证据材料。犯罪嫌疑人、被告人的近亲属和其他利害关系人在公告期满后申请参加诉讼,能够合理说明原因,并提供证明申请没收的财产系其所有的证据材料的,人民法院应当准许。

(8) 公告期满后,人民法院应当组成合议庭对申请没收违法所得的案件进行审理。利害

关系人申请参加诉讼的,人民法院应当开庭审理。没有利害关系人申请参加诉讼的,可以不开庭审理。

(9) 开庭审理申请没收违法所得的案件,按照下列程序进行:① 审判长宣布法庭调查开始后,先由检察员宣读申请书,后由利害关系人、诉讼代理人发表意见;② 法庭应当依次就犯罪嫌疑人、被告人是否实施了贪污贿赂犯罪、恐怖活动犯罪等重大犯罪并已经通缉1年不能到案,或者是否已经死亡,以及申请没收的财产是否依法应当追缴进行调查;调查时,先由检察员出示有关证据,后由利害关系人发表意见、出示有关证据,并进行质证;③ 法庭辩论阶段,先由检察员发言,后由利害关系人及其诉讼代理人发言,并进行辩论。利害关系人接到通知后无正当理由拒不到庭,或者未经法庭许可中途退庭的,可以转为不开庭审理,但还有其他利害关系人参加诉讼的除外。

(10) 对申请没收违法所得的案件,人民法院审理后,应当按照下列情形分别处理:① 案件事实清楚,证据确实、充分,申请没收的财产确属违法所得及其他涉案财产的,除依法返还被害人的以外,应当裁定没收;② 不符合《刑诉法解释》第507条规定的条件的,应当裁定驳回申请。

(11) 对没收违法所得或者驳回申请的裁定,犯罪嫌疑人、被告人的近亲属和其他利害关系人或者人民检察院可以在5日内提出上诉、抗诉。

(12) 对不服第一审没收违法所得或者驳回申请裁定的上诉、抗诉案件,第二审人民法院经审理,应当按照下列情形分别作出裁定:① 原裁定正确的,应当驳回上诉或者抗诉,维持原裁定;② 原裁定确有错误的,可以在查清事实后改变原裁定;也可以撤销原裁定,发回重新审判;③ 原审违反法定诉讼程序,可能影响公正审判的,应当撤销原裁定,发回重新审判。

(13) 在审理申请没收违法所得的案件过程中,在逃的犯罪嫌疑人、被告人到案的,人民法院应当裁定终止审理。人民检察院向原受理申请的人民法院提起公诉的,可以由同一审判组织审理。

(14) 在审理案件过程中,被告人死亡或者脱逃,符合《刑事诉讼法》第280条第1款的规定的,人民检察院可以向人民法院提出没收违法所得的申请。人民检察院向原受理案件的人民法院提出申请的,可以由同一审判组织依照《刑诉法解释》第二十二章规定的程序审理。

(15) 审理申请没收违法所得案件的期限,参照公诉案件第一审普通程序和第二审程序的审理期限执行。公告期间和请求刑事司法协助的时间不计入审理期限。

(16) 没收违法所得裁定生效后,犯罪嫌疑人、被告人到案并对没收裁定提出异议,人民检察院向原作出裁定的人民法院提起公诉的,可以由同一审判组织审理。人民法院经审理,应当按照下列情形分别处理:① 原裁定正确的,予以维持,不再对涉案财产作出判决;② 原裁定确有错误的,应当撤销原裁定,并在判决中对有关涉案财产一并作出处理。人民法院生效的没收裁定确有错误的,除《刑诉法解释》第522条第1款规定的情形外,应当依照审判监督程序予以纠正。已经没收的财产,应当及时返还;财产已经上缴国库的,由原没收机关从财政机关申请退库,予以返还;原物已经出卖、拍卖的,应当退还价款;造成犯罪嫌疑人、被告人以及利害关系人财产损失的,应当依法赔偿。

考点 5 《刑事诉讼规则(试行)》关于犯罪嫌疑人、被告人逃匿、死亡案件违法所得的没收程序的规定

(1) 对于贪污贿赂犯罪、恐怖活动犯罪等重大犯罪案件,犯罪嫌疑人、被告人逃匿,在通缉1年后不能到案,依照《刑法》规定应当追缴其违法所得及其他涉案财产的,人民检察院可以向人民法院提出没收违法所得的申请。对于犯罪嫌疑人、被告人死亡,依照《刑法》规定应当追缴其违法所得及其他涉案财产的,人民检察院也可以向人民法院提出没收违法所得的申请。犯罪嫌疑人实施犯罪行为所取得的财物及其孳息以及犯罪嫌疑人非法持有的违禁品、供犯罪所用的本人财物,应当认定为前两款规定的违法所得及其他涉案财产。

(2) 人民检察院审查侦查机关移送的没收违法所得意见书,向人民法院提出没收违法所得的申请以及对违法所得没收程序中调查活动、审判活动的监督,由公诉部门办理。

(3) 没收违法所得的申请,应当由与有管辖权的中级人民法院相对应的人民检察院提出。

(4) 人民检察院向人民法院提出没收违法所得的申请,应当制作没收违法所得申请书。没收违法所得申请书的主要内容包括:① 犯罪嫌疑人、被告人的基本情况,包括姓名、性别、出生年月日、出生地、户籍地、身份证号码、民族、文化程度、职业、工作单位及职务、住址等;② 案由及案件来源;③ 犯罪嫌疑人、被告人的犯罪事实;④ 犯罪嫌疑人、被告人逃匿、被通缉或者死亡的情况;⑤ 犯罪嫌疑人、被告人的违法所得及其他涉案财产的种类、数量、所在地及查封、扣押、冻结的情况;⑥ 犯罪嫌疑人、被告人近亲属和其他利害关系人的姓名、住址、联系方式及其要求等情况;⑦ 提出没收违法所得申请的理由和法律依据。

(5) 公安机关向人民检察院移送没收违法所得意见书,应当由有管辖权的人民检察院的同级公安机关移送。

(6) 人民检察院审查公安机关移送的没收违法所得意见书,应当查明:① 是否属于本院管辖;② 是否符合《刑事诉讼法》第280条第1款规定的条件;③ 犯罪嫌疑人身份状况,包括姓名、性别、国籍、出生年月日、职业和单位等;④ 犯罪嫌疑人涉嫌犯罪的情况;⑤ 犯罪嫌疑人逃匿、被通缉或者死亡的情况;⑥ 违法所得及其他涉案财产的种类、数量、所在地,以及查封、扣押、冻结的情况;⑦ 与犯罪事实、违法所得相关的证据材料是否随案移送,不宜移送的证据的清单、复制件、照片或者其他证明文件是否随案移送;⑧ 证据是否确实、充分;⑨ 相关利害关系人的情况。

(7) 人民检察院应当在接到公安机关移送的没收违法所得意见书后30日以内作出是否提出没收违法所得申请的决定。30日以内不能作出决定的,经检察长批准,可以延长15日。对于公安机关移送的没收违法所得案件,经审查认为不符合《刑事诉讼法》第280条第1款规定条件的,应当作出不提出没收违法所得申请的决定,并向公安机关书面说明理由;认为需要补充证据的,应当书面要求公安机关补充证据,必要时也可以自行调查。公安机关补充证据的时间不计入人民检察院的办案期限。

(8) 人民检察院发现公安机关应当启动违法所得没收程序而不启动的,可以要求公安机关在7日以内书面说明不启动的理由。经审查,认为公安机关不启动理由不能成立的,应当通知公安机关启动程序。

(9) 人民检察院发现公安机关在违法所得没收程序的调查活动中有违法情形的,应当向公安机关提出纠正意见。

（10）在审查公安机关移送的没收违法所得意见书的过程中，在逃的犯罪嫌疑人、被告人自动投案或者被抓获的，人民检察院应当终止审查，并将案卷退回公安机关处理。

（11）人民检察院直接受理立案侦查的案件，犯罪嫌疑人逃匿或者犯罪嫌疑人死亡而撤销案件，符合《刑事诉讼法》第280条第1款规定条件的，侦查部门应当启动违法所得没收程序进行调查。侦查部门进行调查应当查明犯罪嫌疑人涉嫌的犯罪事实，犯罪嫌疑人逃匿、被通缉或者死亡的情况，以及犯罪嫌疑人的违法所得及其他涉案财产的情况，并可以对违法所得及其他涉案财产依法进行查封、扣押、查询、冻结。侦查部门认为符合《刑事诉讼法》第280条第1款规定条件的，应当写出没收违法所得意见书，连同案卷材料一并移送有管辖权的人民检察院侦查部门，并由有管辖权的人民检察院侦查部门移送本院公诉部门。公诉部门对没收违法所得意见书进行审查，作出是否提出没收违法所得申请的决定，具体程序按照《刑事诉讼规则（试行）》第528条、第529条的规定办理。

（12）在人民检察院审查起诉过程中，犯罪嫌疑人死亡，或者贪污贿赂犯罪、恐怖活动犯罪等重大犯罪案件的犯罪嫌疑人逃匿，在通缉1年后不能到案，依照《刑法》规定应当追缴其违法所得及其他涉案财产的，人民检察院可以直接提出没收违法所得的申请。人民法院在审理案件过程中，被告人死亡而裁定终止审理，或者被告人脱逃而裁定中止审理，人民检察院可以依法另行向人民法院提出没收违法所得的申请。

（13）人民法院对没收违法所得的申请进行审理，人民检察院应当承担举证责任。人民法院对没收违法所得的申请开庭审理的，人民检察院应当派员出席法庭。

（14）人民检察院发现人民法院或者审判人员审理没收违法所得案件违反法律规定的诉讼程序，应当向人民法院提出纠正意见。人民检察院认为同级人民法院按照违法所得没收程序所作的第一审裁定确有错误的，应当在5日以内向上一级人民法院提出抗诉。最高人民检察院、省级人民检察院认为下级人民法院按照违法所得没收程序所作的已经发生法律效力的裁定确有错误的，应当按照审判监督程序向同级人民法院提出抗诉。

（15）在审理案件过程中，在逃的犯罪嫌疑人、被告人自动投案或者被抓获，人民法院按照《刑事诉讼法》第283条第1款的规定终止审理的，人民检察院应当将案卷退回侦查机关处理。

（16）对于《刑事诉讼法》第280条第1款规定以外需要没收违法所得的，按照有关规定执行。

二、例题

1. 李某（女）家住甲市，系该市某国有公司会计，涉嫌贪污公款500余万元，被甲市检察院立案侦查后提起公诉，甲市中级法院受理该案后，李某脱逃，下落不明。请回答第(1)—(2)题。(2015年真题，不定选)

(1) 关于李某脱逃前的诉讼程序，下列选项正确的是：
A. 是否逮捕李某，应由甲市检察院的上一级检察院审查决定
B. 李某符合逮捕条件，但因其有孕在身，可对其适用指定居所监视居住
C. 李某委托的律师在侦查阶段会见李某，需经侦查机关许可
D. 侦查人员每次讯问李某时，应对讯问过程实行全程录音、录像

[释疑] 《刑事诉讼规则（试行）》第327条第1款规定："省级以下（不含省级）人民检察

院直接受理立案侦查的案件,需要逮捕犯罪嫌疑人的,应当报请上一级人民检察院审查决定。"所以,A 项正确。《刑事诉讼法》第 37 条第 3 款规定:"危害国家安全犯罪、恐怖活动犯罪、特别重大贿赂犯罪案件,在侦查期间辩护律师会见在押的犯罪嫌疑人,应当经侦查机关许可。上述案件,侦查机关应当事先通知看守所。"第 73 条第 1 款规定:"监视居住应当在犯罪嫌疑人、被告人的住处执行;无固定住处的,可以在指定的居所执行。对于涉嫌危害国家安全犯罪、恐怖活动犯罪、特别重大贿赂犯罪,在住处执行可能有碍侦查的,经上一级人民检察院或者公安机关批准,也可以在指定的居所执行。但是,不得在羁押场所、专门的办案场所执行。"由于李某涉嫌贪污犯罪,所以,B 项、C 项错误。《刑事诉讼规则(试行)》第 201 条规定:"人民检察院立案侦查职务犯罪案件,在每次讯问犯罪嫌疑人的时候,应当对讯问过程实行全程录音、录像,并在讯问笔录中注明。录音、录像应当由检察技术人员负责。特殊情况下,经检察长批准也可以由讯问人员以外的其他检察人员负责。"所以,D 项正确。(答案:AD)

(2)关于李某脱逃后的诉讼程序,下列选项正确的是:

A. 李某脱逃后,法院可中止审理

B. 在通缉李某一年不到案后,甲市检察院可向甲市中级法院提出没收李某违法所得的申请

C. 李某的近亲属只能在 6 个月的公告期内申请参加诉讼

D. 在审理没收违法所得的案件过程中,李某被抓捕归案的,法院应裁定终止审理

[释疑] 《刑事诉讼法》第 200 条规定:"在审判过程中,有下列情形之一,致使案件在较长时间内无法继续审理的,可以中止审理:(一)被告人患有严重疾病,无法出庭的;(二)被告人脱逃的;(三)自诉人患有严重疾病,无法出庭,未委托诉讼代理人出庭的;(四)由于不能抗拒的原因。中止审理的原因消失后,应当恢复审理。中止审理的期间不计入审理期限。"所以,A 项正确。《刑事诉讼法》第 280 条:"对于贪污贿赂犯罪、恐怖活动犯罪等重大犯罪案件,犯罪嫌疑人、被告人逃匿,在通缉一年后不能到案,或者犯罪嫌疑人、被告人死亡,依照刑法规定应当追缴其违法所得及其他涉案财产的,人民检察院可以向人民法院提出没收违法所得的申请。"所以,B 项正确。《刑事诉讼法》第 281 条规定:"没收违法所得的申请,由犯罪地或者犯罪嫌疑人、被告人居住地的中级人民法院组成合议庭进行审理。人民法院受理没收违法所得的申请后,应当发出公告。公告期间为六个月。犯罪嫌疑人、被告人的近亲属和其他利害关系人有权申请参加诉讼,也可以委托诉讼代理人参加诉讼。人民法院在公告期满后对没收违法所得的申请进行审理。利害关系人参加诉讼的,人民法院应当开庭审理。"所以,C 项错误。《刑事诉讼法》第 283 条第 1 款规定:"在审理过程中,在逃的犯罪嫌疑人、被告人自动投案或者被抓获的,人民法院应当终止审理。"所以,D 项正确。(答案:ABD)

2. A 市原副市长马某,涉嫌收受贿赂 2 000 余万元。为保证公正审判,上级法院指令与本案无关的 B 市中级法院一审。B 市中级法院受理此案后,马某突发心脏病不治身亡。关于此案处理,下列哪一选项是错误的?(2014 年真题,单选)

A. 应当由法院作出终止审理的裁定,再由检察院提出没收违法所得的申请

B. 应当由 B 市中级法院的同一审判组织对是否没收违法所得继续进行审理

C. 如裁定没收违法所得,而马某妻子不服的,可在 5 日内提出上诉

D. 如裁定没收违法所得,而其他利害关系人不服的,有权上诉

[释疑] 《刑诉法解释》第 520 条规定:"在审理案件过程中,被告人死亡或者脱逃,符合

刑事诉讼法第二百八十条第一款规定的，人民检察院可以向人民法院提出没收违法所得的申请。人民检察院向原受理案件的人民法院提出申请的，可以由同一审判组织依照本章规定的程序审理。"《刑事诉讼规则（试行）》第534条第2款规定："人民法院在审理案件过程中，被告人死亡而裁定终止审理，或者被告人脱逃而裁定中止审理，人民检察院可以依法另向人民法院提出没收违法所得的申请。"故A项正确。B项错误，不是"应当"，而是"可以"。六部门《规定》第39条规定："对于人民法院依法作出的没收违法所得的裁定，犯罪嫌疑人、被告人的近亲属和其他利害关系人或者人民检察院可以在五日内提出上诉、抗诉。"故C、D项正确。（答案：B）

3. 下列哪一选项不属于犯罪嫌疑人、被告人逃匿、死亡案件违法所得没收程序中的"违法所得及其他涉案财产"？（2014年真题，单选）

A. 刘某恐怖活动犯罪案件中从其住处搜出的管制刀具

B. 赵某贪污案赃款存入银行所得的利息

C. 王某恐怖活动犯罪案件中制造爆炸装置使用的所在单位的仪器和设备

D. 周某贿赂案受贿所得的古玩

[释疑]《刑诉法解释》第509条规定："实施犯罪行为所取得的财物及其孳息，以及被告人非法持有的违禁品、供犯罪所用的本人财物，应当认定为刑事诉讼法第二百八十条第一款规定的'违法所得及其他涉案财产'。"故A、B、D项属于"违法所得及其他涉案财产"。C项不属于本人的财物。（答案：C）

4. 关于犯罪嫌疑人、被告人逃匿、死亡案件违法所得的没收程序，下列哪一说法是正确的？（2012年真题，单选）

A. 贪污贿赂犯罪案件的犯罪嫌疑人潜逃，通缉1年后不能到案的，依照《刑法》规定应当追缴其违法所得及其他涉案财产的，公安机关可以向法院提出没收违法所得的申请

B. 在A选项所列情形下，检察院可以向法院提出没收违法所得的申请

C. 没收违法所得及其他涉案财产的申请，由犯罪地的基层法院组成合议庭进行审理

D. 没收违法所得案件审理中，在逃犯罪嫌疑人被抓获的，法院应当中止审理

[释疑]《刑事诉讼法》第280条规定："对于贪污贿赂犯罪、恐怖活动犯罪等重大犯罪案件，犯罪嫌疑人、被告人逃匿，在通缉一年后不能到案，或者犯罪嫌疑人、被告人死亡，依照刑法规定应当追缴其违法所得及其他涉案财产的，人民检察院可以向人民法院提出没收违法所得的申请。公安机关认为有前款规定情形的，应当写出没收违法所得意见书，移送人民检察院……"《刑事诉讼法》第281条第1款规定："没收违法所得的申请，由犯罪地或者犯罪嫌疑人、被告人居住地的中级人民法院组成合议庭进行审理。"《刑事诉讼法》第283条第1款规定："在审理过程中，在逃的犯罪嫌疑人、被告人自动投案或者被抓获的，人民法院应当终止审理。"故B项正确。（答案：B）

三、提示与预测

本章要重点掌握《刑事诉讼法》对犯罪嫌疑人、被告人逃匿、死亡案件违法所得的没收程序的新规定。

第二十三章 依法不负刑事责任的精神病人的强制医疗程序

强制医疗是一项出于避免社会危害和保障精神疾病患者利益的目的而采取的,对精神疾病患者的人身自由予以一定限制,并对其所患精神疾病进行治疗的特殊保安处分措施。

一、精讲

考点 1　强制医疗的对象

实施暴力行为,危害公共安全或者严重危害公民人身安全,经法定程序鉴定依法不负刑事责任的精神病人,有继续危害社会可能的,可以予以强制医疗。

考点 2　强制医疗的决定机关

根据本章规定对精神病人强制医疗的,由人民法院决定。

考点 3　强制医疗的决定程序

(1) 公安机关发现精神病人符合强制医疗条件的,应当写出强制医疗意见书,移送人民检察院。对于公安机关移送的或者在审查起诉过程中发现精神病人符合强制医疗条件的,人民检察院应当向人民法院提出强制医疗的申请。人民法院在审理案件过程中发现被告人符合强制医疗条件的,可以作出强制医疗的决定。

(2) 对实施暴力行为的精神病人,在人民法院决定强制医疗前,公安机关可以采取临时的保护性约束措施。

(3) 人民法院受理强制医疗的申请后,应当组成合议庭进行审理。

(4) 人民法院审理强制医疗案件,应当通知被申请人或者被告人的法定代理人到场。被申请人或者被告人没有委托诉讼代理人的,人民法院应当通知法律援助机构指派律师为其提供法律帮助。

(5) 人民法院经审理,对于被申请人或者被告人符合强制医疗条件的,应当在 1 个月以内作出强制医疗的决定。

(6) 被决定强制医疗的人、被害人及其法定代理人、近亲属对强制医疗决定不服的,可以向上一级人民法院申请复议。

(7) 强制医疗机构应当定期对被强制医疗的人进行诊断评估。对于已不具有人身危险性,不需要继续强制医疗的,应当及时提出解除意见,报决定强制医疗的人民法院批准。

(8) 被强制医疗的人及其近亲属有权申请解除强制医疗。

(9) 人民检察院对强制医疗的决定和执行实行监督。

考点 4 《刑诉法解释》关于依法不负刑事责任的精神病人的强制医疗程序的规定

(1) 实施暴力行为,危害公共安全或者严重危害公民人身安全,社会危害性已经达到犯罪程度,但经法定程序鉴定依法不负刑事责任的精神病人,有继续危害社会可能的,可以予以强制医疗。

(2) 人民检察院申请对依法不负刑事责任的精神病人强制医疗的案件,由被申请人实施暴力行为所在地的基层人民法院管辖;由被申请人居住地的人民法院审判更为适宜的,可以由被申请人居住地的基层人民法院管辖。

(3) 对人民检察院提出的强制医疗申请,人民法院应当审查以下内容:① 是否属于本院管辖;② 是否写明被申请人的身份,实施暴力行为的时间、地点、手段、所造成的损害等情况,并附相关证据材料;③ 是否附有法医精神病鉴定意见和其他证明被申请人属于依法不负刑事责任的精神病人的证据材料;④ 是否列明被申请人的法定代理人的姓名、住址、联系方式;⑤ 需要审查的其他事项。

(4) 对人民检察院提出的强制医疗申请,人民法院应当在 7 日内审查完毕,并按照下列情形分别处理:① 不属于本院管辖的,应当退回人民检察院;② 材料不全的,应当通知人民检察院在 3 日内补送;③ 属于强制医疗程序受案范围和本院管辖,且材料齐全的,应当受理。

(5) 审理强制医疗案件,应当通知被申请人或者被告人的法定代理人到场。被申请人或者被告人没有委托诉讼代理人的,应当通知法律援助机构指派律师担任其诉讼代理人,为其提供法律帮助。

(6) 审理强制医疗案件,应当组成合议庭,开庭审理,但是,被申请人、被告人的法定代理人请求不开庭审理,并经人民法院审查同意的除外。审理人民检察院申请强制医疗的案件,应当会见被申请人。

(7) 开庭审理申请强制医疗的案件,按照下列程序进行:① 审判长宣布法庭调查开始后,先由检察员宣读申请书,后由被申请人的法定代理人、诉讼代理人发表意见。② 法庭依次就被申请人是否实施了危害公共安全或者严重危害公民人身安全的暴力行为、是否属于依法不负刑事责任的精神病人、是否有继续危害社会的可能进行调查;调查时,先由检察员出示有关证据,后由被申请人的法定代理人、诉讼代理人发表意见、出示有关证据,并进行质证。③ 法庭辩论阶段,先由检察员发言,后由被申请人的法定代理人、诉讼代理人发言,并进行辩论。被申请人要求出庭,人民法院经审查其身体和精神状态,认为可以出庭的,应当准许。出庭的被申请人,在法庭调查、辩论阶段,可以发表意见。检察员宣读申请书后,被申请人的法定代理人、诉讼代理人无异议的,法庭调查可以简化。

(8) 对申请强制医疗的案件,人民法院审理后,应当按照下列情形分别处理:① 符合《刑事诉讼法》第 284 条规定的强制医疗条件的,应当作出对被申请人强制医疗的决定。② 被申请人属于依法不负刑事责任的精神病人,但不符合强制医疗条件的,应当作出驳回强制医疗申请的决定;被申请人已经造成危害结果的,应当同时责令其家属或者监护人严加看管和医疗。③ 被申请人具有完全或者部分刑事责任能力,依法应当追究刑事责任的,应当作出驳回强制医疗申请的决定,并退回人民检察院依法处理。

(9) 第一审人民法院在审理案件过程中发现被告人可能符合强制医疗条件的,应当依照法定程序对被告人进行精神病鉴定。经鉴定,被告人属于依法不负刑事责任的精神病人的,应当适用强制医疗程序,对案件进行审理。开庭审理前款规定的案件,应当先由合议庭组成人员宣读对被告人的精神病鉴定意见,说明被告人可能符合强制医疗的条件,后依次由公诉人和被告人的法定代理人、诉讼代理人发表意见。经审判长许可,公诉人和被告人的法定代理人、诉讼代理人可以进行辩论。

(10) 对《刑诉法解释》第 532 条规定的案件,人民法院审理后,应当按照下列情形分别处理:① 被告人符合强制医疗条件的,应当判决宣告被告人不负刑事责任,同时作出对被告人强制医疗的决定。② 被告人属于依法不负刑事责任的精神病人,但不符合强制医疗条件的,应当判决宣告被告人无罪或者不负刑事责任;被告人已经造成危害结果的,应当同时责令其家属或者监护人严加看管和医疗。③ 被告人具有完全或者部分刑事责任能力,依法应当追究刑事责任的,应当依照普通程序继续审理。

(11) 人民法院在审理第二审刑事案件过程中,发现被告人可能符合强制医疗条件的,可以依照强制医疗程序对案件作出处理,也可以裁定发回原审人民法院重新审判。

(12) 人民法院决定强制医疗的,应当在作出决定后 5 日内,向公安机关送达强制医疗决定书和强制医疗执行通知书,由公安机关将被决定强制医疗的人送去强制医疗。

(13) 被决定强制医疗的人、被害人及其法定代理人、近亲属对强制医疗决定不服的,可以自收到决定书之日起 5 日内向上一级人民法院申请复议。复议期间不停止执行强制医疗的决定。

(14) 对不服强制医疗决定的复议申请,上一级人民法院应当组成合议庭审理,并在 1 个月内,按照下列情形分别作出复议决定:① 被决定强制医疗的人符合强制医疗条件的,应当驳回复议申请,维持原决定;② 被决定强制医疗的人不符合强制医疗条件的,应当撤销原决定;③ 原审违反法定诉讼程序,可能影响公正审判的,应当撤销原决定,发回原审人民法院重新审判。

(15) 对《刑诉法解释》第 533 条第 1 项规定的判决、决定,人民检察院提出抗诉,同时被决定强制医疗的人、被害人及其法定代理人、近亲属申请复议的,上一级人民法院应当依照第二审程序一并处理。

(16) 审理强制医疗案件,本章没有规定的,参照适用公诉案件第一审普通程序和第二审程序的有关规定。

(17) 被强制医疗的人及其近亲属申请解除强制医疗的,应当向决定强制医疗的人民法院提出。被强制医疗的人及其近亲属提出的解除强制医疗申请被人民法院驳回,6 个月后再次提出申请的,人民法院应当受理。

(18) 强制医疗机构提出解除强制医疗意见,或者被强制医疗的人及其近亲属申请解除强制医疗的,人民法院应当审查是否附有对被强制医疗的人的诊断评估报告。强制医疗机构提出解除强制医疗意见,未附诊断评估报告的,人民法院应当要求其提供。被强制医疗的人及其近亲属向人民法院申请解除强制医疗,强制医疗机构未提供诊断评估报告的,申请人可以申请人民法院调取。必要时,人民法院可以委托鉴定机构对被强制医疗的人进行鉴定。

(19) 强制医疗机构提出解除强制医疗意见,或者被强制医疗的人及其近亲属申请解除强制医疗的,人民法院应当组成合议庭进行审查,并在 1 个月内,按照下列情形分别处理:① 被强制医疗的人已不具有人身危险性,不需要继续强制医疗的,应当作出解除强制医疗的决定,并可责令被强制医疗的人的家属严加看管和医疗;② 被强制医疗的人仍具有人身危险性,需要继续强制医疗的,应当作出继续强制医疗的决定。人民法院应当在作出决定后 5 日内,将决定书送达强制医疗机构、申请解除强制医疗的人、被决定强制医疗的人和人民检察院。决定解除强制医疗的,应当通知强制医疗机构在收到决定书的当日解除强制医疗。

(20) 人民检察院认为强制医疗决定或者解除强制医疗决定不当,在收到决定书后 20 日内提出书面纠正意见的,人民法院应当另行组成合议庭审理,并在 1 个月内作出决定。

考点 5 《刑事诉讼规则(试行)》关于强制医疗执行监督规定

(1) 强制医疗执行监督由人民检察院监所检察部门负责。

(2) 人民检察院对强制医疗的交付执行活动实行监督。发现交付执行机关未及时交付执行等违法情形的,应当依法提出纠正意见。

(3) 人民检察院在强制医疗执行监督中发现被强制医疗的人不符合强制医疗条件或者需要依法追究刑事责任,人民法院作出的强制医疗决定可能错误的,应当在 5 日以内报经检察长批准,将有关材料转交作出强制医疗决定的人民法院的同级人民检察院。收到材料的人民检察院应当在 20 日以内进行审查,并将审查情况和处理意见反馈负责强制医疗执行监督的人民检察院。

(4) 人民检察院发现强制医疗机构有下列情形之一的,应当依法提出纠正意见:① 对被决定强制医疗的人应当收治而拒绝收治的;② 收治的法律文书及其他手续不完备的;③ 没有依照法律、行政法规等规定对被决定强制医疗的人实施必要的医疗的;④ 殴打、体罚、虐待或者变相体罚、虐待被强制医疗的人,违反规定对被强制医疗的人使用戒具、约束措施,以及其他侵犯被强制医疗的人合法权利的;⑤ 没有依照规定定期对被强制医疗的人进行诊断评估的;⑥ 对于被强制医疗的人不需要继续强制医疗的,没有及时提出解除意见报请决定强制医疗的人民法院批准的;⑦ 对被强制医疗的人及其近亲属、法定代理人提出的解除强制医疗的申请没有及时进行审查处理,或者没有及时转送决定强制医疗的人民法院的;⑧ 人民法院作出解除强制医疗决定后,不立即办理解除手续的;⑨ 其他违法情形。

对强制医疗机构违法行为的监督,参照《刑事诉讼规则(试行)》第 632 条的规定办理。

(5) 人民检察院应当受理被强制医疗的人及其近亲属、法定代理人的控告、举报和申诉,并及时审查处理。对控告人、举报人、申诉人要求回复处理结果的,人民检察院监所检察部门应当在 15 日以内将调查处理情况书面反馈控告人、举报人、申诉人。人民检察院监所检察部门审查不服强制医疗决定的申诉,认为原决定正确、申诉理由不成立的,可以直接将审查结果答复申诉人;认为原决定可能错误,需要复查的,应当移送作出强制医疗决定的人民法院的同级人民检察院公诉部门办理。

(6) 人民检察院监所检察部门收到被强制医疗的人及其近亲属、法定代理人解除强制医疗决定的申请后,应当及时转交强制医疗机构审查,并监督强制医疗机构是否及时审查、审查处理活动是否合法。

(7) 人民检察院对于人民法院批准解除强制医疗的决定实行监督,发现人民法院解除强制医疗的决定不当的,应当依法向人民法院提出纠正意见。

二、例题

1. 甲在公共场所实施暴力行为,经鉴定为不负刑事责任的精神病人,被县法院决定强制医疗。甲父对决定不服向市中级法院申请复议,市中级法院审理后驳回申请,维持原决定。关于本案处理,下列哪一选项是正确的?(2017年真题,单选)

A. 复议期间可暂缓执行强制医疗决定,但应采取临时的保护性约束措施
B. 应由公安机关将甲送交强制医疗
C. 强制医疗6个月后,甲父才能申请解除强制医疗
D. 申请解除强制医疗应向市中级法院提出

[释疑] 《刑诉法解释》第536条规定,被决定强制医疗的人、被害人及其法定代理人、近亲属对强制医疗决定不服的,可以自收到决定书之日起5日内向上一级人民法院申请复议。复议期间不停止执行强制医疗的决定。A项错误。第535条规定,人民法院决定强制医疗的,应当在作出决定后5日内,向公安机关送达强制医疗决定书和强制医疗执行通知书,由公安机关将被决定强制医疗的人送交强制医疗。B项正确。C项于法无据。第540条规定,被强制医疗的人及其近亲属申请解除强制医疗的,应当向决定强制医疗的人民法院提出。D项错误。(答案:B)

2. 甲将乙杀害,经鉴定甲系精神病人,检察院申请法院适用强制医疗程序。关于本案,下列哪一选项是正确的?(2016年真题,单选)

A. 法院审理该案,应当会见甲
B. 甲没有委托诉讼代理人的,法院可通知法律援助机构指派律师担任其诉讼代理人
C. 甲出庭的,应由其法定代理人或诉讼代理人代为发表意见
D. 经审理发现甲具有部分刑事责任能力,依法应当追究刑事责任的,转为普通程序继续审理

[释疑] 《刑诉法解释》第528条规定:"审理强制医疗案件,应当通知被申请人或者被告人的法定代理人到场。被申请人或者被告人没有委托诉讼代理人的,应当通知法律援助机构指派律师担任其诉讼代理人,为其提供法律帮助。"所以,B项错误。《刑诉法解释》第530条第2款规定:"被申请人要求出庭,人民法院经审查其身体和精神状态,认为可以出庭的,应当准许。出庭的被申请人,在法庭调查、辩论阶段,可以发表意见。"所以,C项错误。《刑诉法解释》第531条第3项规定:"被申请人具有完全或者部分刑事责任能力,依法应当追究刑事责任的,应当作出驳回强制医疗申请的决定,并退回人民检察院依法处理。"所以,D项错误。《刑诉法解释》第529条第2款规定:"审理人民检察院申请强制医疗的案件,应当会见被申请人。"故A项正确。(答案:A)

3. 依法不负刑事责任的精神病人的强制医疗程序是一种特别程序。关于其特别之处,下列哪一说法是正确的?(2015年真题,单选)

A. 不同于普通案件奉行的不告不理原则,法院可未经检察院对案件的起诉或申请而启动这一程序
B. 不同于普通案件审理时被告人必须到庭,可在被申请人不到庭的情况下审理并作出强制医疗的决定
C. 不同于普通案件中的抗诉或上诉,被决定强制医疗的人可通过向上一级法院申请复议启动二审程序
D. 开庭审理时无需区分法庭调查与法庭辩论阶段

[释疑] 《刑诉法解释》第525条规定:"人民检察院申请对依法不负刑事责任的精神病

人强制医疗的案件,由被申请人实施暴力行为所在地的基层人民法院管辖;由被申请人居住地的人民法院审判更为适宜的,可以由被申请人居住地的基层人民法院管辖。"《刑诉法解释》第532条规定:"第一审人民法院在审理案件过程中发现被告人可能符合强制医疗条件的,应当依照法定程序对被告人进行法医精神病鉴定。经鉴定,被告人属于依法不负刑事责任的精神病人的,应当适用强制医疗程序,对案件进行审理。开庭审理前款规定的案件,应当先由合议庭组成人员宣读对被告人的法医精神病鉴定意见,说明被告人可能符合强制医疗的条件,后依次由公诉人和被告人的法定代理人、诉讼代理人发表意见。经审判长许可,公诉人和被告人的法定代理人、诉讼代理人可以进行辩论。"据此,A项错误。《刑诉法解释》第530条第2款规定:"被申请人要求出庭,人民法院经审查其身体和精神状态,认为可以出庭的,应当准许。出庭的被申请人,在法庭调查、辩论阶段,可以发表意见。"所以,B项正确。《刑诉法解释》第536条:"被决定强制医疗的人、被害人及其法定代理人、近亲属对强制医疗决定不服的,可以自收到决定书之日起五日内向上一级人民法院申请复议。复议期间不停止执行强制医疗的决定。"第537条:"对不服强制医疗决定的复议申请,上一级人民法院应当组成合议庭审理,并在一个月内,按照下列情形分别作出复议决定:(一)被决定强制医疗的人符合强制医疗条件的,应当驳回复议申请,维持原决定;(二)被决定强制医疗的人不符合强制医疗条件的,应当撤销原决定;(三)原审违反法定诉讼程序,可能影响公正审判的,应当撤销原决定,发回原审人民法院重新审判。"第538条规定:"对本解释第五百三十三条第一项规定的判决、决定,人民检察院提出抗诉,同时被决定强制医疗的人、被害人及其法定代理人、近亲属申请复议的,上一级人民法院应当依照第二审程序一并处理。"据此,上一级法院复议期间并不停止执行强制医疗的决定,故复议程序并非二审程序。所以,C项错误。只有"第一审人民法院在审理案件过程中发现被告人可能符合强制医疗条件的,应当依照法定程序对被告人进行法医精神病鉴定。经鉴定,被告人属于依法不负刑事责任的精神病人的,应当适用强制医疗程序,对案件进行审理"做出强制医疗决定后检察院抗诉的,适用二审程序。如果被决定强制医疗的人、被害人及其法定代理人、近亲属同时申请复议的,上一级人民法院应当依照第二审程序一并处理。《刑诉法解释》第532条第2款规定:"开庭审理前款规定的案件,应当先由合议庭组成人员宣读对被告人的法医精神病鉴定意见,说明被告人可能符合强制医疗的条件,后依次由被告人的法定代理人、诉讼代理人发表意见。经审判长许可,公诉人和被告人的法定代理人、诉讼代理人可以进行辩论。"所以,D项错误。(答案:B)

4. 案情:犯罪嫌疑人段某,1980年出生,甲市丁区人,自幼患有间歇性精神分裂症而辍学在社会上流浪,由于生活无着落便经常偷拿东西。2014年3月,段某窜至丁区一小区内行窃时被事主发现,遂用随身携带的刀子将事主刺成重伤夺路逃走。此案丁区检察院以抢劫罪起诉到丁区法院,被害人的家属提起附带民事诉讼。丁区法院以抢劫罪判处段某有期徒刑10年,赔偿被害人家属3万元人民币。段某以定性不准、量刑过重为由提起上诉。甲市中级法院二审中发现段某符合强制医疗条件,决定发回丁区法院重新审理。丁区法院对段某依法进行了精神病鉴定,结果清晰表明段某患有精神分裂症,便由审判员张某一人不公开审理,检察员马某和被告人段某出庭分别发表意见。庭审后,法庭作出对段某予以强制医疗的决定。(2014年真题,案例)

问题1. 结合本案,简答强制医疗程序的适用条件。

[释疑] 根据《刑事诉讼法》第284条的规定,强制医疗的条件有:① 实施了危害公共安

全或者严重危害公民人身安全的暴力行为;② 经法定程序鉴定属于依法不负刑事责任的精神病人;③ 有继续危害社会的可能。

问题2. 如中级法院直接对段某作出强制医疗决定,如何保障当事人的救济权?

[释疑] 《刑事诉讼法》规定了一审程序被强制医疗的人、被害人及其法定代理人、近亲属对强制医疗决定不服的,可以向上一级法院申请复议,没有明确二审程序是否可以申请复议。从理论上讲,二审是终审程序,当事人不能再上诉,只能通过审判监督程序予以纠正。但按照我国刑事诉讼法关于审判监督程序的规定,只有法院的判决、裁定才可以申诉,不包括决定。因此,如果中级法院的强制医疗决定不允许复议,必将剥夺当事人的救济权。故《刑事诉讼法》第287条规定的被决定强制医疗的人、被害人及其法定代理人、近亲属对强制医疗不服的,可以向上一级法院申请复议,应作广义理解,既包括一审也包括二审,使得当事人的救济权利得以保障。

问题3. 发回重审后,丁区法院的做法是否合法?为什么?

[释疑] 不合法。按照《刑事诉讼法》和有关司法解释的规定,丁区法院有下列违法行为:① 审理强制医疗应当组成合议庭进行;② 本案被告人系成年人,所犯抢劫罪不属于不公开审理的案件;③ 审理强制医疗案件,应当通知段某的法定代理人到庭;④ 段某没有委托诉讼代理人,法院应当通知法律援助机构指派律师担任其诉讼代理人,为其提供法律援助。

问题4. 发回重审后,丁区法院在作出强制医疗决定时应当如何处理被害人家属提出的附带民事诉讼?

[释疑] 按照《刑诉法解释》第160条关于法院认定公诉案件被告人的行为不构成犯罪,对已经提起的附带民事诉讼,经调解不能达成协议的,应当一并作出附带民事诉讼判决的精神,丁区法院应当就民事赔偿进行调解。调解不成,判决宣告被告人段某不负刑事责任,并在判决中就附带的民事赔偿一并处理,同时做出对被告人段某强制医疗的决定。

5. 公安机关在案件侦查中,发现打砸多辆机动车的犯罪嫌疑人何某神情呆滞,精神恍惚。经鉴定,何某属于依法不负刑事责任的精神病人。关于公安机关对此案的处理,下列哪一选项是正确的?(2013年真题,单选)

A. 写出强制医疗意见书,移送检察院向法院提出强制医疗申请
B. 撤销案件,将何某交付其亲属并要求其积极治疗
C. 移送强制医疗机构对何某进行诊断评估
D. 何某的亲属没有能力承担监护责任的,可以采取临时的保护性约束措施

[释疑] 《刑事诉讼法》第284条规定:"实施暴力行为,危害公共安全或者严重危害公民人身安全,经法定程序鉴定依法不负刑事责任的精神病人,有继续危害社会可能的,可以予以强制医疗。"第285条规定:"根据本章规定对精神病人强制医疗的,由人民法院决定。公安机关发现精神病人符合强制医疗条件的,应当写出强制医疗意见书,移送人民检察院。对于公安机关移送的或者在审查起诉过程中发现的精神病人符合强制医疗条件的,人民检察院应当向人民法院提出强制医疗的申请。人民法院在审理案件过程中发现被告人符合强制医疗条件的,可以作出强制医疗的决定。对实施暴力行为的精神病人,在人民法院决定强制医疗前,公安机关可以采取临时的保护性约束措施。"《刑事诉讼法》第15条规定:"有下列情形之一的,不追究刑事责任,已经追究的,应当撤销案件,或者不起诉,或者终止审理,或者宣告无罪:(一)情节显著轻微、危害不大,不认为是犯罪的;(二)犯罪已过追诉时效期限的;(三)经特

赦令免除刑罚的;(四)依照刑法告诉才处理的犯罪,没有告诉或者撤回告诉的;(五)犯罪嫌疑人、被告人死亡的;(六)其他法律规定免予追究刑事责任的。"本题属于上述最后一项情形。(答案:B)

6. 法院受理叶某涉嫌故意杀害郭某案后,发现其可能符合强制医疗条件。经鉴定,叶某属于依法不负刑事责任的精神病人,法院审理后判决宣告叶某不负刑事责任,同时作出对叶某强制医疗的决定。关于此案的救济程序,下列哪一选项是错误的?(2013年真题,单选)

A. 对叶某强制医疗的决定,检察院可以提出纠正意见
B. 叶某的法定代理人可以向上一级法院申请复议
C. 叶某对强制医疗决定可以向上一级法院提出上诉
D. 郭某的近亲属可以向上一级法院申请复议

[释疑]《刑事诉讼法》第287条规定:"人民法院经审理,对于被申请人或者被告人符合强制医疗条件的,应当在一个月以内作出强制医疗的决定。被决定强制医疗的人、被害人及其法定代理人、近亲属对强制医疗决定不服的,可以向上一级人民法院申请复议。"第289条规定:"人民检察院对强制医疗的决定和执行实行监督。"故C项当选。(答案:C)

三、提示与预测

本章要重点掌握《刑事诉讼法》对依法不负刑事责任的精神病人的强制医疗程序的新规定。

第二十四章 涉外刑事诉讼程序与司法协助制度

涉外刑事诉讼程序与司法协助制度
- 涉外刑事诉讼程序的概念
- 涉外刑事诉讼程序所适用的范围
- 涉外刑事诉讼程序所适用的法律
- 特有原则
  - 中国法律和信守国际条约相结合原则
  - 享有中国法律规定的权利并承担义务原则
  - 使用中国通用的语言文字进行诉讼原则
  - 委托中国律师辩护或代理原则
- 刑事司法协助制度
  - 刑事司法协助的概念和意义
  - 刑事司法协助的法律依据
  - 刑事司法协助的主体

一、精讲

考点 1 涉外刑事诉讼程序的概念、范围、适用法律

(一) 涉外刑事诉讼程序的概念
(1) 涉外刑事诉讼与涉外案件的刑事诉讼不同。
(2) 涉外案件的刑事诉讼(涉外刑事案件的诉讼),是指中国司法机关处理涉外刑事案件

的方式、方法和步骤。涉外案件包括以下两类：① 在中华人民共和国领域内，外国人犯罪或者我国公民侵犯外国人合法权益的刑事案件；② 在中华人民共和国领域外，符合《刑法》第 7 条至第 10 条规定情形的中国公民犯罪或者外国人对中华人民共和国国家和公民犯罪的案件。

（3）涉外刑事诉讼程序，是指诉讼活动涉及外国人、无国籍人或者需要在国外进行的刑事诉讼所特有的方式、方法和步骤。涉外刑事诉讼包括诉讼活动涉及外国人、无国籍人或者某些诉讼活动需要在国外进行两种情况。所以涉外刑事诉讼包括涉外案件的刑事诉讼，但又不仅仅指涉外案件的刑事诉讼。司法实践中，有些案件虽不是涉外案件，但由于案发时或案发后的一些特殊情况，使得这些案件的诉讼活动涉及外国人或需要在国外进行，比如：① 目击证人是外国人或者虽是中国人，但诉讼时已身在国外；② 案发后，犯罪嫌疑人、被告人潜逃国外，等等。对这些案件的处理也属于涉外刑事诉讼程序。

（二）涉外刑事诉讼程序所适用的范围

（1）中国公民在中国领域外对外国公民、无国籍人、外国法人犯罪的案件。

（2）外国公民、无国籍人、外国法人在中国公民在中国领域内对中国国家、组织或者公民犯罪的案件。

（3）外国公民、无国籍人、外国法人在中国领域内触犯中国刑法对外国公民、无国籍人、外国法人犯罪的案件。

（4）中国缔结或者参加的国际条约规定的中国有义务管辖的国际犯罪行为。比如，① 1980 年 9 月加入、1980 年 10 月对我国生效的《关于制止非法劫持航空器的公约》（《海牙公约》）和《关于制止危害民用航空安全的非法行为的公约》（《蒙特利尔公约》）；② 1982 年 12 月签署，1996 年 5 月全国人大常委会批准的《海洋法公约》；③ 1989 年 9 月批准加入的《禁止非法贩运麻醉药品和精神药物公约》，等等。

（5）外国公民、无国籍人、外国法人在中国公民在中国领域外对中国国家或者公民实施的按照中国刑法规定最低刑为 3 年以上有期徒刑的犯罪案件。

（6）某些刑事诉讼活动需要在国外进行的非涉外刑事案件。包括：① 中国《刑法》第 7 条、第 8 条规定的中国公民在中国领域外犯罪的案件；② 中国公民在中国领域内犯罪后潜逃出境的案件；③ 犯罪嫌疑人、被告人、被害人均为中国公民，但证人是外国人且诉讼时已出境的案件。

（7）外国司法机关管辖的，根据国际条约或者互惠原则，外国司法机关请求中国司法机关为其提供刑事司法协助的案件。

（8）外国人的国籍以其入境时的有效证件予以确认；国籍不明的，以公安机关会同外事部门查明的为准。国籍确实无法查明的，以无国籍人对待，适用涉外刑事案件审理程序。

（三）涉外刑事诉讼程序所适用的法律

（1）1979 年 7 月 6 日颁布、1997 年 3 月 14 日修订的《刑法》第 7 条至第 10 条和 1979 年 7 月 7 日颁布、2012 年 3 月 14 日修正的《刑事诉讼法》第 16 条、第 17 条和第 20 条，对涉外刑事案件的管辖以及法律适用原则等作了规定。

（2）1981 年 6 月 19 日公安部、外交部、最高人民法院、最高人民检察院联合发布《关于处理会见在押外国籍案犯以及外国籍案犯与外界通信问题的通知》。

（3）1986 年 9 月 5 日第六届全国人大常委会第十七次会议通过《中华人民共和国外交特权与豁免条例》，明确规定外交代表和使馆其他人员享有刑事管辖的豁免权。

(4) 1987年6月23日第六届全国人大常委会第二十一次会议通过《关于对中华人民共和国缔结或者参加的国际条约所规定的罪行行使刑事管辖权的决定》。这些国际条约主要有：《关于防止和惩处侵害应受国际保护人员包括外交代表的罪行的公约》《关于在航空器内的犯罪和其他某些行为的公约》《关于制止非法劫持航空器的公约》《关于制止危害民用航空安全的非法行为的公约》《核材料实物保护公约》《反对劫持人质国际公约》《联合国禁止非法贩运麻醉药品和精神药物公约》等。

(5) 1995年6月20日外交部、最高人民法院、最高人民检察院、公安部、国家安全部、司法部联合发布《关于处理涉外案件若干问题的规定》，对办理涉外案件的原则，涉外案件通知外国驻华使、领馆以及通知的时限，驻华使、领馆要求探视被拘留、逮捕的本国公民等问题作了具体规定。

(6)《刑诉法解释》和《刑事诉讼规则(试行)》等对办理涉外刑事案件的原则和程序作了具体规定。

考点 2 刑事司法协助制度

(一) 刑事司法协助的概念和意义

我国《刑事诉讼法》第17条规定："根据中华人民共和国缔结或者参加的国际条约，或者按照互惠原则，我国司法机关和外国司法机关可以相互请求刑事司法协助。"刑事司法协助有广义和狭义两种理解，狭义刑事司法协助是指与审判有关的刑事司法协助，包括送达司法文书、询问证人和鉴定人、搜查、扣押、移交有关物品以及提供有关法律资料等。广义刑事司法协助还包括引渡。有学者主张我国是广义的刑事司法协助。

刑事司法协助的意义：

(1) 有利于有效打击犯罪。

(2) 有利于尊重他国的司法主权。

(二) 刑事司法协助的法律依据

刑事司法协助的法律依据大体有四种：

(1) 国家间共同参加的国际公约。

(2) 国家间签订的刑事司法协助条约。

(3) 国家间临时达成的关于刑事司法协助的互惠协议。

(4) 国内的法律规定。

我国刑事司法协助除了遵守上述依据外，还须遵守有关司法解释、行政法规：

(1)《刑诉法解释》。

(2)《刑事诉讼规则(试行)》。

(3) 公安部的有关规定。

(三) 刑事司法协助的主体

在主张狭义刑事司法协助说的国家，刑事司法协助的主体一般指法院。根据司法协助的相互性特点和我国开展刑事司法协助的实际情况，我国刑事司法协助的主体应当包括：

(1) 我国人民法院和外国法院。

(2) 我国人民检察院和外国检察机关。

(3) 我国公安机关和外国警察机关。

考点 3 《刑诉法解释》关于涉外刑事案件的审理和司法协助的规定

(1) 本解释所称的涉外刑事案件是指：① 在中华人民共和国领域内，外国人犯罪的或者我国公民侵犯外国人合法权利的刑事案件；② 符合《刑法》第 7 条、第 10 条规定情形的我国公民在中华人民共和国领域外犯罪的案件；③ 符合《刑法》第 8 条、第 10 条规定情形的外国人对中华人民共和国国家或者公民犯罪的案件；④ 符合《刑法》第 9 条规定情形的中华人民共和国在所承担国际条约义务范围内行使管辖权的案件。

(2) 第一审涉外刑事案件，除《刑事诉讼法》第 20 条至第 22 条规定的以外，由基层人民法院管辖。必要时，中级人民法院可以指定辖区内若干基层人民法院集中管辖第一审涉外刑事案件，也可以依照《刑事诉讼法》第 23 条的规定，审理基层人民法院管辖的第一审涉外刑事案件。

(3) 外国人的国籍，根据其入境时的有效证件确认；国籍不明的，根据公安机关或者有关国家驻华使、领馆出具的证明确认。国籍无法查明的，以无国籍人对待，适用本章有关规定，在裁判文书中写明"国籍不明"。

(4) 在刑事诉讼中，外国籍当事人享有我国法律规定的诉讼权利并承担相应义务。

(5) 涉外刑事案件审判期间，人民法院应当将下列事项及时通报同级人民政府外事主管部门，并通知有关国家驻华使、领馆：① 人民法院决定对外国籍被告人采取强制措施的情况，包括外国籍当事人的姓名（包括译名）、性别、入境时间、护照或者证件号码、采取的强制措施及法律依据、羁押地点等；② 开庭的时间、地点、是否公开审理等事项；③ 宣判的时间、地点。涉外刑事案件宣判后，应当及时将处理结果通报同级人民政府外事主管部门。对外国籍被告人执行死刑的，死刑裁决下达后执行前，应当通知其国籍国驻华使、领馆。外国籍被告人在案件审理中死亡的，应当及时通报同级人民政府外事主管部门，并通知有关国家驻华使、领馆。

(6) 需要向有关国家驻华使、领馆通知有关事项的，应当层报高级人民法院，由高级人民法院按照下列规定通知：① 外国籍当事人国籍国与我国签订有双边领事条约的，根据条约规定办理；未与我国签订双边领事条约，但参加《维也纳领事关系公约》的，根据公约规定办理；未与我国签订领事条约，也未参加《维也纳领事关系公约》，但与我国有外交关系的，可以根据外事主管部门的意见，按照互惠原则，根据有关规定和国际惯例办理。② 在外国驻华领馆领区内发生的涉外刑事案件，通知有关外国驻该地区的领馆；在外国领馆领区外发生的涉外刑事案件，通知有关外国驻华使馆；与我国有外交关系，但未设使、领馆的国家，可以通知其代管国家驻华使、领馆；无代管国家或者代管国家不明的，可以不通知。③ 双边领事条约规定通知时限的，应当在规定的期限内通知；无双边领事条约规定的，应当根据或者参照《维也纳领事关系公约》和国际惯例尽快通知，至迟不得超过 7 日。④ 双边领事条约没有规定必须通知，外国籍当事人要求不通知其国籍国驻华使、领馆的，可以不通知，但应当由其本人出具书面声明。高级人民法院向外国驻华使、领馆通知有关事项，必要时，可以请人民政府外事主管部门协助。

(7) 人民法院受理涉外刑事案件后，应当告知在押的外国籍被告人享有与其国籍国驻华使、领馆联系，与其监护人、近亲属会见、通信，以及请求人民法院提供翻译的权利。

(8) 涉外刑事案件审判期间，外国籍被告人在押，其国籍国驻华使、领馆官员要求探视的，可以向受理案件的人民法院所在地的高级人民法院提出。人民法院应当根据我国与被告人国籍国签订的双边领事条约规定的时限安排；没有条约规定的，应当尽快安排。必要时，可以请人民政府外事主管部门协助。涉外刑事案件审判期间，外国籍被告人在押，其监护人、近亲属申请会见的，可以向受理案件的人民法院所在地的高级人民法院提出，并依照《刑诉法解释》第403条的规定提供与被告人关系的证明。人民法院经审查认为不妨碍案件审判的，可以批准。被告人拒绝接受探视、会见的，可以不予安排，但应当由其本人出具书面声明。探视、会见被告人应当遵守我国法律规定。

（9）人民法院审理涉外刑事案件，应当公开进行，但依法不应公开审理的除外。公开审理的涉外刑事案件，外国籍当事人国籍国驻华使、领馆官员要求旁听的，可以向受理案件的人民法院所在地的高级人民法院提出申请，人民法院应当安排。

（10）人民法院审判涉外刑事案件，使用中华人民共和国通用的语言、文字，应当为外国籍当事人提供翻译。人民法院的诉讼文书为中文本。外国籍当事人不通晓中文的，应当附有外文译本，译本不加盖人民法院印章，以中文本为准。外国籍当事人通晓中国语言、文字，拒绝他人翻译，或者不需要诉讼文书外文译本的，应当由其本人出具书面声明。

（11）外国籍被告人委托律师辩护，或者外国籍附带民事诉讼原告人、自诉人委托律师代理诉讼的，应当委托具有中华人民共和国律师资格并依法取得执业证书的律师。外国籍被告人在押的，其监护人、近亲属或者其国籍国驻华使、领馆可以代为委托辩护人。其监护人、近亲属代为委托的，应当提供与被告人关系的有效证明。外国籍当事人委托其监护人、近亲属担任辩护人、诉讼代理人的，被委托人应当提供与当事人关系的有效证明。经审查，符合《刑事诉讼法》及有关司法解释规定的，人民法院应当准许。外国籍被告人没有委托辩护人的，人民法院可以通知法律援助机构为其指派律师提供辩护。被告人拒绝辩护人辩护的，应当由其出具书面声明，或者将其口头声明记录在案。被告人属于应当提供法律援助情形的，依照《刑诉法解释》第45条的规定处理。

（12）外国籍当事人从中华人民共和国领域外寄交或者托交给中国律师或者中国公民的委托书，以及外国籍当事人的监护人、近亲属提供的与当事人关系的证明，必须经所在国公证机关证明，所在国中央外交主管机关或者其授权机关认证，并经我国驻该国使、领馆认证，但我国与该国之间有互免认证协定的除外。

（13）对涉外刑事案件的被告人，可以决定限制出境；对开庭审理案件时必须到庭的证人，可以要求暂缓出境。作出限制出境的决定，应当通报同级公安机关或者国家安全机关；限制外国人出境的，应当同时通报同级人民政府外事主管部门和当事人国籍国驻华使、领馆。人民法院决定限制外国人和中国公民出境的，应当书面通知被限制出境的人在案件审理终结前不得离境，并可以采取扣留护照或者其他出入境证件的办法限制其出境；扣留证件的，应当履行必要手续，并发给本人扣留证件的证明。对需要在边防检查站阻止外国人和中国公民出境的，受理案件的人民法院应当层报高级人民法院，由高级人民法院填写口岸阻止人员出境通知书，向同级公安机关办理交控手续。控制口岸不在本省、自治区、直辖市的，应当通过有关省、自治区、直辖市公安机关办理交控手续。紧急情况下，确有必要的，也可以先向边防检查站交控，再补办交控手续。

（14）对来自境外的证据材料，人民法院应当对材料来源、提供人、提供时间以及提取人、提取时间等进行审查。经审查，能够证明案件事实且符合《刑事诉讼法》规定的，可以作为证据使用，但提供人或者我国与有关国家签订的双边条约对材料的使用范围有明确限制的除外；材料来源不明或者其真实性无法确认的，不得作为定案的根据。当事人及其辩护人、诉讼代理人提供来自境外的证据材料的,该证据材料应当经所在国公证机关证明,所在国中央外交主管机关或者其授权机关认证,并经我国驻该国使、领馆认证。

(15) 涉外刑事案件,符合《刑事诉讼法》第202条第1款、第232条规定的,经有关人民法院批准或者决定,可以延长审理期限。

(16) 涉外刑事案件宣判后,外国籍当事人国籍国驻华使、领馆要求提供裁判文书的,可以向受理案件的人民法院所在地的高级人民法院提出,人民法院可以提供。

(17) 根据中华人民共和国缔结或者参加的国际条约,或者按照互惠原则,人民法院和外国法院可以相互请求刑事司法协助。外国法院请求的事项有损中华人民共和国的主权、安全、社会公共利益的,人民法院不予协助。

(18) 请求和提供司法协助,应当依照中华人民共和国缔结或者参加的国际条约规定的途径进行;没有条约关系的,通过外交途径进行。

(19) 人民法院请求外国提供司法协助的,应当经高级人民法院审查后报最高人民法院审核同意。外国法院请求我国提供司法协助,属于人民法院职权范围的,经最高人民法院审核同意后转有关人民法院办理。

(20) 人民法院请求外国提供司法协助的请求书及其所附文件,应当附有该国文字译本或者国际条约规定的其他文字文本。外国法院请求我国提供司法协助的请求书及其所附文件,应当附有中文译本或者国际条约规定的其他文字文本。

(21) 人民法院向在中华人民共和国领域外居住的当事人送达刑事诉讼文书,可以采用下列方式:① 根据受送达人所在国与中华人民共和国缔结或者共同参加的国际条约规定的方式送达。② 通过外交途径送达。③ 对中国籍当事人,可以委托我国驻受送达人所在国的使、领馆代为送达。④ 当事人是自诉案件的自诉人或者附带民事诉讼原告人的,可以向有权代其接受送达的诉讼代理人送达。⑤ 当事人是外国单位的,可以向其在中华人民共和国领域内设立的代表机构或者有权接受送达的分支机构、业务代办人送达。⑥ 受送达人所在国法律允许的,可以邮寄送达;自邮寄之日起满3个月,送达回证未退回,但根据各种情况足以认定已经送达的,视为送达。⑦ 受送达人所在国法律允许的,可以采用传真、电子邮件等能够确认受送达人收悉的方式送达。

(22) 人民法院通过外交途径向在中华人民共和国领域外居住的受送达人送达刑事诉讼文书的,所送达的文书应当经高级人民法院审查后报最高人民法院审核。最高人民法院认为可以发出的,由最高人民法院交外交部主管部门转递。外国法院通过外交途径请求人民法院送达刑事诉讼文书的,由该国驻华使、领馆将法律文书交我国外交部主管部门转最高人民法院。最高人民法院审核后认为属于人民法院职权范围,且可以代为送达的,应当转有关人民法院办理。

二、例题

1. W国人约翰涉嫌在我国某市A区从事间谍活动被立案侦查并提起公诉。关于本案诉讼程序,下列哪一选项是正确的?(2017年真题,单选)

   A. 约翰可通过W国驻华使馆委托W国律师为其辩护

   B. 本案由A区法院一审

   C. 约翰精通汉语,开庭时法院可不为其配备翻译人员

D. 给约翰送达的法院判决书应为中文本

[释疑] 《刑诉法解释》第402条规定，外国籍被告人委托律师辩护，或者外国籍附带民事诉讼原告人、自诉人委托律师代理诉讼的，应当委托具有中华人民共和国律师资格并依法取得执业证书的律师。A项错误。本案为危害国家安全案件，应由中级人民法院审理，B项错误。《刑诉法解释》第401条规定，人民法院审判涉外刑事案件，使用中华人民共和国通用的语言、文字，应当为外国籍当事人提供翻译。人民法院的诉讼文书为中文本。外国籍当事人不通晓中文的，应当附有外文译本，译本不加盖人民法院印章，以中文本为准。外国籍当事人通晓中国语言、文字，拒绝他人翻译，或者不需要诉讼文书外文译本的，应当由其本人出具书面声明。C项错误，D项正确。（答案：D）

2. 下列哪些案件适用涉外刑事诉讼程序？（2010年真题，多选）

A. 在公海航行的我国货轮被索马里海盗抢劫的案件
B. 我国国内一起贩毒案件的关键目击证人在诉讼时身在国外
C. 陈某经营的煤矿发生重大安全事故后携款潜逃国外的案件
D. 我驻某国大使馆内中方工作人员甲、乙因看世界杯而发生斗殴的故意伤害案件

[释疑] 涉外刑事诉讼程序，是指诉讼活动涉及外国人（包括无国籍人）或需要在国外进行的刑事诉讼所特有的方式、方法和步骤。涉外刑事诉讼包括涉外案件的刑事诉讼，但又不仅指涉外案件的刑事诉讼。本题中，B项不是涉外案件，但由于目击案件发生的证人已身在国外，使得案件的诉讼活动需要在国外进行。该案件在诉讼时所采取的方式、方法和步骤不同于非涉外案件，可能要请求外国司法机关协助调查等。这种案件也适用涉外刑事诉讼程序。最高人民法院《刑诉法解释》第392条规定："本解释所称的涉外刑事案件是指：（一）在中华人民共和国领域内，外国人犯罪的或者我国公民侵犯外国人合法权利的刑事案件；（二）符合刑法第七条、第十条规定情形的我国公民在中华人民共和国领域外犯罪的案件；（三）符合刑法第八条、第十条规定情形的外国人对中华人民共和国国家或者公民犯罪的案件；（四）符合刑法第九条规定情形的中华人民共和国在所承担国际条约义务范围内行使管辖权的案件。"本题中，我驻外大使馆内中方工作人员甲、乙因看世界杯而发生斗殴的故意伤害案件，则视同于中国人在国内犯罪，故本题选A、B、C项。（答案：ABC）

3. 根据我国涉外刑事案件审理程序规定，下列哪一选项是正确的？（2009年真题，单选）

A. 国籍不明又无法查清的，以中国国籍对待，不适用涉外刑事案件审理程序
B. 法院审判涉外刑事案件，不公开审理
C. 对居住在国外的中国籍当事人，可以委托我国使、领馆代为送达
D. 外国法院通过外交途径请求我国法院向外国驻华使、领馆商务参赞送达法律文书的，应由我国有关高级法院送达

[释疑] 《刑诉法解释》第394条规定："外国人的国籍，根据其入境时的有效证件确认；国籍不明的，根据公安机关或者有关国家驻华使、领馆出具的证明确认。国籍无法查明的，以无国籍人对待，适用本章有关规定，在裁判文书中写明'国籍不明'。"故A项错。第400条规定："人民法院审理涉外刑事案件，应当公开进行，但依法不应公开审理的除外。公开审理的涉外刑事案件，外国籍当事人国籍国驻华使、领馆官员要求旁听的，可以向受理案件的人民法院所在地的高级人民法院提出申请，人民法院应当安排。"故B项错。第412条规定："人民法院向在中华人民共和国领域外居住的当事人送达刑事诉讼文书，可以采用下列方式：（一）根

据受送达人所在国与中华人民共和国缔结或者共同参加的国际条约规定的方式送达;(二)通过外交途径送达;(三)对中国籍当事人,可以委托我国驻受送达人所在国的使、领馆代为送达;(四)当事人是自诉案件的自诉人或者附带民事诉讼原告人的,可以向有权代其接受送达的诉讼代理人送达;(五)当事人是外国单位的,可以向其在中华人民共和国领域内设立的代表机构或者有权接受送达的分支机构、业务代办人送达;(六)受送达人所在国法律允许的,可以邮寄送达;自邮寄之日起满三个月,送达回证未退回,但根据各种情况足以认定已经送达的,视为送达;(七)受送达人所在国法律允许的,可以采用传真、电子邮件等能够确认受送达人收悉的方式送达。"故 C 项正确。第 413 条规定:"人民法院通过外交途径向在中华人民共和国领域外居住的受送达人送达刑事诉讼文书的,所送达的文书应当经高级人民法院审查后报最高人民法院审核。最高人民法院认为可以发出的,由最高人民法院交外交部主管部门转递。外国法院通过外交途径请求人民法院送达刑事诉讼文书的,由该国驻华使馆将法律文书交我国外交部主管部门转最高人民法院。最高人民法院审核后认为属于人民法院职权范围,且可以代为送达的,应当转有关人民法院办理。"故 D 项错误。(答案:C)

4. 案例分析:顾某(中国籍)常年居住 M 国,以丰厚报酬诱使徐某(另案处理)两次回国携带毒品甲基苯丙胺进行贩卖。2014 年 3 月 15 日 15 时,徐某在 B 市某郊区交易时被公安人员当场抓获。侦查中徐某供出了顾某。我方公安机关组成工作组按照与该国司法协助协定赴该国侦查取证,由 M 国警方抓获了顾某,对其进行了讯问取证和住处搜查,并将顾某及相关证据移交中方。

检察院以走私、贩卖毒品罪对顾某提起公诉。鉴于被告人顾某不认罪并声称受到刑讯逼供,要求排除非法证据,一审法院召开了庭前会议,通过听取控辩双方的意见及调查证据材料,审判人员认定非法取证不成立。开庭审理后,一审法院认定被告人两次分别贩卖一包甲基苯丙胺和另一包重 7.6 克甲基苯丙胺,判处其有期徒刑 6 年零 6 个月。顾某不服提出上诉,二审法院以事实不清发回重审。原审法院重审期间,检察院对一包甲基苯丙胺重量明确为 2.3 克并作出了补充起诉,据此,原审法院以被告人两次分别贩卖 2.3 克、7.6 克毒品改判顾某有期徒刑 7 年零 6 个月。被告人不服判决,再次上诉到二审法院。(2016 年真题,案例)

问题:
(1) M 国警方移交的证据能否作为认定被告人有罪的证据?对控辩双方提供的境外证据,法院应当如何处理?
(2) 本案一审法院庭前会议对非法证据的处理是否正确?为什么?
(3) 发回原审法院重审后,检察院对一包甲基苯丙胺重量为 2.3 克的补充起诉是否正确?为什么?
(4) 发回重审后,原审法院的改判加刑行为是否违背上诉不加刑原则?为什么?
(5) 此案再次上诉后,二审法院在审理程序上应如何处理?

[释疑] (1) M 国警方移交的证据可以作为认定被告人有罪的证据。我国《刑事诉讼法》规定,我国司法机关可以进行刑事司法协助,警方赴 M 国请求该国警方抓捕、取证属于司法协助的范围,我国法院对境外证据认可其证据效力,本案司法协助程序符合规范,符合办理刑事案件的程序规定。人民法院对来自境外的证据材料,应当对材料来源、提供人、提供时间以及提取人、提取时间等进行审查。经审查,能够证明案件事实符合《刑事诉讼法》规定的,可以作为证据使用。但提供人或者我国与有关国家签订的双边条约对材料的使用范围有明确限

制的除外;材料来源不明或者真实性无法确认的,不得作为定案的证据。

(2) 不正确。按照《刑事诉讼法》的规定,庭前会议就非法证据等问题只是了解情况,听取意见,不能作出决定。

(3) 不正确。本案第二审法院基于原审法院认定的一包甲基苯丙胺数量不明,以事实不清发回重审,重审中检察机关明确为2.3克,只是补充说明不是补充起诉。补充起诉,是指在法院宣告判决前检察机关发现有遗漏的同案犯罪嫌疑人或者罪行可以一并起诉和审理的。

(4) 违反上诉不加刑原则。第二审人民法院发回原审人民法院重新审理的案件,除有新的犯罪事实,人民检察院补充起诉的以外,原审人民法院不得加重被告人的刑罚。本案补充说明一包重量2.3克是原有的指控内容,不是新增加的犯罪事实。

(5) ① 组成合议庭不开庭审理,但应当讯问被告人、听取辩护人、诉讼代理人意见。② 鉴于本案系发回重审后的上诉审,第二审法院不得以事实不清再发回原审法院重新审理。③ 如果认为原判认定事实和适用法律正确、量刑适当,应当裁定驳回上诉,维持原判;如果认为原判适用法律有错误或量刑不当,应当改判,但受上诉不加刑原则的限制。④ 第二审人民法院应当在两个月以内审结。

三、提示与预测

本章要重点掌握涉外程序原则、司法协助及相关司法解释。